APRENDIZAGEM BASEADA EM
JOGOS DIGITAIS

Dados Internacionais de Catalogação na Publicação (CIP)
(Jeane Passos Santana – CRB 8ª/6189)

Prensky, Marc
    Aprendizagem baseada em jogos digitais / Marc Prensky;
tradução de Eric Yamagute; revisão técnica de Romero Tori e
Denio Di Lascio. – São Paulo: Editora Senac São Paulo, 2012.

    Título original: Digital Game-Based Learning.
    Bibliografia
    ISBN 978-85-396-0271-1

    1. Aprendizagem baseada em jogos digitais 2. Aprendiza-
gem assistida por computador 3. Jogos digitais : Processo
ensino-aprendizagem I. Título.

12-048s   CDD-371.397

Índice para catálogo sistemático:
1. Aprendizagem baseada em jogos digitais   371.397

APRENDIZAGEM BASEADA EM
JOGOS DIGITAIS

MARC PRENSKY

TRADUÇÃO DE ERIC YAMAGUTE

Editora Senac São Paulo – São Paulo – 2012

ADMINISTRAÇÃO REGIONAL DO SENAC NO ESTADO DE SÃO PAULO
Presidente do Conselho Regional: Abram Szajman
Diretor do Departamento Regional: Luiz Francisco de A. Salgado
Superintendente Universitário e de Desenvolvimento: Luiz Carlos Dourado

EDITORA SENAC SÃO PAULO
Conselho Editorial: Luiz Francisco de A. Salgado
Luiz Carlos Dourado
Darcio Sayad Maia
Lucila Mara Sbrana Sciotti
Luís Américo Tousi Botelho

Gerente/Publisher: Luís Américo Tousi Botelho
Coordenação Editorial: Verônica Pirani de Oliveira
Prospecção: Dolores Crisci Manzano
Administrativo: Verônica Pirani de Oliveira
Comercial: Aldair Novais Pereira

Edição de Texto: Léia Maria Fontes Guimarães, Amanda Lenharo di Santis
Preparação de Texto: Danielle Mendes Sales, Eloiza Elena Rodrigues, Pedro Barros, Pedro Fandi
Revisão Técnica: Romero Tori, Denio Di Lascio
Coordenação de Revisão de Texto: Marcelo Nardeli
Revisão de Texto: Edna Viana, Ivone P. B. Groenitz, Letícia Castello Branco
Coordenação de Arte: Antonio Carlos De Angelis
Projeto Gráfico, Capa e Editoração Eletrônica: RW3 Design
Ilustração da Capa: Snenmin | © iStockphoto
Coordenação de E-books: Rodolfo Santana
Impressão e Acabamento: Gráfica CS

Traduzido de:
Digital Game-Based Learning
© Mark Prensky, 2001

Proibida a reprodução sem autorização expressa.
Todos os direitos reservados à
Editora Senac São Paulo
Av. Engenheiro Eusébio Stevaux, 823 – Prédio Editora
Jurubatuba – CEP 04696-000 – São Paulo – SP
Tel. (11) 2187-4450
editora@sp.senac.br
https://www.editorasenacsp.com.br

© Edição brasileira: Editora Senac São Paulo, 2012

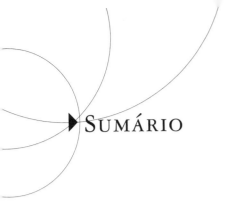

Sumário

Nota da edição brasileira, 7
Prefácio – *Sivasailam "Thiagi" Thiagarajan*, 9
Agradecimentos, 15

PARTE 1: INTRODUÇÃO/HISTÓRICO, 19

Introdução, 21

CAPÍTULO 1: A revolução da aprendizagem baseada em jogos digitais, 29

CAPÍTULO 2: A geração dos jogos: a mudança dos aprendizes, 59

CAPÍTULO 3: Por que o ensino formal e os treinamentos não mudaram, 101

CAPÍTULO 4: Aprendizagem baseada em jogos digitais: uma nova esperança para o ensino formal e os treinamentos centrados no aprendiz, 133

PARTE 2: COMO OS JOGOS ENSINAM E POR QUE ELES FUNCIONAM, 153

CAPÍTULO 5: Diversão, brincadeiras e jogos: o que atrai tanto nos jogos, 155

CAPÍTULO 6: Aprendizagem baseada em jogos digitais: por que e como ela funciona, 207

CAPÍTULO 7: Aprendizagem baseada em jogos digitais para crianças e estudantes: edutenimento, 251

CAPÍTULO 8: Aprendizagem baseada em jogos digitais para adultos, 277

PARTE 3: O QUE AS ORGANIZAÇÕES LÍDERES ESTÃO FAZENDO, 311

CAPÍTULO 9: Aprendizagem baseada em jogos digitais nos negócios: 41 exemplos e estudos de caso: do extremamente simples ao surpreendentemente complexo, 313

CAPÍTULO 10: Verdadeiros adeptos: aprendizagem baseada em jogos digitais nas Forças Armadas, 395

PARTE 4: IMPLANTAÇÃO, 425

CAPÍTULO 11: Como levar a aprendizagem baseada em jogos digitais para sua organização, 427

CAPÍTULO 12: O papel dos professores e instrutores na aprendizagem baseada em jogos digitais: instrução baseada em jogos digitais, 457

CAPÍTULO 13: Convencer a diretoria e conseguir o dinheiro: montagem do plano de negócios para a aprendizagem baseada em jogos digitais, 477

CAPÍTULO 14: Avaliação da eficácia: funciona?, 495

CAPÍTULO 15: Então, você tem uma ideia..., 521

CAPÍTULO 16: O futuro: e agora, para onde seguir?, 535

Bibliografia, 547

Sobre o autor, 551

Índice remissivo, 553

Nota da edição brasileira

Marc Prensky, fundador da empresa de *e-learning* Games2train, é um dos principais nomes que surgem quando se trata de educação inovadora. Seu trabalho como palestrante, escritor, consultor e designer é reconhecido internacionalmente e goza de amplo destaque na mídia, já tendo sido apresentado em matérias e entrevistas nas redes CNN e BBC, nos jornais *New York Times* e *Wall Street Journal*, na revista *Training*, entre outros.

Apoiado em sua vasta experiência, Prensky aprofunda os diversos temas relacionados à aprendizagem baseada em jogos digitais, desde o contexto atual – de revolução do ensino-aprendizagem –, passando pelos tipos de aprendiz, fatores motivacionais da aprendizagem, passos para a implantação de jogos digitais em uma organização, até os desafios a serem enfrentados no futuro.

Aprendizagem baseada em jogos digitais vê a aprendizagem como um processo interativo e de alto envolvimento, e traz importantes subsídios para essa área ainda incipiente, como estudos de caso, dados e exemplos, unindo com bastante equilíbrio teoria e prática. Como complemento ao livro, o autor elaborou sites (www.socialimpactgames.com e www.twitchspeed.com) contendo jogos, links, informações adicionais e oportunidades para discussão sobre o tema.

O Senac São Paulo, por meio desta obra inovadora, que atende tanto às necessidades dos educadores quanto às dos gestores, pretende contribuir para a otimização dos processos de ensino-aprendizagem e para a formação de profissionais dinâmicos e criativos.

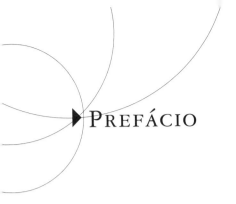

Prefácio

No início de minha vida, meu mestre me explicou os três caminhos que levam à criação do conhecimento: o analítico, em que os filósofos refletem, meditam e entendem os objetos e eventos; o empírico, em que os cientistas trabalham com variáveis e conduzem experimentos controlados para validar princípios confiáveis; e o pragmático, em que os profissionais enfrentam os desafios do mundo real, inventando estratégias para um desempenho mais eficaz e eficiente.

Neste livro, Marc Prensky seguiu os três caminhos para criar e compartilhar o conhecimento relacionado a educação e treinamento. Analisou sistematicamente os contextos e os eventos dos treinamentos e sintetizou um quadro lógico para a aprendizagem baseada em jogos digitais. Revisou e resumiu os principais princípios a partir de um ponto de vista psicológico e sociológico. Ainda mais importante é o fato de ele cumprir o que fala: Marc desenvolveu, implantou e avaliou a aprendizagem baseada em jogos digitais. Apresentou a proposta à diretoria e gerenciou projetos de desenvolvimento de jogos.

Durante os últimos seis anos, vi Marc em ação enquanto ele fazia apresentações importantes em conferências profissionais. Com a intuição inabalável de um apresentador de rua, ele atrai e prende a atenção do público e explica conceitos complexos em uma linguagem simples. Com o charme e o humor de um contador de histórias, ele se comunica de forma clara, por meio de exemplos pertinentes e metáforas significativas. Essa habilidade comunicacional poderosa está clara também no estilo de escrita de Marc. Contudo, não se deixe levar pela facilidade de leitura do livro, já que ele apresenta estudos sólidos e mensagens profundas. O estilo convida o leitor a realizar uma leitura muito semelhante ao uso de hyperlinks. Sem perceber, o leitor vai mudando de página aleatoriamente, como se estivesse navegando no texto: uma imersão total no conteúdo.

O livro traz diversas mensagens importantes, que não tentarei resumir aqui. Porém, nesta obra, estão alguns temas específicos que achei simplesmente fascinantes:

> Como instrutor corporativo, entendo as implicações significativas do capítulo que trata da mudança dos aprendizes. Embora eu tenha nascido antes da Segunda Guerra Mundial (lembra-se daquela época?), tentei me passar por um membro da geração da velocidade *twitch** desde que decidi vencer meu filho jogando um precursor do *Pong* em um computador Radio Shack Modelo I. Infelizmente, apesar de meu comportamento de infância tardia, ainda tenho aquele sotaque de imigrante quando comparado ao meu filho e à coorte de sua idade. Entretanto, saber as dez diferenças (mais a "atitude") entre a geração dos jogos e a minha facilitou a preparação dos materiais de meus treinamentos e a escolha de métodos que chamem a atenção do grupo com seu processamento paralelo, acesso aleatório, completamente conectado à internet e focado na fantasia.

Como designer instrucional, estou impressionado com a explicação de Marc sobre como e por que a aprendizagem baseada em jogos digitais funciona. Com a segunda parte do livro, aprendi diversas estratégias para fazer que meus treinamentos promovessem satisfação, envolvimento, estrutura, motivação, ação, fluxo, gratificação do ego, adrenalina, criatividade e paixão aos aprendizes.

Como consultor de negócios, fiquei feliz com a riqueza de exemplos e estudos de caso apresentados por Marc, especialmente na terceira parte do

---

* Termo usado pelo autor para designar a nova geração, que processa informações de forma paralela (não linear) e as acessa de forma aleatória e em ritmo acelerado.

livro. Não gaguejo mais quando um cliente diz "tudo isso parece perfeito, mas poderia me dar exemplos de onde essas coisas estão sendo usadas? E quais foram os resultados?". Posso escolher o exemplo mais adequado para que o cliente entenda o que quero dizer. Sou muito grato a Marc pelas orientações e pelos detalhes de como convencer a diretoria e como conseguir verba para os projetos.

Não acredito (nem Marc) que a estrutura da aprendizagem baseada em jogos digitais apresentada neste livro seja a única ou a melhor abordagem em relação ao ensino formal e ao treinamento. Já estou no universo dos treinamentos há um bom tempo, mesmo período em que estou desenvolvendo jogos interativos, mas o que é assustador e empolgante na tecnologia é que ela está em rápida mutação e ainda estamos por ver grandes mudanças. Não podemos diminuir a velocidade das mudanças, nem fazer que elas retrocedam no campo da educação e do treinamento. Elas são consequências automáticas do fato de que as gerações mais novas estão crescendo no mundo digital.

Aceitemos a inevitabilidade do que está por vir – e brinquemos com tudo!

Sivasailam "Thiagi" Thiagarajan
PRESIDENTE DA WORKSHOPS BY THIAGI

Rie, minha esposa e meu amor,
dedico este livro a você com todo o meu coração.
Não tenho palavras para agradecer tudo o que você me deu.

AGRADECIMENTOS

Tenho algo em comum com Stephen King, mas, infelizmente, não é a capacidade de criar histórias assustadoras. Nós dois nos inspiramos com a beleza de um lago incrível em Maine, às margens do qual pudemos escrever. Por essa maravilhosa oportunidade, sou extremamente grato a Rena Koopman, seus filhos Zandy e Jordan e seu falecido, mas sempre presente, marido Rad Smith.

Lil, Jim, Russell e Tyler, como sempre, obrigado por tudo. Não conseguiria nada sem vocês.

Ann e Stephen Graham, vocês se encontram entre as pessoas mais generosas que conheço, me incentivando e ajudando desde o começo. Aceitem meu humilde muito obrigado.

E Jon Fabris, você foi o mágico que fez minhas ideias se tornarem realidade. Obrigado por todos os anos juntos.

Gostaria ainda de agradecer a todos os que menciono a seguir, que contribuíram generosamente com seu tempo e ideias para fazer este livro acontecer. Meu agente, Jim Levine; minha pesquisadora, Linda D. Paulson; o editor responsável pela supervisão, Scott Amerman, e minha editora, Michelle Reed, cujas contribuições valiosas ajudaram a formatar o livro como ele está. Sivasailam "Thiagi" Thiagarajan, Noah Falstein, Ann Graham, doutora Joan Levine, doutora Patricia Greenfield, Paula Young, Joanne Veech, Rosemary Garris, doutor Ray Perez e Don Johnson leram o manuscrito todo, ou parte dele, e deram sugestões bastante úteis. Minha equipe da Games2train – Jon Fabris, Rob Posniak, Aubrey Arago, Amy Faxon, Annette Bronkish e John Ariz – sempre me apoiou, me ajudou, me entendeu.

Sou especialmente grato às pessoas a seguir por terem conversado comigo, escrito para mim ou, de alguma outra forma, contribuído com ideias: Carlye Adler, Clark Aldrich, doutor Michael Allen, Stuart Alsop, doutor Dee Andrews, Aubrey Arago, John Ariz, Paul Asplund, Richard Barkey, Barbara Berke, Mark Bieler, Sheryle Bolton, Cappy Bray, Vicki Carne, Bryan Carter, Bart Casabona, Dawn Cassidy, doutora Susan Chipman, Luyen Chou, Cathy Clark, Joe Costello, Chris Crawford, Tracy Carter Dautherty, Bob Dean, Bob Downes, Esther Dyson, Ethan Edwards, Win Farrewell, Amy Faxon, Roger Faxon, Bran Ferren, Tom Fischmann, Sarah Fister, Patricia Franklin, Jim Freund, Cheryl Garcia, Rosemary Garris, Amy George, tenente-general Paul Glazer, Seth Godin, Pete Goettner, Martha Gold, Eric Goldberg, Harry Gottlieb, Henry Halff, Trip Hawkins, Ed Heinbockel, Vince Henry, J. C. Herz, John Hiles, Danny hillis, Kurt Hirsch, Barry Howard, Don Johnson, Michael Junior, Tom Kalinske, John Kernan, Andy Kimball, Cindy Klein, Victor Kluck, Kathryn Komsa, Sylvia Kwal, Donna Kush, Jaron Lanier, Amanda Lannert, Tom Levine, Ashley Lipson, Elliot Masie, Margery Mayer, Pete Mazany, Eric Mc Luhan, David Merril, Jerry Michalski, Joe Miller, Kim Miller, Peter Moore, Nicholas Negroponte, Mark Oehlert, John Parker, Michael Parmentier, Anita Paul, Rob Posniak, Ted Prince, Kevin Oakes, Mark Rein, Marc Robert, Dale Russakoff, Paul Saffo, Corey Schou, Patricia Seybold, Doug Shuman, Sharon Sloane, Jeff Snipes, Cindy Steinberg, Peter Stokes, Ed Summers, Laine Sutten, John Sviokla, Don Tapscott, Hannah Tetens, Thiagi, George Thibault, Mike Trainer, Joanne Veech, Winnie Wechsler, Annette Wellinghoff, Johnny Wilson, Bob Wolf, Will Wright, Paula Young, Steve Zehngut, Andy Zimmerman, Michael, Zyda e Rob Zeilenski. Agradeço a cada um de vocês!

Um agradecimento especial a Rob Posniak, programador de linguagem de baixo nível da Games2train, por sempre fazer tudo funcionar.

E, por último, mas definitivamente não menos importante, agradeço a Aubrey Arago, web-designer e artista gráfico de grande talento que desenvolveu, construiu e mantém os sites que acompanham este livro, www.socialimpactgames.com e www.twitchspeed.com, sendo também responsável pela maior parte do visual do www.games2train.com.

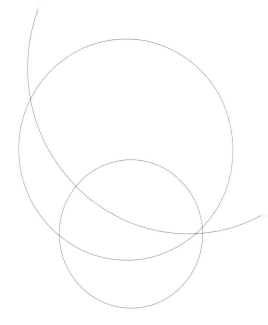

PARTE 1
Introdução/Histórico

Quando se pensa em jogos de computador, há muito envolvimento, mas pouco conteúdo. A administração tem muito conteúdo, mas não conta com envolvimento. Some os dois, e o que se tem é uma forma de aprender a administração por meio de computadores que faz sentido a esta geração.

Marc Prensky, citado no relatório sobre *A organização da aprendizagem*, da Economist Intelligence Unit

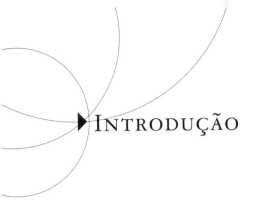

Introdução

Parabéns! Ao abrir este livro, você já faz parte da lista dos que mais bem "compreendem" (ou que pelo menos querem compreender). Compreender o quê? Compreender que os *aprendizes* de administração mudaram, assim como a *tecnologia* mudou. Compreender que os trabalhadores alimentados com o fluxo contínuo de MTV e videogames, em vez de livros e filmes educativos, podem não conseguir ficar sentados e imóveis para aprender do jeito antigo. Compreender que, apesar de os métodos e estilos de aprendizagem variarem de pessoa para pessoa, para que funcionem com os aprendizes de hoje, o elemento "diversão" de toda a aprendizagem deve estar sempre presente. Compreender ainda que a aprendizagem baseada em jogos digitais, em diversos formatos e preços, pode ser grande parte da solução.

Somos sortudos por nos encontrarmos no começo de algo muito novo e de grande força. Imagine, se tiver vontade, um livro sobre automóveis escrito em 1890. Ou um livro sobre aviões escrito em 1910. Ou ainda um livro sobre computadores escrito em 1950. Talvez os autores desses livros fossem capazes de traçar a imagem de um fenômeno que ainda estava no começo, mas que era promissor. Eles conseguiriam indicar apenas alguns exemplos pioneiros, muitos dos quais tiveram falhas. Se tivessem uma inteligência especial, poderiam ter até esquematizado uma grande visão do futuro – pessoas viajando a 50 quilômetros por hora, em estradas asfaltadas e duplicadas; uma esquadra de biplanos entregando a correspondência em locais longínquos; a solução de problemas matemáticos complexos em apenas

INTRODUÇÃO/HISTÓRICO

algumas semanas. Naquela época, qualquer previsão teria sido pura ficção científica. Até mesmo os pioneiros viam limites: "Não acho que o mundo precise de mais do que quatro ou cinco computadores", observou Thomas Watson, CEO da IBM, na década de 1950.[1]

No entanto, em um período menor que o de uma vida inteira, pessoas comuns – homens, mulheres e crianças – passaram a fazer coisas antes inimagináveis: controlar veículos que se movem a mais de 100 quilômetros por hora, separados por apenas alguns metros, ao longo de vastos sistemas rodoviários interligados; voar para qualquer lugar do mundo em apenas algumas horas, cuja decisão é frequentemente tomada em minutos; acessar, em segundos e sem custo, toda a rede de informações e conhecimento sobre os seres humanos a partir de pequenas caixas que podem ser colocadas sobre as pernas.

Henry Ford e Ransom Olds chegaram a ver as autoestradas em que se podia dirigir a 110 quilômetros por hora (eles morreram na década de 1940). Orville Wright viveu o suficiente para ver o avião a jato (morreu em 1948). Muitos dos que construíram o Eniac, um dos primeiros computadores do mundo (em que a potência computacional das calculadoras que servem de brinde atualmente ocupava uma sala inteira), ainda estavam vivos no ano 2000, trabalhando com megamips (milhões de instruções por segundo) em computadores de mesa, além da potência incomensuravelmente maior em torradeiras do que no Eniac.

Acredito que acontecerá o mesmo com a aprendizagem baseada em jogos digitais, fenômeno descrito neste livro. Bem antes de os adolescentes de hoje terem netos, a aprendizagem baseada em jogos digitais – ou, precisamente, seus sucessores bem mais sofisticados – será considerada uma forma de aprender bastante normal.

Há três principais motivos por que acredito nisso:

---

[1] Tomas Watson, presidente da IBM, 1953. Essa citação está amplamente divulgada na internet e em outros locais, mas ninguém dá a fonte. A citação pode ser apócrifa.

INTRODUÇÃO

1. A aprendizagem baseada em jogos digitais está de acordo com as necessidades e os estilos de aprendizagem da geração atual e das futuras gerações.
2. A aprendizagem baseada em jogos digitais motiva porque é divertida.
3. A aprendizagem baseada em jogos digitais é incrivelmente versátil, possível de ser adaptada a quase todas as disciplinas, informações ou habilidades a serem aprendidas e, quando usada de forma correta, é extremamente eficaz.

Em 1994, Jay Ogilvy, cofundador e diretor-gerente da Global Business Network, escreveu que "podemos ver a convergência da Nintendo, da Sega, computação gráfica interativa, pedagogia, teoria da aprendizagem, psicologia do desenvolvimento e o trabalho de Gardner sobre as inteligências múltiplas. Tudo se juntará como afluentes de um rio. Não é o que acontece agora, mas, por volta de 1997 ou 1998, é o que estará em voga".[2] Ele errou por alguns anos, mas estava certo quanto ao conceito.

Neste livro, mostrarei o seguinte:

- Por que os aprendizes e profissionais em treinamento de hoje mudaram e, portanto, precisam de algo diferente do que lhes estão oferecendo;
- Como e por que a diversão vai se tornar parte integrante dos processos de aprendizagem e treinamento;
- Como a aprendizagem baseada em jogos digitais incorporará uma incrível variedade de matérias, abordagens educacionais e preferências do aprendiz a fim de se tornar um método de aprendizagem extremamente eficaz e que se encontra em todos os lugares, trazendo benefícios a aprendizes, professores, instrutores e instituições para as quais estes trabalham.

Apesar de nos encontrarmos bem no início do fenômeno da aprendizagem baseada em jogos digitais, já conseguimos vê-la germinando e, em alguns casos, fincando suas raízes em uma grande variedade de lugares – em diversas das mais prestigiadas firmas de consultoria, incluindo The Boston

---

[2] Segundo Ogilvy, a citação estava em uma apresentação de *slides*.

INTRODUÇÃO/HISTÓRICO

Consulting Group (BCG), McKinsey e PricewaterhouseCoopers; em líderes de setor como Nortel, Ameritrade, Shell, Holiday Inn, Eli Lilly, Pepsi, Burger King e Bayer; em firmas menores, como empresas de engenharia e imobiliárias; nos setores de serviços e industrial, de orientação, treinamento de produtos, relacionamento interpessoal e conhecimento técnico, marketing e estratégia; em diversas unidades e níveis do setor público e, acima de tudo, nas Forças Armadas e na segurança pública dos Estados Unidos.

No livro *The Tipping Point*,[3] Malcolm Gladwell descreve três condições que fazem alguma ideia ou objeto se espalhar como uma epidemia: a lei de poucos, o fator pegajoso e a força do contexto. Entre os leitores deste livro estão os poucos que importam. A abordagem é pegajosa. O contexto é o correto. Todos os elementos estão a postos para que a aprendizagem baseada em jogos digitais se torne uma "epidemia" mundial de como aprender melhor. Assim, embora se tenha como público-alvo indivíduos preocupados com a aprendizagem em contexto profissional, vocacional, militar ou de negócios – ao que se costuma denominar "treinamento" –, o fenômeno da aprendizagem baseada em jogos digitais, no fim das contas, acabará atingindo e influenciando um público muito maior, pessoas envolvidas tanto com a área educacional quanto com a de entretenimento, já que sua força vai muito além do simples ato de treinar.

No mundo altamente lucrativo do entretenimento, a indústria cinematográfica e a dos jogos atingiram aproximadamente a mesma magnitude e costuma-se falar (embora com pouca ação até hoje) sobre elas "convergirem". A indústria da aprendizagem – educação e treinamento (um setor que movimentou mais de 2 trilhões de dólares no mundo todo na virada do milênio)[4] – encontra-se em uma grande fase de consolidação e de novo enfoque por meio de um novo sistema de distribuição: a internet. A combinação das empresas de entretenimento com a aprendizagem, a educação e

---

[3] Malcolm Gladwell, *The Tipping Point: How Little Things Can Make a Big Difference* (Nova York: Little, Brown, 2000).

[4] A Merrill Lynch, no relatório *The Knowledge Web*, de 2000, estima o mercado educacional em 2 trilhões de dólares no mundo todo, incluindo a área de recrutamento. O site eduventures.com estima que o mercado norte-americano, de 750 bilhões a 800 bilhões de dólares, represente um terço do total mundial, elevando os números de âmbito global para algo entre 2,2 trilhões e 2,5 trilhões de dólares.

INTRODUÇÃO

o treinamento é uma oportunidade de grande magnitude e com potencial para atingir grandes públicos. Esse resultado pode parecer um anátema – ou até mesmo um absurdo – para muitos educadores e instrutores de treinamento que vejam a aprendizagem como uma atividade "séria". Pode parecer uma estranha proposição de negócios para os executivos da área de entretenimento com enfoque voltado exclusivamente para as vendas ao mercado de massa, mas faz muito sentido para os aprendizes de hoje. A premissa básica deste livro é que, pela união entre o envolvimento que se consegue por meio de jogos e de entretenimento e o conteúdo da aprendizagem e treinamento, é possível melhorar a natureza do ensino para os alunos e profissionais em treinamento.

O que desejo enfatizar neste livro, mais do que tudo, não são apenas os meus esforços na área nem os da minha antiga equipe e colegas na Bankers Trust nem os de minha empresa atual, a Games2train, mas, sim, o escopo abrangente do que está sendo feito na área de aprendizagem baseada em jogos digitais. Descreverei algumas de minhas tentativas, como exemplos de ações específicas, e, uma vez que as conheço intimamente, procurarei explicar, da maneira mais franca possível, êxitos, falhas e problemas em sua realização. Entretanto, o mais importante para o leitor é perceber a existência de um número crescente de pioneiros – professores, instrutores, aprendizes e empresas – que criam cada vez mais aprendizagens baseadas em jogos digitais, depois de se sentirem frustrados pela não existência desses métodos. Muitos são instrutores de treinamento e professores, possivelmente assim como você. Um número ainda maior são os aprendizes frustrados. Conforme mostrarei no capítulo 15, há inúmeras oportunidades para os que pretendem criar – sozinhos ou em uma pequena equipe – uma solução divertida e com base em jogos na área de conhecimento em que atuam, como os criadores do automóvel, do avião, do computador e da indústria de jogos de hoje, que movimentam atualmente 7 bilhões de dólares.

Então, se o leitor alguma vez sonhou com uma aprendizagem mais eficaz e mais divertida, que proporcione maior envolvimento, deve continuar lendo este livro. Ele não está sozinho e definitivamente pode ajudar a transformar esse sonho em realidade. Nem será preciso muito dinheiro para co-

INTRODUÇÃO/HISTÓRICO

meçar; mas é possível, assim como muitos já o fizeram, buscar – e encontrar – milhões no meio do caminho. E de uma coisa você pode ter absoluta certeza: faça benfeito e será considerado um herói por seus alunos e pelos profissionais que treina, bem como por todos os que vierem depois deles!

Pretende-se que este livro proporcione um panorama do futuro, esteja embasado em teoria e seja extremamente prático, tudo ao mesmo tempo. Embora eu tenha tentado traçar uma progressão lógica e convincente do começo ao fim, uma grande vantagem do formato deste livro é a possibilidade de consultar diretamente qualquer capítulo, assim como o uso da tecnologia comprovada do "hipertexto manual". Dessa forma, sugiro o seguinte:

- Os leitores interessados em saber *por que os aprendizes são diferentes* e por que a mudança é necessária e difícil podem ler os capítulos 2 e 3.
- Os leitores que desejam saber *o que é* a aprendizagem baseada em jogos digitais devem ler o capítulo 6.
- Os leitores que estiverem buscando ideias sobre *como* usar a aprendizagem baseada em jogos digitais em uma infinidade de disciplinas e áreas de treinamento podem ler os capítulos 7 e 8.
- Os leitores que desejam conhecer *exemplos e estudos de caso* podem consultar os capítulos 9 e 10.
- Os leitores já convencidos e que buscam *munir-se de argumentos para superar questionamentos* ou convencer o chefe ou um grupo de executivos podem consultar o capítulo 12.

Tentei ainda incorporar ao livro uma série de características mais inovadoras e menos comuns relacionadas ao tema. Incluí jogos em muitos dos capítulos, mas, como estes são digitais, precisam de um computador e navegador da internet. Todos são jogos de *e-mail*, cujo único requisito é a capacidade de enviar uma mensagem por correio eletrônico.

É possível ver ou jogar muitos jogos nos sites www.socialimpactgames. com e www.twitchspeed.com, parte essencial da experiência deste livro. (Velocidade *twitch* – ou *twitch speed* – é o ritmo acelerado em que o dedão dos jogadores se move durante os jogos de ação ou jogos *twitch*.) O livro não estará completo sem o site, que inclui jogos (inclusive os indicados neste livro), links, exemplos, informações adicionais e atualizadas, citações, pes-

INTRODUÇÃO

quisas, referência a produtos e empresas e, sobretudo, oportunidades para discussão e contribuições em relação à aprendizagem baseada em jogos digitais. Insisto para que o leitor visite o site e, principalmente, faça sua contribuição. Como disse Tim Berners-Lee, pai da World Wide Web, "o que as pessoas colocam na internet é muito mais importante do que o que elas retiram".[5]

Este livro também não estaria completo sem que o leitor visse e experimentasse por si mesmo todos os níveis da aprendizagem baseada em jogos digitais. Há inúmeras formas de fazê-lo. Muitos exemplos baratos (isto é, jogos funcionais e graficamente simples) podem ser acessados diretamente pela internet. Alguns bons exemplos de aprendizagem baseada em jogos digitais são produtos comerciais que podem ser comprados. Para experimentar exemplos corporativos avançados (isto é, complexos e caros), cuja maior parte se encontra disponível em CD-ROM, será necessário solicitar versões demo, mas há vários tipos disponíveis. Na seção "Sugestões de leitura" e no site, é possível consultar ou acessar exemplos de aprendizagem baseada em jogos digitais. Peço, com grande insistência, que o faça, pois apenas a leitura deste livro, sem experimentações, dará uma pequeníssima ideia da atração e da força desse fenômeno.

Um último ponto: aprender é um grande trabalho. Não há método que funcione por si só para tudo. A aprendizagem baseada em jogos digitais é motivante ao ensinar de maneira completamente diferente de outros métodos. Mas esta não é a única solução para todos os problemas dos treinamentos nem uma varinha de condão que resolve tudo. A aprendizagem baseada em jogos digitais precisa ser combinada com outros métodos de aprendizagem, tão funcionais quanto ela. Um complicador é o fato de não terem surgido muitos outros métodos ultimamente. Mas com certeza há alguns, além da interação ao vivo entre professores e aprendizes e entre os próprios aprendizes, um dos métodos mais eficazes de ensino. Assim, tudo o que eu disser sobre a aprendizagem baseada em jogos digitais deve ser entendido nesse contexto.

---

[5] Ouvi isso na palestra de Berners-Lee proferida em Nova York em 1998.

No decorrer do livro, o leitor perceberá que muitas das principais ideias são repetidas e ilustradas de diferentes formas e com exemplos diversos. Essa repetição é intencional. Winston Churchill aconselhou que "se você tiver de transmitir um ponto importante, não tente ser sutil ou engenhoso. Use um bate-estaca. Bata na tecla uma vez. Depois, volte e bata na tecla novamente. Em seguida, bata pela terceira vez. Uma tremenda batedura".[6] A aprendizagem baseada em jogos digitais transmite uma mensagem importante. Espero que o livro seja, se não uma tremenda batedura, pelo menos um tranco nos processos de seus pensamentos.

Divirta-se com a aprendizagem. Que comecem os jogos!

Advertência para quem não é o público-alvo da aprendizagem baseada em jogos digitais

Acredito piamente que, com base em toda minha experiência e pesquisas, o fenômeno sobre o qual falarei agora – a aprendizagem baseada em jogos digitais – é uma forma nova e importante para que muitas pessoas aprendam, especialmente aquelas que pertencem ao que chamarei de "geração dos jogos", embora não se limite a elas, pois esse conteúdo também será útil para aqueles que veem a aprendizagem como algo "desinteressante" e "chato".

Contudo, esta não é, de maneira alguma, a única forma de se aprender, seja para a geração dos jogos, seja para qualquer outra pessoa. *Há muitas coisas que motivam as pessoas a aprender sem os jogos, assim como há muitas pessoas que não preferem os jogos como forma de aprender.* O fenômeno que descreverei não foi desenvolvido para elas, embora essas pessoas possam ter uma agradável surpresa com o que se tem conseguido ultimamente.

No decorrer da leitura deste livro, tenha em mente que a aprendizagem baseada em jogos digitais, ainda que seja divertida e eficaz, *é apenas uma das formas* de as pessoas aprenderem os mais diversos conteúdos.

---

[6] *Apud* Edward, duque de Windsor, *A King's Story* (Nova York: Putnam, 1951).

1.
A REVOLUÇÃO DA APRENDIZAGEM BASEADA EM JOGOS DIGITAIS

ENFIM, DIVERSÃO!

> Esta geração está crescendo em meio a uma revolução.
>
> *Ryan Zacharias, empresário de 16 anos de idade do ramo de internet*

> É claro que o tempo de atenção deles é curto – para as formas antigas de aprender!
>
> *Edward Westhead, ex-professor de bioquímica da Universidade de Massachusetts*

> Disseram que poderíamos ser uma empresa de brinquedos, mas queríamos ser uma empresa de brinquedos do prazer!
>
> *Trainee em uma simulação de negócios eletrônicos da Wharton*

A E3, Electronic Entertainment Expo, de Los Angeles, é um evento inimaginável. Agora que os videogames e os jogos de computador igualaram ou superaram a receita obtida em bilheterias de cinema (cada um em torno de 7,5 bilhões de dólares nos Estados Unidos),[1] os orçamentos de marketing

---

[1] O *Hollywood Reporter* divulgou que a bilheteria dos filmes norte-americanos de 1999 foi de 7,5 bilhões de dólares, enquanto no mesmo ano o PC Data informou que as vendas no varejo de jogos chegaram a 7,4 bilhões de dólares.

INTRODUÇÃO/HISTÓRICO

são imensos. A extravagância de três dias em que varejistas veem mercadorias que em breve estarão à venda e decidem que jogos comprar é uma produção de grandíssimo porte e com vários ambientes. Está cheia de extraterrestres que parecem reais, personagens de jogos gigantes, efeitos à moda de Hollywood, mulheres com pouquíssima roupa, além de milhares de expositores e visitantes. Os sons e as luzes, do mesmo estilo dos jogos, agridem os sentidos. Os estandes das *big three* – Sony, Sega e Nintendo – são áreas tão imensas que a medição pode ser feita em acres,* verdadeiros reinos, com estruturas projetadas em vários andares, balcões e palcos de onde emana a energia de *go-go dancers*, músicos e animadores. No epicentro de toda essa agitação, encontra-se o continente da Sony; por causa de sua nova máquina, foi a que mais gastou em 2001. E, bem no centro desse mundo, uma tela de cinema com 9 metros de altura – passando sem parar, bem à sua frente, cenas cheias de ação de jogos a serem lançados – se abre a cada 20 minutos, como se fosse um mar Vermelho vertical, permitindo que uma onda agitada de visitantes ávidos por novidades e que esperaram horas para conseguir o ingresso adentre o local sagrado. Dentro, em meio à tempestade de som *surround* e feixes de *laser*, o último modelo de console surge em um pedestal, como um deus.

Em outra parte do andar, uma empresa de jogos menos conhecida, disputando a atenção em meio à loucura, trouxe uma *half-pipe* (rampa em forma de U) completa, da altura de um prédio de dois andares, para bicicletas, na qual promovia apresentações de hora em hora com ciclistas de marcas famosas fazendo manobras de 360°. Não muito distante, encontra-se um ringue de boxe com lutadores de verdade. Cada expositor tem um segredo, um modo de ver, um brinde, algo que chame a atenção. Espere – em filas bem longas –, e será possível tirar uma foto com Lara Croft, de *Tomb Raider* (uma garota de verdade, com armas de verdade, em uma Harley de verdade, e nem se atreva a não sentar na garupa) com uma família Simpsons enorme, ou com as verdadeiras *cheerleaders* do Los Angeles Lakers, todas seminuas.

---

* 1 acre corresponde a aproximadamente 4.047 m². (N. T.)

E em todos os lugares, em meio a luzes, sons, músicas e garotas dançando, vê-se o brilho intenso das maiores e mais novas telas planas de computador, com os melhores e mais novos jogos, ainda em fase de finalização, exibidos como aperitivos a serem testados pelos visitantes. Muitos jogos têm uma multidão de pessoas em filas de espera, apesar dos diversos estandes.

A multidão é jovem, tem quase que exclusivamente entre 20 e 30 anos de idade e é cheia de energia. Não são céticos, mas sim participantes – talvez até mesmo viciados – ansiosos pela nova dose deste ano.

Isso é diversão! Esse é o mundo do entretenimento. Esse, senhoras e senhores, é *o* público de nossos treinamentos atuais.

> QUAL ERA A IDADE MÉDIA
> DE QUEM JOGAVA EM COMPUTADORES
> NO ANO 2000?
>
> O que você estava PENSANDO?
> Não tem ideia?

> Você está em seu escritório.
> Surgem pessoas de todos os lados.
> Faça isso! Faça aquilo! Cadê o relatório?
> Eu preciso dele agora!
>
> O QUE VOCÊ FAZ PRIMEIRO?

> A categoria agora é estatística.
> Formule sua resposta em forma
> de pergunta.
>
> A IDADE MÉDIA DOS FUNCIONÁRIOS
> DE EMPRESAS NO ANO 2000
>
> BIP!

INTRODUÇÃO/HISTÓRICO

Você tem exatamente 30 segundos para colocar essas palavras na ordem correta:

É ESPETACULAR A MAIOR COM PLANETA
E UM DE COMÉRCIO NOSSA AO MELHOR
ATENDIMENTO EMPRESA CLIENTE MISSÃO
SER SERVIÇO DE DO ELETRÔNICO O PREÇO

BIIIIIIIIIIIIII!!!

O NÚMERO TOTAL DE SISTEMAS DE VIDEOGAME DA ATARI, NINTENDO, SEGA E SONY VENDIDOS NO MUNDO TODO DESDE 1980 É _____

QUANTO do salário desta semana você está disposto a arriscar? Se arriscar tudo e acertar, você poderá ganhar um Porsche. Se errar, perde o salário.

(Estou brincando quanto ao Porsche, mas uma empresa de verdade pode não estar.)

Ok, jogador, você me pegou. Responda à próxima pergunta e serei seu cliente: Qual é a porcentagem de pessoas que terminam os cursos *on-line*? Não sabe?

VOLTE PARA A FACULDADE DE ADMINISTRAÇÃO!

1) 31 anos; 2) Faça primeiro o que for importante, depois o que for urgente; 3) 39 anos; 4) Nossa missão é ser a maior empresa de comércio eletrônico do planeta, com o melhor preço e um serviço de atendimento ao cliente espetacular; 5) 300 milhões; 6) 50% ou menos.

Dallas, uma semana depois. Convenção anual da Sociedade Americana de Instrutores e Desenvolvedores (American Society for Training and Development – ASTD). O andar dedicado à exposição tem menos de um décimo do espaço da E3 – menos até que um dos ambientes grandes da E3. A maioria dos estandes tem pelo menos 1,20 m × 2,40 m, não havendo estandes maiores que oito ou dez vezes o tamanho dos menores. Não há música. Nada de luzes extravagantes. Nada de barulho. Nada de filas. Certamente, nada de dançarinas. A quantidade de energia é baixa – talvez 2% da energia da E3. É possível que haja 2% do número de pessoas da E3 também, e a maioria está com 30, 40, 50 anos, caminhando a passos de tartaruga pelos corredores estreitos, de um pequeno estande a outro. Não há filas em lugar algum, a não ser pequenas aglomerações em dois ou três estandes que estejam vendendo "acessórios" de treinamento – ponteiros engraçados, objetos para fazer barulho, bolas coloridas, etc. – que podem ser os itens que mais se aproximam do conceito de "entretenimento". Um único PlayStation (I, não o II) exibe o vídeo de um jogo de corrida – sem relação alguma com o produto à mostra – em uma tentativa deslocada, aparentemente sem êxito, de chamar a atenção das pessoas. Outro expositor sobressai um pouco com uma pequena parede para escalar e um projeto com cadeiras futuristas e *headsets* 3D eletrônicos. Mas, quando a pessoa se dá ao trabalho de se inscrever e esperar sua vez, tudo o que se vê é a cabeça de um homem lendo (mal) um roteiro. Muito café (essencial). *Cookies* de chocolate. Calçados confortáveis.

Isso é *chato*! Esse é o mundo do ensino. Esses, senhoras e senhores, são os nossos *professores*.

Exagerado? Claro. E não estou questionando a dedicação da ASTD nem de seus membros. Exceções? Com certeza. Existem conferências de treinamento, como a "On-line", com muito mais equipamentos eletrônicos. Mas o aspecto geral é o mesmo.

Os professores e alunos de hoje pertencem a mundos totalmente diferentes. A maior dinâmica na qual se baseiam o treinamento e a aprendizagem de hoje é o choque turbulento e abrupto entre um corpo de professores criados em uma geração pré-digital, educados nos estilos do passado, e um grupo de aprendizes criados no mundo digital da *Vila Sésamo*, MTV, filmes de ação e videogames com velocidade *twitch*.

INTRODUÇÃO/HISTÓRICO

Os dois grupos – professores e alunos – são tão diferentes na abordagem, na visão de mundo, no estilo e nas necessidades, que mal conseguem se comunicar. E o resultado é um desastre. Os alunos, que representam exatamente a metade dos funcionários de empresas dos Estados Unidos (lembre-se de que a idade média de um trabalhador é 39 anos)[2] e cujo número continua a crescer diariamente, acham que os treinamentos (e sistemas educacionais) atuais são incrivelmente chatos, e não querem – e muitas vezes se recusam a – *participar* deles.

Na Bankers Trust, onde trabalhei muitos anos, os funcionários sempre se inscreviam nos treinamentos "obrigatórios" e, depois, simplesmente não apareciam. Quando questionados, respondiam: "Você quer que eu vá ao treinamento ou faça o meu trabalho?". Essa resposta é comum. Peça a alguém que descreva um treinamento corporativo. A probabilidade de se escutar um palavrão é alta. Segundo Roger Schank, chefe do Instituto de Ciências Pedagógicas da Universidade de Northwestern, "as pessoas *odeiam* treinamentos".[3] E não é apenas treinamento que elas odeiam, mas praticamente *toda* a aprendizagem institucional. "Em geral, não há nada no mundo voltado a pessoas inocentes tão horrível quanto a escola", escreveu George Bernard Shaw ainda em 1909.[4] "Os anos escolares, creio eu", diz H. L. Mencken, "são os mais infelizes de todo o período da existência humana".[5]

E os treinamentos *on-line* são piores! A maior parte dos desenvolvedores de treinamentos com recursos computacionais admite que, após um avanço rumo à multimídia em CD-ROM, houve um enorme passo para trás quando o treinamento passou a ser *on-line*. Apesar do número cada vez maior de treinamentos disponibilizados na intranet e na internet, e do fato de quase todos eles serem gratuitos para os usuários (os empregadores pagam praticamente o treinamento todo), a taxa dos que os concluem é alarmante, em

---

[2] O censo dos Estados Unidos, realizado pelo Departamento de Estatísticas Trabalhistas (U.S. Bureau of Labor Statistics), estima que a idade média dos trabalhadores em 1999 era 39 anos.

[3] Roger Schank, *Virtual Learning: a Revolutionary Approach to Building a Highly Skilled Workforce* (Nova York: McGraw-Hill, 1997), p. xxi.

[4] George Bernard Shaw, "A Treatise on Parents and Children", em *Misalliance* (Londres: Constable, 1914).

[5] Henry Louis Mencken, "Travail", em *A Mencken Chrestomathy* (Nova York: Alfred A. Knopf, 1949), p. 308.

geral menos de 50%.[6] Na revista *Training & Development*, um escritor diz que o que o faz perder o sono à noite é encontrar uma maneira de as pessoas continuarem o treinamento pela internet por tempo suficiente para aprenderem alguma coisa.[7] A maioria é soporífera. E, apesar de haver grandes discussões sobre tópicos como "comunidades de aprendizagem" e "tutores *on-line*", na realidade, os treinamentos pela internet tiraram dos participantes a única coisa de que gostavam: a possibilidade de sair do escritório.

Instaurou-se um ciclo vicioso, para prejuízo e pavor dos aprendizes – cuja maioria quer, sim, aprender –, no qual os contratantes dos treinamentos corporativos, convencidos de que esse estilo chato de "aprendizagem" é bom, continuam a adquiri-los mais e mais. Então, é isso que é produzido e oferecido pelos fornecedores, muitos dos quais surgem como praga, crescendo em escala geométrica. É como se eles tivessem adotado por completo, porém de forma distorcida, o novo lema do ex-guru da Apple Guy Kawasaki sobre simplesmente ir levando a situação: "Não se preocupe, suje feliz!"[8] E isso apesar de eles terem simplesmente substituído grande parte dos "programas de prateleira" (CD-ROMs não aproveitados) por programas "esquecíveis" (treinamentos *on-line* não terminados)!

No entanto, aprendiz, não se preocupe. Nem sempre será assim. Isso porque, à medida que a necessidade de aprender se torna mais significativa na bagunça do mundo dos negócios, o qual se encontra em constante mutação, e, à medida que as empresas finalmente encaram o fato de que as gerações que são clientes da E3 e que adoram jogos de computador e de videogame ao custo anual considerável de 7,5 bilhões de dólares[9] também são os funcionários que precisam ser treinados, o processo de treinamento e aprendizagem – em empresas, residências e, por último, mas não menos importante, em escolas – se encontra no limiar de uma grande revolução.

Já ouvimos isso antes. Entretanto, a meu ver, a revolução do treinamento e da aprendizagem não é – apesar do que se prega por aí – a mudança da

---

[6] Burck Smith, da Smathinking.com, na Education Industry Finance and Investment Conference em Falls Church, 8/9-5-2000.

[7] Bill Byham, em *Training & Development*, março de 2000.

[8] Guy Kawasaki & Michelle Moreno, *Rules for Revolutionaries* (Nova York: HarperBusiness, 1999), p. 23.

[9] Ver capítulo 1, nota 1.

condução do treinamento para a internet, embora esta seja importante e promova transformações. Não é o "ensino a distância", embora este também seja importante e parte do processo. Não são os computadores menores e mais rápidos nas salas de aula corporativas, sejam os de mesa ou *notebooks*. Tampouco são as redes sem fio, banda larga, sincronizadas, ou Sistemas de Gestão de Aprendizagem, e certamente não *é* o Treinamento Baseado em Computador (Computer-Based Training – CBT).

A verdadeira revolução da aprendizagem do século XXI é que a forma de aprender – em treinamentos *e* escolas – está finalmente se livrando das algemas da dor e do sofrimento que a têm acompanhado por tanto tempo. Durante boa parte de nossa vida, a aprendizagem estará, na maioria das vezes, realmente centrada no aprendiz, e será *divertida* – para alunos, instrutores, professores, pais, supervisores, administradores e executivos. A enorme barreira que separava a aprendizagem da diversão e o trabalho do jogo nos últimos séculos está começando a estremecer e, em breve, vai desmoronar, para a felicidade de todos. E, apesar de essa barreira ainda resistir por um tempo, assim como o Muro de Berlim no mundo político, quando finalmente cair, as pessoas debandarão rumo à liberdade.

A razão pela qual isso ocorrerá, e será logo, é que os aprendizes o exigirão, a ponto de a diretoria, professores e administradores não conseguirem mais resistir. Os trabalhadores da geração dos jogos passarão a não aceitar e a não participar de treinamentos chatos, sendo necessário injetar diversão e jogos nos treinamentos – como empresas, escolas e Forças Armadas, em alguns lugares, já começaram a fazer.

E a boa notícia de verdade é que, quando o fizermos, descobriremos que – para espanto de muitos (mas certamente não dos participantes de treinamento) – acrescentar diversão ao processo não apenas fará que a aprendizagem e o treinamento se tornem muito mais agradáveis e envolventes, mas também os tornará muito mais eficazes.

Este livro trata da junção de dois mundos que parecem diametralmente opostos: a aprendizagem séria em escolas e empresas e o entretenimento ativo – jogos de computador, videogames e, um pouco menos, filmes.

Do lado da aprendizagem "séria", existe hoje um enorme orçamento para treinamentos, de bilhões de dólares, cujo enfoque são os tipos "sérios" de aprendizagem de adultos – como dirigir empresas e melhorar processos, como administrar pessoas e organizações, como travar uma guerra e manter a paz, como administrar e evitar perigos e riscos, como não violar a lei. É isso que se costuma chamar de "treinamento", tanto nas empresas quanto nas Forças Armadas, sendo um subconjunto especial da aprendizagem de adultos. Atualmente, o treinamento é um negócio gigantesco, estimado em mais de 100 bilhões de dólares nos Estados Unidos (incluindo os órgãos de governo),[10] que representam parte de um mercado mundial de aprendizagem de mais de 2 trilhões de dólares.[11] Os elementos baseados em computador, principalmente o ensino a distância e *on-line*, crescem aproximadamente 80% ao ano.[12]

Do outro lado, encontra-se o mundo do entretenimento – música, televisão, filmes e, cada vez mais, jogos de computador e de videogame, atualmente iguais ou maiores que o cinema. Um grande público-alvo desse entretenimento é o que a Sony chama de *digital dream kids* (crianças com sonhos digitais), mas também inclui entretenimento adulto, desde esportes e xadrez até jogos de azar. O entretenimento também é um segmento enorme, estimado em trilhões de dólares.[13]

As forças que aproximam esses dois mundos de forma inexorável, nas palavras de Ogilvy, "como afluentes de um rio", são, primeiramente, a mudança tecnológica e a descontinuidade geracional, o que leva os aprendizes atuais a serem diferentes dos aprendizes do passado; em segundo lugar, a necessidade de atualização do treinamento e do sistema educacional para que estes se tornem mais eficazes e eficientes.

Como veremos, apesar de não haver um consenso sobre como exatamente as pessoas ou os adultos aprendem, quase todas as teorias reconhe-

---

[10] A Merrill Lynch, no relatório do ano 2000 intitulado "A rede do conhecimento", estima os treinamentos de empresas somados aos do governo em 110 bilhões de dólares.

[11] Ver Introdução, nota 4.

[12] A Merrill Lynch, no relatório citado, estima uma taxa composta de crescimento anual de 79%.

[13] Incluindo filmes, músicas, televisão, teatro, publicações, jogos de azar e esportes.

INTRODUÇÃO/HISTÓRICO

cem que os aprendizes devem se envolver no processo. E, embora às vezes seja possível que a aprendizagem em si seja um fator de motivação para o envolvimento, muito do que as pessoas precisam aprender, especialmente no ambiente empresarial, não é um fator de motivação intrínseca para a maior parte da população. Mas isso não significa que o processo de ensino e aprendizagem não possa ser divertido. A aprendizagem baseada em jogos digitais trata precisamente da diversão, do envolvimento e da junção da aprendizagem séria ao entretenimento interativo em um meio recém--surgido e extremamente empolgante – os jogos digitais para aprendizagem.

A aprendizagem baseada em jogos digitais já está germinando – e, em alguns casos, fincando raízes – em uma ampla variedade de empresas e outros lugares: em diversas das mais prestigiadas empresas de consultoria do mundo, em líderes de setor; em empresas menores; nos setores de serviços e industrial, de orientação, de treinamento em produtos, de relacionamento interpessoal e de conhecimento técnico, de marketing e estratégia; em muitas unidades e níveis do setor público; e, acima de tudo, nas Forças Armadas e na segurança pública dos Estados Unidos.

Contudo, apesar do êxito inicial, a aprendizagem baseada em jogos digitais ainda é uma ideia considerada radical, que tem como base duas premissas ainda não completamente aceitas na comunidade de treinamento e ensino de adultos. A primeira é que houve uma mudança fundamental dos aprendizes – a maioria das pessoas ensinadas ou treinadas atualmente, que no ano 2000 tinham pouco menos de 39 anos (idade média do trabalhador norte-americano), no sentido estritamente intelectual não são as mesmas do passado. Por isso, embora haja intensa discussão sobre "como as pessoas aprendem", ainda se dá pouca atenção a como elas aprendem, com exceção das falsas observações, que geralmente não ajudam em nada, de que costumam não aprender (ou pelo menos não da maneira como alguns acham que deveria ser).

A segunda premissa "radical" é que esses indivíduos "com menos de 40 anos" pertencem a uma geração que, durante sua criação, viveu intensamente, pela primeira vez na história, uma forma radicalmente nova de brincar – jogos de computador e videogames –, e essa nova forma de entretenimento moldou suas preferências e habilidades, oferecendo a crianças e adultos um enorme potencial de aprendizagem.

Neste livro, mostrarei como as incríveis mudanças tecnológicas ao longo dos últimos trinta anos, das quais os videogames são os grandes personagens, alteraram de maneira dramática – e, mais importante, descontinuamente – como as pessoas criadas nesse período pensam, aprendem e processam as informações. Essa mudança, que em grande parte passou despercebida, tem sido enorme, a ponto de os mais jovens de hoje apresentarem, no que diz respeito a preferências e estilos intelectuais, formas de pensar bastante diferentes das de seus pais. Na verdade, diferentes de todas as gerações anteriores.

Os que foram criados com teorias educacionais e de treinamentos tradicionais precisam perceber que, como isso é uma descontinuidade, muitos, se não a maior parte, dos dados que coletamos e das teorias que formulamos no passado sobre como as pessoas pensam e aprendem podem não mais funcionar. Na verdade, como qualquer pessoa pode observar, todo nosso sistema de ensino, que funcionou bem por séculos a fio, está entrando em colapso. A diferença mais importante talvez seja o fato de que as "coisas" a serem aprendidas – informações, conceitos, relações e assim por diante – não podem mais ser simplesmente "ditas" ou "expostas" a essas pessoas. Devem ser aprendidas por elas, por meio de perguntas, descobertas, construções, interações e, acima de tudo, diversão.

Está ficando claro que uma das razões por que ainda não temos mais êxito na educação de nossas crianças e trabalhadores, apesar de não faltarem esforços de nossa parte, está no fato de estarmos trabalhando duro para educar uma nova geração com meios antigos, lançando mão de ferramentas que deixaram de ser eficazes.

Ninguém menos que uma autoridade, o falecido doutor Albert Shanker, chefe da União Federativa de Professores (United Federation of Teachers – UFT), com sede em Nova York, e, posteriormente, da Federação Norte-Americana de Professores (American Federation of Teachers – AFT), em 1988, afirmou que "apenas 20% a 25% dos alunos que se encontram atual-

INTRODUÇÃO/HISTÓRICO

mente na escola conseguem aprender de forma eficaz com métodos tradicionais de ensino".

Em 1999, John Chambers, CEO da Cisco Systems, declarou que "neste momento, a tecnologia está avançando rápido demais em relação aos métodos tradicionais de trabalho do tipo 'contrate e treine' adotado pelas empresas".[14]

Não é preciso estar muito atento para perceber que as crianças, adolescentes e jovens adultos de hoje – as gerações X, Y e Z – não se relacionam tão bem com métodos tradicionais de ensino. "Sempre que vou para a escola, tenho de me desligar", reclama um aluno. O ensino e os treinamentos corporativos são ainda piores.

Muitos culpam os alunos. Mas, como disse Colin Powell na Convenção do Partido Republicano em 2000, "o problema não são nossas crianças; o problema somos nós!". Estamos todos vivendo uma imensa revolução tecnológica, e, no entanto, o ensino e os treinamentos convencionais têm feito muito pouco para se adaptarem aos novos estilos de aprendizagem desses indivíduos que foram criados com ideias e influências tão diferentes. Para uma geração autodidata em computadores, a abordagem utilizada ainda é a boa e velha metodologia de "exposição e avaliação" de sempre. E, apesar do número crescente de ofertas de cursos pela internet, o segredinho escondido pela maior parte dos treinamentos *on-line* é que o número de pessoas que chegam a concluí-los é assustadoramente baixo!

É chato demais!

"A maior parte das crianças não gosta da escola não porque as tarefas são difíceis demais", diz o doutor Seymour Papert, professor do Instituto de Tecnologia de Massachusetts (Massachusetts Institute of Technology – MIT), "mas porque são extremamente chatas!"[15] No que diz respeito aos treinamentos corporativos, a situação é igual ou até três, quatro vezes pior!

E por que isso acontece? Por que boa parte do processo de ensino e aprendizagem – seja em escolas ou corporações, seja com a presença de um

---

[14] *Online News*, novembro de 1999.

[15] Em "Does Easy Do It? Children Games and Learning", em *Game Developer*, junho de 1998.

professor ou a distância – tem essa incrível capacidade de ser desinteressante? Precisa ser assim? Embora existam diversos pontos de vista sobre o assunto, sou da opinião de que, se quisermos melhorar a educação, seja em escolas, instituições ou em salas de aula corporativas, caberá a nós (e, no fim das contas, a pessoas dessa geração) inventar novos meios de aprender que estejam de acordo com o novo mundo, o novo estilo e os novos recursos das gerações X, Y e Z, e posteriores.

Entre esses meios, a aprendizagem baseada em jogos digitais tem sua importância. Certamente não é o único, mas representa um dos primeiros meios efetivos e factíveis de alterar o processo de aprendizagem, de forma que chame a atenção da "geração dos jogos" e lhe cause interesse. AQUI!

Muitas pessoas, principalmente as das gerações mais antigas, acham que aprender é um "trabalho pesado". A aprendizagem baseada em jogos digitais não contesta esse pensamento. O que vai mudar na expressão *trabalho pesado* não é a parte do *pesado* – ninguém contesta seriamente o fato de que aprender envolve esforço e energia. A mudança está na palavra trabalho. Aprender, como sabem os grandes professores de todas as gerações, não parece um trabalho pesado quando há alguma diversão durante o processo. O pessoal do Laboratório de Mídia do MIT (MIT Media Lab) tem uma expressão para isso – *diversão pesada* –, retirada do comentário de um terceiranista que buscava uma maneira de descrever a aprendizagem que acabara de realizar.[16] A aprendizagem baseada em jogos digitais pode, com certeza, ser uma diversão pesada. No entanto, na sua melhor forma, *até a parte pesada vai embora*, tornando-se ela *toda* diversão, com momentos muito bons, ao fim dos quais é possível melhorar em alguma coisa por meio de um processo mencionado por Doug Crockford, da LucasArts, como "aprendizagem disfarçada".[17]

---

[16] Para ler a história completa, ver Nicholas Negroponte, *Being Digital* (Nova York: Vintage, 1996), p. 196.
[17] Noah Falstein atribui o termo a Crockford.

INTRODUÇÃO/HISTÓRICO

AS OPORTUNIDADES NA REVOLUÇÃO DA APRENDIZAGEM BASEADA EM JOGOS DIGITAIS

A aprendizagem baseada em jogos digitais é uma alternativa em uso – com êxito cada vez maior e surpreendente – em microequipes e em *skunk works* (pequenas equipes inovadoras, geralmente informais e autônomas) em torno de nossas empresas, escolas e instituições, como as Forças Armadas. Dos simuladores empresariais às obras de "edutenimento" pré--escolares, o novo paradigma de aprendizagem – aprender brincando – está surgindo paulatinamente:

- Crianças em idade pré-escolar aprendem o alfabeto e a leitura por meio de jogos de computador.[18]
- Alunos do ensino fundamental aprendem o currículo do jardim da infância até o sexto ano (K-6)[19] em PlayStations; as notas aumentam de 30% a 40%.[20]
- O jogo de xadrez no computador corresponde a uma grande parte do currículo da educação infantil,[21] estendendo-se até o 12º ano (K-12).[22]
- Os jogos que ensinam a digitar estão entre os softwares mais vendidos.[23]
- Alunos do ensino médio jogam *on-line* com diversos jogadores a fim de aprender sobre política eleitoral.[24]
- Investidores financeiros usam jogos de computador para "afiar" suas habilidades.[25]

---

[18] Por meio de programas como *Sesame Street Letters, Jumpstart Learning Games ABC's* e *Jumpstar Phonics, Toddlers* e *Pre-School*.

[19] Esta nomenclatura se baseia no currículo da educação primária e secundária de países como Estados Unidos, Canadá, Austrália e Nova Zelândia. K-6 refere-se ao intervalo entre o início do jardim de infância e o sexto ano.

[20] Empresa Lightspan Partnership. Ver capítulos 7 e 14.

[21] Esse currículo refere-se aos países supracitados. K-12 significa o intervalo entre o início do jardim de infância e o 12º ano, ou seja, os anos de educação primária e secundária.

[22] Art Fazakis, "A Look at Chess in the Public Schools", disponível em www.zone.com/kasparov/chessinschool.asp. Acesso em 2000.

[23] *New York Times*, 31-12-1998.

[24] *President '96* e *Reinventing America*, da AOL, criados pela Crossover Technologies e financiados pela Markle Foundation.

[25] *Straight Shooter!* Ver capítulo 9.

A REVOLUÇÃO DA APRENDIZAGEM BASEADA EM JOGOS DIGITAIS

- Responsáveis pela elaboração de políticas brincam com um jogo do tipo Sim City para entender o sistema de saúde.[26]
- Executivos brincam de dirigir simulações de um departamento de Recursos Humanos e de refinarias de petróleo.[27]
- Engenheiros usam um videogame para aprender novas tecnológias de projeto assistido por computador (CAD).[28]
- Militares em treinamento travam batalhas realistas em simuladores parecidos com videogames.[29]

Com o surgimento dos computadores, a aprendizagem baseada em jogos, cujas raízes não tecnológicas estão fincadas bem no passado, tornou-se a onda de aprendizagem do futuro. Em breve, ele chegará a toda a população, do "berço ao túmulo". Meu objetivo é mostrar:

- O que é a aprendizagem baseada em jogos digitais
- Por que ela é diferente e melhor
- Onde ela pode ser eficaz
- Como criá-la e usá-la

O livro *Aprendizagem baseada em jogos digitais* não é apenas uma ampla pesquisa do que está acontecendo nesse emocionante campo nem um manifesto do que se pode conseguir com ele; é também um manual prático, visto que qualquer um – professores, executivos, educadores, pais e, especialmente, *você*, leitor – pode usar de alguma forma a aprendizagem baseada em jogos digitais muito antes do que imagina.

APRENDIZAGEM PRINCIPAL OU APENAS REVISÃO?

Um ponto significativo sobre a aprendizagem baseada em jogos digitais é que ela não consiste apenas em uma revisão ou um reforço. Embora esse seja um componente útil e importante, que já vem acontecendo há bastante tempo, não é considerado uma mudança de verdade. O que é novo,

---

[26] *Sim Health*. Ver capítulo 9.

[27] Simulação de treinamento da Anderson Consulting; *Sim Refinery* da Thinking Tools para a Chevron.

[28] *The Monkey Wrench Conspiracy*. Ver capítulos 1 e 9.

[29] Simuladores de tanques SIMNET, por exemplo. Ver capítulo 10.

INTRODUÇÃO/HISTÓRICO

diferente e deixa as pessoas realmente interessadas, conforme apontado em um artigo de Sarah Fister na revista *Training*,[30] é o fato de que os jogos de computador agora podem ser usados na aprendizagem principal (isto é, a única) de matérias realmente difíceis, incluindo gestão de pessoas, softwares de difícil compreensão, produtos financeiros complexos e intrincadas interações sociais.

A aprendizagem baseada em jogos digitais pode desempenhar um papel importante na interiorização de conteúdos que não motivem as pessoas de forma intrínseca, mas que precisem ser aprendidos. Todos nós já deparamos com materiais assim, da tabuada à digitação, à aprendizagem de línguas e vocabulário, à ortografia, às regras e regulamentos – coisas que são, em uma só palavra, chatas. (A propósito, só para livrá-lo de uma encrenca, a palavra "chato" não costuma ser usada na "linguagem empresarial". A expressão politicamente correta para esse tipo de conteúdo, como concisamente me informaram um dia, é "árido e técnico".)

Independentemente de qual o nome estabelecido pela linguagem empresarial para esse conteúdo no mundo dos negócios, um número cada vez maior de empresas está aderindo à aprendizagem baseada em jogos digitais para:

- Conteúdos que sejam áridos, técnicos e, sim, chatos
- Objetos de estudo realmente difíceis
- Públicos de difícil acesso
- Difíceis questões de avaliação e certificação
- Entendimento de processos difíceis
- Sofisticadas análises de hipóteses
- Desenvolvimento e comunicação de estratégias

Vejamos dois exemplos.

---

[30] Sarah Fister, "CBT Fun and Games", em *Training*, maio de 1999.

ESTUDO DE CASO 1

THE MONKEY WRENCH CONSPIRACY: COMO FAZER 3 MILHÕES DE ENGENHEIROS APRENDEREM (E GOSTAREM)

Na primavera de 1998, eu estava sentado esperando, às 7 horas da manhã, na Frauces Tavern, onde George Washington pronunciara o discurso de despedida a seus secretários, sendo considerado, pelo que dizem, o restaurante mais antigo da cidade de Nova York. Localiza-se convenientemente bem ao lado da Goldman Sachs, financeiras e bancos de investimento. Além dos garçons que preparavam o local, eu era a única pessoa lá àquela hora, esperando o que eu previa ser um café da manhã de negócios rotineiro com um diretor executivo interessado em fazer negócio com minha empresa, a Games2train. Às 7h15, entrou a passos largos o homem com quem eu deveria me encontrar. Magro, com seus 1,95 m, vestindo um terno bege, largo e desabotoado, com uma gravata colorida, cabelo na altura do ombro, preso em rabo de cavalo, e com um sorriso contagiante no rosto, Joe Costello definitivamente não era o que eu esperava.

Costello, CEO de uma empresa recém-criada, chamada think3, estava explodindo de energia – era, literalmente, um homem com uma missão. Veterano executivo de grande prestígio em Silicon Valley, ele fora o responsável pelo aumento das vendas da Cadence Design Systems de 50 milhões para mais de 1 bilhão de dólares. Fora convidado por Michael Milken para ser o CEO da sua nova empresa educacional, a Knowledge Universe, tendo começado e pedido demissão em uma semana. Agora, ele acabara de aceitar a liderança de uma pequena empresa com um fantástico e novo software CAD de desenho mecânico em 3D em sua jornada rumo à conquista do mercado de desenho mecânico. "Esse mercado não avança há um bom tempo e está pronto para a mudança", disse-me Costello, "e eu gosto de mudanças". Encaixou essa reunião comigo antes de ir pedir (e conseguir) 25 milhões de dólares à Goldman. O produto da think3, thinkdesign, era comprovadamente melhor do que o produto utilizado pela grande maioria dos designers mecânicos, conhecido como AutoCAD. Mais parecido com os complexos e sofisticados pacotes CAD, que custam entre 15 mil e 20 mil dólares por estação de trabalho, o thinkdesign permitiu que os designers mecânicos trabalhassem diretamente em 3D, em vez de ter de começar com os desenhos em duas dimensões (2D) do AutoCAD. Com o impaciente apoio do capital de empreendimento e investimento da Goldman e outros, o objetivo da empresa de Costello era claro como água: fazer que o maior número de usuários do AutoCAD (quase 3 milhões) se convertesse ao thinkdesign o mais rápido possível. O primeiro grande obstáculo – a diferença de preço, tradicionalmente grande, entre os produtos 2D e 3D – fora removido com a concordância do conselho da em-

INTRODUÇÃO/HISTÓRICO

presa em baixar o preço do thinkdesign para que se equiparasse ao do Auto-CAD. Porém, havia ainda outro obstáculo mais temível, e Costello o conhecia: a facilidade de aprendizagem.

Apesar de todas as grandes vantagens do desenho em 3D em relação ao 2D, a maior parte dos engenheiros de desenho mecânico era avessa à mudança. Os programas CAD são extremamente complexos e tradicionalmente apresentam uma curva de aprendizagem bem íngreme. Os designers mecânicos – quase todos engenheiros do sexo masculino entre 20 e 30 anos de idade – sentiam-se bem confortáveis com o AutoCAD, utilizado há anos, normalmente desde o curso de engenharia. O AutoCAD fazia o trabalho para eles. Para que mudar? Aprender um novo sistema CAD, especialmente um tão eficiente, tomaria muito tempo e esforço deles. Eles teriam de aprender a desenhar e até mesmo pensar de forma totalmente nova (por isso o nome da empresa é *think3*, em referência a *to think*, "pensar" em inglês). Discussões em grupo indicaram que a maior parte desses engenheiros se mostrava relutante e até com medo de "voltar à escola" para aprender sobre um novo produto, não importa quais fossem suas supostas vantagens.

"Por que seria assim?", perguntava-se Costello. "Simplesmente não parecia possível que isso pudesse ou tivesse de ser tão complicado." Afinal de contas, eles eram profissionais, muitos deles pós-graduados, que passaram grande parte do tempo na escola. Aprender não era nada de novo para eles. Como engenheiro e gerente de treinamento da Cadence Design Systems (empresa na qual, mais tarde, ele passaria a desempenhar a função de CEO), Costello finalmente chegou à conclusão de que os engenheiros temiam o treinamento exatamente porque este era temível. Fosse ele do tipo Conduzido por um Instrutor (Instructor-Led Training – ILT) em sala de aula, ou mais moderno, como um Treinamento Baseado em Computador (Computer-Based Training – CBT) diante de uma tela, aprender um novo produto CAD significava começar bem do começo, passando por todas as aulas, independentemente do que já se conhecesse ou da velocidade de cada um. "Nesta primeira aula, você aprenderá sobre o plano de trabalho" – é como se começa uma aula convencional. Levaria horas e horas – ou, ainda mais provável, dias – antes de se começar a fazer algo interessante ou a trabalhar com a mesma habilidade com a qual eles estavam acostumados. Não havia graça nenhuma nisso. Era algo chato demais para merecer alguma atenção.

Costello não estava nada disposto a aceitar isso como sendo o treinamento de sua empresa. Estava convencido de que deveria haver um jeito melhor e, por isso, partira em busca de algo interessante no mercado de treinamentos. Não demorou muito para que a frustração chegasse. "Conversamos com diversas empresas", disse ele. "Observamos diferentes tipos de metodologia de treinamento e não encontramos nada de extraordinário. Basicamente, as metodologias encontradas incluíam o uso dos velhos manuais ou do treinamento com um instrutor: todos são colocados dentro de uma sala para fazer coisas tão chatas que dá vontade de morrer, e ainda se espera que voltem depois da hora do almoço. Sem contar os que haviam colocado essa mesma chatice em CD-ROM. Alguns deles usaram o que chamo de efeito da 'banana dançante', que significa colocar algumas animações no mesmo velho conteúdo árido e chato, que tem pouquíssimo que ver com ensinar alguém a aprender qualquer coisa. Nenhum desses métodos me pareceu emocionante." Isso não serviria para Costello.

É como se estivesse escrito nas estrelas: eu acabara de criar um jogo do tipo *Doom* para vendedores e investidores de derivativos da Bankers Trust chamado *Straight Shooter!*, que atraiu certo interesse da mídia de treinamentos.[31] Costello leu sobre o jogo e me ligou dizendo "Vamos nos encontrar!". Assim, Costello e eu começamos a conversar sobre algumas visões de treinamento. Depois de mais ou menos meia hora trocando ideias, sabíamos que estávamos em sincronia. "Eu sabia que esse era o caminho", disse Costello, "o verdadeiro caminho para conseguir a imersão, o entusiasmo, a energia e o envolvimento das pessoas por tempo suficiente para que elas comecem realmente a absorver o conteúdo". Nós dois percebemos, com um sentimento de alegria, que estávamos exatamente na mesma sintonia. "Os treinamentos devem ser tão divertidos quanto jogar *Doom*", dissera eu em uma entrevista cinco anos antes.[32] Costello e eu decidimos que faríamos exatamente isso para a think3.

Ouvíamos, em nossas mentes, a seguinte "instrução" ao aprendiz:

> Sua missão é simples, Moldy: infiltre-se em Copernicus. Se tentar desativar o dispositivo antimatéria antes de ele ter sido reparado, a antimatéria se tornará instável e... "bum!" Infelizmente, você não poderá levar arma alguma. Sua única ferramenta será este computador pequeno e leve. Contudo, esse computador tem instalado o programa CAD mais poderoso do universo, que lhe permitirá construir qualquer equipamento de que você precisar.[33]

Costello e eu tivemos uma visão clara de nossa missão. Criaríamos uma forma de:

- Envolver engenheiros esgotados
- Permitir que se divertissem bastante enquanto estivessem aprendendo

---

[31] Artigos sobre o *Straight Shooter!* apareceram em *Training* de agosto de 1997; *Securities Industry News* de 24-8-1998; *Future Banker* de julho de 1998; *Derivative Strategy* de junho de 1998; *Training & Development* de setembro de 1998; *Fast Company* de setembro de 1998; e *Newsweek* de 30-11-1998.

[32] Marc Prensky, *apud* Christine Solomon, *Developing Applications with Microsoft Office* (Nova York: Microsoft Press, 1995), p. 495.

[33] Extraído de *The Monkey Wrench Conspiracy*.

INTRODUÇÃO/HISTÓRICO

- Fazer que os engenheiros aprendessem a usar o software CAD 3D sem o sentimento de estarem "na escola", ou até mesmo de estarem aprendendo
- Desafiar jogadores sérios e ao mesmo tempo atrair os novatos e os que não são jogadores
- Fazer que seguissem até o fim
- Assegurar que, após o término do jogo, eles estivessem aptos a utilizar o software

Como faríamos isso? Criaríamos um jogo fantástico - um que o mercado-alvo sentisse necessidade de começar e não conseguisse abandonar depois de iniciado. A aprendizagem praticamente aconteceria sem que os aprendizes percebessem, durante a tentativa de zerar o jogo. Daríamos a eles a "aprendizagem disfarçada".

O processo de desenvolvimento começou uma semana depois, com uma pequena equipe de ambas as empresas. No *brainstorming* inicial, chegamos a cinco princípios importantes: primeiro, tentaríamos ser o mais contemporâneos possível; segundo, manteríamos um ritmo rápido para o jogo e a aprendizagem; terceiro, era mais fácil ensinar o usuário a consertar algo do que criar alguma coisa do nada; quarto, as tarefas de aprendizagem seguiriam um formato consistente de modo que pudessem ser facilmente substituídas, ou ter a ordem alterada; quinto, as tarefas de aprendizagem seriam progressivas, mas não didáticas.

O primeiro princípio nos levou ao tema do jogo e ao personagem do principal antagonista (um tema do espaço sideral do futuro, em que o jogador seria um agente secreto em uma missão para salvar a estação espacial Copernicus). Isso permitiu que muitas peças de aparência futurista fossem desenhadas e reparadas. Para criar um visual equivalente ao dos jogos comerciais disponíveis no mercado da época, contratamos a Dub Media, inovadora empresa de jogos gráficos destinados a usuários não profissionais.

A "necessidade de velocidade" do público exigiu um jogo de ação. Por isso, decidimos criar um "atirador", como em *Doom* e *Quake*, pois nosso público seria quase todo do sexo masculino e estaria bem familiarizado com esse estilo de jogo. O jogador teria de correr pela estação espacial, encontrar uma série de tarefas a serem rapidamente cumpridas, com o objetivo de salvar a estação e utilizar o software CAD para a realização dessas tarefas. Decidimos que o jogo teria três fases, com muitas salas, quebra-cabeças, exploração espacial e robôs malvados a serem destruídos, e que o jogador teria apenas uma hora de "tempo de jogo" para chegar ao fim e alcançar seu objetivo. Ultrapassado esse tempo, a estação espacial explodiria de forma espetacular.

Nosso principal antagonista tinha de ser alguém que quebrasse coisas, de modo que o jogador pudesse recriá-las por meio do software. Gilad Atlas, membro relativamente novo da equipe, sugeriu que "jogássemos uma chave inglesa [*wrench* em inglês] na engrenagem", surgindo daí o personagem principal do jogo: o doutor Monkey Wrench. Apesar de ser um extraterrestre, ele usaria uma máscara protetora e um porta-canetas no bolso, de forma que todos pudessem enxergar um engenheiro. Nosso jogo destinado à aprendizagem se tornou "The Monkey Wrench Conspiracy".

Atender aos dois últimos princípios – de que as tarefas de aprendizagem seguiriam um formato consistente de modo que pudessem ser facilmente substituídas, ou ter a ordem alterada, e de que as tarefas seriam progressivas, mas não didáticas – mostrou-se muito mais difícil e demorado do que inventar, e até mesmo elaborar o jogo. Nossos clientes e parceiros da think3 eram, em sua maioria, professores – o fundador era professor universitário – com um histórico bem tradicionalista. Para eles, ensinar era começar do começo: apresentar a interface, o plano de trabalho, linhas simples e arcos, extrusão, filetes, e seguir passo a passo o "livro didático", recurso por recurso. Nós, em vez disso, os desafiamos a criar trinta "tarefas" que, se realizadas em sequência, permitiriam que o jogador capaz de utilizar recursos simples chegasse a usar recursos avançados do programa. Eles também insistiam em mostrar os "conceitos" ao jogador antes do início da tarefa, de modo que um breve "vídeo sobre conceitos" em formato ".avi" foi criado pela think3 para apresentar cada uma das tarefas.

"Quente, mas frio"

Em questão de semanas, o modelo das tarefas fora definido; as tarefas iniciais foram criadas e os vídeos sobre conceitos, preparados. Integramos todas as partes em nosso primeiro protótipo e o apresentamos a Costello. Ele examinou o protótipo e pensou por um momento. "Quente, mas frio", disse em tom sério, balançando a cabeça negativamente. "Hã?", dissemos nós. "A combinação de aprendizagem e entretenimento não está funcionando", explicou. "O jogo é quente – divertido, rápido, motivador. Aí, com a primeira tarefa de aprendizagem, vem um balde de água fria. É como se tivéssemos voltado à escola. É chato."

Costello estava certo. Era preciso que as partes da "aprendizagem" fossem tão emocionantes quanto o restante do jogo. Como fazer isso? No fim, a resposta era o empenho. Tínhamos de fazê-los querer completar as tarefas com a maior rapidez e eficiência possíveis para continuar a missão. Como criar esse empenho? Percebeu-se então que existiam profissionais para isso – os chamados roteiristas de Hollywood. Assim, contratamos um. Imediatamente, o "Agora, você aprenderá os três pontos a seguir" foi substituído por "Vamos lá, Moldy, você tem de fazer isso, senão estamos perdidos". As palavras objetivo, aprender e saber foram banidas, substituídas por verbos de ação

INTRODUÇÃO/HISTÓRICO

no imperativo, como construa, atravesse, repare e resgate. Os vídeos sobre conceitos foram reduzidos de 3 minutos para 30 segundos e passaram a começar com "Ok, Moldy, aqui estão as informações necessárias para realizar esta tarefa". As instruções cheias de palavras foram reduzidas drasticamente e apimentadas com videoclipes integrados que mostravam como cada coisa era feita. Testes posteriores revelaram que a maior parte dos usuários sequer lê o texto.

Sabíamos mesmo que estávamos na direção certa antes do teste de campo. Os rapazes da empresa levavam as versões alfa para casa com a desculpa de mostrá-la à namorada, mas, na verdade, pediam dicas de como zerar o jogo. The Monkey Wrench Conspiracy foi lançado no outono de 1998 para a grande felicidade da comunidade de engenheiros. Foi distribuído na forma de um disco de treinamento – único treinamento – separado com o produto da thinkdesign, sob o nome educacional de "pense rápido".

A estratégia de Costello com o *Monkey Wrench* era tanto uma estratégia de aprendizagem quanto de marketing. Estava convencido de que o jogo poderia, de fato, vender o produto, especialmente para estudantes de engenharia que ainda estavam formando suas preferências quanto a ferramentas. Criamos uma versão demo – duas fases em vez de três – que caberia em um único disco juntamente com a versão para teste do verdadeiro produto da thinkdesign. O disco demo foi posto junto de 60 mil cópias da revista *Cadence*, a bíblia do setor de desenho mecânico. A tiragem seguinte chegou a 200 mil cópias. Depois, mais 200 mil cópias, seguidas da tradução para o japonês e outras línguas. Depois de um ano, havia aproximadamente 1 milhão de cópias do jogo à venda.

Inserido no disco, havia uma solicitação de *feedback*, por meio da internet, para qualquer pessoa que terminasse o jogo. A think3 separou uma parte especial do site – a área de *The Monkey Wrench* – e colocou todos os *feedbacks* juntamente com comentários e respostas a todas às perguntas do doutor Monkey Wrench.

Alguns se empolgavam:

"Mal posso esperar para jogar a fase três. As primeiras duas foram muito legais. Mais uma vez, obrigado", escreveu Tim Davenport.

"OK, estou mais uma vez sem saída. É, também não consigo jogar outros jogos, fazer o quê? ;-) Estou no nível três com 29 das 31 partes. Contudo, a porta que dá acesso à única parte restante que consigo ver está trancada... O que tenho de fazer para atravessar essa porta trancada?? E a 31ª parte aparecerá depois que eu pegar a 30ª?", escreveu Mary Northrup, para quem "doutor Monkey Wrench" respondeu: "A última tarefa não estará disponível até que você derrote a mim, o doutor Monkey Wrench! Para atravessar a porta trancada, será necessário ir à ponte e procurar três botões na parede. Escolha com sabedoria, pois dois deles são armadilhas explosivas. Hahaha!". Em que *isso* se parece com um treinamento tradicional de tecnologia?

Uma das mensagens mais interessantes foi a carta de um pai, que relatou a experiência de Aaron, seu filho de 8 anos:

> Algumas semanas atrás, recebi um CD com o Monkey Wrench e o think-design. Perguntei ao meu filho Aaron de 8 anos se ele gostaria de tentar. Claro, ele adora videogames e não deixou a oportunidade escapar... Bem, não ficamos desapontados. Não só o jogo Monkey Wrench era muito divertido, como também o tutorial era excelente, e Aaron estava feliz ao extremo jogando e aprendendo a fazer desenhos em 3D... Ele ficou tão entusiasmado em aprender a desenhar qualquer coisa que imaginasse que me disse "isso mudou minha vida". As crianças de 8 anos têm uma queda pelo exagero, mas estava na cara que ele fora fisgado.[34]

O interessante, diz Costello, é que "as pessoas diziam 'isso é difícil demais para meus funcionários fazerem'. Se um terceiranista consegue pensar na solução, então, muito provavelmente qualquer um pode descobrir como aprender 3D. Já passamos pela experiência. Já tivemos casos de desenhistas mecânicos de 2D convictos que tentaram, mas não conseguiram criar desenhos em 3D e, depois de trinta dias com o *Monkey Wrench*, lá estavam eles com as criações em 3D. Eles estão progredindo na aprendizagem, divertindo-se, sentindo-se bem consigo mesmos e aprendendo um novo meio de fazer as coisas". "A resposta dos consumidores tem sido, no geral, positiva quanto a *The Monkey Wrench Conspiracy*," diz Art Ignacio, diretor de operações educacionais da think3. "Seja no Japão, na Itália, América do Norte ou Singapura, os clientes realmente gostaram da ideia de transformar jogos em ferramentas de aprendizagem."

Mas, então, o que faz do jogo esse sucesso? Como veremos mais adiante, é a combinação de dois fatores poderosos que transformam em sucesso todas as boas aprendizagens baseadas em jogos digitais. É *a motivação do jogo*, que lhe prende à aprendizagem sem que você perceba, combinada com uma metodologia de aprendizagem rápida, eficaz e que, definitivamente, não lembra a escola. "Sejamos realistas: essa é uma alternativa bem mais inspiradora e eficaz do que os manuais enormes e os manuais de Treinamento Baseado em Computador, com texto pesado e entediante", diz Costello.

Para os que se interessam por *design*, *The Monkey Wrench Conspiracy* é um exemplo do que chamo "aprendizagem baseada em jogos digitais vagamente ligados" (ver capítulo 6). Uma metodologia modelo de aprendizagem

---

[34]   Mensagem disponível em www.think3.com, seção *The Monkey Wrench*. Acesso em 2000.

INTRODUÇÃO/HISTÓRICO

baseada em tarefas facilita a compreensão do material por parte do aprendiz e a alteração das tarefas de aprendizagem por parte das fabricantes, à medida que o produto subjacente evolui. A parte do videogame de velocidade *twitch* faz a adrenalina dos jogadores aumentar, fornece contexto e motivação para as tarefas e é uma recompensa após o término de cada tarefa. O que deixa esse formato interessante é que tanto as tarefas quanto o jogo podem ser atualizados separadamente. Profissionais de dentro e fora da think3 estão continuamente criando novas tarefas de aprendizagem no formato de jogo, que podem ser facilmente integradas a ele. Além disso, à medida que a tecnologia evolui e o jogo inicial perde um pouco de seu estado da arte, as mesmas tarefas podem ser facilmente integradas a um jogo novo e melhor. A abordagem da aprendizagem baseada em jogos digitais é ideal para conteúdos abertos e baseados em tarefas. Mas, como veremos ao longo deste livro, a aprendizagem baseada em jogos digitais pode assumir uma ampla variedade de abordagens para objetivos, conteúdos, públicos e orçamentos diferentes. Examinaremos então outra abordagem (para mais informações sobre *The Monkey Wrench Conspiracy*, ver capítulo 9).

ESTUDO DE CASO 2

IN$IDER: COMO GARANTIR QUE OS PROFISSIONAIS DE AUDITORIA CONTÁBIL TENHAM UM BOM ENTENDIMENTO (E GOSTEM!) DO ASSUNTO

Lembre-se do seguinte dito: "O que é um contador? - um atuário com senso de humor!". Os Contadores Públicos Certificados (Certified Public Accountants - CPA) e principalmente os auditores são conhecidos como profissionais sérios, que não se divertem. Porém, parafraseando Bob Dylan, nos tempos atuais, as pessoas estão mudando (como mostrarei em detalhes ao longo do livro). A média de idade do auditor de empresas é hoje de 24 anos[35] e é bem provável que já manuseasse um controle de videogame bem antes de pegar em um lápis. Na verdade, "apontar o lápis" é uma referência - assim como "discar" um número de telefone - que muitos dos auditores de hoje podem nem sequer entender.

O mundo dos contadores de hoje, assim como de toda a sua geração, gira na velocidade *twitch*. A mudança na forma como as empresas cuidam de suas finanças e administram os riscos financeiros exige que os auditores aprendam áreas totalmente novas e complexas, praticamente da noite para

---

[35] Segundo Paula Young, da PricewaterhouseCoopers.

o dia. Um ótimo exemplo são os derivativos financeiros. Inventados pelos investidores e comerciantes "gênios" das instituições financeiras de maior destaque no mundo, e tendo sido exclusividade deles por bastante tempo, começaram a adentrar cada vez mais nas empresas de serviços financeiros nas décadas de 1980 e 1990, representando uma série de desafios de aprendizagem difíceis.

Primeiramente, as pessoas que trabalhavam com as vendas precisavam conhecer mais esses produtos misteriosos e complexos, começando com os comerciantes. Todos dentro das empresas como a Bankers Trust - bem--sucedida com derivativos na década de 1980 e começo dos anos de 1990 - estavam ávidos para aprender mais sobre eles. No entanto, o que se sabia era pouco e a habilidade de ensinar esse conteúdo era ainda menor. Tirar os "gênios" da área de investimentos e colocá-los para ensinar era simplesmente impensável - eles engendram dinheiro demais para a firma. Então, em um momento dos anos de 1990, a Bankers Trust chegou a pagar 10 mil dólares por dia a um consultor para dar cursos sobre derivativos, com duração de uma semana e oferecidos diversas vezes por ano para listas de espera gigantescas. Um bom trabalho, isto é, se você conseguir um desses! Deu certo - esse era um público que queria aprender sobre o assunto -, mas o custo foi enorme.

Depois, vieram os compradores de derivativos, geralmente tesoureiros e diretores financeiros. Esses instrumentos são produtos de risco, que podem lhe trazer lucros enormes, quando se pensa grande e se escolhe certo (sobre a direção das taxas de juros, por exemplo), ou enormes prejuízos, quando se escolhe errado. Usados de forma adequada, eles podem reduzir o risco; usados de forma inadequada, são especulações sem sentido. Um número relativamente baixo de compradores (pessoas jurídicas) compreendia bem o funcionamento desses produtos e seus riscos. Então, os que vendiam, como a Bankers Trust, se esforçavam para treinar os clientes - os investidores da Bankers criaram simulações parecidas com jogos para ilustrar com exatidão como os derivativos protegiam as empresas contra os riscos (ver capítulo 9). Com a participação de pequenos grupos de clientes em potencial em locais fora do ambiente empresarial, em hotéis sofisticados, essas simulações ajudavam, mas atingiam um público pequeno, além de os derivativos serem produtos complexos. A falta de conhecimento por parte do comprador sobre os derivativos acabou causando grandes prejuízos, escândalos e sofrimento para ambas as partes. Na Bankers Trust, a liquidação de ações resultante de ações judiciais instauradas por clientes literalmente cortou pela metade o valor de mercado do banco, e foi um dos fatores que o levou a ser vendido e encerrado. Entre os compradores, muitos diretores financeiros perderam o emprego. No fim, depois de oito anos de estudo realizado por várias agên-

INTRODUÇÃO/HISTÓRICO

cias de regulamentação, em janeiro de 2000, o governo norte-americano deu um passo à frente e tornou obrigatória a divulgação dos derivativos nas demonstrações financeiras oficiais de todas as empresas dos Estados Unidos, a fim de transmitir uma visão mais verdadeira do risco.[36] Outros países aprovaram regulamentos semelhantes. Os derivativos agora devem estar registrados "nos livros" das empresas. Oh, oh! Aí vem o terceiro desafio de aprendizagem sobre os derivativos, de longe o maior. Todos os auditores empresariais tinham de entender o funcionamento dos derivativos, e rápido. Chegou a hora de lutar nas firmas de auditoria!

Felizmente, nos idos de 1997, Paula Young, líder de tecnologias de aprendizagem da Europa na firma global de auditoria PricewaterhouseCoopers (na época, só Price Waterhouse), previu a chegada dessa situação. Ela sabia que seria um grande problema para a empresa, porque seria "difícil ensinar" derivativos por diversos motivos. O número de pessoas a serem treinadas era grande e descentralizado, mais de 15 mil auditores espalhados ao redor do mundo. O objeto de ensino era extremamente complexo, árido e técnico, e essa área do conhecimento dentro da empresa era extremamente escassa. Além disso, o tempo para preparação era relativamente curto, a regulamentação estaria em vigor em apenas um ou dois anos.

Um fato ainda mais importante percebido por Young era que os auditores que deveriam conhecer e aplicar as informações sobre os derivativos não eram os sócios da empresa, com seus 50 anos de idade, mas sim os jovens e as jovens de 20 e poucos anos da linha de frente de auditoria da empresa. Esses funcionários pertenciam todos à geração *twitch*, altamente competitiva e dinâmica. Mesmo que se encontrassem gênios para ministrar aulas sobre derivativos, era pouco provável que esses jovens ficassem sentados tempo suficiente para absorver alguma informação que eles transmitissem. Sem contar que o custo de fazê-lo dessa forma - 15 mil pessoas / 20 por sala + 5 dias + 5 mil dólares por dia (sejamos econômicos) + a despesa com o transporte das pessoas - poderia chegar fácil aos 20 milhões de dólares! Estava claro que a solução seria um produto tecnológico, mas Young também já tinha visto treinamentos *on-line* chatos, não tendo intenção alguma de elaborar soluções do que ela mesma chama de treinamentos do tipo "clique e durma" (*click and fall asleep*).

Refletindo sobre esse problema, Young - uma quase londrina educada no País de Gales e cujo histórico acadêmico e profissional inclui comunicações, psicologia, televisão, cinema e treinamentos baseados em videodiscos -

---

[36] Financial Accounting Standards Board (FASB), *Accounting for Derivate Instruments and Hedging Activities*, Statement of Financial Accounting Standards, nº 133. Esse documento foi emitido em 16 de junho de 1998, vigorando para exercícios fiscais iniciados depois de 15 de junho de 1999.

teve uma ideia. Na verdade, era mais que uma ideia, era uma visão. "A lâmpada se acendeu sobre minha cabeça", diz ela. A visão consistia em filmes e jogos de computador e um grupo de auditores da PricewaterhouseCoopers (PwC) motivados aprendendo horas a fio, movidos pelos fatores que faziam desses dois meios de entretenimento algo tão irresistível – desafios, enredo, personagens, música, "alguma coisa em risco" e "incidentes motivadores" que as pessoas tenham vontade de ajudar a resolver. Nesse momento da visão é que nasceu o *In$ider*, o projeto pioneiro de aprendizagem baseada em jogos digitais da PwC.

Young, agora uma profissional animada em divulgar a ideia, expôs aos sócios com grande interesse sua visão sobre o mundo 3D do ano 2030, da Gyronortex, "uma mineradora intergaláctica na zona central", mas não conseguiu o efeito esperado. "A ideia estava apenas na minha cabeça", diz ela. "Ninguém com quem conversei fazia a menor ideia sobre o que eu estava falando." E, no entanto, a história termina assim: dois anos mais tarde, assim que as novas regulamentações sobre derivativos entravam em vigor, centenas de auditores da PwC viajavam pelo mundo em 3D de Young para Gyronortex, adorando a experiência. O aplicativo para aprendizagem baseada em jogos digitais *In$ider* alcançou sucesso mundial, com 20 mil cópias disponíveis e pedidos chegando diariamente de escritórios em diversas localidades, de Pequim às Bermudas, bem como de outras empresas – inclusive vendedores de derivativos. Isso tudo para receber treinamento sobre um dos assuntos mais áridos e chatos que se pode imaginar.

Como foi que isso aconteceu? Como Paula conseguiu convencer os sócios cinquentões da PwC a investirem aproximadamente 3 milhões de dólares em "entretenimento"? Como ela conseguiu combinar entretenimento e aprendizagem? E como foi que ela fez tudo? Fique ligado (ver capítulo 9).

A promessa da aprendizagem baseada em jogos digitais

Aqui está a promessa da aprendizagem baseada em jogos digitais:

- Finalmente podemos encontrar alguma motivação na aprendizagem das matérias e conteúdos mais difíceis de ensinar ou treinar, seja por serem extremamente maçantes e áridos, seja por serem muito complicados, ou ambos, para que as pessoas treinem sozinhas.

- O trabalho em conjunto de pequenos grupos de instrutores, professores, especialistas de conteúdos e designers de jogos pode criar ex-

INTRODUÇÃO/HISTÓRICO

periências que melhorarão radicalmente a aprendizagem e, no fim, a competência e o comportamento de milhares, talvez milhões de aprendizes. O público da aprendizagem baseada em jogos digitais incluirá não somente empresas inteiras, mas também setores inteiros, escolas inteiras e até mesmo países e povos inteiros. Em última análise, terá efeitos sobre o valor de mercado de empresas e, talvez, até mesmo de nações.

■ O mercado livre criará um fenômeno de "pontos" de aprendizagem de grande eficácia que se dirigem aos públicos-alvo à velocidade epidêmica dos romances, filmes ou jogos *best sellers*, deixando um impacto educacional duradouro. Esse fenômeno se dará por meio de um processo avaliado pelo usuário do casamento da abordagem da "diversão", do entretenimento ativo e do mundo dos jogos – abordagem essa centrada na experiência e com vistas ao envolvimento – com técnicas eficazes para ensinar os conteúdos, fatos, conceitos, habilidades, argumentos e comportamentos que devem ser aprendidos por estudantes e trabalhadores.

■ No final, todos os instrutores, professores ou educadores terão a sua disposição as ferramentas e os colegas necessários para criar esses fenômenos. O talento de fazê-lo virá à tona com formas eficazes e bem-sucedidas de instruir não mais confinadas ao público privilegiado pela presença física de um único professor ou instrutor espetacular, mas sim disponível a todos os aprendizes que façam parte de seu possível público-alvo em âmbito mundial. Esse público-alvo poderia ser composto de todos os vendedores, todos os gerentes, todos os terceiranistas, todos os alunos do ensino fundamental, todos os alunos de matemática, todos os graduandos de química e assim por diante.

■ Como consequência, surgirão marcas de treinamento e aprendizagem com base não apenas em editoras, mas também em autores e designers, matérias e estilos, assim como acontece com livros, filmes e jogos.

■ Esse fenômeno de aprendizagem orientada para o usuário não passará apenas de empresa para empresa, de escola para escola, mas terá abrangência mundial, assim com os filmes e os videogames.

- A rede mundial, a internet, a intranet e suas sucessoras não serão o canal apenas de cursos educacionais e de treinamentos chatos dos quais as pessoas são forçadas a participar ou forcem a si mesmos até o fim. Em vez disso, serão um fórum competitivo – bem parecido com as empresas de filmes e jogos – em que o talento, a criatividade e a capacidade de manter o público e transmitir experiências convincentes são o principal objetivo. Os aprendizes determinarão as melhores combinações entre metodologias de aprendizagem, jogos e qualquer coisa que os agrade "sem muita análise intelectual".
- Teremos à nossa disposição um mundo de aprendizagem, assim como o mundo dos jogos e dos filmes, em que coexistem tanto os pontos "clássicos" quanto os métodos novíssimos e interessantes de ensino em que uma pletora de revistas e análises cobre o que está em desenvolvimento e ajuda os aprendizes a escolherem o que há de melhor; em que os fabricantes criam suas experiências com o objetivo de prender a atenção do público e obter êxito no campo da aprendizagem, ganhando assim dinheiro e atraindo capital; e em que os aprendizes aguardam com grande interesse o próximo lançamento, tão ansiosos quanto quando esperam um jogo, console ou filme novo.

Tudo isso não é apenas possível: está definitivamente sendo iniciado. Na verdade, uma parte já foi iniciada.

Os pontos principais

Aos leitores deste livro, aqui estão os principais pontos para reflexão ao terminar o capítulo:

- Se você for executivo de alguma empresa, administrador escolar ou responsável pelo desembolso de verba destinada a atrair pessoas – crianças ou adultos – para um nível mais alto de treinamento, há, sim, uma forma nova e melhor disponível. Embora não seja a solução definitiva nem a única maneira, cabe a você considerá-la seriamente e investir uma parte significativa de seus recursos nessa direção.

INTRODUÇÃO/HISTÓRICO

- Se você for um instrutor ou professor, seus alunos aumentarão o tempo de atenção se as abordagens adotadas realmente os envolver. É possível fazer que aprendizes de todas as idades se envolvam de corpo e alma com a aprendizagem de qualquer matéria, e há cada vez mais ferramentas disponíveis para ajudá-los nisso. Contudo, usá-las pode significar ter de repensar muito do que você acredita sobre ensino e treinamento.

- Se você for um estudante ou um profissional em treinamento, não se desespere: a salvação está a caminho. Aqueles dias entediantes dentro de uma sala de aula, que dão até vontade de chorar, ou diante de um computador ou tela de treinamento via internet, estão contados. Se quiser fazer melhor e mais rápido, procure e interceda pelas abordagens descritas neste livro. Tanto você quanto outros aprendizes ficarão felizes por tê-lo feito!

Mas será que realmente precisamos de algo tão novo e radical? Quem são os aprendizes de hoje?

2.
A GERAÇÃO DOS JOGOS
A MUDANÇA DOS APRENDIZES

> Nunca morei em uma casa sem computador.
> Michelle Reed, 25 anos, editora deste livro

> Os brinquedos eletrônicos foram meus primeiros companheiros de infância.
> David Bennehum, 33 anos, no livro *Extra Life*

> Sou da geração do PacMan.
> funcionário de uma empresa

A MUDANÇA DOS APRENDIZES

> Não estou certo de que tenhamos uma avaliação real do que isso fez com nossos filhos.
> doutor Ray Perez, psicólogo cognitivo da Secretaria de Defesa

Na virada do milênio, a idade mediana dos trabalhadores norte-americanos era 39 anos.[1] Isso significa que metade de todos os funcionários das empresas nasceu depois de 1961. Os mais velhos do grupo tinham

---

[1] A pesquisa populacional do Departamento de Estatísticas Trabalhistas dos Estados Unidos estima que a idade mediana dos trabalhadores em 1999 era de 39 anos.

INTRODUÇÃO/HISTÓRICO

7 anos de idade quando o homem pousou na Lua; a maior parte sequer havia nascido. A maioria nunca usou um daqueles antigos telefones de discar, nunca soube que houve um tempo em que a música não era totalmente portátil ou digital, nunca viveu sem centenas de milhares de imagens de vídeo todos os dias, nunca viveu em um mundo sem a existência de algum tipo de computador (A discussão sobre os funcionários mais velhos será no capítulo 14).

A *Vila Sésamo*, o grande experimento televisivo que mudou a forma como as crianças ao redor do mundo cresciam, comemorou seu trigésimo aniversário no ano 2000, tendo iniciado sua transmissão em 1970. Aproximadamente 50% dos funcionários das empresas (é isso mesmo, estamos falando de nossos colegas, e não de nossos filhos) cresceram com a *Vila Sésamo* como parte diária de sua dieta intelectual. O programa, como nos lembra Malcolm Gladwell,[2] "tinha como base uma única visão revolucionária: se você conseguir prender a atenção das crianças, conseguirá educá-las". A *Vila Sésamo* prendia-lhes a atenção à medida que as ensinava, dia após dia, ano após ano. Como? O programa as *entretinha*. Era *divertido*. Essa conexão entre diversão e aprendizagem faz parte da consciência de nossos trabalhadores desde seus dias pueris.

Pong, o primeiro videogame comercial, apareceu logo após o surgimento da *Vila Sésamo*, em 1974, assim que os primeiros desses 50% dos trabalhadores completaram 13 anos. Um deles, David Bennehum – então com 6 anos de idade – lembra-se perfeitamente de seu primeiro encontro com esse novo fenômeno, por ele descrito em seu livro *Extra Life*.

> Com o controle na mão, eu assistia à minha raquete eletrônica seguir os movimentos de minha mão. *Pá*. Batia na bola luminescente. *Pá*. Ela voltava. *Pá*. Agora mais rápido. *Pá*. Rápido demais! Ela passava. O jogo acabava diversas partidas depois. Eu podia perder sozinho. Ninguém riria de mim ou gritaria comigo por ter perdido. Eu encontrava uma moeda e jogava outro jogo. Era a glória![3]

---

[2]   *The Tipping Point: How Little Things Can Make a Big Difference*, cit., p. 100.
[3]   David S. Bennehum, *Extra Life, Coming of Age in Cyberspace* (Nova York: Basic, 1998), p. 15.

Ele não estava sozinho. Milhões de outras crianças também estavam felizes.

O *Space Invaders*, primeiro jogo de verdadeiro sucesso, chegou logo em seguida, em 1978. Assim, os funcionários mais velhos desse grupo de 50% – exatamente esses que estão agora com idades entre 30 e 39 anos – puderam jogar – desde seus primeiros anos escolares, sendo que a maioria *ainda joga* videogames. Mas os funcionários contratados mais novos, tendo acabado de sair do ensino médio ou da faculdade, nunca tiveram contato com um mundo *sem* videogames. À medida que os funcionários mais velhos se aposentam e são substituídos por trabalhadores mais jovens, a próxima onda de funcionários nunca terá vivido em um mundo sem as tecnologias avançadas de jogos dos PlayStations da Sony e dos jogos da internet para múltiplos jogadores.

Star Wars, o primeiro dos grandes filmes com efeitos especiais mais aprimorados, foi lançado mais ou menos na mesma época do *Space Invaders*, em 1977. A série do filme, cujos dois episódios subsequentes se seguiram em intervalos de três anos, estava em paralelo com o crescimento inicial do setor de jogos. Os dois estão intimamente relacionados e não é uma coincidência o fato de os efeitos especiais gerados para os filmes serem os mesmos usados nos jogos. "Sejamos realistas", escreve J. C. Herz em seu livro *Joystick Nation*, "[as extravagâncias dos efeitos especiais de 100 milhões de dólares] são videogames de tela grande".[4] Logo após os filmes *Star Wars*, de George Lucas, vieram os videogames de Lucas. LucasArts, a produtora de jogos do império do roteirista e diretor, produz receita e fluxos de caixa constantes nos períodos entre o sucesso dos filmes.

O *walkman* da Sony surgiu publicamente em 1978. No ano 2000, mais de 300 milhões (contando os clones) foram vendidos.[5]

A MTV foi ao ar pela primeira vez em 1981, apresentando um novo estilo de vídeo de cortes rápidos, que se equiparava à velocidade dos jogos e dos filmes. Os novos contratados dos Estados Unidos, recém-saídos do ensino

---

[4]   J. C. Herz, *Joystick Nation: How Videogames Ate Our Quarters, Won Our Hearts and Rewired Our Minds* (Toronto: Little, Brown, 1997), p. 26.

[5]   Só a Sony vendeu mais de 150 milhões de *walkmans* até 1995, segundo o site da empresa. Os clones e as imitações certamente dobram esse número.

médio ou superior, *jamais viveram em um mundo sem isso*. Vídeos musicais com mais de cem imagens por minuto fizeram parte de toda essa geração.

O PC da IBM também foi apresentado ao mercado em 1981, trazendo consigo um conceito completamente novo de jogos. "O que me fisgou foi o surgimento do PC, com a possibilidade de começar a jogar jogos inteligentes", diz Pete Goettner, 36 anos, atual CEO da Digital Think. "Eu não fazia isso quando tinha 12 anos, mas já o fazia aos 18 anos, e, à medida que novos produtos eram disponibilizados, mais eu era fisgado."[6] Um dos mais velhos desse grupo, ele jogou jogos de computador metade de sua vida.

Será que preciso continuar?

Com essas e diversas outras mudanças radicais e inovações tecnológicas, numerosas demais para contar (considere também as calculadoras de bolso, o Atari, o Apple II, o videocassete, a *handycam*, o CD e o *diskman*, os telefones sem fio, a internet, o MP3 *player*, etc.), a experiência dos jovens à medida que cresciam e os interesses de recreação nos últimos trinta anos do século XX sofreram uma mudança radical. Os alunos de hoje, do ensino fundamental ao superior, andam por aí com o próprio *game boy*, *handycam*, celular, CD e MP3 *player* portátil, *pager*, *notebook* e conexão com a internet, estando muitos desses itens dentro do orçamento pessoal desses indivíduos.

A cada dia, um adolescente comum dos Estados Unidos assiste a mais de 3 horas de televisão,[7] está conectado à internet de 10 minutos a 1 hora[8] e joga 1 hora e meia de videogame.[9] Quando esses indivíduos entrarem em nossas empresas como funcionários, poderemos estimar, de forma conservadora, que eles terão assistido a mais de 20 mil horas de televisão,[10] jogado

---

[6]   Entrevista por telefone.

[7]   O Annenburg Public Policy Center ("Television in the Home: Third Annual Survey of Parents and Children", Filadélfia, 22 de junho de 1998), traz o número de 2,55 horas. Milton Chen, em *The Smart Parent's Guide to Kid's TV* (São Francisco: KQED, 1994), traz o número de 4 horas ao dia.

[8]   Segundo a PricewaterhouseCoopers, mais de 25% dos adolescentes ficam conectados mais de 1 hora por dia. A Jupiter Communications diz que, ao mês, os adolescentes ficam conectados 303 minutos e os adultos, 656 minutos.

[9]   *Interactive Video Games*, Mediascope, junho de 1996.

[10]   365 dias por ano × 3 horas por dia × 21 anos = 22.995 horas.

mais de 10 mil horas de videogame,[11] assistido a centenas de filmes nos cinemas e em vídeo, além de terem sido expostos a mais de 400 horas de comerciais de televisão,[12] somando mais de dezenas de milhões de imagens. Com certeza, eles leram menos livros que os pais, mas, mesmo que fossem leitores vorazes, não teriam passado mais do que 3 mil ou 4 mil horas com isso.[13]

Desde os primeiros anos de vida, os trabalhadores que agora chegam a nossas empresas resolvem mistérios diários (*Blues Clues, Sherlock Holmes*); constroem e administram cidades (*Sim City*), parques temáticos (*Roller Coaster Tycoon*) e empresas (*Zillionaire, CEO, Risky Business, Start-up*); constroem civilizações do zero (*Civilization, Age of Empires*); pilotam inúmeros aviões, helicópteros e tanques (*Microsoft Flight Simulator, Apache, Abrams M-1*); lutam em combates corpo a corpo (*Doom, Quake, Unreal Tournament*); e conduzem assuntos estratégicos de guerra (*Warcraft, Command and Conquer*) – não só uma ou duas, mas diversas vezes, durante horas, semanas e meses, até ficarem realmente bons nisso.

E, é claro, há também a internet. A internet e o *e-mail*, há pelo menos seis anos* – ou seja, todo o período de existência da World Wide Web –, fazem parte da vida de muitos, se não de todos, dos nossos recém-contratados. As mensagens instantâneas já estão com eles há um ou dois anos e, para cada nova contratação de funcionários posterior a essa, esse tempo será maior.

Para eles, nada disso é "tecnologia". Como nos lembra Alan Kay, "a tecnologia só é tecnologia se tiver sido inventada depois de seu nascimento."[14] Esse é o mundo deles, assim como o carro e o telefone eram o mundo de

---

[11]   365 dias por ano × 1,5 hora por dia × 18 anos (vamos dar alguns anos para que comecem) = 9.855 horas.

[12]   Há aproximadamente 18 propagandas de 30 segundos em 1 hora de televisão; 18 propagandas por hora × 22.995 horas (acima) = 413.910 propagandas.

[13]   Eric Leuliette, um leitor voraz (e meticuloso) que disponibilizou uma relação na internet com todos os livros já lidos por ele (disponível em www.csr.utexas.edu/personal/leuliette/fw_table_home.html. Acesso em 2000), leu aproximadamente 1.300 livros até a faculdade. Se fizermos a conta a seguir, 1.300 livros x 200 páginas por livro x 400 palavras por página, chegaremos ao número de 10 milhões e 400 mil palavras. Se a velocidade de leitura fosse de 400 palavras por minuto, teríamos 260 mil minutos de leitura por ano, equivalente a 4.333 horas. Isso representa um pouco mais de 3 horas por livro. Embora outras pessoas possam ler mais devagar, a maioria leu bem menos livros que Leuliette.

*   Originalmente este livro foi publicado em 2001. (N. T.)

[14]   Citado por Don Tapscott em *The Digital Economy: Promise and Peril in the Age of Networked Intelligence* (Nova York: McGraw-Hill, 1998).

INTRODUÇÃO/HISTÓRICO

seus pais. Como indica Don Tapscott em *Growing Up Digital*,[15] "as crianças de hoje estão tão imersas em bits, que acham que tudo isso faz parte de um cenário natural".

Dessa forma, *metade* de nossos funcionários atuais e *todos* os nossos funcionários futuros (com exceção do efeito temporário dos aposentados que retornam ao mercado de trabalho ativo) foram criados em um ambiente bastante diferente – um ambiente digital – de experiências importantes de formação. Tal ambiente os rodeava e, literalmente, os "cobria" de mídias digitais. Os membros dessa geração recebiam ataques contínuos, durante quase todas as horas despertas, de diversas novas formas de simulação tecnológica, da MTV a filmes de ação e a internet, tecnologias totalmente inexistentes nas gerações anteriores. É quase certo que qualquer um nascido nos Estados Unidos, depois de 1961, cresceu com jogos digitais presentes em sua vida, seja em casa, no shopping ou cinema.

E essas experiências produziram efeitos enormes, embora em grande parte não estudados e não documentados, sobre essas pessoas. Como resultado de crescer rodeado por essa incrível gama de novas tecnologias, a mente da geração sub-40 foi *literalmente* alterada. "*Rewired*" (com os fios recolocados) é o termo popular que costuma ser utilizado por aqueles que se baseiam na tecnologia.

"A maior parte das crianças é criada com a mídia, em que tudo é tão cheio de vida, gráficos, velocidade e intensidade", diz o psicólogo cognitivo Ray Perez. "Não estou certo de que tenhamos uma avaliação real do que isso fez com nossos filhos."[16] A obra maravilhosamente escrita por J. C. Herz sobre a história do videogame, *Joystick Nation*, tem como subtítulo *How Videogames Ate Our Quarters, Won Our Hearts, and Rewired Our Minds* (Como os videogames comeram nossas moedas, dominaram nossos corações e colocaram novos fios em nossa mente).[17] Como veremos, essa fraseologia não é tão exagerada.

---

[15] Don Tapscott, *Growing Up Digital: the Rise of the Net Generation* (Nova York: McGraw-Hill, 1998), p. 1.

[16] Entrevista por telefone. Doutor Ray Perez, psicólogo cognitivo, da Secretaria de Defesa dos Estados Unidos.

[17] J. C. Herz, *Joystick Nation*, cit.

As "alterações mentais" ou "mudanças cognitivas" causadas pelas novas tecnologias e mídias digitais levaram a uma grande variedade de novas necessidades e preferências por parte da geração mais jovem, especialmente na área da aprendizagem, embora não se limite a ela. A pesquisa de Don Tapscott mostra que essas pessoas estão "aprendendo, jogando, comunicando-se, trabalhando e criando comunidades de forma bem diferente de seus pais".[18] O resultado é uma descontinuidade enorme, nunca antes vivida na história do mundo.

Todavia, Marshall McLuhan, que morreu em 1980, mesmo não vivendo para conhecer a internet, entendeu essa descontinuidade muito bem. Em *War and Peace in the Global Village*, ele escreve sobre "a dor e a tristeza resultantes de uma nova tecnologia".[19] Essa dor, explica ele, é vivida apenas por dois grupos – os pertencentes à tecnologia antiga e os que se encontram no meio-termo –, não se aplicando aos que cresceram com ela. As pessoas da "tecnologia antiga" (ele designa as pessoas que cresceram em um mundo dominado pelos materiais impressos como sendo membros desse grupo) funcionam como os deficientes visuais que, por algum motivo, voltam a enxergar. "Como, no começo, eles se afastam da confusão do estímulo adicional, de vez em quando ficam com vontade de voltar à reclusão relativa do mundo em que viviam."[20] Com que frequência as pessoas da atual geração, que são mais velhas, expressam esse sentimento de estarem estupefatas?

O segundo grupo com dificuldades é o daqueles que se encontram no meio-termo – a "geração X" de hoje. Tendo crescido com cada pé em um mundo tecnológico diferente, costumam estar extremamente desorientados e depressivos, conforme retratado por Copeland em seu livro. O último grupo, os que cresceram com a tecnologia – os mais novos das gerações X, Y, etc. –, está totalmente confortável com ela, não conhecendo outra forma de vida, e sentem-se estimulados pelas possibilidades dela advindas.

---

[18] Don Tapscott, *Growing Up Digital*, cit., p. 2.

[19] Marshall McLuhan & Quentin Fiore, *War and Peace in the Global Village* (São Francisco: Hardwired, 1997), p. 7.

[20] Otto Lowenstein, *The Senses, apud* Marshall McLuhan & Quentin Fiore, *War and Peace in the Global Village*, cit., p. 11.

INTRODUÇÃO/HISTÓRICO

O porquê de os pertencentes à geração mais antiga, orientada por materiais impressos, simplesmente "não entenderem" a tecnologia é óbvio para McLuhan: "o ambiente da informação e os efeitos criados pelo computador são tão inacessíveis à visão letrada quanto o mundo exterior para os deficientes visuais".[21] O impacto psíquico e social de novas tecnologias e o ambiente delas resultante altera as consequências psíquicas e sociais características da antiga tecnologia e seu ambiente. Na verdade, diz ele, "todas as novas tecnologias precisam de uma nova guerra".[22]

Não acredita? Dê uma olhada em seus filhos.

Mas eles pensam diferente mesmo?

> Tipos diferentes de experiência levam a diferentes estruturas cerebrais.
>
> *doutor Bruce D. Berry, da Faculdade de Medicina Baylor*

Os nascidos na época do *baby boom* (chamados *baby boomers*), que compreendem a grande maioria dos instrutores e professores de hoje, cresceram com um claro entendimento de que o cérebro humano não sofre mudanças físicas por causa de estímulos recebidos do mundo exterior, especialmente depois dos 3 anos de idade. "Desde a década de 1950, um dos maiores temas na área da neurociência são os neurônios do córtex amadurecidos durante o período crítico, nos primeiros anos de vida, acreditando-se que a organização do cérebro não muda muito depois disso", diz o neurobiólogo Michael Merzenich, da Universidade da Califórnia, em São Francisco.[23] Mas agora tudo indica que, na verdade, essa visão está *incorreta*.

Com base nas evidências e pesquisas científicas mais recentes da neurologia, não há mais dúvidas de que estímulos de vários tipos mudam sim as estruturas cerebrais e afetam o modo de pensar das pessoas e que essas

---

[21] Marshall McLuhan & Quentin Fiore, *War and Peace in the Global Village*, cit., p. 36.
[22] *Ibid.*, p. 98.
[23] *Newsweek*, 1º-1-2000.

transformações continuam ao longo da vida. O cérebro apresenta *plasticidade maciça*, o que não se entendia ou acreditava enquanto os *baby boomers* cresciam. Ele pode passar, e efetivamente passa, por reorganizações constantes. (Embora o termo popular *rewired* possa enganar de certa forma, a ideia geral está certa – o cérebro muda e se organiza de formas diferentes com base nas informações recebidas.) A velha ideia de que temos um número fixo de células cerebrais que morrem uma a uma foi substituída por pesquisas que mostram o reabastecimento constante de nosso estoque de células cerebrais.[24] O cérebro está em constante reorganização durante toda a nossa vida, *da infância à vida adulta*, um fenômeno tecnicamente conhecido como *neuroplasticidade*. Segundo Paula Tallal, codiretora do Centro de Neurociências Moleculares e Comportamentais da Universidade Rutgers (Center for Molecular and Behavioral Neuroscience), "cria-se o cérebro a partir das informações recebidas".[25]

"Está claro que o cérebro está longe de ser imutável",[26] foi o que escreveu a doutora Marion Diamond, da Universidade da Califórnia, uma das pioneiras no campo das pesquisas neurológicas. Ela e sua equipe descobriram que filhotes de rato demonstravam alterações cerebrais quando em ambientes "enriquecidos", em comparação com os que se encontravam em ambientes "empobrecidos", depois de apenas duas semanas. As áreas sensoriais de seus cérebros estavam mais grossas; outras camadas, mais pesadas. As mudanças mostraram crescimento geral constante, o que leva à conclusão de que *o cérebro mantém a plasticidade por toda a vida*.[27] G. Reid Lyon, neuropsicólogo que dirige pesquisas sobre leitura financiadas pelos Institutos Nacionais de Saúde, concorda: "O cérebro é maleável, ele continua com a plasticidade e reações em relação ao ambiente em um grau muito mais elevado do que se

---

[24] Paul Perry, em *American Way*, 15-5-2000.

[25] *Newsweek*, 1º-1-2000.

[26] Marian Diamond, *Enriching Heredity: the Impact of the Environment on the Anatomy of the Brain* (Nova York: The Free Press, 1988), p. 2.

[27] Renate Numella Caine & Geoffrey Caine, *Making Connections: Teaching and the Human Brain* (Boston: Addison Wesley, 1991), p. 31.

INTRODUÇÃO/HISTÓRICO

imaginava no passado", diz o neuropsicólogo. "Essa informação é bastante promissora."[28]

Além dos ratos da doutora Diamond, outros experimentos levam a conclusões semelhantes como seguintes:

■ Em um estudo realizado com furões, seus cérebros realmente sofreram um rearranjo físico, com as informações dos olhos desviadas para onde estavam os nervos da audição e vice-versa. O cérebro mudou a fim de acomodar as novas informações.[29]

■ Experimentos com imagens realizadas com deficientes visuais adultos mostraram que, quando eles aprendem braille, áreas "visuais" do cérebro acendem. Os deficientes auditivos usam o córtex auditivo para ler sinais.[30]

■ Quando os pesquisadores escanearam o cérebro de pessoas que batiam os dedos em uma sequência complicada por eles praticada durante semanas, ativava-se uma área maior do córtex motor do que quando realizavam sequências não praticadas.[31]

■ Informantes japoneses eram treinados para "reprogramar" seu circuito com o objetivo de distinguir os sons "ra" (como em arara) e "la", uma habilidade "esquecida" logo após o nascimento, uma vez que não é necessária na língua japonesa.[32]

■ Os doutores Jay Hirsch e Karl Kim descobriram que uma língua aprendida em um estágio mais adiantado da vida se localiza no cérebro em um local diferente da língua, ou línguas, aprendida quando criança.[33]

■ Experimentos sobre instruções de leitura intensiva cuidadosamente desenvolvidos com estudantes de 10 anos de idade ou mais parece-

---

[28] *Apud* Frank D. Roylance, *Intensive Teaching Changes Brain*, SunSpot (comunidade *on-line* de Maryland), 27-5-2000.

[29] Doutor Mriganka Sur, *Nature*, nº 404, 20-4-2000.

[30] Sandra Blakeslee, *New York Times*, 24-4-2000.

[31] Leslie Ungerlieder, do National Institutes of Health.

[32] James McLelland, da Universidade de Pittsburgh.

[33] *Apud Inferential Focus Briefing*, 30-9-1997.

ram criar mudanças químicas duradouras em áreas importantes do cérebro dos informantes.[34]

■ Mark Jude Tramano, neurobiólogo de Harvard, descobriu que a comparação entre músicos e os que não tocam instrumento algum, realizada por meio de ressonância magnética, mostrou um volume 5% maior no cerebelo dos músicos, relacionado a adaptações na estrutura cerebral resultante da prática e do treinamento musicais intensos.[35]

As pesquisas acerca da plasticidade cerebral estão sendo conduzidas por uma grande comunidade de cientistas. Ainda estamos bem no começo do processo de entendimento das implicações desse trabalho e suas aplicações. "No fim, essa estratégia trilhará o caminho rumo à educação baseada na neurociência" – diz o doutor Merzenich, fundador, juntamente com o doutor Tallal, da empresa educacional Scientific Learning.[36] A Scientific Learning criou produtos que visam, com base nas pesquisas acerca do cérebro, "reprogramar" o cérebro de crianças com determinados tipos de dificuldade de leitura, com resultados impressionantes (ver capítulo 7).

Além das notícias sobre a plasticidade do cérebro informadas pelos neurologistas e neurobiólogos, há ainda evidências da psicologia social. Filósofos e psicólogos do Ocidente, há algum tempo, acreditam que os mesmos processos básicos subjazem todo o pensamento humano. Embora diferenças culturais possam ditar *sobre* o que as pessoas pensam, as *estratégias* e os *processos* do pensamento, que incluem raciocínio lógico e o desejo de entender situações e eventos em termos lineares de causa e efeito, são os mesmos para todo mundo. Contudo, isso também parece estar errado.

As pesquisas realizadas por diversos psicólogos sociais – incluindo o trabalho de Alexandr Luria[37] na União Soviética, que mostrou que os camponeses que viviam na coletividade em comparação aos que não viviam

---

[34] Virginia Berninger, *American Journal of Neuroradiology*, maio de 2000.

[35] Relatado no *USA Today*, 10-12-1998.

[36] *Newsweek*, 1º-1-2000.

[37] Alexandr Romanovich Luria (1902-1977), pioneiro soviético em neuropsicologia. Autor de *The Human Brain and Psychological Processes* (Nova York: Harper & Row, 1966). A primeira edição desse livro, em russo, é de 1963.

INTRODUÇÃO/HISTÓRICO

na coletividade usavam tipos de lógica diferentes, e o trabalho do doutor Richard Nisbett, da Universidade de Michigan, que comparou americanos, europeus e asiáticos orientais[38] – mostra que as pessoas que crescem em culturas diferentes não apenas pensam sobre coisas diferentes, mas também pensam de *forma diferente*. O ambiente e a cultura em que as pessoas são criadas afetam, chegando até mesmo a determinar muitos dos seus processos de pensamento.

"Costumávamos pensar que todos usavam categorias da mesma forma, que a lógica desempenha o mesmo papel para todos no entendimento da vida cotidiana, que a memória, a percepção, a aplicação de regras, etc. são as mesmas", diz o doutor Nisbett. "Mas, agora, discutimos o fato de que os próprios processos cognitivos são bem mais maleáveis do que a psicologia predominante pensava."[39]

Assim, as pessoas que recebem informações diferentes da mídia e da cultura que as rodeiam podem, sim, pensar diferente, e é o que acontece. Contudo, a forma de pensar de uma pessoa não muda da noite para o dia. Uma descoberta importante das pesquisas sobre a plasticidade cerebral é que o cérebro não se reorganiza de forma casual, fácil ou arbitrária. "A reorganização cerebral se dá apenas quando o animal presta atenção à informação sensorial e à tarefa", escreve John Bruer em *The Myth of the First Three Years*.[40] "É necessário trabalhar duro", diz Lyon.[41] O programa Fast ForWard, da Scientific Learning, exige que os estudantes usem cem minutos por dia, cinco dias por semana, de cinco a dez semanas para criar as mudanças desejadas, pois "é necessária a atenção bem concentrada para rearranjar o cérebro."[42]

Diversas horas por dia, cinco dias por semana, com bastante concentração – isso lhe faz lembrar de alguma coisa? Ah, sim – videogames! É exatamente o que as crianças vêm fazendo desde a chegada do *Pong* em 1974. Elas vêm ajustando ou programando o cérebro para a velocidade, a

---

[38] *Apud* Erica Goode, "How Culture Molds Habits of Thought", em *New York Times*, 8-8-2000.
[39] *Ibidem.*
[40] John T. Bruer, *The Myth of the First Three Years* (Nova York: The Free Press, 1999), p. 155.
[41] *Apud* Frank D. Roylance, "Intensive Teaching Changes Brain", cit.
[42] *Time*, 5-7-1999.

interatividade e outros fatores dos jogos, assim como o cérebro dos *baby boomers* foi programado para acomodar a televisão. Na verdade, essa pode nem ser a segunda vez que acontece uma "reprogramação cerebral". Alguns cientistas sugerem pelo menos outras duas grandes "programações cerebrais" na história da humanidade: a primeira trata da necessidade de lidar com mudanças radicais,[43] a segunda, para lidar com a invenção da língua escrita e da leitura,[44] quando o cérebro teve de ser treinado novamente para lidar com coisas de forma bastante linear. "A leitura não é algo que simplesmente acontece", diz a especialista em neurologia da Universidade da Califórnia-Davis, Kathleen Baynes. "É uma luta terrível."[45] O neurocientista Michael S. Gazzaniga, da Dartmouth, acrescenta que "a leitura é uma invenção que terá uma neurologia diferente do que já está embutido em nosso cérebro, como a língua falada."[46] Na verdade, um dos enfoques principais da escola tradicional, durante centenas de anos desde que a leitura se tornou um fenômeno de massa, tem sido treinar novamente nosso cérebro orientado para a fala, a fim de que este consiga ler. Mais uma vez, o treinamento envolve várias horas por dia, cinco dias por semana e atenção bem concentrada.

Bem, aqui está a parte importante e interessante do problema: quando conseguimos descobrir (mais ou menos) como treinar o cérebro novamente para a leitura, ele foi treinado para a televisão. Agora, as coisas mudaram *mais uma vez* e nossos filhos estão treinando o cérebro com furor para pensar de maneiras novas, muitas das quais, como observaremos, são antagônicas às maneiras de pensar mais antigas. Esse é um dos principais pontos de tensão na raiz de muitos dos problemas de ensino e treinamento de hoje.

"Processos de pensamento lineares que dominam os sistemas educacionais podem agora, de fato, retardar a aprendizagem para o cérebro desenvolvido por meio dos processos computacionais de jogos e de navegação na internet", diz Peter Moore, editor do informativo da área de Recursos

---

[43] Antropólogo Richard Potts da Instituição Smithsonian, em *Inferential Focus Briefing*, 30-9-1997.

[44] *The Economist*, 6-12-1997.

[45] *Apud* Robert Lee Hotz, "In Art of Language, the Brain Matters", em *Los Angeles Times*, 18-10-1998.

[46] *Ibidem*.

INTRODUÇÃO/HISTÓRICO

Humanos *Inferential Focus*.[47] Essa afirmação pode ajudar a explicar a atitude do aluno do ensino médio que reclama: "toda vez que eu vou para a escola, tenho de 'me desligar'".

De acordo com William D. Winn, diretor do Centro de Aprendizagem do Laboratório de Tecnologia de Interface Humana da Universidade de Washington (Human Interface Technology Laboratory), as crianças criadas com o computador "pensam diferente do resto de nós. Elas desenvolvem mentes em hipertextos. Elas se movimentam rápido. É como se suas estruturas cognitivas fossem paralelas, não sequenciais".[48]

Moore relata que os adolescentes usam partes diferentes do cérebro e pensam diferente dos adultos quando estão ao computador. Agora sabemos que, na verdade, a questão vai além disso. O cérebro deles é de fato fisiologicamente diferente. Contudo, a maior parte dos observadores concorda que essas diferenças são mais uma questão de grau do que de tipo. Como resultado de experiências repetidas, por exemplo, áreas especiais do cérebro se tornam maiores e mais desenvolvidas, enquanto outras se desenvolvem menos.

Patricia Marks Greenfield, professora de psicologia da Universidade da Califórnia – Los Angeles, estuda há bastante tempo os efeitos da mídia sobre a socialização e o desenvolvimento cognitivo. Ela relata que se interessou pela área ao perceber que seu filho, na época com 11 anos de idade, desenvolvia habilidades de pensamento que ela própria não tinha, por meio de videogames.

Greenfield publicou diversos estudos relacionados aos efeitos do videogame sobre a mente dos jogadores. Ela foi uma das primeiras a estudar essa área, tendo publicado o primeiro livro sobre o assunto, *Mind and Media*,[49] em 1984. Muitas de suas ideias originais somente agora começaram a contar com maior aceitação. Greenfield descobriu que as habilidades desenvolvidas como resultado de jogar videogames vão além das habilidades de

---

[47] Peter Moore, *Inferential Focus Briefing*, 30-9-1997.
[48] *Apud* Peter Moore, *Inferential Focus Briefing*, cit.
[49] Patricia Marks Greenfield, *Mind and Media: the Effects of Television, Video Games and Computers* (Cambridge: Harvard University Press, 1984).

A GERAÇÃO DOS JOGOS

coordenação entre mãos e olhos, que é a citada com mais frequência. "Os videogames são os primeiros exemplos de tecnologia computacional com efeito socializante da próxima geração, atingindo as massas, até mesmo em escala mundial", escreveu em 1984. "Como é a pessoa que tem se socializado por meio das tecnologias da televisão e do videogame? Até agora, parece que ela pode ter habilidades mais desenvolvidas em representação icônica do que uma pessoa cuja socialização completa se dava por meio de mídias mais antigas, como materiais impressos e o rádio. Pode ser ainda que o videogame e o computador, ao acrescentarem a dimensão da interatividade à televisão, estejam criando pessoas com habilidades especiais em descobrir regras e padrões por meio de um processo ativo e interativo de tentativa e erro."[50]

Entre as descobertas de Greenfield, podem-se citar:

- Jogar videogames aumenta a habilidade da leitura de imagens visuais como representações do espaço tridimensional (competência representacional). Essa é a combinação de diversas competências, incluindo a parceria com o computador na construção da representação, usando-se o controle (ou outro que não o *joystick*) como uma ferramenta representacional "distanciada", trabalhando em tempo real na construção de mapas mentais e habilidades espaço-visuais e multidimensionais.

- A habilidade com jogos de computador aprimora outras habilidades de pensamento – o que acontece de forma espontânea –, como a habilidade de fazer dobraduras mentalmente (isto é, imaginar o resultado de várias dobraduras como o *origami* sem ter necessariamente de fazê-las). Ela acha que o importante é essa habilidade cumulativa – não há efeito algum sobre as dobraduras mentais só com algumas horas de jogo. Esses efeitos também foram encontrados em outros estudos.

- Como ninguém lhe diz as regras antes do jogo, o videogame aprimora as habilidades para "descobrir as regras" por meio da observação, de teste de hipóteses, de tentativa e erro. Nas palavras de Greenfield,

---

[50] *Ibidem.*

INTRODUÇÃO/HISTÓRICO

"o processo de fazer observações, formular hipóteses e descobrir as regras que regem o comportamento de representações dinâmicas é, basicamente, o processo cognitivo da *descoberta por indução*... o processo do pensamento por trás do pensamento científico". Segundo ela, os jogos de computador exigem essa habilidade.

■ As habilidades adquiridas com o videogame são transferidas e levam à melhor compreensão das simulações científicas, devido à capacidade aumentada de decodificar a representação icônica dos gráficos computacionais.

■ Jogar videogame aprimora as habilidades do jogador em atividades que requerem "atenção dividida", como o monitoramento simultâneo de diversos locais, ajudando-o a ajustar suas "estratégias de emprego de atenção" de forma adequada. Os jogadores ganham rapidez de resposta tanto a estímulos esperados quanto aos inesperados.

"Será que essas tecnologias estão caminhando rumo à criação de uma nova pessoa?", pergunta ela. A resposta de Greenfield é que as habilidades cognitivas não são algo novo, mas pode ser que uma combinação especial o seja. Essa observação foi feita em 1984. A partir dessa data, as pesquisas subsequentes de Greenfield confirmaram e aprimoraram suas primeiras descobertas.[51] Está claro que atualmente temos uma nova geração com uma combinação de habilidades cognitivas bem diferente da de seus antecessores – a geração dos jogos.

MÍDIA DIGITAL: UMA SEGUNDA LÍNGUA

Muitas pessoas se referem à facilidade dos mais jovens em relação ao computador como uma segunda língua, uma língua que não é falada pelos mais velhos, pelo menos não tão bem quanto pelos mais jovens. "Para os adultos, as habilidades com o computador são uma ferramenta, mas, para os adolescentes, usá-lo tornou-se uma segunda língua", escreve Moore. É uma metáfora que diz muito. Citando os experimentos dos doutores Hirsh e

---

[51] Patricia M. Greenfield & Rodney R. Cocking (orgs.), *Interacting with Video* (Nova York: Ablex, 1996).

Kim, já mencionados, Moore sugere que "a facilidade que o adolescente tem com o computador, assim como a facilidade linguística adquirida na infância, pode ter surgido de uma parte do cérebro que os adultos não usam enquanto realizam as mesmas operações computacionais".[52]

McLuhan também se refere a essas facilidades em termos linguísticos: "Tentar ensinar os adolescente 'ligados' com o estilo mecânico do passado é como pedir a uma criança de 3 anos, que acabou de aprender a falar inglês, que fale inglês pidgin ou use um sotaque escocês forte. Esse tipo de coisa não pertence ao seu meio, não sendo portanto perceptível".[53]

As gerações dos jogos – outros preferem usar os termos *N-gen* [de *net*] (geração internet) ou *D-gen* [de *digital*] (geração digital) – são *falantes nativos* da linguagem digital dos computadores, videogames e da internet. Aqueles de nós que não nasceram nesse universo, mas que adquiriram, pelo menos em algum momento da vida, certo fascínio pelas novas tecnologias, tendo adotado muitos ou a maior parte de seus aspectos, são e sempre serão os "imigrantes digitais" quando comparados a eles. (Estou em dívida com Sylvia Kowal da Nortel por estimular essas ideias.)[54] E, assim como todos os imigrantes, à medida que aprendemos – alguns mais que outros – a nos adaptar a novos ambientes, sempre mostraremos certo grau de "sotaque", isto é, sempre teremos um pé no passado. O sotaque do imigrante digital pode ser visto em ações do tipo usar a internet como fonte de pesquisa depois de já ter usado outro meio, ou ler o manual de um programa em vez de admitir que ele próprio nos ensinará a usá-lo. Nós, mais velhos, não fomos "socializados", para usar o termo de Greenfield, da mesma forma que nossos filhos. Lembre-se de que uma língua aprendida em um estágio mais avançado da vida se localiza em uma parte diferente do cérebro.

---

[52] Peter Moore, *Inferential Focus Briefing*, cit.

[53] McLuhan & Fiore, *War and Peace in the Global Village*, cit., p. 152.

[54] Apesar de a expressão *imigrantes digitais* poder ser minha, não sou o primeiro a usar a metáfora do imigrante. Douglas Rushkoff, autor de *Playing the Future: How Kid's Culture Can Teach Us to Thrive in an Age of Chaos*, foi citado por dizer que "as crianças são nativas de um lugar em que a maior parte dos adultos é imigrante" (Elizabeth Weil, "The Future Is Younger Than You Think", em *Fast Company*, 30-4-1997).

INTRODUÇÃO/HISTÓRICO

CONCURSO 1

Cite outros bons exemplos de "sotaque do imigrante digital". Envie as respostas para contest1@twitchspeed.com.

DIFERENTE DA TV: MANIPULAR *VERSUS* ASSISTIR

Como mencionei anteriormente, a televisão fez a própria "programação mental" dos que pertencem à geração do *baby boom* e das que vieram posteriormente. Mas, para entender os atuais aprendizes da geração dos jogos, é fundamental distinguirmos e separarmos as mudanças mentais que provêm da televisão e as promovidas pelas gerações seguintes, influenciadas pelas tecnologias *interativas*, como jogos de computador, videogames e a internet. A principal diferença é que as pessoas das gerações dos jogos são *participantes ativos*, em vez de simples observadores passivos. Greenfield chama os videogames de "primeiro meio de combinação do dinamismo visual com o papel ativo e participativo da criança".[55] "Eles querem ser usuários, e não apenas ouvintes ou observadores", relata Tapscott.[56] Janet Murray se refere à questão como "agência": "o poder da satisfação de realizar ações significativas e ver os resultados de nossas decisões e escolhas".[57]

Embora seja de *fundamental importância* diferenciar o ato de assistir do de participar, um não precisa necessariamente excluir o outro. Como todos podem observar, muitas pessoas, crianças e adultos, jogam videogames e assistem à televisão. Até mesmo quem desenvolve os jogos se rende ao fato, com certo arrependimento. "Não acredito que o entretenimento interativo dominará outras formas de entretenimento neste próximo século", diz Scott Miller, da Apogee. "Acho que a maior parte das pessoas prefere o entretenimento passivo, como a televisão, assistir a esportes, ir ao cinema, onde é possível relaxar sem esforço, apenas apreciando o que está a sua frente. Mas

---

[55] Greenfield, *Mind and Media*, cit., p. 101.

[56] Don Tapscott, *Growing Up Digital*, cit., p. 3.

[57] Janet H. Murray, *Hamlet on the Holodeck: the Future of Narrative in Cyberspace* (Cambridge: MIT Press, 1997).

não há dúvida de que o mundo dos jogos digitais continuará crescendo."[58] Brett Sperry, da Westwood Studios, acrescenta ainda que "não deixaremos de ter os livros, filmes, revistas e a televisão. As formas passivas de entretenimento chegaram para ficar. Entretanto, teremos uma incrível gama de novas opções de interação, apresentadas ao mercado de algumas maneiras diferentes. Tudo o que se faz atualmente visando o entretenimento, de alguma forma, se tornará interativo".[59] Embora a geração dos jogos use tanto as mídias ativas quanto as passivas, ela prefere os videogames e a internet à televisão devido à interatividade dos dois primeiros. Uma menina de 9 anos comentou com Greenfield que, "na televisão, se você quiser fazer alguém morrer, não dá. No PacMan, se você quiser passar por um fantasma, dá".[60]

O ponto é que, embora as duas formas de entretenimento continuem a coexistir, a geração dos jogos vive agora muito mais no mundo *interativo* – com ênfase no "ativo". Assim, quando os instrutores ou professores que pertencem à geração do *baby boom* trazem vídeos passivos, independentemente de como, do formato e do meio – como adoram fazer –, costumam pensar que estão fazendo um favor para os aprendizes. Mas o que os aprendizes atuais querem mesmo é interatividade – para eles, o resto é basicamente chato demais.

E OS PERÍODOS DE ATENÇÃO?

Nos treinamentos, quando apresento a ideia de que as gerações dos jogos influenciadas pelas mídias interativas "pensam de forma diferente", recebo muita resistência (em inglês, *pushback* é o jargão usado em treinamentos quando não se concorda com algo). Já escutei muito, geralmente com certa dose de irritação, que "você só está falando da distinção tradicional Myers-Briggs" (Myers e Briggs criaram um teste sobre estilos de pensamento amplamente utilizado). O único consenso a que costumam chegar é que os

---

[58] *Apud* Geoff Keighley, *Millenium Gaming*, disponível em www.gamespot.com/features/btg_y2k. Acesso em 2000.

[59] *Ibidem*.

[60] Greenfield, *Mind and Media*, cit., p. 102.

empregados mais jovens costumam ser rudes e que o período de atenção deles é mais curto. Na verdade, "atenção de galinha" já se tornou um clichê tão popular que sai naturalmente. Mas será que isso é realmente verdade? Será que eles *não conseguem* prestar atenção ou simplesmente *não prestam*?

"Eu não caio nessa de que as crianças têm períodos de atenção curtos", diz a doutora Idit Harel, autora do livro *Children Designers* e fundadora da MaMaMedia. "Elas pensam de forma diferente do adulto. Às vezes, elas realizam tarefas múltiplas; em outras ocasiões, podem começar algo e passar horas e horas caso essa atividade lhes faça sentido."[61] "Nunca acreditei que as crianças tivessem períodos curtos de atenção", diz Todd Kessler, produtor de *Blues Clues*, da Nickelodeon.[62]

As pessoas que pertencem à geração dos mais velhos costumam ver os funcionários mais jovens perderem a paciência e pararem de prestar atenção em treinamentos tradicionais. Pode ser que, a partir disso, a diretoria e os instrutores concluam que o período de atenção deles é curto, mas isso não é verdade. Eu sustento a afirmação de que as pessoas que continuam com a visão dos curtos períodos de atenção não têm visto ou ouvido os mais jovens com atenção suficiente. Nas palavras de Edward Westhead, ex-professor de bioquímica da Universidade de Massachusetts, em Amherst: "é claro que eles têm períodos de atenção curtos – para as formas antigas de aprender."[63] A atenção deles não é curta para jogos, por exemplo, para música, para andar de patins, para passar o tempo na internet, ou para qualquer coisa que lhes interesse de fato. O treinamento e os métodos de ensino tradicionais simplesmente não lhes são atraentes. Não que eles *não consigam* prestar atenção, eles apenas *optam por não* fazê-lo.

No que diz respeito a períodos de atenção, há dois termos da área médica que são relativamente novos, amplamente discutidos na última década: Transtorno de Déficit de Atenção (TDA) e seu irmão, Transtorno de Déficit de Atenção com Hiperatividade (TDAH) (isso tudo costumava ser chamado de *hiperatividade*). Um número enorme de crianças é diagnosticado com essa

---

[61] *Apud* Tapscott, *Growing Up Digital*, cit., p. 109.
[62] *Apud* Gladwell, *The Tipping Point*, cit., p. 110.
[63] Conversa pessoal.

doença – se é que se pode chamá-la doença –, que costuma ser tratada com Ritalina e outros remédios. O doutor F. Xavier Catellanos, chefe da unidade de pesquisa de hiperatividade e déficit de atenção dos Institutos Nacionais de Saúde, afirma que "todos conhecemos pessoas com déficit de atenção que conseguem se concentrar muito bem e por horas quando o assunto são os jogos de computador".[64] Segundo alguns pesquisadores, o TDA surge da incapacidade de o cérebro da pessoa produzir ondas beta prolongadas, em oposição às ondas teta.[65] Nem sempre é fácil determinar se o déficit de atenção da criança se deve a uma doença ou por que ela está chateada – nem sempre se acerta. Mas, mesmo quando acertamos, é interessante notar que os videogames – os grandes prendedores de atenção das crianças – estão sendo cada vez mais utilizados para dar um novo treinamento ao cérebro delas, ajudando-as na concentração, como veremos no capítulo 7.

No livro *The Tipping Point*,[66] Malcolm Gladwell cita a pesquisa realizada com a *Vila Sésamo* que revelou que as crianças, na verdade, não assistem à televisão de forma contínua, mas "em rajadas". Elas se concentram o suficiente para acompanhar a ideia geral e ter a certeza de que ela lhes faz sentido. A premissa anterior à pesquisa, que envolvia mensurações oculares sofisticadas, era a de que as crianças ficavam sentadas como zumbis, atraídas por aquela maravilha, que não lhes exigia o pensar – o brilho reluzente desse meio de comunicação. Mas não foi isso o que se descobriu. "O que se imaginava [é] que as crianças ficavam sentadas, olhando para a tela e se desligavam do mundo", diz Elizabeth Lorch, psicóloga da Faculdade de Amherst. "Contudo, a partir do momento em que começamos a observar com atenção o que as crianças faziam, descobrimos que, na verdade, o mais comum eram olhares rápidos para a tela. Havia muito mais em jogo. Elas

---

[64] Susan Gilbert, "Gains in Diagnosing Hyperactivity", em *New York Times*, 20-6-2000.

[65] Ver J. F. Lubar, "Neurofeedback Assessment and Treatment for Attention Deficit/Hyperactivity Disorder", em J. R. Evans & A. Abarnel (orgs.), *Quantitative EEG and Neurofeedback* (San Diego: Academic Press, 1999), pp. 103-143; e Vincent Monastra, "Assessing Attention Deficit Hyperactivity Disorder via QEEG", em *Neuropsychology*, nº 13, 1999, pp. 424-433. Essa pesquisa está sendo utilizada pela East3, uma empresa de *biofeedback* que modifica videogames para mostrar às crianças como é se mover do modo intensivo em teta para o modo intensivo em beta.

[66] Gladwell, *The Tipping Point*, cit., p. 100.

INTRODUÇÃO/HISTÓRICO

não ficavam só sentadas olhando: elas conseguiam dividir a atenção entre algumas atividades diferentes. E não era aleatório. Havia algumas influências previsíveis que as faziam olhar para a tela e não era nada trivial, não só brilho e agitação."[67]

Em uma experiência importante, metade das crianças participantes assistiu a um programa em uma sala cheia de brinquedos, enquanto a outra metade assistiu a ele em uma sala sem brinquedo algum. Como era de esperar, o grupo com brinquedos distraiu-se, assistindo ao programa apenas cerca de 47% do tempo, em oposição aos 87% do grupo sem brinquedos. Mas, quando elas foram testadas para saber quanto do programa haviam entendido e memorizado, as notas foram exatamente iguais. "Fomos levados a concluir que as crianças de 5 anos no grupo dos brinquedos prestavam atenção de forma estratégica, dividindo a atenção entre brincar e olhar, de modo que assistiram ao que, para elas, era a parte mais informativa do programa. A estratégia foi tão eficaz que elas não ganhariam nada a mais se tivessem prestado mais atenção." Em outra experiência, as sequências foram apresentadas fora de ordem e as crianças perderam o interesse, apesar de serem os mesmos personagens e terem o mesmo brilho.[68]

A capacidade de fazer uma escolha seletiva é importante para nós, e aprender por meio das distrações talvez não seja um fenômeno novo, mas tem importância vital em uma era bombardeada por mídias digitais. Esse é o fenômeno que, mais tarde, será observado em crianças que farão a lição de casa com a televisão e treinarão a acuidade auditiva pela música, além de ser a chave para melhorar e acelerar a aprendizagem e os treinamentos, como veremos mais adiante.

---

[67] *Ibidem.*

[68] *Ibid.*, p. 101.

Reflexão: a habilidade que está desaparecendo (será?)

Talvez, só talvez, eu tenha começado a convencê-lo de que muitas dessas novas habilidades e formas de pensar que a geração dos jogos aprendeu enquanto crescia são diferentes e, até mesmo, que muitas delas são positivas. E todas as críticas e reclamações que constantemente ouvimos dos professores sobre os problemas com a leitura e o ato de pensar? O que foi eventualmente *perdido* no processo de "programação"? Essa é, certamente, uma área de grande importância para nós como instrutores, professores e educadores.

À medida que eu lia e conversava com as pessoas durante a pesquisa para este livro, uma palavra-chave começou a aparecer repetidamente: *reflexão*. Segundo diversos teóricos, ela é o que nos permite fazer generalizações, à medida que criamos "modelos mentais" a partir de nossa experiência. É, de certa forma, o *processo* de "aprendizagem pela experiência". A capacidade de parar e refletir é o que distingue a leitura de um livro – em que as pessoas podem parar e pensar sempre que quiserem – dos jogos de videogame à velocidade *twitch* ou dos negócios com a velocidade da internet, nos quais quem parar morre. Há cada vez menos tempo e oportunidade para reflexão em nosso mundo de velocidade *twitch*, e esse desenvolvimento preocupa muitas pessoas.

J. C. Herz disse: "Acho que os períodos de atenção são mais curtos, em grande parte, devido ao fato de a cultura estar muito mais informal do que costumava ser e a ideia de ficar sentado e concentrado é, no final das contas, uma questão tanto espiritual quanto psicológica, entre outras coisas. Além disso, quando se vive em uma sociedade consumista na qual o que importa é conseguir algo novo, adquirir outros objetos ou simplesmente levar e trazer informações, a contemplação não é valorizada nesse espaço: ela não faz nada por você. Embora, é claro, realmente precisemos dela para ter nossas fundamentações. É exatamente isso o que está sendo ignorado."[69]

Clifford Stoll, que se autointitula contrário à ideia (sobre quem conheceremos mais no capítulo 14), acha que os jogos de aprendizagem "substi-

---

[69] Entrevista por telefone.

INTRODUÇÃO/HISTÓRICO

tuem as respostas e ações rápidas para a reflexão e o pensamento crítico".[70] Jane M. Healy escreveu que "a televisão, com seu ritmo rápido, sem muitos elementos linguísticos e que distrai pelo visual, pode ter mudado literalmente a mente das crianças, fazendo que a sustentação da atenção ao estímulo verbal, como a leitura ou as atividades de acuidade auditiva, se tornasse bem menos atraente do que os estímulos visuais decorrentes de movimentos rápidos".[71]

Um dos desafios e oportunidades mais interessantes da aprendizagem baseada em jogos digitais é descobrir e inventar meios de *incluir* a reflexão e o pensamento crítico (seja embutido no jogo ou por meio de um processo de reflexão e avaliação com a orientação de um instrutor) na aprendizagem *e ainda torná-lo um jogo divertido*. Há vários gêneros de jogo que já permitem essa inclusão (pense no xadrez). É algo que muitos usuários de jogos de simulação, como os militares, vêm fazendo há um tempo. Alguns exemplos de aprendizagem baseada em jogos digitais sobre os quais discutirei nos capítulos 9 e 10 avançaram de forma interessante em direção à inclusão da reflexão e do pensamento crítico nos softwares. Mas podemos, e devemos, fazer mais nessa área.

DEZ DIFERENÇAS DA GERAÇÃO DOS JOGOS

Como exatamente a geração dos jogos, que cresceu no último quarto do século XX, difere das outras gerações? Aqui vai um exemplo: ao crescer com videogames na velocidade *twitch*, MTV (mais de 100 imagens por minuto) e a velocidade ultrarrápida dos filmes de ação, a mente da geração dos jogos foi programada para se adaptar a uma rapidez maior e obter êxito nisso. No entanto, quando essa geração vai à escola ou ao trabalho, educadores e instrutores costumam transmitir a ela todas as características do passado que não contemplam essa velocidade *twitch*: ensino no método de "exposição e

---

[70] Clifford Stoll, *High Tech Heretic: Why Computers Don't Belong in the Classroom and Other Reflections by a Computer Contrarian* (Nova York: Doubleday, 1999), p. 13.

[71] Jane M. Healy, *Failure to Connect: How Computers Affect our Children's Minds – and What We Can do About It* (Nova Jersey: Simon & Schuster, 1998), p. 32.

avaliação", salas de aula corporativas chatas, palestrantes fracos, vídeos corporativos narrados e, mais recentemente, cursos da internet do tipo "clique e durma".

No que diz respeito à velocidade, damos-lhes verdadeiros calmantes e ainda nos perguntamos o porquê de estarem chateados! Sem dúvida alguma, isso é uma grande parte do que o aluno quer dizer quando reclama sobre ter de se "desligar" na escola.

Abaixo, encontram-se dez das principais mudanças de estilo cognitivo que observei na geração dos jogos, todas trazendo uma série de desafios importantes e difíceis ao ensino, ao treinamento e aos negócios em geral:

1. Velocidade *twitch versus* velocidade convencional
2. Processamento paralelo *versus* processamento linear
3. Primeiro os gráficos *versus* primeiro o texto
4. Acesso aleatório *versus* passo a passo
5. Conectado *versus* autônomo
6. Ativo *versus* passivo
7. Brincar *versus* trabalhar
8. Recompensa *versus* paciência
9. Fantasia *versus* realidade
10. Tecnologia como amiga *versus* tecnologia com inimiga

Examinemos cada uma delas para ver por que a mudança representa uma quebra com o passado e o que ela implica em função das novas necessidades da aprendizagem.

Velocidade *twitch versus* velocidade convencional

A geração dos jogos tem muito mais experiência em processar rapidamente as informações do que seus antecessores, sendo, portanto, melhor nisso. Enquanto faz uma leitura rápida por meio de uma base de dados enorme para encontrar correspondências de um gene, o doutor Gary Ruvkun, pesquisador da área de medicina há mais de 30 anos, comenta que "se aprende a ler esses dados enquanto eles aumentam. Acho que a MTV

INTRODUÇÃO/HISTÓRICO

pode ser vista como um bom treinamento".[72] É claro que os humanos sempre foram capazes de agir em velocidades acima do normal, como mostram os pilotos de avião, de corrida automobilística e a mestre da leitura dinâmica, Evelyn Wood. A diferença é que essa capacidade passou para uma geração em grande escala, desde seus primeiros anos de idade, conforme indicado pela professora Greenfield. Um grande problema enfrentado por essa geração é que, depois da MTV e dos videogames, ela basicamente dá de cara com um muro (não há muito que se mova na velocidade de um jatinho, poucas coisas na vida real se movem assim rápido) – daí é que vêm os "calmantes". No trabalho, percebemos que a geração dos jogos precisa que a velocidade se manifeste de inúmeras maneiras, até a demanda de um ritmo de desenvolvimento mais rápido, menos "tempo em um mesmo cargo" antes de receber promoções e processos mais curtos que levem ao sucesso.

Um desafio importante para os administradores de empresa atuais é como acelerar suas premissas sobre a rapidez com que algo pode ser feito, mantendo-se atentos a outros objetivos importantes, como a qualidade e o relacionamento com os clientes. Precisam criar treinamentos e outras experiências que mantenham o ritmo e explorem a conveniência da velocidade *twitch*, enquanto acrescentam conteúdos importantes e úteis. A aprendizagem baseada em jogos digitais é um dos meios para fazer isso.

Processamento paralelo *versus* processamento linear

A mente pode, de fato, processar muitas faixas de uma só vez. Muitos da geração dos jogos cresceram fazendo a lição de casa ao mesmo tempo que assistiam à televisão e fazendo quase tudo enquanto ouviam o *walkman*. Costumam sentir-se mais confortáveis do que seus antecessores ao fazer mais de uma coisa ao mesmo tempo. Embora algumas pessoas argumentem que o processamento paralelo limita a atenção a uma das tarefas, esse não é necessariamente o caso. Normalmente, a mente tem um pouco de "tempo ocioso" de sua atividade principal que pode ser utilizado para lidar com outras coisas. "Não há dúvida de que as pessoas conseguem aprender

---

[72] *New York Times*, 30-12-1997.

a realizar certo processamento paralelo em determinadas situações, como muitos trabalhos militares", diz a doutora Susan Chipman, pesquisadora do Departamento de Pesquisas Navais dos Estados Unidos. Se o que acontece quando uma pessoa se concentra na lição de casa, na televisão e no *walkman*, simultaneamente, pode ser considerado processamento paralelo, isso ainda precisa ser provado. "Alguém teria de fazer um teste experimental para que isso fosse determinado."[73] No entanto, hoje é comum ver jovens artistas computacionais criarem gráficos complexos enquanto escutam música ou conversam com os colegas de trabalho, jovens empresários conversando com diversas pessoas ao telefone enquanto leem seus *e-mails* e o que estiver na tela do computador, além de investidores de ações administrando simultaneamente as informações de diversas telas. A professora Greenfield cita o processamento paralelo como uma "exigência cognitiva da habilidade de jogar videogames".[74]

Na verdade, como vimos anteriormente, os processos de pensamento não paralelos podem *retardar* a aprendizagem em cérebros desenvolvidos por meio de jogos de computador e do acesso à internet.[75]

Esse crescimento da capacidade de processamento paralelo parece ter sido reconhecido por Michael Bloomberg na criação do *Bloomberg TV News*, no qual o âncora ocupa apenas um quarto da tela da televisão, sendo o restante preenchido com estatísticas esportivas, informações sobre o tempo, cotações da bolsa e manchetes, tudo apresentado simultaneamente. É bem possível, e até divertido, que o telespectador assimile todas essas informações e receba muito mais "notícias" no mesmo espaço de tempo.

Isso significa que estamos assimilando mais, mas em menor profundidade? Talvez. Mas as informações a serem apresentadas dessa forma é um fato da vida, e nós é que temos de encontrar novas maneiras de nelas nos aprofundar. Esse pode ser um dos motivos pelos quais cada vez mais pessoas tomam conhecimento de notícias pela internet. Mais profundidade, se e quando alguém quiser, está a um clique de distância.

---

[73] Comunicação particular.
[74] Greenfield, *Mind and Media*, cit., p. 112.
[75] Peter Moore, *Inferential Focus Briefing*, cit.

INTRODUÇÃO/HISTÓRICO

Administradores, instrutores e educadores precisam pensar em outras formas de melhorar o processamento paralelo da geração dos jogos, a fim de aproveitar essa capacidade humana agora ainda mais aprimorada. Podemos, seja em treinamentos ou em outros lugares, fornecer-lhes muito mais informações do que as viabilizadas no passado. Observe qualquer um deles navegando na internet: eles ficam com dezenas de janelas abertas ao mesmo tempo. Contar com todas as informações necessárias para o cumprimento de seu trabalho ao alcance de seus dedos – números, vídeos, links, reuniões *on-line* e a capacidade de alternar entre eles sem problema algum – é o nirvana da geração dos jogos.

Acesso aleatório *versus* passo a passo

A geração dos jogos é a primeira a vivenciar o hipertexto e a possibilidade de obter experiência com um clique qualquer no edutenimento, nos CD-ROMs e na internet. O resultado são "mentes de hipertexto andando por aí" de que fala William Winn.[76] Tapscott relata que a criança da geração internet assimila e fornece informações de maneira diferente. "Estas costumam ter origem em fontes múltiplas e ocorrem de forma menos sequencial".[77] Essa nova estrutura de informações menos sequenciais aumentou a conscientização da geração dos jogos e a capacidade de fazer conexões e a livrou da restrição de um único modo de pensar. De certa forma, esse pode ser considerado um desenvolvimento extremamente positivo.

Ao mesmo tempo, algumas pessoas argumentam, e com razão, que pode ser mais difícil para esses trabalhadores seguirem uma linha de pensamento linear e pensarem profunda ou logicamente, por causa do uso desordenado dos hiperlinks. Pode ser que os jovens perguntem, e realmente vão perguntar, "por que eu deveria ler algo do início ao fim ou seguir a lógica de outra pessoa quando eu posso simplesmente 'explorar esses links' e criar uma lógica própria?". Embora seguir um caminho próprio costume levar a resultados interessantes, entender a lógica dos outros também é importante.

---

[76] *Ibidem*.
[77] Tapscott, *Growing Up Digital*, cit., p. 103.

Um desafio difícil é como criar experiências que nos permitam seguir links em qualquer lugar e experimentar as coisas em qualquer ordem e, mesmo assim, transmitir pensamentos críticos e ideias sequenciais.

Além disso, o que foi perdido na linearidade pode ter sido compensado pela maior capacidade de perceber estruturas e padrões e pensar sobre eles. Segundo Marshall McLuhan, "nosso mundo configurado eletronicamente levou-nos a mudar do hábito de classificação de dados para o modo do reconhecimento de padrões. Não conseguimos mais construir ideias de forma serial, bloco a bloco, passo a passo, porque a comunicação instantânea assegura que todos os fatores do ambiente e da experiência coexistam em um estado de influência mútua."[78] Pelo menos um dos jovens entrevistados relatou que, devido à sua experiência com a tecnologia de hoje, ele pensa em termos de estrutura e observa estruturas conceituais bem rapidamente.[79]

Primeiro os gráficos *versus* primeiro o texto

Nas gerações anteriores, os gráficos eram geralmente ilustrações que acompanhavam o texto e forneciam algum tipo de elucidação. Para a geração dos jogos atual, a relação é quase completamente inversa: o papel do texto é elucidar algo que tenha primeiramente sido experimentado na forma de imagem. Desde a infância, essas pessoas têm sido continuamente expostas à televisão, a vídeos e a jogos de computador que apresentam gráficos de alta qualidade e bastante expressivos, com o acompanhamento de pouco ou nenhum texto.

O resultado é uma sensibilidade visual cada vez mais aguçada. As pessoas dessa geração, em comparação a seus antecessores, acham muito mais natural começar com os recursos visuais, mesclando o texto e os gráficos de forma significativamente rica. Uma exploradora conhecida dessa capacidade é a revista *Wired*, cujo uso intensivo de gráficos a torna altamente atraente para os leitores da geração dos jogos, mas de difícil compreensão para muitos das gerações mais antigas. "Por que eles não nos dão só o texto

---

[78] Marshall McLhuhan & Quentin Fiore, *The Medium Is the Message: an Inventory of Effects* (Nova York: Bantam, 1967), p. 63.

[79] Dean Meyer, *apud* Tapscott, *Growing Up Digital*, cit., p. 104.

INTRODUÇÃO/HISTÓRICO

limpo?" é uma reclamação que costumo ouvir de colegas, e costumava ouvir especialmente no começo da revista.

A professora Greenfield documentou esses aumentos de habilidade representacional e entendimento icônico, citando o surgimento do QI "não verbal" e de "desempenho" em âmbito mundial, o que ela denomina *inteligência visual*.[80] A tecnologia, especialmente os videogames, é uma parte importante de sua explicação para o fenômeno. Está relacionada a outras mudanças sobre as quais também discutimos, visto que, de acordo com ela, "as imagens pictográficas, em geral, tendem a produzir o processamento paralelo".

Essa mudança rumo à primazia gráfica na geração mais jovem realmente traz algumas questões espinhosas, especialmente no que diz respeito ao letramento textual e à profundidade das informações. O desafio é desenvolver meios de utilizar essa mudança para aprimorar a compreensão, ao mesmo tempo que se mantém a mesma riqueza de informações no novo contexto visual, ou até mesmo uma riqueza ainda maior. Os desenvolvedores de jogos para videogames e computadores são especialistas nessa área, o que é uma grande vantagem da aprendizagem baseada em jogos digitais.

Outra oportunidade em potencial para usar essa percepção visual melhorada é a aceleração da aprendizagem, permitindo que o usuário assimile uma grande quantidade de informações de uma só vez. Como vimos, os realizadores de vídeos no padrão MTV já costumam incluir centenas de imagens por minuto, mostrando cada uma delas por alguns décimos de segundo. Mas uma imagem precisa de apenas alguns *milésimos* de segundo para ser registrada. Em uma experiência no Hospital Geral de Massachusetts (Massachusetts General Hospital – MGH), Paul Whelan, o doutor Scott Rauch e seus colegas descobriram que os humanos conseguiam perceber as imagens que ativavam seu circuito do medo, mesmo sem eles estarem cientes disso. Os pesquisadores do MGH utilizaram uma abordagem conhecida como *mascaramento*; eles mostraram aos informantes fotografias de rostos

---

[80] Patricia M. Greenfield, "The Cultural Evolution of IQ", em Ulric Neisser (org.), *The Rising Curve: Long Term Gains in IQ and Related Measures* (Washington: APA, 1998), pp. 81-123.

temerosos por meros 33 milissegundos em uma máquina de imagem por ressonância magnética (magnetic-ressonance imaging – MRI), seguidas de exposições de mascaramento com rostos inexpressivos por um período de tempo mais longo, 167 milissegundos. Os informantes não apresentaram memória consciente de terem visto os rostos temerosos, no entanto o cérebro deles inequivocamente os registrara; a amídala brilhava mesmo durante o breve passar de um rosto temeroso, mas não durante a exposição, tão breve quanto, de um rosto feliz. Whelan sente que essa exposição super-rápida é uma "forma bastante ágil e preferencial" de adquirir informações.[81]

Conectado *versus* autônomo

A geração dos jogos foi criada (e está acostumada) com a conectividade mundial do *e-mail*, transmissão de mensagens, quadros de aviso, grupos de usuários, salas de bate-papo, jogos com vários jogadores e mensagens instantâneas. Embora a geração anterior estivesse ligada pelo telefone, esse sistema é basicamente sincrônico e assincrônico: qualquer lugar, a qualquer momento, quase sem custo. A parte assincrônica – *e-mail*, grupos de notícias, quadros de aviso – é atualmente o meio de comunicação preferido em muitos casos. A parte sincrônica, cujo uso está crescendo devido à banda larga, é diferente, pois o custo deixou de ser um fator. Pode-se entrar em contato, conversar e jogar com as pessoas – em qualquer parte do mundo – 24 horas por dia.

Algumas pessoas argumentam que isso pode levar à "despersonalização", pois as pessoas se encontram, conversam, jogam e até trabalham pela internet, sem nunca terem visto umas às outras nem saberem o nome ou o sexo das outras. Mas as pessoas que participam desse fenômeno costumam achar que o fato de estarem libertas de todos os efeitos da "tirania da aparência" (o termo *lookism*, em inglês, é discutido por William Safire em sua coluna do *New York Times* chamada "On Language")[82] e outros preconceitos é reconfortante e divertido. Clark Aldrich, do Grupo Gartner, cita a situação dos fãs

---

[81] Stephen S. Hall, "Fear Itself", em *New York Times Magazine*, 28-2-1999.

[82] 27-8-2000.

INTRODUÇÃO/HISTÓRICO

de *Star Trek* que se reúnem via internet para criar novos tipos de espaçonaves para o jogo *Starfleet Command* e contornar o contrato de licença existente entre o fabricante do jogo e a Paramount, que limitou o número de tipos de nave no jogo. As equipes organizaram-se pela internet e criaram todas as partes necessárias, como modelos de arame (*wireframe*), revestimento externo, especificações e armamentos e até mesmo histórias sobre essas naves, sem nunca sequer terem se encontrado pessoalmente. Segundo Aldrich, "as pessoas dizem que as salas de aula são ótimas porque todos podem ver uns aos outros. Essa é uma característica de nossa geração [ou seja, a antiga], mas não da próxima, que não tem problema algum em trabalhar com pessoas que nunca encontraram, na verdade, sem nem nunca saber a idade de cada um, tampouco se importando ou se preocupando com seu histórico: simplesmente nada. O que importa é basicamente o que se produz e, caso não se esteja produzindo algo bom, muda-se então para outra pessoa."[83] É um mundo diferente, e é melhor nos acostumarmos com ele.

Como resultado de sua experiência "conectada", as pessoas da geração dos jogos tendem a pensar de forma diferente sobre como obter informações e resolver problemas. Por exemplo, se preciso que uma pergunta seja respondida, normalmente ligo para três ou quatro pessoas que acho que podem saber. Pode ser que eu leve algum tempo para conseguir falar com elas e mais um tempo para que elas me respondam. Quando meu programador, com seus 32 anos, quer saber alguma coisa, ele imediatamente posta sua pergunta em um fórum na internet, onde três ou quatro mil pessoas podem vê-la, e provavelmente receberá uma resposta bem mais rica e muito mais rápida do que eu conseguiria pelo telefone. Levei um tempo para me acostumar a usar a internet para realizar pesquisas, mas a quantidade e a variedade de materiais que eu encontrei disponíveis foram espantosas. A geração dos jogos entende que essa disponibilidade é normal – assim como eu achava ser a biblioteca da Forty-Two Street enquanto eu crescia em Nova York.

---

[83] Entrevista por telefone.

O desafio para todos os administradores de empresa, instrutores e professores que não pertençam à geração dos jogos é inventar meios de aproveitar esse modo conectado na interação com os que pertencem à geração, assim como eles fazem entre eles (quantos instrutores, por exemplo, se comunicam por meio de mensagens instantâneas com seus alunos, especialmente fora do treinamento formal?). Quanto mais ajudarmos a conectar todos os funcionários "mental" e fisicamente uns aos outros – e aos clientes –, mais rápido eles inventarão maneiras interessantes de aproveitar essa mudança cognitiva. A aprendizagem baseada em jogos digitais é um dos caminhos que levam a isso.

Como visto, a "conexão" da geração dos jogos também os deixou com uma restrição bem menor quanto ao local físico e mais dispostos a trabalhar nas chamadas equipes virtuais, que estão se tornando mais úteis em diversos tipos de negócio e setores. Os trabalhadores que cresceram *on-line* tendem a se sentir bem mais confortáveis procurando para trabalhar em grupo as melhores e mais idôneas pessoas, onde quer que se encontrem. As equipes virtuais costumam entrar em contato umas com as outras por meio de mensagens na internet, atuar tranquilamente em qualquer um dos quatro cantos do mundo e muitas nunca se encontram com seus clientes ou umas com as outras. No fim do dia, os designers de software ao redor do globo costumam encaminhar eletronicamente o trabalho a um colega de outro país que acaba de acordar. Os instrutores, professores e administradores precisam se tornar mais adeptos da administração dessas capacidades permitidas pela conexão e do direcionamento da aquisição, aprimoramento e distribuição adequada das informações, do conhecimento e capital intelectual nas escolas, empresas e ao redor do mundo.

Ativo *versus* passivo

Uma das diferenças entre gerações mais impressionantes pode ser observada quando se entrega um novo software para uma pessoa aprender. Os mais velhos quase que invariavelmente querem primeiro ler o manual, temendo não entender o funcionamento do software ou "quebrar" algo. Segundo Joanne Veech, da PricewaterhouseCoopers, "o grupo dos que se en-

INTRODUÇÃO/HISTÓRICO

contram na faixa dos 40 e 50 e que viu o *In$ider* pergunta como usá-lo. Essas pessoas têm medo de apertar os botões dos elevadores [virtuais]. É sabido que nossa geração é muito mais cuidadosa na hora de ligar o computador, enquanto meu filho, de 12 anos, simplesmente mexe aqui e ali, e pronto – sem medo algum. Desse modo, quando a geração dos recém-chegados à PricewaterhouseCoopers, os com 20 e poucos anos, que cresceram ao longo de vinte anos nesse ambiente sem medo, simplesmente pegam o jogo, parece- -lhes algo bem natural. É um ambiente de jogos – torna-se uma segunda natureza, pois eles não pensam duas vezes antes de clicar em uma planta, clicar no elevador ou ver o que os botões fazem".[84]

São raras as vezes que os trabalhadores da geração dos jogos pensam em ler um manual. Eles só brincam com o software, pressionando todas as teclas se necessário, até entenderem. Se não conseguirem, creem que o problema está no software e não neles – *espera-se* que o software seja auto-explicativo. É quase certo que tal atitude seja um resultado direto do fato de eles terem crescido com a Sega, Sony, Nintendo e outros videogames em que se tinha de descobrir como superar cada fase e cada monstro na base da tentativa e erro, e cada clique que se tentava poderia levá-los a uma surpresa. Os jogos são quase todos desenvolvidos para ensinar os jogadores à medida que estes avançam.

Atualmente, vemos uma tolerância cada vez menor no local de trabalho entre os pertencentes à geração dos jogos no que diz respeito a situações passivas, como palestras, salas de aula corporativas e até mesmo reuniões tradicionais. À medida que a geração dos jogos progride, caminhando rumo às posições gerenciais, é provável que esses recursos antigos utilizados pelo setor administrativo sejam substituídos por experiências mais ativas, como o uso dos bate-papos, postagens, navegação na internet para buscar informações e a aprendizagem baseada em jogos digitais, nas quais o empregado não apenas é mais ativo, mas também tem maior controle sobre o que acontece. Os processos de "desenvolvimento para fazer" e "desenvolvimento para aprender" (isto é, sistemas de desenvolvimento e experiências que os

---

[84] Entrevista por telefone.

empregados podem usar de forma ativa na aprendizagem, em vez de coisas que eles precisam ouvir ou têm medo de fazer errado) podem se tornar o equivalente da nova geração em relação ao "desenvolvimento para fabricar" da indústria, em que fabricar o produto considerado é importante no processo de desenvolvimento. O slogan da Nike, "*Just do it*" (lançado em 1988), acerta em cheio em relação a essa mudança geracional.

Brincar *versus* trabalhar

Os participantes da geração dos jogos costumam ser ridicularizados pela imprensa como sendo intelectualmente preguiçosos, mas, na realidade, eles fazem parte de uma geração orientada para a solução de problemas intelectuais. Muitos tipos de tarefa que exigem o pensamento lógico, de quebrar a cabeça e que envolvem a organização espacial, além de outros pensamentos complexos, encontram-se embutidos nos jogos de computador e de videogame de que eles tanto gostam. O gasto que eles tiveram com esses jogos eletrônicos ultrapassou o gasto com filmes e, atualmente, os PCs são mais usados para rodar *software* de entretenimento do que para qualquer outra coisa, inclusive o processador de textos. Apesar de algumas pessoas terem dito que o ato de brincar e os jogos são apenas uma forma de se preparar para o trabalho, acho que, para a geração dos jogos de hoje, brincar *é* trabalhar e, como veremos no capítulo 5, o trabalho está sendo visto cada vez mais em termos de jogo e experiência em jogos. O fato de os jogos da vida real serem bastante sérios não diferencia nem um pouco a abordagem do jogador em relação à maneira como ele trata o software de jogos. Conquistar, vencer e derrotar concorrentes: tudo isso faz parte da ética e do processo.

À medida que a geração dos jogos entra no mercado de trabalho, sua preferência pelo computador como meio de jogar começa a ter um impacto profundo na forma de realizar o trabalho. A interface dos jogos aparece no software do trabalho. Empresas do ramo financeiro estão inventando interfaces de investimentos parecidas com jogos, nas quais ganhar o jogo significa conseguir lucro de verdade. Cada vez mais trabalhadores estão aprendendo a realizar suas tarefas por meio da aprendizagem baseada em jogos digitais.

INTRODUÇÃO/HISTÓRICO

Um desafio difícil para os administradores e instrutores é estarem dispostos a permitir que a atitude de jogador da geração mais jovem adentre o mundo "real" dos negócios da forma mais rápida e tranquila possível. Em vez de resistir ao jogo, removendo ou banindo todos os jogos no local de trabalho, por exemplo, eles poderiam auxiliar e financiar o desenvolvimento de novas interfaces que pareçam com jogos e que ajudem a geração mais jovem a trabalhar e aprender de acordo com o próprio estilo cognitivo. Os administradores e instrutores devem reconsiderar atentamente a resistência a essas mudanças.

Como veremos no capítulo 9, a preferência pelo jogo da geração dos jogos resultou no fato de a aprendizagem baseada em jogos digitais ser utilizada em inúmeras áreas nos locais de trabalho, além dos treinamentos, incluindo o recrutamento de funcionários, comunicação estratégica e apoio ao cliente.

Recompensa *versus* paciência

Uma das maiores lições aprendidas pela geração dos jogos, que cresceu com os videogames, foi que, ao empregar seu tempo e suas habilidades no jogo, recebe uma recompensa – com a próxima fase, com a vitória, com uma posição na lista dos melhores. As ações realizadas determinam o resultado obtido e o que se recebe vale o esforço empenhado. Os computadores são excelentes em fornecer *feedback*, e a recompensa para toda e qualquer ação costuma ser extremamente clara.

Um dos principais resultados desse *feedback* é a grande intolerância por parte da geração dos jogos em relação ao que não lhe traz a recompensa esperada. As pessoas dessa geração se perguntam por que elas têm de terminar a faculdade se até mesmo as crianças do ensino fundamental conseguem desenvolver sites profissionais, se os jovens com seus 20 anos conseguem fundar empresas que valem bilhões e se Bill Gates, que deixou Harvard para fazer algo mais recompensador, é o homem mais rico do mundo.

As pessoas da geração dos jogos tomam esse tipo de decisão, recompensa *versus* paciência, a todo o momento e, às vezes, de maneiras totalmente inesperadas. Por exemplo, a princípio eu achava estranho o fato de algumas pessoas que preferiam os jogos *twitch* costumarem ter grande paciência com as baixas velocidades de conexão da internet e com as esporádicas longas esperas em jogos como *Myst* ou *Riven*. Suspeito que seja porque elas decidiram, ou perceberam, que a recompensa valia a espera. O desafio para os administradores, instrutores e professores é entender a importância dessas trocas de recompensa *versus* paciência para os mais jovens e encontrar meios de oferecer-lhes recompensas significativas agora em vez de conselhos sobre como isso tudo será bom "a longo prazo".

Uma clara manifestação nas empresas dessa exigência de recompensa é o aumento da demanda por uma relação mais transparente entre o que os empregados fazem e as recompensas que recebem, o que leva à tendência crescente rumo ao pagamento com base no desempenho. Outro resultado é o uso cada vez mais frequente de ações ou cotas patrimoniais como estruturas de remuneração, a fim de recompensar os trabalhadores com "uma parte das ações" pelos esforços e iniciativas próprias. A percepção cada vez maior de que essa geração quer receber imediatamente a recompensa também levou a uma disposição maior por parte de muitas empresas de investir em projetos internos e dividi-los entre os empregados, o que permite que estes faturem mais rapidamente e que a empresa se beneficie, a longo prazo, por meio de sua situação patrimonial.

Fantasia *versus* realidade

Um dos aspectos mais impressionantes da geração dos jogos é o grau de impregnação de elementos fantasiosos – tanto do passado (a imagem medieval de *Dungeons and Dragons*), quanto do futuro (*Star Wars, Star Trek* e outras imagens de ficção científica) – na vida deles. Apesar de os jovens terem sempre se entregado ao jogo da fantasia, o computador, por sua natureza, facilitou o processo, acrescentando-lhe um tom mais real, trazendo-o à vida de várias maneiras.

Os sociólogos podem dizer que parte desse jogo da fantasia (ou todo ele) se deve ao desejo de escapar da realidade da vida moderna: menos empregos bons, maior alienação e ambiente degradante. Qualquer que seja a causa, o fenômeno da fantasia tem sido certamente incentivado pela tecnologia.

INTRODUÇÃO/HISTÓRICO

A tecnologia das redes de contatos permite às pessoas não apenas criarem identidades fantasiosas, mas também expressarem-se a outras pessoas e a participarem de comunidades de jogos como o *EverQuest*. Segundo J. C. Herz, o jogo de cartas fantasioso *Magic: the Gathering* "é uma das comunidades mais fechadas dos Estados Unidos",[85] com torneios nacionais e mundiais, com o oferecimento de dezenas de milhares de dólares em prêmios.

Algumas pessoas distinguem os gêneros nessa área, afirmando que muitas dessas fantasias são mais voltadas para o público masculino (apesar de haver muitos participantes do público feminino em convenções do *Star Trek* e muitas jogadoras ávidas de *Dungeons and Dragons* e outros jogos de fantasia). Toda essa área de gêneros é um tópico polêmico que será discutido mais adiante neste livro. Mas a fantasia tem uma importância fundamental na vida dos adultos da geração dos jogos de uma forma que a Disney, por exemplo, não tem na vida dos *baby boomers*.

Então, em vez de repreender os trabalhadores da geração dos jogos, pedindo-lhes para que "cresçam e caiam na real" e abandonem o mundo da fantasia, os instrutores, educadores e administradores poderiam melhorar a situação, procurando novos meios de combinar fantasia e realidade em benefício de todos. Um lugar em que isso já acontece é nos escritórios de *design*. Os espaços desenvolvidos pela geração mais jovem são bem diferentes dos desenvolvidos por seus antecessores e dos que foram desenvolvidos para estes pela geração anterior. As empresas que já estão sob a administração de profissionais pertencentes à geração dos jogos geralmente apresentam ambientes bem mais informais, além de costumarem ter salas especiais para jogos, minigolfe e atividades "divertidas". O "campus" da Microsoft está cheio de oportunidades de diversão tanto em seu ambiente interno quanto externo.

As preferências quanto à fantasia da geração mais jovem também podem ser vistas no aumento de novos cargos excêntricos, como diretor-Yahoo, da Yahoo!, ou diretor de imaginação da Gateway 2000. Os trabalhadores mais jovens podem estar dispostos a chegar muito mais longe com sua imagina-

---

[85] Entrevista por telefone.

ção – a Gateway decora as caixas de entrega com estampa malhada, como as do pelame das vacas. Também estamos observando uma desburocratização cada vez maior de sistemas e procedimentos de muitas organizações. Talvez não estejamos muito longe do momento em que algumas empresas contarão com a própria divisão Klingon, Borg ou Wookiee, com decoração a caráter, mesmo fazendo negócios sérios. A aprendizagem fundamentada em jogos digitais com base na fantasia é outra oportunidade para que isso se torne realidade, especialmente se ambos os gêneros forem levados em consideração.

Tecnologia como amiga *versus* tecnologia com inimiga

O fato de crescer com computadores produziu uma atitude geral com relação à tecnologia na mente da geração dos jogos muito diferente da de seus antecessores. Para muitos da geração mais antiga, a tecnologia é algo a ser temido, tolerado ou, na melhor das hipóteses, adaptado aos seus objetivos. Algumas pessoas, não importa quanto tenha se tornado fácil, não têm a menor vontade de programar os videocassetes nem de navegar na internet.[86]

Há, obviamente, um segmento cada vez mais numeroso de trabalhadores e aposentados que não fazem parte da geração dos jogos, mas que aprenderam a adotar muitas das ferramentas, tecnologias e até mesmo atitudes comuns a essa geração. Tenham esses "imigrantes digitais" chegado a essas novas terras por vontade própria, tenham eles sido forçados pelas circunstâncias a aprender e a aceitar uma cultura nova, em constante mudança (isto é, a tecnologia digital), eles nunca se sentirão totalmente confortáveis, tampouco confiarão por completo nesse novo ambiente como o fazem seus filhos, que nasceram na qualidade de nativos.

Para a geração dos jogos, o computador é considerado um amigo. É a eles que recorrem para jogar, relaxar e se divertir. Para muitos dessa geração,

---

[86] O projeto *Pew Internet & American Life* de 2000 descobriu que 32% dos americanos, isto é, 31 milhões de pessoas, afirmam que "definitivamente não acessarão a internet" e outros 25% afirmam que "não realizarão negócios na internet". Dos que afirmam que nunca acessarão a internet, 81% se encontram acima dos 50 anos.

INTRODUÇÃO/HISTÓRICO

ter um computador ou ter acesso a um parece ser um direito de nascença. Estar conectado é uma necessidade. A enorme inversão de habilidades técnicas entre as gerações, em que os pais é que pedem aos filhos para ajudá-los a mexer no seu equipamento caro, é agora algo lendário – Don Tapscott se refere a ela como a *vantagem geracional*, expressão utilizada com o mesmo sentido da "vantagem" sobre os concorrentes em uma corrida.[87] As respostas às perguntas "que tipo de computador terei?" e "será que terei minha própria conexão com a internet de banda larga?" costumam ser fatores importantes na hora de um jovem trabalhador se decidir por um emprego.

Como é que uma geração mais antiga de instrutores, educadores e administradores pode se relacionar com os funcionários que veem os computadores e a tecnologia a eles relacionada dessa forma? Uma das maneiras é dar-lhes o poder de criar *os próprios* elementos empresariais – aplicativos para o computador, estruturas, modelos, relacionamentos e páginas da internet – que lhes façam sentido, ou pelo menos colocá-los nas equipes responsáveis pela criação desses elementos. Outra abordagem é a busca contínua de formas de comunicação, transferência de informações necessárias e desenvolvimento das habilidades desejadas por meio da mídia na qual a geração mais jovem esteja mais disposta a se engajar, como computadores e jogos, ou seja, a aprendizagem baseada em jogos digitais. Essa foi a abordagem utilizada por Sylvia Kowal, da Nortel (ver capítulo 9).

"Atitude"

Além de tudo o que já foi dito, uma das características definidoras da geração dos jogos é a "atitude" – uma forma irreverente, geralmente sarcástica, sincera, que não se deixa enganar, de enxergar as coisas. Ela é provavelmente mais bem retratada pela série de jogos de grande sucesso criada pela Jellyvision, *You Don't Know Jack*, em que o anunciante o repreende de forma bastante pessoal por não saber as respostas ("No que você estava *pensando?*"). Essa pode ser uma reação a todos os comerciais sobre "besteiras" e outros programas de televisão com os quais as crianças cresceram. De qualquer

---

[87] Tapscott, *Growing Up Digital*, cit., p. 36.

maneira, agora a "atitude" certamente faz parte de sua linguagem (dãããã!) e é quase uma condição absoluta para se comunicar com elas de forma efetiva, até mesmo – ou melhor, principalmente – nos treinamentos. "Ele tem *muita* atitude", afirma orgulhosamente Paula Young sobre o *In$ider*. Na verdade, *não* ter atitude – ou, pior, utilizá-la de forma errada – é definitivamente algo pertencente ao "sotaque dos imigrantes digitais" e certamente é um fato a ser ridicularizado.

Assim, a *diferença cognitiva* entre a geração dos jogos e seus antecessores, sejam eles imigrantes digitais ou não, se dá de todas essas formas – e tenho certeza de que há muitas mais. Com isso em mente, vamos retornar à questão do "período de atenção" e nos perguntar: "o que aconteceu?".

Um fato grandemente subestimado por nós é que, em nossos treinamentos e no ensino, oferecemos à geração dos jogos algo a que *não vale a pena* dedicar *muita* atenção (do ponto de vista deles) *e, depois, culpamos os participantes e estudantes pela falta de atenção*. Muitas das pessoas acostumadas ao mundo da velocidade *twitch*, de realização de múltiplas tarefas, acesso aleatório, gráficos primeiro, ativo, conectado, divertido, de fantasia e de recompensa rápida dos videogames, da MTV e da internet sentem-se *chateadas* com a maior parte das abordagens atuais utilizadas nos treinamentos e na aprendizagem, por mais bem-intencionados que estejam. O pior é que as muitas habilidades que as novas tecnologias realmente aprimoraram (como é o caso do processamento paralelo, conscientização sobre os gráficos e o acesso aleatório, por exemplo) – que trazem profundas implicações quanto à sua aprendizagem – são quase que totalmente ignoradas pelos treinamentos e pelo ensino.

Então, no fim das contas, são todas essas diferenças cognitivas, resultantes de anos de "socialização de novas mídias" e que afetam e mudam profundamente as habilidades e estilos de aprendizagem das gerações, que clamam por novas abordagens de aprendizagem mais "adequadas" para a geração dos jogos. Embora certamente não seja a única maneira, os jogos de computador e de videogames oferecem uma das poucas estruturas, com

INTRODUÇÃO/HISTÓRICO

as quais contamos atualmente, capazes de satisfazer muitas das exigências e necessidades de aprendizagem (em constante transformação) da geração dos jogos. Essa é a principal razão pela qual a aprendizagem baseada em jogos digitais está começando surgir e a ganhar força.

3.
POR QUE O ENSINO FORMAL E OS TREINAMENTOS NÃO MUDARAM

Eu entrei no que se supunha ser uma das melhores faculdades de tecnologia do país. Os professores eram todos do MIT. No entanto, tudo o que faziam em sala de aula era ler para nós o que estava escrito em suas apostilas. Desisti.

Ex-universitário

Meu caro, aprendemos muito mais com uma gravação de 3 minutos do que com tudo o que aprendemos na escola.

Bruce Springsteen, "No Surrender"

O que o funcionário mediano consegue nos treinamentos? Milhas de voo.

Executivo de treinamento empresarial

Já é quase um clichê a afirmação de muitos escritores sobre treinamento, aprendizagem e ensino de que, se observadores de duzentos anos atrás viessem aos Estados Unidos no início do século XXI, eles ficariam maravilhados, mas com um sentimento estranho, com as mudanças em todos os lugares, *exceto* na escola e nas salas de aula corporativas. E daí? Será que isso é tão terrível? Afinal de contas, os mesmos viajantes do tempo certamente reconheceriam que todos nós ainda nos calçamos, comemos e dormimos à noite. Quem sabe o ensino formal e o treinamento *devam* permanecer

INTRODUÇÃO/HISTÓRICO

iguais? Não é uma abordagem prática dos americanos e senso comum "não mexer em time que está ganhando"?

Mas a verdade, como todos sabemos e a maioria de nós admite, é que nosso sistema de ensino e de treinamento está perdendo, *sim*. Perdendo de verdade. As evidências são percebidas nas notas de leitura e de matemática, nas taxas de desistência, na falta de habilidades dos funcionários e na chateação sentida por alunos e profissionais em treinamento. As evidências são percebidas ainda na facilitação excessiva dos testes padronizados,[1] no fato de as faculdades e as empresas terem de remediar habilidades básicas[2] e no fato de que mais de 45% dos norte-americanos adultos obtiveram níveis um e dois da Pesquisa Nacional de Letramento Adulto (National Adult Literacy Survey) de 1992, o que significa a "ausência de base suficiente no que diz respeito a habilidades básicas para o bom funcionamento em nossa sociedade".[3] Os pais procuram desesperadamente mudar os filhos para lugares em que eles percebam o trabalho a ser feito, por meio de garantias e outros planos. Além disso, uma porcentagem cada vez maior de pais não se importa com as escolas, preferindo educar os filhos em casa.[4] No livro *The Monster Under the Bed*,[5] Stan Davis e Jim Botkin discutem o fato de as empresas assumirem, por padrão, muitas das funções da escola, o que, de certa forma, é risível, pois a *pior* característica dos treinamentos empresariais, conforme indicado pelo reconhecido instrutor e autor Roger Schank, é que eles são iguais à escola![6]

Então, o que está acontecendo? É o sistema? A sociedade? O ambiente? Os pais? É claro que cada um deles tem sua parcela de culpa, mas quase todas as análises que aparecem por aí surpreendentemente parecem se esquecer de um ponto de vista – *o do aprendiz*. Como será que é, na verdade, ser um aluno do ensino fundamental, médio, superior ou de treinamentos

---

[1] Jane M. Healy, *Endangered Minds: Why Children Don't Think and What We Can Do About It* (Nova York: Simon & Schuster, 1990), p. 27.

[2] Stan Davis & Jim Botkin, *The Monster Under the Bed* (Nova York: Simon & Schuster, 1994), p. 32.

[3] National Institute of Literacy (www.nifl.gov).

[4] Peter T. Kilborn, "Learning at Home, Students Take the Lead", em *New York Times*, 24-5-2000.

[5] Stan Davis & Jim Botkin, *The Monster Under the Bed*, cit.

[6] Roger Schank, *Virtual Learning: a Revolutionary Approach to Building a Highly Skilled Workforce*, cit., p. 7.

empresariais? A resposta, em geral, é que é CHATO! Chato se comparado à televisão, chato se comparado aos jogos de computador, chato se comparado a filmes, chato até se comparado ao trabalho! A maior parte dos professores e instrutores diz que é difícil "competir" com todos esses recursos. Fora da sala de aula, as crianças e os trabalhadores atuais têm autonomia de decisão e sentem-se estimulados. E, no entanto, os treinamentos corporativos são quase sempre um fardo indesejado; a escola, de acordo com Jon Katz, que escreve sobre assuntos tecnológicos, "é um pesadelo, desinteressante, claustrofóbica e opressiva [...]".[7]

Será que *tem de* ser assim? Por que a escola e os treinamentos corporativos são tão desinteressantes? O que pode ser feito para mudar essa situação?

A resposta para a primeira pergunta – será que a escola e os treinamentos têm de ser chatos? – é um absoluto e enfático *não*! A escola e os treinamentos não precisam ser chatos. Há muitos exemplos (a maioria deles isolada, infelizmente) em que a aprendizagem não é chata. Se nossos treinamentos e nossas escolas chateiam os alunos, a culpa é toda nossa como educadores. Culpar outra pessoa – especialmente os alunos – é como um médico culpar o paciente por este ter ficado doente. Embora nossos alunos tenham, sim, contribuído para essa situação, como jogar videogames, isso não é algo pelo qual podemos lhes culpar. As pessoas vivem no mundo em que nasceram e fazem com seu tempo o que lhes agrada. Por causa das forças exteriores que os envolviam enquanto cresciam, e por terem vivido a infância nos últimos 25 anos do século XX, os hábitos, preferências e necessidades dos aprendizes mudaram de forma radical. Então, apesar dos séculos de "tradição" das escolas, já é hora de nosso ensino formal e nossos treinamentos finalmente mudarem, ou continuarem com nossos fracassos. Por quê? Porque já não prendem a atenção dos alunos, mesmo sob pressão. Embora haja ainda muitos alunos que conseguem aprender, na maioria das vezes, eles não aprendem nas escolas e nos treinamentos, mas fora desses ambientes.

---

[7]   *Apud* Peter Applebome, "Two Words Behind The Massacre", em *New York Times*, 2-5-1999.

Um de meus livros favoritos se chama *How to Play the Piano Despite Years of Lesson*[8] (Como tocar piano apesar de anos de aula). Seu argumento principal é o de que a maior parte do ensino de piano tem como base o que os "clássicos" acham que você deve aprender, sendo ensinado por meio de exercícios adequados a pianistas dos séculos XVIII e XIX. Ainda que alguns alunos realmente apreciem esse repertório, muitos mais gostariam de poder tocar apenas suas músicas prediletas, além de improvisar e acompanhar os estilos de hoje, não os do século XVIII.

Então, o que eventualmente pode ser feito para que a situação mude? A minha resposta é que a aprendizagem baseada em jogos digitais pode fazer a diferença. Mas, para entender o porquê disso, devemos verificar atentamente a segunda pergunta: por que a escola e os treinamentos corporativos são tão desinteressantes? É interessante notar que as respostas não são tão radicais a ponto de tornar as soluções impossíveis. Pelo contrário, a solução dos problemas está totalmente ao nosso alcance.

ABORDAGEM CENTRADA NO CONTEÚDO *VERSUS* ABORDAGEM CENTRADA NO APRENDIZ

Pode-se imaginar que a aprendizagem está relacionada aos aprendizes. Contudo, para muitos instrutores e educadores, a aprendizagem, o treinamento e o ensino formal não têm relação com o aluno, mas, sim, com o *conteúdo*. O que importa é "o que" ensinar, em vez de "como" e "por quê". A maior parte do discurso educacional ouvido na sociedade, nas escolas e nas empresas está centrada *no que* ensinar – conhecido como currículo – em vez de *como* aprender. O que quero dizer com "aprendizagem centrada no conteúdo" é o tratamento dispensado aos alunos como se fossem, nas palavras de Luyen Chou, "receptáculos de conhecimentos que lhes são entulhados, seja por um professor, seja por um computador".[9]

---

[8]   Ward Cannel & Fred Marx, *How to Play the Piano Despite Years of Lessons: What Music Is and How to Make it at Home* (Nova York: Crown & Bridge, 1976).

[9]   Entrevista por telefone. Luyen Chou é CEO da Learn Technologies Interactive, Inc. (ver capítulo 7).

OPCM

Em uma ocasião, perguntei a uma colega como fora o treinamento de que acabara de voltar. "OPCM", respondeu ela. "O que é isso?", perguntei. "Outra pasta cheia de *%$!", respondeu com um sorriso reprimido. Qualquer pessoa que já esteve em um treinamento sabe exatamente o que ela quis dizer. O treinamento foi feito com *slides* e apostilas, cuja cópia é incluída em uma pasta grossa com aquelas argolas de fichário. Muitos veteranos de treinamento ainda têm pilhas e pilhas dessas pastas nos escritórios, cada uma delas com etiquetas contendo as iniciais do nome de algum curso qualquer.

Um executivo que solicita um treinamento costuma estar mais preocupado com o "o que" do que com o "como": "meus funcionários precisam saber isso"; "minha equipe de vendas precisa saber aquilo" e assim por diante. Os instrutores é que têm de saber como – afinal, é para isso que *existe* o departamento de treinamentos – e correr para criar ou encontrar uma solução, que, geralmente, acaba tomando o formato de uma "intervenção" ou de um curso. A prioridade é descobrir o conteúdo certo. Somente em segundo lugar, se tiverem tempo ou puderem escolher, é que consideram *como* o conteúdo deverá ser transmitido. E não costuma haver muitas alternativas. Na verdade, utiliza-se uma "mala limitada de truques", que variam de uma palestra com *slides* e apostilas com alguns exercícios até preparar ou alugar um vídeo, ou, o que vem acontecendo com cada vez mais frequência, encontrar uma solução na internet. Raramente solicitarão algo totalmente novo. Nesses casos, há esperança para a realização de mais treinamentos centrados no aprendiz – mas só de vez em quando.

Muitas vezes, os compradores do treinamento importam-se apenas com o fato de o conteúdo solicitado estar disponível aos funcionários. Essa abordagem do tipo "minha parte está ok" foi o motivo pelo qual muitos dos *shelfwares* terem sido comprados na década de 1990, especialmente na área de Tecnologia da Informação (TI), fazendo que alguns fornecedores de treinamentos tivessem bastante êxito, dando início a um estouro na área de TI (*shelfwares* são aqueles cursos, geralmente em CD-ROM, adquiridos,

INTRODUÇÃO/HISTÓRICO

mas nunca usados – não saem das prateleiras). Agora, grande parte desses treinamentos está rapidamente sendo transferida para a internet. As organizações ainda estão assinando grandes contratos plurianuais, oferecendo aos funcionários acesso a ela, ou, devido a restrições técnicas da internet, ainda menos interessante, versão do método "exposição e avaliação" do currículo. O conteúdo do *shelfware* só foi substituído pelo conteúdo chamado por Paula Young da PricewaterhouseCoopers de programa "clique e durma".[10]

CONCURSO 2

Qual é o equivalente *on-line* de OPCM? Envie as respostas para contest2@twitchspeed.com.

Não me entenda mal – não estou dizendo que não deveríamos pensar sobre o que gostaríamos que nossos colaboradores soubessem. Contudo, pensar no conteúdo, colocá-lo em *slides* e lê-los para os participantes não significa que as pessoas o aprenderão. É claro que a maior parte dos instrutores diria o mesmo. Costumam procurar meios para "apimentar" as sessões de treinamento, como se percebe pela multidão que se aglomera no estande das empresas que vendem "*kits* de treinamento" no ASTD.

Mas até mesmo esses *kits*, assim como a internet, configuram apenas meios de *transmissão*. Assim como qualquer um que já tenha mandado um pacote pela FedEx sabe, nem a melhor forma de entrega do mundo ajuda se a pessoa não estiver em casa para receber o pacote. Está cada vez mais difícil de encontrar os participantes "em casa" para receber os treinamentos. Dessa forma, ou o pacote é deixado intocado na soleira da porta ou – a julgar pelos olhares de chateação, pelas pessoas se levantando para pegar café e pela nota nas provas – é "devolvido ao remetente". Todos os instrutores chegam a pensar e a dizer que consideram o aprendiz e querem que este esteja envolvido de forma ativa no processo de ensino e aprendizagem. Contudo, é impressionante o número de cursos de que participei, geralmente nas maiores e mais prósperas empresas de diversos setores, em que o treinamento consis-

---

[10] Entrevista por telefone.

POR QUE O ENSINO FORMAL E OS TREINAMENTOS NÃO MUDARAM

tia em mostrar e *ler todos os pontos* dos *slides*, que nem sempre eram escritos pela pessoa que ministrava o treinamento!

A versão *on-line* dessa mesma abordagem pode ser encontrada em quase todos os cursos disponíveis. Há empresas que tentam convencer que é delas a grande invenção interativa que frequentemente insere apresentações de *slides* entre os materiais impressos! A frase "a qualquer hora, em qualquer lugar", na verdade, segundo Paula Young, quer dizer "nunca, em nenhum lugar", à qual eu acrescentaria "não, muito obrigado!" É sobre isso que fala Elliott Masie quando diz que o "e" do *e-learning* (aprendizagem por meios eletrônicos) deveria significar a experiência do usuário.[11] Em termos gerais, o que é essa experiência?

MÉTODO DE EXPOSIÇÃO E AVALIAÇÃO

> Jamais tento ensinar algo a meus alunos. Tento apenas criar um ambiente em que eles possam aprender.
>
> *Albert Einstein*

Em essência, muito do que é vendido como treinamento, ensino e aprendizagem consiste em receber informações, seja por meio de palestras ou leitura, e fazer um teste em seguida para "mensurar" se a informação "foi inserida na cabeça" da pessoa. Encontrei muitos outros críticos dessa prática que usaram termos semelhantes ou não para expressar a mesma coisa. Na década de 1960, John Holt utilizou a frase *diga-lhes e teste-os*.[12] Don Tapscott usa o termo *aprendizagem por transmissão*.[13] Outros, como Luyen Chou, da empresa Learn Technologies Interactive, falam sobre *shows de sabedoria*.[14] ("Ah sim, temos *muitos shows* de sabedoria", diz um funcionário da IBM.) A ideia é a mesma: alguém que supostamente sabe mais do que você (pelo

---

[11]   Elliott Masie, *The 'e' in e-Learning Stands for 'Experience'*, Relatório Especial, The Masie Center, 20-10-
       -1999.
[12]   John Caldwell Holt, *How Children Fail* (Nova York: Dell, 1964), p. 151.
[13]   Tapscott, *Growing Up Digital*, cit., p. 129.
[14]   Entrevista por telefone.

INTRODUÇÃO/HISTÓRICO

menos sobre a matéria em questão) diz algo sobre determinado assunto, seja ao vivo, por meio de uma palestra ou de leituras, seja como apostilas ou textos *on-line*.

Apesar de existirem muitos instrutores e professores criativos, a maior parte de nosso sistema educacional se transformou em uma série de apresentações ou leituras lógicas que transmitem informações, seguidas de algumas perguntas ou uma provinha. O método de ensino da exposição e avaliação é o mais utilizado nas empresas, escolas, faculdades e, pior de tudo, em quase todas as experiências de *e-learning* oferecidas com frequência e cada vez mais competitivas na internet, mesmo as que tentam persuadir os usuários com aqueles chavões de marketing como "a nova forma de aprender" – marca registrada.[15] A não ser pelo fato de as informações chegarem por meio do navegador, não há nada de novo; não passa do método exposição e avaliação para ser lido na tela do computador.

O ensino por meio desse método costuma ser ineficaz, especialmente com os trabalhadores mais jovens de hoje; ele os chateia tanto que dá vontade de chorar. Não que esteja funcionando perfeitamente com os trabalhadores mais velhos.

É claro que muitos instrutores e professores mostram toda a variedade de materiais que preparam para que a apresentação das informações se torne mais interessante para os alunos. E eles estão certos. Todavia, há dois problemas. O primeiro é que a maioria das tentativas de tornar a aprendizagem mais interessante do que o simples método da exposição e avaliação é aleatória, com frequência relativamente baixa se levado em consideração o tempo total de aprendizagem, e não costuma tratar da questão principal. Sei do que estou falando. Já participei de cursos e mais cursos em bancos de investimento e empresas mundiais ministrados quase sempre com apresentação de *slides*, com um desenhinho ou outro e, de vez em quando, uma piada jogada no meio de tudo. Alguma pergunta? Geralmente nenhuma: as perguntas só atrasam a hora de sair da sala.

---

[15]   Marca registrada pela Learn2.com.

O segundo problema, mais importante ainda, é que, mesmo quando os desenvolvedores e ministrantes de treinamentos *tentam* criar o interesse por parte dos aprendizes, costumam errar o alvo. Quantos dos chamados "truques" ou "ferramentas" para criar interesse usados por esses instrutores são de fato parecidos com o que realmente envolve as pessoas, como a MTV ou filmes que causem grande emoção ou que apresentem ações bem rápidas (em oposição a simples vídeos) e videogames (em oposição a bingos ou jogos de perguntas e respostas)? Parte disso se deve ao pensamento dos instrutores ("o que será que me faz ficar interessado?"), que pode dar certo com alunos que se encontrem na mesma faixa etária que a deles, mas não com os aprendizes com velocidade *twitch*.

A ABORDAGEM LÓGICA/LINEAR

Há diversos motivos pelos quais se utiliza com tanta frequência o método de exposição e avaliação no processo de ensino e aprendizagem e nos treinamentos.

Certa dose de seu uso pode ser atribuída à inexperiência. Lao-Tsé nos diz que "o professor iniciante mostra e diz coisas incessantemente". Ainda me lembro dos meus primeiros dias como professor e consultor, quando eu imaginava que a melhor maneira de comunicar algo era transmiti-lo da forma mais lógica possível.

Um segundo motivo pode ser, como diz Paula Young, que "algumas pessoas são atraídas por treinamentos e pelo ensino formal porque adoram ficar em pé contando histórias".

Um terceiro motivo poderia ser o fato de não haver meios ou conhecimento para fazer qualquer coisa diferente. Roger Schank cita John Dewey, que levantou em 1916, na obra *Democracy and Education*, a seguinte pergunta: "Por que é que, apesar do fato de ensinar por meio do despejo de informações e aprender por absorção passiva serem universalmente condenados, esses métodos são tão arraigados na prática? [...] A representação na prática exige que o ambiente escolar esteja preparado com ações para possibilitar o 'aprender na prática' em um nível raramente atingido."[16] Segundo os argumentos de Schank, é preciso que mais alternativas estejam disponíveis. Contudo, até mesmo a barreira por elas oferecida pode ser transposta, pois, como mostra o livro, nós é que as criamos e inventamos.

Há, entretanto, mais um motivo mais profundo para a utilização do método de exposição e avaliação, que está relacionado à maneira pela qual as escolas se desenvolveram nos últimos trezentos anos. Tem que ver com as tecnologias do letramento – impressão de materiais e leitura.

Breve história da aprendizagem e da tecnologia

Na visão de Robert McClintock, Frank Moretti e Luyen Chou, a evolução e a transformação do processo de ensino e aprendizagem caminham de mãos dadas com a evolução da tecnologia.

Originalmente, o sistema de ensino e os treinamentos eram processos de imitação e de orientação: "pegue uma pedra e atire-a em um animal." Se não conseguir da primeira vez, pratique até conseguir. "Não, faça assim." Para fazer que essa aprendizagem baseada em habilidades fosse suportável e pudesse ser lembrada, a prática se tornou, mesmo entre os animais, uma forma de brincar. Essa aprendizagem que se tem como aprendiz – demonstração e prática –, que ainda está entre nós, exige bons orientadores, geralmente em uma relação de igual para igual. É assim que as pessoas aprendem esportes, a tocar instrumentos musicais e a sedimentar outras habilidades físicas. Na essência, nem mesmo a língua se faz necessária, o que permite a atletas e musicistas serem treinados por especialistas que mal falam a mesma língua que eles.

Um avanço técnico nesse processo foi a adição de figuras e símbolos. Não há necessidade de demonstração física: posso desenhar, na areia ou na parede, uma figura (ou diversas) de um homem atirando uma lança e um mapa grosseiro que mostre como atravessar o rio para chegar às terras de

---

[16] Roger C. Schank, "What We Learn When We Learn By Doing", em *Relatório Técnico nº 60* (Evanston: Institute for the Learning Sciences, Northwestern University, outubro de 1994), p. 1.

caça e "todos entenderão". Os desenhos feitos em cavernas podem conter um pouco dessa aprendizagem. Hoje, utilizamos esse método sempre que realmente prestamos atenção às orientações do comissário de bordo para "retirar o cartão da poltrona e segui-lo junto com as explicações".

Sem dúvida alguma, a próxima inovação tecnológica na aprendizagem foi o desenvolvimento da língua falada. Agora, posso descrever as pessoas ou dizer-lhes como fazer algo, mesmo que não estejam fazendo. Para ajudar a lembrar, posso inventar histórias e parábolas que facilitem o entendimento e a memorização do que foi aprendido. Isso ocorreu há tanto tempo que está totalmente conectado ao cérebro. Muitas das grandes histórias do passado sobre ensino, como a *Ilíada* e a *Odisseia*, foram escritas com métrica e rima, de forma que as pessoas pudessem memorizá-las mais facilmente. Com a língua falada, é possível ainda fazer perguntas e perceber se as respostas são dadas de forma que mostrem entendimento. Esse modo de aprendizagem oral dialética aparentemente chegou a seu auge com Sócrates. O método chamado socrático ou dialético, que consiste no questionamento, é ainda utilizado nas faculdades de direito, por exemplo. Esse tipo de aprendizagem exige uma boa habilidade em contar histórias, uma memória excelente e a capacidade de pensar por si mesmo.

Em seguida, em algum momento na época de Sócrates, veio a invenção da leitura e da escrita. Embora Sócrates contasse histórias e fizesse perguntas sobre elas, Platão as escrevia. Os *Diálogos*, de Platão, não precisam ser recontados ou memorizados (apesar de que talvez devessem ser), podendo ser lidos e relidos. As ideias e a aprendizagem poderiam estar codificadas em outros formatos que não apenas histórias e perguntas e respostas. Os aprendizes poderiam ler os pensamentos de outras pessoas por si mesmos. Tais pensamentos poderiam ser colecionados em bibliotecas. Os pensadores de determinado lugar e época poderiam ler o que outros escreveram e ampliar a ideia. O conceito do acadêmico surgiu para identificar o indivíduo que passava grande parte do tempo lendo estudos. Contudo, essa forma de aprendizagem e de conhecimento escrito era rara – limitada aos poucos que podiam ler e escrever (clérigos em sua maioria) – e frágil – na Antiguidade, um único incêndio na biblioteca de Alexandria, no Egito, eliminou gran-

INTRODUÇÃO/HISTÓRICO

de porcentagem do conhecimento armazenado no mundo, dificultando o aprendizado dos acadêmicos. Esse tipo de aprendizagem exige o conhecimento da leitura e da escrita. Nesse ínterim, os outros tipos de aprendizagem não desapareceram; desabrocharam em outras partes da população em geral.

Chegamos agora à penúltima grande mudança tecnológica: a invenção do prelo. A partir daí, os materiais educacionais poderiam ser distribuídos a todos os que o quisessem. Poderiam ser colocados em quadros de avisos, como Martinho Lutero fez com as 36 teses, e traduzidos para o vernáculo, como Lutero fez com a Bíblia, permitindo a muitas pessoas o acesso à aprendizagem. A impressão levou à arte da escrita descritiva e lógica de discursos, ensaios e livros.

Também levou a uma necessidade de ensinar a leitura e a escrita a mais pessoas. Nosso sistema de educação de massa atual, segundo Neil Postman, professor distinto de comunicações da Universidade de Nova York, autor e comentarista social, começou basicamente como um produto do prelo, tendo sido desenvolvido para proporcionar um nível básico de letramento a todos. Segundo o professor Postman, o desenvolvimento da escola se deu primeiramente para ensinar as pessoas a lerem livros.[17] A distribuição de livros em massa, segundo Luyen Chou, possibilitou a padronização do sistema educacional. "Em duzentos anos da invenção do prelo no Ocidente vivemos todas as armadilhas do sistema educacional moderno: grupos de alunos divididos por faixa etária, divisão do conhecimento em disciplinas e, especialmente, apostilas",[18] observa ele. Mas havia muito mais em jogo do que o simples letramento. A escola, diz Postman, tem como objetivo nos preparar para *ler* e *refletir* no decorrer das linhas dos livros, isto é, a reflexão racional e linear. A aprendizagem baseada em livros favorece a apresentação e a exposição lógica. Embora o que há de melhor na exposição lógica possa ser instigante e convincente, poucos de nossos professores conseguem fazê--la de modo que seduza os alunos. Dessa forma, com o passar do tempo,

---

[17] Neil Postman, *Amusing Ourselves to Death: Public Discourse in the Age of Show Business* (Nova York: Penguin, 1985), p. 33.

[18] Entrevista por telefone.

muitas das atividades de ensino foram reduzidas a palestras pré-elaboradas, e a aprendizagem se transformou em simplesmente ler ou ouvir outras pessoas. Por isso a parte da *exposição*, que surgiu principalmente, acredito, do desejo que a escola tinha de ser lógica.

Em seguida, vieram a revolução e a competição industrial, que levaram à maior padronização do sistema escolar ("fábricas de escola", diz Seth Godin, em *Permission Marketing*)[19] e à necessidade de testar as pessoas para que estas pudessem ser rapidamente alocadas ao trabalho correto. Os testes padronizados cresceram de fato a partir das necessidades militares da Primeira Guerra Mundial.[20] Por isso a parte da *avaliação*, que é bem mais recente.

Assim, o sistema de ensino com base na exposição e avaliação é, na realidade, uma "tradição" com menos de trezentos anos. Isso é bem mais do que o tempo de vida de qualquer um, mas é pouquíssimo se levada em consideração a história da educação, da aprendizagem e dos treinamentos da humanidade.

O método de exposição e avaliação realmente funcionou bem até o final do século XIX e início do século XX, não sofrendo muitas mudanças por outras novas tecnologias que surgiram, como o telefone, o rádio e a televisão. Um argumento que pode explicar isso é que tais tecnologias promoveram menos transformações trazidas pela língua, pelo letramento ou pela invenção do prelo. Mas outro motivo para elas não terem influenciado tanto o ensino, segundo Luyen Chou, foi que o sistema educacional despendeu grande esforço para mantê-las longe. "Pergunto-me se na carteira de cada aluno tivesse um telefone para fins educacionais, o que teria mudado", diz Chou.

Talvez o sistema de exposição e avaliação padronizado industrialmente e voltado para o letramento pudesse ter persistido por mais tempo, mas novamente houve a intervenção de mais uma grande mudança tecnológica.

Essa mudança, como todos sabemos, é o computador, a interatividade e tecnologias a eles associadas: a grande revolução tecnológica ocorrida a

---

[19]   Seth Godin, *Permission Marketing: Turning Strangers into Friends and Friends into Customers* (Nova Jersey: Simon & Schuster, 1999), p. 91.

[20]   Frank Smith, *The Book of Learning and Forgetting* (Nova York: Teachers College Press, 1998), p. 63.

INTRODUÇÃO/HISTÓRICO

partir do final do século XX. Se comparada a outras mudanças, essa foi gigantesca. Bran Ferren, ex-chefe de pesquisa e desenvolvimento da Disney, chama a multimídia computacional de "a inovação técnica mais importante desde a invenção da língua. Faz a invenção dos materiais impressos parecer minúscula".[21]

Aconteceram diversas mudanças importantes, aparentemente graduais para os que as viveram, mas extremamente rápidas se comparadas ao passado:

- A língua escrita tornou-se menos dominante (Ferren chega a prever que a leitura e a escrita desaparecerão um dia, depois de terem sido uma "moda"[22] por trezentos ou quatrocentos anos).
- A organização linear foi suplantada pela organização de acesso aleatório (hipertexto).
- A mídia passiva, como os livros e a televisão, foi suplantada pela mídia ativa, como jogos de videogame e a internet.
- A velocidade em geral evoluiu para a velocidade *twitch*, deixando muito menos tempo para a reflexão.

É provável que o maior motivo pelo qual o método de exposição e avaliação esteja fracassando no cumprimento das obrigações que lhe são atribuídas esteja no fato de o mundo dos aprendizes ter sofrido uma mudança drástica. Consequentemente, os aprendizes deixaram de se ver como receptáculos a serem preenchidos com conteúdo; em vez disso, veem-se como criadores e realizadores. O fato de essas mudanças terem ocorrido tão rapidamente é o principal motivo para o ensino formal e os treinamentos não terem mudado a fim de acompanhar a evolução. Mesmo em épocas normais, o ensino é devagar em sua mudança. Mas agora o que se observa é um fenômeno em que as crianças já deixaram para trás os pais e os mais velhos no que diz respeito aos novos caminhos a serem percorridos no mundo.

Os aprendizes têm acesso a tantas experiências antes mesmo de entrarem em uma sala de aula ou participarem de treinamentos que raramente

---

[21] Ouvi Ferren expor essas ideias na Conferência de Edgewise de 1999, da United Digital Artists.

[22] *Ibidem*.

podem ser considerados "recipientes vazios" (ou tábulas rasas) quando chegam. No mundo dos negócios, é raríssimo encontrar um público que não saiba *absolutamente nada* sobre o assunto a ser tratado. *Todo mundo* sabe alguma coisa – só não sabemos quem sabe o quê. Então, se expusermos tudo, acabaremos chateando, na maioria das vezes, todas as pessoas presentes. Mesmo no ambiente *on-line*, a suposta vantagem da aprendizagem baseada na tecnologia – seguir no seu ritmo e pular o que já se sabe – costuma ser mais um *slogan* do que é na realidade. Embora as pessoas possam optar por escutar no carro "grandes palestras", produzidas para comércio, sobre arte, literatura ou música (ou quem sabe negócios) para que aprendam mais sobre tais assuntos, ainda estou para encontrar alguém que queira escutar um áudio ou vídeo do treinamento empresarial interno de qualquer organização; costuma ser pior do que estar ali presente. Houve até uma empresa que se especializou em reduzir o tamanho dos arquivos contendo esses treinamentos de modo que fosse necessário menos tempo para escutá-los. Ela normalmente conseguia reduzir uma palestra ou aula de 60 minutos para 5 ou 10 minutos com conteúdo de verdade.

Esse é o tipo de melhoria para o qual precisamos trabalhar. No que diz respeito aos métodos de aprendizagem, precisamos desesperadamente de novas abordagens que substituam o sistema de exposição e avaliação. *Temos de parar de falar e expor tudo, porque quase ninguém mais está escutando.* Quem está trabalhando para inventar essas novas metodologias que falem por essa geração altamente tecnológica? Alguns poucos profissionais preciosos (mas já é um começo), incluindo os criadores da aprendizagem baseada em jogos digitais. Mesmo entre os que tentam inventar novas formas, não há consenso; na realidade, há uma série de críticas destrutivas, na maioria das vezes porque as pessoas têm ideias diferentes sobre como se dá a aprendizagem.

INTRODUÇÃO/HISTÓRICO

O GRANDE DEBATE SOBRE "COMO SE DÁ A APRENDIZAGEM"

> Sabemos mais sobre como melhorar o uso de
> fraldas do que o do cérebro.
>
> Stan Davis e Jim Botkin, *The Monster Under the Bed*

Perguntar "Como se dá a aprendizagem?" é como perguntar "Qual é a religião verdadeira?". Todo religioso está convencido de que sua religião é a verdadeira e, no entanto, segundo a Organização das Religiões do Mundo (Religions of the World Organization), há "literalmente milhares" de religiões diferentes ao redor do globo.[23] A verdade é que a aprendizagem é um fenômeno altamente complexo com um número gigantesco de variáveis. Apesar de termos um bom conhecimento sobre o processo de ensino-aprendizagem, não sabemos exatamente como é que se aprende. Na verdade, nem sequer conseguimos definir o que é a aprendizagem com um grau de precisão mensurável, porém, assim como muitas outras coisas, a reconhecemos quando percebemos ou sentimos que estamos aprendendo.

Há todo um ramo da ciência, conhecido como epistemologia, dedicado ao assunto. Dentro e fora desse campo, há uma discussão calorosa, debates enérgicos e pesquisas sobre a aprendizagem. Mas não é o suficiente.

Em *The Monster Under the Bed*, um livro excelente sobre a aprendizagem corporativa, Stan Davis e Jim Bodkin enfatizam como poucas pesquisas são realizadas nessa área. Em âmbito nacional, afirmam os autores, "menos de 0,1% (sim isso significa um décimo de um por cento) do orçamento de nossas escolas é destinado a pesquisas sobre educação – o menor valor para pesquisas gasto em qualquer grande atividade que receba orçamento. Se comparados à saúde, à defesa, ao espaço, à energia ou a novos produtos, os novos conhecimentos sobre o processo de ensino e aprendizagem apresentam uma relação definitivamente baixa... O governo federal dos Estados Unidos gasta três vezes mais com pesquisas na área da agricultura, 21 vezes mais com pesquisas espaciais e trinta vezes mais com pesquisas relacionadas

---

[23] Organização das Religiões do Mundo, disponível em: www.religions.hypermart.net. Acesso em 2000.

à saúde. Sabemos mais sobre como melhorar o uso de fraldas do que o uso do cérebro".[24]

Então, na falta de mais pesquisas, contamos apenas com uma grande variedade de teorias de aprendizagem, cada uma com seus especialistas autoproclamados, cada uma com uma teoria de aprendizagem em particular a ser defendida. Vejamos alguns exemplos:

- A aprendizagem se dá quando alguém esta empenhado em atividades desafiadoras e difíceis
- A aprendizagem se dá a partir da observação de pessoas que respeitamos
- A aprendizagem se dá por meio da prática
- A aprendizagem é imitação, que é própria dos homens e alguns animais
- A aprendizagem é um processo de desenvolvimento
- Só se aprende com o fracasso
- A aprendizagem é primeiramente uma atividade social
- Diversos sentidos devem estar envolvidos
- A aprendizagem precisa da prática, diz um. Não, diz outro, isso significaria "repetir até morrer"
- Aprende-se com o contexto. Aprende-se quando os elementos são abstraídos do contexto
- Aprende-se por meio de princípios, diz um. Por meio de procedimentos, diz outro
- "Não se consegue *pensar*", diz um. "Não se consegue *acrescentar*", diz outro
- Todos têm "estilos de aprendizagem" diferentes
- Aprende-se x% do que se escuta, y% do que se escuta e se vê e z% por cento do que se faz
- "Aprendizagem contextualizada", diz um. "Raciocínio baseado em casos", diz outro. "Aprendizagem baseada em metas", diz um terceiro. "Todos os três", diz um quarto

---

[24] Davis & Botkin, *The Monster Under the Bed*, cit., p. 151.

INTRODUÇÃO/HISTÓRICO

- "A aprendizagem deve ser divertida", exclama a garota do canto. "A aprendizagem é trabalho duro", responde outra
- "Aprende-se automaticamente com nossos companheiros", diz outro
- Aprende-se em "blocos"
- Não, com os "blocos", perde-se o contexto
- Aprende-se na hora certa, somente quando necessário
- As pessoas lançam mão de diferentes sentidos para aprender. Eles podem ser auditivos, visuais ou cinestésicos
- Aprende-se por meio do *feedback*
- Aprende-se por meio da reflexão
- Aprende-se por meio da combinação entre prática e reflexão
- Aprende-se por meio de orientação
- Aprende-se com o fracasso
- Aprende-se a partir da construção das coisas por si só
- Aprende-se com modelos
- Aprende-se com os erros
- Aprende-se com histórias e parábolas
- Aprende-se por meio da construção do próprio conhecimento
- Aprende-se quando se trabalha
- Aprende-se quando se brinca
- Aprende-se por meio de jogos
- Aprende-se quando há diversão
- Aprende-se o que for pertinente
- E assim por diante

Com todos os livros publicados sobre o assunto, sabemos como se dá a aprendizagem?

Atrás das teorias da maioria dos professores, encontram-se os pesquisadores, realizando estudos. A maior parte é formada por acadêmicos, cada um pegando uma minúscula parte do quebra-cabeça e fazendo pequenas experiências. A pesquisa deles, embora seja possivelmente útil, costuma ser apresentada de forma que só o público acadêmico consegue entender ou tolerar a leitura. Infelizmente, é do estilo acadêmico que se costumam alimentar os futuros professores. É preciso urgentemente que os pesquisadores

POR QUE O ENSINO FORMAL E OS TREINAMENTOS NÃO MUDARAM

que estudam o processo de ensino e aprendizagem apresentem os resultados obtidos de maneira que permita sua fácil compreensão, tanto para os professores quanto para o público em geral, de modo que possamos usá-los o máximo possível no desenvolvimento de materiais e entender que muitas áreas ainda não foram pesquisadas. Alguns justificam a variedade de teorias sobre como as pessoas aprendem, dizendo que todos são diferentes: cada um tem o próprio "estilo de aprendizagem". Esses estilos estão em voga nos dias de hoje e com certeza têm sua importância, mas também são problemáticos no tocante ao desenvolvimento de formas de aprender. Quantos estilos existem? (Aqui, novamente as respostas diferem entre si.) Se realmente são diferentes para todos, como isso nos ajuda? Será que eu preciso utilizar estilos diferentes para todos? Na psicologia, há o "erro fundamental de atribuição", que é a tendência do indivíduo de explicar o comportamento humano em termos das características do indivíduo quando da ação das poderosas forças advindas da situação em que ele se encontra. Poderia a nossa necessidade de nos enxergar como indivíduos estar nos cegando quanto à existência de outras forças? Embora esses estilos sejam uma parte importante do todo no processo de ensino e aprendizagem, também é preciso saber se existem maneiras básicas pelas quais todos *nós* aprendemos.

Em minha opinião, existem sim. Considerando minha experiência como instrutor e professor, parece-me que tudo isso pode visto de outra forma, algo que, surpreendentemente, costuma ficar de fora no debate: *como se aprende algo?* Acontece que essa perspectiva se mostra bastante útil, porque nos ajuda, e muito, na construção de novas formas de aprender, inclusive (mas não apenas) a aprendizagem baseada em jogos digitais.

Existe uma grande variedade de materiais ou de conteúdos a serem aprendidos pelos alunos, o que engloba desde informações, fatos, tarefas, processos e habilidades até teorias e muito mais: cada um com uma forma diferente para a melhor aprendizagem. Desse modo, parece-me que a primeira divisão a ser feita não é em relação ao tipo de aprendiz, mas ao tipo de material a ser aprendido. Definir o estilo de aprendizagem, ou o tipo de aprendiz, pode e deve ser a etapa seguinte.

INTRODUÇÃO/HISTÓRICO

Para ilustrar o que quero dizer, imagine um futuro médico na faculdade de medicina. Entre outras coisas, ele precisa aprender o nome das partes do corpo (fatos) no vernáculo e em latim; aprender o comportamento dos sistemas existentes no corpo (teoria, observação, dinâmicas); aprender como realizar procedimentos (habilidades físicas); aprender a diagnosticar (processo, julgamento, razão); aprender a conversar com os pacientes e a administrar o tempo (comportamento, habilidades); aprender a apresentar casos a outros médicos (língua e linguagem); aprender a fazer pesquisas (organização, descobertas), e assim por diante. Ainda que escutemos muito por aí que "é assim que se aprende" e, mais recentemente, "é assim que esse estilo de pessoa aprende", raramente ouvimos "é assim que se aprendem *fatos*. É assim que se aprendem *habilidades*. É assim que as pessoas aprendem *teoria*. É assim que se aprende a *julgar*. É assim que se aprende a *raciocinar*. É assim que se aprende a *criar* o novo. É assim que se aprende a *mudar de ideia*. A partir do momento em que as pessoas começarem a enxergar o processo de ensino e aprendizagem por essa perspectiva, alguns dos problemas na criação de formas de aprender começarão a ser solucionados:

- ■ Aprendem-se *fatos* por meio de perguntas, memorização, associação e exercícios de repetição.

- ■ Aprendem-se *habilidades* (*físicas* ou *mentais*) por meio da imitação, do *feedback*, da prática contínua e do aumento do nível de desafio.

- ■ Aprende-se a *julgar* ouvindo-se histórias, fazendo-se perguntas, fazendo escolhas e recebendo-se *feedback* e orientação.

- ■ Aprendem-se *comportamentos* por meio da imitação, do *feedback* e da prática.

- ■ Aprendem-se *processos* por meio da explicação e da prática.

- ■ Aprende-se *sobre as teorias existentes* por meio da explicação lógica e do questionamento.

- ■ Aprende-se a *criar e testar teorias* por meio de experiências e de questionamentos.

- ■ Aprende-se a *raciocinar* por meio de exemplos, decifrando-se pontos complexos.

- ■ Aprendem-se *procedimentos* por meio da imitação e da prática.

POR QUE O ENSINO FORMAL E OS TREINAMENTOS NÃO MUDARAM

- Aprende-se a *criatividade* por meio da brincadeira.
- Aprendem-se a *língua e a linguagem* por meio da imitação, da prática e da imersão.
- Aprendem-se a *programação e outros sistemas* por meio dos princípios e tarefas gradativas.
- Aprende-se a *observação* por meio de exemplos, prática e *feedback*.
- Aprendem-se a *comunicação oral e as funções a serem desempenhadas* por meio da memorização, da prática e da orientação.
- Aprende-se o *comportamento dos sistemas dinâmicos* por meio de observação e de experiências.
- Aprende-se *gramática* por meio de – *como* é que se aprende gramática?

Essa lista não deve ser vista como completa ou exaustiva, porém serve para ilustrar que não se usam os mesmos métodos de aprendizagem para todos os tipos de assunto que aprendemos.

Até mesmo os velhos ditados – como "aprende-se com a prática" e "aprende-se x% do que se escuta, y% do que se escuta e se vê e z% do que se faz", sendo x, y e z geralmente substituídos por números que, tenho quase certeza, são apócrifos e que tendem a ser maiores na parte do *fazer – nem sempre* são verdadeiros. Sempre há algo que vimos ou ouvimos de que nunca nos esqueceremos e outras coisas que fizemos (como deixar a chave do carro em algum lugar) das quais nunca nos lembramos.

Como pode ser confirmado com qualquer pessoa que desempenhe uma função de baixo prestígio, é claro que existem "coisas chatas de fazer". O ato de *fazer algo* em si não deixa nada mais interessante nem faz que se aprenda com ele. A ênfase deve estar no fazer *o quê*.

Fazer e usar esse tipo de análise não faz de nós indivíduos centrados no conteúdo. Pelo contrário, permite que nosso enfoque se volte mais ainda ao aprendiz. Cada um desses tipos de aprendizagem é importante para o aprendiz, tendo cada um o seu devido lugar. Voltando ao exemplo do médico, ele precisa lançar mão de diferentes meios de aprendizagem para sedimentar todas as informações e habilidades diferentes que devem ser aprendidas. Alguns afirmam que a memorização, um dos meios para aprender fatos, não é importante. Você gostaria de passar com um médico que

INTRODUÇÃO/HISTÓRICO

não soubesse o que é a tíbia? Ou não soubesse que a droga x interage com a droga y? Há outros meios de aprender fatos além da memorização, como perguntas, a associação e a mnemonização, mas algumas variações do bom e velho *flashcard* costumam funcionar bem. Não há necessidade aqui de um projeto destinado a ensinar como aprender na prática ou um simulado complexo. Nem é necessário agir de forma ilegal ou antiética (mesmo em simulados) para aprender que é errado. Tipos diferentes de conteúdo a serem aprendidos precisam de métodos, ferramentas de aprendizagem e habilidades diferentes.

É claro que, dentro dessas formas de aprendizagem, há espaço suficiente para variações individuais, como estilo, idade e gênero. O que temos de fazer é conciliar a pergunta "como se aprende?" com "o que se está aprendendo?".

O que mais me instiga nisso tudo são as oportunidades e o espaço que nos é deixado para inventar novos meios de aprender. Na verdade, as pessoas fazem isso o tempo todo: é o chamado ensino criativo.

Design instrucional – ajuda ou prejudica?

Há um campo, conhecido como *design* instrucional, que deveria nos ajudar aqui. Será que ele está conseguindo nos tirar da aprendizagem centrada no conteúdo e do método de exposição e avaliação? Infelizmente, minha observação diz que não. Grande parte do *design* instrucional é feito "pelo próprio livro" e este (um sistema conhecido como ISD – Instructional Systems Design – ou Projeto de Sistemas Instrucionais) não é muito criativo. Há uma tendência de os livros trazerem frases como "estes são seus objetivos de aprendizagem", "neste módulo, você aprenderá..." e assim por diante. Pode parecer lógico para os designers instrucionais, mas não estou tão certo de que elas ajudam no processo de ensino e aprendizagem, especialmente para as pessoas cuja abordagem de tudo pode, de fato, ser menos lógica.

"Nove em cada dez programas de treinamento considerados ótimos não foram criados por alguém que tenha estudado o ISD ou que tenha seguido esse processo", escreve Thiagi em *The Attack on ISD.*[25] No mesmo artigo, John

---

[25] *Training*, abril de 2000.

Murphy, da empresa de consultoria Executive Edge, observa que "a ideia de estilos de aprendizagem parece consumir uma enorme quantidade de tempo e causar grande preocupação com o que os profissionais de ISD afirmam ser 'sua tecnologia'". Murphy continua, dizendo que quase não há preocupação ou atenção despendida aos resultados das empresas ou aos aprendizes. Minha experiência me leva a concordar com essas afirmações. Eu pensava que a inclusão de um designer instrucional em uma equipe de *design* daria a um projeto as possibilidades de invenção e a criatividade necessárias. Mas não tenho tanta certeza de que o contrário costuma acontecer com mais frequência: em nome dos próprios pensamentos doutrinários, os designers instrucionais quase sempre criam o que Thiagi chama de "resultados chatos e previsíveis". Creio que o desenvolvimento de uma aprendizagem efetiva não exija estudo formal ou conhecimento especializado. Em vez disso, é necessária uma abordagem criativa e elaborada para que os resultados desejados sejam atingidos.

Bem, tenho certeza de que existem muitos designers instrucionais que se consideram bastante criativos e os convido a falar sobre quaisquer projetos de aprendizagem baseada em jogos digitais que tenham desenvolvido. Gostaria muito que entrassem em contato comigo pelo site do livro: www.twitch-speed.com.

A FUNÇÃO DA PRÁTICA

A prática é algo muito importante. Quase todos os treinamentos tendem a ser realizados em blocos (de certa forma, na escola acontece a mesma coisa). Quando os empresários desconhecem algo, desenvolve-se uma "intervenção" (leia-se *interrupção*) para ensiná-los, o que é perfeito se o que não souberem for um fato, como "amanhã é feriado", ou outras coisas menos úteis, mas tão importantes quanto. Entretanto, grande parte do que queremos que as pessoas aprendam é composta de habilidades e comportamentos, que devem ser aprendidos e adquiridos vagarosamente, ao longo de muito tempo, geralmente uma vida inteira. A *única* maneira de isso acontecer é por meio da *prática*. Há uma piada em que o turista pergunta "Como

INTRODUÇÃO/HISTÓRICO

faço para chegar à casa de espetáculos Carnegie Hall?". A resposta: "prática, prática e prática". Os músicos sabem disso, os atletas sabem disso e os cirurgiões sabem disso. Todos sabemos disso. Que paciente não gostaria de ser operado pelo cirurgião com mais experiência? A prática leva à perfeição. (E, segundo os neurobiólogos, leva também à fixação!)

Mas quase nada disso é levado em consideração nos treinamentos. Para aprender a habilidade de tocar música, fazemos aulas (normalmente durante a vida toda) e praticamos. Quem é que pratica as habilidades de conversação, de liderança e da língua? Só os aprendizes espertos! Com algumas raras exceções, como o método de estudos de caso da Harvard Business School com duração de dois anos, as pessoas costumam ter e se virar sozinhas. O treinamento não ajuda em nada. Só bloqueia.

Alguns programas de treinamento têm tentado abordar esse problema. Uns oferecem conselheiros. Outros criaram cursos de imersão que tentam inserir o aprendiz em um ambiente que equivalha ao "país estrangeiro" e os deixam livres para tentar o que quiserem. No entanto, tudo se limita à duração do "curso". Talvez em um programa de 6 horas, consiga-se praticar durante 1 ou 2 horas. O que fazer na semana seguinte?

É claro que praticar pode ficar chato, como é de conhecimento de qualquer criança ou musicista. Lembro-me de que, como alaudista, eu costumava inventar jogos que me ajudassem a aguentar todo o trabalho técnico que eu tinha de fazer. "OK, agora eu tenho de fazer isso dez vezes seguidas e sem errar, senão terei de começar de novo. Será que eu consigo fazer isso de olhos fechados? Será que eu consigo fazer isso quatro vezes mais rápido? Será que consigo fazer em um ritmo diferente?" Grande parte do tédio iria embora durante os treinos.

Quase tudo do que precisamos saber tem de ser praticado – desde alfabeto, tabuada, fazer contas, ler, conversar com as pessoas, negociar, liderar expressar objeção em um tribunal, até o trabalho em equipe. Deve-se praticar sempre, todas as semanas, ou todos os dias, especialmente (mas não só) antes de usarmos a habilidade (praticar uma língua apenas um dia antes de ir a algum lugar não lhe trará muitos benefícios). A menos que sejamos incrivelmente disciplinados (como aqueles que já deixam a escova de dentes no trabalho) ou masoquistas, precisamos de incentivo, um meio divertido que nos faça praticar – que nos faça *querer* praticar. Esse é um dos motivos pelos quais os jogos são uma parte importante do processo de ensino e aprendizagem. Na década de 1980, quando Jim Freund usava jogos de computador para ensinar habilidades computacionais às secretárias do Citibank, não dizia "OK, aqui está o treinamento". Dizia, honestamente: "Agora, temos aqui a parte divertida do seu dia". Qualquer professor que se preze lança mão de jogos para prática com crianças, mas não existem muitas oportunidades de prática para adultos que sejam instigantes e de longo prazo. Esse é um grande erro.

POR QUE MUDAR É TÃO DIFÍCIL?

Sabemos que as coisas não estão funcionando:

> Tendo-se deparado com a prejudicial falta de habilidades, os empregadores estão gastando pilhas e pilhas de dinheiro com o treinamento dos funcionários. O problema? Muitos programas simplesmente não funcionam. Anualmente, o desperdício chega de 5,3 bilhões a 16,8 bilhões de dólares. Problemas dos treinamentos: 1. Os funcionários não estão motivados. 2. O desenvolvimento dos programas é fraco. Involuntariamente, as empresas podem estar apoiando programas desinteressantes e sem imaginação que, de acordo com os funcionários, bloqueiam a aprendizagem. 3. Falta de domínio por parte dos instrutores – os que ministram treinamentos podem não conhecer o público ou não ter habilidades de ensino.[26]

Não é difícil encontrar pessoas por aí que, sem pestanejar, concordem que o ensino nas empresas e nas escolas precisa de ajuda e de modificações. A bem da verdade, seria bem difícil encontrar defensores convictos da situação tal como ela está. E, no entanto, tirando algumas salas de aula isoladas e pontos de inovação, muito pouco muda. Por que não fazemos nada em

---

[26] *USA Today*, 7-10-1998.

INTRODUÇÃO/HISTÓRICO

relação a esse problema? Por que os treinamentos e o sistema de ensino continuam tão ineficazes e centrados no conteúdo e no método de exposição e avaliação? Por que a mudança é tão difícil e devagar quando se pensa em treinamentos e escolas?

A primeira observação deve ser a de que, tanto nos treinamentos quanto no sistema de ensino, há mudanças ocorrendo e, em alguns casos, bem rapidamente. A infraestrutura está se modificando, uma vez que a maioria dos funcionários das empresas e salas de aula estão conectados à internet. Cada vez mais, as empresas, faculdades e universidades estão deixando os Treinamentos Conduzidos por Instrutores (ILT) e aderindo aos treinamentos baseados em tecnologia e na internet.

Infelizmente, com exceção da maior facilidade de acesso (menos intensa nas empresas pelo fato de os treinamentos terem de ser feitos em casa ou no escritório), a maior parte dessas mudanças não fez que a aprendizagem ficasse menos centrada no conteúdo nem que o método de exposição e avaliação deixasse de ser usado. Por isso, os treinamentos continuam não agradando a maioria dos trabalhadores.

Motivos

Vejamos alguns motivos pelos quais o sistema educacional e os treinamentos continuam sendo tão centrados no conteúdo e no método de exposição e avaliação:

DINHEIRO. Nas palavras de Kevin Oakes, CEO da Click2learn, "as empresas têm uma necessidade de treinamentos bem definida, à qual o método de exposição e avaliação consegue atender minimamente. Por ser o meio mais barato, acaba prevalecendo sobre os outros. A realização de simulados e jogos sofisticados custa mais caro e leva mais tempo; oferece a experiência de uma aprendizagem mais efetiva, mas, para isso, a empresa precisa estar disposta a dizer que o que ela realmente busca é essa experiência. A maior parte delas procura soluções rápidas para os problemas imediatos em vez dos benefícios educacionais melhores que se conseguem a longo prazo".[27]

---

[27] Entrevista por telefone.

NÃO SABEMOS O QUE OS APRENDIZES ATUAIS QUEREM, NEM DO QUE ELES PRE-CISAM. Embora esteja claro para muitas pessoas, quem sabe até a maioria delas, que os aprendizes atuais precisam de algo diferente, mesmo que gratuito, as possíveis alternativas ainda lhes são obscuras. O debate político sobre a educação está centrado em conseguir professores melhores, salas menores e maior envolvimento por parte dos pais, por meio de programas como os de bolsa de estudo. Essas até que não são más ideias, porém elas não tratam de uma parte essencial do problema. A questão é que a maioria de nossos educadores, vindos de uma geração anterior e com um conjunto de experiências que lhes é peculiar, costuma não entender as necessidades da nova geração nem seus métodos de aprendizagem. O mesmo ocorre com os instrutores.

MESMO QUE TENHAMOS UMA IDEIA DO QUE SEJA, NÃO SABEMOS COMO AJUDAR. Pense nisso. Se você fosse (ou for) professor ou instrutor e, a partir de amanhã, tivesse de ministrar os treinamentos de forma que os participantes se sentissem extremamente interessados e motivados, mas sem dizer nada a ninguém, você conseguiria? Certamente, não existe um "jeito certo" – é necessário experimentar. Nem mesmo se sabe se existe uma melhor forma de experimentar. Antes de entrar na Harvard Business School em 1978, eu era um musicista não orientado para os negócios. Sendo assim, com toda a ingenuidade, imaginei que a faculdade de administração me ensinaria a *como fazer negócios*. Eu estava redondamente enganado. Logo descobri – e para mim foi um choque – que ela não *poderia* nos ensinar a fazer negócios, porque *ninguém sabe fazer negócios*! Negócios são complexos e dinâmicos demais, além de apresentarem um sem-número de variáveis para que possamos descobrir "como fazê-los". Na verdade, "o melhor que podemos fazer", disseram os professores de Harvard, "é deixar que você leia diversas historinhas (isto é, 'casos') sobre o que já aconteceu no mundo dos negócios no passado e conversar sobre o que elas nos ensinam. Esperamos que essas lições lhe sejam de alguma utilidade no futuro, mas nada podemos garantir".

Ministrar aulas e treinamentos é muito parecido com os outros negócios: não há uma fórmula pronta. Todos nós estamos tentando descobri-la! Dadas as mudanças que acontecem no mundo, provavelmente precisare-

INTRODUÇÃO/HISTÓRICO

mos da ajuda de nossos alunos para conseguir. A geração de hoje, conforme apontado por Don Tapscott mais de uma vez, é a primeira a ter mais conhecimento do que os mais velhos sobre uma tecnologia de importância fundamental: o computador.[28] Como é que as crianças de hoje aprenderam tanto sobre computadores? Não foi pelo método de exposição e avaliação dentro de uma sala de aula, mas, sim, por meio de um estilo próprio, recém-adquirido.

Precisamos desesperadamente de novas ideias e metodologias que criem interesse nessas novas gerações e as ajudem a aprender. Não dá mais para ficar lhes dizendo coisas, pois elas simplesmente não ouvem. Não dá para fazer exercícios de repetição, pois são de matar. Quem de nós está procurando inventar novas metodologias que consigam atingir essa geração embebida de tecnologia? Receio que um número insuficiente.

TRATA-SE DE UM SISTEMA GRANDE E FRAGMENTADO. O sistema de treinamento e educação é enorme. Nos Estados Unidos, há 53 milhões de alunos nas séries K-12.[29] Acrescente ao número os universitários e os participantes de treinamentos e o resultado será aproximadamente 150 milhões de integrantes do sistema de treinamento e educação – praticamente mais do que toda a população de um país. Além disso, o sistema também é extremamente fragmentado. Diferentemente da França e do Japão, onde o sistema educacional é válido em território nacional e todos os alunos de todas as salas de aula aprendem a mesma coisa no mesmo dia, o sistema educacional dos Estados Unidos ocorre em âmbito local. Cada escola ou cada distrito escolar e, em muitos casos, as escolas ou professores por si sós decidem o que será ensinado, quando será ensinado e como será ensinado. No mundo corporativo, cada empresa realiza seus treinamentos com alguma diferença, podendo esta ser, às vezes, apenas uma questão de adaptação de palavras, mas que faz todo sentido para os profissionais da organização. Enquanto uma empresa utiliza o termo *trabalhadores*, outra pode preferir *empregados* e uma terceira, *colaboradores*. Tudo parece tão importante que os profissionais responsáveis

---

[28] Tapscott, *Growing Up Digital*, cit., p. 36.
[29] Secretaria da Educação dos Estados Unidos, *Digest of Education Statistics*, National Center for Education Statistics, 1999, p. 11.

pelos treinamentos chegam a gastar quantias inimagináveis para obedecer à nomenclatura.

Assim como os grandes sistemas, o treinamento e o ensino formal demoram para mudar. "Se a cura do câncer fosse oferecida às escolas", disse um informante que preferiu permanecer anônimo, "em vinte anos ainda teriam câncer. Não porque pensem que o câncer é bom, mas porque o processo de tomada de decisão e de mudança é demorado e árduo". Porém, a necessidade de mudança é urgente. Quase metade dos adultos norte-americanos é classificada como analfabeta ou semianalfabeta.[30] As corporações estão vivenciando a entrada de um fluxo de trabalhadores que não apresentam as habilidades básicas.

Uma das histórias mais tristes das quais me lembro da época em que eu lecionava no ensino médio em East Harlem, cidade de Nova York, é a experiência de aulas particulares com alunos do 9º ano que não sabiam ler. Uma das atividades que fazíamos todos os dias era ler a manchete do jornal *New York Daily News* – o jornal mais simples que se pode conseguir. Um dia, na manchete da primeira página (em se tratando do *Daily News*, estamos falando da página inteira), lia-se algo como "IPI reduzido". Como de costume, eu estava oferecendo cinco centavos por palavra. Foi quando uma jovem decidiu tentar, esforçando-se ao máximo: "O ipi...", começou ela. Ela conhecia o som dos fonemas, mas definitivamente não conseguiu encaixá-los em um contexto. Devemos, e podemos, fazer melhor.

REFORMAR GRANDES SISTEMAS É POSSÍVEL, DESDE QUE HAJA BOA LIDERANÇA. No verão antes de entrar na Harvard Business School, deram-me um livro para ler, *My Years at General Motors*, de Alfred P. Sloane. Ele encontrou uma nova forma, nunca antes testada, de organizar uma empresa grande, sendo extremamente bem-sucedido. Obviamente, o que deu certo para a GM na década de 1930 não funcionará no sistema educacional do futuro. Contudo, esperemos que os líderes que atualmente trabalham com esse problema incorporem a questão comprovada da mudança de gerações a suas soluções.

---

[30] Instituto Nacional de Letramento (www.nifl.gov).

INTRODUÇÃO/HISTÓRICO

Os próprios indivíduos responsáveis pela reforma encontram-se divididos. Seria maravilhoso se houvesse apenas *um* partido incumbido pela reforma, mas, como visto anteriormente, não existe um consenso entre os reformadores da educação e da aprendizagem, o que há é muita briga e tentativa de persuasão para se alcançar a superioridade intelectual e atualmente cada vez mais a superioridade financeira.

PRIMEIRO, PRECISAMOS ERGUER A INFRAESTRUTURA. Para Clark Aldrich, do Gartner Group, até mais ou menos 2002, a atenção das pessoas estaria voltada para a infraestrutura. Depois disso, a atenção se voltaria para o atendimento das necessidades dos aprendizes, elaborando-se conteúdos melhores. "O que Gartner está dizendo é que, a partir de 2003,* terá início a fase em que 'o conteúdo será o rei'. É quando coisas realmente legais aparecerão, pois existirão bons padrões, bons sistemas e boas máquinas que poderão rodá-los em termos de cartões gráficos e DirectX. Creio que por volta de 2003 e 2004 os grandes conteúdos aparecerão."[31]

PODE SER QUE O SISTEMA FIQUE BAGUNÇADO. As escolas e, em menor grau, os treinamentos, são grandes, grandíssimas burocracias, que, assim como toda burocracia, estão bem arraigadas à sua maneira. Às vezes, a inovação exige mudanças. Na Dalton School, Luyen Chou desenvolveu uma nova maneira formidável de aprender, mas, para fazer que ela funcione direito, eram necessários períodos de aula mais longos, o que envolvia a mudança de toda a grade escolar. "A grade é uma das coisas mais difíceis de se alterar em qualquer escola", diz Chou. "É como se estivesse escrita em uma pedra. As pessoas morrem tentando!" Existem diversos obstáculos "sistêmicos" quando se caminha rumo à inovação. O papel dos professores muda. A quantidade de tempo com que eles contam para se dedicar a algo muda. A avaliação muda. Os exames precisam mudar. A mudança causa desordem. Como exemplo, imagine que fosse necessário alterar a duração do ano letivo, de um dia letivo ou das férias de verão. Quanto aos treinamentos, imagine ter de alterar o "curso" como sendo a unidade básica de instrução. As empresas já come-

---

*   Originalmente este livro foi publicado em 2001. (N. T.)
[31]   Entrevista por telefone.

çaram a perceber a dificuldade de passar para o paradigma do treinamento de informática na própria mesa – espera-se que quem está à mesa esteja trabalhando. "A prova real é: será que um supervisor aceitaria a situação, mesmo se o colaborador tivesse uma placa escrito 'Favor não interromper. Estou em treinamento' grudada na parte de trás da cadeira?", diz John Parker, do First Union Bank. [32]

ATÉ QUE FUNCIONA. Não se mexe em time que está ganhando. Do ponto de vista administrativo, os alunos de escolas de grande prestígio com o dinheiro e a inteligência necessários para inovar ainda obtêm "êxito" para, por exemplo, serem admitidos em boas faculdades. De modo semelhante, as melhores faculdades e empresas que ainda atraem "a nata" quase não se sentem pressionadas a mudar. O problema está mais com os outros 99%. Assim como os Alcoólicos Anônimos e outros programas de recuperação têm nos ensinado, é impossível resolver um problema até que admitamos sua existência. A maior parte das pessoas não acha que temos um problema com a metodologia. Escute os discursos políticos e perceba como todos frisam querer "um bom professor em todas as salas de aula". O que se pede é sempre "bons" professores – se os tivéssemos, bem como salas de aula menores, todos os nossos problemas teriam acabado. Infelizmente, o que os políticos (ou país, ou educadores) querem dizer com professores ou instrutores "melhores" é no sentido do método de exposição e avaliação utilizado no século XIX. Mas isso simplesmente não vai pegar com a geração dos jogos.

TREINAR INSTRUTORES E PROFESSORES NOVAMENTE É DIFÍCIL. É claro que é difícil, pois ainda não sabemos para que treiná-los!

ASSUMIR A RESPONSABILIDADE É AINDA MAIS DIFÍCIL. Certamente, sabemos mensurar com o método da exposição e avaliação – é só usar o gabarito da prova; contudo, mensurar programas inovadores é mais difícil. Com 53 milhões de alunos no nível K-12 nos Estados Unidos,[33] as provas de múltipla escolha são os testes mais fáceis de aplicar. No entanto, utilizá-las na mensuração da aprendizagem com ênfase no processo não é muito eficiente.

---

[32] Entrevista por telefone.
[33] Ver capítulo 3, nota 29.

INTRODUÇÃO/HISTÓRICO

Quando se distancia da padronização, mensurar fica difícil. Assim, assumir essa responsabilidade é um grande problema, assim como acontece nos negócios, quando a tarefa de relacionar os esforços despendidos em treinamentos com os resultados dos negócios em um sistema bastante complexo é tão difícil que as pessoas tendem a se escorar em notas como sendo os únicos indicadores "tangíveis".

Obviamente, há muitos problemas a serem superados. Mas há esperanças. Como disse antes, as soluções para o problema do método de exposição e avaliação centrado no conteúdo não são impossíveis. Existem soluções que já estão sendo testadas e que, claramente, se enquadram em nossas possibilidades. Uma das melhores é a aprendizagem baseada em jogos digitais.

4.
APRENDIZAGEM BASEADA EM JOGOS DIGITAIS
UMA NOVA ESPERANÇA PARA O ENSINO FORMAL E OS TREINAMENTOS CENTRADOS NO APRENDIZ

O futuro chegou; ele só não está distribuído uniformemente.

William Gibson

O "e" do *e-learning* deveria significar experiência do usuário.

Elliott Masie

Qualquer um que separe os jogos da aprendizagem certamente não sabe o ponto mais importante de nenhum dos dois.

Marshall McLuhan

ENSINO CENTRADO NO APRENDIZ

Como vimos até o presente, quase todos os treinamentos e sistemas educacionais lançaram mão do método de exposição e avaliação, seja ele centrado no conteúdo ou no instrutor. Nessa forma de aprendizagem, o aprendiz não tem escolha quanto ao currículo nem quanto à forma como este lhe é apresentado. Não que quem decide sobre isso tenha em mente o objetivo de prejudicar; essas pessoas têm uma meta – fazer que participantes e alunos passem por todo o material – e fazem o melhor para atingi-la por meio

INTRODUÇÃO/HISTÓRICO

de, como diz McLuhan, "modelos que lhes parecem convenientes".[1] Assim como nos ensinaram ao longo de nossa vida em escolas e em treinamentos, é nosso trabalho absorver tudo o que nos é jogado, não importa quanto desgostemos da forma apresentada, pois certamente seremos testados e "mensurados" quanto à nossa capacidade de reter as informações. O meio tradicional de conseguir a atenção das pessoas em um ambiente que utilize o método de exposição e avaliação centrado no conteúdo é anunciar que tal assunto "cairá na prova".

E, no entanto, existem outras formas de aprender mais eficazes que o método de exposição e avaliação. Os estudiosos que visam à reforma do sistema educacional e dos treinamentos – de John Dewey, Maria Montessori e Johan Heinrich Pestalozzi a Seymour Papert e Elliot Masie – há anos buscam um novo tipo de sistema educacional que comece pela experiência do aprendiz – combinando os gostos deste com o que precisa saber (ou saber como fazer) e perguntando-se como ele aprende da maneira mais rápida e eficaz possível de forma que se sinta atraído pela aprendizagem. Propôs-se uma infinidade de abordagens para a criação de um sistema educacional mais centrado no aprendiz, desde "aprenda no seu ritmo" até "aprenda de acordo com seu estilo" (visual, cinestésico verbal, auditivo, cinestésico, ou outras categorias baseadas em Myers-Briggs), ou de "aprenda de acordo com a própria combinação de inteligências" a "escolha apenas os objetos de estudo que desejar". Outras abordagens estão concentradas no usuário, que deve selecionar e resolver problemas que lhe pareçam pertinentes ou interessantes, e em permitir que os usuários sigam o caminho que escolherem por meio do hipertexto. Os sistemas "adaptativos", que mudam de acordo com a resposta dos usuários, bem como várias formas de aprendizagem *just in time* (segundo o momento), também se mostram bem promissores. Todos esses sistemas têm suas vantagens, sobretudo em relação à aprendizagem concentrada no conteúdo e no professor.

Só para não nos esquecermos, vale a pena repetir que o tipo de educação que atualmente entendemos como tradicional – a sala de aula voltada

---

[1] McLuhan & Fiore, *War and Peace in the Global Village*, cit., p. 149.

para o conteúdo – não tem nada em si que se mostre como a forma legítima de aprender. Não tem mais do que meros trezentos anos de existência, criado como parte da distribuição em massa de livros e da Revolução Industrial. Antes da época dos livros impressos, a aprendizagem se dava principalmente por meio de perguntas e respostas, histórias, imitação, prática e brincadeiras.

Agora que adentramos uma era na qual os relacionamentos e a tecnologia da comunicação estão mudando radicalmente e em que nossa comunicação se dá cada vez mais por meios que não a palavra impressa, é de esperar que nossos métodos educacionais também mudem para acompanhá-la. Se, como sugere Bran Ferren, a leitura e a escrita um dia desaparecerão depois de ter sido uma "moda" por trezentos ou quatrocentos anos, ainda não está claro.[2] O que está claro é que a leitura e a escrita já receberam bastantes complementos – em alguns casos, foram até suplantados – em diversas áreas de nossa vida, assim como a forma pela qual a maior parte dos norte-americanos se mantêm informados e se divertem. Já é possível ver as consequências dessa mudança. Como vimos, as taxas de alfabetização são aterrorizantes!

TECNOLOGIAS APLICADAS – UMA FACA DE DOIS GUMES

Hoje, a possível solução baseada na tecnologia para tudo isso, o computador multimídia em rede (o que se pensa quando se fala em "tecnologias aplicadas à educação"), é, na verdade, uma faca de dois gumes. Mesmo quando todas as salas de aula estão equipadas com computadores – ou um *notebook* para cada aprendiz –, estes, mesmo tendo acesso à internet, não produzirão sozinhos uma população com um nível melhor de educação, seja no trabalho, seja na escola. A questão não é oferecer treinamentos aos professores e instrutores. O que deveríamos treiná-los a fazer? Navegar na internet? Os críticos indicam (e estão certos nisso) que não se leva muito tempo – geralmente menos de uma hora – para se aprender a manusear um

---

[2] Ver capítulo 3, nota 21.

INTRODUÇÃO/HISTÓRICO

computador. A questão é o software – e as ideias e abordagens relacionadas à aprendizagem nele contidas – para o qual o computador é apenas um veículo. Costuma-se esquecer que, embora o hardware do computador envelheça rapidamente, bons softwares duram bastante tempo. Muitas pessoas ainda utilizam programas criados há cinco, dez anos. O problema é que, em termos de softwares de aprendizagem, ainda há relativamente poucas opções disponíveis – além das que oferecem melhor acesso a recursos – para que os professores e os instrutores possam usá-las, a fim de melhorar o sistema educacional. (É claro que há algumas poucas exceções notáveis, como é o caso do projeto *Archaeotype* e outros exemplos que serão discutidos posteriormente).

Embora a tecnologia aplicada à educação não tenha progredido muito no âmbito escolar, mais tem sido feito dentro das empresas, que, assim como destacam Stan Deavis e Jim Botkin, costumam estar bem à frente do sistema educacional quanto ao uso da tecnologia.[3] Atualmente, temos literalmente milhares de cursos voltados para empresas disponíveis na internet, com muitas empresas competindo para oferecê-los. Temos "especialistas em tecnologia da aprendizagem" em empresas e diversas revistas e informativos que abordam essa área.

Mas, do ponto de vista do *aprendiz*, o problema com o uso que a maioria das empresas faz das tecnologias da aprendizagem é que, hoje, elas são utilizadas principalmente para facilitar as coisas para os *instrutores*. "OK, esses cinquenta ou cem cursos estão disponíveis. Fizemos nosso trabalho", é o que costumam dizer, ou insinuar, os departamentos responsáveis pelos treinamentos. As chamadas tecnologias da aprendizagem raramente melhoram a vida do aprendiz; na verdade, costumam fazer exatamente o contrário. Os treinamentos – mesmo que pela internet – ainda são uma tarefa sem graça, a ser realizada no *des*conforto de sua mesa ou de sua casa. Embora tenha havido certo progresso, na era do CD-ROM, em relação a abordagens mais centradas no aprendiz, a internet nos fez "dar dois passos gigantescos

---

[3] Davis & Botkin, *The Monster Under the Bed*, cit., p. 33.

para trás", é o que diz Kevin Oaks, CEO da Click2learn,[4] ao menos tempo-rariamente. A maior parte do que foi inventado até hoje em termos de internet e outras tecnologias utilizadas na aprendizagem traz abordagens tão básicas e fora de uso que, a não ser pelo fato do acesso remoto, quase nada se acrescenta à aprendizagem; na verdade, é comum haver uma subtração desta – apesar das salas de bate-papo e da tutoria por *e-mail*. As pessoas participam desses treinamentos porque são *obrigadas*, ou porque eles as ajudam a atingir uma meta. Mas não é algo que elas *desejem* fazer.

Enorme potencial

> Os treinamentos baseados em computador (CBT) encontram-se do lado inerte do espectro do envolvimento; os jogos de computador encontram-se do outro lado.
>
> Bob Filipczak, revista *Training*

No entanto – e esse é o outro gume da faca –, o *potencial* para a aprendizagem centrada no aprendiz por meio da tecnologia é enorme, muito maior do que a maioria de nós pensa. (Um comentário que os observadores da mudança tecnológica costumam fazer é que tendemos a superestimar os efeitos de curto prazo das novas tecnologias e subestimar os de longo prazo.) Ao mesmo tempo que avançamos pouco com a tecnologia dos softwares para aprendizagem, fizemos um progresso inacreditável na tecnologia do entretenimento. Em menos de trinta anos, produzimos formas novíssimas de entretenimento, o computador e o videogame, que viciaram as crianças e um número cada vez maior de adultos (a média de idade do jogador no ano 2000 era de 31 anos).[5]

Enquanto escrevia este livro, convidei alguns amigos e seus dois filhos, com 6 a 9 anos de idade, para uma visita no fim de semana. O local era um

---

[4]   Entrevista por telefone.

[5]   "Computer Gaming in America" (relatório concedido por *Computer Gaming World*, 1998), e Johhny Wilson, "Not Just for Kids", em *Computer Gaming World*, maio de 1996.

INTRODUÇÃO/HISTÓRICO

ambiente espetacular, um lindo lago em Maine, completo: com uma área particular para nadar, *rafting*, canoagem, caiaques, bosques a serem explorados e muito mais. As crianças passaram o fim de semana inteiro jogando no computador (eu tinha diversos destes para que elas testassem), exceto quando eram literalmente forçadas pelos pais a sair e praticar canoagem, nadar um pouco ou até mesmo comer. Os garotos acordavam todos os dias às 6 horas da manhã para jogar e ficavam grudados no computador enquanto o resto de nós descia para o café da manhã; eram ainda os últimos a se deitar à noite. E olha que eu não estou falando de *Doom* ou *Quake*: os jogos eram razoavelmente educacionais, incluindo *Freddi Fish 4* (uma aventura no estilo detetive) e *The Logical Journey of the Zoombinis* (uma série de charadas lógicas desenvolvidas na forma de investigação) para os garotos mais novos; *Age of Empires* II (*The Age of Kings*) e *Starship Command* para os garotos mais velhos.

É claro que precisamos proporcionar às crianças uma vida mais equilibrada, que não seja feita só de jogos (neste fim de semana, minha equipe de pesquisa foi uma exceção para os garotos), mas o que quero dizer é que *os jogos têm grande poder*. Têm o poder de prender a atenção, igual à televisão, mas sua força vai além desta em relação à capacidade de ensinar. Com a abordagem certa, como será mostrado no restante deste livro, os jogos podem ser uma motivação enorme e ajudar adultos e crianças a aprenderem.

Como é que podemos deixar essa oportunidade passar?

Vale a pena a comparação com a televisão porque os mesmos argumentos foram utilizados contra ela quando de sua popularização. Infelizmente, apesar de termos criado milhares de documentários bem detalhados sobre a natureza, o espaço e outros tópicos e apesar do trabalho pioneiro de programas como *Vila Sésamo* e *Blue Clues*, ainda não conseguimos fazer emergir quase nada do potencial que a televisão tem como ferramenta de aprendizagem, a não ser na área de propaganda. Ela foi excluída dos estabelecimentos educacionais formais exatamente como previra McLuhan.

Acredito também que não tenhamos aproveitado muito bem o potencial de entretenimento da televisão, apesar das centenas de *milhares* de horas de programação criada (esta é a opinião de alguém que se autointitula fã de seriados de comédia). Creio eu que isso se deva a dois fatores. O primeiro:

assim como acontece com os filmes e os livros, há uma escassez de verdadeiros talentos para escrever os roteiros. Infelizmente, para todos aqueles que tenham esse sonho, roteiros não são fáceis de serem escritos, havendo pouquíssimos roteiristas que possam ser considerados ótimos, ou até mesmo bons, no mundo. (Os bons seriados costumam perder o brilho quando os talentosos roteiristas originais passam a outro projeto.) O segundo: assim como nos filmes, filmar na televisão é uma responsabilidade cara, além de dar bastante trabalho. A combinação dessas duas razões explica o porquê do gasto de tanto dinheiro – os filmes de hoje custam, em média, 50 milhões de dólares[6] para apenas 100 minutos de entretenimento – sem a esperada produção de filmes bons.

Então, a televisão não conseguiu se mostrar como um recurso educacional. Mas, será que os jogos de computador são a mesma coisa que televisão? Não me parece que sejam. Eu não acho que a criação dos melhores jogos seja mais fácil e demande uma quantia menor de dinheiro – eu afirmo. Apesar de o tempo em que os programadores trabalhavam "na própria garagem" ter passado e de os custos para o desenvolvimento de jogos terem sofrido um aumento drástico (para uma média de mais de 5 milhões de dólares em 2004)[7] em virtude da inclusão de gráficos e sons melhores, a maior parte dos jogos de computador é produzida sem a necessidade de uma grande equipe, nem da realização de diversas gravações em determinado local ou estúdio. Tudo é realizado, como você já deve saber, com o uso dos computadores! Esse fato reduz os custos de forma drástica. Embora alguns jogos precisem de filmes ou vídeos, a maior parte não precisa, sendo a tendência a utilização de animações mais reais do que os vídeos ao vivo. (Para entender melhor as razões por trás disso, leia *Understanding Comics*,[8] de Scott McCloud, a ser mencionado novamente mais adiante.) Se compararmos o número de pessoas necessário para fazer um jogo comercial e o número de pessoas para fazer um filme ou um programa de televisão, não é de surpreender que os custos do filme sejam dez vezes mais altos!

---

[6]   Motion Picture Association of America.

[7]   Comunicado pessoal de Jason Robar.

[8]   Scott McCloud, *Understanding Comics* (Northampton: Kitchen Sink, 1993).

INTRODUÇÃO/HISTÓRICO

Mas ainda há outro fator. Acredito que seja mais fácil fazer um bom jogo educacional do que um bom filme ou programa educacional. É mais fácil porque um jogo sensacional pode começar a partir de uma simples ideia cativante, porque as ferramentas existem e é possível reutilizar códigos e ativos, porque os modelos bem-sucedidos de entretenimento podem ser remodelados de forma relativamente fácil, ou porque pequenas equipes produziram jogos de aprendizagem excelentes. Não que a indústria do edutenimento o tenha feito de forma exemplar, mas existe realmente um grande número de exemplos. Alguns opõem-se à ideia, e eu não nego, que fazer um bom jogo é difícil, nem tiro o crédito da verdadeira inteligência dos grandes designers de jogos, como Shigero Myamoto, Sid Meier e Will Wright. Mas creio que fazer um jogo educacional bom ou decente seja mais fácil do que fazer um programa de televisão educacional e decente. Percebe-se isso, sobretudo, no que diz respeito à aprendizagem baseada em jogos digitais, pois estes, diferentemente dos jogos comerciais, não precisam ser totalmente originais nem demasiadamente longos para funcionar com eficácia.

Obviamente, o número de jogos de aprendizagem considerados *ótimos*, assim como qualquer outro trabalho que envolva criatividade, sempre será limitado. Contudo, alguém que tenha uma boa ideia para um jogo e acesso a recursos tem uma probabilidade muito maior de produzir um produto para aprendizagem com um bom nível do que alguém com uma boa ideia para um filme e com a mesma quantidade de recursos. Pode ser que isso mude com o tempo, mas hoje é certamente possível produzir um bom jogo para treinamento que seja razoavelmente benfeito com muito menos de 1 milhão de dólares, e as pessoas têm conseguido fazê-lo com muito menos. Como veremos mais adiante, é possível desenvolver uma ideia para a aprendizagem baseada em jogos digitais por quase nada, havendo no mercado diversos *shells* que possibilitam a criação de resultados com aparência profissional sem necessidade alguma de programação de jogos!

É importante observar que não estou falando de extravagâncias visuais, como os jogos do *Star Wars* da LucasArts, ou *Riven*, nem de histórias complexas como a séria *Ultima*. É claro que, nesse caso, há demanda de tempo e recursos. São necessários dois anos para fazer um bom jogo, diz o designer Peter Molyneux.[9] Sim, tudo isso, se é que se pretende criar um jogo tão original, extenso, interessante e complexo como o *Black and White*. Mas os jogos para aprendizagem e treinamento que precisamos criar são geralmente muito mais simples, pelo menos no começo. Basicamente, envolvem a inclusão de algum jogo interessante em interações consideradas úteis para a aprendizagem. Eles podem contemplar a prática de determinado tipo de interação ou habilidade de reflexo, como digitação, comunicação ou línguas. Podem pegar uma ideia simples e levá-lo a uma maravilhosa loucura, como *Lemmings*. Podem envolvê-lo em uma história com enredo e personagens, como *In$ider*. A chave, segundo Ashley Lipson, é começar com a perspectiva do jogo em vez da aprendizagem: "Antes de tudo, deve ser um bom jogo e só depois, um professor."[10] Na verdade, o melhor exemplo disso é o *Objection!*, de Lipson, um jogo para treinamentos divertido, útil e de grande sucesso na área jurídica, desenvolvido por um professor de direito em seu tempo livre (ver capítulo 9).

Então, voltando à aprendizagem concentrada no aprendiz, temos neste momento uma oportunidade enorme para combinar as qualidades instigantes de jogos nunca antes vistas com o conteúdo educacional ou empresarial, para a criação do verdadeiro ensino voltado para o aprendiz sob os seguintes aspectos:

- O jogo será um treinamento ou uma aprendizagem da qual as pessoas vão *querer* participar (ou, quando acertarmos na mosca, vão *correr* para jogar).
- Terá uma grande variedade de formas, assim como são os jogos, desde os que mexem mais com a parte física (como *Mindstorms* e outros produtos de Seymour Papert) aos que mexem mais com o cérebro (como o *Strategy Co-Pilot*).

---

[9] Em uma palestra em Londres, 2000. Relatado por Paula Young.

[10] Ashley S. Lipson, "The Inner Game of Educational Computer Games", artigo publicado por conta própria, sem data.

INTRODUÇÃO/HISTÓRICO

- Combinará os métodos de aprendizagem adequados para cada tipo de conteúdo, com uma variedade de estilos, proporcionando aos jogadores uma ampla possibilidade de escolha.
- Será uma espécie de "aprendizagem discreta", de modo que os jogadores vão se divertir enquanto jogam, percebendo o que aprenderam depois.
- Será combinado com reflexões ou outros tipos de aprendizagem, quando necessário, para a produção de um resultado total.

Clark Aldrich, do Grupo Gartner, sugere que nos encontramos em um período em que devemos reunir a infraestrutura para a aprendizagem baseada em jogos digitais.[11] À medida que um número cada vez maior de empresas, universidades, escolas e casas contar com conexão com a internet, com a banda larga disponível para todos, a infraestrutura para a realização completa desse tipo de aprendizagem estará implantada. Isso tudo está acontecendo neste exato momento. Certamente a indústria dos jogos está babando à espera dessa infraestrutura e apostando milhões de dólares que ela chegará logo.[12]

RUMO A UM AMBIENTE CENTRADO NO APRENDIZ: E SE O MUNDO DOS TREINAMENTOS E DO ENSINO FORMAL FOSSE COMO O MUNDO DOS JOGOS?

> Os designers de jogos conhecem mais sobre a natureza da aprendizagem do que os profissionais que elaboram o currículo.
> *Seymour Papert, MIT*

O mundo dos jogos é um exemplo de ambiente totalmente centrado no usuário (isto é, no consumidor). Para ter uma ideia de como seria o

---

[11] Entrevista por telefone.

[12] Matt Richtel, "A Video Game Maker Hits Reset: Electronic Arts Is Betting on the Internet for the Future of Video Games", em *New York Times*, 21-8-2000.

treinamento e o ensino formal centrados no aprendiz, achei que seria útil descrever o mundo dos jogos e deixar o leitor fazer a conexão com os treinamentos e com o ensino formal. Façamos isso a partir de três perspectivas: a do jogador, a do designer e a do vendedor. Pode-se dizer que, *grosso modo*, estes representam o mundo do aprendiz, do professor e do fornecedor de ensino formal e dos treinamentos.

Perspectiva 1: o jogador

Se você for um jogador, haverá um grande número de outras pessoas trabalhando para você. Estão tentando fazer que você gaste seus 49 dólares com o jogo deles, mesmo sabendo que é preciso trabalhar pesado para conseguir o dinheiro. Eles o bombardeiam com propagandas e informações sobre os jogos que produzem. Disponibilizam o produto de forma bastante atraente. Oferecem versões demo gratuitas, disponíveis para *download* (sempre que possível) ou dentro do pacote de sua revista predileta. Eles o alimentam com informações sobre cada novo jogo lançado, fazendo você esperar meses a fio. Você dá um *upgrade* no seu equipamento (PC, console ou os dois) sempre que puder bancar.

Ninguém escolhe os jogos para você; você é o responsável pela escolha. E olha que há informações aos montes sobre esses produtos bem ao alcance de suas mãos. Há mais de uma dúzia de revistas impressas, além de um número igualmente grande de sites na internet, que fornecem opiniões sobre todos os jogos, utilizam a classificação com estrelas, fazem comparações lado a lado, têm bate-papo com outros jogadores, demonstrações de jogos em desenvolvimento, entrevistas com os criadores, truques, códigos, dicas – qualquer coisa que se queira saber para fazer uma escolha bem informada. Ao comprar um jogo e usá-lo, tem-se acesso ao suporte técnico, que é basicamente uma orientação sobre como instalá-lo e usá-lo.

Sua expectativa é bem grande para os 49 paus gastos. Você espera que este jogo seja melhor que o último comprado – gráficos melhores, Inteligência Artificial (IA) melhor e mais rápida, um jogo mais emocionante. Você espera que ele esteja ligado a uma rede, de modo que seja possível jogar com outras pessoas por meio da internet. Você espera que a curva de

INTRODUÇÃO/HISTÓRICO

aprendizagem seja fácil e progressiva e que o jogo o "entretenha" durante toda a vida útil. Você espera receber atualizações, *patches* e até mesmo surpresas inesperadas do distribuidor. Você espera que o jogo lhe proporcione pelo menos umas 30 horas de diversão (quem sabe até 100 horas!). Você espera que ele faça parte de uma série, de modo que seja possível passar a desafios ainda maiores quando o terminar. (Com os jogos de *arcade*, em que se paga por alguns minutos de jogo, você realmente espera a diversão, e o desafio é conseguir continuar para sempre.)

E se tudo isso fosse aplicado nos treinamentos? No ensino formal?

Perspectiva 2: o designer

Se você for um designer de jogos, estará sempre pensando no seu público-alvo: a pergunta que não quer calar é "como manter o maior número de jogadores entretidos por horas a fio?". A situação é diferente da enfrentada pelos roteiristas, que tentam suscitar o máximo de emoções em 90 ou 100 minutos. Parece-se mais com a situação do escritor de ficção, que fará o público embarcar em uma viagem durante dias, mas com controle absoluto muito menor – como os jogos são interativos, o jogador é quem decide o que vai acontecer. Então, como designer de jogos, você pensa muito sobre formas de o jogador interagir com o seu jogo – a "estrutura interativa". Agora que você já escolheu um tema ou assunto para o jogo, tem de pensar como apresentar tudo o que for possível sobre esse assunto por meio do jogo, quase sem ter de "expor" nada (jogadores odeiam quando lhes são reveladas muitas coisas).

Como diria George Broussard, da Apogee/3D Realms, você "tem verdadeira paixão" pelo que faz.[13] Você adora ajudar na criação de novos jogos para si e para os outros. Na verdade, você está desenvolvendo algo que *você* gostaria de fazer e gostaria que todos os seus melhores amigos fizessem com você. Tem de ser uma experiência da qual as pessoas não apenas gostem, mas que as faça pular da cadeira dizendo "Cara, isso é demais!". Nas palavras do designer de jogos Chris Roberts, da Digital Anvil, "Acho que todos

---

[13]   Citação em Geoff Keighley, *Millenium Gaming*, cit.

queremos desafiar os limites, explorar novas áreas e estabelecer as regras à medida que avançamos".[14] O designer de jogos Scott Miller, da Apogee/3D Realms, diz ainda que "Fazer um jogo melhor não importa em absoluto. O que importa, na verdade, é fazer um jogo *inovador* que faça algo novo e revolucionário... Desenvolver jogos que não sejam cópias, com pensamento inovador, além de arriscado, deve ser a prioridade número um".[15]

E se os treinamentos e os currículos fossem desenvolvidos como os jogos? Não seria bem mais divertido e interessante?

Perspectiva 3: o vendedor

Se você for um distribuidor ou vendedor de jogos, estará sempre pensando no público-alvo. Do que os jogadores gostam? Jogos de simulação? Jogos de ação? Como posso criar um jogo ainda melhor? Será que já existe um que eles adorem? Como melhorá-lo? O que seria uma boa combinação de experiências? Que experiências eu lhes poderia proporcionar que ainda não tenham tido ou que não consigam em outro lugar? Que outros aspectos da vida do jogador posso relacionar com o jogo? Com que rapidez posso incorporar tecnologias de ponta? Resumindo, o que *fará o jogador comprar o jogo*?

Você também vai se perguntar como atrair um público totalmente novo, um público do qual nunca sequer se chegou perto. Que tal um jogo de caça ou pesca? Um jogo que atraia o público feminino? Um jogo de *skates*? Um jogo de negócios? Um jogo sobre guerras medievais? Você tenta prever o mercado, chegar às prateleiras quando o interesse por esses jogos está em alta e sempre que há atualizações tecnológicas; tenta, sobretudo, fortificar o relacionamento do jogador com a marca, fazendo que ele solicite atualizações, além de novos produtos para comprar. Resumindo, tenta fazê-lo *querer sempre mais*.

E se os objetivos dos fornecedores e departamentos responsáveis pelos treinamentos tivessem a atenção mais voltada para o aprendiz do que para o conteúdo? Será que não seriam diferentes?

---

[14]   *Ibidem.*
[15]   *Ibidem.*

INTRODUÇÃO/HISTÓRICO

CONCURSO 3

O que mais você gostaria em formato de jogos? Mande um *e-mail* com suas respostas para contest@twitchspeed.com.

COMO MOTIVAR OS APRENDIZES DE HOJE

Grande parte disso tudo está relacionado à motivação. Os aprendizes de hoje são completamente diferentes, e os treinamentos e o sistema educacional não conseguiram manter o mesmo ritmo. Além disso, os treinamentos e o sistema educacional costumam não ser motivadores, chegando até a desmotivar a geração dos jogos. Então, *como* motivar os aprendizes de hoje? O que os deixaria ativos, com a mente em ponto de bala? O que os faria aprender o que os outros precisam que eles aprendam? O que os faria pedir mais sempre que precisassem? Por que precisamos nos preocupar com isso? Será que eles não conseguem se motivar sozinhos? Será que os treinamentos e a aprendizagem não podem ser intrinsecamente motivadores?

O principal motivo pelo qual precisamos motivá-los é que aprender é trabalhoso. Como disse Seymour Papert, "Aprender é, por essência, difícil. O processo ocorre melhor quando se está engajado em atividades difíceis e desafiadoras".[16] No mundo real, a motivação para a aprendizagem costuma vir de nossas necessidades reais: sobreviver, ganhar dinheiro, continuando até o topo da pirâmide hierárquica de Maslow. No caso artificial dos treinamentos e do ensino formal, a motivação é, tradicionalmente, um trabalho para o professor. Este é frequentemente avaliado e lembrado pela motivação que costumava transmitir. É claro que, sempre que houver um professor, a situação não deve mudar. Contudo, não seria bom se o método de aprendizagem por si só também pudesse motivar o aprendiz a trabalhar duro? Mesmo que não houvesse um professor presente?

---

[16] Em "Does Easy Do It? Children Games and Learning", cit.

Possíveis formas de motivar a aprendizagem

O que pode ser usado para motivar os aprendizes? Será que as formas de motivação tradicionais funcionariam? Se não, o que pode substituí-las? Vejamos algumas das possíveis alternativas, uma a uma:

- *Automotivação por meio do conteúdo.* Atualmente fala-se muito sobre aprendizes automotivados no mundo dos treinamentos, além de um novo paradigma: as pessoas "devem assumir a responsabilidade pela própria aprendizagem". Não seria fantástico se todos estivessem motivados a aprender tudo o que quiséssemos que eles aprendessem?

Duvido que a maioria das pessoas que fala esse tipo de coisa trabalhe de fato em empresas. Infelizmente, em virtude do que esperamos que as pessoas saibam, o aprendiz ou participante do treinamento totalmente automotivado pode ser considerado uma utopia. Os treinamentos não costumam ser sobre o que as pessoas querem saber, ou que seja fácil de aprender – isso elas conseguem no trabalho. É claro que todos nós ficamos automotivados em algum momento da aprendizagem, geralmente com o que de qualquer forma já nos interessava; e há ainda os que são motivados de verdade só por gostarem do processo de aprendizagem (na maioria da área acadêmica). Mas a grande maioria de nós – de crianças a estudantes de medicina e funcionários de empresa – precisa de algum fator de motivação extrínseca para aprender o que os outros querem que saibamos e para fazer que o esforço empenhado na aprendizagem seja uma prioridade em detrimento do resto de nossas vidas. A motivação é, tradicionalmente, a função principal de um professor. Mas, professores e não professores, o que motiva as pessoas, principalmente as de hoje, a aprenderem o que não querem saber?

O número de fatores básicos de motivação do ser humano para fazer qualquer coisa é relativamente baixo, resumindo-se a duas categorias. De um lado, encontram-se os "porretes" do ditado, que, basicamente, configuram um tipo de medo. Do outro, encontra-se uma variedade de "cenouras", o que inclui amor, ambição, poder, desejo, expectativa, gratificação do ego e a possibilidade de vencer, além do prazer ou da diversão. Tudo isso é encontrado na aprendizagem, em diversos níveis.

INTRODUÇÃO/HISTÓRICO

■ Tradicionalmente, o *medo* é um fator importante de motivação no processo de ensino e aprendizagem. Assim como todo mundo que já chegou em casa com um boletim ruim ou notas baixas sabe, *não* aprender pode ter consequências dolorosas. A punição física ainda é permitida pela justiça em 23 estados dos Estados Unidos! Usar o medo como fator de motivação nos remete às nossas raízes animais: quem não aprendesse a caçar morreria de fome; quem não aprendesse a evitar predadores morreria.

Embora o medo da punição física tenha deixado de ser um fator importante para a maior parte dos aprendizes de hoje, outros tipos de medo certamente continuam a existir. Deixe de aprender e você poderá perder o emprego, a promoção, o *status*, a permissão para dirigir e outras coisas mais. É o medo que leva os estudantes a passarem a noite em claro estudando; é o medo que nos faz colar nas provas. A maioria de nós consegue se lembrar dos professores dos quais tínhamos medo. O medo é um fator poderoso de motivação.

Mas são diversos os problemas em usar o medo como fator de motivação no ensino. Em primeiro lugar, esse sentimento leva ao estresse, e o estresse não é a melhor forma de se chegar à aprendizagem efetiva e de longo prazo. Como todos sabem, tudo o que se memoriza ao passar a noite inteira estudando para a prova final vai embora pela janela assim que o exame acaba. Em segundo lugar, para que o medo tenha eficácia, as ameaças devem ser levadas a cabo, o que nem sempre é fácil ou eficaz no ambiente corporativo, e as pessoas sabem disso. Costuma-se ouvir "Você quer que eu vá para a aula ou faça meu trabalho?". O mais importante é saber que o medo só funciona quando as pessoas não têm alternativas. Embora isso possa ser a realidade nas escolas, certamente não o é no mundo empresarial atual, em que as escolhas de trabalho são tão abundantes que o problema é, na verdade, fazer que as pessoas permaneçam em sua posição. Agora, em muitos casos, são os gerentes que temem disciplinar os trabalhadores. Em muitos dos ambientes atuais, quem fala "Faça esse treinamento ou está despedido" tem grande probabilidade de ouvir um "Eu me demito!".[17]

---

[17] Eve Tahmincioglu, "To Shirkers, the Days of Whine and Roses", em *New York Times*, 19-7-2000.

- O *amor*, a principal das "cenouras", é um fator importante de motivação, porque, ao fazer algo, costumamos pensar na aprovação das pessoas com quem nos preocupamos, sejam elas nossos pais, chefes ou professores. Contudo, raramente precisamos da aprovação de nossos instrutores. Nos treinamentos corporativos, essa forma de motivação só é útil se os *chefes* realmente quiserem que seus funcionários participem. Além disso, embora os gerentes possam dizer que desejam que os funcionários participem do treinamento para ajudar na linha de serviços da empresa, e a menos que *os próprios gerentes* ministrem esse treinamento, eles costumam preferir que os funcionários fiquem trabalhando.
- A *ambição* também é um fator de motivação poderoso. Bem antes da internet, lembro-me de um contador público certificado com espírito corporativo que se demitiu para dar início a uma empresa de jogos de azar por telefone com base no número de série das notas de dólar. Ele havia se convencido de que descobrira uma mina de ouro, pois a ambição era o principal fator de motivação das pessoas. Infelizmente, no caso dele, a motivação era só dele e estou quase certo de que ele perdeu todo o dinheiro investido.

Entretanto, a ambição pode, sim, funcionar como um fator de motivação para a aprendizagem. Na verdade, no ano 2000, *Greed* (ambição, ganância em inglês) era o nome de um programa popular da televisão, uma enganação mais baixa do que o programa *Who Wants To Be a Millionaire?* Os participantes desses programas estudavam como loucos e aprendiam (pelo menos para o momento) todos os tipos de fatos e informações com o objetivo de ganhar dinheiro. A ambição pode funcionar no ambiente empresarial de vez em quando. Como veremos mais adiante, Yoyodine se aproveitou da motivação criada pela ambição com seu bolão da aprendizagem baseada em jogos digitais, o jogo *We'll Pay Your Taxes* ("Nós pagaremos os seus impostos"), da H&R Block. A técnica eficaz de fazer que as pessoas se mexam oferecendo-lhes prêmios ou outras recompensas é uma forma de motivação pela ambição. A Pepsi distribui vale-brindes para quem conclui seu treinamento de orientação (ver capítulo 9).

INTRODUÇÃO/HISTÓRICO

Como o mercado de trabalho costuma recompensar a aprendizagem com dinheiro, a ambição é frequentemente considerada um fator de motivação no mundo dos negócios, fora dos treinamentos. Os médicos podem cobrar honorários altos devido a todo o tempo investido na escola. O salário dos professores varia de acordo com o número de títulos que possuem. Quem tem mais habilidades tem mais chances de conseguir um emprego melhor com um salário maior em quase qualquer área. Atualmente, os jovens tomam decisões motivadas pela ambição a todo o momento: "eu queria aprender Photoshop (pacote de softwares para trabalhar com imagens e gráficos), mas sei que eu ganharia mais dinheiro mexendo com sistemas. Então, vou estudar o Windows 2000", é o que me disse um funcionário um dia desses. Os empregadores que pagam mais a seus funcionários com base nos cursos que estes fizeram ou no que eles sabem usando esse tipo de motivação (juntamente com o medo, caso exijam uma nota mínima).

O problema é que é difícil pagar às pessoas para que elas aprendam no nível "micro" dos treinamentos. Além de difícil implantação, pagar para que as pessoas participem de treinamentos vai de encontro à nossa moral, sem contar que não há certeza alguma de quanto isso custaria!

- O *poder* é com certeza um grande fator de motivação no mundo do trabalho, mas é difícil pensar em algum treinamento que conferia mais poder a alguém. Mesmo o fato de se ter um MBA feito em Harvard não garante tanto poder em uma empresa. Esse poder tem de ser reconhecido.

- O *desejo* também é um fator de motivação poderoso para a aprendizagem. Para ter uma prova disso, é só observar tudo o que as pessoas sabem sobre astros e estrelas do cinema e as supermodelos. Por motivos óbvios, o desejo raramente é usado, se é que é usado, como fator motivacional nos treinamentos corporativos. Entretanto, é amplamente utilizado na publicidade para motivar os consumidores a aprenderem algo sobre os produtos de determinada empresa.

- A *autorrealização* é o fator motivacional que se encontra no nível mais alto da hierarquia de necessidades de Maslow. Certamente, as pessoas se autorrealizam com a aprendizagem, a obtenção de títulos, o início em novas carreiras. De certa forma, os treinamentos empresariais suprem essas necessidades, mas não muito.

A impressão que tenho é de que apenas alguns dos fatores tradicionais de motivação citados ajudarão na criação de treinamentos corporativos voltados para o aprendiz, se é que algum deles consegue ajudar. Felizmente, a relação não está completa. Há pelo menos mais quatro fatores motivacionais importantes:

- Gratificação do ego
- Vencer
- Prazer
- Diversão

Os dois primeiros são tradicionalmente utilizados como fatores motivacionais na aprendizagem empresarial por meio da comparação das pontuações obtidas e de competições. Os dois seguintes foram menos usados pelas empresas no passado, mas a situação está mudando rapidamente para a geração dos jogos. São esses quatro fatores, sobretudo os dois últimos, que trabalharão em conjunto e se combinarão com outros elementos poderosos dos jogos, a fim de criar o treinamento verdadeiramente centrado no aprendiz por meio da aprendizagem baseada em jogos digitais.

PARTE 2
Como os jogos ensinam e por que eles funcionam

> Os jogos podem ser utilizados para ensinar qualquer coisa a qualquer um e a qualquer hora.
> *Thiagi*

5.
DIVERSÃO, BRINCADEIRAS E JOGOS
O QUE ATRAI TANTO NOS JOGOS?

As crianças adoram jogos, de corpo e alma.

C. Everett Koop, ex-chefe da Saúde Pública dos Estados Unidos

Quando vejo as crianças jogando videogame em casa ou nos fliperamas, fico impressionado com a energia e o entusiasmo delas... Por que é que não conseguimos trazer esse mesmo sentimento para as aulas da escola, esse sentimento que as pessoas aplicam naturalmente ao que lhes interessa?

Donald Norman, diretor executivo da Unext

Você se entrega. Não há paradas. Perde-se o medo de arriscar e usam-se todas as armas de que se dispõe. É isso que faz dos videogames uma verdadeira diversão.

Dan Dierdorf

Os computadores e os videogames quase podem ser considerados os passatempos que mais prendem a atenção de seus usuários na história da humanidade. A meu ver, esse fato se dá pela combinação de doze elementos:

POR QUE OS JOGOS PRENDEM NOSSA ATENÇÃO

Jogos são uma forma de diversão, o que nos proporciona prazer e satisfação.
Jogos são uma forma de brincar, o que faz nosso envolvimento ser intenso e fervoroso.
Jogos têm regras, o que nos dá estrutura.
Jogos têm metas, o que nos dá motivação.
Jogos são interativos, o que nos faz agir.
Jogos têm resultados e *feedback*, o que nos faz aprender.
Jogos são adaptáveis, o que nos faz seguir um fluxo.
Jogos têm vitórias, o que gratifica nosso ego.
Jogos têm conflitos/competições/desafios/oposições, o que nos dá adrenalina.
Jogos envolvem a solução de problemas, o que estimula nossa criatividade.
Jogos têm interação, o que nos leva a grupos sociais.
Jogos têm enredo e representações, o que nos proporciona emoção.

Não existe nada mais que proporcione tudo isso. Os livros e os filmes, que talvez sejam os que mais se aproximem disso, apresentam muitas dessas características, mas não são interativos e, geralmente, são experiências para uma pessoa apenas. Os jogos, no melhor dos casos, são experiências altamente interativas e sociais.

Neste capítulo, analiso a contribuição de cada elemento na atração causada pelos melhores jogos. É claro que nem todos os jogos apresentam todos eles e nem todos os jogos são bons. Mas, quando contam com todos os elementos e são ótimos, sai de baixo!

Diversão – a grande motivação

> É raro as pessoas obterem êxito, salvo quando se divertem com o que fazem.
> *Dale Carnegie*

Mas o que *é* diversão?

O *Encarta World English Dictionary* da Microsoft define *fun* (*diversão* em inglês) como:

1. *divertimento*: período ou sentimento de satisfação ou divertimento. *Colocamos chapéus engraçados só por diversão.*
2. *algo que diverte*: algo como uma atividde que proporcione satisfação ou divertimento. *Esquiar é diversão para toda a família.*
3. *zombaria*: brincadeiras engraçadas, geralmente à custa dos outros. *O que é dito por diversão pode às vezes machucar.*

Na continuação, traz ainda algumas expressões da língua inglesa com o termo:

1. atividade, dificuldade ou problema (*informal*) (*usado ironicamente*). *Aquele sprinkler que quebrou durante a noite lá no depósito foi só diversão para a gente de manhã.*
2. divertimento sem preocupações (*informal*).
   divertir-se à custa de alguém ou alguma coisa: fazer que alguém ou alguma coisa pareça ridícula.
   tirar uma com a cara de alguém: zombar ou ridicularizar alguém.[1]

O respeitado *Oxford English Dictionary* (OED) traz as seguintes definições para *fun*:

1. Brincadeira ou truque; travessura; pilhéria.
2. a. Divertimento para distrair, esporte; jocosidade animada ou satisfação, graça. Ainda, fonte ou causa de divertimento ou prazer.
   b. *divertir-se à custa de, tirar uma com* (uma pessoa, por exemplo): ridicularizar. *Por diversão*: por brincadeira, com esportiva, sem levar a sério. *(Ele é) muito, bastante divertido*: uma fonte de divertimento. *Que divertido!*: expressa grande divertimento; *divertir-se com*: apreciar (um processo). Pode ainda ser entendido como relação sexual.
   c. atividades interessantes. Ainda, *só diversão*, frequentemente usado como ironia.[2]

Logo de cara, há uma dualidade enorme: por um lado, a diversão significa divertimento, entretenimento; por outro, significa ridicularizar, brincar,

---

[1] *Microsoft Encarta World English Dictionary*, edição norte-americana, disponível em www.dictionary.msn.com. Acesso em 2000.

[2] *Oxford English Dictionary* (2ª ed. Oxford: Oxford University Press, 1989).

enganar, chegando até à acepção sexual. É óbvio que nenhum executivo gostaria que seus treinamentos fossem "ridículos", nem que fossem pensados com uma conotação sexual, nem mesmo que fossem só um "divertimento". Entretanto, há uma parte que é bem mais relevante. Observe que as definições anteriores tendem a colocar "satisfação" e "divertimento" na mesma categoria, o que, tenho certeza, está errado, pelo menos em termos do uso atual da palavra "diversão". É isso que nos leva à confusão e ao conflito.

Embora o *divertimento* possa parecer frívolo, a *satisfação* e o *prazer* certamente não o são. Temos satisfação e prazer com muitas das coisas mais sérias da vida – família, paixões, trabalho. A satisfação, o prazer ou a diversão que obtemos com essas atividades é a razão, o princípio pelo qual as realizamos diversas vezes. E não para por aí, pois a diversão aumenta quando percebemos que, quanto mais as realizamos, melhores ficamos, elas parecem mais fáceis e mais objetivos são alcançados.

A diversão, nesse seu sentido positivo, não é passiva, podendo incluir empenho de verdade, assim como acontece nos esportes ou em outras competições. De fato, os aprendizes no Laboratório de Mídia do MIT gostam de chamar o tipo de aprendizagem que têm de "diversão pesada".

Então, a principal questão é que a simples palavra *diversão* pode trazer a conotação de satisfação e prazer (positiva), além de divertimento ou ridicularização (negativa). Essa dicotomia, que veremos diversas vezes, encontra-se no cerne da resistência dos empresários e educadores às novas abordagens de aprendizagem que tenham como base qualquer relação com a diversão (e, por extensão, às brincadeiras e aos jogos). Em alguns aspectos, é só uma questão semântica, mas com sérias consequências. Os proponentes da aprendizagem divertida estabelecem uma conexão entre a diversão, a satisfação e o prazer. Os que se opõem, por sua vez, relacionam a diversão com o divertimento e a ridicularização. Todos usam a mesma palavra, mas não falam a mesma língua.

Pode-se pensar que o assunto é óbvio o suficiente para não haver necessidade de elaborar, entrar em detalhes sobre ele, mas, quando um executivo ou um diretor responsável pela compra de um treinamento diz (o que é comum) "Não *quero* que meu treinamento seja só diversão!", é importante entender que ele só está querendo dizer (espera-se) que não o quer frívolo, e não que o fator satisfação deva ser eliminado.

Algumas pessoas, como o designer de jogos Noah Falstein, vão além, associando diversão à sobrevivência. "Acredito que o objetivo principal das 'atividades divertidas' é praticar habilidades úteis de sobrevivência", diz ele.[3]

Contudo, há ainda mais um fator. Muitos relacionam o treinamento e a aprendizagem não à diversão – qualquer uma das acepções –, mas exatamente ao oposto: a dor. O aforismo de Benjamin Franklin expressa bem a ideia: "O que machuca instrui". Thiagi (também conhecido como Sivasailam Thiagarajan), o grande proponente da aprendizagem baseada em jogos nas empresas, diz: "Acho que as pessoas *querem* que a aprendizagem seja dolorosa. Se observarmos bem, todas as línguas e culturas têm o seu equivalente para o provérbio 'não há benefício sem sacrifício'. Penso que isso se deva parcialmente à necessidade do ser humano de crer que o sofrimento resulta na aprendizagem. Infelizmente, os seres humanos também acreditam que o *inverso* também é verdadeiro, isto é, quando não se sofre, não se aprende". A partir dessa perspectiva, a aprendizagem *não pode* ser divertida, assim como a dor também não é.

Obviamente, não há fundamento teórico ou prático de que essa inversão seja verdadeira. De fato, é claramente uma inverdade. As pessoas, a começar pelos bebês, aprendem o tempo todo sem sofrimento. É claro que dói quando se encosta em um fogão quente, do que se tira a lição dolorosa para não fazer isso novamente. Mas será que dói quando se diz "mamá", recebendo um belo sorriso, um grande abraço ou um beijo como recompensa? Então, embora aprendamos com a dor, a aprendizagem *não precisa* ser dolorosa. Tais ideias representam algemas para a aprendizagem, não tendo a menor relevância para os aprendizes da atualidade. Somos nós, instrutores e educadores, que devemos jogar essas algemas fora.

Para piorar ainda mais a situação, há uma forte tradição religiosa envolvida. Lembra-se da história de Adão e Eva? Como eram felizes até comerem a fruta de que árvore mesmo? A partir dessa perspectiva extremamente bí-

---

[3]   Entrevista por telefone.

blica, a causa do sofrimento do homem é o conhecimento. *Toda* aprendizagem é dolorosa, o conhecimento é um pecado e a aprendizagem é uma mera forma de sofrimento. Vale lembrar que por milhares de anos, literalmente, a Igreja controlou as escolas e a aprendizagem. Muitos dos seus preceitos continuam vivos na cabeça dos educadores. Embora o pensamento religioso tenha muitos pontos positivos a nos oferecer, a ligação entre o conhecimento e o mal, entre a diversão e o pecado não é um deles. Certamente já é hora de jogarmos fora também essas algemas da aprendizagem.

Outro conceito com um toque religioso que pode inibir a relação entre a diversão e a aprendizagem é o que alguns chamam de complexo "virgem/prostituta", segundo o qual as pessoas não querem misturar o "puro" com o "não sagrado". J. C. Herz, em *Joystick Nation*, cita esta como uma das razões pelas quais o computador e a televisão dificilmente poderão ser vistos juntos: o computador é "sério" e a televisão, "um passatempo", "cuja função principal é o entretenimento".[4] Qualquer um que veja a aprendizagem como uma atividade séria e a diversão como frívola ou pecaminosa vive nesse padrão duplo, quase religioso.

Um fato interessante sobre a diversão é que, segundo Johan Huizinga, em *Homo Ludens*, não existe um equivalente exato para a palavra *fun* (cuja tradução aproximada do português pode ser *diversão*) em qualquer outra língua que não o inglês.[5] Talvez, algo especial esteja acontecendo.

Como foi dito anteriormente, o pessoal do Laboratório de Mídia do MIT gosta de usar a expressão *diversão pesada*. No seu livro memorável *Being Digital*, Nicholas Negroponte, diretor do Laboratório de Mídia, explica a origem do termo. Em 1989, na conferência do Laboratório, em que crianças fizeram a demonstração de seu trabalho do Lego-logo, um repórter perguntou a um garoto de 8 anos se "todo esse trabalho não havia sido só diversão" (*perceberam?*). A resposta: "Foi, foi diversão, sim. Mas foi uma diversão pesada".[6]

---

4   J. C. Herz, *Joystick Nation*, cit., p. 40.
5   Johan Huizinga, *Homo Ludens* (Boston: Beacon, 1955), p. 3.
6   Negroponte, *Being Digital*, cit., p. 196.

Diversão e aprendizagem

> Quem acha que a aprendizagem não pode e não deve ser divertida está claramente vivendo em tempos arcaicos.
>
> *Mark Bieler, ex-chefe do departamento de Recursos Humanos do Bankers Trust*

Então, qual a relação entre a diversão e a aprendizagem? A diversão ajuda ou atrapalha? Vejamos o que alguns pesquisadores têm a dizer sobre o assunto:

Como parte do processo de aprendizagem, a satisfação e a diversão têm sua importância quando da aprendizagem de novas ferramentas, visto que o aprendiz fica mais relaxado, motivado e, consequentemente, mais disposto a aprender.[7]

O papel da diversão no que diz respeito à motivação intrínseca no ensino é duplo. Em primeiro lugar, a motivação intrínseca cria o desejo para que a experiência seja repetida; em segundo, a diversão pode motivar os aprendizes a se prenderem a atividades nas quais tenham pouca ou nenhuma experiência.[8]

Em termos simples, o cérebro satisfeito consigo mesmo funciona de forma mais eficaz.[9]

Quando gostamos de algo e estamos satisfeitos, aprendemos melhor.[10]

---

[7] Christian Bisson e John Luckner, "Fun in Learning: the Pedagogical Role of Fun in Adventure Education", em *Journal of Experimental Education*, 9, nº 2, 1996, pp. 109-110.

[8] *Ibidem.*

[9] Colin Rose & Malcolm J. Nicholl, *Accelerated Learning for the 21st Century* (Nova York: Dell, 1998), p. 30.

[10] *Ibid.*, p. 63.

Datillo & Kleiber (1993), Hastie (1994) e Middleton, Littlefield e Lehrer (1992) também mostraram que a diversão aumenta a motivação dos aprendizes.[11]

Parece então que o principal papel da diversão no processo de aprendizagem é *relaxar* e *motivar*. Relaxar permite que o aprendiz assimile tudo mais facilmente, enquanto a motivação permite que se empenhe sem arrependimento.

A próxima parada de nossa jornada rumo ao entendimento do poder dos jogos será a consideração do *brincar*.

BRINCAR: A FORMA UNIVERSAL DE APRENDER

> Brincar é a forma de aprender predileta de nosso cérebro.
>
> Diane Ackerman, da *Deep Play*

Enquanto a diversão, apesar de sua natureza dualista, constitui uma ideia relativamente simples (um estado), o brincar apresenta uma complexidade bem maior. Não há muitos estudos sobre a diversão, mas o fenômeno das brincadeiras já foi amplamente estudado, havendo diversos trabalhos escritos sobre o assunto. Há uma série de livros clássicos sobre brincar, incluindo *Homo Ludens*, de Johan Huizinga,[12] e *Les jeux et les hommes* (em inglês, *Man, Play, and Games*), de Roger Caillois,[13] dois trabalhos que estabelecem a relação entre brincadeiras e questões antropológicas e sociológicas.

Então, o que *é* brincar?

O *Oxford English Dictionary*, que reserva menos de uma página para o termo *diversão*, dedica mais de dez de suas pequenas páginas impressas à definição de *brincar* (*play*, em inglês), apresentando 39 definições, numeradas, cada

---

[11] Bisson & Luckner, "Fun in Learning: the Pedagogical Role of Fun in Adventure Education", cit., p. 109: "Pesquisas e reflexões sobre como o conceito de diversão/satisfação induziram os autores [citados no texto] a estabelecer uma relação direta entre a motivação intrínseca e a diversão".

[12] Huizinga, *Homo Ludens*, cit.

[13] Roger Caillois, *Man, Play, and Games* (Nova York: Free Press, 1961).

uma com outras tantas subcategorias. Com essa variedade de significados tão ampla, que vai de luta com espadas à representação em palcos, atividades de crianças e relações sexuais, já era de esperar que houvesse polêmicas e desentendimentos sobre o significado e o valor das brincadeiras.

Contudo, no caso das brincadeiras, o dicionário não nos ajuda muito, pois o que nos interessa aqui não são *todos* os usos da palavra, mas, sim, uma atividade em especial que todos nós reconhecemos. Então, em vez do dicionário, vejamos o que os teóricos têm a dizer.

Johan Huizinga, no livro *Homo Ludens*, caracteriza o brincar como uma atividade gratuita, conscientemente fora da vida "comum", e "não séria". Segundo o autor, a brincadeira tem o poder de absorver quem dela participa de forma "intensa e absoluta"; conta com regras e ordem fixas, não tem nenhum interesse material ou monetário e incentiva a formação de agrupamentos sociais.[14] Roger Caillois, em *Man, Play, and Games*, define brincar como uma atividade que não é obrigatória, tem espaço e tempo próprios, apresenta resultados incertos, não cria riqueza material, segue regras e conta com elementos de faz de conta.[15]

A partir dessas definições do termo, há diversos fatores que merecem ênfase em nosso contexto.

- A brincadeira *é uma atividade que se escolhe fazer*.
- A brincadeira *absorve as pessoas de forma intensa e completa*.
- A brincadeira *promove a formação de agrupamentos sociais*.

BRINCAR E APRENDER

> Brincar é a forma original do aprender.
> *Danny Hillis*

Algumas pessoas creem que só porque as crianças brincam, tal atividade é trivial e sem importância. Na verdade, do ponto de vista de muitos

---

[14]   Huizinga, *Homo Ludens*, cit., p. 13.
[15]   Caillois, *Man, Play, and Games*, cit., p. 9.

cientistas, é o contrário. Brincar tem uma importante função biológica na evolução, que tem que ver especificamente com a aprendizagem. É um dos "universais culturais, algo que toda cultura faz", diz Danny Hillis, fundador da empresa Thinking Machines e ex-membro do programa Disney Fellows. "É claro que brincar tem que ver com aprender."[16] É a forma de aprender predileta de nosso cérebro", é o que escreve Diane Ackerman no livro *Deep Play*.[17] "Espera-se que as crianças brinquem, pois reconhecemos (ao menos inconscientemente) a utilidade básica dos jogos como ferramenta educacional", acrescenta Chris Crawford, notável designer de jogos.[18] Além disso, Robert Fagan, psicólogo especializado em crianças, define a brincadeira como "uma boa aprendizagem genérica por meio da experiência em um ambiente distenso".[19]

Os defensores da brincadeira como meio de aprimorar a aprendizagem das crianças podem citar diversas evidências. Muitos apontam para os filhotes dos animais, como o urso ou o leão, que aprendem a lutar e a caçar mordiscando uns aos outros, rastejando-se e arremetendo-se às borboletas. Alison Gopnick, autora de *The Scientist in the Crib*, menciona a infância extensa do ser humano, que dura mais do que a de qualquer outro animal, durante a qual se toma conta das necessidades da criança para que ela esteja livre para brincar, explorar e aprender.[20] Outras evidências incluem o fascínio das crianças pelas diversas formas de brincadeiras de aprendizagem, como a música do alfabeto e as rimas para contar. Os programas televisivos para crianças, como *Vila Sésamo* e *Blues Clues*, são verdadeiras provas do valor da combinação entre a aprendizagem e as brincadeiras. As pesquisas voltadas para a aprendizagem infantil realizadas pelo Laboratório de Mídia do MIT (ver a seguir) e muitos de seus desdobramentos, como a empresa MaMaMedia, de Edit Harel, apoiam esse ponto de vista.

---

[16] Computer Game Developers Conference, San Jose, março de 2000.

[17] Diane Ackerman, *Deep Play* (Nova York: Random House, 1999), p. 11.

[18] Chris Crawford, *The Art of Computer Game Design* (Berkeley: McGraw-Hill/Osborne Media, 1984).

[19] *New York Times*.

[20] Alison Gopnick *et al.*, *The Scientist in the Crib: Minds, Brains, and How Children Learn* (Nova York: William Morrow, 1999), pp. 8-9.

Brincar e trabalhar

> Grandes adultos também são orientados [a brincar].
> *Danny Hillis*

Mas e os adultos, os trabalhadores aos quais devemos oferecer treinamento? Eles brincam? Isso tem algum valor para eles? E qual a relação entre a brincadeira e o trabalho?

É claro que os adultos brincam – brincam com os filhos, participam de jogos, brincam em muitos dos sentidos encontrados nas definições anteriores. Mas, diferentemente das crianças, os adultos têm também um trabalho sério ou uma parte de sua vida que parece estar em conflito com a brincadeira, ou até mesmo em oposição a ela. Segundo as definições anteriores, brincar é estar "fora da vida comum", de forma "não séria" e "improducente". Alguns autores atribuem essa distinção entre trabalhar e brincar à industrialização ou às diferenças entre classes sociais. Estamos falando de executivos que "trabalham e jogam para ganhar". Mas será que brincar e trabalhar têm de andar separados?

Certamente que não para a maioria dos adultos criativos, o que inclui musicistas, atores e cientistas. Os musicistas têm a música como meio de vida – é a parte divertida do que fazem; o ganha-pão dos atores é o faz de conta. (É interessante notar que os musicistas e os atores primeiro "praticam" para depois chegar a essas atividades. Por outro lado, médicos e advogados primeiro estudam para chegar à fase em que "praticam" a profissão.)

Muitos cientistas imaginam uma boa parte de seu trabalho como uma grande brincadeira, geralmente associando a ideia de brincadeira à ideia de maior criatividade. "Eu tenho muita sorte de ter tido a chance de trabalhar com pessoas como Marvin Minsky, Claude Shannon, Jonas Salk e Richard Feynman", diz Danny Hillis. "O que todos eles têm em comum é o fato de, mesmo adultos, terem um senso fantástico do que é brincar."[21] Alan Kay, o conhecido pioneiro e visionário da Xerox PARC, Apple e, agora, Disney,

---

[21] Veja nota 16.

lembra-se das "horas das brincadeiras" na Xerox. "As brincadeiras não interrompiam o trabalho, só ofereciam mais uma oportunidade para pensar", diz ele. O *brainstorming* das pessoas costuma acontecer melhor nas pistas de caminhada do que em uma mesa."[22] Além disso, atribui-se a Einstein, o mais sábio de todos, o seguinte comentário: "Se A é um acontecimento de sucesso na vida, então $A = x + y + z$, em que x é o trabalho, y é a brincadeira e z é ficar de boca fechada."[23]

De acordo com os professores William H. Starbuck e Jane Webster, "trabalhar e brincar são atividades que sempre se sobrepuseram."[24] Muitas pessoas se envolvem de tal forma com o trabalho que dele obtêm um prazer imenso, podendo as atividades que envolvam brincadeiras criar resultados de valor duradouro. Um conceito moderno utilizado para unir os dois é a noção de "trabalho divertido" (em inglês, *playful work*), ou seja, um trabalho que seja produtivo *e*, ao mesmo tempo, agradável e envolvente.

Nos negócios, o trabalho e a brincadeira frequentemente se misturam, a começar pelos executivos de alto nível. As negociações são realizadas em campos de golfe. Empresas foram compradas e vendidas em apostas. Na Harvard Business School, meus colegas entravam em jogos diários como "quem é chamado no bingo", em que a pessoa que falasse recebia um jato de água enquanto o professor estava olhando para o outro lado durante as aulas. Não tenho a menor dúvida de que fariam isso novamente com tanta energia quanto naquela época, agora, vinte anos depois, muitos deles sendo multimilionários. Muitos dos adultos mais bem-sucedidos, nos negócios ou em suas profissões, lhe dirão que pensam no trabalho como uma brincadeira, um jogo, e que isso é um grande fator de sucesso deles.

Em seu livro *Serious Play*, Michael Schrage descreve como muitas empresas estão utilizando uma forma de brincadeira para criar modelos que serão extremamente úteis na preparação das empresas para o futuro.[25] Os jogos

---

[22] *Apud* Dale Russakoff, "Mind Games for Tech Success: You've Got to Play to Win", em *The Washington Post*, 8-5-2000.

[23] *Observer*, 15-1-1950.

[24] William H. Starbuck & Jane Webster, "When Is Play Productive?", em *Accounting, Management, and Information Technology*, vol. 1, nº 1, 1991, p. 86.

[25] Michael Schrage, *Serious Play: How the World's Best Companies Simulate to Innovate* (Boston: Harvard Business School Press, 2000).

DIVERSÃO, BRINCADEIRAS E JOGOS

de guerra são outra forma de jogo de grande êxito entre as empresas; os executivos costumam mergulhar de cabeça nesse tipo de jogo. Um exemplo disso é o presidente de uma empresa que, para um jogo específico de sua companhia, ordenou que todos os seus gerentes se vestissem com roupa de camuflagem e criou uma sala sombria pintada em verde-oliva completa, com papel *contact* de camuflagem nos computadores.[26]

Que as brincadeiras podem ser uma parte valiosa do processo de treinamento e de aprendizagem não é novidade alguma, é claro. Os melhores instrutores e professores *sempre* tentaram e conseguiram fazer da aprendizagem algo divertido e com brincadeiras. Isso é, provavelmente, uma grande parte do *porquê* de pensarmos neles como sendo os melhores professores.

E, no entanto, o que costuma acontecer nas empresas é que as pessoas descem cada vez mais às profundezas da organização, e a seriedade dos objetivos, de alguma forma, acaba traduzida na seriedade do comportamento. O estado que permite brincar é excluído, o que geralmente refletirá nos treinamentos. Observadores externos à empresa costumam conseguir enxergar o que os internos não conseguem ou não querem ver. Há uma citação de Nicholas Negroponte na revista *Inside Technology Training* que diz: "Às vezes, quero dizer aos profissionais envolvidos com a área de treinamentos para relaxarem, dizer-lhes que o cliente vai adquirir o conhecimento de forma muito mais rápida se o que fizerem estiver baseado em brincadeiras".[27]

Negroponte sabia do que estava falando. O renomado Laboratório de Mídia que ele dirige no MIT criou uma divisão inteira dedicada a pesquisas, financiada pela Sony, Lego, Nintendo e outras grandes empresas, que visam investigar as brincadeiras e o processo de ensino e aprendizagem. Com um nome que decididamente não tem nada de divertido, The Epistemology and Learning Group é dirigido por dois pesquisadores bem conhecidos na área de aprendizagem e das brincadeiras, Seymour Papert e Mitchel Resnick, que cunharam expressões como *diversão pesada* e *jardim da infância para a vida toda*. O grupo combina aprendizagem, brincadeiras e trabalho por meio do

---

[26] William M. Bulkeley, "Business War Games Attract Big Warriors," em *The Wall Street Journal*, 22-12-1994.
[27] *Inside Technology Training*, abril de 2000, p. 14.

que chama de aprendizagem construtivista, que, em grande parte, deriva do trabalho de Piaget. As crianças aprendem a criar o próprio conhecimento por meio da brincadeira, do experimento e da construção de determinados tipos de objetos físicos, como as peças de Lego e contas para confecção de colares com chips de computador embutidos. Embora o enfoque das pesquisas do grupo seja exclusivamente a aprendizagem das crianças, muitas de suas ideias construtivistas orientadas pelas brincadeiras podem ser estendidas a outros grupos por meio de jogos para computador, como o *Roller Coaster Tycoon*. Vale a pena observar que as crianças com quem começaram os trabalhos nos anos 1980 estão se tornando os trabalhadores das empresas de hoje.

Simplesmente rotular as coisas como "brincadeira" e "trabalho" pode afetar todo o nosso comportamento, como relata Thiagi em sua *newsletter* chamada *Thiagi Games Letter*. Em uma pesquisa de associação de palavras por ele realizada, Thiagi descobriu que o vocabulário mais tipicamente associado com o trabalho é pressão, tédio, prazos, tarefas, escritório, salário, labuta, período integral, hora extra e metas. O vocabulário fortemente associado às brincadeiras é o de diversão, satisfação, jogo, risada, escolha, espontâneo e descanso. As pessoas gostam das tarefas difíceis mais quando são apresentadas como uma brincadeira do que como trabalho. Além disso, a mente se desconcentra menos.[28] O que se tem na mente é o que se consegue como resultado.

Pesquisas atuais nas áreas de estresse, ansiedade, criatividade, autoeficácia e neurociências mostram que brincar mais *melhora* nossa aprendizagem e nosso desempenho.[29] Embora a frase "mais trabalho e menos brincadeiras" tenha sido elogiada por muito tempo como meio de melhorar o desempenho humano, existem bastantes evidências de que tal pensamento está errado. Quando a pessoa se diverte e dá risada, as mudanças no equilíbrio químico do sangue aumentam incrivelmente a produção dos neurotransmissores necessários para o estado de alerta e a memória.[30] Quando a pessoa

---

[28] *Thiagi Game Letter*, vol. 1, nº 5, agosto de 1998, p. 1.

[29] *Ibidem.*

[30] Eric Jensen, *Brain-Based Learning* (Chicago: The Brain Store, 2000), p. 125.

DIVERSÃO, BRINCADEIRAS E JOGOS

se sente ameaçada, cansada e fraca, ela perde a capacidade de se lembrar de informações, perceber coisas ao seu redor, fazer perguntas e ativar o pensamento criativo.[31]

William H. Starbuck e Jane Webster trazem um estudo acadêmico sobre as brincadeiras em um artigo intitulado *"When is Play Productive?"*.[32] Depois de analisar as definições em uma série de outros estudos sobre o brincar, Starbuck e Webster resumem o termo a dois elementos comuns: "as atividades divertidas *provocam o envolvimento* e *proporcionam prazer*". Em seguida, os pesquisadores tentam descobrir as consequências das brincadeiras no trabalho; descobrem os seguintes pontos, entre outros:

- As pessoas brincam no trabalho em busca de competência, estímulo, desafio ou reforço.
- As pessoas que realizam tarefas bem divertidas gostam do que fazem. Quando julgam que tais atividades são adequadas, prontamente passam a elas, tentando continuar com elas.
- Tendem a concentrar-se mais e aumentar a persistência.
- Perdem a noção do tempo e relutam em trocar de atividade.
- Encontram-se tão absorvidas que podem negligenciar outras coisas, como metas de longo prazo, tarefas desinteressantes e relações sociais.
- A aprendizagem delas é aprimorada porque o prazer e o envolvimento das atividades divertidas induzem-nas a despender tempo e esforço.
- Por meio de diferentes formas de brincar, podem aumentar o repertório comportamental, descobrir ou inventar comportamentos radicalmente novos e polir as habilidades já existentes pela prática repetitiva.
- As tarefas divertidas incentivam a criatividade. Caso elas sejam novas, as pessoas empenham um esforço tremendo para aprendê-las e explorá-las, geralmente tentando controlar a própria aprendizagem.

---

[31] Caine & Caine, *Making Connections: Teaching and the Human Brain*, cit., pp. 69-70.
[32] William H. Starbuck & Jane Webster, "When Is Play Productive?", em *Accounting, Management, and Information Technology*, vol. 1, nº 1, 1991.

Assim, a mesma atração que as crianças sentem pelas brincadeiras continua no mundo do trabalho, onde as pessoas preferem as tarefas divertidas, sentindo-se atraídas por elas. Na verdade, como pudemos observar no capítulo 2, a distinção entre o trabalho e a brincadeira está rapidamente se tornando incerta. A geração dos jogos espera que o trabalho também seja extremamente divertido. De acordo com Tapscott, "Para eles, divertir-se, trabalhar e brincar é tudo a mesma coisa".[33] Muitas novidades de alta tecnologia estão modificando o ambiente para que este se torne mais divertido. A i-belong, empresa localizada próximo a Boston, conta com um minicampo de golfe interno. Na excite@home, há tobogãs que levam de um andar a outro (infelizmente, só para o de baixo).[34] É interessante notar que, embora tudo isso possa ser novo nas empresas que trabalham com internet (as chamadas *ponto.com*), as empresas que trabalham com jogos já adotam essa estratégia há décadas. As brincadeiras sempre fizeram parte do ambiente de trabalho delas – afinal de contas, é o que elas fazem. A mudança que ocorre com o crescimento das crianças que fizeram parte da geração dos jogos é que esse ambiente agora está saindo das empresas de jogos e se espalhando para outras mais convencionais.

Mais uma vez, grande parte desse resultado se dá pela tecnologia, que se encontra em constante mudança. Starbuck e Webster atribuem grande parte do desgaste da distinção entre trabalhar e brincar à introdução dos PCs no local de trabalho, pois estes são "ferramentas sérias e, ao mesmo tempo, divertidas de usar".[35]

Embora algumas pessoas ainda achem que as brincadeiras no ambiente de trabalho sejam apenas um escapismo para substituir ou evitar o trabalho, cada vez mais gerentes percebem que tornar o trabalho divertido reduz o estresse e, na verdade, aumenta a produtividade.

---

[33] Tapscott, *Growing Up Digital*, cit., p. 10.

[34] Dale Russakoffin, "Mind Games for Tech Success: You've Got to Play to Win", em *The Washington Post*, 8-5-2000.

[35] Starbuck & Webster, "When Is Play Productive?", cit., p. 85.

Jogos – implantação

> Uma das tarefas mais árduas que o homem pode realizar... é inventar bons jogos.
>
> *Carl Jung*

Então, a diversão – no sentido de satisfação, alegria e prazer – coloca-nos em um estado de espírito distenso e receptivo para a aprendizagem. Brincar, além de proporcionar prazer, aumenta nosso envolvimento, o que também nos ajuda a aprender.

Contudo, tanto a diversão quando as brincadeiras têm a desvantagem de serem conceitos um tanto abstratos, desestruturados e de difícil definição. Mas existem maneiras mais formais e estruturadas de aproveitar (e de pôr em prática) todo o poder da diversão e das brincadeiras no processo de aprendizagem – é a poderosa instituição dos *jogos*. Antes de observarmos especificamente como podemos combinar a aprendizagem com jogos, examinemos estes mais detalhadamente.

Assim como a diversão e as brincadeiras, o *jogo* é uma palavra de muitos significados e implicações. Como se define um jogo? Há alguma distinção útil entre diversão, brincadeiras e jogos? O que torna os jogos tão envolventes? Como eles são desenvolvidos?

Os jogos são um subconjunto tanto da diversão quanto das brincadeiras. No jargão utilizado em programação, os jogos são como uma criança que herda todas as características dos pais, carregando, portanto, o que é bom e o que é ruim dos dois. Como veremos, eles contam ainda com algumas qualidades especiais, o que faz deles ferramentas adequadas, sobretudo para a aprendizagem.

Então, o que é um jogo?

Assim como *brincar*, o termo *jogo* (*game* em inglês) tem uma série de significados: alguns positivos, outros negativos. Na parte negativa, tem toda a zombaria, o desdém, as atividades "às escuras" e ilegais, como é o caso dos jogos piratas, além da relação existente entre jogo e diversão, que pode levar à expressão "só por diversão", discutida anteriormente. Como é possível observar, essas podem ser fontes de resistência à aprendizagem baseada em jogos digitais – "não estamos brincando aqui". Contudo, grande parte disso tudo é uma questão semântica. O nosso interesse aqui são os significados que circundam as definições do jogo que envolve regras, competições, rivalidade e persistência.

O que faz um jogo ser um jogo?
Seis fatores estruturais

A *Enciclopédia Britânica* traz o seguinte diagrama para a relação entre brincadeiras e jogos:

BRINCAR
{
- brincadeira espontânea
- brincadeira organizada (JOGOS)
  {
  - jogos não competitivos
  - jogos competitivos (COMPETIÇÕES)
    {
    - competições intelectuais
    - competições físicas (ESPORTES)

Fonte: Adaptado de *Encyclopedia Britannica*, disponível em www.britannica.com. Acesso em 2000.

Nossa meta é entender por que os jogos nos envolvem, nos atraem, geralmente mesmo sem percebermos. Essa força poderosa surge primeiramente do fato de serem uma forma de diversão e brincadeira; depois, do que chamo de seis notáveis elementos estruturais dos jogos:

1. Regras
2. Metas ou objetivos
3. Resultados e *feedback*
4. Conflito/competição/desafio/oposição
5. Interação
6. Representação ou enredo

Existem por aí milhares, talvez milhões, de jogos diferentes, mas todos eles contêm todos ou quase todos esses fatores. Os que não os contêm também são classificados por muitos como jogos, mas podem ainda pertencer a outras subclasses, cuja descrição se encontra mais adiante. Além desses, há elementos importantes de *design*, que aumentam o envolvimento e que distinguem um jogo bom de verdade de um fraco ou medíocre.

Vamos discutir esses seis fatores em detalhes e mostrar como e por que eles envolvem as pessoas.

REGRAS. São as *regras* que diferenciam os jogos de outros tipos de brincadeira. Provavelmente, a definição mais básica de jogo é *uma brincadeira organizada*, isto é, uma brincadeira com regras. Quando não há regras, o que existe é uma brincadeira livre, não um jogo. E por que as regras são tão importantes? Elas impõem limites, forçam-nos a seguir caminhos específicos para chegar aos resultados, além de garantir que todos os jogadores tomem os mesmos caminhos. Elas nos inserem no mundo dos jogos, mostrando-nos o que é permitido e o que não é. O que estraga um jogo nem é tanto o trapaceiro que aceita as regras, mas não as segue (podemos lidar com eles); o problema é o niilista que nega a existência de todas elas. As regras fazem que os jogos sejam justos e empolgantes. A Copa América de regata de 1988, em que os australianos deram um jeito de "burlar" as regras, construindo um barco enorme, e os norte-americanos encontraram um modo de competir com um catamarã, ainda era considerada uma regata, mas deixou de ser um jogo.

Embora mesmo as criancinhas entendam algumas regras do jogo (quando dizem "isso não é justo!"), estas se tornam ainda mais importantes à medida que se cresce. As regras estabelecem os limites do que é aceitável e do que não é aceitável, do que é justo e do que não é justo no jogo. Quando estão no ensino fundamental, as crianças sabem gritar "trapaceiro!" se alguma regra for quebrada: os jogos *Monopoly* e *Trivial Pursuit* trazem páginas e páginas de regras escritas. Quando chegam à vida adulta, as pessoas costumam consultar o manual de regras, contratar árbitros profissionais para garantir que as regras sejam cumpridas, chegando até mesmo a travar debates nacionais – como um determinado batedor, a conversão de dois pontos do futebol americano, as regras do *replay* instantâneo – sobre como mudar algo.

No jogo de cartas, de tabuleiro e outros que não envolvam computadores, as regras são escritas e geralmente administradas pelos jogadores; em casos extremos, chamam um terceiro para a "imparcialidade" (um árbitro, por exemplo). Nos jogos de computador, as regras já vêm embutidas. É interessante notar que, nos negócios, comumente se ouve a frase "mudar as regras do jogo" como um meio de vencer a concorrência. Isso traz algumas implicações para os jogos usados nas empresas, como a simulação, que pode ter as regras já estabelecidas.

Alguns designers de jogos para computador, entre eles Noah Falstein, chamam isso de *metajogo*, o que não significa apenas jogar de acordo com as regras, mas, sim, manipular essas regras e as circunstâncias em torno do jogo a seu favor. A discussão das crianças sobre as regras específicas de um jogo antes de este começar é um tipo de metajogo. É comum que o metajogo se torne uma forma de brincar mais satisfatória do que o próprio jogo, que se torna um elemento anticlimático. Richard Garfield, o criador de um jogo de cartas de sucesso surpreendente, *Magic: The Gathering*, desenvolveu-o tendo o metajogo em mente e, de fato, grande parte do sucesso desse jogo pode ser atribuída à negociação, venda e catalogação de cartas, bem como aos torneios a ele associados.[36]

METAS OU OBJETIVOS. As metas ou objetivos também diferenciam os jogos de outras formas de brincar, bem como dos jogos que não têm um direcionamento certo. Aos olhos de alguns designers, se o jogo não tiver um objetivo, mas for algo com o que se pode brincar de várias maneiras dependendo de sua vontade, o que se tem nas mãos é o que eles chamam de brinquedo. Brinquedo, nesse sentido, é um termo técnico, pois é utilizado para fazer referência a complexidades, como *Sim City* e *The Sims*, ou até mesmo aos simuladores aéreos. Entretanto, essas simulações que não contam com um objetivo específico costumam ser conhecidas como jogos, pelo menos pelas pessoas que as comercializam e brincam com elas. Falando nisso, Will Wright, o desenvolvedor de *Sim City*, disse: "Não estou certo de que haja uma diferença realmente sólida. Acho que nossos modelos são algo com o que se pode brincar só por diversão, de forma bem zen e sem meta alguma,

---

[36]   Comunicação pessoal.

ou com os quais é possível escolher um objetivo, fazendo deste um jogo a qualquer momento".[37]

Em um jogo, atingir os objetivos contribui e muito para a motivação. Segundo Wright, "eles são a forma de mensurar seu desempenho". O objetivo costuma ser informado no início das regras: seu objetivo é obter a pontuação máxima, chegar ao fim, vencer o chefão, pegar a bandeira, conseguir as melhores cartas e assim por diante. As metas e os objetivos são importantes porque a nossa espécie é orientada por eles. Diferentemente de outros animais, somos capazes de conceber uma situação futura e bolar estratégias para chegar lá; a maioria de nós gosta desse processo. As regras, é claro, dificultam esse objetivo, limitando as estratégias que se encontram à nossa disposição. As metas são a força que nos faz chegar lá e vencer.

RESULTADOS E *FEEDBACK.* Os resultados e o *feedback* são a forma de medir o progresso em relação às metas. Os jogos clássicos são aqueles em que se ganha ou se perde. "Parece que os jogos desejam uma situação do tipo *ganhar ou perder*, ou pelo menos algo que mostre quanto falta para se chegar ao objetivo", diz Wright. É óbvio que o ganhar ou perder traz fortes emoções e implicações de gratificação ao ego, o que corresponde a uma boa parte da atração que os jogos provocam.

O *feedback* vem quando algo muda no jogo em resposta a suas ações – é isso o que se quer dizer com a *interatividade* dos computadores e dos jogos para computador. Ele nos avisa imediatamente se o que fizemos foi positivo ou negativo para nós no jogo, se estamos seguindo ou quebrando as regras ("penalidade"), se estamos nos aproximando ou nos distanciando de nosso objetivo ("quente ou frio"), além de como estamos indo em relação à competição (tabelas com as pontuações mais altas). O *feedback* pode assumir formas variadas, desde um árbitro até outros jogadores ou o computador, mas sua principal característica é que, em quase todos os jogos, ele é *imediato*. Faço algo; obtenho o resultado (o que também não impede que diversas ações se combinem para produzir um *feedback* de maior alcance, como o resultado).

---

[37] Entrevista por telefone.

O *feedback* pode vir em forma de pontuação numérica ou em outros formatos: pode ser geograficamente, como o tamanho e as condições de suas cidades no *Sim City* ou *Age of Empires*, ou o fato de se ver na frente em um jogo de corrida; pode ser oralmente, com personagens do jogo que falam com o jogador, ou o apresentador sarcástico de *"You don't know Jack".* Nos jogos de computador, cada vez mais o percebemos por meio dos sentidos, como é o caso da vibração nos controles com reorientação de força ou outros que fazem o jogador sentir (no sentido figurado ou literal) quando está em um terreno acidentado.

É a partir do *feedback* de um jogo que a *aprendizagem* acontece. Mesmo em jogos puramente comerciais, que não são o que chamo de aprendizagem baseada em jogos digitais, ela acontece de forma contínua. O jogador está constantemente aprendendo como o jogo funciona, qual é o modelo utilizado como suporte pelo desenvolvedor, como obter êxito e como chegar ao nível seguinte e vencer. Pelo *feedback*, o jogador pode ser recompensado por ter chegado ao controle absoluto de algo, ou receber a mensagem de que falhou em algo e terá de tentar novamente ou procurar ajuda, até que consiga chegar ao resultado. Dependendo do jogo, o *feedback* pode ser extremamente dramático (bater ao aterrissar, a explosão de galáxias inteiras, ou "pacientes mortos e grande estardalhaço", criação de Sharon Stansfield),[38] divertido (o marinheiro de *Monkey Island* que diz "Não!"), ou mais sutil (a música em *The Sims*), mas o objetivo é sempre aprimorar a experiência do jogador e fazer que ele continue.

A arte de fornecer *feedback* em um jogo é de fundamental importância e complexidade, pois *feedback* demais ou de menos pode levar o jogador à frustração. Essa situação leva a outra característica dos jogos de computador – são *adaptáveis*. Isso significa que o nível de dificuldade aumenta ou diminui automaticamente dependendo do que se faz. Dessa forma, os jogos de computador mantêm os jogadores em um estado do tipo "siga o fluxo".

As três primeiras categorias – resumindo: regras, objetivos e vencer ou perder – são a definição clássica, "bem-aceita e de milhares de anos de jogo",

---

[38] *Apud* Bob Biliczak, "Training Gets Doomed", em *Training*, agosto de 1997.

DIVERSÃO, BRINCADEIRAS E JOGOS

de acordo com J. C. Herz, autor de *Joystick Nation*.[39] Há ainda três elementos adicionais em que os designers de jogos costumam imaginar como parte da estrutura de um jogo – ou, pelo menos, parte da estrutura de um jogo de computador : o conflito, a interação e a simulação.

CONFLITO, competição, desafio e oposição. O conflito, a competição, o desafio e a oposição são os problemas que os jogadores tentam resolver. "Os jogos de computador nada mais são do que problemas que vendemos", diz Will Wright. "E o jogo se desenvolve à medida que se tenta resolvê-lo".[40] O conflito ou o desafio que produziu o problema a ser solucionado não necessariamente tem de ser contra outro oponente, seja ele real ou inteligência artificial. Pode ser um quebra-cabeça ou qualquer obstáculo que o impeça de progredir (Como é que eu faço para casar este personagem do *The Sims*?). O conflito/competição/desafio/oposição é o que faz circular sua adrenalina e criatividade e o que o faz ter vontade de jogar. Embora nem todos gostem de competições acirradas, e algumas pessoas se assustem com o conflito, a maioria de nós gosta de um desafio, especialmente se pudermos escolhê-lo e estabelecer o nível de dificuldade. Manter o nível do conflito/competição/desafio/oposição em sincronia com as habilidades e o progresso do jogador é o que se chama de "equilibrar o jogo" e, como veremos, é um ponto importantíssimo a ser levado em consideração no desenvolvimento dos jogos.

Alguns dizem que a competição faz parte de nossa natureza básica como seres humanos. Se isso é verdade ou não, conforme observa o designer de jogos Eric Goldberg, "as pessoas que naturalmente procuram os jogos têm tendência à competitividade".[41] Então, será que existem jogos que não sejam competitivos ou cooperativos? É claro! Contudo, a maior parte dos jogos envolve algum tipo de conflito, desafio ou problema a ser solucionado, mesmo que seja por meio de cooperação ou trabalho em equipe. Um de meus jogos prediletos de "cooperação" foi feito em um site para crianças, em que cada um dos quatro jogadores simultâneos podia controlar apenas uma das

---

[39] Entrevista por telefone.
[40] Entrevista por telefone.
[41] Entrevista por telefone.

quatro direções (esquerda, direita, em cima, embaixo) para as quais a nave espacial poderia se mover. Fazer que ela chegasse a algum lugar de forma razoavelmente direta era definitivamente um grande desafio!

Uma qualidade dos jogos que costuma ser com frequência citada é o fato de eles serem seguros e não apresentarem ameaças exatamente por serem "apenas jogos". Assim, os jogadores estão, de certa forma, "protegidos" dos perigos do mundo real. Embora isso possa ser verdade no que se refere à parte física, não o é necessariamente para as *emoções* dos jogadores enquanto estão no jogo, as quais são bem reais.

INTERAÇÃO. A *interação* apresenta dois aspectos importantes: O primeiro é a interação do jogador com o computador, que discutimos com o *feedback*; o segundo é o aspecto inerentemente *social* dos jogos – eles são jogados com outras pessoas. Como vimos anteriormente, o brincar promove a formação de agrupamentos sociais. Embora seja possível jogar sozinho, é bem mais divertido jogar com os outros. É por isso que, nos jogos anteriores ao computador, a categoria de jogos solitários, embora significativa, é mínima se comparada aos jogos praticados em conjunto. Apesar do enfoque inicial dado aos jogos para um jogador (época anterior ao computador) ou jogos contra a máquina (uma época com a qual ainda estamos envolvidos), quase *todos* os jogos de hoje são, de alguma forma, feitos para mais de um jogador (os chamados *multiplayers*). Os jogadores reconhecem que, embora os designers de jogos estejam tentando, por meio da inteligência artificial cada vez mais aprimorada, criar oponentes ou colaboradores computacionais mais realistas, ainda estão longe de conseguirem criar qualquer coisa que possa pensar em manobras que só a mente humana pensaria. Os jogadores geralmente preferem competidores humanos, e os críticos que veem os jogos de computador como uma atividade isolada deveriam estar cientes disso. Assim como a internet, os jogos de computador estão aproximando as pessoas, criando interação – embora não necessariamente cara a cara.

REPRESENTAÇÃO. *Representação* quer dizer que o jogo tem um significado, que pode ser abstrato ou concreto, direto ou indireto. O xadrez é sobre um conflito. O *Tetris* envolve construção e reconhecimento de formas. *The Age of Empires* tem que ver com a história da arte da guerra. A representação inclui elementos narrativos ou enredo no jogo. Há uma diferença de opinião entre os diversos teóricos dos jogos de computador a respeito da representação. Alguns acham que a representação é a essência a partir da qual se faz um jogo; outros acham que é apenas algo para "agradar". Qualquer que seja o caso, o nível de detalhamento da representação está aumentando nos jogos de consumo; o enredo e a narrativa estão ganhando cada vez mais importância. Com isso, surgem diversas questões, tanto sobre a narrativa quanto sobre os jogos, pois a integração dos dois não é nem óbvia nem fácil.

A representação abrange ainda os elementos da fantasia, que alguns designers, como Chris Crawford, incluem na definição de jogo. Embora haja uma preponderância de jogos sobre poucos tipos de fantasia – como o espaço, tempos medievais e guerras "modernas" –, os jogos representam, na verdade, uma enorme variedade de assuntos. Quando mencionei minha clássica história de que "as empresas contam com grande conteúdo, mas nenhum envolvimento, enquanto os jogos contam com grande envolvimento, mas nenhum conteúdo"; J. C. Herz respondeu rápido. "Os jogos têm, sim, bastante conteúdo", disse. "A questão é que é um conteúdo que não tem aplicação imediata no 'mundo real." É claro que, como ainda discutiremos, a aprendizagem baseada em jogos digitais tem que ver com adicionar conteúdo que *seja* útil no mundo real.

O conceito de "fluxo"

Há um estado mental – relatado por jogadores, mas também percebido em outras áreas – de concentração intensa, em que geralmente as tarefas que anteriormente pareciam difíceis se tornam fáceis, e tudo o que se faz parece ser extremamente prazeroso. A maior parte de nós vivencia isso em uma área ou outra. Os pesquisadores, especialmente Mihaly Csikszentmihalyi, referem-se a esse estado como "fluxo".[42] No estado de fluxo, os desafios apresentados e a capacidade de resolvê-los parecem estar perfeitamente alinhados, fazendo que seja possível realizar o que se imaginava impossível,

---

[42] Mihaly Csikszentmihalyi, *Flow: the Psychology of Optimal Experience* (Nova York: Harper & Row, 1990).

e ainda com um prazer extremo. O fluxo pode acontecer no trabalho, nos esportes e até na aprendizagem, como quando os conceitos se tornam claros e a solução dos problemas parece óbvia.

O truque com o fluxo é manter as pessoas nesse estado. Deixe tudo fácil demais e os jogadores ficarão entediados e deixarão de jogar; deixe tudo difícil demais e eles desistirão de jogar por se sentirem frustrados. Os jogos bem desenvolvidos são bons, sobretudo para manter o estado de fluxo nos jogadores, e os designers de jogos desenvolveram técnicas específicas para fazê-lo, como veremos daqui a pouco. Na aprendizagem baseada em jogos digitais, um dos grandes desafios é manter os jogadores com esse estado mental no jogo e na aprendizagem ao mesmo tempo; a tarefa não é fácil, mas a recompensa é enorme se isso acontecer.

Outros tipos de interação, além dos jogos

Para nos prepararmos para o desenvolvimento da aprendizagem baseada em jogos digitais, é importante que se faça uma breve discussão sobre as diversas categorias, além dos jogos, que inventem o mundo-objeto das possíveis interações do computador. Na "gramática" da interação digital, esses outros tipos são os "substantivos" (devo isso a J. C. Herz por ter me apresentado a essas teorias.) Além dos jogos, há *brinquedos, histórias* e *ferramentas*. Essas categorias podem e costumam ser combinadas em um único trabalho.

Brinquedos

Brinquedos são formas de interação sem metas nem objetivos. Foram feitos para que se "brincassem" com eles à medida que as "fases" são exploradas, independentemente do enredo delas. Para as pessoas que usam essa terminologia, *Sim City* e *The Sims* são considerados brinquedos, assim como o *Microsoft Flight Simulator*. Os brinquedos, segundo Herz, não necessariamente têm regras; são abertos e sua identidade realmente tem que ver com as qualidades materiais do objeto. Nesse sentido, os simuladores de voo, entre outros, são brinquedos, assim como as simulações econômicas, quando se joga apenas para explorar em vez de "jogar para ganhar". Laurie

DIVERSÃO, BRINCADEIRAS E JOGOS

Spiegel – alaudista e compositor brilhante de música eletrônica – programou um "brinquedo" (no sentido ora visto) chamado *Music Mouse*[43] para Macintosh quando este foi lançado, no qual era possível criar estruturas sonoras diferentes movendo o *mouse* em direções diversas. Lembro-me de ter brincado com ele horas a fio. Segundo Wright, é fácil transformar um brinquedo em um jogo a qualquer momento – é só acrescentar-lhe um objetivo. Dessa forma, assim que se diz "quero pousar meu avião com segurança no aeroporto JFK", o brinquedo passa a ser um jogo. Em termos de brincadeira, alguns preferem os brinquedos, enquanto outros, os jogos. Corey Schou contou uma história sobre como os pilotos rejeitaram a simulação de voo que ele construíra para a FedEx porque não havia metas e, portanto, não havia competição.[44] Como veremos no capítulo 10, os militares estão fazendo experiências, tentando deixar seus "brinquedos" de simulação supercaros e com mais cara de jogo.

Enredo (narrativa)

A narrativa, ou enredo, é outro tipo de interação computacional possível. Na sua forma menos interativa, o enredo simplesmente aparece na tela por meio de palavras e/ou imagens do começo ao fim, sendo a interação realizada por cliques. Foi o que aconteceu, por exemplo, com a série infantil "Living Books" ("Livros animados"), em que parte do enredo é mostrada em cada tela e as crianças podem clicar para ouvi-lo ou passar para a página seguinte (há elementos dos brinquedos também, no sentido de que é possível clicar nos itens). Nesse sentido, o hipertexto não linear também pode ser considerado um tipo de enredo.

A narrativa tem uma longa e importante história no entretenimento (e também na aprendizagem – lembra-se de Homero?). Os que acreditam no poder que a narrativa exerce sobre o entretenimento e a aprendizagem o fazem com todas as forças. "Vivo e respiro histórias", diz Bran Ferren, da Disney.[45] "Sustento a ideia de que as narrativas lineares sejam a principal forma

---

[43] Disponível em www.dorsai.org/~spiegel/ls_programs.html. Acesso em 2000.
[44] Entrevista por telefone.
[45] Capítulo 3, nota 21.

COMO OS JOGOS ENSINAM E POR QUE ELES FUNCIONAM

de arte da humanidade", diz Alex Seiden, da Industrial Light and Magic.[46] Muitos, especialmente os que vêm de um histórico literário ou cinematográfico, estão convencidos de que a narrativa é de longe a maneira mais segura de envolver as pessoas. E o motivo pelo qual ela é tão envolvente é o seu modo fantástico de estimular nossas emoções. "Para que algo mexa com as emoções, tem de ter um enredo no meio", diz Jeff Snipes, da Ninth House Networks.[47] Estimular as emoções é a "principal diretriz" ao escrever uma ficção; é o que qualquer manual de roteiros vai lhe mostrar.

Um grande desafio para os que trabalham com a narrativa e os que trabalham com os jogos é como *combinar* ambos. Os computadores digitais apresentaram os consumidores de entretenimento e de histórias à interatividade. E essa interatividade – receber *feedback* imediato pelas ações realizadas – é uma forma poderosíssima de envolver as pessoas. Grupos grandes e variados de pessoas criativas estão se esforçando para encontrar meios de juntar a interatividade com a narrativa, criando enredos interativos que possam, por exemplo, ser incluídos nos jogos. Usei *se esforçando*, porque ainda não está nem um pouco claro como fazê-lo, falharam muitas tentativas de criar enredos interativos. Quando, na primeira grande leva de jogos de computador, as pessoas de Hollywood (que se veem como mestres das narrativas) tentaram se associar e trabalhar com os criadores do Vale do Silício (que se veem como mestres da interatividade), os resultados iniciais foram decepcionantes. Muitos se referiam a isso como "Bobowood".

No cerne da questão encontra-se o fato de que narrativa ou o enredo sempre tem algo que é *controlado apenas por quem está contando*. O autor é o único responsável, alimentando o leitor, ou quem o estiver vendo, com o enredo da forma e no ritmo que ele escolher. Quer um filme tenha sido escrito por um único indivíduo ou por um grupo de pessoas, depois que ele estiver pronto, o espectador, bem como o leitor de um livro, não poderá mudar o enredo, a não ser em sua imaginação.

---

[46] *Electronic Storytelling and Human Immersion*, parecer apresentado em *Modeling and Simulation: Linking Entertainment and Defense Conference*, 1996.

[47] Entrevista por telefone.

E contudo, em um mundo digital e interativo, quem recebe a narrativa quer e precisa interagir com o enredo em questão, bem como influenciá-lo. Como fazer que isso aconteça, mas preservando ainda os tipos de impacto emocional que os bons escritores sabem elucidar por meio da estruturação eficaz e da organização do material, é a grande questão. Muitas das ferramentas das quais se lança mão para fazê-lo – reviravoltas no enredo, surpresas, as coisas que se juntam em determinado momento – dependem da escolha feita pelo autor, não do usuário. Um grande número de pessoas altamente criativas está trabalhando duro com a questão, tentando inventar um formato para que as histórias interativas sejam contadas de forma efetiva, além de incorporar esse formato aos jogos de maneira mais eficaz do que já foi feito até agora. Estão tentando diversas abordagens, desde a ramificação da árvore de decisão, cujos galhos acabam convergindo, até a geração de histórias e vídeos de forma dinâmica, atribuição de qualidades especiais aos personagens e permissão para que estes interajam entre si, desde que respeitadas algumas regras. Os resultados são extremamente importantes para os jogos digitais, bem como para a aprendizagem baseada em jogos digitais, de modo que esta é uma área com a qual vale a pena manter contato.

Ferramentas

As ferramentas são programas interativos utilizados para fazer outras coisas. Um processador de textos ou um programa à base de planilhas se encaixa na definição, assim como um programa gráfico, a linguagem de programação, ou um sistema de autorização. As ferramentas também podem ser incluídas nos jogos tanto como parte integrante deles (por exemplo, as ferramentas utilizadas para construir um parque temático no *Roller Coaster Tycoon*) ou como complementos (por exemplo, as ferramentas utilizadas para desenvolver um personagem em *EverQuest*, ou para desenvolver novos níveis em *Quake*).

Simulações?

Embora algumas pessoas esperem que as simulações sejam incluídas em uma das categorias do "substantivo interativo", elas são muito mais uma ação ou, nos termos de Herz, um "predicado". "Dependendo do que estiver fazendo, a simulação pode ser uma história, um jogo, um brinquedo. Se for uma simulação do tipo *role-play*, é essencialmente uma história; se for uma simulação de negociações, é um jogo; se for uma simulação de voo, é um brinquedo. É uma analogia a uma situação do mundo real. E essa situação pode ser qualquer coisa", diz Herz.[48]

Os jogos e as simulações voltarão a ser discutidos no capítulo 8.

Jogos "digitais"

> Os jogos e os computadores são um dos melhores casamentos feitos até agora.
>
> *Eric Goldberg, designer de jogos*

Nas discussões anteriores, meu enfoque mudou (espero que sutilmente) de jogos "em geral" para os jogos de computador. Agora, vou tentar ser mais específico. O que é que tem de diferente em jogar um jogo no computador? Por que é que tantas outras pessoas, incluindo a geração dos jogos e muitos adultos, acham a combinação tão atraente e agradável?

A maior diferença é que os computadores aprimoram a "experiência do jogar", que é o que as pessoas mais querem dos jogos. Eric Goldberg, designer de jogos há bastante tempo e CEO da Unplugged Games,[49] indica que, em muitos dos jogos que não foram feitos para o computador, se perde muito tempo tentando entender ou administrar (geralmente com discussões) as regras do jogo. O computador cumpre bem esse papel, tomando conta de todas aquelas regras e detalhezinhos chatos, liberando o jogador para aproveitar mais a experiência do jogo. O computador cuida de boa parte do tédio. Ele, por exemplo, sabe automaticamente quais movimentos são ilegais, impedindo que sejam realizados. Nos jogos de guerra anteriores à era dos computadores, todas as vezes em que os competidores moviam suas

---

[48]   Entrevista por telefone.
[49]   Entrevista por telefone.

DIVERSÃO, BRINCADEIRAS E JOGOS

forças, era necessário pedir tempo enquanto os árbitros verificavam todas as consequências dos danos causados nas unidades individuais em um grande livro cheio de tabelas. Agora é o computador que faz isso, em um período de tempo percebido pelos jogadores como instantâneo, o que permite a criação dos chamados jogos de estratégias de guerra em tempo real, como o *Command and Conquer*.

Por que cada vez mais pessoas preferem os jogos de computador? Quer dizer, por que tantas pessoas preferem os jogos *digitais*? As razões são diversas:

- Os jogos digitais tomam conta da parte chata.
- Os jogos digitais costumam ser mais rápidos e apresentar mais reações.
- Os jogos digitais conseguem fazer coisas divertidas que os jogos comuns não conseguem, como simular as propriedades físicas de atirar no espaço, combinar todos os fatores de pilotar um avião ou até considerar os milhares de possibilidades em quebra-cabeças ou concursos estratégicos.
- Os jogos digitais conseguem suportar mais, melhores e mais variadas representações gráficas.
- Os jogos digitais podem ser jogados contra pessoas reais ou, se não houver nenhuma disponível, contra a inteligência artificial (isto é, o computador). Isso significa que os jogos com mais de um jogador podem ser jogados a qualquer momento.
- O mundo inteiro (isto é, qualquer um que estiver *on-line*) está disponível como possível jogador.
- Os jogos digitais podem gerar e permitir um número enorme de opções e cenários.
- Os jogos digitais podem lidar com um número infinito de conteúdos.
- Os jogos digitais podem ser jogados em níveis diferentes de desafio.
- Os jogos digitais podem ser atualizados instantaneamente.
- Os jogos digitais podem ser personalizados para atender à vontade de cada jogador.
- Os jogos digitais podem ser modificados e receber novos elementos, fazendo do jogador um membro da equipe de criação.

A lista continua. Pelos motivos que vimos, a maior parte dos jogos tradicionais passou rapidamente para os computadores e para a internet, sendo amplamente aceitos por jogadores de todas as idades. Milhões de pessoas jogam xadrez com o computador, *bridge* para computador, *Jeopardy!* para computador e *Wheel of Fortune* para computador, isso só para mencionar alguns. A solução clássica para aumentar o tráfego em um site da internet é acrescentar jogos a ele.

TAXONOMIA DOS JOGOS – CATEGORIAS

Existe uma taxionomia dos jogos? Será que todos os jogos podem ser abertos e classificados em um número limitado de categorias específicas?

Tendo escrito em período anterior ao computador, 1958, Roger Caillois, em *Man, Play, and Games*, divide os jogos em quatro classes: competição, sorte, simulação e movimento. Em seguida, subdivide-os de acordo com o grau de agitação e tranquilidade.[50] No livro que escreveu em 1982, *The Art of Computer Game Design*, o designer de jogos Chris Crawford identifica cinco grandes tipos de jogo: de tabuleiro, de cartas, atléticos, para crianças e de computador.[51]

Atualmente, reconhece-se que os jogos de computador podem ser classificados em oito "gêneros" que geralmente se sobrepõem. Em ordem alfabética, são eles: ação, aventura, esportes, estratégia, luta, quebra-cabeças, *role-play* e simulação.

- Os *jogos de ação* começaram com os clássicos do tipo *twitch* para fliperamas e videogames: *Super Mario, Sonic the Hedghog*, entre outros. Essa categoria inclui os velhos jogos no estilo *side scroller* – em que os personagens são vistos de lado, movendo-se da esquerda para a direita –, labirintos (*PacMan*), jogos de plataforma (*Gekko*, por exemplo), aqueles em que se tem de atirar em coisas caindo (*Missile Command*), corridas de carro e perseguições. Obviamente, essa é a categoria dos

---

[50] Caillois, *Man, Play, and Games*, cit., pp. 11-36.
[51] Chris Crawford, *The Art of Computer Game Design* (Berkeley: McGraw-Hill/Osborne Media, 1984). Disponível em www.erasmatazz.com. Acesso em 2000.

jogos em que se atira em todo mundo, como *Doom*, *Quake*, *Duke Nukem*, *Half-Life* e *Unreal Tournament*.

- Os *jogos de aventura* são aqueles nos quais se explora o mundo desconhecido, pegam-se objetos e solucionam-se problemas. Podem ser encontrados entre os primeiros jogos de computador; jogava-se *Adventure* em *mainframes*. *Zork* é um clássico do gênero. Alguns dos jogos atuais que se incluem nessa categoria são *Myst* e *Riven* para PC e *Zelda, the Ocarina of Time* para Nintendo.
- Os *jogos de esporte* representam a única categoria em que o conteúdo, e não o jogo em si, é um fator determinante. A maior parte é formada por jogos de ação em que é possível controlar um ou mais jogadores ao mesmo tempo. Os jogos de esporte estão se tornando tão fotorrealistas que, nos últimos videogames, é quase possível jurar que se está assistindo a jogadores reais na televisão. Há ainda os jogos de esporte com menos ação e mais voltados para a estatística, como o beisebol fantasioso, bem como os de ação, especialmente nos fliperamas, em que se pode controlar o jogo via equipamentos esportivos realistas, como esquis, pranchas de surfe ou até mesmo – somente no Japão – um remo de caiaque que roda.
- Nos *jogos de estratégia*, o que costuma acontecer é o jogador ficar responsável por algo grande – um exército ou uma civilização inteira – fazendo-o evoluir da forma que lhe aprouver, seja sozinho ou, mais comumente, contra oponentes. O exemplo clássico é o *Civilization*; um exemplo moderno é o *Roller Coaster Tycoon*.
- Os *jogos de luta* representam muito do que se vê no lobby dos cinemas. Dois personagens, selecionados a partir de um conjunto de centenas, travam uma batalha entre si até que um deles seja destruído. Tudo o que esses jogos fazem é combinar dois "movimentos" ao mesmo tempo, a fim de ver qual ganha. Contudo, a velocidade é intensa e os movimentos são atléticos, belos e fantásticos. Sensores especiais captam o movimento de dançarinos e lutadores de artes marciais de verdade e o objetivo parece ser a combinação da fantasia irreal dos personagens com o realismo dos gráficos do computador.

O exemplo clássico é o *Mortal Kombat*; o *Virtua Fighter MMCIII* é um exemplo moderno.

- Os *quebra-cabeças* fazem jus ao nome. Tirando-se o enredo, que é puro pretexto, são simplesmente problemas que precisam ser resolvidos. O exemplo clássico é o *Tetris*; o *Devil Dice* é um exemplo moderno.

- Os *role-playing games* (RPG) geralmente têm o formato do *Dungeons and Dragons*, mas trazidos para a tela do computador. A maioria apresenta imagens medievais e envolve tarefas de busca (*quests*), geralmente para salvar alguém ou alguma coisa. O jogador faz o papel de um personagem, que tem um "tipo" (humano, orc, elfo, mago, etc.) e um conjunto de características individuais que lhe são conferidas. Adquirem-se equipamentos e experiência por meio das ações e das lutas. Contam muito também os feitiços. O exemplo clássico é a série *Ultima*; um exemplo moderno é o *EverQuest*. Os RPG costumam ser jogados *on-line* com outros jogadores.

- Os *jogos de simulação* são aqueles em que se pilotam máquinas (aéreas, terrestres ou aquáticas, geralmente militares), constroem-se mundos, como *Sim City* e *The Sims*, ou, como se vê cada vez mais por aí, administram-se empresas (*Start-up*).

Desenvolvimento de jogos de computador

> Os desenvolvedores de jogos têm uma visão melhor sobre a natureza da aprendizagem do que os desenvolvedores de currículos.
>
> Seymour Papert, do MIT

Os desenvolvedores de jogos para computadores são um grupo de pessoas extremamente interessantes. Se você fosse à Conferência da Associação de Desenvolvedores de Jogos de Computador (Computer Game Developers Conference – CGDC), realizada em San Jose, Califórnia, toda primavera, você se veria cercado por milhares do que podem parecer "protótipos de nerds" – garotos, sobretudo, com rabos de cavalo e camisetas. Se você de fato não soubesse nada sobre eles, poderia supor que eram um grupo de pes-

soas com muita energia que abandonou a escola, mas você estaria redondamente enganado. Este grupo pode na verdade ganhar de toda a Ivy League
(grupo de oito universidades particulares dos Estados Unidos) em termos
de capacidade intelectual. O grupo certamente inclui algumas das pessoas
mais talentosas – se desconhecidas – e criativas de nossa geração.

Em seu discurso na CGDC de 2000, Danny Hillis, o renomado criador
da Thinking Machines, e na época um sócio da Disney, disse:

> Eu realmente acho que esse é um grupo verdadeiramente importante
> de pessoas. Tenho bastante contato com políticos, cientistas e pessoas do
> meio do entretenimento e todos eles presumem ser o centro do universo
> e estar tomando as decisões que controlarão a maneira como as coisas
> vão se desenrolar. Eu creio que eles estão superestimando quanto de fato
> influenciam o que acontecerá e geralmente dou o exemplo das pessoas
> que penso estarem realmente influenciando o mundo – os desenvolve-
> dores de jogos.[52]

Os desenvolvedores de jogos são pessoas geralmente desconhecidas,
mesmo em seu setor, fazendo sua mágica nas sombras. Em um setor cujos
rendimentos competem com os dos filmes, seus nomes raramente figuram
nas embalagens, ao contrário de autores em livros e de diretores de filmes.
Há, porém, alguns poucos desenvolvedores que são grandes astros, cuja reputação é amplamente conhecida pelos jogadores: Shigeru Miyamoto, da
Nintendo, criador do *Mario 64* e de *The Legend of Zelda: the Ocarina of Time*;
Sid Meier, criador de *Civilization*, *Railroad Tycoon* e *Alpha Centauri*; Robyn
e Rand Miller, criadores de *Myst* e *Riven*; Peter Molyneux, criador de *Black
and White*; Richard Garriott, criador da série *Ultima*; e Will Wright, criador
de *Sim City* e *The Sims*. Perdoem-me se esqueci alguém que deveria ter sido
mencionado, mas, em sua maior parte, esta força transformadora do mundo
atua anonimamente.

Como os desenvolvedores de jogos descrevem o que estão tentando fazer? Em dezembro de 1999, às vésperas do novo milênio, alguns deles foram

---

[52] Computer Game Developers Conference, San Jose, março de 2000.

entrevistados por Geoff Keighley, da *Game Spot*, afiliada *on-line* da revista *Game Developer*.[53] Eis o que alguns disseram:

> Brett Sperry, da Westwood (Half-Life), disse: "Estou fascinado com o conceito de diversão, ponderando constantemente o que torna um jogo agradável e outro um trabalho penoso. Estou sempre refletindo sobre como criar mais momentos repletos de adrenalina fora do âmbito das convulsões. Como é possível criar um envolvimento extremamente emocional com um jogo? O que faz um jogador ter uma experiência máxima? E como posso fazer isso sem exigir que o jogador tenha a destreza e coordenação de uma pessoa de 15 anos de idade?... Será que meu jogo deveria ter uma história fixa, com pontos do enredo roteirizados, sacrificando a reprodutibilidade? Por outro lado, o jogo deveria ter muitos elementos aleatórios e elementos da história menos imprescindíveis?".

> George Broussand, da Apogee, pensa em fazer "jogos divertidos... que fazem você querer terminá-lo... que fazem você rir, gritar e pular da sua cadeira quando você joga... que fazem você ligar para seu amigo e dizer que ele *tem* de ver esse jogo novo".

> Lou Castle, da Westwood, pensa em criar personagens e fenômenos que tenham um impacto sobre nossa cultura mundial semelhante ao de Lara Croft, Mario e Pokemon.

> Justin Chin, da Infinite Machine, pensa em acrescentar ironia, um prenúncio sutil, restrições e uma boa escrita – "algo que acho que nós da indústria de jogos devemos levar a sério se quisermos ter histórias convincentes em nossos jogos".

> Bruce Shelley, da Ensemble Studios (*Age of Empires*), pensa sobre "a resolução de problemas… Decisões interessantes em um ambiente competi-

---

[53]   Geoff Keighley, *Millenium Gaming*, cit.

DIVERSÃO, BRINCADEIRAS E JOGOS

tivo, que levam a uma conclusão satisfatória, assim como sobre tornar os combates virtuais tão interessantes e divertidos quanto o xadrez".

Que tal *esse* conjunto de desafios para você refletir durante o dia?

OS PRINCÍPIOS DO DESENVOLVIMENTO DE BONS JOGOS DE COMPUTADOR

> Os desenvolvedores de treinamentos baseados em computador poderiam aprender muito com as pessoas que fazem jogos de computador.
>
> Bob Filipczak, da revista *Training*

O desenvolvimento de jogos é uma arte ou uma ciência? A resposta é importante para nós quando nos sentamos para criar a aprendizagem baseada em jogos digitais. Em 1997, a revista *Next Generation* propôs-se, em um relatório especial, a responder à pergunta "O que faz um jogo ser bom?"[54] Ela não estava tentando, como fizemos anteriormente, distinguir estruturalmente entre os jogos e quaisquer outros fenômenos, mas sim ver se era possível determinar o que separa "o joio do trigo" nessa "arte dos tempos modernos". A *Next Generation* listou seis elementos "encontrados em todos os jogos de sucesso ao longo da história":

- Um bom *design* de jogos é *balanceado*. O equilíbrio faz que o jogador sinta que o jogo é desafiador, mas justo; nem difícil demais nem fácil demais em qualquer ponto.
- Um bom *design* de jogos é *criativo*. Criativo aqui é o oposto de baseado em uma fórmula. Bons jogos não são meros clones de outros jogos, mas acrescentam algo de original.
- Um bom *design* de jogos é *focado*. O foco é descobrir o que é divertido no *seu* jogo e proporcionar ao jogador o máximo de diversão possível, sem distrações.

---

[54] *Next Generation*, julho de 1997, pp. 41-49.

- Um bom *design* de jogos tem *personalidade*. Ela confere profundidade e riqueza aos jogos. Tanto a personalidade quanto os personagens em um jogo, se desenvolvidos por completo, são memoráveis.
- Um bom *design* de jogos tem *tensão*. Cada bom jogo faz isso de sua maneira. O jeito clássico é fazer o jogador se importar com o objetivo do jogo e então torná-lo difícil de ser alcançado.
- Um bom *design* de jogos tem *energia*, que é proveniente de elementos como movimento, dinâmica e ritmo. A energia do jogo é o que o mantém jogando a noite toda ou o revigora depois de um dia difícil.

OUTROS ELEMENTOS IMPORTANTES DA CONFIGURAÇÃO DE JOGOS DIGITAIS

Embora os seis elementos anteriormente citados sejam importantes para um bom jogo, eles são, segundo Noah Falstein, mais os *resultados* vivenciados por um crítico ou jogador do que os processos usados para criar os jogos. Alguns – embora não sejam de forma alguma todos –, dos princípios e elementos mais pautados pelo processo que os desenvolvedores usam para criar bons jogos incluem os elementos a seguir (sou grato por muitos desses princípios e elementos a Falstein, um mestre no desenvolvimento de jogos):

1. UMA CLARA VISÃO GERAL. Assim como em qualquer outra empreitada artística, uma clara visão é crucial para fazer um bom jogo. É geralmente uma boa ideia manter um indivíduo (desenvolvedor, líder de projeto ou produtor) como o "guardião" da visão, mas toda a equipe deve *compartilhar* essa visão. Isso requer uma comunicação boa e frequente.

2. UM FOCO CONSTANTE NA EXPERIÊNCIA DO JOGADOR. Visto que a maioria dos criadores de jogos de computador também é de jogadores, eles geralmente fazem jogos que gostariam de jogar. Isso é bom, mas eles também devem ter como foco deixar o jogo acessível a todo seu público, incluindo os novos jogadores, que podem achar desafiador o que se tornou trivial para os desenvolvedores, não deixando o jogo difícil demais logo no início.

DIVERSÃO, BRINCADEIRAS E JOGOS

3. UMA ESTRUTURA FORTE. Estruturas clássicas de jogos assumem muitas formas, desde ter o que Crawford chama de uma "árvore muito cerrada", com tantas ramificações quanto for possível, até o que Falstein chama de "convexidade", o que significa começar com uma pequena quantidade de escolhas, ramificando-as até que se tornem muitas, para em seguida afunilá-las para que voltem a ser poucas. Algumas estruturas de jogos são fractais, com "convexidades das convexidades", mas a estrutura deve ser cuidadosamente pensada desde o início.

4. ALTAMENTE ADAPTÁVEL. O jogo deve ser divertido para uma grande variedade de jogadores. Uma maneira de obter isso é por meio de uma série de níveis de crescente dificuldade, de modo que os especialistas possam encontrar seus desafios mais adiante no jogo, enquanto os novatos são desafiados desde o princípio. Outra forma consiste em ter "níveis de dificuldade" ou "códigos de trapaça" controlados pelo usuário, os quais oferecem diversos graus de invulnerabilidade ou recursos.

5. FÁCIL DE APRENDER, DIFÍCIL DE DOMINAR. Os melhores jogos são geralmente os que podem ser aprendidos em apenas alguns minutos, mas que propiciam horas ou até mesmo anos de desafios. O jogo favorito de Will Wright, *Go*, "só tem duas regras", ele contou, "sendo que uma delas raramente é usada. Entretanto, dessas duas regras simples deriva-se essa estratégia incrivelmente rica e complexa – é muito mais rico que o xadrez, e as regras são muito mais simples". Pense no *Cubo mágico*.

6. MANTENHA-SE NO ESTADO DE FLUXO. Um jogo de sucesso precisa andar constantemente na corda bamba entre o não tão difícil e o não tão fácil, para diversos jogadores. Uma estratégia usada para obter isso é o "retorno negativo" – ou seja, quando você fica para trás, o jogo fica mais fácil; à medida que você avança, ele fica mais difícil. No *Civilization*, de Sid Meier, por exemplo, se um jogador se sai bem e faz uma civilização crescer rapidamente, o custo para mantê-la aumenta e, por conseguinte, será necessário mais dinheiro para manter os cidadãos felizes.

COMO OS JOGOS ENSINAM E POR QUE ELES FUNCIONAM

7. OFERECE FREQUENTES RECOMPENSAS, E NÃO PENALIDADES. As recompensas são um incentivo para seguir em frente. Terminar um nível é uma recompensa, mas há geralmente muitas pequenas recompensas ao longo do caminho, como coisas a serem encontradas e coletadas. Embora antes pontos fossem normalmente tirados por falhas ou movimentos ruins, as pessoas no geral não gostam disso. Uma maneira melhor é ter recompensas que diminuem com o tempo, ou fazer que os jogadores que "falharam" recomecem de um ponto recente, em vez de perderem pontos ou morrerem.

8. INCLUI EXPLORAÇÃO E DESCOBERTA. Embora essas características não sejam típicas dos jogos de enigmas ou esportes, os jogadores gostam de explorar seu território e revelar aos poucos diversas partes da paisagem.

9. OFERECE UMA ASSISTÊNCIA MÚTUA. Uma coisa ajuda a resolver a outra. Dicas sobre um enigma ou tarefa podem estar embutidas em outro enigma ou tarefa, oferecendo uma assistência mútua. Em jogos sofisticados, isso pode desaparecer quando não for mais necessário, dando ao jogador a ilusão de que menos ajuda estava disponível do que na verdade estava.

10. TEM UMA INTERFACE BASTANTE ÚTIL. O que é importante para um jogo de sucesso *não* é uma interface simples, mas uma que seja altamente útil. Ela tem de ter uma curva de aprendizagem embutida, de forma que jogadores principiantes saibam em que focar e não fiquem confusos, ao mesmo tempo que os mais avançados têm diversas opções de poder e maneiras interessantes de controlar o jogo.

11. INCLUI A CAPACIDADE DE SALVAR O PROGRESSO. A maioria dos jogos tem um botão de "salvar o jogo" que armazena todas as informações pertinentes sobre o exato estado do jogo no momento em que foi salvo. O jogador pode, a qualquer momento, escolher "abrir jogo salvo" para continuar a partir daquele ponto. Isso é basicamente uma condição *sine qua non*, embora, disse Falstein, alguns jogos estejam começando a se afastar dessa estrutura.

CONCURSO 4

Para você, quais são os outros elementos da configuração de bons jogos? Mande suas respostas para contest4@twitchspeed.com.

Um conjunto particularmente interessante e específico de princípios de configuração de jogos foi elaborado por Harry Gottlieb, presidente da Jellyvision, empresa que criou os jogos de perguntas fabulosamente bem-sucedidos *You Don't Know Jack* e *Who Wants To Be a Millionaire?* Chamados de "princípios de Jack", eles refletem a abordagem singular de Gottlieb para fazer jogos de computador parecerem mais um programa de televisão no qual você estaria presente. Eles incluem técnicas para manter o ritmo, além de criar e sustentar a ilusão de consciência. Mais informações sobre os princípios de Jack podem ser obtidas diretamente com a Jellyvision.[55]

"Atração visual" *versus* "o ato de jogar"

Os designers de jogos geralmente distinguem entre a maneira como um jogo realmente é jogado e sua aparência. No início dos videogames e jogos de computador, quando a tecnologia ainda era muito nova, não havia muito que pudesse ser feito com os gráficos. Assim, os desenvolvedores concentraram-se em tornar o jogo tão empolgante quanto possível. Mesmo se a nave espacial, por exemplo, fosse apenas um pouco mais elaborada que um sinal gráfico (>) ou que o personagem fosse apenas um disco com uma boca, você gostava do jogo porque ele lhe propiciava vários desafios e diversão.

Como as características de exibição em computadores melhoraram, os desenvolvedores começaram a acrescentar cada vez mais "atração visual" para os jogos – as paisagens que saltam aos olhos de *Myst* e *Riven*; os personagens ultrarrealistas dos jogos de esportes; os carros e pistas ultradetalhados de jogos de corrida e, em muitos casos, vídeos semelhantes aos de filmes. Embora isso obviamente atraia as pessoas, há também normalmente as consequências lamentáveis de aumentar dramaticamente os custos e de

---

[55] Disponível em www.jellyvision.com. Acesso em 2000.

distrair os desenvolvedores de jogos bons de serem jogados, o que tem sido frustrante para muitos jogadores antigos.

"Acho que, no final, o que importa é a configuração da interação, independentemente de ser um jogo para um ou múltiplos jogadores", disse J. C. Herz. "É sempre possível deixar um jogo mais bonito – é só acrescentar mais dinheiro. Mas os jogos que acabam tendo um verdadeiro impacto sempre têm estruturas de regra incrivelmente bem elaboradas e o ato de jogar possui interações bem pensadas. Inicialmente, quando alguém surge com uma inovação revolucionária em termos de gráficos, ela fará um jogo vender, porque adoramos atração visual, mas esse grande entusiasmo dura só um determinado tempo."[56]

Muitos designers de jogos acham que estamos nos aproximando rapidamente de retornos cada vez menores no aprimoramento de gráficos. Depois de eles serem fotorrealistas, para onde iremos? Muitos estão empolgados, porque creem que isso significa um foco renovado no ato de jogar. E, apesar dos padrões mais elevados em termos de atração visual, ainda é possível fazer um jogo realmente divertido sem gráficos excelentes, como mostra o *Objection!*, jogo do campo do direito da Ashley Lipson. O maior exemplo da primazia do ato de jogar sobre os gráficos é, sem dúvida, o *Tetris*.

Um bom *design* de jogos – e muito trabalho duro para materializá-lo – é a experiência do jogador. A ligação dos jogadores a essas experiências e a seus jogos é extremamente passional. A aprendizagem baseada em jogos digitais deveria evocar, da mesma maneira, paixões fortes como essas.

PREFERÊNCIAS EM JOGOS DIGITAIS: CULTURA E INDIVÍDUOS

Algumas pessoas, como J. C. Herz, que escreveram críticas sobre jogos de computador por anos para o *New York Times*, não têm preferências quanto a jogos. Outras são bastante específicas. Pense por um momento nos jogos (de computador ou não) de que *você* gosta. Por que esses jogos, e não outros, o atraem?

---

[56] Entrevista por telefone.

DIVERSÃO, BRINCADEIRAS E JOGOS

Os jogos, no final das contas, são elementos extremamente relacionados à cultura e idade. Eles refletem a cultura geral na qual crescemos, o
local específico em que fomos criados, nossa cultura e etnia particulares e até mesmo nossa religião. Visto que muitos jogos são aprendidos
e jogados em nossa juventude, aqueles dos quais geralmente gostamos
refletem o que estava acontecendo em nosso ambiente quando tínhamos uma idade em que éramos facilmente impressionáveis, geralmente
na adolescência (os que são da geração do *baby boom* e do *Jeopardy!*, por
exemplo), e o que de fato vivenciamos (os esportes de nossa cultura e
escolhas particulares, por exemplo). Assim, saber tanto quanto possível
sobre seu público-alvo é crucial para uma configuração bem-sucedida
de jogos.

Jogos digitais e a idade

Ao contrário das crianças, que veem o fato de aprender um novo jogo
como um desafio ou como algo natural, os adultos algumas vezes evitam,
por vergonha, aprender novos jogos, porque jogar bem demanda esforço
e prática. Muitos de nós temos vergonha por não sermos bons em algo.
Atualmente, muitos adultos, a partir de certa idade, relutam em tentar os
jogos *twitch* de seus filhos, principalmente se tiver alguém vendo. Mesmo
assim, como descobri com *Straight Shooter!*, com um pouco de privacidade
para praticarem, os adultos geralmente aprendem até mesmo esses tipos de
jogos.

Suspeito que é na nossa adolescência que nos tornamos viciados em
muitos jogos. Há atualmente uma crescente nostalgia entre os jovens profissionais e outros pelos jogos de sua juventude. Antigos jogos portáteis da
década de 1970, como *Frogger* e *Ms. PacMan*, estão sendo vendidos a preços
exorbitantes.

Tente fazer isso. Pegue o ano de seu nascimento, vá até a tabela a seguir
e encontre, na primeira coluna, o ano mais próximo a ele. Veja se você não
gosta dos jogos listados naquele ano e dos que estão mais próximos a ele.

Seu ano de nascimento	Jogo	Ano de lançamento do jogo
Antes de 1949	*Monopoly*	1935
1949	*Jeopardy!*	1964
1959	*Pong*	1974
1963	*Space Invaders*	1978
1964	*Asteroids*	1979
1966	*Battlezone/Defender*	1981
1967	*Frogger/Trivial Pursuit*	1982
1971	*Super Mario Brothers*	1986
1973	*Sim City*	1988
1974	*Tetris*	1989
1976	*Sonic the Hedgehog*	1991
1977	*Mortal Kombat*	1992
1979	*Doom*	1994
1981	*Quake*	1996
1984	*Roller Coaster Tycoon/The Sims*	1999

A idade, no entanto, não é uma barreira para se aprender e jogar no computador. Normalmente, quando uma pessoa finalmente percebe que se trata de determinado jogo, há um grande "a-ha!".

"Vi meu pai, de 60 anos de idade, ter seu momento de 'a-ha' alguns anos atrás jogando *Wing Commander*", contou Gabe Newell, da Valve Software.[57] "Ele agora passa muito mais tempo nos jogos de computador do que assistindo à televisão. Ele e meu meio-irmão passam mais tempo jogando juntos, falando ou discutindo sobre jogos, do que de fato jogando, assistindo ou discutindo esportes."

Jogos digitais e violência

> Há tanta comédia na televisão. Será que isso causa comédia nas ruas?
>
> *Dick Cavett*

Embora haja, obviamente, muitos jogos violentos, os jogos *em si* não são violentos. É claro que aqueles que o são recebem a maior parte da atenção

---

[57] *Apud* Geoff Keighley, *Millenium Gaming*, cit.

da imprensa, principalmente depois de incidentes como o de Columbine,* no Colorado (EUA). Porém, muitos dos jogos digitais não são nem um pouco violentos, o que inclui grande parte dos mais vendidos: *Sim City*, *The Sims*, *Roller Coaster Tycoon*, *Tetris*, *Myst* e *Riven*. Jogos de ação/luta são apenas um gênero (ou dois, dependendo de sua maneira de contar) de videogames e jogos para computador. Jogos de aventura, enigmas, RPG, simulações, esportes e estratégia são todos essencialmente não violentos (apesar de alguns deles de fato simularem guerras ou terem "combates" – mas isso também ocorre no xadrez).

Obviamente, jogos violentos não são a melhor escolha, nem estou aqui os defendendo para a aprendizagem baseada em jogos digitais. Todavia, é importante notar que o que está no centro até mesmo desses jogos não é a violência, mas sim a ação e o ato de jogar.

Normalmente é possível pegar um gênero de ação, extrair a violência e ainda deixar o jogo empolgante, como veremos no caso de *Straight Shooter!* (ver o capítulo 9).

Jogos digitais e gêneros

Com exceção da violência, poucos temas relacionados a jogos inspiram tanta exaltação quanto os gêneros ligados a jogos de computador. A questão é se tais jogos são apenas "brinquedos de meninos" ou se as meninas jogarão em igual proporção, seja porque há jogos que atraem ambos os sexos ou porque há jogos que as atraem diretamente. O gênero é uma questão que está muito presente na mente dos desenvolvedores de jogos. Essa é certamente uma questão que precisamos ter em mente enquanto criamos a aprendizagem baseada em jogos digitais. Houve e ainda há (e sem dúvida haverá por algum tempo) muitas discussões e debates acalorados sobre jogos de computador e a questão do gênero. Porém, a verdade está longe de ser clara e é um alvo em movimento.

---

* No massacre de Columbine, ocorrido em abril de 1999, no Condado de Jefferson, dois estudantes atiraram em vários colegas e professores. Houve a morte de doze alunos e de um professor, além de inúmeros feridos. [N. T.]

Um componente da questão é o uso de computadores em geral por meninas, que, embora antes tenham estado claramente atrás dos meninos nesse quesito, parecem ter atingido uma paridade, ao menos nos Estados Unidos. "Não há mais muita diferença entre meninos e meninas, e isso é verdade em todos os grupos de idade", afirmou Nicholas Donatello, presidente da Odyssey, uma empresa de pesquisas.[58] Todavia, os tipos de diferenças entre os sexos que os comerciantes e cientistas sociais observam há tempos, como o fato de os garotos preferirem competições e as garotas preferirem relacionamentos, podem também se manifestar no campo dos computadores. Tanto como resultado como alimentando a fluência de computadores das meninas, houve um grande aumento no número de jogos de computador feitos para meninas de 6 a 12 anos de idade.[59]

Se homens e mulheres usam igualmente o computador e a quantidade de jogos de computador voltada para mulheres cresceu extraordinariamente, precisamos nos perguntar duas coisas: "Será que as mulheres jogam videogames e jogos de computador tanto quanto os homens?" e "Que jogos elas jogam?". Embora ninguém questione que videogames e jogos de computador tenham sido inicialmente uma experiência predominantemente masculina, há diversos indícios de que a postura das mulheres em relação aos jogos está mudando. "Estamos vendo muito mais garotas que não têm vergonha de serem *nerds* hoje do que vimos na década de 1980", afirmou Idit Harel, da MaMaMedia.[60]

Em um torneio de *Killer Instinct* em 1995, em São Francisco, Califórnia, três dos oito vencedores eram meninas, o que foi surpreendente até mesmo para os organizadores, os agentes de Relações Públicas da Nintendo dos Estados Unidos. "Todas as nossas pesquisas apontaram para o fato de que as garotas não gostam desses jogos de luta. Mas elas deviam estar jogando *Killer Instinct* em lojas de diversões eletrônicas, ou não estariam tão proficientes", disse o vice-presidente da Golin Harris, Don Varyu.[61] Ao mesmo tempo,

---

[58] *Apud* Steve Lohr, *New York Times*, 5-3-1998.
[59] *Ibidem.*
[60] Em diversas palestras.
[61] Nancy Malitz, "Invasion of the Girls Surprises Video-Game Makers", em *New York Times*, 21-12-1995.

DIVERSÃO, BRINCADEIRAS E JOGOS

os conselheiros de jogos da Sega e da Nintendo, que recebem milhares de ligações todos os dias de jogadores, relataram que meninas e jovens mulheres respondiam por 35% a 50% dessas ligações; mais que os anteriores 90% *versus* 10% a favor dos meninos.[62]

Embora os jogos da *Barbie*, da Mattel, sejam de longe os mais vendidos para garotas,[63] Kate Crook, de 13 anos, semifinalista no campeonato Blockbuster World Game, disse que o *Barbie Super Model* é "idiota". "Há inúmeras garotas que gostam de jogos de luta e de aventuras de RPG", ela disse.[64]

Muitas mulheres adultas também jogam, embora nem sempre os mesmos jogos que os homens. De acordo com J. C. Herz, o *Tetris* "é mais popular entre mulheres do que qualquer outro jogo e notavelmente viciante entre profissionais do sexo feminino".[65] Por quê? Porque ele aparentemente fornece elementos que as mulheres querem e de que precisam. "O *Tetris* trata de lidar com algo", disse Herz. "Ele trata de impor ordem ao caos. Não é sobre explodir coisas; é sobre arrumar as coisas." Herz é um dos que acham que a diferença entre os gêneros em jogos desapareceu, ao menos nos Estados Unidos.[66]

O seguinte pode ser seguramente dito sobre jogos e gêneros:

- No início, menos garotas que garotos utilizavam jogos de computador – estes eram "brinquedos de menino". Muitas pessoas, incluindo aquelas que faziam tais jogos – as garotas, afinal de contas, representam metade de seu público em potencial –, tentaram fazer algo a respeito disso por algum tempo.

- Poucos duvidam que as coisas estejam mudando e que mais mulheres estejam lidando com jogos de computador – a questão é quanto e a que velocidade elas estão mudando.

- Muitos observadores acham que a proporção de mulheres que lidam com jogos de computador mudou consideravelmente nos últimos

---

[62] *Ibidem.*

[63] De acordo com a PC Data, os títulos da *Barbie* ficaram nas 2ª, 7ª e 14ª posições nas vendas de jogos no varejo em dezembro de 1998. Em dezembro de 1999, um título da *Barbie* ficou na 5ª colocação.

[64] Malitz, "Invasion of the Girls Surprises Video-Game Makers", cit.

[65] Herz, *Joystick Nation*, cit., p. 172.

[66] *Ibidem.*

anos, uma vez que as garotas têm mais acesso a eles e estão mais confortáveis com computadores e consoles de videogame.

- Sempre houve garotas e mulheres que gostam de jogos de computador ou mesmo os amam. Pessoalmente observei mulheres jogando, de maneira bastante envolvida, diversos jogos de videogame, desde *Devil Dice* a *Golden Eye* e *Unreal Tournament*, e amando cada minuto disso. Um dos principais campeões de jogos que viaja pelo país desafiando outros jogadores é uma garota.

- Algumas tentativas bem pesquisadas e embasadas, como o *Purple Moon*, de fazer jogos baseados especificamente nas supostas preferências das meninas, como interações em vez de ações, receberam críticas positivas, mas falharam comercialmente.

- Um jogo empolgante é um jogo empolgante. Embora se afirme que alguns jogos, como o *Tetris*, são jogados preferencialmente por mulheres e que outros, como os de tiros, não as atraem, conheço muitas mulheres com cerca de 20 anos que *amam* esse tipo de jogos. Usamos um formato de jogos de tiro no Bankers Trust (atirando ideias de um celular) e descobrimos que as mulheres competitivas do banco gostaram tanto dele quanto os homens.

Então, é difícil dizer se ainda há uma "diferença entre os gêneros nos jogos". As *preferências* de jogos são algumas vezes diferentes, o que claramente tem implicações na configuração da aprendizagem baseada em jogos digitais. Todavia, pode-se concluir seguramente que uma quantidade grande e em constante crescimento de meninas e mulheres parece estar encontrando tipos satisfatórios de jogos de computador. Também é possível afirmar que encontrar *mais* desses tipos de jogos é uma busca que vem sendo realizada vigorosamente em muitas frentes.

A "LINGUAGEM" DOS JOGOS DIGITAIS

Todo meio de comunicação tem a própria linguagem – conjuntos de significados e atalhos tomados como certos por aqueles acostumados a esse meio, mas que precisam ser aprendidos antes de ele poder ser aproveitado

DIVERSÃO, BRINCADEIRAS E JOGOS

por completo ou até mesmo, em alguns casos, entendido de maneira satisfatória. A linguagem tem gramática: há os que fazem, e há as ações e as coisas que exercem algum tipo de influência. A comunicação escrita acrescenta lógica aos relacionamentos: capítulos e subcapítulos; formas de ênfase (como negrito e itálico); formas de fazer referência a citações e notas de rodapé e assim por diante. O cinema e a televisão têm a própria linguagem de cortes, transições, closes e blecautes para indicar a passagem do tempo e outras coisas. O professor Greenfield, da Ucla, estudou essas linguagens de mídia e mostrou que as crianças (ou outros novos usuários das mídias) devem aprendê-las gradativamente durante um período de tempo.[67] Não há cursos para isso (exceto em escolas de cinema e comunicações). As pessoas aprendem na prática e com inferências, contando com a ajuda de outras ao longo do caminho.

Existe também uma linguagem ou retórica dos jogos de computador, que é compartilhada por todos os jogadores, aprendida por meio de experiências iniciais e que é geralmente opaca para os que não jogam. Isso faz parte da grande diferença de gerações que foi descrita em capítulos anteriores.

A seguir algumas coisas que todos os que jogam jogos digitais sabem, fazem e procuram tacitamente:

- Pode-se e deve-se clicar em todas as coisas (na verdade, isso é mais sutil; o que pode ou não ser clicado é geralmente indicado por elementos bem pequenos do *design*).
- As coisas são "construídas" ao se clicar em um ícone e arrastá-lo para onde você quer.
- As pessoas se movem ao serem selecionadas e clicarmos no local para onde queremos que elas se desloquem.
- Há combinações ocultas de chaves que fazem coisas interessantes.
- Há surpresas escondidas, normalmente conhecidas como "ovos de Páscoa" ("*Easter eggs*"), a serem encontradas.
- Há quase sempre mais de uma maneira de fazer alguma coisa.
- Pode ser necessário tentar algo muitas vezes antes de ele dar certo.

---

[67] Greenfield, *Mind & Media*, cit., p. 102.

- Há normalmente "trapaças" ou maneiras de contornar as coisas. Os códigos, que em sua origem eram maneiras de os programadores e aqueles que testavam os jogos irem adiante, são cobiçados, passados de jogador para jogador e até mesmo relatados em revistas. Alguns "códigos de trapaça" introduzem elementos engraçados e incongruentes. Você pode, por exemplo, criar uma esquadra de Ford Cobras do século XX, com metralhadoras, em seu cenário medieval de *Age of Empires II*, com um efeito previsível.[68]
- Os jogos sempre podem ser salvos e abertos depois.
- Os jogos são "justos". Eles não o matam sem antes lhe dar uma chance e não exigem recursos que você não pode obter (apesar de que sobreviver ou encontrar os recursos pode não ser fácil).

As linguagens de videogames e jogos de computador são importantes porque, para os que estão familiarizados com elas, certas coisas são extremamente óbvias e transparentes, mas para os que estão de fora, elas são quase sempre difíceis de prever. Isso é *muito* importante, como veremos no próximo capítulo, no desenvolvimento da aprendizagem baseada em jogos digitais.

Resumo: o que torna os jogos digitais tão envolventes?

As razões pelas quais os videogames e jogos de computador são tão envolventes para centenas de milhões de pessoas são:

1. Eles proporcionam *satisfação* e *prazer*.
2. Eles proporcionam um *envolvimento intenso e passional*.
3. Eles proporcionam *estrutura*.
4. Eles proporcionam *motivação*.
5. Eles proporcionam *algo a ser feito*.
6. Eles proporcionam *fluxo*.
7. Eles proporcionam *aprendizagem*.

---

[68] O código que Russell Phelan, de 9 anos de idade, me ensinou é "Como se liga isso".

8. Eles proporcionam *gratificações para o ego*.

9. Eles proporcionam *adrenalina*.

10. Eles estimulam nossa *criatividade*.

11. Eles nos dão *grupos sociais*.

12. Eles *emocionam*.

É hora de vermos como podemos usar e aplicar esse nível de envolvimento para criar algo novo e que realmente valha a pena para treinamentos e para a educação: a aprendizagem baseada em jogos digitais.

6.
APRENDIZAGEM BASEADA EM JOGOS DIGITAIS
POR QUE E COMO ELA FUNCIONA

Acredito que aprender venha da paixão, e não da disciplina.

Nicholas Negroponte, do Laboratório de Mídia do MIT

Imagina-se se há qualquer limite para o que pode ser feito na fusão entre os elementos viciantes de jogos de computador e uma instrução eficaz.

Bob Filipczak, da revista Training

Aprender por meio de jogos – sim!!!

Um usuário em potencial

Vimos como e por que o processo de treinamento e de educação formal é, no geral, tão incrivelmente *não* envolvente por conta de seu foco no conteúdo e em "contar". Exploramos por que os jogos digitais são tão envolventes. É hora de falarmos sobre como os dois mundos – os jogos de computador e o conteúdo da aprendizagem – podem ser unidos por meio da criação da aprendizagem baseada em jogos digitais. Precisamos responder a três perguntas-chave:

- *O que* é isso?
- *Por que* ela funciona?
- *Como* ela funciona?

COMO OS JOGOS ENSINAM E POR QUE ELES FUNCIONAM

Posto de maneira mais simples, a aprendizagem baseada em jogos digitais é qualquer união entre um conteúdo educacional e jogos de computador. A premissa por trás dela é a de que *é possível combinar videogames e jogos de computador com uma grande variedade de conteúdos educacionais, atingindo resultados tão bons quanto ou até melhores que aqueles obtidos por meio de métodos tradicionais de aprendizagem no processo.* Vamos então definir a aprendizagem baseada em jogos digitais como *qualquer jogo para o processo de ensino e aprendizagem em um computador ou on-line.*

Qual a aparência e a sensação da aprendizagem baseada em jogos digitais? Em uma situação ideal – e não tenho certeza de que alguém já conseguiu concretizar esse ideal – ela deveria causar uma sensação *exatamente como a de um videogame, o tempo todo.* Mas o conteúdo e o contexto terão sido desenvolvidos com inteligência para colocá-lo em uma situação de aprendizagem sobre alguma área ou tema particular. Por exemplo:

> Você é o agente Moldy, enviado em uma missão ultrassecreta para salvar a estação espacial Copernicus e evitar que o malvado doutor Monkey Wrench exploda metade da galáxia. Suas únicas ferramentas são sua sagacidade e o novo programa CAD (programa de desenho auxiliado por computador), que está em seu computador. Olhando ao redor, você descobre uma arma – mas o gatilho está quebrado. Você só tem alguns minutos para aprender a usar o programa CAD para fazer um novo gatilho, mandar os robôs do mal para o espaço sideral e completar sua missão...[1]

O foco inicial deste livro é a aprendizagem baseada em jogos digitais para negócios e para o governo, incluindo o Exército. Porém, vou tratar também, no capítulo 7, de algumas aplicações interessantes na pré-escola, na educação básica e no ensino superior. Isso é importante porque as experiências das pessoas conforme elas saem dessas instituições influenciarão

---

[1] Esta é a premissa de *The Monkey Wrench Conspiracy*, exposta em uma sequência animada de abertura, com três minutos de duração, criada pela Dub Media (uma empresa comercial de design de jogos).

fortemente as necessidades, preferências e desejos que trarão com elas ao entrarem em nossos negócios.

Uma boa notícia imediata é que o processo de levar a aprendizagem baseada em jogos digitais para os negócios já começou sem nós. Não mais confinados a meras fantasias, os computadores e videogames comerciais estão começando a ter conteúdos que talvez desejemos que os participantes de treinamento ou estudantes saibam. Uma quantidade pequena, porém crescente, de jogos comerciais, como *Start Up*, *Aviation Tycoon* (ou, se você preferir, *Pizza Tycoon*), *Wall Street Trader 2000* e até mesmo *Sim City*, está repleta de conteúdos que podem ser muito úteis para certos tipos de treinamentos de negócios. Jogos como *Age of Empires* têm muitos conteúdos historicamente corretos que podem ser usados nas escolas. Obviamente, a maioria dos jogos comerciais ainda exige uma revisão quase completa para torná-los úteis como veículos de treinamento ou educação. Entretanto, o processo de combinar jogos reais de computador com aprendizagem já começou, *porque a aprendizagem baseada em jogos digitais funciona*.

Por que a aprendizagem baseada em jogos digitais funciona

A aprendizagem baseada em jogos digitais funciona principalmente por três razões:

1. O *envolvimento* acrescentado vem do fato de a aprendizagem ser colocada em um contexto de jogo. Isso pode ser considerável, principalmente para as pessoas que odeiam aprender.
2. O *processo interativo de aprendizagem* empregada. Isso pode, e deveria, assumir muitas formas diferentes dependendo dos objetivos de aprendizagem.
3. *A maneira como os dois são unidos* no pacote total. Há muitos modos de fazê-lo e a melhor solução é altamente contextual.

Uma parte importante do quadro é sem dúvida *de que modo ela é usada*. Na maioria dos casos, a aprendizagem baseada em jogos digitais não é desenvolvida para fazer todo um trabalho de treinamento ou ensino formal sozinho. Conforme indicado nos estudos de caso nos capítulos 9 e 10, muitas instâncias de aprendizagem baseada em jogos digitais fazem parte de iniciativas e abordagens mais amplas, incluindo geralmente instrutores ou professores e outros tipos de aprendizagem. Porém, cada vez mais, a parcela do jogo está assumindo um papel maior, de maior destaque e central no processo de aprendizagem.

Uma exigência final – e isso não é diferente em nenhum tipo de aprendizagem – é que o conteúdo e o aprendiz sejam bem compatibilizados. Se eles não o forem, pouca ou nenhuma aprendizagem ocorrerá com qualquer método que seja.

O doutor Robert Ahlers e Rosemary Garris, do Laboratório de Submarinos da Marinha da Divisão de Sistemas de Treinamento do Centro de Batalhas Aéreas e Marítimas (Naval Air Warfare Center Training Systems Division – NAWCTSD), criaram uma teoria sobre o motivo pelo qual os jogos funcionam, depois de um estudo de três anos de duração sobre videogames e jogos de computador.[2] Eles concluíram que as oportunidades para o sucesso (a partir dos objetivos e regras do jogo e do controle que ele possibilita sobre o destino de alguém) levam a uma sensação de propósito; que o apelo da curiosidade (oriunda de surpresas, complexidades, mistérios e humor) leva à fascinação; que um perigo simulado (resultado de conflitos, sons, gráficos e ritmo) leva ao estímulo; e que o reforço social (tanto real, em conversas ou salas de bate papo sobre jogos *on-line*, quanto simulado, em placares e interações no jogo) leva a uma sensação de competência.

Eles descreveram um ciclo de *iniciar>persistir>ter êxito* que leva os jogadores de jogos para treinamento a continuarem envolvidos à medida que eles começam a jogar, adotam um papel, controlam o jogo, praticam habilidades, resolvem problemas, persistem até o fim e lutam para vencer (o que se traduz como "aprender").

A aprendizagem baseada em jogos digitais também está bastante de acordo com as atuais "teorias de inteligência". Em seu *Thiagi Game Letter*,

---

[2]   Apresentação interna.

Thiagi examinou algumas dessas teorias e descobriu que todas elas apoiam a aprendizagem baseada em jogos e experiências.[3]

Como é possível criar uma aprendizagem que tenha todo o envolvimento dos jogos *e* todo o conteúdo exigido pelos negócios ou pela educação? E como a tornarmos bem-sucedida? Em outras palavras, como desenvolver e fazer uma aprendizagem baseada em jogos digitais que funcione?

Você pode perguntar, por exemplo: "A imagem que você faz parece ótima, mas não é *difícil* criar a aprendizagem baseada em jogos digitais?". Obviamente, assim como não é fácil criar um videogame de sucesso, criar uma complexa aprendizagem baseada em jogos digitais bem-sucedida não é uma tarefa fácil. Há definitivamente muito mais coisas envolvidas do que apresentar alguns *slides* de PowerPoint. Entretanto,

- você pode começar com coisas pequenas e crescer;
- as pessoas que o fizeram realmente aproveitaram o processo e tiveram êxito;
- está ficando cada vez mais fácil;
- o esforço com certeza vale a pena.

Alguns instrutores, educadores e suas equipes criaram com êxito aplicações de aprendizagem baseada em jogos digitais que podem servir como modelos do que fazer e do que não fazer. No restante deste capítulo discutirei algumas abordagens, questões e dificuldades na criação da aprendizagem baseada em jogos digitais. Passarei então, nos capítulos seguintes, a apresentar e discutir diversos exemplos nos ambientes de negócios, escolar e militar, em diferentes níveis de complexidade e custos – e pelo menos um deles, tenho certeza, pode servir como modelo para qualquer projeto que você possa querer desenvolver. Nos capítulos finais do livro discutirei a implantação – como conseguir financiamento para um projeto e iniciá-lo em sua empresa.

À medida que passamos por esse processo juntos, peço-lhes por gentileza que tentem, como o farei, manter a mente aberta para diversas abordagens e não tirar conclusões críticas precipitadas. Estamos bem no início do fenômeno da aprendizagem baseada em jogos digitais. Em nossa busca por

---

[3] *Thiagi Game Letter*, vol. 1, nº 1, março de 1998.

aprimoramento, ganharemos muito mais observando o que de fato funciona do que criticando duramente o que não funciona.

Como combinar os jogos de computador e a aprendizagem?

Como é *possível* dois fenômenos aparentemente tão díspares, como jogos de computador e uma aprendizagem eficaz e rigorosa (porque é isso que queremos, é claro), serem combinados? A resposta, felizmente, é: *de diversas maneiras*. Entretanto, qualquer um que olhe para uma solução-padrão ficará desapontado, porque a resposta também é altamente contextual. A melhor maneira de fazê-lo em qualquer situação depende:

- Do público
- Do assunto
- Do contexto político e de negócios em que você se encontra
- Da tecnologia disponível
- Dos recursos e experiências que podem ser aplicados
- Da maneira como você planeja torná-lo disponível (distribuição)

Sempre achei útil pensar a aprendizagem baseada em jogos digitais sob dois principais aspectos pelos quais ela funciona: *envolvimento* e *aprendizagem*.

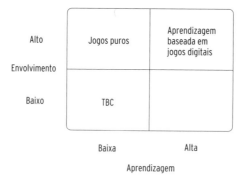

A aprendizagem baseada em jogos digitais só ocorre quando tanto o envolvimento quanto a aprendizagem são altos.

O Treinamento Baseado em Computador (TBC), com todo o seu alarde, é basicamente um caso de baixo envolvimento/baixa aprendizagem (quadrante inferior esquerdo). Os jogos, é claro, assim como alguns casos de edutenimento, têm alto envolvimento/baixa aprendizagem (quadrante superior esquerdo). A aprendizagem baseada em jogos digitais ocupa o quadrante superior direito, com alto envolvimento/alto aprendizagem. Ainda estou para ver algo, *on-line* ou em qualquer outro meio, que tenha realmente uma alta aprendizagem com baixo envolvimento; acho que essa é uma categoria "nula" que simplesmente não existe.

Porém, até mesmo dentro do quadrante da aprendizagem baseada em jogos digitais, pode haver inúmeras variações. Cada dimensão é um *continuum*, e cada projeto tem uma quantidade diferente tanto de aprendizagem quanto de envolvimento. Em uma situação ideal, você quer se mover continuamente em uma linha de 45 graus que balanceie os dois. Embora possa haver razões, em determinado caso, para se pender mais na direção de um que de outro, não tenho certeza de que isso é uma boa ideia (apesar de que sempre pensei que seria bom ter um escorregador, para que o usuário pudesse escolher a própria mescla entre aprendizagem e envolvimento com base em seu humor momentâneo).

Isso se torna importante – e de fato é – porque, à medida que desenvolvemos a aprendizagem baseada em jogos digitais, temos de considerar *ambas* as dimensões o tempo todo. Se não dermos uma ênfase suficiente à

Uma boa aprendizagem baseada em jogos digitais não favorece nem o envolvimento nem a aprendizagem, mas luta para manter ambos em um nível alto.

aprendizagem, correremos o risco de isso ser apenas mais um jogo. Se não dermos ênfase suficiente ao envolvimento, corremos o risco de cairmos na categoria dos CBTs. É muito melhor pensar em manter ambas as dimensões altas do que em ter de escolher entre um ou outro, como alguns sugerem que precisamos fazer.

Assim, nosso processo é o seguinte: precisamos selecionar ou criar um estilo de jogo que seja envolvente e um estilo de aprendizagem que ensine o que é exigido (cada um tendo o outro em mente) e então, de alguma forma, uni-los. Também precisamos levar em conta o contexto político, a tecnologia e os recursos disponíveis.

COMO SELECIONAR UM ESTILO DE JOGO

Algumas pessoas que estudam jogos elaboraram uma lista de "elementos" a serem colocados em um jogo, com o intuito de tornar a aprendizagem bem-sucedida. Tom Malone, autor de "What Makes Computer Games Fun?" ("O que torna os jogos de computador divertidos?"),[4] trabalho memorável e muito citado por outros autores, escrito em 1981, logo após ele ter saído de Stanford e ter trabalhado na Xerox Parc, apresentou uma lista de elementos para desenvolver experiências educacionais agradáveis, que inclui:

- *Desafio*: A atividade tem um objetivo claro? Os objetivos são significativos para os indivíduos? O programa tem um nível de dificuldade variável (determinado ou pelo estudante, automaticamente, dependendo de sua habilidade, ou pelas habilidades do oponente)? A atividade tem múltiplos níveis de objetivos, como contagem de pontos ou respostas rápidas? O programa inclui aleatoriedade? O programa inclui informações ocultas reveladas seletivamente?
- *Fantasia*: O programa inclui uma fantasia emocionalmente atraente? A fantasia está intrinsecamente relacionada à habilidade aprendida na atividade? A fantasia proporciona uma metáfora útil?

---

[4]   Thomas W. Malone, "What Makes Computer Games Fun?", em *Byte*, dezembro de 1981.

- *Curiosidade*: Há efeitos de áudio ou visuais para estimular a curiosidade sensorial, como decoração, aumento da fantasia, recompensas e sistemas de representação? Há elementos para estimular a curiosidade cognitiva, como surpresas e retornos construtivos?

O doutor Robert Ahlers e Rosemary Garris, do Laboratório de Submarinos da Marinha da Divisão de Sistemas de Treinamento do Centro de Batalhas Aéreas e Marítimas, criaram uma lista de "características cruciais para aprendizagem e jogos divertidos", incluindo: situação imaginária; controle por regras; especificação por objetivos; competitivo/cooperativo; dificuldade progressiva; efeitos sonoros; gráficos dinâmicos; controle do usuário; incerteza dos resultados; perigo simulado; retorno quanto ao desempenho; altas taxas de resposta; e complexidade das informações.[5]

Todas essas são informações úteis. Mas o problema com uma abordagem dos elementos é que, embora eles sejam de fato encontrados em bons jogos, apenas ter uma lista de elementos não *garante* que você terá um bom jogo, razão pela qual há tantos jogos para a aprendizagem chatos e ineficientes. Assim, outra abordagem consiste em olhar para os jogos e gêneros de jogos que existem e que funcionam e, além dos elementos, tentar captar o "estilo" com o qual esses jogos unem, com êxito, tais elementos. (Se você *for capaz* de desenvolver um jogo completamente original que tenha todos os elementos e que funcione, então mais poder para você!)

Os tipos de jogos que temos de escolher incluem todas as categorias de jogos de computador mencionadas no capítulo 5. Selecionar um estilo de jogo a partir dessas categorias pode ser feito de diversas maneiras. Pode haver um jogo comercial para crianças ou adultos que imediatamente faça sentido em termos de conteúdo. O *Myst* e jogos infantis se mostraram, em minha experiência, os dois tipos de jogos de computador que adultos que não têm o hábito de jogar mais conhecem. Entretanto, é melhor não parar com o que você conhece, e sim continuar olhando para uma gama mais ampla de opções – falar com vários jogadores e principalmente ir às lojas, comprar e testar alguns. A variedade de experiências com jogos como *The Sims*,

---

[5]   Ver capítulo 6, nota 2.

COMO OS JOGOS ENSINAM E POR QUE ELES FUNCIONAM

Alpha Centauri, *Baldur's Gate* e *Roller Coaster Tycoon*, por exemplo, é muito grande. Como eu disse, também *é* possível, se você tem uma boa ideia, criar um jogo completamente novo a partir do zero e torná-lo um bom jogo. Nas palavras de Ashley Lipson, "para ser um jogo divertido e educativo, ele deve ser primeiro um jogo e, apenas então, um professor".[6]

Não encare essa fase do processo superficialmente; considere muitas opções. O tipo de jogo que você finalmente escolher e sua habilidade para integrá-lo com a aprendizagem determinarão o nível de envolvimento. Para encontrar possíveis estilos de jogos que resultarão nesse envolvimento, precisamos consultar nosso público.

Nosso público: os jogadores

A maior parte do público ficará empolgada quando ouvir falar que você está desenvolvendo um jogo para eles, mas também será cética. Uma parcela bem grande da aprendizagem é chata e feita *para* trabalhadores e tenta deixar claro para as pessoas que o jogo está sendo feito para envolvê-las e que elas têm uma influência real em sua configuração. Contudo, no final, o público determinará rapidamente se o jogo é envolvente e, se ele não for, basicamente vai ignorá-lo ou jogá-lo fora, desperdiçando grande parte do seu esforço, tempo e dinheiro. Começaremos, portanto, pela consideração de nosso tipo particular de público, a partir do qual escolheremos um grupo representativo com o qual trabalhar.

Em algumas situações afortunadas, podemos ter um público que é razoavelmente homogêneo. *The Monkey Wrench Conspiracy*, por exemplo, foi feito para um público relativamente homogêneo de engenheiros mecânicos, dos quais mais de 95% eram jovens (entre 20 e 30 anos), homens e jogadores experientes. O militar *Joint Force Employment* (ver o capítulo 10) foi criado para um grupo relativamente homogêneo (ao menos em seu treinamento) de comandantes de unidades militares de nível intermediário. Alguns jogos foram feitos especificamente para pessoas com MBAs e/ou conhecimentos prévios em estratégia. Outros se voltaram para profissionais altamente com-

---

[6] Ashley S. Lipson, "The Inner Game of Educational Computer Games", cit.

petitivos ou para um tipo específico de trabalhadores de fábricas. Porém, alguns públicos não serão tão fáceis.

Nos negócios, assim como na área educacional, geralmente precisamos enfrentar a realidade de públicos bastante diversos para determinado tipo de treinamento. Quando isso é verdade, entre as variáveis mais importantes para fazer a diferença na escolha de um tipo de aprendizagem baseada em jogos digitais, temos:

- Idade
- Sexo
- Competitividade
- Experiência anterior com jogos

Se o público for diversificado em uma ou mais dessas dimensões, então devem ser utilizadas algumas estratégias para lidar com a criação de jogos para tais grupos.

- Busque um formato que seja um "mínimo denominador comum", ou seja, um formato de jogo que seja atraente para os funcionários mais jovens e para os mais velhos, para homens e mulheres ou para os funcionários competitivos e os não competitivos. Entre os formatos de jogos que podem servir a esse propósito estão os jogos de detetive, de aventura e de enigmas, assim como os de estratégia.
- Crie mais de um jogo; por exemplo, um jogo que seja mais competitivo e outro que seja mais cooperativo. Os centros de jogos comercias da Virtual World começaram oferecendo dois jogos – um jogo de tiros altamente agressivo e um jogo de corrida menos agressivo. A Games2train criou uma versão básica na qual o usuário pode escolher entre oito tipos de jogos para aprender o mesmo conteúdo.
- Oferecer uma alternativa que não seja um jogo para aqueles membros do público que não se envolverem com o jogo que você escolher. Isso é valioso em qualquer caso.

Dessas estratégias, o risco na primeira é que ela pode envolver muitas concessões, resultando em um jogo que não agrada a ninguém. A segunda estratégia pode ser cara demais. Nesses casos, a terceira alternativa – criar o melhor jogo que você pode para a maioria das pessoas, mas permitir que aquele que não gostam do jogo aprendam de outra maneira – pode ser sua melhor solução. Vimos que isso é extremamente importante para o sucesso da aprendizagem baseada em jogos digitais no Bankers Trust.

Uma das coisas mais importantes que você pode fazer no desenvolvimento da aprendizagem baseada em jogos digitais é ter representantes do público envolvidos no processo desde o começo. Isso pode ser feito por meio de grupos-foco, entrevistas informais e/ou pela inclusão de membros do público na equipe de desenvolvimento. *Mais do que qualquer outra coisa*, as contribuições e as preferências dos jogadores determinarão a aceitação e o sucesso definitivo do jogo.

Eis um exemplo. Quando criamos o que eventualmente se tornou o *Straight Shooter!* para os negociadores de derivativos financeiros e vendedores no Bankers Trust, a primeira ideia de nossa equipe foi criar um jogo de corrida de carros. Afinal de contas, pensamos, essas pessoas ganham muito dinheiro, compram e dirigem carros sofisticados (que elas poderiam adquirir, customizar e aprimorar no jogo) e amam competir e vencer seus colegas. Um jogo de corrida de carros seria perfeito. No final das contas, eles odiaram a ideia por duas razões principais. Primeiro, elas não tinham nenhum interesse em escolher, customizar ou aprimorar veículos em um jogo (na vida real, a história era outra). Segundo, eles questionaram se tínhamos o orçamento e a capacidade de fazer um jogo de corrida para computador semelhante aos jogos mais recentes para os consoles de videogame da época, que todos eles possuíam. Se não conseguíssemos, eles nos disseram, o jogo seria artificial. No fim, eles estavam certos; nossa tecnologia de corrida não era a melhor. O que o público *de fato* queria era um jogo de perseguição e tiros no estilo de *Doom* e *Quake*. Isso nós sabíamos que poderíamos fazer em um alto nível, já que mecanismos de software (*engines*) estavam disponíveis no mercado. Nossas perguntas para eles giraram então em torno do fato de se as mulheres do grupo gostariam desse tipo de jogo, que muitos dizem que é voltado para o homem. Trouxemos algumas mulheres do público para discutir e tentar jogos semelhantes. Nesse caso particular, as mulheres do público eram competitivas a ponto de quererem mostrar que *qualquer* coisa que os homens podiam fazer elas podiam fazer melhor. Assim, nossa escolha tornou-se clara.

Escolha do usuário: ideias diferentes para pessoas diferentes

> O jogo de um homem pode ser a tarefa de outro.
> *Luyen Chou*

Como não gostamos todos do mesmo jogo, então oferecer escolhas ao jogador é geralmente uma boa ideia. Como vimos, uma opção é dar a ele uma escolha de mais de um jogo e uma alternativa ou caminho que não seja um jogo que o leve ao mesmo ponto final. Isso aborda o fato de que algumas pessoas podem não gostar do jogo que você tem ou preferir não jogar "jogos". Uma das características determinantes do ato de jogar é que ele é livre – você não *tem* de fazê-lo, você pode "cair fora". Quando você dá aos usuários a opção de não jogar, é útil eles poderem entrar e sair do jogo quando quiserem. O que descobrimos, em pelo menos um caso, é que os jogadores seguem em ambas as direções. Cerca de metade deles optou pelo jogo e então, em determinado ponto, decidiu não jogar, e a outra metade optou por não jogar logo de início, mas depois, quando ficou entediada ou frustrada, começou a jogar. Incluir uma alternativa que não seja um jogo normalmente torna seu jogo mais fácil de ser vendido para a gerência também.

A opção de ter mais de um jogo pode soar difícil, mas, em alguns casos, não o é. Já existem, e não é difícil criá-las, interfaces paralelas que permitem que você crie um conteúdo uma vez e o leve para diferentes formatos de jogos, oferecendo ao jogador, dessa forma, uma escolha de estilos de jogo.

O ASSUNTO: TIPOS DE APRENDIZAGEM INTERATIVA

Em segundo lugar no processo – não porque é menos importante, mas porque na aprendizagem centrada no aprendiz o público vem em primeiro lugar, e os passos também podem ser realizados paralelamente –, precisamos considerar o tipo de aprendizagem que estamos tentando fazer acontecer e os processos interativos para fazê-la. "A aprendizagem não acontece incidentalmente", disse o doutor Ray Perez, do Departamento de Defesa. "Você tem de estar determinado a ensinar aquelas habilidades específicas."[7] No capítulo 3, discutimos como tipos diferentes de aprendizagem requerem metodologias diferentes. Agora é hora de aplicar essa informação. Há muitos tipos diferentes de "conteúdos" a serem aprendidos nos negócios (e, claro, também na área educacional), e o tipo de conteúdo e aprendizagem também afetará escolhas de jogo.

Comecemos por uma observação dos tipos diferentes de conteúdos de aprendizagem para vermos que tipos de atividades estão realmente acontecendo e estipularmos uma taxonomia dos tipos de aprendizagem. Podemos então pegar os diferentes tipos de jogos e alinhá-los com relação a essas exigências.

A seguir temos tipos de coisas a serem aprendidas e algumas das opções para aprendê-las (além, é claro, de simplesmente expô-las):

Tipos de aprendizagem			
"Conteúdo"	Exemplos	Atividades de aprendizagem	Estilos de jogos possíveis
Fatos	Leis, políticas, especificações de produtos	Perguntas Memorizações Associações Treinos	Competições como programas de televisão Jogos que utilizam cartões (flashcards) Jogos mnemônicos, de ação e de esportes
Habilidades	Entrevistas, ensinar a vender, operar uma máquina, gestão de projeto	Imitação Retorno Treinamento Prática contínua Crescentes desafios	Jogos de estado persistente RPG Jogos de aventura Jogos de detetive
Julgamento	Decisões de gestão, tempo correto, ética, contratações	Revisão de casos Fazer perguntas Fazer escolhas (praticar) Retorno Treinamento	RPG Jogos de detetive Interação entre múltiplos jogadores Jogos de aventura Jogos de estratégia

(cont.)

---

[7]   Entrevista por telefone.

Tipos de aprendizagem

"Conteúdo"	Exemplos	Atividades de aprendizagem	Estilos de jogos possíveis
Comportamentos	Supervisionar, exercitar o autocontrole, dar exemplos	Imitação Retorno Treinamento Prática	RPG
Teorias	Lógica de marketing, como as pessoas aprendem	Lógica Experimentação Questionamentos	Jogos de simulação abertos Jogos de criação Jogos de construção Jogos que testam a realidade
Raciocínio	Pensamento estratégico e tácito, análise de qualidade	Problemas Exemplos	Enigmas
Processo	Auditorias, criação de estratégias	Análise e desconstrução de sistemas Prática	Jogos de estratégia Jogos de aventura Jogos de simulação
Procedimentos	Montagem, procedimentos legais de bancários	Imitação Prática	Jogos com tempo contado Jogos de reflexo
Criatividade	Invenção, configuração do produto	Jogos Memorização	Enigmas Jogos de invenção
Linguagem	Acrônimos, línguas estrangeiras, jargões de negócios ou profissionais	Imitação Prática contínua Imersão	RPG Jogos de reflexo Jogos com cartões (*flashcards*)
Sistemas	Cuidado com a saúde, mercados, refinarias	Entender princípios Tarefas graduadas Jogar em microuniversos	Jogos de simulação
Observação	Humores, motivação, ineficiências, problemas	Observação Retorno	Jogos de concentração Jogos de aventura
Comunicação	Linguagem apropriada, tempo correto, envolvimento	Imitação Prática	RPG Jogos de reflexo

Tipos de aprendizagem interativa

Uma das razões pelas quais a aprendizagem baseada em jogos digitais não é impossível de ser criada é que sua parcela de "aprendizagem" empregou – até agora, pelo menos – muitas técnicas que têm sido usadas em

COMO OS JOGOS ENSINAM E POR QUE ELES FUNCIONAM

formas de aprendizagem interativa, mas que não são jogos. De maneira interessante, um dos elementos que tornam a aprendizagem baseada em jogos digitais tão eficaz é que muitas dessas técnicas de aprendizagem, se não todas elas, têm sido usadas em *jogos* digitais desde o início (é geralmente daí que os desenvolvedores da aprendizagem as tiraram!). Além disso, novas técnicas de aprendizagem interativa são geralmente "inventadas" na hora por criadores *tanto* da aprendizagem baseada em jogos digitais *quanto* de jogos por conta da necessidade, à medida que observam como seus públicos reagem ao que existe. Novas técnicas e abordagens de aprendizagem interativa surgirão cada vez mais, à medida que a aprendizagem baseada em jogos digitais for ganhando terreno, tornando-a cada vez mais eficaz.

Entre as técnicas de aprendizagem interativa que já foram usadas na aprendizagem baseada em jogos digitais estão:

- Prática e *feedback*
- Aprender na prática
- Aprender com os erros
- Aprendizagem guiada por metas
- Aprendizagem pela descoberta e "descobertas guiadas"
- Aprendizagem baseada em tarefas
- Aprendizagem guiada por perguntas
- Aprendizagem contextualizada
- *Role-playing*
- Treinamento
- Aprendizagem construtivista
- Aprendizagem "acelerada" (múltiplos sentidos)
- Selecionar a partir dos objetos de aprendizagem
- Instrução inteligente

PRÁTICA E *FEEDBACK*. Uma das primeiras formas de usar o computador para o processo de ensino e aprendizagem foi por meio da prática e do *feedback*. O computador é muito bom para apresentar uma série de problemas e acompanhar, estatisticamente, a maneira como as pessoas respondem a eles. Alguns se referem a isso como treino e prática e outros, como treino e morte. De certa forma, pode-se pensar nisso como cartões (*flashcards*) de computador e programas exatamente com esse nome foram desenvolvidos. Esse tipo de aprendizagem interativa tem sido um dos principais artigos do edutenimento para as crianças (principalmente nas primeiras etapas deste fenômeno), gerando muitas críticas de muitos educadores. Essa certamente não é a maneira mais interessante de aprender o que você pode fazer em um computador.

Entretanto, a meu ver, a prática e o *feedback* têm seu lugar na aprendizagem baseada em jogos digitais porque podem ser, nos contextos certos, uma maneira excelente de aprender coisas que requerem muita prática repetitiva. (Quaisquer pessoas que neguem que tais coisas existem deveriam aprender a tocar um instrumento musical.) Exemplos incluem fatos (como nomes), habilidades físicas (digitar, por exemplo) e habilidades de reflexo (como é o caso de muitos aspectos da linguagem). Até mesmo Luyen Chou – criador de jogos brilhantes de aprendizagem baseada em descobertas, como *Qin*, que diz que, enquanto educador, ignorou computadores por muito tempo porque tudo o que eles propiciavam eram treinos e morte – admite que atividades como a digitação exigem treino e prática; ele desenvolveu um jogo para a aprendizagem baseada em jogos digitais chamado *Slam Dunk Typing* que ensina a digitar.

Um desenvolvimento que tornou a prática e o retorno muito mais aceitáveis foi a criação nos últimos anos de técnicas de programação adaptáveis que alteram o grau de dificuldade das tarefas ou problemas na hora, dependendo de quanto correto (e/ou rápido) você está ao fazer as coisas. Certamente, qualquer pessoa que use esse tipo de aprendizagem interativa deveria considerar fortemente torná-la adaptável.

APRENDER NA PRÁTICA. Muitos dos que rejeitam a exposição como uma metodologia iriam substituí-la pelo aprender na prática. Isso é ótimo para a aprendizagem baseada em jogos digitais, porque ação é algo em que os jogos de computador são particularmente bons – eles nos permitem interagir com eles. (Quando foi a última vez que você jogou um jogo que passou muito tempo te contando algo?) Certamente há diversas formas de "fazer". O treino e prática discutidos anteriormente são uma forma de fazer; explorar, descobrir e resolver problemas são outras formas. O que é crucial é uma participação ativa por parte do aprendiz. Assim, queremos que haja muito a aprender na prática na aprendizagem baseada em jogos digitais.

APRENDER COM OS ERROS. Muitos teóricos da aprendizagem concordam sobre a importância dos erros para a aprendizagem. Entre os defensores mais entusiasmados está Roger Schank, que se refere a isso como "aprender falhando" (ou, talvez mais precisamente, aprender pela falha das "expectativas").[8] Nesse tipo de aprendizagem interativa, um usuário vai ao encontro de seu objetivo até chegar a um ponto de falha, no qual recebe algum retorno. Isso é precisamente o que acontece nos jogos. Qualquer um que já tentou resolver um enigma em um jogo de aventura ou matar o chefão em um jogo de ação ou chegar a algum lugar em uma simulação de voo, e falhou repetidas vezes nessas tentativas, sabe que fazer e falhar – ou tentativa e erro – é uma das principais maneiras de aprender. Os jogos são bons nisso porque dão aos jogadores a motivação para continuarem tentando.

Uma diferença entre aplicativos para a aprendizagem e os jogos é a maneira como o retorno é dado. Na maioria dos primeiros, isso se dá por meio de alguma forma de contar, seja por meio de histórias de guerra baseadas em vídeos, seja por treinamento, seja por retorno por escrito. Você escuta ou lê. Na maior parte dos jogos, o retorno vem pela ação – alguma coisa acontece. Você morre, você perde, sua empresa falha, você volta para o começo (*Doom*), tiram sarro de você (*You Don't Know Jack*). Na aprendizagem desenvolvida por Sharon Sansfield para a recuperação de desastres no Sandia Labs, no Novo México (EUA), "o retorno vem em termos de corpos de mortos e grandes explosões".[9] Ocasionalmente, nos jogos você de fato volta à "escola" e lhe dizem algo (*Life & Death*), mas isso é geralmente apenas algo pequeno que permite que você siga em frente no jogo, em vez de um monte de lições a serem aprendidas.

Desenvolver o retorno para que ele se assemelhe menos com a aprendizagem e mais com os jogos é quase sempre uma grande mudança de para-

---

[8]   Schank, *Virtual Learning*, cit., p. 30.

[9]   *Apud* Filipczak, "Training Gets Doomed", em *Training*, agosto de 1997.

digma e um grande desafio para a aprendizagem baseada em jogos digitais. A melhor maneira de aprender a fazer isso é lidar com inúmeros jogos.

Outro ponto importante sobre erros e falhas em jogos em comparação aos aplicativos para a aprendizagem é que nos jogos os jogadores geralmente querem – ou são até mesmo motivados pelo jogo a – falhar e errar porque as consequências valem a pena. Os desenvolvedores de jogos geralmente fazem as consequências das falhas serem interessantes, o que pode ajudar a potencializar a aprendizagem. Christopher Horseman, presidente da Xebec Interactive Learning, afirmou: "Não há nenhum valor em aprender a não ser que as pessoas estejam dispostas a escolher algumas das respostas erradas, respostas que elas normalmente não escolheriam".[10]

APRENDIZAGEM GUIADA POR METAS. Alguns desenvolvedores da aprendizagem interativa distinguem a aprendizagem que é guiada pelos fatos (aprender sobre algo) daquela que é guiada por metas (aprender a fazer algo). "Não é o que você sabe que importa, mas sim o que você sabe fazer", disse Roger Schank, diretor do Instituto para as Ciências da Aprendizagem (Institute for the Learning Sciences) da Universidade Northwestern.[11] Aqueles que usam a expressão *aprendizagem guiada por metas* ou *aprendizagem baseada em metas* podem tê-la cunhado, mas o conceito está presente nos jogos desde o início. Como dizemos, um objetivo é um elemento-chave dos jogos – é o que transforma uma brincadeira em um jogo. Os objetivos em um jogo, que os usuários geralmente consideram que valem a pena ser atingidos (ao contrário dos objetivos em muitos aplicativos para a aprendizagem), são o que dá ao jogador o incentivo de continuar mesmo após repetidas falhas.

APRENDIZAGEM PELA DESCOBERTA E "DESCOBERTAS GUIADAS". A aprendizagem pela descoberta é baseada na ideia de que algo é mais bem aprendido se você o descobrir por si só, em vez de o contarem para você. Em aplicativos para aprendizagem, a aprendizagem pela descoberta geralmente implica algum tipo de problema a ser resolvido, o que é geralmente feito pela busca em dados ou estruturas por informações ou dicas. Isso é mais um tipo

---

[10]   Filipczak, "Training Gets Doomed", cit.

[11]   Em diversas palestras.

de aprendizagem que tem uma longa história nos jogos – muitos jogos, e certamente todos os de aventura, são sobre a aprendizagem pela descoberta. Você depara com um lugar, uma coisa ou um inimigo e não sabe o que ele faz ou como passar dele, então você tenta até encontrar a solução.

Embora a aprendizagem pela descoberta seja ótima em jogos e muitos teóricos da aprendizagem defendam-na, ela pode ser frustrante para alguns aprendizes, especialmente aqueles que são lineares em sua abordagem e pensamento. Quando Paula Young estava criando o programa *In$ider* na PricewaterhouseCoopers, ela e sua equipe descobriram em grupos focais que *muita* aprendizagem pela descoberta deixava muitos usuários perdidos. Eles então inventaram um processo de aprendizagem interativa ao qual deram o nome de *descoberta estruturada*. O objetivo era manter a necessidade de o jogador descobrir as soluções por ele mesmo, mas dar a ele uma ideia bem clara em determinado momento do que era o problema que ele precisava resolver, em vez de deixá-lo perceber isso por conta própria, como muitos jogos exigem.

É claro que, estruturada ou não, a aprendizagem pela descoberta é melhor para algumas coisas do que para outras.

APRENDIZAGEM BASEADA EM TAREFAS. Muito da aprendizagem tradicional de sistemas e procedimentos ("como fazer algo") começa com explicações e demonstrações conceituais e só então se passa aos problemas ou tarefas a serem feitos. Em softwares de aprendizagem interativa, essa abordagem é algumas vezes estruturada em botões de "diga-me", "mostre-me" e "deixe-me fazê-lo" ou uma variação deles. A aprendizagem baseada em tarefas é uma abordagem diferente, uma variação do aprender fazendo. Essa abordagem consiste em pular (ou truncar bastante) as explicações generalizadas e ir direto para uma série de tarefas ou problemas que se baseiam uns nos outros e cuja dificuldade aumenta gradativamente. Ao completar as tarefas, com orientações e modelos específicos fortes, o usuário aprende aos poucos as habilidades. Um possível problema com essa metodologia é que os usuários podem aprender menos a teoria por trás das habilidades, então é importante pensar em maneiras criativas de disponibilizar isso.

Ao elaborar *The Monkey Wrench Conspiracy*, a solução de aprendizagem baseada em jogos digitais para a *thinkdesign*, da think3, a equipe descobriu que a abordagem baseada em tarefas funcionava muito mais com o público de engenheiros do que abordagens tradicionais de treinamento para softwares.

APRENDIZAGEM GUIADA POR PERGUNTAS. Embora nos aplicativos de aprendizagem interativos as perguntas sejam quase sempre usadas como alguma forma de teste, elas também podem ser uma maneira primordial de aprendizagem. Responder a uma pergunta cuja resposta você não sabe o força a pensar sobre as informações e refletir sobre as respostas em vez de a resposta correta lhe ser dada. A aprendizagem guiada por perguntas é tradicionalmente associada a um tipo particular de jogo – o de perguntas e respostas. O fato de esses jogos serem tão populares e de tomarem com tanta facilidade o tempo e a atenção das pessoas torna-os meios óbvios para a aprendizagem baseada em jogos digitais.

APRENDIZAGEM CONTEXTUALIZADA. A aprendizagem contextualizada é uma abordagem na qual a aprendizagem é colocada em um ambiente semelhante ou idêntico àquele em que o material de aprendizagem será usado no futuro. De acordo com seus defensores, quando os estudantes aprendem em tal ambiente, eles se beneficiam não apenas do material de aprendizagem que é ensinado, mas também da cultura que está naquele ambiente, do vocabulário usado e do comportamento associado ao local. Criar ambientes altamente realistas e imersivos é algo que os jogos fazem particularmente bem.

ROLE-PLAYING. O *role-playing* é normalmente usado como uma estratégia de aprendizagem em treinamentos interativos, especialmente para "habilidades de relacionamento interpessoal", como entrevistas, treinamentos de comunicação, vendas e outras semelhantes. É, obviamente, uma parte tão grande dos jogos que tem o próprio gênero – os jogos de RPG. Uma diferença entre o *role-playing* em treinamentos interativos e em jogos é que, no primeiro caso, ele tende a ser bem mais curto e mais bem estruturado do que nos jogos, que duram geralmente muitas horas, dias ou nem têm prazo para acabar. Estender a duração da interpretação de papéis por meio de jogos possivelmente melhorará a aprendizagem.

TREINAMENTO. O treinamento é um elemento crescente em aplicativos de aprendizagem interativa. Inicialmente, este era um papel deixado quase que inteiramente para o instrutor ou facilitador ao vivo, mas as pessoas estão encontrando maneiras melhores de incorporar instrutores aos programas de aprendizagem. Para um bom exemplo de treinamento na aprendizagem baseada em jogos digitais, veja o *Strategy Co-Pilot*, da Imparta, no capítulo 9. O treinamento faz parte dos jogos há muito tempo, vindo geralmente de diversos personagens no jogo que você encontra enquanto o explora. Os desenvolvedores trabalham duro para que o treinamento pareça uma parte integrante do jogo em vez de uma sessão de aprendizagem, criando geralmente "missões de prática" para treinar os jogadores em habilidades complicadas.

APRENDIZAGEM CONSTRUTIVISTA. Os pesquisadores liderados por Seymour Papert no Grupo de Epistemologia e Aprendizagem do Laboratório de Mídia do MIT (MIT Media Lab's Epistemology and Learning Group), baseando-se no trabalho de Jean Piaget, há muito defendem um tipo de aprendizagem que chamam de *construtivista*, que leva a aprendizagem pela descoberta muito adiante. Os construtivistas creem que uma pessoa aprende melhor quando ela "constrói" ativamente ideias e relações em sua mente com base em experimentos que ela faz, em vez de falarem para ela como as coisas funcionam. Os construtivistas também acreditam que as pessoas aprendem com uma eficácia particular quando estão envolvidas na construção de artefatos físicos individualmente significativos. A teoria construtivista é a base do trabalho pioneiro da Lego-logo, que culminou nos kits *Mindstorms* da Lego e em outros produtos que são uma forma de aprendizagem baseada em jogos digitais. Esse é o tipo de aprendizagem empregada em jogos como *Sim City* e *Roller Coaster Tycoon*.

APRENDIZAGEM "ACELERADA" (MÚLTIPLOS SENTIDOS). Colin Rose lidera um grupo na Inglaterra que se apropriou da expressão *aprendizagem acelerada* e aplicou-a especificamente a um tipo de aprendizagem que envolve experiências multissensoriais. Seu trabalho original foi no campo da aprendizagem de línguas, em que, por exemplo, fizeram que iniciantes aprendessem os números em um novo idioma, por meio da representação em um tipo de "enigma físico" para ajudá-los a lembrar. (Para lembrar as palavras em japonês para os números de 1 a 6 – *ichi, ni, san, shi, go* e *roku* – você pode dizer "*itchy knee, sun she go rock*" [frase em inglês que tem um som parecido com a pronúncia dos números em japonês, mas cujo significado é aleatório, algo como "joelho coçando, sol ela vai dançar rock"] enquanto coça seu joelho, aponta para o céu, aponta para uma garota andando e fazendo *rock and roll*.)[12] A maior parte de seus trabalhos é feita em workshops, mas seria certamente fácil incorporar algumas de suas ideias a um produto de aprendizagem baseada em jogos digitais. A ligação que eles fazem do termo *acelerado* ao seu processo é, na minha opinião, infeliz, porque uma aprendizagem acelerada é também o objetivo de muitas outras abordagens, incluindo a aprendizagem baseada em jogos digitais.

OBJETOS DE APRENDIZAGEM. A ideia de objetos de aprendizagem advém de uma programação pautada por objetos, na qual partes de um programa são feitas como unidades autônomas, com "ligações" de entrada e saída de informações que os uniam em qualquer ordem necessária para a tarefa particular em questão. O conceito é que, se alguém pode desenvolver partes do conteúdo e talvez certas interações que são independentes, então elas podem ser ligadas sob demanda em qualquer ordem por um professor ou aprendiz. Algumas pessoas estão trabalhando duro nessa ideia, incluindo Joe Miller, na Knowledge Planet (parte da Knowledge Universe, da Milken), e o grupo dos militares voltado para a Aprendizagem Avançada Distribuída (Advanced Distributed Learning – ADL). Objetos de aprendizagem são uma abordagem que se encaixa bem com jogos, os quais estão se tornando muito mais pautados pelo objeto. O projeto militar do ADL inclui uma tentativa deliberada de combinar os objetos de aprendizagem e jogos.

INSTRUTORES INTELIGENTES. Um instrutor inteligente olha para as respostas de um aprendiz e tenta decidir por que ele cometeu o erro e lhe dá um retorno específico, baseado em um modelo de computador extraído da observação de especialistas na resolução de problemas. Programas inteligen-

---

[12] Gordon Dryden & Jeannette Vos, *The Learning Revolution: to Change the Way the World Learns* (Los Angeles: The Learning Web, 1999), p. 34.

tes de instrução entendem muitas concepções normalmente equivocadas e tentam corrigir o aprendiz desde o início, além de dar problemas e dicas. Instrutores inteligentes de segunda geração têm o adicional da capacidade de sair e encontrar as informações necessárias e de filtrá-las e apresentá-las da maneira mais útil para o aprendiz. Muitos jogos já tentam entender o raciocínio dos jogadores a partir de suas respostas e fornecem opções e estratégias de jogo adequadas. "Creio que o que precisamos fazer", disse o doutor Ray Perez, "é unir a inteligência de um tutor inteligente a um jogo".

Unindo o jogo e a aprendizagem

> É uma questão de integração.
>
> Michael Allen, da Allen Communications

A "arte" de criar uma aprendizagem baseada em jogos digitais está integrando as partes de jogo e aprendizagem de forma que o resultado pareça um jogo divertido e cumpra a missão de ensinar algo. Vale enfatizar novamente que não há uma receita para uma solução sobre a melhor maneira de fazê-lo. Pelo contrário: esse é o lugar em que é necessário muito pensamento criativo.

Categorias de jogos digitais para a aprendizagem: meios diferentes para fins diferentes

Jogos para a aprendizagem podem ser categorizados de diversas maneiras. Todas essas categorizações devem ser consideradas quando é necessário decidir como integrar o jogo proposto ou estilo de jogo ao seu conteúdo. Elas incluem:

- Jogos intrínsecos *versus* jogos extrínsecos
- Jogos fortemente ligados *versus* jogos vagamente ligados (em inglês, *tightly linked* e *loosely linked*)
- Jogos impressos no circuito *versus* "mecanismos" (*engines*) e "modelos" (*templates*) ou "*shells*"
- Jogos de reflexão *versus* jogos de ação

- Jogos sincrônicos (em tempo real) *versus* jogos assíncronos (por turnos)
- Jogos para um jogador *versus* para dois jogadores *versus* para múltiplos jogadores *versus* para inúmeros jogadores
- Jogos baseados em sessões *versus* jogos "de estado persistente"
- Jogos baseados em vídeos *versus* jogos baseados em animações
- Jogos baseados em narrativas *versus* jogos baseados em reflexos
- Interfaces de jogos

JOGOS INTRÍNSECOS *VERSUS* JOGOS EXTRÍNSECOS. Em 1970, Tom Malone, que havia acabado de sair de Stanford, depois de trabalhar na Xerox Parc, publicou um trabalho memorável intitulado "Towards a Theory of Intrinsic Motivation" ("Rumo a uma Teoria da Motivação Intrínseca").[13] Nele, Malone apresentou o argumento de que há duas principais categorias de jogos para a aprendizagem: intrínsecos e extrínsecos. Em um jogo intrínseco, Malone afirmou que o conteúdo é uma parte integrante da estrutura do jogo. Seu exemplo foi um jogo de matemática, em que as coisas aumentam à medida que você atinge maiores quantidades, e diminuem à medida que você chega a quantidades menores. Um exemplo mais contemporâneo é um jogo de simulação de voo, em que o próprio jogo trata de pilotar um avião, ou o *Sim City*, em que você aprende as regras do desenvolvimento urbano ao tentar administrar uma cidade, podendo ter êxito ou não. A maioria dos jogos do tipo de simulação se enquadra nessa categoria.

Jogos extrínsecos, por outro lado, são aqueles nos quais o conteúdo e a estrutura do jogo são ligados de maneira mais solta ou não são ligados de forma alguma. O paradigma aqui são os jogos de perguntas e respostas, nos quais as perguntas podem ser sobre qualquer assunto, mas o jogo se mantém essencialmente o mesmo. *Bingo*, *Jeopardy!* e outros jogos para treinamento bastante usados se enquadram no modelo extrínseco.

---

[13] Thomas W. Malone, "Towards a Theory of Intrinsic Motivation", em *Cognitive Science*, nº 4, 1981, pp. 333-369.

COMO OS JOGOS ENSINAM E POR QUE ELES FUNCIONAM

Qual modelo, intrínseco ou extrínseco, é o melhor? Defensores de cada um deles lhe darão diferentes motivos para essa escolha, uma vez que, na verdade, esse é um tema muito controverso entre os desenvolvedores da aprendizagem baseada em jogos digitais. "Jogos intrínsecos", afirmou Michael Allen, da Allen Communications, "podem propiciar as experiências de aprendizagem mais poderosas que a tecnologia pode apoiar. Essas são talvez as aplicações mais nobres e válidas da tecnologia no campo da aprendizagem".[14] Clark Aldrich declarou que "o verdadeiro poder se dá quando você capta as regras no nível de um algoritmo e faz que as pessoas as entendam por meio de uma exposição constante a diferentes circunstâncias".[15] Por outro lado, qualquer pessoa que já usou um jogo típico sabe que ele pode ser divertido *e* ajudar você a aprender. Creio que *tanto* os jogos intrínsecos *quanto* os extrínsecos têm sua relevância em situações distintas. O dilema sobre o qual você precisa pensar é que, embora os jogos intrínsecos aprimorem alguns tipos de aprendizagem e contribuam para o envolvimento, eles são tipicamente criados em uma base de customização e são, portanto, mais caros e geralmente mais difíceis de mudar ou atualizar. Os jogos extrínsecos, embora não tenham o poder de aprendizagem que pode resultar de uma integração forte entre o conteúdo e o jogo, prestam-se bem à "criação de modelos" e a mudanças rápidas de conteúdo, normalmente a custos menores. Lembrem-se de que intrínseco/extrínseco não é uma proposição ou/ou, mas sim um *continuum*. Há alguns estados entre os dois, a um dos quais me refiro como *vagamente ligados*.

JOGOS FORTEMENTE LIGADOS *VERSUS* JOGOS VAGAMENTE LIGADOS. Essa categorização de jogos para a aprendizagem é um tanto quanto semelhante à classificação intrínseco/extrínseco, mas assume, na verdade, uma perspectiva diferente. Um jogo fortemente ligado é aquele construído especificamente em torno de um conjunto fixo de conteúdos. O conteúdo é incorporado ao jogo; sabê-lo é vital para o êxito no jogo e para vencê-lo. Um jogo fortemente ligado ainda pode ser extrínseco, e o jogo inteiro pode ser capaz, com certo

---

[14] Comunicação pessoal.
[15] Entrevista por telefone.

esforço, de ser adaptado para outro conteúdo. Um jogo de detetive no qual as pistas são informações sobre o produto é um exemplo dessa categoria.

Um jogo vagamente ligado, no entanto, é aquele cujo conteúdo se encontra essencialmente separado do jogo, mas há "ligações" no último que unem os dois e que mandam o jogador para o conteúdo e vice-versa. Ao adaptar o jogo para um novo conteúdo, apenas as ligações devem ser mudadas, não o jogo todo. *The Monkey Wrench Conspiracy* é um exemplo de jogo vagamente ligado. Ele é um jogo de aprendizagem baseada em tarefas no qual elas – feitas fora do jogo, no software a ser aprendido – são iniciadas quando se encontram objetos piscando, que, apesar de fazerem parte da trama, são facilmente transformados para acrescentar, eliminar ou alterar uma tarefa.

Como os jogos extrínsecos, os vagamente ligados geralmente permitem que o conteúdo seja mudado muito mais facilmente do que em jogos fortemente ligados. Isso significa que eles seriam usados em situações em que, digamos, o conteúdo ainda estivesse em desenvolvimento ou mudasse rapidamente. Um jogo fortemente ligado é melhor para incorporar conteúdos imutáveis: o modelo fixo no jogo *Situational Leadership*, por exemplo.

JOGOS IMPRESSOS NO CIRCUITO *VERSUS* "MECANISMOS" (*ENGINES*) E "MODELOS" OU "*SHELLS*". Os principais jogos ligados fortemente são os chamados jogos impressos no circuito. Neles, os desenvolvedores e programadores reúnem-se com o objetivo de fazer apenas esse determinado jogo. A capacidade de reutilização não é levada em conta. *Tudo* no jogo é criado e otimizado em torno dele mesmo, do conteúdo e da experiência do jogador. De muitas maneiras, se benfeito, isso produzirá o melhor jogo de todos, assim como um terno feito sob medida possivelmente vestirá melhor. Essa, no entanto, é uma maneira muito cara de fazer as coisas.

O oposto dos jogos impressos no circuito são os modelos (*templates*), ou *shells*. Nessa abordagem, o conteúdo, independentemente de ser um texto, gráficos, videoclipes ou qualquer outra coisa, encontra-se em algum lugar externo ao jogo, é "lido" ou "acionado" pelo programa no momento oportuno e mostrado na tela. Isso permite a construção de um software para edição de conteúdo, no qual um instrutor ou professor pode simplesmente digitar diversos conteúdos e fazer que eles automaticamente apareçam no lugar certo do jogo.

Uma abordagem intermediária entre os jogos impressos no circuito e os *templates* puros é o que é chamado pelos programadores de "mecanismo". Um mecanismo pode ser, por exemplo, o software que permite que você corra por um mundo tridimensional de forma realista, sem atravessar paredes e encontrando objetos e coisas que se movem e têm várias propriedades. Tal mecanismo pode estar na base de ou "mover" igualmente bem um jogo de tiros como *Doom*, *Quake* ou *Unreal*, ou um jogo não violento e mais politicamente correto, como *Straight Shooter!*. Alguns jogos de mecanismos estão disponíveis comercialmente; as empresas de jogos geralmente amortizam as grandes despesas de desenvolvê-los licenciando-os para outras empresas, para outros jogos. Os mecanismos de *Doom*, *Quake* e *Unreal* estão todos no mercado (normalmente a preços bem altos para uso comercial), assim como as versões de muitos desenvolvedores individuais.

Fornecedores de treinamentos em geral se dão ao trabalho de transformar o que era originalmente jogos desenvolvidos sob medida e impressos no circuito em mecanismos, com o intuito de revendê-los em diversos contextos diferentes (o que muitos chamam de "*criação de modelos*" de um jogo). Nesse caso, as *interações* nos jogos compõem o mecanismo, e todos os gráficos e palavras mudam de acordo com o novo contexto. Exemplos disso são o *Time Out!*, que era sobre um fabricante e foi convertido, passando a ser sobre uma empresa financeira, e *Running a Hotel*, em que o mesmo mecanismo foi usado para jogos sobre administrar o escritório de uma filial de uma empresa de telefonia e uma empresa de elevadores.

O resultado mais infeliz de todos se dá quando um jogo é impresso no circuito porque os desenvolvedores ou programadores não têm experiência em jogos e simplesmente o fazem sem pensar na capacidade de reutilização. Isso pode acontecer ou porque eles não acham que têm de fazer coisas reutilizáveis ou porque eles não sabem como fazê-lo, ou até mesmo ambos. Imprimir um jogo em um circuito deveria ser evitado na medida do possível em um produto final. Protótipos, entretanto, são geralmente feitos impressos em circuitos porque isso é mais rápido e mais barato.

JOGOS DE REFLEXÃO *VERSUS* JOGOS DE AÇÃO. Como vimos no capítulo anterior, há alguns gêneros de jogos que vão desde os de ação até os de RPG e estratégia. Uma característica que diferencia esses tipos de jogos e que tem uma influência importante no desenvolvimento da aprendizagem baseada em jogos digitais é o grau de reflexão que eles permitem, porque esta é uma parte importante do processo de aprendizagem que deveria estar mais presente. Jogos de ação ininterruptos (também conhecidos como *jogos twitch*) são os que oferecem menos oportunidades para reflexão, enquanto os jogos de RPG, aventura, simulação, estratégia e enigmas em geral se desenrolam mais vagarosamente e oferecem mais "espaços" embutidos de reflexão. (Há, todavia, enigmas *twitch*, como o *Tetris* e o *Devil Dice*, assim como jogos de estratégia em tempo real menos reflexivos.)

Jogos de RPG normalmente permitem que você faça escolhas em diversos tipos de diálogos, que oferecem pontos de reflexão. Jogos de aventura, nos quais você anda e encontra objetos que permitem resolver enigmas, também dão tempo para reflexão em torno do "como resolvo isso – de que preciso?". Jogos de simulação, como os de gerenciamento de uma empresa, quase sempre permitem que você tome decisões quando tiver tempo, embora alguns ofereçam limitações de tempo em tempo real; jogos de estratégia e os chamados "de deuses" normalmente lhe dão todo o tempo do mundo para decidir e mudar de ideia.

Isso significa que nunca podemos ou devemos usar um jogo *twitch* como parte da aprendizagem baseada em jogos digitais? Não. O importante é haver um bom equilíbrio entre ação e reflexão no produto final, assim como deveria haver um bom equilíbrio entre o *edu* e o *tenimento*. Ação demais não permite que haja tempo para reflexão. Reflexão demais pode deixar o jogo enfadonho. Novamente, precisamos encontrar o "caminho de fluidez" entre os dois. Isso faz parte do princípio do *ritmo*, que é tão importante para livros, filmes e jogos, assim como para outros dispositivos que visam prender nossa atenção.

JOGOS SINCRÔNICOS (EM TEMPO REAL) *VERSUS* JOGOS ASSÍNCRONOS (POR TURNOS). A distinção entre jogos em tempo real (também conhecidos como *sincrônicos*) e baseados em turnos (também conhecidos como *assíncronos*) é bastante importante para a aprendizagem baseada em jogos digitais ao menos de duas maneiras. No modo de um único jogador, um jogo em tempo real deve ser "pausado" ou colocado em estado de pausa para interrompê-lo, seja para reflexão ou para fazer outra coisa. Isso geralmente envolve salvar o "estado do jogo" (tudo que está acontecendo) em algum ponto. Alguns jogos em tempo real – animais virtuais, por exemplo – não permitem isso. O jogo continua quer você esteja jogando ou não; pare de jogar por muito tempo e você perde. Em um jogo baseado em turnos, por sua vez – o xadrez, por exemplo, mas também muitos jogos de estratégia –, a máquina esperará para sempre até que você descubra seu próximo movimento, a não ser que você esteja "jogando contando o tempo".

A distinção entre sincrônico e assíncrono é ainda mais importante em jogos para múltiplos jogadores. Embora um jogo no qual todos estejam jogando com ou contra os outros ao mesmo tempo – uma batalha em tempo real ou uma simulação de um negócio competitivo, por exemplo – possa ser muito interessante, em treinamentos eles geralmente só funcionam quando os *trainees* estão na mesma situação ao mesmo tempo, assim como em uma aula de treinamento. Mas esse geralmente não é o caso em treinamentos *on-line*, e nesse ponto os jogos baseados em turnos, que permitem a cada jogador jogar quando ele tem tempo, podem ser uma solução melhor. Um jogo baseado em turnos, porém, pode não ter a empolgação imediata de um jogo em tempo real, então o envolvimento tem de ser gerado de outra maneira, como é o caso de um interesse real no resultado no *President '96*.[16]

JOGOS PARA UM JOGADOR *VERSUS* JOGOS PARA DOIS JOGADORES *VERSUS* PARA MÚLTIPLOS JOGADORES *VERSUS* PARA INÚMEROS JOGADORES. Os jogos podem ser jogados por uma só pessoa, por várias pessoas em um mesmo computador (alguns jogos de *You Don't Know Jack*), dois ou mais jogadores em uma rede ou na internet ou inúmeros jogadores, o que quer dizer que centenas, milhares ou até mesmo milhões (embora não atualmente) podem jogar ou de uma vez ou de maneira "dentro e fora".

---

[16] O *President '96* foi um jogo *on-line* para múltiplos jogadores criado pela Crossover Technologies, lançado concomitantemente às eleições de 1996. Ele ficava hospedado na America On-Line, no Pathfinder, na Time Warner e na CNN.

A maior parte da aprendizagem baseada em jogos digitais até hoje foi de instâncias para um jogador, exceto no âmbito militar, em que o objetivo sempre foi ligar pessoas porque é assim que uma guerra é lutada. Como discutido anteriormente, um problema dos jogos para múltiplos jogadores em situações de negócios é juntar as pessoas. Em jogos comerciais, isso geralmente se dá por meio de um salão virtual, o primeiro lugar para o qual você vai quando quer jogar. Quando pessoas suficientes estão lá para um jogo, ele começa. Alguns jogos permitem que as pessoas entrem enquanto o jogo está em curso. Outra opção para grandes jogos para múltiplos jogadores é o jogo de estado persistente.

JOGOS BASEADOS EM SESSÕES *VERSUS* JOGOS DE ESTADO PERSISTENTE. Jogos baseados em sessões só existem enquanto os jogadores iniciais estão jogando. Embora possa ser pausado e retomado, ele pausa para todos os jogadores ao mesmo tempo. Quando alguém ganha, o jogo termina e deve ser jogado novamente. Em jogos de estado persistente, por sua vez, o mundo do jogo nunca desaparece – cada jogador entra e sai dele conforme deseja, mas, assim como no mundo real, o mundo do jogo continua. Em jogos de estado persistente, como *Ultima On-line* ou *EverQuest* (jogos de estado persistente são normalmente jogos de RPG), você pode desenvolver habilidades e experiências ao longo do tempo, o que tem implicações óbvias para a aprendizagem. Visto que o mundo sempre continua e as oportunidades podem ir e vir, pode também haver penalidades por não jogar e isso também tem claras ligações com a vida real de negócios. Um exemplo de jogo de negócios de estado persistente para inúmeros jogadores é o *Star Peace*, da Monte Cristo.[17]

JOGOS BASEADOS EM VÍDEOS *VERSUS* JOGOS BASEADOS EM ANIMAÇÕES. Outra escolha interessante que os desenvolvedores da aprendizagem baseada em jogos digitais precisam fazer é se as representações de personagens e lugares serão baseadas em vídeos ou em animações. Essas são duas escolhas muito diferentes, que geralmente refletem se o desenvolvedor tem um conhecimento prévio sobre vídeos. A vantagem do vídeo é o realismo abso-

---

[17] Em *Star Peace: the Parallel Domain*, centenas de jogadores ao mesmo tempo criavam cidades gigantes ao estilo das de *Sim City*, com economias e estruturas políticas completas, que continham até eleições para prefeitos, ministros e presidentes.

COMO OS JOGOS ENSINAM E POR QUE ELES FUNCIONAM

luto. Suas desvantagens incluem o tamanho dos ativos (eles são grandes e possivelmente limitam o que pode ser posto em um CD ou enviado pela internet) e os limites em termos de interatividade (já que as cenas precisam ser gravadas previamente para que possam ser passadas quando exigido pelas escolhas do jogador). Ambas as desvantagens foram superadas até certo ponto por alguns defensores; a primeira por melhores métodos de compressão e transmissão e a segunda por técnicas para cortar segmentos de vídeo de 1 ou 2 segundos de duração e juntar sequências na hora. Um bom exemplo disso é o *Angel Five* (ver capítulo 9). Outro problema a ser considerado no caso de vídeos é que, se quaisquer mudanças precisam ser feitas, o vídeo talvez precise ser gravado novamente, sendo necessário reunir o mesmo elenco, cenários, condições de iluminação e assim por diante. Isso pode levar a dificuldades, como a que a Video Arts descobriu quando quis filmar cenas extras para seus títulos antigos, deparando-se com o fato de que alguns atores, como John Cleese, haviam envelhecido consideravelmente.[18]

Personagens animados e gráficos, entretanto, dão aos criadores maior liberdade. Os últimos podem fazer que eles pareçam e soem como desejarem e os comportamentos e ações podem ser programados e reprogramados conforme for necessário. "Se quero que um personagem saia enfurecido", disse Richard Berkey, criador do *Strategy Co-Pilot*, "posso simplesmente apertar a tecla 'sair enfurecido'".[19] Personagens animados e gráficos são bem mais baratos e, obviamente, não têm nenhum ego (embora o mesmo não seja necessariamente verdade sobre seus criadores).

Qual deles usar em um projeto de aprendizagem baseada em jogos digitais depende de alguns fatores. Primeiro, a necessidade de um realismo absoluto pode sugerir o uso de vídeo, embora personagens animados estejam rapidamente se aproximando dos atores reais em termos de detalhes do que podem fazer (suas vozes, gravadas por atores, sempre foram reais; vozes geradas por computador atualmente só são boas para robôs). Nos consoles de videogames de hoje, em constante evolução, os jogadores de jogos de

---

[18] Len Strazewski, "And Now for Training Completely Different", em *AV Video and Multimedia Producer*, setembro de 1996, p. 50.
[19] Entrevista por telefone.

esportes parecem quase tão reais quanto ao vivo na televisão. Em segundo lugar, ao pensar sobre quanto de realismo realmente precisamos, há um dilema interessante entre a especificidade e a universalidade, o qual é muito bem explicado em *Understanding Comics*, um livro muito útil de Scott McCloud.[20] Como o autor mostra, quanto mais abstrato for um personagem (o rosto mais abstrato é um círculo), mais facilmente podemos nos identificar com ele. À medida que os personagens se tornam mais fotorrealistas, eles assumem identidades que são cada vez mais específicas e fica mais difícil nos projetarmos neles. Assim, em alguns casos de vídeos, o que é *totalmente* fotorrealista pode na verdade *atrapalhar* a identificação do jogador com um personagem. Isso pode ou não ser importante em determinado caso. Se a perspectiva de um jogo é em primeira pessoa (por meio de seus olhos) e você nunca se vê, então isso pode não importar. Se ela, no entanto, é "por cima dos ombros", como em *Tomb Raider*, em que você se vê constantemente enquanto joga, pode ser relevante levar isso em conta.

Richard Berkey, da Imparta, afirmou que planeja passar seus futuros jogos de aprendizagem baseada em jogos digitais rapidamente de vídeo para animação. Além de acelerar a criação de jogos, ele crê que a animação melhora o ato de jogar, porque uma quantidade muito maior de possibilidades pode ser colocada no mesmo CD.[21] Ashley Lipson, criador de *Objection!*, tem um argumento parecido: "Meu produto é baseado em animações", ele disse. "O produto do meu concorrente é baseado em vídeos. Meu jogo tem milhares de caminhos possíveis e o deles tem um."[22] No entanto, Ed Heinbockel, da Visual People (criadora do *Angel Five*), sente que a técnica de sua empresa de cortar o vídeo em segmentos bem pequenos e "uni-los posteriormente" produz resultados semelhantes que são mais parecidos com a vida real.[23]

JOGOS BASEADOS EM NARRATIVAS *VERSUS* JOGOS BASEADOS EM REFLEXOS. Outra questão interessante é quanto de história incluir no jogo. Ele deveria ser

---

[20] Scott McCloud, *Understanding Comics*, cit.
[21] Entrevista por telefone.
[22] Entrevista por telefone.
[23] Entrevista por telefone.

COMO OS JOGOS ENSINAM E POR QUE ELES FUNCIONAM

como um filme, com um "incidente desencadeador" no começo que o faz querer ver a conclusão e com um desenvolvimento complexo de personagens no meio do caminho? Ou deveria ser uma série de situações ou interações desconexas em um contexto parecido com o de um jogo? A resposta depende bastante do que você está tentando alcançar. Quanto mais você quer criar algo de longo prazo e que evolui, mais a história é um motivador útil. Uma alternativa, sem dúvida, é ter diversos níveis crescentes de dificuldade de enigmas, assim como no *Tetris*.

Embora a narrativa e os personagens possam acrescentar impacto emocional a um jogo, o que pode ajudar a lembrar certos conteúdos, há também categorias de conteúdos em que não o relembrar, mas sim o *reflexo* – ou seja, a capacidade de reagir rapidamente diante de um estímulo – é o que importa. A aprendizagem de línguas é um exemplo (Como você está? Bem.). Objeções legais são outro. Acrônimos são um terceiro. Para esses conteúdos, jogos baseados em reflexos, nos quais os estímulos são apresentados rapidamente pelo computador (com ou sem contexto baseado em uma história) e as respostas são julgadas e cronometradas, podem propiciar uma solução de aprendizagem baseada em jogos digitais eficaz e divertida.

INTERFACES DE JOGOS. Tenho três coisas a dizer sobre as interfaces de jogos para a aprendizagem baseada em jogos digitais. A primeira, que vai contra uma sabedoria muito controversa, é que as interfaces de jogos não têm de ser, e em muitos casos nem deveriam ser, simples e intuitivas. Este é um mito normalmente perpetuado por desenvolvedores de jogos de aprendizagem que desesperadamente temem que seus públicos saiam correndo. O problema com uma interface simples, como explicou Bran Ferren, da Disney,[24] é que sua utilidade rapidamente estanca e leva a uma incapacidade de melhorar e se sofisticar em seu uso. "A cabine de um F16 não é uma interface simples e intuitiva e nem o é um piano", apontou Ferren. Nem, aliás, são as interfaces da maioria dos jogos. Elas têm inúmeros botões especiais, opções, mapas de acesso e outras ferramentas extremamente úteis para jogadores avançados, apesar de serem quase sempre bastante confusas

---

[24]   Capítulo 3, nota 21.

para principiantes. O segredo, portanto, é ter uma interface que, embora complexa em todas suas capacidades, seja fácil de ser aprendida conforme se vai avançando, deixando você controlar apenas as coisas básicas no começo e assumir cada vez mais controle com o passar do tempo. O *Alpha Centauri* e o *Battle Zone III* são bons exemplos desse tipo de interface.

Meu segundo ponto sobre interfaces e a aprendizagem baseada em jogos digitais é que existem muitos programas de aprendizagem não tão interessantes já disponíveis que poderiam se tornar instâncias realmente divertidas de aprendizagem baseada em jogos digitais com o acréscimo de uma boa interface. Muitos desses programas são simulações de planilhas eletrônicas numéricas que já foram criadas com o intuito de ensinar. O acréscimo de uma interface de jogo geralmente dá vida a esses jogos. Dois exemplos nos quais vi isso funcionar bem foram um estudo de caso criado por Roger Bohn na Escola de Administração de Harvard, chamado *Kristen's Cookies*,[25] e o *HedgeManager* e *HedgeFund*, jogos de negociações de derivativos criados por Jerry Del Missier no Bankers Trust.[26] O *Kristen's Cookies* começou como uma simulação seca de uma planilha eletrônica de controle de processos numéricos, com uma história "fofa" no caso por escrito. Com o acréscimo de uma interface visual semelhante à de um jogo, com fornos que abriam, biscoitos que assavam e anunciavam estarem prontos, ele se tornou tão divertido que os participantes do Programa para o Desenvolvimento de Gestão (Program for Management Development – PMD) de Harvard afirmaram que ele era um de seus casos favoritos. O segundo exemplo transformou um jogo baseado em uma planilha eletrônica brilhante, mas quase inutilizável, em um grande vencedor, usado centenas de vezes ao redor do mundo e nas melhores escolas de administração (ver capítulo 9). Vale a pena olhar ao redor em sua empresa para ver se alguma dessas oportunidades existe.

Meu ponto final sobre interfaces é que apenas inserir elementos de interface supostamente semelhantes aos de jogos em um modelo subjacente

---

[25] O caso por escrito e a planilha eletrônica de *Kristen's Cookies* estão disponíveis na Harvard Business School Case Clearing House. Ver também capítulo 8.

[26] Ver capítulo 10.

não transforma, por si só, algo em um jogo. No *TeleSim*, uma simulação de estratégia criada pela Pacific Bell,[27] o indicador visual para o desempenho dos jogadores era um gráfico animado de um navio em uma tempestade – quanto melhor você se saía, mais calmo o mar ficava; quanto pior você se saía, mais o navio rodava e virava. Isso não era, entretanto, um elemento integrado do jogo, mas simplesmente copiado em uma metáfora visual que parecia estar deslocada de maneira estranha. E isso me leva a meu próximo ponto.

APRENDIZAGEM DESENVOLVIDA COM PRINCÍPIOS DE JOGOS *VERSUS* APRENDIZA-GEM BASEADA EM JOGOS DIGITAIS. Alguns desenvolvedores de aprendizagens interativas dizem que usam "princípios de jogos" em suas configurações. O que isso quer dizer? E como isso está relacionado à aprendizagem baseada em jogos digitais? Em minha mente ambos – aplicativos para a aprendiza-gem com princípios de jogos e a aprendizagem baseada em jogos digitais – são bem distintos. Embora seja certamente verdade que muitos produtos de aprendizagem de fato fazem uso de elementos de jogos como interface, controle do usuário, interação, ritmo e pontuação para bons efeitos, isso de forma alguma os torna jogos. Em alguns casos, "princípios baseados em jogos" é a maneira de o desenvolvedor dizer "não consegui fazer que eles me deixassem usar um jogo, mas eu coloquei algumas ideias mesmo assim". Um exemplo disso é o que aconteceu com Bryan Carter, um desenvolvedor que ama jogos, quando estava na NCR. Ele tentou colocar o máximo de elementos de jogos que pudesse em programas como "Análise de Falhas na Comunicação Digital", mas nunca lhe permitiram chamá-los de jogos ou ir tão longe quanto ele queria.[28] Azar o deles.

---

[27] O *TeleSim*, uma simulação criada para ensinar gerentes a administrar seus negócios de maneira mais independente e competitiva em uma era de desregulamentação, foi criado pela Coopers and Lybrand e pela Maxis Business Systems (posteriormente Thinking Tools) para a Pacific Telesis e a Nynex.

[28] Entrevista por telefone e apresentação de *slides*, "Gaming in Education", Influent New Media Conferen-ce, 1998.

Contexto político e de negócios – "sendo PC"

É hora agora de voltarmos para nossa lista original de coisas a serem levadas em conta quando da criação da aprendizagem baseada em jogos digitais. As três primeiras eram selecionar um jogo com base no público, avaliar o tema e a melhor maneira de ensiná-lo de forma interativa e unir os dois. A quarta consiste em ajustar o jogo ao contexto político e de negócios de sua empresa.

Não importa quanto parte de seu público possa estar pedindo, apenas não dará certo criar um jogo de tiros quando o contexto político é antiviolência, um jogo machista em uma empresa que está, como espero que a maioria esteja, comprometida com oportunidades iguais, ou um jogo de estilo local se seu público é internacional. O contexto político e de negócios deve ser cuidadosamente levado em conta para todos os aspectos do jogo, incluindo seu título. De algumas formas isso é muito chato e muitos dos desenvolvedores ou programadores em sua equipe – principalmente se eles não têm experiência no trabalho com empresas – podem não entender o motivo pelo qual esse contexto deve ser considerado. Porém, surpreendentemente, descobri que muitas pessoas inesperadas podem e vão ajudá-lo a ser correto com relação ao contexto se você pedir e torná-lo parte do processo.

Um exemplo disso é o fato de que, na criação de um jogo para a aprendizagem das políticas de derivativos no Bankers Trust, nosso público nos disse que queria um jogo de tiros semelhante ao *Doom* e tivemos acesso a um bom mecanismo de software para fazê-lo. Todavia, armas e balas, uma condição *sine qua non* do gênero, estavam fora de questão, principalmente porque algumas das balas podiam atingir os clientes (imagine a imprensa!). Surpreendentemente, foi o conselho corporativo do banco que deu a ideia de usarmos um telefone celular que atirava "ideias" (que graficamente se tornaram lâmpadas). O nome do jogo também deveria ser sensível ao contexto e passou por muitas mudanças. Finalmente, realizamos um concurso. Um executivo sênior teve a ideia do *Straight Shooter!*, da qual ele se orgulhou tanto que ligou para o meu chefe, que estava em férias, para interceder em favor desse desafio. Ele achou que era um ótimo nome e abraçou essa ideia.

Outro aspecto bastante relacionado ao contexto é o humor e o tom. Muitas pessoas do campo dos treinamentos tendem a ter fobia de humor porque temem ofender alguém em algum lugar. Porém, principalmente para a geração de jogos, o humor – sobretudo o humor sarcástico, ou a "postura", como ele é geralmente chamado – é uma grande parte daquilo de que gostam. Um exemplo clássico é o *You Don't Know Jack*, que não é nada *além* de "postura". É possível fazer que a postura passe pelos censores corporativos. Paula Young, da PricewaterhouseCoopers, tem muito orgulho do tom de *In$ider*: "Ele tem postura – um monte dela!", ela afirmou. A Jellyvision, criadora de *You Don't Know Jack*, foi cercada por pedidos pela aprendizagem baseada em jogos digitais e está considerando ramificar-se nessa direção no futuro.[29]

É claro que a diversidade de gêneros e raças também deve ser levada em conta nos personagens, situações e linguagens do jogo, e outro aspecto importante o de ser politicamente correto (PC), é uma crescente sensibilidade internacional. Jogos como *In$ider*, *Straight Shooter!* e *Build the Band* (ver capítulo 9) foram criados para serem usados por funcionários – e algumas vezes por clientes – ao redor do mundo. Agora quase todo mundo já ouviu falar sobre as histórias verdadeiras de que a GM realmente comercializou um carro, na América Latina, chamado "no va" (não vá) ou de que a empresa japonesa Pocari comercializou suas bebidas esportivas nos Estados Unidos como "suor". Entretanto, a sensibilidade vai além do nome. Quando a IBM licenciou *The Battle of the Brains*, o jogo incluía uma escolha entre três esportes diferentes – futebol americano, hockey e tênis. A IBM insistiu em acrescentar o futebol e o golfe porque eles eram jogados muito mais amplamente em territórios internacionais. (Também acrescentamos o xadrez, apenas com o intuito de sermos politicamente corretos.) Mantenha-se sensível, mas não deixe que a política do PC arruíne seu jogo!

---

[29]   Entrevista por telefone.

Tipos de tecnologia disponíveis (ou exigidos) para que um jogo seja rodado

As empresas têm muita tecnologia – algumas são bem legais –, mas elas são muito heterogêneas. E muito, muito pouco dela, se não nada, está (ao menos deliberadamente) voltada ou otimizada para jogos. Quando você está pensando em criar a aprendizagem baseada em jogos digitais para negócios, é *crucial* manter esses fatos de maneira clara em mente, porque você precisa criar um jogo que funcione para todos os membros do seu público. A tecnologia que está disponível para cada público (ou a que estará até o momento em que o jogo for lançado) será um grande fator na decisão de como combinar jogo e aprendizagem.

É por isso que – enfatizarei isso no capítulo 11 – *seu melhor amigo nessa empreitada deveria ser a área de TI*. Nos atuais dias de internet e vírus, TI domina o mundo corporativo. Se eles *não* são seus amigos, dirão a você que *nada* pode ser feito. (Ou pior, dirão, quando você terminar, que não permitirão aquilo em seus sistemas.) Se eles *são* seus amigos e se empolgam com o projeto – o que geralmente não é difícil, dado com o que eles trabalham –, eles dirão a você logo no início o que *realmente* não pode ser feito e ajudarão a fazer o que pode.

Como veremos nos exemplos do capítulo 9, a aprendizagem baseada em jogos digitais foi desenvolvida para uma grande variedade de tecnologias, desde *e-mails* simples a combinações complexas de computadores pessoais, Unix, Macintosh, LAN, internet e intranets, com conexões sem fio e dispositivos portáteis no caminho.

Um dos primeiros comentários que você pode ouvir, seja do departamento de TI ou de RH, é que *tudo* deve ser feito na internet. Se você levar isso muito ao pé da letra pode nunca fazer um jogo interessante, ao menos não em vida. Com a tecnologia disponível na maioria das empresas, jogos baseados *somente* em navegadores têm um escopo muito limitado. Porém, se você alia o aplicativo de jogo na internet a algum material fornecido localmente, como um CD-ROM ou um *download*, suas possibilidades são tantas quanto as do mercado comercial. Por outro lado, se você precisa ter certeza absoluta de que atingirá a todos, sua melhor aposta pode ser um jogo por *e-mail* ou uma versão básica baseada em um navegador. Como veremos, a maioria dos aplicativos sofisticados de aprendizagem baseada em jogos digitais é atualmente entregue em CD-ROM, embora a maior parte tenha um componente de intranet ou internet. Isso também é verdade para jogos comerciais e o será até que a banda larga seja onipresente. (Alguns de vocês podem pensar, como eu, que, uma vez que muitas empresas têm conexões relativamente rápidas, isso é suficiente para um jogo de banda larga. Na maioria dos casos não é. Esses "grandes tubos" das empresas estão repletos de dados que o TI considera muito importantes e certamente de uma prioridade maior do que seu jogo.) Para fazer jogos realmente bons apenas na internet, sem um CD ou *download*, precisamos de fibra para o computador.

Duas das áreas mais possivelmente promissoras, mas ainda amplamente inexploradas, para a aprendizagem baseada em jogos digitais, em minha opinião, são os dispositivos portáteis, como os *palm pilots*, e os sem fio, como os telefones celulares. Ambos já têm um complemento disponível para jogos – você pode jogar xadrez visualmente em muitos telefones.[30] A vantagem do uso desses tipos de dispositivos para a aprendizagem é que eles estão sempre conosco, tornando possível encaixar alguma aprendizagem em todos aqueles momentos entre uma coisa e outra em que realmente *não* estamos ligando para ninguém. A combinação de jogos e dispositivos portáteis dispensa explicações – o GameBoy da Nintendo é um dos objetos mais vendidos no mundo eletrônico, com mais de 100 milhões de unidades vendidas ao redor do mundo.[31]

---

[30] NTT DoCoMo, da Nokia, e Motorola, por exemplo.

[31] De acordo com um comunicado à imprensa da Nintendo, em 15 de junho de 2000, as remessas do GameBoy da Nintendo superariam os 100 milhões de unidades em 16 de junho. "Desde seu lançamento, em 1989, o GameBoy continua a vender continuamente ao redor do mundo a uma taxa média de mais de mil sistemas por hora por onze anos, atingido a marca de 100 milhões".

Recursos e experiências disponíveis
para construir um jogo

O sexto fator principal ao responder à questão "como combino jogos e aprendizagem?" é a disponibilidade de recursos e experiências. Obviamente, quanto mais sofisticados forem os recursos e experiências que você tem a seu dispor, mais complexos serão os projetos que você pode fazer. Os recursos incluem não apenas dinheiro, mas desenvolvedores, líderes de projeto, programadores, especialistas no assunto, artistas gráficos, pessoas que realizam testes e muitos outros. Paula Young quase desistiu de seu projeto *In$ider*, pois o conhecimento especializado de que ela precisava sobre derivativos não estava disponível em sua empresa. Contudo, mesmo assim ela obteve grande êxito. No final das contas, conseguiu que a empresa contratasse os serviços de um especialista.

A maioria das empresas não tem desenvolvedores ou programadores internos de jogos, mas uma quantidade crescente e surpreendente tem. Eu, por exemplo, trabalhava no Bankers Trust, uma união de contratação e recursos dos departamentos de RH e TI; a PricewaterhouseCoopers tem Paula Young; a McKinsey tinha Richard Barkey; e a Shell tinha Pjotr van Schothorst. Outras pessoas criativas e capazes foram para outras empresas e continuarão assim cada vez mais à medida que a demanda pela aprendizagem baseada em jogos digitais aumentar. É importante, no entanto, perceber e admitir quando os recursos internos não são capazes o suficiente de desenvolver a aprendizagem baseada em jogos digitais. "Muitos instrutores pensam que podem escrever roteiros para jogos", afirmou Paula Young. "Leva ao menos cinco anos para aprender a ser um roteirista decente."[32] A falta de experiência com jogos e empreitadas criativas de pessoas que criam a aprendizagem baseada em jogos digitais tende a refletir no produto final. Uma boa solução para quem acredita na aprendizagem baseada em jogos digitais e quer colocá-la em prática, mas na verdade não tem experiência ou conhecimento especializados, é tornar-se um produtor na área do cinema.

---

[32] Entrevista pessoal.

COMO OS JOGOS ENSINAM E POR QUE ELES FUNCIONAM

O produtor é a pessoa que levanta dinheiro e paga todas as contas, mas contrata um diretor para ter a visão artística e criar o produto.

Se falta o conhecimento especializado interno, você pode sempre contratá-lo. A maneira como você combina a aprendizagem e o jogo dependerá em grande medida da criatividade e experiência das pessoas que você contratou. É possível contratar empresas inteiras ou fornecedores de aprendizagem baseada em jogos digitais, os quais têm muita experiência no campo e darão a você uma solução altamente original e pronta para o uso. Também é possível contratar experiência com jogos de forma fragmentada, como conhecimentos especializados fornecidos por desenvolvedores de jogos que atuam como autônomos ou criação de jogos por pessoas que fazem bicos, ou *expertise* de gráficos por autônomos ou casas de gráficos para jogos. E que tal contratar uma empresa de aprendizagem ou treinamento, ou um desenvolvedor educacional, para criar sua aprendizagem baseada em jogos digitais? Eu tomaria muito cuidado, já que – em nome de um lote de princípios de aprendizagem autoproclamados – você pode acabar com algo muito menos parecido com um jogo do que o desejado. No entanto, contratar uma empresa voltada exclusivamente para a propaganda, criação de conteúdos para a internet ou até mesmo para jogos, se você puder encontrar uma, pode produzir resultados que não são ideais no que diz respeito à aprendizagem.

Uma coisa que as pessoas geralmente supõem, para sua frustração, é que elas podem obter assistência de empresas de jogos comerciais. Essa era certamente minha ideia quando comecei. Estava convencido de que, quando falasse para as grandes empresas de jogos que eu estava fazendo jogos para a aprendizagem para uma grande corporação, eles me ajudariam com meus projetos. Esse não foi o caso. As empresas de jogos estão focadas no mercado de consumo, mais especificamente em fazer que seus produtos saiam até o Natal. Elas não têm tempo para você. Elas no geral acham que trabalhar com corporações é oneroso (e é). Elas podem no máximo estar dispostos a licenciar a você alguns de seus personagens e alguma tecnologia, como um mecanismo. Mas, mesmo se você não puder trabalhar diretamente com essas empresas, os exemplos dos jogos delas estão aí para todos os criadores de aprendizagem baseada em jogos digitais verem e aprenderem com eles.

IMPLANTAÇÃO — COLOCANDO O JOGO EM CAMPO

> "Construa-os e eles aparecerão" simplesmente não funciona.
>
> *Paula Young, da PricewaterhouseCoopers*

Paula Young tem uma regra pessoal "80 por 20" sobre a aprendizagem baseada em jogos digitais. São necessários 20% do seu esforço para criar o jogo e 80% para colocá-lo no campo. Foram necessários dezoito meses de esforços para ela criar o *In$ider*. "A implantação é o maior desafio enfrentado por qualquer pessoa que embarque na jornada da aprendizagem digital no mundo corporativo", ela afirmou.[33] Se você não está pensando na implantação desde o primeiro dia, você está fadado a falhar, principalmente se você atende a uma população grande, diversificada e geograficamente dispersa. São inacreditáveis as questões que surgem. Muitas estão relacionadas à tecnologia, como o fato de as pessoas não terem acesso à internet, ou terem navegadores ou computadores antigos. Mas outras estão relacionadas à atitude. É por isso que a implantação afeta não somente sua distribuição, mas também a configuração de seu jogo. Embora a Sony, a Sega e a Nintendo tenham feito muitos jogos onipresentes, você ainda precisa estar atento a quais jogos são aceitáveis nos lugares em que você vai distribuí-los. Apostas, por exemplo, podem ser inaceitáveis em alguns lugares, e no Japão não se joga muito *Paciência*!

PRINCÍPIOS DA APRENDIZAGEM BASEADA EM JOGOS DIGITAIS

Com base em tudo o que discutimos até agora, é possível estabelecer um conjunto de princípios da aprendizagem baseada em jogos digitais? Se fosse, eles seriam coisas que *qualquer* aprendizagem baseada em jogos digitais eficaz teria de incluir. Estabelecer um conjunto de princípios para guiar os

---

[33] Entrevista pessoal.

COMO OS JOGOS ENSINAM E POR QUE ELES FUNCIONAM

profissionais e usuários não é, obviamente, uma ideia original, mesmo nesse campo emergente.

O que vem a seguir é minha tentativa de criar uma curta lista de tais princípios. Segui-los permitirá a você pegar qualquer tema e criar uma experiência de aprendizagem baseada em jogos bem-sucedida no computador. Eu poderia tê-los escrito como prescrições ("Os usuários devem..."), mas acho que eles funcionam melhor como perguntas para você continuar se fazendo durante todo o processo. Ao colocá-las na parede, você pode refletir sobre elas, a fim de desenvolver, construir, testar e implantar a aprendizagem baseada em jogos digitais.

PRINCÍPIOS DA APRENDIZAGEM BASEADA EM JOGOS DIGITAIS

Para criar uma aprendizagem baseada em jogos digitais eficaz, pergunte-se constantemente o seguinte:

1. Esse jogo é tão divertido que alguém que não faz parte de seu público-alvo gostaria de jogá-lo (e aprenderia com ele)?
2. As pessoas que o estão usando pensam em si como "jogadores" em vez de "estudantes" ou "*trainees*"?
3. A experiência é viciante? Ela produz muito "boca a boca" entre os usuários? Ou seja, os usuários, depois de jogar, correm para dizer a seus colegas "Você precisa experimentar isso – é muito legal"? Os usuários querem jogar novamente até ganharem e, possivelmente, até depois disso?
4. As habilidades dos jogadores no tema e no conteúdo de aprendizagem do jogo – seja ele conhecimento, processo, procedimento, capacidade, etc. – estão melhorando significativa e rapidamente, ficando cada vez melhores à medida que eles jogam mais?
5. O jogo motiva uma reflexão sobre o que foi aprendido?

Note a *ordem* dos princípios. A diversão vem antes da aprendizagem. Outros especialistas colocaram a diversão em suas listas, mas ela se encontra geralmente bem mais para baixo. O resultado é que muitos dos programas que se propõem a ser aprendizagens baseadas em jogos na verdade não o são – eles só são as teorias de outra pessoa sobre a aprendizagem ou alguma simulação seca "fantasiada" com gráficos semelhantes aos de jogos. Acredite, os usuários sabem a diferença.

7.
APRENDIZAGEM BASEADA EM JOGOS DIGITAIS PARA CRIANÇAS E ESTUDANTES
EDUTENIMENTO

Em um contexto divertido, as crianças parecem ter uma capacidade praticamente infinita de aprender. É muito fácil, não exige esforços, é empolgante. Se você as coloca em algum tipo de situação lúdica - um jogo de computador ou um videogame - elas vão adquirir habilidades rapidamente e aprender como fazer as coisas, a uma velocidade incrível.

Danny Hillis

Podemos estar em uma sociedade com uma quantidade bem menor de crianças com dificuldade de aprendizagem e bem maior de ambientes desqualificados para isso do que havíamos percebido antes.

Nicholas Negroponte, em Being Digital

O melhor dos melhores jogos é que eles atraem as crianças para um tipo de aprendizagem bem difícil.

Seymour Papert

Crescendo com jogos de aprendizagem

> Que a educação desde o início seja um tipo de divertimento.
>
> Platão

Jim e Lillian Phelan têm dois meninos, Tyler e Russell, de 6 e 9 anos de idade, respectivamente. Seu estoque caseiro de jogos de computador e videogames inclui um Nintendo 64 e os seguintes jogos "para a aprendizagem" em CD-ROM para o computador:

- *Night Safari and the Open Zoo*
- *Flight Unlimited*
- *Mind Storms Droid Developer Kit*
- *Magic School Bus Explores the Age of the Dinosaur*
- *Math Blaster Jr.*
- *Lego Chess*
- *Reading Blaster Jr.*
- *Beethoven Lives Upstairs*
- *X Wing*
- *Tonka Raceway*
- *The Lion King Animated Story Book*
- *Reader Rabbit 2*
- *The Director's Lab*
- *Land Before Time Math Adventure*
- *Science Blaster Jr.*
- *Top Gun Hornet's Nest*
- *Busytown Best Math Program Ever*
- *The Even More Incredible Machine*
- *The Logical Journey of the Zoombinis*
- *Freddie Fish*
- *Sim Town*
- *Roller Coaster Tycoon*
- *Age of Empires*

APRENDIZAGEM BASEADA EM JOGOS DIGITAIS PARA CRIANÇAS E ESTUDANTES

Os Phelan são músicos, não fanáticos por computadores, apesar de o pai ser formado em engenharia e de ambos usarem computadores em seus trabalhos. Lillian luta para dar a seus filhos uma criação abrangente, incluindo esportes, um tempo ao ar livre e muitos tipos de brincadeiras e atividades sociais. Ela, porém, está travando o que lhe parece ser uma batalha perdida contra o computador. "Mesmo em um dia lindo como hoje, eles preferem ficar na frente do computador ou do Nintendo. Tenho que tirá-los de lá", ela reclamou recentemente.

Felizmente, os dois são crianças saudáveis, que jogam futebol, xadrez e têm um bom desempenho na escola; mas a atração dos jogos de computador está sempre lá. Tyler brinca com o *mouse* e usa softwares desde os 2 anos de idade. Quando chegar na primeira série, ele terá zerado uma dezena de jogos de videogame (em alguns casos ganhando de seu irmão mais velho); pilotado diversos aviões, carros e tanques virtuais; construído e administrado uma cidade e um parque temático simulados; jogado muitas horas de xadrez para computador (além de xadrez real); e passado centenas de horas com programas "de aprimoramento" de linguagem e matemática que ele próprio escolheu jogar. Russell, que está começando a quarta série, já é totalmente adepto de todos os itens mencionados acima, além do CAD mecânico, muito do qual ele aprendeu a partir de um jogo de computador. Além de um pouco da esgrima de Link em *Zelda* e de alguns tiros entre naves espaciais, há pouca coisa aqui que sugira violência.

Essas crianças não são de forma alguma atípicas. Os pais que querem dar a seus filhos "o melhor começo possível" têm gastado bilhões de dólares por ano em programas de computador esperando melhorar as habilidades de seus filhos para leitura, matemática e raciocínio. A presença de computadores nos lares com crianças é de mais de 65%.[1] A principal razão citada por adultos para comprar um computador é ajudar seus filhos a aprender. Será que funciona?

---

[1] Dados de Nielson Home Technology Report; Jupiter Communications; Alliance for Converging Technologies; FIND/SVP, *apud* Tapscott, *Growing Up Digital*, cit., p. 22.

COMO OS JOGOS ENSINAM E POR QUE ELES FUNCIONAM

Há 53 milhões de crianças no grupo de idade correspondente à educação básica.[2] A ideia de educá-las usando o computador não é de agora. Em seu livro *Run, Computer, Run*, de 1969, Anthony Oettinger expôs uma visão de como os computadores revolucionariam a educação por meio de sua capacidade de "assumir a responsabilidade, que antes era das escolas, pelo abstrato e pelo verbal" e porque "as crianças que se atrapalham podem fazer atividades extras na máquina", com sua capacidade incansável de praticar.[3] É claro que não foi bem assim que as coisas aconteceram; treinos e práticas individuais sem graça em um computador podem ser insuportáveis. Os primeiros aplicativos para aprendizagem que utilizavam computadores – bem antes dos PCs – eram negócios "de aprendizagem programada" com instruções auxiliadas por computador (CAI, na sigla em inglês) que quase ninguém *queria* fazer. Jogos de computadores, no entanto, eram fascinantes e cativavam os usuários simplesmente por envolverem computadores, mas no início eram feitos sobretudo de "Xs", Os e outros símbolos digitados, ou então eram jogos de "aventura" puramente baseados em textos. Embora esses primeiros jogos já tivessem atraído uma multidão de devotos, eles não eram jogados com muita frequência pelas crianças nem utilizados para a aprendizagem.

O primeiro computador a mudar isso e a aproximar crianças, aprendizagem e computadores foi o Apple II, surgido em 1977. Um dos primeiros segmentos que a Apple planejou adentrar foi o mercado da educação, então ela investiu muito nesse campo. A empresa contratou especialistas de diversas áreas, incluindo Alan Kay, o visionário de computadores, e criou projetos como a Classroom of the Future ("Sala de Aula do Amanhã"), da Apple.[4]

---

[2] Ver capítulo 3, nota 29.

[3] Anthony G. Oettinger, *Run, Computer, Run: the Mythology of Educational Innovation* (Cambridge: Harvard University Press, 1969).

[4] As Apple Classes of Tomorrow (Acot) foram um projeto de pesquisa e desenvolvimento conjunto, durante dez anos, entre escolas públicas, universidades, agências de pesquisa e a Apple Computer Inc., cujo objetivo era estudar os efeitos do uso de tecnologia no ensino e os resultados na aprendizagem. Ele foi concluído em 1998, mas os resultados deste projeto de pesquisas contínuas realizados pela Apple podem ser encontrados no site www.apple.com/education/k12/leadership/acot/. Acesso em 2000.

A Apple obteve êxito de muitas maneiras, e o Apple II eventualmente passou a ser visto como um computador "educativo". Entretanto, é importante notar que ele foi concebido desde o início por Steve Wozniak como uma máquina voltada principalmente para jogos. De acordo com Wozniak, "muitos dos recursos do Apple II foram usados porque eu tinha criado o *Breakout* para Atari. Eu o tinha desenvolvido em hardware e queria escrevê-lo em software agora... Então muitos desses recursos que realmente fizeram o Apple II se destacar na sua época vieram de um jogo, e os recursos divertidos que foram incorporadas eram só para fazer um projeto que eu queria muito desenvolver, ou seja, programar uma versão básica do *Breakout* e exibi-la no clube".[5]

Até hoje há Apple II sendo usados em salas de aula. Softwares para aprendizagem lançados no início para o Apple II incluíam dezenas de jogos, como *Gertrude's Secrets*, *Apple Logo*, *Snooper Troops*, *Facemaker*, *Elementary My Dear*, *Rocky's Boots*, *Stickybear ABC and Numbers*, *In Search of the Most Amazing Thing Delta Drawing*, *WizType* e *Fat City*.[6]

Alguns desses softwares foram comercializados por uma empresa chamada Spinnaker Software, fundada em Boston, no começo da década de 1980, alguns anos depois do lançamento do Apple II do novo PC da IBM, que causaram grande alarde então. A empresa foi criada por dois homens que deixaram – para grande surpresa de todos na época – uma empresa de consultoria para ganhar muito dinheiro como empreendedores. Os donos acreditavam que haviam identificado uma grande oportunidade estratégica: logo haveria um vasto mercado para softwares de aprendizagem para crianças. Assim, como me lembro, quando alguém chegou e ofereceu a eles 10 milhões de dólares por sua empresa em desenvolvimento, eles categoricamente recusaram.[7] Infelizmente, seis meses depois, o mercado de softwares para crianças quebrou totalmente e a empresa foi praticamente à falência. O mercado não estava pronto ou, como Oettinger disse, ele não estava "ma-

---

[5] Jack Connick, "... And Then There Was Apple", em *Call-A.P.P.L.E.*, outubro de 1986, p. 24.

[6] Doutor Steven Weyhrich.

[7] Os dois fundadores foram Bill Bownman e David Seuss.

COMO OS JOGOS ENSINAM E POR QUE ELES FUNCIONAM

duro". Uma razão pela qual o mercado ainda tinha de se concretizar era que os softwares ainda eram bastante chatos – as crianças não se interessavam.

No entanto, ficou claro depois que meus dois amigos não haviam adivinhado errado o tamanho da oportunidade, apenas o tempo em que ela ocorreria, o que estava relacionado com o hardware. Quando a Macintosh surgiu, em 1984, ela abriu a todos um novo mundo. De repente um computador podia falar e mostrar imagens. Você podia fazer coisas bem interessantes nele e até mesmo criar muitas delas sozinho, por meio de um programa mágico chamado HyperCard.

A Macintosh desencadeou uma grande onda de criatividade na área de programação, e a educação não foi uma exceção a isso. Em 1985, *Vila Sésamo* já estava no ar havia quinze anos e a ideia de combinar diversão e educação das crianças já era aceita pelos pais. À medida que a tecnologia se aprimorava, alguns pioneiros descobriram novas maneiras de combinar conteúdo educacional e jogos de computadores:

- Jan Davidson teve a ideia de combinar um jogo de tiros com treino de leitura e matemática. Ela criou o *Math Blaster* e o *Reading Blaster* e deu início à Davidson & Associates.[8]
- Ann McCormick combinou treinos de leitura e escrita com um personagem de desenho, dando início à sua empresa em 1979 apenas com a doação de um computador e mil dólares da Fundação da Apple pela Educação. Em 1983, sua empresa levantou um capital de risco e passou a se chamar The Learning Company, cujos produtos incluíam *Reader Rabbit* e *Rocky's Boots*.[9]
- Gary Carleston, irmão de Doug, presidente da recém-criada empresa familiar Brøderbund Software, se interessava por geografia e teve a ideia de um ladrão que viajaria ao redor do mundo, sendo perseguido pelo jogador, criando a agora lendária Carmen Sandiego. Ao tentar pegá-la, eles pensaram, você poderia aprender os nomes dos

---

[8] Jan Davidson, "The Learning Revolution", em *Business Week*, 28 de fevereiro de 1994.

[9] Biografia de Ann Hathaway McCormick, disponível em www.learningfriends.com/annresume.htm. Acesso em 2000.

lugares que ela visitava. O primeiro jogo de software, *Where in the World is Carmen Sandiego?*, surgiu em 1985.[10]

Se pudéssemos olhar hoje para todos esses primeiros programas (o que é difícil fazer, porque não é fácil encontrar o hardware, o que os arquivistas de softwares descobriram para sua consternação), eles pareceriam muito primitivos. Mas, mesmo com suas telas pequenas e imagens em preto e branco, esses programas começaram a captar a imaginação das crianças. Desse começo humilde, o mercado de softwares para crianças literalmente explodiu nos últimos quinze anos, à medida que os computadores adentraram os lares, as crianças passaram a usá-los e os pais tentaram dar a seus filhos algo "educativo" para fazer com eles. Os softwares comerciais para crianças (chamados de softwares de edutenimento, de educação ou simplesmente de softwares para crianças) são, no ano 2000, um mercado de 1,6 bilhão de dólares ao ano.[11]

Sim, 1,6 bilhão de dólares ao ano! Isso é um monte de softwares para crianças! O que as crianças e seus pais estão obtendo em troca de todos esses dólares gastos? E, a partir de nossa perspectiva, quais são as lições aqui, positivas e negativas, para a aprendizagem baseada em jogos digitais? No restante deste capítulo, examino algumas das categorias de aprendizagem baseada em jogos digitais para crianças e estudantes de maneira mais detalhada. Entretanto, acho que podemos tirar algumas conclusões:

- Softwares para aprendizagem influenciaram fortemente as crianças nos últimos quinze anos.
- Há uma enorme variedade no *design*, conteúdo e qualidade do que é oferecido no mercado.
- Os melhores *designs* e personagens tiveram um grande "poder de permanência" e "êxito".
- Os bons *designs* e nomes de marca se aperfeiçoam constantemente, à medida que a tecnologia se aprimora, continuando a atrair o público.

---

[10] Will Wright, entrevista por telefone.
[11] International Data Corporation (IDC).

- Há relativamente poucos *designs* verdadeiramente originais e um monte de "eu também".
- Muito do que existe são jogos de treino e prática "extrínsecos". No entanto, provou-se que alguns deles, usados de maneira sistemática, melhoram consideravelmente pontuações padronizadas.
- Foram dados alguns passos empolgantes e bem-sucedidos na direção contrária de treinos e práticas, enfocando softwares de construção, descoberta, lógica e pensamento original para crianças.
- Há espaço e recompensas contínuos para inovações – o campo ainda está bem aberto para pensadores realmente originais.
- As escolas foram deixadas para trás no mercado de consumo, exceto no nível das universidades.

APRENDIZAGEM BASEADA EM JOGOS DIGITAIS PARA A PRÉ-ESCOLA: SAIA NA FRENTE!

> Quando minha filha nasceu, eu saí e comprei um Macintosh para ela.
> *Don Johnson*

Cada vez mais pais estão observando, surpresos, crianças pequenas apegarem-se aos computadores como peixes à água, como diz o provérbio. Jaron Lanier, o brilhante músico e designer de realidade virtual (ele desenvolveu a "luva virtual" para o Atari), tem uma explicação psicológica interessante do motivo pelo qual isso se dá. As crianças pequenas em fase de crescimento se encontram normalmente entre duas forças, digamos, que eles têm dificuldade de conciliar. De um lado, elas pensam que são onipotentes; em sua imaginação, podem criar qualquer coisa. Quer um gigante verde na esquina? Lá está ele! Do outro lado, elas também devem viver a realidade de que são crianças pequenas e de que ninguém de fato leva essas fantasias a sério. Para elas, é difícil compartilhar suas criações fantasiosas, principalmente com a maioria dos adultos. Mas o computador, diz Lanier, permite que elas continuem sendo criadoras onipotentes de diversas maneiras, e elas ainda podem finalmente dividir suas criações com os outros, e é por isso que elas passam a utilizar os computadores com tanta naturalidade.[12] As crianças *amam* o fato de que podem controlar o que acontece na tela. Elas aprendem rapidamente a ligar o computador sozinhas, apontar o *mouse* e usar os programas.

E isso não começa apenas com os que estão na pré-escola. Há uma categoria de softwares que está crescendo rapidamente, conhecida como "programação para bebês", voltada para os que têm até 3 anos de idade. Softwares educativos para crianças de 6 meses, chamados "*coloware*", porque as crianças são tão pequenas que devem ficar no colo dos pais para conseguir usar o computador, correspondem agora ao segmento da indústria de softwares que cresce mais rapidamente, com títulos como *Jumpstart Baby*.[13] A America On-Line (AOL) está desenvolvendo uma nova área de conteúdo para atender a crianças entre 2 e 5 anos de idade, motivada por uma pesquisa *on-line* com 10 mil pais, na qual 25% dos respondentes disseram que seus filhos começaram a usar o computador quando tinham 2 anos.[14]

Alguns psicólogos não estão surpresos. "Antes de terem a habilidade de usar a linguagem, os bebês podem pensar, tirar conclusões, fazer previsões, buscar explicações e até fazer miniexperimentos", afirma Andrew Meltzoff, chefe do Departamento de Psicologia do Desenvolvimento da Universidade da Washington e coautor de *The Scientist in the Crib*.[15]

Algumas pessoas, como a ex-diretora principal Jane Healy e o astrônomo Clifford Stoll, acham isso alarmante.[16] Eles não veem "necessidade" de computadores nessa idade e anseiam pela infância do passado. Porém, cada vez mais, para o bem ou para o mal, essa é a maneira como as crianças do século XXI estão crescendo.

---

[12]   Entrevista por telefone.

[13]   *US News and World Report*, 13-9-1999.

[14]   *New York Times*, 3-6-1999.

[15]   *US News and World Report*, 13-9-1999.

[16]   Jane Healy é autora de *Endangered Minds* e *Failure to Connect*, cit. Clifford Stoll é autor de *High Tech Heretic*, cit. Discuto as ideias deles no capítulo 14.

APRENDIZAGEM BASEADA EM JOGOS DIGITAIS NA EDUCAÇÃO BÁSICA

> Colocar um computador na sala de aula é como amarrar o motor de um jato em uma diligência.
> *Seymour Papert*

Apesar do fato de 53 milhões de crianças nos Estados Unidos na educação básica provavelmente jogarem juntas jogos digitais por mais tempo do que qualquer outro grupo no mundo, a aprendizagem baseada em jogos digitais está apenas muito lentamente adentrando nossas escolas. Embora as crianças dessas séries possam vivenciá-los em casa ou na escola, a razão entre os dois locais é provavelmente, no momento, algo próximo de 95 para 5.[17]

Muitos dizem que é assim que deveria ser. O lugar dos jogos para a aprendizagem, eles afirmam, não é nas escolas. Eles têm, nas palavras do professor David Merrill, da Universidade do Estado de Utah, "montinhos de cobertura e preciosos bolinhos".[18] As escolas são lugares para aprender a ler e escrever, fazer contas e socializar. Outros, incluindo alguns membros do governo, afirmam que, como o futuro são os computadores, estes são uma parte importante do que as escolas deveriam estar ensinando, mas dizem pouco sobre os jogos. Apenas alguns poucos, como Joe Costello,[19] defenderam – como eu o faço neste livro – que jogos de computador são um motivador tão poderoso para crianças que somos loucos de *não* os utilizar nas escolas.

Uma notável exceção, entretanto, é John Kernan da Lightspan Partnership.[20] Em meados da década de 1990, ele, que antes trabalhava na Jostens Learning e é conhecido como um dos vendedores mais bem-sucedidos no ramo da educação, arrecadou 50 milhões de dólares na Sony, Microsoft e alguns outros capitalistas de risco bastante conhecidos para um projeto

---

[17] É uma "palpiestimativa", mas a direção certamente está correta.

[18] *Apud* Filipczak, "Training Gets Doomed", cit.

[19] Joe Costello, "Let's Get Radical: Put Video Games in Classrooms", em *Mercury Center*, 29-1-2000.

[20] A discussão sobre a Lightspan é baseada em entrevistas feitas pessoalmente e por telefone.

grande – colocar todo o currículo das séries K-6 em uma série de cerca de cinquenta CDs de aprendizagem baseada em jogos digitais que rodariam no console de videogame PlayStation, da Sony. Ele depois expandiu para PCs e para as séries K-8 também. A equipe de Kernan começou com a seguinte lógica:

- Um dos maiores problemas com a tecnologia educacional nas escolas é que não há tempo para utilizá-la. Portanto, a melhor maneira de fazer a diferença não se encontra nessas instituições, mas sim em casa.

- Se as crianças vão usar seus programas em casa, eles têm de ser capazes de superar as outras coisas que são do seu interesse – televisão e videogames –, porque em casa as crianças podem *escolher* fazê-lo, ao passo que na escola você pode *obrigá-las* a fazê-lo.

- Para obter o tempo de aprendizagem em casa, ele tem de ser divertido, o que levou o grupo à noção de fazer que ele parecesse um jogo de videogame, além de ter histórias e personagens que interessassem às crianças.

A Lightspan então contratou (muitos) escritores, artistas gráficos e designers de jogos de Hollywood e pegou emprestadas ideias de muitos dos jogos mais populares no mercado. Foram então criados personagens com os quais as crianças podiam se identificar (em um caso, uma banda de rock de cachorros). O objetivo dos jogos da Lightspan nunca foi ensinar a matéria – eles deixaram isso para os professores –, mas dar às crianças uma chance de praticá-la: o velho conceito de revisão e reforço. Defensores de uma aprendizagem totalmente intrínseca geralmente se mostram desapontados com seus jogos. Eles são, como Kernan será o primeiro a admitir, treino e prática – mas em cenários bastante envolventes para as crianças. Uma criança usa os jogos em média 45 minutos por dia. E o indício é de que funcionam. A Lightspan pode mostrar pontuações em testes padronizados cada vez maiores, se comparadas às de grupos de controle, em mais de quatrocentos estudos (ver capítulo 14).

"Uma coisa que aprendemos", Kernan disse, "é que, quanto mais difícil for o jogo, mais as crianças vão querer jogá-lo. Elas querem mais e mais níveis, o que basicamente significa coisas mais e mais difíceis. As crianças obtinham um poder verdadeiro se sabiam o que era necessário para vencer, o que quer dizer que eram elas que eram de certa forma capazes de controlar o jogo no nível mais alto". A Lightspan também descobriu que, apesar de as crianças estarem se esforçando mais, elas sentiam que *elas* estavam no controle: "Estou fazendo essa coisa mais difícil porque eu *escolhi* fazê-la, não porque a professora mandou". Por todas essas razões os jogos da Lightspan parecem ter um grande poder de prender as crianças.

Desde o início a Lightspan fez um grande esforço para trabalhar com sistemas escolares, integrando seus programas com os currículos das escolas em cada estado. Ela conta com guias e oferece vários treinamentos para os professores. "Consideramos que estamos fazendo educação, e não edutenimento", disse Winnie Wechsler, que saiu da Disney para ir para a Lightspan. "A finalidade das coisas da Disney é entreter, tendo a educação como um subproduto no edutenimento. Há uma grande diferença entre um desenvolvedor de jogos da Disney ou de qualquer outro lugar e a Lightspan, porque ninguém na Disney está vendendo para pessoas em escolas ou está voltado para o uso do produto nas escolas."[21]

"O que fazemos com os jogos é uma tarefa séria e difícil, com uma força industrial voltada para ensinar-tudo-que-os-livros-didáticos-ensinam", afirmou Kernan. "Você vai encontrar um monte de sites de jogos na internet, mas eles não são jogos complexos que levam 20 horas para serem jogados, como os da Lightspan. Você vai para casa e invade alguns túmulos [como na popular série de jogos comerciais *Tomb Raider*] durante 20 horas e ainda aprende frações."

A Lightspan escolheu fazer seus produtos para os PlayStations da Sony porque queria que os jogos estivessem disponíveis para *todas* as crianças. Se uma criança não tem um computador em casa, a escola compra um PlayStation – à custa dos contribuintes –, permitindo que ela o use por um ano. A PlayStation vende seus consoles nos dias de hoje por 100 dólares no

---

[21]   Entrevista por telefone.

varejo, então não é como comprar computadores para as crianças. Obviamente, o fato de que eles são PlayStations também contém outra mensagem.

O carro-chefe da Lightspan, chamado *Achieve Now*, foi concluído em 2000 (depois de um segundo investimento de 50 milhões de dólares) e o processo de venda do currículo para os distritos escolares começou. Embora tivesse obtido certa notabilidade e êxito (Kernan cita seus rendimentos de 50 milhões de dólares), a reação do mercado não foi exatamente excepcional. O *Achieve Now*, segundo Kernan, foi vendido para cerca de 3 mil distritos escolares. Impressionante, talvez, mas não quando comparado com os 70 mil distritos escolares existentes nos Estados Unidos – o que representaria uma penetração de menos de 5%. A Lightspan também foi pega na transição do CD-ROM para a internet, que está afetando (e confundindo) todas as formas de educação e treinamento. A empresa aderiu fortemente à internet, oferecendo gratuidade e assinaturas (você pode visitar seu site gratuito em www.lightspan.com). Ela acredita claramente na aprendizagem baseada em jogos digitais. "Eu diria que nós temos provavelmente a maior amostra de aprendizagem baseada em jogos digitais", disse Kernan. "E é impressionante como isso funciona bem."

Se a Lightspan Partnership representa uma ponta do espectro da aprendizagem baseada em jogos digitais para crianças – treino e prática –, a outra ponta é bem representada pela Learn Technologies Interactive, Inc. (LTI).[22] Também uma pioneira no uso da aprendizagem baseada em jogos digitais em escolas, a LTI é comandada por Luyen Chou, um educador brilhante, agradável e extremamente comprometido que tem cerca de 30 anos. A LTI também está combinando elementos de sucesso de jogos e da educação, mas seus produtos são voltados sobretudo para a área de pensamento crítico.

O histórico de Chou é o próspero sistema de escolas privadas de ensino médio – a prestigiosa Dalton School no Upper East Side de Nova York. Um ex-aluno da escola, Chou voltou lá para ensinar depois de ter se formado em Filosofia em Harvard. "Eu estava muito interessado na área educacional, assim como em tecnologia, mas para mim eram dois mundos que 'nunca

---

[22]   A discussão sobre a LTI é baseada em entrevistas feitas pessoalmente com Luyen Chou.

se encontrariam'", ele contou. O que o fez mudar de ideia foi um projeto chamado *Archaeotype*, um dos primeiros projetos multimídia a se beneficiar de um empréstimo de 1 milhão de dólares por ano, concedido por um antigo membro da diretoria do Dalton para "construir a escola do futuro – com uma tecnologia multimídia em rede". O *Archaeotype*, que Chou criou junto com Robert McClintock e Frank Moretti, trata de uma escavação arqueológica simulada por computador, em rede, em ruínas gregas do século V a.C. Sua inspiração foi uma escavação arqueológica pequena e material simulada que um dos professores tinha criado no quintal para os alunos das segundas e terceiras séries (ele comprava réplicas na loja de presentes do Museu Metropolitano, em Nova York, e enterrava-as seguindo uma certa lógica, colocando as coisas mais velhas no fundo). O que Chou e sua equipe aprenderam com a escavação física foi que o nível de empolgação era incrivelmente alto, porque era apresentado às crianças um mistério: o que esse fosso representa? O que podemos descobrir sobre a cultura que deixou essas coisas para trás? "As crianças amam o trabalho de detetive", disse Chou. Ele também apontou que, por haver um quê de mistério – no sentido de haver uma missão, um propósito e um quebra-cabeça que eles estavam tentando resolver –, as crianças estavam aprendendo tudo que precisavam aprender para resolver o quebra-cabeça, independentemente de essas coisas fazerem parte do currículo. "Tínhamos crianças lendo grego na terceira série porque elas queriam conseguir ler as coisas escritas em um objeto enterrado na caixa de areia. Elas aprenderam pesos e medidas, como categorizar as coisas, como fazer pesquisas em uma biblioteca. E não estavam aprendendo essas coisas apenas como habilidades para serem incrustadas nelas por meio de treinos, mas como uma maneira de resolver o mistério fundamental do sítio arqueológico." Quando a escola quis fazer algo parecido com os alunos da sexta série em torno de um currículo muito maior de grego e história antiga, a caixa de areia era pequena demais. Chou e seus colegas construíram então uma versão computadorizada, trabalhando com alguns professores que "realmente guiaram a visão do projeto".

Eles fizeram um sítio arqueológico fictício com alguns quilômetros quadrados de área e dividiram-no em quatro quadrantes, "enterrando" cada um em um computador em uma sala de aula. Havia quatro computadores, cada um com um quarto do sítio. Eles colocaram quatro ou cinco crianças em cada computador e fizeram que elas passassem metade do semestre explorando o sítio e descobrindo o que estava lá – havia centenas de objetos enterrados.

Um recurso-chave de aprendizagem era que cada quadrante contava uma história que era levemente enganosa em relação ao todo. Os criadores imaginaram, por exemplo, que um quadrante ficava próximo de um monte e que objetos messênios tinham sido levados para baixo do monte por conta de tempestades e enchentes. As crianças que escavavam aquela parte do sítio pensavam então que o sítio era messênio. Outra equipe encontrou diversos artefatos persas que os designers supuseram ser ruínas de guerra. Ela pensou que se tratava de uma base militar persa. À medida que as crianças escavavam cada objeto da "sujeira virtual", elas tentavam descobrir o que era – um fragmento de uma panela, uma espada ou parte de uma armadura, um detalhe arquitetônico como um friso ou um afresco – e teriam de fazer qualquer pesquisa necessária para tentar descobrir sua origem. Elas podiam ir à biblioteca ou procurar na internet, por meio de imagens de artefatos semelhantes. Quando descobriam o que achavam que era, elas enviavam essas descobertas para o "museu", no servidor do arquivo. Quando um objeto era publicado no museu, as crianças que estavam escavando os outros três quadrantes podiam ter acesso a ele.

"Era aí que tudo ficava muito interessante", disse Chou. As pessoas dos outros quadrantes podiam dizer "Oh, você está encontrando artefatos messênios aqui, mas nós estamos encontrando coisas persas. Então suas hipóteses de que se trata de um sítio messênio não batem com o que estamos encontrando".

"As crianças não estavam apenas altamente motivadas", segundo Chou, "elas também estavam imbuídas de um senso de busca e missão, aprendendo coisas que não precisariam aprender e que não faziam parte de seu currículo para resolver o quebra-cabeça, e estavam ainda interagindo. Elas estavam trabalhando individualmente, mas também em pequenos grupos, com a ajuda da tecnologia, em torno desse processo de escavação". Esse poderoso mecanismo de aprendizagem se tornou o modelo para tudo que o grupo Dalton fez. Chou começou a perceber que "o professor não estava apenas contando a história para as crianças, mas sim dando a oportunidade a elas de construir as próprias explicações, sob a forma de uma narrativa, sobre o que a história grega foi".

Chou apontou a ironia de que o que era empolgante sobre a aprendizagem é que era um trabalho com mistério. Você recebe pistas, como fenômenos, e você está tentando criar uma história que explique por que os dados estão lá. Mas ensinar é normalmente o oposto. O professor conta uma história e talvez dá alguns fenômenos, como uma forma de dizer "veja, a história deve ser verdadeira". E isso, disse Chou, é basicamente como ouvir uma piada e contarem o final antes da hora. Não é engraçado. O *Archaeotype* reverteu toda essa pedagogia.

Chou e sua equipe acabaram desenvolvendo uma dúzia de aplicativos semelhantes ao *Archaeotype*, baseados em temas que iam desde astronomia até paleontologia, língua e literatura francesas e Shakespeare. Porém, mesmo com seus grandes esforços, eles não mudaram muito a educação na Dalton. A diretoria se tornou cada vez mais conservadora e temente em relação ao que eles perceberam, corretamente, que não era uma transformação tecnológica da escola, mas uma transformação pedagógica. Sua atitude foi: "Se a escola não está quebrada, por que a estamos consertando? – nossas crianças estão entrando em Yale, Princeton e Stanford"; então o projeto foi assassinado e houve uma "enorme purificação".

Para continuar indo atrás de suas ideias inovadoras, Chou e seus parceiros formaram uma empresa privada, a Learn Technologies Interactive. O maior e mais empolgante projeto da LTI, a partir do ponto de vista da aprendizagem baseada em jogos digitais, é o *Qin* (pronuncia-se "ching"), um bonito jogo de aventura semelhante ao *Myst* sobre a história e a cultura da China antiga. O *Qin* é um clássico jogo comercial de aventura, uma busca por um ambiente bonito e estranho repleto de ambientação, problemas e quebra-cabeças, mas cheio de aprendizagem deliberadamente desenvolvida. "Há muitas maneiras diferentes de resolver os problemas", afirmou Chou. "O conhecimento de que você precisa está na enciclopédia, mas você tem de fazer coisas com ele para ter êxito no jogo. Trata-se da resolução de um quebra-cabeça, você aprende no contexto de resolver esse quebra-cabeça e nem percebe que está aprendendo algo específico". O *Qin* vendeu cerca de 100 mil cópias no mundo todo. Ele é usado em alguns cursos de ensino médio e ensino fundamental II, mas a maioria das vendas, segundo Chou, foi feita para o público em geral.

Assim, embora a aprendizagem baseada em jogos digitais provavelmente contenha mais oportunidades para crianças em idade escolar do que para qualquer outro grupo, vai demorar um pouco – como descobriram Kernan e Chou – para chegar lá. As escolas mudam lentamente, principalmente nos Estados Unidos, onde tudo deve ser feito no nível local. Apesar de, segundo algumas estimativas, quase 100% das escolas dos Estados Unidos terem acesso à internet,[23] ainda se encontra entre os problemas mais amplamente discutidos o contínuo índice baixo de computadores para as crianças, exceto nas escolas mais ricas ou mais afortunadas, uma das razões pelas quais a Lightspan optou pelo PlayStation. Tempo, aceitação e compreensão por parte dos professores são fatores importantes também.

Mesmo assim há motivos para ser otimista. O xadrez, por exemplo, ressurgiu com força nas escolas, com base em grande medida na disponibilidade de programas de xadrez para computador que instruem e permitem aos usuários praticar.[24] Ensinar datilografia – agora conhecida como digitação – é hoje considerado basicamente uma tarefa que os jogos de computador fazem melhor.[25] Classes de estudos sociais usam simulações semelhantes a jogos, como *The Oregon Trail* e outras, para ajudar os estudantes a ter uma ideia do que as personagens históricas enfrentaram. Uma grande simulação política do processo de eleição para presidente na AOL foi incluída no currículo de muitas escolas de ensino médio.[26] Ocorreu também um progresso particularmente grande no sentido de ajudar crianças que têm problemas.

---

[23] De acordo com o National Center for Education Statistics, no outono de 1999, 95% das escolas públicas estavam conectadas à internet. Esperava-se que 100% delas estivessem conectadas até o ano 2000.

[24] Ver capítulo 1, nota 22.

[25] *New York Times*, 31-12-1998.

[26] Tanto o *President '96*, um jogo *on-line* para múltiplos jogadores na America On-Line, quanto o *Reinventing America*, uma simulação para múltiplos jogadores no Pathfinder, da Time-Warner, foram usados.

COMO OS JOGOS ENSINAM E POR QUE ELES FUNCIONAM

Algumas empresas que oferecem soluções de aprendizagem baseada em jogos digitais se voltaram recentemente para problemas médicos e de aprendizagem das crianças por meio dos jogos.

A Scientific Learning, fundada em 1996, é uma das primeiras tentativas comerciais de trazer muitas das últimas descobertas em pesquisas sobre o cérebro para a aprendizagem das crianças (educação básica).[27] Com alguns neurocientistas famosos em sua equipe de gestão, a empresa é voltada para estudantes com problemas de linguagem e leitura. Partindo da premissa de que muitas dificuldades de leitura são oriundas de problemas na "recepção de sinais", como a incapacidade de diferenciar, lembrar e usar fonemas, os produtos da empresa, como o *Fast ForWord* e o *4wd*, tentam "retreinar" o cérebro das crianças para aumentar sua percepção fonológica e compreensão da linguagem por meio de um programa de exercícios em computador. Programas para estudantes mais velhos lidam com gramática, sintaxe, vocabulário e conhecimentos de estrutura de frase.

Como o treinamento envolve uma grande quantidade de prática, incluindo repetição e intensidade (100 minutos por dia, cinco dias na semana), manter os usuários motivados é crucial. É por isso que as interfaces do estudante da Scientific Learning são *todas* jogos de computador. Elas variam de jogos de tabuleiro, de combinação e captura para as crianças mais novas e jogos de esporte, cartas e histórias para os mais velhos. De acordo com sua literatura, os elementos de jogos que aumentam a motivação incluem "gráficos envolventes, recompensas mostradas na tela e um retorno quanto ao progresso".

A Scientific Learning, como seu nome demonstra, realizou uma quantidade considerável de pesquisas sobre a eficácia dessa abordagem, o que será discutido no capítulo 14.

Os produtos da Click Health[28] foram outra tentativa calculada de utilizar o poder dos videogames de prender a atenção das crianças para influenciar seu raciocínio e comportamento; nesse caso, o autocontrole dos próprios

---

[27] Entrevista por telefone e informações da empresa.
[28] Disponível em www.clickhealth.com. Acesso em 2000.

problemas de saúde, incluindo asma, diabetes e fumo. A empresa, criada em 1998 por membros da comunidade de cuidado com a saúde, foi cofundada por Alan Miller, que antes havia criado duas empresas de entretenimento interativo altamente bem-sucedidas, a Activision e a Accolade. A Click Health acredita que videogames interativos "oferecem vantagens únicas em relação aos métodos convencionais de educação em saúde", de acordo com Debra A. Lieberman, vice-presidente de pesquisas.[29] Para ela, a repetição da mensagem é a maior vantagem dos jogos em relação à apresentação tradicional de conteúdos didáticos em folhetos, vídeos e aulas de educação em saúde. O poder de envolvimento dos videogames faz as crianças brincarem com um jogo de que gostam por alguns meses, tentando repetidamente completar os níveis para poderem ir adiante na sequência. Outros benefícios citados por Lieberman incluem o fato de que videogames permitem aos jogadores ensaiar novas destrezas e ver as consequências das escolhas que eles fizeram. "Nenhuma outra forma de educação em saúde mediada ou que ocorre pessoalmente oferece essa combinação de interatividade, entretenimento, desafio, tomada de decisões, *feedback*, repetição, duração e privacidade", ela concluiu.

Os jogos da Click Health incluem *Bronkie the Bronchiasaurus*, para o autocontrole da asma, *Packy & Marlon*, para o autocontrole do diabetes, e *Rex Ronan*, para prevenir o fumo. Assim como a Scientific Learning, uma característica notável da Click Health é o teste clínico abrangente que ela fez. Os resultados desse teste serão discutidos no capítulo 14.

Lar é onde a aprendizagem baseada em jogos digitais está

Como a Lightspan e a Click Health já perceberam, as melhores respostas para o grupo da educação básica podem estar em casa. A Lightspan estimou que, ao jogarem em média 45 minutos por dia e algumas horas em cada fim de semana, as crianças de fato obtêm um dia extra de escola na semana, ou quase dois meses a mais por ano.[30] Embora a Lightspan

---

[29] Debra A. Lieberman, "Health Education Video Games for Children and Adolescents: Theory, Design and Reseach Findings", encontro anual da International Communications Association, Jerusalém, 1998.

[30] Entrevista por telefone.

venda sobretudo para distritos escolares, uma grande variedade de programas de aprendizagem baseada em jogos digitais voltados para estudantes da educação básica está disponível para compras individuais no mercado comercial. Os pais podem comprar esses programas e incentivar seus filhos a usá-los.

A disponibilidade de bons softwares de aprendizagem baseada em jogos digitais para crianças em casa deveria aumentar drasticamente, à medida que conexões de banda larga se tornam uma realidade por meio de modems a cabo, cabos de fibra ótica e outras conexões de alta velocidade. Alimentar o crescimento a partir da demanda possivelmente aumentará drasticamente o número de crianças educadas em casa. A maior quantidade de bons softwares de aprendizagem baseada em jogos digitais para crianças pode ser particularmente importante em vista do fato de que as proporções do mais recente *baby boom* (grande crescimento da natalidade) – geração Y – estão causando preocupações quanto ao espaço nas salas de aula.[31]

Matemática e ciências são áreas nas quais muitos profissionais da educação básica estão trabalhando, tentando ir além do foco em "treino e prática" de muitos dos títulos do edutenimento comercial. "A cultura popular oferece pouco suporte fora da escola para a aprendizagem de matemática para crianças. Jogos de computador são uma possível exceção", de acordo com um site.[32] O trabalho de Seymour Papert no Laboratório de Mídia do MIT levou aos produtos *Mindstorms* da Lego, que ajudam a ensinar programação para crianças. Um jogo de matemática chamado *Green Globs and Graphing Equations* foi o que se mostrou mais eficaz, de acordo com a doutora Susan Chipman, especialista em educação em matemática.[33] Outros projetos de aprendizagem baseada em jogos digitais relacionados a ciências e matemática incluem o *Wyndhaven*,[34] um ambiente virtual para ensinar essas matérias a crianças da quinta série, e o *Terc* (uma empresa de consultoria

---

[31] Debra Galant, "Schools Scramble to Find More Space", em *New York Times*, 4-7-1999.

[32] *Terc*, "Our Research", disponível em www.terc.edu/mathequity/gw/html/papers.html. Acesso em 2000.

[33] Entrevista por telefone. A doutora Chipman trabalha para o Office of Naval Research.

[34] *Wyndhaven* é um projeto da Intermetrics e é parte da Computer Aided Education and Training Iniciative (Caeti).

em educação),[35] que cria jogos matemáticos para crianças e é voltado especialmente para meninas. Outros projetos que merecem menção incluem o *Whoola! (Wholesome On-line Learning Adventures)*[36] e o *Education Arcade*, do MIT, disponível em www.educationarcade.org.

Apesar de eu ter destacado algumas empresas inovadoras na área de aprendizagem baseada em jogos digitais para crianças, não é minha intenção recomendar ou criticar produtos específicos. Há muitas fontes, tanto na internet quanto em jornais e revistas, que fazem essa função. O que eu *de fato* recomendo é comprar coisas *com*, em vez de apenas *para*, seus filhos, testando a maior quantidade possível de tipos diferentes de jogos – treino, quebra-cabeça, investigação, lógica, etc. –, trocando com amigos, trabalhando com seus filhos e observando atentamente as suas reações. Embora você possa e deva ser um guia para eles, deixe-os ser um guia para você também. Se você comprar-lhes aquilo de que eles gostam, o que eles acham divertido, você terá poucas chances de errar.

Aprendizagem baseada em jogos digitais em faculdades e universidades

> Faltei à minha prova para zerar o jogo.
> *Um estudante*

Estudantes de faculdade, livres finalmente da supervisão dos pais, passam uma quantidade extraordinária de tempo jogando videogames. Isso é, claro, reforçado pelo fato de que a maior parte dos estudantes de faculdades e universidades tem acesso à internet de alta velocidade. Como a citação acima mostra, isso geralmente leva à distração de seus estudos. Ainda assim, a faculdade é um lugar no qual certos aspectos da aprendizagem baseada em

---

[35] O *Terc*, uma empresa de consultoria em educação, pode ser encontrado em www.terc.edu. O "Through the Glass Wall Project" pode ser encontrado em www.terc.edu/mathequality/gw/html/gwhome.html. Acesso em 2000.

[36] Peter DeLisle, cofundador do *Whoola!* (www.whoola.com), é professor de Educação na Universidade de Illinois em Urbana, Champaign.

COMO OS JOGOS ENSINAM E POR QUE ELES FUNCIONAM

jogos digitais estão fazendo grandes progressos, à medida que cada vez mais instrutores percebem o poder que jogos e simulações têm de envolver e instruir. Infelizmente, muito do que há no nível de faculdade em aprendizagem baseada em jogos digitais consiste em esforços localizados e isolados por parte de alguns professores, em vez de produtos comerciais de grande alcance.

Nossas faculdades e universidades estão passando por uma grande crise. Elas foram tradicionalmente baluartes conservadores de um conhecimento que mudava lentamente, mas o conhecimento começou a se transformar com considerável rapidez. Elas foram tradicionalmente as detentoras do conhecimento, mas estão cada vez mais incapazes de fornecer as novas habilidades que os estudantes demandam. Elas tradicionalmente se retiraram do mundo do comércio, mas têm precisado cada vez mais lucrar para sobreviver. Suas "torres de marfim" de tijolo e argamassa estão sendo atacadas pela necessidade de ensinar na internet. E, como as verdadeiras fortalezas do método de exposição e avaliação, elas estão enfrentando uma nova geração de alunos, a geração de jogos.

É evidente que nem todos os cursos de faculdade consistem em palestras, mas elas não são apenas um clichê, e sim um quadro bastante preciso da maneira como as coisas ainda são feitas. Professores principiantes são até mesmo *chamados* de palestrantes. Posteriormente, se forem bem-sucedidos, eles conseguem não só palestrar, como também "professar".

Entretanto, uma quantidade crescente de docentes de faculdades e universidades – alguns dos quais pertencem eles próprios à geração de jogos – tem, por si mesma ou em conjunto com outros profissionais, tomado a iniciativa de criar a aprendizagem baseada em jogos digitais em seus domínios ou áreas de sua disciplina. Estes não são sempre os jogos comerciais mais refinados, mas são geralmente bastante eficazes em transmitir determinados pontos aos alunos.

Muitos deles, na verdade, são "diamantes brutos", apenas esperando para receber um bom tratamento de jogo. Um excelente exemplo é o já citado *Kristen's Cookies*,[37] que tem esse título em menção à filha de Roger Bohn,

---

[37] Vivenciei esse caso primeiramente em seu formato de planilha eletrônica, como aluno da Escola de

então professor assistente da Escola de Administração de Harvard. *Kristen's Cookies* é um caso da Escola de Administração de Harvard sobre simulação de processos – parte do currículo de gestão de produção e operações. Sua premissa é que você acabou de começar um negócio de biscoitos por encomenda em seu apartamento e tem muitos pedidos a serem entregues no dia seguinte em diferentes estágios da produção. Entretanto, os três fornos de segunda mão que você comprou estão com um pequeno descompasso entre o que os mostradores apresentam e a temperatura real. Seu objetivo é descobrir como calibrar os fornos até de manhã. A resposta envolve enfocar o comportamento por meio de um processo de experimentação, que é sua função determinar.

Quando usei o *Kristen's Cookies* pela primeira vez, como aluno, ele era uma planilha eletrônica, distribuída junto com o caso por escrito. Você tinha três fornos (colunas A, B e C), nos quais deveria colocar números referentes ao tempo e temperatura para cada fornada de biscoitos nas células, e você via os resultados (quanto pronto estavam: 1 a 9; queimado: sim ou não) em outras células. O ponto central do caso era que os biscoitos levavam tempo para assar, então você não podia simplesmente testar qualquer coisa, e sim precisava de uma estratégia. O "mecanismo" subjacente do jogo continha tudo que era matematicamente necessário para resolver o problema, mas passar 3 horas encarando a planilha eletrônica – afe! Então minha equipe na firma em que eu trabalhava, junto com Bohn, elaborou uma reconfiguração a partir da aprendizagem baseada em jogos digitais. Demos vida ao apartamento de Kristen diante de seus olhos, com fornos, mostradores para ajustar o tempo e a temperatura, biscoitos em folhas que iam ao forno, o qual "apitava" quando o tempo havia acabado, e biscoitos que mostravam o quão prontos estavam, de "crus" a "queimados". Você podia até mesmo clicar em um biscoito e ouvir o quão bom ele estava (de "hummm!" a "eca!"). Assim como na planilha eletrônica, os dados dos testes foram coletados e exibidos (mas dessa vez na lousa virtual) para você analisar.

Administração de Harvard, e depois ajudei a transformá-lo em um software de aprendizagem baseada em jogos digitais.

COMO OS JOGOS ENSINAM E POR QUE ELES FUNCIONAM

Os resultados foram impressionantes – de repente parecia um jogo e as pessoas o amaram. Lembro-me de um grupo de estudos de gerentes intermediários colocando o chapéu de *chef* e sentando para assar biscoitos. A versão original em preto e branco da HyperCard foi posteriormente atualizada para uma versão melhor, em cores.

Em outro exemplo, o professor David Merrill, da Universidade do Estado de Utah, criou uma simulação para alunos de antropologia que opera nas linhas do jogo *Myst*.[38] Em vez de empurrar alavancas e coletar pistas, os estudantes entram em uma vila africana simulada para determinar como uma tribo seria afetada pelos planos de uma empresa de estabelecer uma operação de mineração de diamantes nas redondezas. Nesse programa, baseado em um caso real, os alunos têm discussões simuladas com habitantes da vila, coletam outros dados e por fim geram um relatório etnográfico com suas recomendações.

Estudantes de medicina também se beneficiaram da aprendizagem baseada em jogos digitais. Na década de 1980, houve um jogo de simulação médica em disco de vídeo amplamente usado chamado *Dexter*.[39] Há também jogos para treinar cirurgiões que lembram *M.A.S.H.*[40] "Fale sobre os batimentos cardíacos", disse Don Johnson, do Pentágono. "Um cara entra em uma maca com uma ferida no peito. E é bastante realista. O cara está gritando 'eu vou morrer?' e você tem de tomar uma decisão e, com base no que você fizer, ele morre ou se recupera." Muitas escolas de Direito estão usando o jogo de treinamento da Ashley Lipson, *Objection!*, em seus programas (ver capítulo 9).

---

[38] Filipczak, "Training Gets Doomed", cit.

[39] *Dexter*, um dos primeiros programas interativos em DVD, está agora aparentemente extinto. Sharon Sloane, presidente da Will Interactive, fez parte da equipe que o criou.

[40] O doutor Will Peratino, diretor de tecnologia na Defense Acquisition University, foi um de seus desenvolvedores.

CONCURSO 5

Qual é o melhor jogo de aprendizagem que você conhece para crianças ou alunos de qualquer idade? Mande suas respostas para contest5@twitchspeed.com.

Conclusão

Com princípios bastante humildes, a aprendizagem baseada em jogos digitais se inseriu rapidamente em *todos os níveis* da infância e da fase da vida em que se é um estudante, desde crianças de colo até estudantes de pós-graduação. Claro, é possível criticar os *designs*, métodos, meios e até mesmo a motivação de seus criadores, como muitos o fazem (ver capítulo 14). O fato é que, entretanto, é assim que as crianças do século XXI estão crescendo. Mesmo se quisermos, não vamos conseguir voltar no tempo, pará-lo ou impedir que ele siga em frente. Não se trata de afastar nossas crianças do computador – se elas realmente querem usá-lo, encontrarão um jeito de fazê-lo sem que percebamos –, mas sim de fazer valer a pena o uso que elas fazem dos computadores. Esta é uma situação muito diferente da televisão, em que os meios de produção eram tão caros e o controle estava nas mãos de tão poucos. Como mostrarei no capítulo 15, podemos *todos* – incluindo, e sobretudo, professores e crianças – criar exemplos de aprendizagem baseada em jogos digitais que a tornarão muito mais agradável. Quando Nolan Bushnell, criador do Atari e do Pong, me contou sobre sua visão de escolas cheias de computadores,[41] eu disse a mim mesmo: "sim, e as crianças podem desenvolver o software". Elas, junto com os professores, já estão começando, em muitas escolas e programas, a fazer isso. É nossa tarefa como adultos não as parar, mas incentivá-las, participar e ajudá-las a mesclar seu novo estilo com o que sabemos sobre a aprendizagem e a vida.

---

[41] Até onde sei, a visão ambiciosa de Bushnell nunca se concretizou.

8.
APRENDIZAGEM BASEADA EM JOGOS DIGITAIS PARA ADULTOS

Não paramos de jogar porque ficamos mais
velhos - ficamos mais velhos porque paramos
de jogar.
Oliver Wendell Holmes

Adultos, não crianças, dominam agora o
mercado de jogos para computador.
The Wall Street Journal

Não são só as crianças que estão jogando.
A mamãe e o papai também estão.
Lawrence Schick, da AOL

JOGOS QUE OS ADULTOS JOGAM

Uma coisa é dizer que a aprendizagem baseada em jogos digitais funciona para crianças e até mesmo para pessoas formadas na faculdade e estudantes profissionais. A maioria das pessoas, educadores ou não, pode aceitar isso. Mas e os adultos? Não amadurecemos e nos tornamos mais sérios? Os adultos *querem* aprender com os jogos?

É claro que os adultos jogam, e muito, jogos *recreativos*. Muitos desses jogos são de esporte, como tênis ou golfe, mas há muitos outros. Apostas e jogos de azar – ambos envolvendo destreza – vêm crescendo fenomenalmente nas últimas décadas. Há mais de 700 sites não regulamentados de apostas na internet, gerando mais de 1,2 bilhão de dólares por ano em apostas, com mais sites aparecendo a cada dia e o total apostado dobrando anualmente.[1] O *bridge* é um grande fenômeno, com mais de 35 milhões de jogadores nos Estados Unidos.[2] Ande em qualquer trem ou metrô e você verá adultos de ambos os sexos jogando desde *Paciência* no computador até palavras cruzadas e jogos para desembaralhar as letras e formar palavras. Se você ampliar sua definição de jogos para incluir loterias, mais de metade dos Estados Unidos está envolvida.[3] Talvez seja seguro dizer que não há quase nenhum adulto americano que *não* jogue algum tipo de jogo recreativo regularmente. E muitos desses jogos, se não todos eles, também se tornaram computadorizados, estando disponíveis na internet.

Cerca de 70% dos usuários de jogos para computador e videogame têm mais de 18 anos. Jogos de computador de todos os tipos estão agora atingindo (e muito) os adultos.[4]

Minha esposa, que é do Japão, usava computador apenas para trabalhar antes de vir para este país, há cinco anos. Agora ela joga *Solitaire* e *Hearts* regularmente, procura jogos interessantes na internet e, recentemente, decidiu apagar *The Sims* de seu laptop porque estava perdendo muito tempo com ele. "É viciante" foram suas palavras.

Curiosamente, essas mesmas palavras foram novamente usadas quando eu mostrei *Straight Shooter!*, um jogo digital educativo, a Harvey Slater, um gerente de operações tecnológicas da Banker Trust com seus quarenta e poucos anos. Slater ouvira sobre um programa utilizado para treinamento de Política de Derivativos e estava interessado no aplicativo para seu próprio treinamento em Política de Operação. Eu esperava que nosso encontro durasse dez minutos, mas Slater brincou por pelo menos meia hora, cha-

---

[1] *New York Times*, 14-7-2000.

[2] Jack Olsen, *The Mad World of Bridge* (Nova York: Holt Rinehart & Winston, 1960).

[3] Cinquenta e sete por cento dos adultos americanos compraram um bilhete de loteria nos últimos doze meses. (Gallup, *Gallup Poll Social Audit Survey on Gambling in America*, 8-7-1999. Disponível em www.gallup.com/poll/releases/pr990708.asp. Acesso em 2000.)

[4] Interactive Digital Software Association (IDSA).

mando outros executivos para também testar suas habilidades. "É viciante", ele disse.

Voltando para casa em um avião outra noite, deparei com um executivo cansado usando o que eu pensei primeiramente ser seu Palm Pilot. Examinando mais atentamente vi que se tratava na verdade de um GameBoy da Nintendo. "Peguei emprestado do meu filho. É realmente viciante", disse ele.

John Smedly, presidente da Verant, fabricante do *EverQuest*, declarou que, embora o jogador médio, que tem 22 anos, jogue 20 horas por semana, ele já viu registros de até 126 horas em uma semana. "Isso é realmente assustador. É por isso que algumas pessoas chamam o jogo de *EverCrack*", afirmou ele.[5]

Obviamente, apenas em raros casos os adultos se tornam *realmente* viciados em jogos de computador. Mas o fato é que eles ficam *verdadeiramente envolvidos*. É notável que uma grande quantidade de adultos de todas as idades pode achar jogos de computador bastante envolventes. Mas e quanto aos jogos e a aprendizagem de adultos? Será que os adultos podem aprender quando jogarem? Será que eles querem? Será que os "jogos como entretenimento" e os "jogos como aprendizagem" podem se misturar para os adultos assim como para as crianças? Será que podemos ter tanto *entretreinamento* quanto *edutenimento*? O que os chefes pensarão? O que os *usuários* pensarão? Por que, onde e como a aprendizagem baseada em jogos digitais é uma ferramenta de aprendizagem para adultos?

Todos sabemos que os adultos têm o lado do trabalho e o da diversão – "trabalhe duro, jogue duro" é uma filosofia seguida há anos. O que descobrimos, há relativamente pouco tempo, é que os dois podem ser combinados, como cada vez mais adultos estão descobrindo, para sua surpresa e satisfação. E a aprendizagem baseada em jogos digitais é apenas uma das maneiras como isso está acontecendo.

Vimos no capítulo 5 que o trabalho está se tornando mais divertido e o conceito de diversão no trabalho está ganhando adeptos. Jogos, brinquedos e equipamentos para esporte (até mesmo campos de golfe em miniatura)

---

[5] *Time Digital*, agosto de 2000.

são encontrados em nossos locais de trabalho.[6] A cultura do local de trabalho se tornou – junto com a vida nos Estados Unidos em geral – muito menos formal. As pessoas veem cada vez menos necessidade de vestir terno e gravata para conseguir fazer seu trabalho. Mais da metade dos trabalhadores americanos se veste informalmente para o trabalho todos os dias,[7] e grande parte do restante o faz em alguns momentos, mesmo em antigos baluartes do conservadorismo, como empresas de advocacia, consultoria, bancos de investimento e até na IBM. A diversão está se movendo por todas as partes e níveis da cultura de negócios. "No Burger King, um dos elementos da cultura que estamos tentando criar é que 'o trabalho é divertido'", disse Annette Wellinghoff, diretora de Treinamentos Mundiais.[8] Como veremos no próximo capítulo, o Burger King utiliza a aprendizagem baseada em jogos digitais para treinar funcionários de todas as idades.

A Lightspan, empresa de aprendizagem infantil que discutimos no capítulo anterior, deparou com o fato muito interessante de que, em muitos casos, os pais utilizam jogos também – para eles mesmos. A linha de assistência técnica da Lightspan recebe inúmeras ligações de pais no período em que os filhos estão na escola pedindo ajuda para o próximo passo do jogo. "Não há nenhuma criança lá, a criança está na escola", conta John Kernan."[9]

Jogos de computador no trabalho

Uma das primeiras maneiras como os jogos de computador foram usados para treinamento foi com o intuito de criar familiaridade e destreza com *hardwares* de computador que haviam acabado de chegar. Em meados da década de 1980, a função de Jim Freund era ensinar as pessoas no Citibank, em Nova York, a usar computadores – na época objetos suspeitos e desconhecidos, que geralmente causavam um medo considerável nos usuários em potencial. O medo assumia muitas formas: medo de parecerem estúpidos,

---

[6]   Dale Russakoff, "Mind Games for Tech Success: You've Got to Play to Win", cit.
[7]   *New York Times Magazine*, 1º-11-1998, p. 42.
[8]   Entrevista por telefone.
[9]   Entrevista por telefone.

medo de falharem, medo de quebrarem algo. Freund teve a ideia de usar jogos de computador produzidos em série para ajudá-los a relaxar à medida que aprendiam a usar os controles. (Isso pode não ter sido uma ideia totalmente original. Diz-se que a Microsoft inclui *Paciência* no Windows para ajudar as pessoas a aprenderem a usar o *mouse*.) Até que um dia um figurão do banco, um antigo chefe de equipe do Exército, entrou na sala de aula de Freund. "O que essas pessoas estão fazendo?", ele gritou, e Freund explicou, pensando em seu lugar na fila dos desempregados. Ele depois descobriu – para seu alívio – que o executivo não só havia ficado impressionado como também tinha recomendado que a técnica fosse usada para agilizar o ensino de habilidades básicas de informática em toda a empresa. "A mente militar não era estranha ao uso de videogames para treinamentos", declarou Freund.[10]

Ron Zemke, editor da revista *Training*, escreveu na publicação em 1997: "Gostaria de dizer algumas palavras em prol de jogos de computador no horário de trabalho. Jogar esses jogos regularmente não só é uma forma bem barata de aliviar o estresse e o tédio como também tem grande valor no aprimoramento de destrezas cognitivas. Estou falando sério". Zemke crê que as experiências obtidas com videogames podem ser mais baratas, mais confortáveis e "tão valiosas quanto" as caras experiências externas (escaladas, por exemplo). Ele acredita que jogos como *Campo Minado*, *Paciência* e *Myst* aprimoram a atenção a detalhes, raciocínio lógico, raciocínio dedutivo e identificação de cores. *Tetris* e *Doom* ajudam a coordenar mãos e olhos, "sem falar nas políticas de escritório", e *Copas* em rede dá "lições maravilhosas sobre esforço em equipe e formação de alianças temporárias".[11]

Mas os tempos mudaram e hoje a produtividade reina. A maioria das grandes corporações tende a ver a si mesmas como lugares sérios, onde o TI geralmente tira os jogos de *Paciência* e *Campo Minado* que vêm com o Windows dos computadores antes de entregá-los aos empregados, para que os trabalhadores não percam tempo jogando. Essa postura foi algumas vezes denominada "política de jogos" corporativa.

---

[10]   Entrevista por telefone.
[11]   Ron Zemke, "When Is a Game Not a Game and a Cigar Just a Smoke?", em *Training Forum*, 10-9-1997.

Ainda assim, como os professores já sabem desde sempre, você pode conseguir impedir as pessoas de se divertirem na sua frente, mas não consegue controlar o que acontece nas suas costas. As pessoas de negócios *vão* jogar. Quando entrei para o Bankers Trust em 1994, fiquei surpreso com quantas vezes eu entrava nos escritórios do vice-presidente e dos diretores de gestão e os pegava no meio de um jogo de *Paciência*. E, assim que o trabalho acabava no andar do departamento comercial, eu descobri que os jogos de computador começavam. Atualmente, você pode andar pelos corredores de qualquer avião e encontrar várias pessoas usando *notebooks* caros, pagos pelas empresas, para jogar. Muitos dos primeiros jogos tinham "chaves antichefes" (*boss keys*) que instantaneamente transformavam o que quer que você estivesse jogando em uma planilha eletrônica, mas hoje o chefe possivelmente também estará jogando. Eu ouvi um executivo sênior dizer que estava jogando golfe no computador porque sua empresa não o deixava tirar férias. Em empresas de tecnologia com redes muito rápidas, jogar "mata-mata" (*death matches*) de *Quake* e *Unreal* e fazer torneios nas redes da empresa é legendário, ao ponto de terem tornado seriamente mais lentos os sistemas de algumas empresas; em alguns casos, os jogos foram banidos, ao menos durante o horário comercial. Muitas empresas deixaram de retirar os jogos dos computadores e passaram a restringir os sites na internet que os funcionários podem acessar, sendo os sites de jogos – e os de pornografia – geralmente os primeiros a serem banidos. Os empregados obviamente fazem retaliações, colocando jogos em seus Palm Pilots – centenas estão disponíveis, incluindo o *DREADling*, clone do *Doom*.

Mas eles podem *jogar e trabalhar ao mesmo tempo*? Podemos fazer jogos com conteúdo de negócios que sejam tão cativantes e relaxantes quanto os outros, ao mesmo tempo que ajudamos os funcionários a aprender o que eles precisam saber? É *disso* que se trata a aprendizagem baseada em jogos digitais. Será que ela pode funcionar em um cenário de negócios? Surpreendentemente, sim. Os negócios estão lentos, mas certamente estão adotando a aprendizagem baseada em jogos digitais como uma metodologia corporativa de aprendizagem.

A aceitação e a adoção graduais, mas constantes, da aprendizagem baseada em jogos digitais no mundo dos negócios fundamentam-se em algumas forças que, felizmente para nós, são tanto inexoráveis quanto irreversíveis. Elas começam, obviamente, com questões demográficas. Independentemente do que façamos, a geração de jogos está ficando mais velha e isso vai continuar acontecendo. Eles querem prolongar um momento passado e continuar a ter, em sua vida profissional, os mesmos comportamentos que tinham antes, incluindo *e-mails*, programas de mensagens instantâneas, jogos *on-line*, navegação na internet e *aprendizagem por meio de jogos* (lembram-se da *Vila Sésamo* e do edutenimento?). Estipular regras contra isso é uma abordagem que tem poucas chances de dar certo, especialmente em uma época de ampla oferta de empregos e expansão. Os trabalhadores tendem a ir em direção a ambientes nos quais se sentem confortáveis, e os negócios estão cada vez mais forçados a prover o que essas pessoas buscam, em vez de serem capazes de empurrá-las para o velho caminho corporativo. Quando os funcionários de corporações soltarem sua próxima "lista de demandas", como fizeram recentemente na Salomon Smith Barney, "o treinamento divertido" possivelmente estará nela. Então o movimento dos negócios na direção da aprendizagem baseada em jogos digitais é, de muitas maneiras, um caso de "se você não pode vencê-los, junte-se a eles".

Uma segunda razão, relacionada à primeira, é a crescente incapacidade dos professores de "explicar" para as pessoas conteúdos que são extremamente "secos e técnicos" (o eufemismo corporativo para chato). Esse tipo de conteúdo, infeliz mas verdadeiramente, contém muito do que precisa ser aprendido em treinamentos de negócios. Jogos podem ajudar a facilitar o seu aprendizado. "Enquanto o parceiro de 50 anos pode pegar um caderno de exercícios e um lápis para aprender derivativos", diz Joanne Veech, da PricewaterhouseCoopers, "isso não vai funcionar com os aprendizes de hoje".[12]

Mas a terceira e mais importante razão pela qual a aprendizagem baseada em jogos digitais está adentrando os negócios é o ponto principal. Está cada vez mais claro para os gestores que (1) treinar tem um impacto

---

[12] Entrevista por telefone.

sobre este ponto principal e (2) o treinamento "tradicional" não está funcionando muito bem. (Todos têm uma exceção preferida, mas, no geral, isso é verdade – pergunte a qualquer gestor.) John Chambers, presidente da Cisco, disse que "o que está desacelerando nosso impulso em qualquer mercado neste momento é nossa incapacidade de educar nossos funcionários rapidamente".[13] Os gestores e executivos com uma mente mais prática – parcela cada vez maior; eles mesmos fazem *parte* da geração de jogos – estão se tornando mais abertos a qualquer coisa que funcione. "Eles precisam aprender isso, e, se for preciso um jogo, que assim seja", afirmou um presidente. E a aprendizagem baseada em jogos digitais funciona. Como um diretor administrativo relativamente jovem na Goldman Sachs disse, "essa é uma ideia cujo momento chegou".

Então, por conta da crescente pressão que vem tanto de baixo quanto de cima, a aprendizagem baseada em jogos digitais está gradualmente ganhando espaço nos negócios.

Porém, de forma interessante, outra influência importante não vem nem de baixo nem de cima, mas bem do meio. O fato é que a aprendizagem baseada em jogos digitais *já está funcionando com sucesso em quase todas as nossas empresas, para trabalhadores adultos de todas as idades*. Chama-se *Jeopardy!*

Jeopardy!: A FERRAMENTA DE TREINAMENTO ESCONDIDA (Shhhh!)

O jogo televisivo *Jeopardy!* é um fenômeno realmente impressionante. Ele vai ao ar todos os dias em diversos países. Dezoito milhões de pessoas ligam a televisão para vê-lo todos os dias e 32 milhões assistem a ele a cada semana.[14] Na internet, no site www.thestation.sony.com, há algumas versões *on-line*, e mais de 375 mil são jogados por semana.[15] Há CD-ROMs de *Jeopardy!* e também os jogos em caixa. Apesar de não revelarem os números,

---

[13] *On-line News*, novembro de 1999.

[14] Porta-voz do *Jeopardy!*

[15] Site do *Jeopardy!*: www.spe.sony.com/tv/shows/jeopardy. Acesso em 2000.

suponho que o programa gera centenas de milhões de dólares por ano em lucros para a dona de seus direitos autorais, a Sony Corporation.

O *Jeopardy!* é basicamente um fenômeno da geração do *baby boom*. Alguns dizem que Merv Griffin inventou o agora famoso formato de perguntas e respostas invertido como uma reação aos escândalos de programas desse formato na televisão na década de 1950 – já que alguns produtores estavam dando as respostas de qualquer forma, por que não dar as respostas aos participantes e deixar que eles criem as perguntas? Ele começou em 1964, embalou depois de alguns começos isolados e se fixou como cola.[16]

Alex Trebek, o genial apresentador do programa, vem ganhando seu sustento dessa forma há mais de dezesseis anos. Quem, com idade entre 35 e 55 anos nos Estados Unidos, não saberia de onde vêm as palavras "Eu escolho [nome da categoria] por 300, Alex" ou não saberia que uma resposta, para ser aceitável, deve ser formulada como uma pergunta?

A Sony sabe que aqui há uma mina de ouro e guarda com ciúmes sua preciosa propriedade intelectual. O nome, o logotipo e a estrutura de perguntas e respostas são todos elementos protegidos por direitos autorais e têm sido tema de inúmeros processos e ações judiciais.[17]

Exceto no treinamento.

Possivelmente não há nenhuma empresa da Fortune 1000 nos Estados Unidos em que algum instrutor, em algum lugar, não tenha usado alguma forma de *Jeopardy!* como ferramenta de treinamento. O *Jeopardy!* existe em empresas como um jogo oral, um jogo de tabuleiro e em diversas versões digitais diferentes, todas mais ou menos fiéis ao original.

Modelos do estilo de *Jeopardy!* podem ser comprados na LearningWare Games2train e, até pouco tempo atrás, na Stillwater Media (Game Mill).[18] Esses templates permitem que você insira suas perguntas e rode um jogo que é mais ou menos fiel ao original, a ponto de, em alguns casos, ter campainhas reais que tocam quando você "acerta". Ou, como isso é muito

---

[16] Porta-voz do *Jeopardy!*

[17] *Ibidem*.

[18] Esses não são o *Jeopardy!* "verdadeiro". Eles não usam o nome ou a abordagem de perguntas invertidas, mas usam o estilo grade, ou seja, perguntas de múltipla escolha.

simples, praticamente qualquer empresa que atue com customização de treinamentos ou desenvolvimento de conteúdos para a internet ficará feliz em fazer um jogo no estilo de *Jeopardy!* para você (o que provavelmente significará apenas pegar um de seus arquivos e customizá-lo para você).

Embora o desenvolvimento de templates e a customização sejam a maneira mais sofisticada de fazer o *Jeopardy!*, muitos instrutores usaram internamente outras ferramentas de desenvolvimento e criação ou seguiram o caminho bem mais barato (de graça, na verdade) do PowerPoint, criando jogos de *Jeopardy!* em apresentações de *slides*. A Sony incentiva o uso de seus jogos em escolas e no meio acadêmico. Ela aplaude o uso do jogo por educadores, dizendo que os professores geralmente criam as próprias versões de *Jeopardy!* para motivar os alunos a participarem das aulas, e cita um professor de faculdade que disse que o *Jeopardy!* é o "vestibular dos programas televisivos de jogos". Uma vez que a Sony não licencia o jogo ou o logotipo a empresas para treinamentos, usuários corporativos do *Jeopardy!* também não estão engordando os cofres da Sony. Como a música para o Napster, o *Jeopardy!* é para os treinamentos algo que muitos se sentem no direito de "simplesmente usar". A Sony, como é de esperar, tem uma posição um tanto quanto diferente e, como veremos em breve, planeja fazer algo quanto a isso.

Quem então usa treinamentos no estilo de *Jeopardy!*? A pergunta mais fácil é provavelmente "quem não o faz?". O rol de empresas no site da LearningWare inclui:

Empresas que usam (com permissão) os programas de jogos televisivos da LearningWare		
3M	Eli Lili	Northwestern Mutual Life Ins.
Abbot Laboratories	Enron	Norwest Corp.
Aetna	Foster Wheeler Corp.	PECO Energy
Allmerica Financial	General Electric	Pfizer
Allstate	General Motors	Philip Morris
American Express	Goodyear Tire & Rubber	PPG Industries
American Family Insurance	Harris	Procter & Gamble
Amoco	Heartford Financial Services	ProSource
Anheuser-Busch	Hilton Hotels Corporation	Prudential Insurance

(cont.)

AT&T	Honeywell	Reebok International Ltd.
Automatic Data Processing	Humana	RJ Reynolds
Baker Hughes	IMC Global	Rohm and Haas
Bell Atlantic	International Paper	Sara Lee
Bestfoods	Johnson & Johnson	Sears Roebuck
Boeing	Liberty Mutual Insurance Group	Sherwin Williams
Chevron	Lucent Technologies	Sprint
Cigna	Marriott International	State Farm Insurance
Circuit City	McDonald's	Sun Microsystems
Cisco Systems, Inc.	MCI Communications	Sun Trust Bank
ConAgra	Merck	Texaco
Continental Airlines	MicroAge Integration	Union Camp Corp.
CSC	Micron Electronics	Unocal
Daimler/Chrysler	Microsoft	UpJohn
Dana	Mobil	UPS
Dayton Hudson/Target	NationsBank Corp.	US West
Delta Airlines	Navistar	Wells Fargo & Co
Digital Equipment	Nike	Whirlpool
Eaton	Northwest Airlines	Xerox

Na maior parte dos casos, essa lista representa instrutores individuais, e não necessariamente a empresa toda. Aquelas que não figuram nela também utilizam o jogo, obviamente. Relata-se que Paul Ventimiglia, instrutor da Ford, usa um jogo no estilo de *Jeopardy!* toda sexta-feira".[19]

Para que eles o usaram? É só você dizer. A lista contém favoritos universais como *Jeopardy! do Não Se Arrisque com Eletricidade*, *Jeopardy! da Diversidade*, *Jeopardy! do Balanço Geral*, *Jeopardy! do Manuseio de Cargas e Bagagens*, *Jeopardy! da Segurança de Empilhadeiras* e *Jeopardy! do Nomeie Aquela Anomalia Congênita* (mesmo!). Uma de suas principais atrações é sua capacidade de ser usado para qualquer material, principalmente para coisas tolas.

O *Jeopardy!* é uma instância de aprendizagem baseada em jogos digitais? Claro, apesar de estar certamente longe de ser uma tecnologia de ponta. Ele é um ótimo exemplo de perguntas e respostas simples (no que concerne à

---

[19] Paul Ventimiglia, desenvolvedor de treinamentos baseados em computadores da Ford Motor Company.

aprendizagem) e aprendizagem baseada em jogos digitais extrínsecos (no que concerne ao jogo). Ele seria ridicularizado por muitos acadêmicos. Entretanto, combina conteúdos relevantes para os negócios com um formato de jogo que vem a empolgar, envolver e acrescentar novos elementos para a aprendizagem. O conteúdo é altamente customizado para os aprendizes. Os elementos de envolvimento emocional (que geralmente é bem alto) aumentam a adesão dos usuários. Obviamente, em termos de um *tipo* de aprendizagem (perguntas e respostas), ele certamente não é o que há de mais sofisticado – é basicamente um mecanismo de "revisão e reforço" e não a aprendizagem primordial que aquela baseada em jogos digitais pode às vezes ser. Mas trata-se de um grande passo no que diz respeito à sala de aula padrão da exposição e avaliação, mesmo se, em muitos casos, ele *seja* essencialmente o teste. Instrutores e seus alunos quase sempre o avaliam de maneira positiva. A LearningWare cita um participante, mais entusiasmado que os outros, que disse: "Posso me lembrar de todas as perguntas e respostas no jogo que ganhamos". Ótimo! Agora, se apenas pudéssemos tornar a parte do apresentar igualmente empolgante. (Nós podemos – continue lendo.)

Qual a intensidade da obsessão dos instrutores pelo *Jeopardy!*? Tenho estado com clientes em potencial (tanto da geração do *baby boom* quanto alguns mais novos) demonstrando jogos de perguntas e respostas novos e inovadores, com interfaces que vão desde *Paciência* até *Tetris* e *PacMan* e tudo que eles perguntam é: "Você tem o *Jeopardy!*?". E as pessoas querem que ele seja tão parecido com o real quanto possível. Um grupo usando uma versão acessível chamada *The Battle of the Brains*, um jogo de perguntas e respostas baseado em esportes cujo *design* era uma tentativa premeditada de ficar tão longe quanto possível da aparência e sensação de *Jeopardy!*, insistiu em colocar suas perguntas de múltipla escolha *apenas* no formato "a resposta é..." e em fazer que as respostas dos jogadores consideradas "certas" ou "erradas" apenas *depois* de a resposta ser recebida "sob a forma de pergunta". As pessoas amam aquilo com o que estão familiarizadas. A LearningWare cita como uma das vantagens de seu jogo no estilo de *Jeopardy!* o fato de que "você não tem de ensinar as regras para as pessoas".

Aliás, será que todas essas versões do famoso jogo são legais? "Você não pode proteger uma grade com direitos autorais", afirmou Baila Celedonia, da Cowan, Liebowitz e Latman, escritório de advocacia que fez alguns trabalhos envolvendo direitos autorais para a Sony.[20] Porém, se você acrescentar elementos como o nome, o logotipo, as perguntas "com respostas em ordem inversa" e *principalmente* Alex, você está em um terreno bem mais incerto. "Nós não licenciamos ou autorizamos o uso da marca registrada para nenhuma empresa", declarou um porta-voz do *Jeopardy!*. "Se descobrirmos que uma empresa está usando nosso nome e formato, que são registrados, provavelmente diríamos a eles que não podem continuar fazendo isso."[21]

Não se desespere, entretanto. A Sony, que conhece uma oportunidade de lucro quando vê uma (apesar de afirmar que sua motivação é fazer que as pessoas "façam as coisas da maneira correta"), está criando uma versão acessível "oficial" de *Jeopardy!*, para vender tanto para professores quanto para instrutores. E, para os instrutores que não podem pagar nem por essa versão – ou que não podem esperar até que ela seja criada –, outro porta-voz da Sony declarou: "Você já viu uma escola ou empresa processada por isso? Aí está sua resposta."[22] Então você pode sempre arriscar.

CONCURSO 6

Qual é o uso mais estranho de *Jeopardy!* para treinamentos que você conhece (não invente) e onde ele ocorreu? Mande suas respostas para contest6@twitchspeed.com.

É claro que a *próxima* grande oportunidade na direção dessa aprendizagem baseada em jogos digitais é o *Who Wants To Be a Millionaire?*, da ABC – ou seja, da Disney. Ele não apenas é, neste momento, o programa mais popular na televisão como também é o jogo de computador mais vendido no mercado (a 19 dólares). A LearningWare foi rápida em capitalizar

---

[20] Comunicação pessoal.
[21] Porta-voz do *Jeopardy!*
[22] Porta-voz de Relações Públicas da Sony.

sobre isso com um *template* corporativo semelhante, chamado *Essa É Sua Resposta Final?*, que já está sendo comercializado. Será interessante ver, com o passar do tempo, (1) se *Who Wants To Be a Millionaire?* tem o mesmo poder de permanência do *Jeopardy!*: se pode durar mais 35 anos. Não importa quanto lhe paguem, pode haver apenas uma quantidade finita de vezes que Regis pode perguntar "Essa é sua resposta final?"; (2) se a Disney será mais ou menos contundente que a Sony para proteger seus direitos autorais; (3) se o programa terá o mesmo poder de prender a atenção sobre a geração de hoje que o *Jeopardy!* teve na geração do *baby boom*.

Então pelo menos uma forma de aprendizagem baseada em jogos digitais, ainda que bastante simples, teve êxito total ao se incorporar aos treinamentos de negócios nos Estados Unidos. Mas e as outras? Quanto é difundida a aprendizagem baseada em jogos digitais? Nos próximos dois capítulos examinarei mais de quarenta exemplos de aprendizagem baseada em jogos digitais usada em contextos de negócios e militares. Os exemplos variam de alguns incrivelmente simples – mais simples que o *Jeopardy!* – a jogos para aprendizagem extremamente detalhados para matérias muito complexas e difíceis. Porém, antes de passarmos a esses exemplos, consideremos outros dois fatores importantes na aprendizagem baseada em jogos digitais: simulações e a internet.

Simulações... são jogos?

> Você pode ter um jogo que não é uma simulação e uma simulação que não é um jogo, mas, quando você tem um jogo que faz ambos, é uma situação extraordinária.
>
> *Elliott Masie*

No momento em que escrevo, o jogo de computador mais vendido é *The Sims*, da Maxis, uma divisão da Electronic Arts.[23] *The Sims* é a última alegria,

---

[23] *Game Week*, 19-6-2000.

fruto da mente fértil do gênio dos jogos Will Wright, que nos trouxe o *Sim City* e toda uma gama de outras simulações econômicas e de sistemas. A Maxis foi uma das primeiras empresas a fazer jogos de simulação realmente populares, em grande parte porque eles acrescentaram uma interface altamente intuitiva e divertida ao que antes era apresentado principalmente sob a forma de números. Em muitas simulações anteriores, se não na maioria, tudo o que você via eram números – em relatórios, em gráficos –, todas representações bastante abstratas do que estava acontecendo. (Este é, até hoje, o caso de muitas simulações para treinamentos.) Com o *Sim City*, você podia de fato ver cada elemento da cidade crescer – ou decair – dependendo do que você fazia. Prédios, estradas, serviços de utilidade pública e outros objetos eram construídos quando você arrastava ícones e estes ícones ou "azulejos" mudavam dinamicamente dependendo das variáveis no modelo subjacente. As estradas se enchiam de trânsito ou entravam em declínio, as fábricas cresciam ou decaíam, e desastres aconteciam quando serviços, como os bombeiros ou a polícia, eram insuficientes.

Além disso, o *Sim City* e seus sucessores incorporaram uma *variedade* de maneiras de modelar sistemas dinâmicos, incluindo equações lineares (como uma planilha eletrônica), equações diferenciais (a área de atuação de simulações baseadas em sistemas dinâmicos como *Stella*) e autômatos celulares, onde os comportamentos de certos objetos eram oriundos de suas propriedades e regras para a maneira como essas propriedades interagiam com as vizinhas, em vez de virem de equações gerais de controle. Isso lhes conferia uma sensação muito mais "realista" do que planilhas eletrônicas ou simulações baseadas em sistemas dinâmicos.

Toda uma gama de outros jogos comerciais de simulação adotou muitas de suas técnicas, como jogos de história (*Age of Empires*) e sobre o espaço sideral (*Command and Conquer*), e, como veremos, muitas simulações para treinamento também seguiram por esse caminho. Criar um mundo pedaço por pedaço e ver cada um deles crescer ou entrar em declínio tornou-se parte da linguagem dos jogos e, portanto, parte do vocabulário da geração de jogos. Hoje, se você disser "Quero que isso seja como um jogo 'de simulação'", a maioria das pessoas sabe o que isso significa. *The Sims* leva todo o conceito um passo adiante ao permitir que você crie e controle os habitantes de *Sim City*, até mesmo o momento em que eles vão ao banheiro (e não se esqueça de fazê-lo!).

Como apontamos no capítulo 5, as simulações são um gênero de jogos de computador. E recentemente a "simulação", que por muito tempo ficou confinada aos jogadores, cientistas e militares, emergiu como uma grande palavra-chave no campo dos treinamentos. Elliott Masie, fundador do Masie Center e consultor influente na área de treinamentos técnicos, afirmou que esta é uma área-chave de interesse e organiza conferências inteiras em torno desse tema. O que *é* então simulação? É o mesmo que aprendizagem baseada em jogos digitais? Como os dois estão relacionados?

Há diversas definições de "simulação", que variam entre:

- *Qualquer* criação sintética ou falsificada.
- A criação de um mundo artificial que se aproxima do real.
- Algo que cria a realidade do ambiente de trabalho (ou qualquer outro lugar).
- Um modelo matemático ou de algoritmo, aliado a um conjunto de condições iniciais, que permite a previsão e a visualização com o passar do tempo.

Todas essas definições são úteis. Porém, o ponto de vista mais interessante, na minha opinião, é o de J. C. Herz, que sustenta que simulação não é um substantivo, mas um verbo. (Ou, nos termos dela, um predicado, em vez de um sujeito.) Então, se um objeto (real ou virtual) "simula" algo, trata-se de uma simulação. Se um "brinquedo" "simula" algo, trata-se de uma simulação. Se uma "história" "simula" algo, ela é uma simulação, e, se um jogo "simula" algo, ele também é uma simulação. Segundo essa definição, as "ferramentas" também podem ser simulações, e geralmente são.[24]

Então as simulações *não* são, por si, jogos. Elas precisam de todos os elementos estruturais adicionais que discutimos – diversão, brincadeira, regras, um objetivo, vencer, competição, etc. – para tornar-se aquilo que

---

[24] Entrevista por telefone.

Masie chama de "situações extraordinárias".[25] Há inúmeras boas razões para simular coisas ou processos em treinamentos – a capacidade de "praticar em segurança" e a de fazer experimentações "e se" são duas delas. Mas, se não se prestar atenção, assim que a novidade inicial se esgotar, as simulações podem facilmente se tornar quase tão chatas quanto treinamentos de exposição e avaliação, mesmo se você estiver de fato fazendo algo. Um exemplo são simulações em realidade virtual (RV) de atravessar um prédio ou ir a algum lugar – interessantes na primeira vez, talvez, mas nada além disso. Outro são simulações baseadas em números sem uma interface visual – *chato*. Outro exemplo ainda podem ser modelos "e se" técnicos, complexos e não competitivos (estes são, tecnicamente, "brinquedos", mas pode ser que ninguém além dos criadores queira brincar com eles); ou simulações físicas – eis como a gravidade, a fricção ou o sistema solar funcionam. Interessante, mas e daí? Mesmo tarefas simuladas, que muitos enaltecem como instâncias do aprender na prática, podem facilmente ser desprovidas de quaisquer fatores motivacionais e tornar-se meras sucessões de coisas chatas a serem feitas. Como um participante disse, "a simulação era mais divertida que o resto do curso, mas não muito mais".

A fórmula de Alfred Hitchcock para um filme de sucesso era *remover* as partes chatas.[26] Para ter algo interessante e envolvente em simulações, as partes chatas também devem ser removidas e deve-se acrescentar diversão. Torná-las jogos é uma ótima maneira de fazê-lo.

Elliott Masie aponta que a diferença entre um jogo e uma simulação é "o grau de disposição mental do aprendiz". "Em um jogo, o que estamos acionando é o espírito competitivo/cooperativo, estamos acionando um aspecto divertido, o elemento de realização, ganância e vitória. Penso que todos esses elementos não têm apenas um impacto psicológico, mas também um impacto realmente fisiológico sobre as pessoas."[27]

Pegue, por exemplo, o simulador de voo. Sempre considerado uma atividade para estimular a criatividade dos militares, este simulador foi

---

[25]   Entrevista por telefone.
[26]   "A ficção é a vida sem as partes chatas."
[27]   Entrevista por telefone.

originalmente concebido como um dispositivo de entretenimento para exposições.[28] Mesmo assim, o simulador é reconhecido, corretamente, como uma revolução na aprendizagem e em treinamentos. Pilotos e pilotos em potencial podem passar horas e horas fazendo algo consideravelmente próximo a voos de verdade, vivenciando todos os tipos de situações "e se" em termos de clima, localização, condições de voo, horário do dia e, claro, dificuldades mecânicas sem arriscar aviões caros ou a vida das pessoas. (É isso o que quero dizer com "praticar em segurança".) Não só as simulações de voo se tornaram *de rigueur* para pilotos como elas também deram origem a toda uma geração de aviadores virtuais, que pilotam virtualmente versões incrivelmente realistas de tudo desde 747s até os últimos jatos militares e helicópteros de ataque.

Continuo afirmando que, apesar de haver pessoas que simplesmente "amam voar" em simuladores, voos simulados podem se tornar chatos, da mesma forma que dirigir seu carro para o trabalho ou fazer qualquer movimento repetidamente é chato. O que *não* é enfadonho em uma simulação de voo é aprender e competir. Ambos acontecem quando objetivos, regras, desafios como emergências e algumas vezes narrativas ("você está em território inimigo") são acrescentadas ao "brinquedo", ou seja, quando a simulação *também* se torna um jogo. O objetivo pode ser "aprender a decolar", "pousar com êxito dez vezes", "lidar com variações bruscas do vento", "aterrissar com segurança mesmo se seus dois motores de estibordo acabaram de pegar fogo", "descobrir o melhor meio de atacar o alvo" ou qualquer coisa do tipo. Os objetivos podem ser incorporados ao jogo ou impostos pelo instrutor ou usuário, mas, assim que você os inclui, de repente há mais envolvimento, havendo ou não uma "pontuação" verdadeira. Masie acres-

---

[28] Em um artigo argumentativo apresentado na Modeling and Simulation: Linking Entertainment and Defense Conference em 1996, Jacquelyn Ford Morie relatou que há um aviso em um simulador de aviões inventado por Edwin Link, em 1930, no Museu de Armamentos da Força Aérea (Air Force Armament Museum), em Pensacola, Flórida, que atesta que ele foi desenvolvido originalmente como um dispositivo voltado para o entretenimento. Esse tipo de "blue box" [um aparelho telefônico que manipulava as centrais telefônicas por imitação de suas frequências e permitia que se fizessem ligações gratuitas – N. T.] foi vendido para parques de diversão até 1934, quando Link, ele mesmo um piloto, se encontrou com a Aeronáutica para vender o conceito de treinamento de pilotos com seu equipamento.

centa que transformar uma simulação em um jogo muda nossas inibições. "Há uma permissão para sairmos de nosso tipo de estabilidade", afirmou.[29] Tentamos coisas nos jogos que talvez não tentaríamos na vida.

Outro exemplo dessa questão do "envolvimento" é encontrado em simulações militares. Estas tradicionalmente têm objetivos bastante diferentes daquelas que visam ao entretenimento. As últimas são guiadas pela empolgação e pela diversão. Os jogadores devem querer jogar e usá-las repetidamente, a fim de aumentar a empolgação; situações perigosas e não realistas, exagero de perigos, múltiplas vidas e heroísmos são aceitáveis e até mesmo desejáveis. Simulações de defesa, por outro lado, "enfocam predominantemente ambientes realistas e situações de envolvimento. As interações têm uma natureza séria, podem depender crucialmente de características do terreno ou outros fenômenos ambientais e geralmente se valem da capacidade do usuário de coordenar ações com outros jogadores".[30]

Em outras palavras, os criadores de simulações militares trabalham duro para ser tão "fisicamente" corretos quanto possível, em qualquer nível de detalhes que for adequado. Se são necessários dois minutos inteiros para o canhão principal de um tanque resfriar depois de um tiro antes de você poder recarregar e atirar novamente, é isso que é necessário na simulação. É importante que os participantes do treinamento saibam disso, ou, do contrário, eles podem ter expectativas irreais na batalha, com consequências muito negativas. Entretanto, em um *jogo* de tanques, você só quer clicar aquele *mouse* e acabar com seus oponentes.

Esse é geralmente um grande problema no uso de simulações como ferramentas de aprendizagem. A realidade (como qualquer pessoa que já participou de uma reunião de negócios pode confirmar) pode levar ao tédio, o que pode então, na verdade, *reduzir* a aprendizagem. Como veremos no capítulo 10, os participantes dos treinamentos da Marinha em uma simulação de submarino consideraram sua tarefa enfadonha e não se saíram bem – até

---

[29]   Entrevista por telefone.
[30]   David R. Peatt, do Joint Simulation Systems/Joint Program Office do Departamento de Defesa.

que a Marinha a transformou em um jogo que não era nada realista, mas altamente eficaz pela perspectiva do envolvimento e da aprendizagem.[31]

Isso levanta a questão daquilo que é conhecido como a "fidelidade" de uma simulação. Muitos instrutores diferenciam entre simulações de "alta fidelidade" e as de "baixa fidelidade". As últimas eram situações nas quais um ou alguns elementos eram retirados da realidade para serem enfatizados. Você está assando algo, por exemplo, mas tudo o que você precisa fazer é acertar o tempo e a temperatura de acordo com a altitude em que você se encontra – você não tem de colocar as coisas na geladeira, os ingredientes não estão desorganizados e assim por diante. Também podem ser casos metafóricos ou hipotéticos com apenas alguns fatores, como: "Imagine que você e outras cinco pessoas na sua mesa estão em um bote salva-vidas furado em um oceano cheio de tubarões e o bote só consegue levar quatro pessoas. Você deve decidir como lidar com essa situação". Thiagi sugere que simulações de baixa fidelidade resultam na aprendizagem de princípios e percepções gerais que podem ser usados em diversas situações.[32] Elas também são muito úteis para principiantes, que ficariam confusos com muitos detalhes.

Simulações de alta fidelidade, entretanto, são tentativas de modelar a realidade tão de perto quanto possível. Elas incluem modelos que usam uma grande quantidade de fatores e relacionamentos complexos entre esses fatores, além de objetos físicos similares a seus correspondentes no mundo real. Um simulador de voo de alta fidelidade, por exemplo, combina a cabine de verdade de um avião, contendo todos os instrumentos e controles exatos, com um projetor do espelho retrovisor guiado por computador que mostra o que o piloto veria na vida real. O programa de realidade virtual responde a todas as ações do piloto em treinamento e muda dinamicamente a visão externa e as leituras nos controles da cabine. Nos negócios, simulações de alta fidelidade incluem modelagens bem realistas de desafios do trabalho, como uma interpretação autêntica de papéis em uma ligação de vendas. Segundo

---

[31] Ver capítulo 10.

[32] *Thiagi Game Letter*, vol. 1, nº 9, janeiro de 1999, p. 7.

Thiagi, a simulação de alta fidelidade resulta em uma transferência bastante confiável de treinamento. Os usuários aprendem procedimentos exatos que eles podem aplicar a suas situações de trabalho. Ela é ótima para praticar passos concretos e consistentes em um procedimento padronizado.[33]

A realidade é que sempre há um *continuum* entre os dois extremos. "É impossível", disse Will Wright, "dizer onde uma simulação de alta fidelidade começa".[34] E é geralmente difícil dizer sem fazer um teste preciso de quanto de fidelidade é necessário para transmitir a aprendizagem exigida – é normalmente diferente para principiantes, se comparados àqueles usuários mais avançados. O grau de fidelidade exigido é muito importante tanto de uma perspectiva de custos quanto de aprendizagem. Como os militares aprenderam, simulações com fidelidade extremamente alta não são baratas. Eles estão usando agora simulações comerciais, em alguns casos para "se livrar" de algumas tarefas de ativos com custos mais altos.[35] Porém, independentemente de serem de alta ou baixa fidelidade, *todas* as simulações podem ser transformadas em jogos.

Como transformar uma simulação em jogo

Como transformar simulações em jogos? Em primeiro lugar, precisamos começar pelo acréscimo de alguns ou todos os elementos da estrutura formal de um jogo – diversão, brincadeira, regra, um objetivo, vencer, competição e assim por diante. Como explicou Eric Goldberg, "como uma pessoa de negócios, eu quero errar e aprender com meus erros. Como um jogador, eu quero vencer".[36] Simulações chatas presumem que o primeiro item contenha motivação suficiente. Não é verdade. Não para uma situação extraordinária, pelo menos. Os *piores* jogos de simulação são um mero conjunto de pontos a serem aprendidos, sendo a parte da simulação feita apenas como uma maneira sorrateira de levar o jogador até cada um deles. Os melhores continuam forçando você a continuar até o fim.

---

[33] *Ibidem.*
[34] Entrevista por telefone.
[35] Programa MiSSILE. Ver capítulo 10.
[36] Entrevista por telefone.

COMO OS JOGOS ENSINAM E POR QUE ELES FUNCIONAM

Um dos meus jogos favoritos de todos os tempos, aquele que me fez entrar nesse campo, é chamado *Life & Death*.[37] A primeira versão, lançada para Macintosh em meados da década de 1980, era sobre a realização de uma apendicectomia. (A última versão possibilitava às pessoas fazerem cirurgias cerebrais.) Em *Life & Death* você não opera logo de cara – primeiro tem de encontrar um paciente que de fato tenha apendicite, já que há outras causas de dores nas vísceras. Então você começa realizando exames – você é chamado para diversas salas e encontra pacientes deitados, os quais você pode questionar e examinar. Você descobre que deve apalpar para ver em que lado está a dor. É preciso tirar radiografias para distinguir certas coisas. Quando finalmente chega a um diagnóstico correto de apendicite, você vai para o centro cirúrgico, pega seu bisturi e começa a cortar – e então o paciente simplesmente morre porque você esqueceu de lavar as mãos. No instante seguinte você está no necrotério olhando um cadáver com uma etiqueta de identificação no dedão do pé. Se você comete um erro não tão fatal, você é mandado temporariamente para a "escola médica", onde recebe uma dica rápida sobre o que não fazer da próxima vez. Há muito a aprender no caminho – cortar os músculos, lidar com hemofílicos, dar lidocaína e outros remédios nos momentos certos – e de muitas dessas coisas eu me lembro quinze anos depois. Mas meu objetivo, droga, *nunca* foi aprender essas coisas; era só salvar ao menos um paciente.

Você não precisa bater na cabeça das pessoas com os pontos a serem aprendidos ou "pontos falhos" para fazê-las querer vencer. As pessoas que conheço e que dizem ter aprendido coisas importantes com jogos de simulação – seja negociações de orçamentos no *Sim City*, habilidades de sobrevivência no *Oregon Trail* ou como gerenciar um negócio em *Roller Coaster Tycoon* – geralmente o fizeram de maneira furtiva e secreta, mas não diretamente. Muitos dos chamados "jogos" de simulação são apenas uma série de mini-interpretações de papéis nos quais você está sendo abertamente direcionado para uma resposta "correta".

---

[37]   *Life and Death*, lançado por The Software Toolworks.

As simulações podem ser uma maneira fabulosa de aprender, mas, para manter o envolvimento da maioria dos jogadores, você precisa constantemente torná-las divertidas – divertido da perspectiva do *jogador*, e não do criador. Às vezes uma simulação de fidelidade muito alta que imita exatamente a vida pode fazer perder, inesperadamente, a graça do jogo. O mesmo também pode acontecer se não forem dadas aos jogadores escolhas suficientes, possibilidades engraçadas ou mesmo ultrajantes – uma das melhores coisas sobre simulações focadas no consumidor é simplesmente a quantidade de opções que lhe são dadas. "Eles disseram que poderíamos ser uma empresa de brinquedos", disse um jogador de uma simulação de comércio eletrônico, "mas queríamos ser uma empresa de brinquedos *sexuais*".[38] Desculpa. Esqueça isso. Não faz parte de nossas configurações. É óbvio que acrescentar diversão pode ser complicado, visto que diferentes públicos têm diferentes noções do que é "diversão". Ao falar sobre *Angel Five*, sua simulação do FBI, Ed Heinbockel, da Visual Purple, contou que os usuários *amaram* a parte da vigia, apesar de os criadores terem dito que era "como assistir à tinta secar".[39] Mas uma coisa com a qual se deve ter sempre cautela é agradar a si mesmo como designer, ou mesmo os clientes que pagam as contas, à custa dos jogadores. Os fabricantes de jogos comerciais encontram-se geralmente em uma situação na qual os desenvolvedores e os jogadores são as mesmas pessoas – "Nós só fazemos jogos que gostaríamos de jogar", disse um deles.[40] Entretanto, isso não é verdade no que diz respeito aos fabricantes de jogos para treinamento.

Pegue, por exemplo, uma simulação de atendimento ao cliente, da qual há agora centenas. Normalmente um cliente (em animação ou em vídeo) entra no hotel, na concessionária ou no banco e precisa de ajuda, e você, o funcionário, tem uma conversa simulada com aquele cliente com base em uma estrutura de "árvore", com escolhas que se ramificam. Os resultados são diferentes por conta de suas decisões. Criadores de simulações não baseadas em jogos geralmente vão desenvolvê-las com uma gama fixa de clientes tão

---

[38] Comunicação pessoal.
[39] Entrevista por telefone.
[40] Citado em Geoff Keighley, *Millenium Gaming*, cit.

reais quanto possível (em vídeo, sem dúvida), de diferentes tipos e em situações variadas, cada uma desenvolvida para desempenhar um dos pontos sobre os quais você está ensinando. Você recebe um retorno ao longo do caminho, certamente incluindo reações negativas por parte dos clientes a coisas que você fez errado. Quando falha, você geralmente recebe vários retornos, na maioria das vezes por escrito, mas algumas vezes até mesmo uma explicação de um "especialista" sobre o motivo pelo qual você estava errado, possivelmente por meio de uma chamada "história de guerra" de alguém lhe contando algo que já aconteceu, por escrito ou em vídeo. Isso *pode* funcionar – supondo que você se importe o suficiente com seu trabalho e com o programa para querer de fato praticar e obter as respostas corretas. Porém, isso normalmente ainda transmite a sensação de um *treinamento*. Se não fossem forçados por instrutores ou outras pressões para completar o exercício, muitos usuários simplesmente optariam pelas respostas ultrajantes obviamente incorretas, obteriam um pouco de diversão com as reações negativas dos clientes e deixariam por isso mesmo.

Eis outra maneira de configurar esse tipo de simulação a fim de torná-la mais semelhante a um jogo. Você, o jogador, pode *configurar* seus clientes, partindo de milhões de possibilidade. Você decide a aparência deles, a personalidade, o humor em que eles estarão naquele dia. Você também decide qual será o *seu* humor naquele dia – feliz, deprimido, querendo estar em outro lugar, de ressaca e assim por diante. Você configura o jogo enquanto joga, e ele aleatoriamente gera clientes. Estes clientes são animações de computador – representações não realistas, mas exageradas. Se você os irrita, eles destroem o lugar. Se você faz a coisa certa, eles o beijam ou dão a você coisas boas ou dinheiro e coisas do tipo – coisas ousadas, memoráveis. Você tem um objetivo – acumular tanto "sucesso" quanto for possível, tornar-se o principal vendedor, o garçom com a maior quantidade de clientes "fiéis" ou manter sua "calma" em determinado nível, independentemente do que os clientes fizerem. Mas você não tem de conquistá-los imediatamente; na verdade, é *difícil* chegar lá. Você pode explorar toda a gama de situações ruins, o que é possível fazer imediatamente, porque você já ouviu, no boca a boca, que elas são muito divertidas. Em cada situação, não há apenas uma lista de três escolhas, mas um grande leque das coisas mais criativas (e ultrajantes) para dizer naquela situação, ao qual se podem até acrescentar itens, que serão mostrados (depois de verificados) nos jogos dos outros. São oferecidos prêmios para as frases mais espertas e para abordagens que dão certo. Desvios inesperados ocorrem, como atrasos ou intervalos amorosos. Há também um modo para múltiplos jogadores, em que jogadores vivos controlam os clientes, e o papel deles é fazer você perder a calma à medida que eles o interrompem continuamente. Você *de fato* aprende as coisas certas a fazer e dizer, porque há algo particularmente divertido envolvido para você – toda a lista que vimos sobre o que torna os jogos envolventes, incluindo vencer nos termos do jogo ou nos seus próprios. É legal – não da forma como aprender uma lição é legal, mas da forma como ter a melhor cidade, parque temático ou família simulada é legal. Esta é a abordagem em termos de configuração que levou à criação de um jogo chamado *Where in the World is Carmen Sandiego's Luggage?*, em vez de uma simulação chamada *Customer Service at SAS Airlines* (ver capítulo 9).

Outros designers, com uma abordagem mais cinematográfica/narrativa, podem desenvolver jogos de simulação de forma um pouco diferente, estabelecendo, por exemplo, um incidente instigante logo no começo de modo que você, jogador, fique *realmente preocupado* com o resultado final.

O que estou tentando dizer é que, só por ser uma simulação, não significa que é envolvente; e, para que um jogo de simulação seja eficaz, não necessariamente tem de ser um retrato totalmente realista da situação ou do trabalho. Os *elementos* reais precisam ser combinados de modo que seja interessante, entretenha e seja viciante o suficiente para que o jogador se divirta e se preocupe. Na verdade, o conteúdo e as mensagens de uma "simulação" e de um "jogo de simulação" podem ser exatamente os mesmos – a diferença vem do envolvimento e dos desafios dos jogos.

O papel do processamento em simulações

Embora muito possa ser aprendido simplesmente "jogando" o jogo de simulação, para ser mais eficaz em termos de aprendizagem, ele deve ser "processado" ou fazer refletir. "Acho que devemos ter muito cuidado", disse

Masie, "porque se supõe que as pessoas no jogo aprenderão com suas experiências. Mas parte do que ocorre, e acho que isso também é verdade no atletismo, é que a dose de endorfina do jogo nos torna de muitas maneiras nada analíticos sobre nossos êxitos e fracassos".[41] Jogos de simulação são então geralmente seguidos por "consolidações", em que os jogadores sentam e discutem o que aconteceu, quase sempre guiados por um instrutor ou técnico. No âmbito militar, isso é conhecido como a "revisão depois da ação", quando os jogadores saem de seus tanques, cabines ou tendas de comando simulados e conversam sobre a batalha. Parte do retorno é dada pelos próprios jogadores – "Sabe quando você subiu aquele morro e o tanque vermelho estava lá? Eu estava tentando chamar sua atenção, porque teria atingido aquele cara para você". Mesmo assim, um bom consolidador ou processador ajudará os jogadores a enfatizar e generalizar as diversas lições aprendidas para que eles possam posteriormente aplicá-las em outras situações.

Uma vantagem dos jogos de simulações *digitais* é que grande parte do processamento pode ser embutido. Enquanto você está jogando, o próprio jogo pode dizer que você poderia estar se saindo melhor e perguntar se gostaria de saber por que, cabendo a você determinar o nível de processamento que deseja. Há, no geral, um modo nas simulações digitais para "repetir" o que acontece para um ou todos os jogadores verem – e "críticas" baseadas em inteligência artificial podem ser acrescentadas para serem vistas e transmitidas por mensagem também. Uma razão particularmente boa para transformar uma simulação em um jogo – algo que as pessoas têm motivação para jogar repetidas vezes – é que, depois da consolidação, os jogadores podem geralmente aprender bastante fazendo as coisas novamente.

Simulações divertidas de aprendizagem baseada em jogos digitais: Monte Cristo

A Monte Cristo,[42] uma empresa francesa, é especializada em simulações de gestão. Seus fundadores são advindos das melhores escolas de administração, empresas de consultoria e bancos de investimento. Com títulos

---

[41] Entrevista por telefone.

[42] As informações sobre a Monte Cristo são baseadas em uma entrevista pessoal com Marc Robert, diretor de marketing.

como *Wall Street Trader, Start-up, Airport Tycoon, Economic Wars* e *Business Strategy*, você poderia pensar que seu mercado-alvo são os treinamentos. Certo? Errado! A Monte Cristo é uma empresa de jogos comerciais.[43]

Ela de fato saiu de um treinamento de negócios. O primeiro compromisso que teve foi com a Comissão Europeia, que queria mostrar para seus membros e para o Parlamento Europeu as vantagens da adoção do euro. Porém, depois de construído o mecanismo do Mercado Europeu, os fundadores perceberam que ele poderia ser usado para um propósito mais amplo, como uma simulação de toda a bolsa de valores. Foi assim que surgiu seu primeiro jogo, o *Trader 97*.

A Monte Cristo escolheu o mercado de consumo em vez do de treinamentos porque queria adotar uma abordagem mais de mercado de massa, utilizando mais elementos multimídia. "As ferramentas de treinamento tendem a ser mais sérias, com um monte de gráficos e planilhas eletrônicas do Excel", disse Marc Robert, chefe do departamento de marketing da empresa. "Queríamos uma abordagem mais divertida, o que levou à ideia de irmos para o mercado de massa". Os fundadores também foram influenciados por um programa de televisão francês chamado *Capital*, cujo objetivo era levar questões econômicas e de negócios para o público em geral.

No fundo, os produtos da Monte Cristo são simulações econômicas bem modeladas, mas na tela eles são tão graficamente empolgantes quanto qualquer outro jogo comercial. Os departamentos administrativo, comercial e de publicidade (onde você descobre as fofocas) no *Wall Street Trader* apresentam uma tecnologia 3D de ponta, assim como suas acomodações em *Start-up* (você tem bastante capital). Neste último você tem poucos funcionários andando por aí (como em *The Sims*) e é possível ver quão ocupados eles estão e até mesmo o humor deles. Você consegue convocar e motivar sua equipe, assim como criar, desenvolver, fabricar e vender diversos produtos com aparência de reais, desde consoles de videogames a telefones celulares

---

[43] De acordo com a PC Data, os jogos mais vendidos em 1999 foram o *Sim City 3000* e o *Roller Coaster Tycoon*.

COMO OS JOGOS ENSINAM E POR QUE ELES FUNCIONAM

e televisores modernos, tendo de gerenciar toda a empresa por cinco anos, levando-o – espera-se – ao sucesso.

Todos os jogos da Monte Cristo podem ser postos em rede e jogados *on-line* (se você possuir o CD), e alguns deles são especialmente criados para múltiplos jogadores, incluindo o *Star Peace*, em que equipes de quinhentos a mil jogadores constroem mundos semelhantes aos de *Sim City*, que são enormes e, no fundo, interligados; *Economic Wars*, em que você é o comandante de um país; e *Business Strategy*, em que você assume o papel de chefe de uma multinacional. O objetivo da Monte Cristo é eventualmente unir *Wall Street Trader*, *Start-up*, *Economic Wars* e *Business Strategy* em uma única grande simulação *on-line* de gestão em diversos níveis diferentes.

Treinamento de gestão fora do trabalho! Isso não parece ser justamente *mais trabalho*? Não, e esse é o ponto-chave. Apesar de jogos que vendem muito, como *Sim City* e *Roller Coaster Tycoon*, terem muitos detalhes de gestão, as pessoas se divertem bastante com eles. "Quando o *Sim City* foi lançado, muitos disseram: 'um jogo em que você gerencia a própria cidade? Parece trabalho'", contou Robert. "Quando falamos sobre o *Start-up 2000*, um jogo em que você inicia sua empresa, às vezes recebemos a mesma reação. Bem, é de certa forma verdade, mas também é uma oportunidade para que as pessoas saibam como é se colocar no lugar de um Jeff Bezos ou um Bill Gates." O truque não é fazer o jogo parecer ou soar sério demais. "Você precisa de uma interface gráfica que será prazerosa e divertida aos seus olhos", afirmou Robert. "Mas, ao mesmo tempo, ela tem de ser baseada em um modelo bem realista. Você quer que os jogadores pensem que, se estão se saindo bem no jogo, de certa forma há um paralelo na realidade."

A Monte Cristo, que se intitula como empresa de jogos de gestão, tem dois mercados-alvo principais. O primeiro são estudantes de faculdades e universidades, principalmente em cursos de administração. O segundo são jovens executivos, pessoas com cerca de 30 ou 40 anos, "alguns dos quais foram os primeiros a nascer com o computador", disse Robert. "Eles jogaram *Pong*, jogaram *PacMan*, tiveram um Atari e talvez um Apple II. Eles jogaram de tudo."

No futuro, as empresas planejam fazer uma grande variedade de jogos de gestão, que vão desde gerenciar uma estação espacial até um zoológico, um aquário, um *resort* ou uma equipe esportiva. Então você pode se ver no papel de proprietário de uma equipe, como Ted Turner ou George Steinbrenner, em vez de ser um Bezos ou um Gates.

Dada a combinação de veracidade e de apelo visual subjacentes em seus jogos de gestão, não é surpreendente o fato de as empresas terem ido até a Monte Cristo em busca de versões para treinamento. No entanto, ela recusou todos esses pedidos para manter seu foco no mercado de consumo. Falarei mais sobre o raciocínio deles neste caso no capítulo 15.

APRENDIZAGEM BASEADA EM JOGOS DIGITAIS E A INTERNET

> Quando você joga contra outras pessoas, todas as apostas estão na mesa.
>
> *Um jogador na internet*

Junto com a simulação, o maior alarde no que concerne aos treinamentos se dá em torno da internet. Empresas de aprendizagem baseada na internet estão em toda parte, muitas das quais surgiram no *boom* inicial das ponto.com. As intranets – mesma tecnologia dentro do *"firewall"* de segurança – são tão populares para a aprendizagem quanto as extranets (acesso externo seguro às intranets). Muitas empresas agora declaram categoricamente que querem que todo o treinamento baseado em tecnologia seja dado pela internet – interna ou externamente ou ambos.

Qual é a relação entre a aprendizagem baseada em jogos digitais e a internet? Os jogadores – que buscam entretenimento – estão obviamente correndo para a internet e adotando-a amplamente, descobrindo que ela é uma enorme vantagem e um lar natural. A internet está abrindo toda uma dimensão de maneiras de jogar – jogos com múltiplos jogadores "24 horas por dia, 7 dias na semana, 365 dias no ano" ao redor do mundo. A internet é como uma loja de diversões eletrônicas que nunca fecha.

Jogar *on-line* é uma das "novas formas de entretenimento preferidas", de acordo com Lawrence Schick, diretor executivo de entretenimento interativo para a America On-Line.[44] O que atrai não é somente a facilidade para encontrar jogos e parceiros, em qualquer lugar e a qualquer momento, mas também o desafio de jogar contra uma mente humana em vez de um computador de inteligência artificial (IA). Há dezenas de sites para encontrar parceiros e jogar *on-line*, que vão desde "mata-mata", em que se deve atirar em todos, a jogos de RPG e de estratégia com múltiplos jogadores ou jogos simples de bridge e xadrez. Há centenas de sites de jogos, incluindo sites *com* jogos, sites *sobre* jogos e sites para jogos individuais. Bate-papos e discussões sobre como jogar, como vencer e como resolver problemas são um dos maiores e mais usados recursos de todos esses sites.

O que realmente temos no mundo dos jogos *on-line*, como Clark Aldrich apontou, é uma próspera comunidade autogerada, bem servida e altamente ativa de aprendizes.[45] E as habilidades de jogos que eles podem aprender se aplicam para a vida. J. C. Herz declarou que a comercialização *on-line* de ações é o maior e mais bem-sucedido jogo *on-line* de múltiplos jogadores que já foi inventado.[46]

Mas, quando as pessoas entram na internet para aprender, em vez de jogar, o que elas encontram? Muitos cursos nos quais se inscrever, certamente. Há muito na internet (a na intranet de suas empresas) sob o título de treinamento e aprendizagem. Porém, apesar do alarde em torno dos provedores, "adotar" a internet para treinamentos é dificilmente o termo que eu usaria. Na maioria dos casos seus empregadores os mandam para lá. Além dos cursos pagos pelos empregadores há certificações técnicas, que muitos fazem por conta própria para conseguir um emprego, e diplomas de nível superior, que cada vez mais faculdades e universidades estão passando a oferecer *on-line*.

Provedores de treinamentos baseados em computadores focados em negócios, que antes distribuíam suas ferramentas em CD-ROMs, migraram

---

[44]   Michel Marriott, "I Don't Know Who You Are but (Click) You're Toast", em *New York Times*, 29-10-1998.
[45]   Entrevista por telefone.
[46]   Entrevista por telefone.

todos para a distribuição via internet. No entanto, fora isso, a maioria dos jogos *on-line* não poderia estar mais distante da aprendizagem *on-line*. A aprendizagem baseada em jogos digitais para treinamentos de negócios ainda é muito nova na internet. Por que isso acontece? Não é que as pessoas não queiram jogar no novo meio, como o crescimento dos jogos *on-line* atesta. Então o que está acontecendo?

Uma razão é a tecnologia. Estamos em um estranho período intermediário na história do desenvolvimento dos computadores. Capturamos todo mundo junto, mas apenas com pequenos fios ou "tubos" finos. Onde os tubos são ligeiramente mais grossos (as conexões T1 e de 10 mega na maioria das empresas, por exemplo), nós rapidamente os enchemos com "tráfego", inutilizando-os para o envio de grandes quantidades de gráficos e outros dados. As empresas de jogos, incluindo a Monte Cristo, encontraram uma solução factível sob a forma de híbridos. Os jogadores compram um CD (ou fazem o *download* de um arquivo grande) que contém os gráficos e o rápido mecanismo local para jogar. O mínimo possível de informações é enviado por meio da internet.

O motivo disso é o tempo. Embora ele seja tipicamente medido em milésimos de segundo, enviar informações de um computador para outro leva uma quantidade limitada de tempo e, quanto mais informações, maior o tempo. Ele é o inimigo de jogos rápidos *on-line* por conta de algo chamado "latência". Se você atira em alguém, você gostaria que as informações (e, portanto, a bala) chegassem antes de a pessoa se afastar sem nem perceber o que está acontecendo. Se você está fazendo uma transação a certo preço, você gostaria que ela acontecesse antes de o mercado se mover novamente. Muito daquilo que os desenvolvedores de jogos *on-line* fazem é descobrir maneiras de reduzir a latência, principalmente quando as velocidades de conexão variam muito entre os jogadores. Um ponto-chave é colocar tantos conteúdos quanto for possível na máquina do usuário, na qual eles podem ser acessados rapidamente, enviando apenas pequenas quantidades de informações relativas às ações de cada jogador pela internet, em vez de, digamos, enviar todo um gráfico novo de sua representação ou "avatar" cada vez que você se move.

Esse modelo híbrido não é necessariamente bom para treinamentos, ao menos pela perspectiva da gestão de TI. Muitas empresas gostariam de evitar CD-ROMs e de fazer que tudo rodasse do servidor para o navegador. Entretanto, isso faz que a combinação de jogos de alta velocidade e gráficos muito ricos seja bastante difícil. Dessa forma, até o presente momento, a aprendizagem baseada em jogos digitais com base exclusivamente na internet tem, em muitos casos, se limitado a jogos relativamente simples – jogos clássicos ou de duas telas, como *Jeopardy!*, *Tetris*, *Asteroids* e *PacMan*, jogos de aventuras bem simples ou jogos com interface de poucos gráficos.

Mas tudo isso pode mudar à medida que a banda larga vai crescendo. Pode demorar um pouco, mas assim que a maioria das conexões for de fibra óptica (ou algo ainda mais rápido), gráficos grandes terão menos problemas para aparecer, e a internet e a aprendizagem baseada em jogos digitais vão se unir rapidamente.

APRENDIZAGEM BASEADA EM JOGOS DIGITAIS EM DISPOSITIVOS PORTÁTEIS E TELEFONES CELULARES

Equipamentos tecnológicos se saem bem em ambientes de negócios; as pessoas gostam de tê-los e geralmente os compram por conta própria. O dia em que um amigo me mostrou seu Palm Pilot original eu saí correndo e comprei um; quando o mostrei para meu chefe, ele fez a mesma coisa, assim como todos os seus subordinados. Dois meses depois, tanta gente no Bankers Trust tinha um que o departamento de TI teve de começar a dar suporte a eles, e os Palm Pilots tornaram-se uma compra autorizada pela empresa. Dispositivos portáteis como o Palm e seus concorrentes, bem como aparelhos de comunicação como telefones celulares, tornaram-se onipresentes na maioria dos negócios – uma plataforma que está em funcionamento e só esperando a aprendizagem baseada em jogos digitais acontecer.

Jogos e dispositivos portáteis não são, é claro, desconhecidos. O GameBoy é responsável por gerar a maior parcela dos lucros da Nintendo.[47] A

---

[47] Mais de 100 milhões de unidades foram vendidas e a categoria está impulsionando o crescimento do

possibilidade de jogar em qualquer lugar (exceto na aula, se você for pego) é a principal vantagem. Começaram a surgir jogos para o Pilot desde o início. A Palm até uniu algumas instâncias de aprendizagem baseada em jogos digitais – *Giraffe* – que ajudavam a praticar e aprender a linguagem "de inscrição" (*graffiti*) de entrada de dados (ver capítulo 9). Hoje, podemos visitar diversos sites e baixar centenas de jogos no Palm Pilot, incluindo jogos de tiros em 3D semelhantes ao *Doom*.

À medida que o preço desses pequenos computadores cai, eles vão se tornando onipresentes, quase mercadorias. A Marinha agora dá um para cada pessoa formada na Academia Naval dos Estados Unidos, em Annapolis. Os dispositivos portáteis conectam-se à internet e se interligam por meio de tecnologias sem fio, de infravermelho ou outras. Logo eles atingirão um preço que possibilitará às empresas dar um para cada funcionário, com o símbolo da companhia, contendo, espera-se, suas últimas instâncias de aprendizagem baseada em jogos digitais.

Ainda mais empolgantes, de muitas formas, são os telefones ligados à internet, já bastante populares na Europa e no Japão. Eles possuem telas, embora pequenas, nas quais é possível jogar xadrez e outros jogos. Nos Estados Unidos, eles estão sendo fabricados pela Motorola e por outras empresas. Em um futuro próximo, os dispositivos portáteis e os telefones vão certamente se fundir, o que já começou a acontecer.

Será que a aprendizagem baseada em jogos digitais aparecerá nesses dispositivos? Ela já está lá. No Japão, você pode ter aulas de inglês em seu telefone.[48] A Click Health está produzindo jogos para aprendizagem baseada em dispositivos portáteis a fim de abordar problemas de saúde como diabetes, asma e outros.[49] No MIT, nos Estados Unidos, assim como na Europa e na Ásia, as pessoas desenvolveram jogos para a aprendizagem para dispositivos portáteis, incorporando geralmente as funções de localização geográfica e câmera dos aparelhos. Uma grande vantagem desses dispositivos é que eles tornam real o lema "a qualquer hora, em qualquer lugar" para os co-

---

setor, de acordo com a revista *GameWeek*, 11-8-1999.

[48] *Wall Street Journal*, 3-8-2000.

[49] Disponível em www.clickhealth.com. Acesso em 2000.

merciantes de aprendizagem digital – que com bastante frequência torna-se "em momento algum, em nenhum lugar", mesmo com a internet. Aprenda sobre a nova estratégia de sua empresa no trem ou no ônibus; tenha uma aula de inglês fora do restaurante, enquanto espera por seus colegas. Você o fará – não só porque se trata de uma aprendizagem, mas porque é divertido.

CONCLUSÃO

Vimos que:

- Adultos gostam de jogos e jogam bastante, envolvendo-se muito.
- A aprendizagem baseada em jogos digitais já está sendo amplamente utilizada em negócios, ao menos sob uma forma.
- As simulações tornam-se mais envolventes quando transformadas em jogos.
- A internet é o local dos jogos no futuro, mas só é o local do presente no caso de pequenos jogos ou quando aliada a ativos locais.
- Dispositivos portáteis serão importantes plataformas para a aprendizagem baseada em jogos digitais.

Vejamos agora os diversos modos como a aprendizagem baseada em jogos digitais vem sendo utilizada nos negócios, dentro e fora da internet, por adultos de todas as idades. Já é hora de alguns estudos de caso e de exemplos.

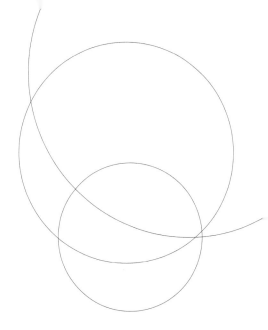

PARTE 3
O QUE AS ORGANIZAÇÕES LÍDERES ESTÃO FAZENDO

Esta é uma ideia que veio para ficar.
Um diretor executivo da Goldman Sachs

9.
APRENDIZAGEM BASEADA EM JOGOS DIGITAIS NOS NEGÓCIOS
41 EXEMPLOS E ESTUDOS DE CASO: DO EXTREMAMENTE SIMPLES AO SURPREENDENTEMENTE COMPLEXO

> Colocar um monte de informações em um site era tão chato quanto receber uma encadernação, então decidimos incorporar um jogo.
>
> *Amy George, da PespiCo*

> É muito mais rápido e também divertido – você só tem de disparar ideias e matar os monstros.
>
> *Gene Kim, operador financeiro*

> A mesma coisa que nos leva a sermos casuais cinco dias por semana também nos permite, em termos de cultura e atitude, aprender por meio de um jogo.
>
> *John Parker, reitor da Leadership College, First Union Bank*

Por que os gerentes reclamam da qualidade da mão de obra apesar de as empresas nos Estados Unidos investirem mais de 60 milhões de dólares em treinamento todos os anos?[1] Nossos funcionários estão *trabalhando* duro, com certeza. Seria possível que eles não estivessem *jogando* o suficiente?

---

[1] O total de dólares orçado para treinamento pelas empresas dos Estados Unidos era de 62,5 bilhões de dólares. ("Relatório da Indústria de 1999", em *Training*, outubro de 1999.)

O QUE AS ORGANIZAÇÕES LÍDERES ESTÃO FAZENDO

Cada vez mais as empresas têm adotado a aprendizagem baseada em jogos digitais de uma forma ou de outra. Ela está atualmente presente em vários setores, organizações e com uma ampla variedade de conteúdos e usos, desde procedimentos e políticas até produtos e habilidades. Embora nem *todos* já possam ser considerados jogos, estimativas da *McKinsey Quarterly* indicam que mais de 60% de todas as empresas dos Estados Unidos usaram algum tipo de simulação para fins de aprendizagem.[2] Certamente estamos no caminho certo.

Nas próximas páginas, apresentarei tanto exemplos curtos quanto estudos de caso mais extensos com exemplos específicos de aprendizagem baseada em jogos digitais e mostrarei as finalidades para as quais eles são utilizados. Demonstrarei como a aprendizagem baseada em jogos digitais é utilizada em redes de *fast food*, onde os jogos e simulações treinam a mão de obra jovem e de alta rotatividade. Mostrarei como esse tipo de aprendizagem tem progredido nas empresas de serviços financeiros, cuja população é extremamente competitiva e tem fácil acesso a computadores. Também abordarei os setores da saúde que têm adotado a aprendizagem baseada em jogos digitais com êxito, principalmente os médicos. Os estudos de caso apresentados em detalhes incluem empresas como Ameritrade, Bankers Trust, The Boston Consulting Group, Burger King, McKinsey, Nortel Networks, PricewaterhouseCoopers e Think3.

Embora eu tenha incluído 41 exemplos aqui, a lista é, na realidade, muito, muito longa. Há uma lista adicional de sites, www.socialimpactgames. com e www.twitchspeed.com, com exemplos que não puderam ser incluídos neste livro. Você pode ajudar a aumentar essa lista, comunicando outros exemplos que você conheça no próprio site. Depois de considerar várias formas diferentes, decidi apresentar os exemplos de acordo com o *tipo de uso* (ver a p. 316).

Agora examinarei exemplos específicos de aprendizagem baseada em jogos digitais. Entretanto, é bom esclarecer que esses exemplos não têm o objetivo de criar a lista dos "40 melhores" exemplos disponíveis da melhor

---

[2]   Dory Bertsche *et al.*, "Is Simulation Better Than Experience?", em *McKinsey Quarterly*, nº 1, 1996.

aprendizagem baseada em jogos digitais, nem quer dizer que eles tenham o meu selo de aprovação. A intenção é apenas enfatizar a *grande variedade* da aprendizagem baseada em jogos digitais existente. Para as pessoas que se importam com o que *eu* considero o "estado da arte" na aprendizagem baseada em jogos digitais, apresento essa lista no fim do capítulo.

Os exemplos começam com o treinamento externo, pois essa é uma área em expansão para a aprendizagem baseada em jogos digitais. Em seguida, passo para o treinamento interno.

TREINAMENTO EXTERNO

Uso da aprendizagem baseada em jogos digitais para educar clientes

Além do treinamento interno, destinado aos funcionários, algumas empresas têm se voltado à aprendizagem baseada em jogos digitais para educar os clientes. Obviamente, essa também é uma forma de marketing. Os clientes, ou os clientes em potencial, podem estar menos motivados que os funcionários para aprender sobre a empresa e seus produtos – o fator "atração" do formato do jogo para envolver as pessoas que não teriam outra "compulsão" para aprender o material. Considero oito exemplos aqui: um jogo de trivialidades baseado em site de baixa tecnologia, um jogo de *e-mail* com tecnologia relativamente baixa, um jogo para Macintosh muito mais sofisticado e criado por uma empresa de consultoria para explicar seus trabalhos, dois jogos de alta complexidade sobre operações de mercado e utilizados para explicar produtos financeiros, sendo que um deles para utilização em sala de aula e o outro via CD-ROM, um jogo usado por médicos e dois jogos para ajudar no uso e na venda de hardwares e softwares.

O QUE AS ORGANIZAÇÕES LÍDERES ESTÃO FAZENDO

USOS DA APRENDIZAGEM BASEADA EM JOGOS DIGITAIS
ESTUDOS DE CASO

A aprendizagem baseada em jogos digitais foi utilizada, *no mínimo*, pelos seguintes setores:

Companhias aéreas	Governamental
Empresas de auditoria	Saúde
Automotivo	Alta tecnologia
Bancário	Turismo
Bebidas	Seguros
Consultoria	Bancos de investimento
Venda de motores	Exploração madeireira
Fast food	Farmacêutico
Serviços financeiros	Cálculo tributário

... para treinar pessoas em empresas nas seguintes áreas e funções ...

Auditoria	Fabricação
Consultoria	Marketing
Financeiro	Vendas
Recursos Humanos	Tecnologia
Administrativo	

... e satisfazer as seguintes necessidades de treinamento externo e interno

Treinamento externo
Treinamento de clientes   Treinamento de fornecedores

Treinamento interno
Criação de estratégia de negócios
Conhecimento do produto
Treinamento de código de conduta e políticas
Habilidades profissionais
Certificação e educação continuada
Criação de políticas públicas
Serviços ao consumidor
Recrutamento
Preparação contra desastres
Atualização da força de vendas
Conscientização da diversidade
Prevenção ao assédio sexual
Treinamento de ética

(cont.)

Treinamento de relacionamento interpessoal e
  habilidades técnicas
Contraespionagem industrial
Comunicação de estratégicas
Habilidades no trabalho
Competências do pessoal de suporte
Treinamento de gerentes
Formação de equipes
Orçamento municipal
Conhecimento técnico
Orientação para recém-contratados

1. ASPIRIN® TRIVIA GAME. Provavelmente, a forma mais simples de aprendizagem baseada em jogos digitais imaginável é representada pelo *Aspirin® Trivia Game*, da Bayer, formalmente disponibilizado *on-line* pelo site da Bayer dos Estados Unidos. Com apenas cinco perguntas, um gráfico (desnecessário para o jogo) e inteiramente escrito em linguagem HTML, ele é tão simples que qualquer programador de HTML poderia provavelmente criar um jogo semelhante no seu site em menos de uma hora.

Sim, o jogo é simples, mas também é envolvente. As cinco perguntas foram escolhidas de forma que não fossem fáceis, nem óbvias, e muito provavelmente vão ensinar algo que você não saiba. São elas (com as escolhas de respostas):

1. Todos os anos, quantos comprimidos de aspirina® são consumidos no mundo todo? (50 milhões/50 bilhões)

2. Atualmente, qual é o uso mais popular da aspirina®? (prevenção de doenças cardíacas/alívio da dor de cabeça)

3. Quando a aspirina® foi comercializada na forma de comprimido pela primeira vez? (1900/1933)

4. A aspirina® é consumida de vários modos no mundo todo. Qual é a forma que os britânicos preferem? (aspirina® em pó/cápsulas revestidas)

5. Qual é a árvore que contribuiu para o desenvolvimento da aspirina®? (salgueiro-branco/bétula)

O QUE AS ORGANIZAÇÕES LÍDERES ESTÃO FAZENDO

Em seguida, os jogadores são *convidados* a descobrir mais informações ao clicar em um link. Apesar de quatro das cinco perguntas terem caráter de trivialidade em sua essência, há uma informação extremamente útil: a de que a aspirina® é um medicamento mais usado para prevenir doenças cardíacas do que para dores de cabeça. Isso deve, de fato, levar algumas pessoas a comprarem o produto!

Não há assunto, arrisco-me a dizer, que não possa ser beneficiado por um jogo simples como este. Os mais céticos com certeza vão perguntar: "Por que isso é considerado um jogo e não apenas um questionário ou um teste?" Há muitas respostas. Uma é o contexto e a outra é que o jogo de trivialidades se tornou uma das formas mais populares de jogo. Uma terceira resposta é a ausência de compulsão e a quarta, o conteúdo das perguntas que são formuladas para atrair o interesse e educar, não para testar. Entretanto, como afirmei, essa é a forma mais básica da aprendizagem baseada em jogos digitais.

2. "WE'LL PAY YOUR TAXES" GAME. Você participaria de um jogo cujo prêmio seria ter os seus impostos pagos? A empresa H&R Block usou um jogo via *e-mail* da Yoyodine (atualmente parte da Yahoo!) para despertar o interesse sobre o seu novo tipo de serviço chamado Premium Tax. Por que um jogo? "Aprender sobre um novo serviço de impostos", afirma Seth Godin em seu livro *Permission Marketing*,[3] "não é algo que alguém adoraria fazer em um sábado à noite". Além disso, o objetivo era alcançar um grupo com maior poder aquisitivo, que muito provavelmente não pensaria na H&R Block na hora de se preparar para o pagamento de impostos.

O jogo foi promovido em *banners* na internet com os dizeres "Participe do Jogo da H&R Block. Nós pagamos seus impostos." De acordo com Godin, cerca de 60 mil pessoas clicaram no *banner*. Depois disso, viram uma página para registro com a explicação de que, para ter os seus impostos pagos no ano seguinte (até 25 mil dólares), teriam de responder a várias perguntas de trivialidades sobre a Block e impostos durante as dez semanas seguintes. Mais de 50 mil pessoas (mais de 80%) se inscreveram. Duas vezes

---

[3]   Godin, *Permission Marketing*, cit., pp. 206-208.

por semana, durante dez semanas, essas pessoas receberam um *e-mail* sobre o jogo e o Premium Tax (imposto sobre prêmio de seguro).

Cada *e-mail* enviado obteve uma taxa média de respostas de 36%, muito alta comparada ao *e-mail* direto. Tratava-se de um *e-mail* aberto porque continha a pontuação do participante. A H&R Block percebeu a melhora no tráfego do seu site e, mais importante ainda, aumento no tráfego em todas as seções do site.

As pessoas aprenderam? Após o término da campanha, um questionário de múltipla escolha sobre o Premium Tax foi enviado a três grupos: usuários de internet que não participaram da campanha, pessoas inscritas que nunca responderam e pessoas que responderam regularmente. No primeiro grupo, 20% (a quantidade esperada aleatoriamente) das pessoas acertaram a pergunta. No segundo, 34% acertaram e, no terceiro, 54% sabiam a resposta correta. Não é um resultado perfeito, porém mais do que o dobro do número aleatório em um grupo sem nenhum incentivo especial para lembrar.

O mais interessante é que esses resultados foram obtidos de um grupo aleatório e autosselecionado. Imagine o que seria possível obter com um grupo que realmente *necessitasse* de informações sobre, por exemplo, uma nova estratégia corporativa. "Imagine que Lou Gerstner (CEO da IBM) oferecesse um Porsche para a melhor pontuação", especulou um executivo da IBM Learning. "Quem não participaria?"[4] Como veremos ainda neste capítulo, empresas como a Nortel Networks já começaram a utilizar a aprendizagem baseada em jogos digitais dessa maneira.

3. TIME OUT! No final da década de 1980, o Boston Consulting Group (BCG) começou a defender uma nova abordagem para a melhoria de negócios: a competição baseada no tempo. Com base no trabalho realizado inicialmente por George Stalk e Tom Hout, e popularizado no seu *best seller* de negócios *Competing Against Time*,[5] a BCG percebeu que vários ciclos e sistemas presentes em vários negócios, desde o desenvolvimento de produtos a serviços e reparos e até mesmo a fabricação, poderiam ser reduzidos de

---

[4]   Comunicação pessoal.

[5]   George Stalk & Thomas M. Hout, *Competing Against Time: How Time-Based Competition Is Reshaping Global Markets* (Nova York: Free Press, 1990).

O QUE AS ORGANIZAÇÕES LÍDERES ESTÃO FAZENDO

forma expressiva, algumas vezes de meses para dias, com o corte dos principais custos, aumentando expressivamente a competitividade da empresa. Entretanto, a análise da competição baseada no tempo foi um grande empreendimento de uma empresa, envolvendo inúmeras entrevistas em todos os níveis da organização, a análise de diversos documentos, visitas ao escritório e à fábrica, entrevistas com fornecedores e clientes e muito mais. Apesar do sucesso do livro e de sua metodologia meticulosa, os executivos da BCG descobriram que alguns competidores se saíam melhor comunicando a natureza e o poder do procedimento aos clientes. "Se ao menos", pensaram os autores, "pudéssemos proporcionar aos nossos clientes a experiência do que estamos para fazer, eles ficariam muito mais envolvidos e interessados no processo".

O resultado foi um projeto de aprendizagem baseada em jogos digitais que no final veio a se chamar *Time Out!* É tanto um jogo quanto uma simulação, mas de uma maneira diferenciada de muitas outras simulações. No *Time Out!*, uma empresa disfuncional, a Cellular, Inc., é apresentada *apenas* da forma como ela aparenta, sem relações do tipo "se você fizer isso, isto pode acontecer" *em hipótese alguma*. Na verdade, trata-se de uma base de dados gráfica com informações que um consultor ou outro observador encontraria se ele viesse a analisar a empresa – relatórios, executivos para entrevistar, fazer visitas à fábrica e chamar a atenção dos funcionários –, tudo apresentado exatamente como um observador encontraria. Construir tudo isso com perfeição não foi fácil. A equipe da BCG analisou um grande número de casos do passado de competição baseada no tempo da empresa para identificar o que os consultores encontraram de fato na primeira visita feita às empresas. Eles foram "não com o olhar de consultores, procurando uma solução, mas, sim, querendo saber o que se aprenderia em uma conversa, o que se veria em uma visita à fábrica, o que se encontraria em documentos de vários setores da empresa", afirmou o gerente de projetos da BCG, Bob Wolf.

O *Time Out!* é um jogo para várias equipes de quatro a seis jogadores em um ambiente facilitado com *design* projetado para incitar a competição. Cada equipe dispõe de dois computadores e todas elas recebem a mesma tarefa para analisar uma das quatro áreas de problema em potencial. O trabalho delas é explorar a empresa e apresentar recomendações que serão compartilhadas em apresentações às outras equipes. "O jogo reduz o processo de equipes de caso de 4 meses para 3 horas", afirma Wolf.

As equipes podem decidir se entrevistam várias pessoas usando os computadores, examinam os relatórios disponíveis e dados da fábrica, visitam a fábrica e outras partes da organização, além de observarem e fazerem perguntas. Assim como na vida real, poucas questões são óbvias à primeira vista: deve-se ir fundo para se descobrir o que realmente está acontecendo e nunca há tempo suficiente para fazer tudo. As entrevistas foram estruturadas conforme as árvores de decisão, de forma que o que se aprende depende das perguntas feitas. Os dados são distribuídos em vários relatórios e, com frequência, não são disponibilizados até que uma solicitação específica seja feita. A eficácia das visitas nos locais depende do que se escolhe observar e das perguntas elaboradas. Em três horas, cada equipe precisa fazer o trabalho de campo, realizar todas as etapas de diagnóstico, analisar os dados que foram obtidos e apresentar elementos de análise – mapas de processo, diagramas de ciclos, diagramas de causa-efeito (*fishbone diagrams*), etc. – e propor recomendações e lógica. "Nós incluímos a capacidade para a realização de uma dezena de análises diferentes, mas apenas pedimos à equipe, em um período de tempo razoável, para que faça de quatro a seis", explica Wolf.

Como em muitos jogos de simulação, as equipes ficam extremamente envolvidas. "Houve competição induzida a tal ponto que fez que todo mundo se interessasse e se importasse e eles acabaram se esquecendo de que se tratava, na realidade, de um jogo de computador", diz Wolf. "Havia tanto entusiasmo com a Cellular, Inc., como se a empresa fosse real – muito melhor do que prevíramos. As equipes sempre achavam que não conseguiriam terminar tudo dentro de uma hora e meia, vindo pedir 'dispensas pessoais'. Todos entendiam que não estavam em uma situação difícil, mas todos estavam trabalhando duro. Era algo empolgante de se ver."

Dois pontos sobre o *Time Out!* são dignos de nota. Conforme mencionado, em comparação com a maioria dos jogos de simulação, não há uma "caixa-preta". Isso significa que não há um conjunto de relações e hipóteses dependentes incorporadas ao jogo (por exemplo, "faça isto e mais isto e mais tarde aquilo acontece"). Não há decisões a serem tomadas dentro da simulação. Há somente dados, muito próximos do que é encontrado no mundo real. As relações e decisões devem ser criadas nas mentes dos jogadores e em equipe. Da perspectiva da BCG, esta abordagem aumentou as conversas e interações entre os jogadores, que é a principal meta do exercício.

O segundo ponto digno de nota é que o *Time Out!* foi projetado como um conjunto relativamente simples de modelos, possibilitando sua fácil atualização e adaptação a outros setores. A versão inicial para o setor de fabricação foi depois complementada com a versão para serviços financeiros. Na verdade, são poucos os tipos de interação no produto: entrevistas, relatórios, *e-mails* e visitas à empresa. Ainda que alimentado com dados adequados, essas interações modelam bem o mundo real e fornecem um quadro rico em detalhes da empresa. A essência da eficácia do jogo era a capacidade que os consultores da BCG tinham para criar o conteúdo das interações de maneira que este fosse, ao mesmo tempo, verdadeiro em relação ao que eles passaram, abrangente e divertido de usar. "Há uma grande diferença entre fazer isso sem se esforçar e fazê-lo com envolvimento, de forma que fique engraçado e que as pessoas embarquem na experiência", comenta Wolf. Os executivos de empresas clientes comentaram que tinham "muitos funcionários com MBA que poderiam lidar com dados refinados e apresentar relatórios caprichados, porém não teriam pessoal para entrar em um chão de fábrica disfuncional e começar a movimentar as máquinas, verificar o início e o fim do processo e ser um bom detetive para descobrir os problemas e identificar as oportunidades. Este jogo nos dá uma visão detalhada de tudo que é necessário".

De acordo com Wolf, a BCG utilizou o *Time Out!* em mais de vinte clientes diferentes e, em geral, várias vezes. "Ele começou como um seminário de conscientização para nos posicionarmos em relação a alguns competidores e o fez com muita eficácia, mas acabou se tornando, basicamente, uma ferramenta de treinamento essencial para equipes de casos dos clientes. Também foi usado, por cinco ou seis anos, em nossas orientações aos consultores em seu primeiro ano de treinamento, porque não era 'fácil demais' e refletia o entendimento mais moderno na época. Então, acabou se tornando uma ferramenta muito versátil. No nosso ponto de vista, foi muito bem-sucedido. Eu desconheço alguma aplicação em cliente que tenha falhado."

4. DARWIN. A operação de opções não é para corações fracos – ou para os que não entendam do assunto. A negociação de opções é extremamente complexa até mesmo para os operadores de opções, afirma Cindy Klein,[6] ex-diretora de desenvolvimento de produtos educacionais da Ameritrade. "É por isso que muitos não conseguem pagar as suas dívidas." Noventa por cento das opções acabam expirando sem serem exercidas.

Klein começou a trabalhar na Ameritrade, uma corretora com 25 anos de existência, em 1994, justamente quando o mercado de negociação *on-line* estava começando. A sua experiência inclui um mestrado em escrita e produção multimídia e de filmes na "Silicon Gulch", de São Francisco. Durante o seu primeiro ano e meio na Ameritrade, ela ajudou a projetar a experiência de negociação *on-line* da empresa. "Nós e mais duas empresas concorrentes lançamos a negociação *on-line* para o mundo", diz ela. "Essencialmente democratizamos o investimento pessoal de uma maneira jamais vista. A Securities and Exchange Commission (SEC) e a Arthur Levitt emitiam notas de ameaça sobre quanto éramos irresponsáveis ao colocar essas poderosas ferramentas de negociação nas mãos de pessoas sem instrução na área. E ficou óbvio, bem rápido, que tínhamos a responsabilidade de ensinar as pessoas como usá-las."

Fale sobre necessidade!

A Ameritrade decidiu desenvolver um treinamento a fim de ajudar os clientes que negociavam opções, mas que estavam perdendo dinheiro porque, na realidade, não sabiam *como* fazê-lo. Ela também tinha uma meta de marketing – alcançar e ensinar estudantes de MBA que porventura poderiam se tornar clientes. Uma simulação permitia que eles ilustrassem o risco de forma expressiva e mostrassem aos clientes como poderiam ganhar ou perder dinheiro "de uma forma que não seria possível com um manual".

---

[6] Esta seção baseia-se em uma entrevista pessoal com Klein.

Mas também decidiram fazer que o seu produto, que acabou sendo chamado *Darwin, Survival of the Fittest*, se tornasse um jogo de verdade.

"Parte do que estávamos tentando simular no *Darwin* é a mania da negociação no pregão", conta Klein. "Uma coisa é ensinar as pessoas a como negociar as suas opções e os princípios básicos de compra e venda. Tudo é lindo e excelente, mas 'Hello? Isso é chato.' O *Darwin* é divertido e se enquadra bem no estilo de jogo, porque colocamos os jogadores no pregão de opções e os fazemos competir contra o relógio." Em parte, o jogo foi uma visão do CEO, J. Joe Ricketts, o empreendedor de 60 e tantos anos que comanda a Ameritrade. "Ele teve essa ideia insana de que as pessoas tinham vontade de aprender a negociar opções nesse ambiente de jogo bizarro – e ele estava certo", conta Klein. "É mais fácil fazer que as pessoas fiquem interessadas em um jogo do que em uma simulação, porque podemos dar a elas uma experiência que as fará mudar de ideia e que, com franqueza, as fará pensar 'puxa, isso é legal de verdade, é divertido e a Ameritrade me proporcionou isso'", ela continua. É uma maneira de incentivar as pessoas a entrarem no jogo. Faz que elas continuem vindo; é algo com o qual podemos criar o interesse nos estudantes do nosso grupo focal, os recém-formados pela faculdade de administração. Como atrair essas pessoas? Bem, falando francamente, eles são jogadores. Há muito em comum entre um estudante típico de MBA de 25 anos e um jogador, e foi uma forma ótima para despertar o interesse nessas pessoas e apresentá-las à Ameritrade quando estivessem prontas para abrir uma conta."

A equipe de Klein desenvolveu um jogo em que foram criadas vinte empresas fictícias. Como jogador, você entra e negocia no pregão, que inclui cinco empresas. Cada empresa tem vários artigos do noticiário que a acompanha. As notícias são atualizadas, seguindo uma formação de árvore, e o jogo tem uma rota de circuito pela árvore em cada tempo, então cada jogo é diferente.

Há aleatoriedade em como cada notícia afeta o preço da ação básica. Assim, há aproximadamente 176 mil cenários em que se pode jogar no *Darwin* – um jogador nunca jogará o mesmo jogo duas vezes. É utilizado o modelo de precificação de Black-Scholes e o mercado responde de forma diferente a cada jogo. O *Darwin* pode ser jogado por um ou vários jogadores pela internet ou em uma rede de área local (local area network – LAN). Você encontra os outros jogadores em uma sala de espera virtual e começa a competir. Na realidade, você não negocia com eles, mas compete pela carteira de ações mais robusta. O jogo inteiro leva aproximadamente 50 minutos e a ideia é que ele pode ser jogado no curto período de uma aula. Você negocia as suas posições e pode duplicar ou triplicar as combinações de opções, assim como fazer a compra e venda de opções, além de negociar ações.

O *Darwin* serviu ao seu propósito? "O Joe imaginou que as pessoas gostariam disso", conta Klein. "Felizmente, ele estava certo." As pessoas gostaram do jogo e ele foi uma ferramenta de treinamento valiosa para a Ameritrade. Descobrimos que as pessoas realmente entendiam o mercado de opções melhor após jogarem o *Darwin* (ver capítulo 14). As pessoas gostavam desse tipo de aprendizagem e queriam mais.

Assim como muitas das aplicações de última geração da aprendizagem baseada em jogos digitais da atualidade, o *Darwin* é um híbrido do antigo com o novo. Seu CD contém, além do jogo, um tutorial de Treinamento Baseado em Computador (TBC) que funciona da forma tradicional, bastando clicar para virar as páginas com perguntas no final de cada seção – bem ao estilo do método de exposição e avaliação. "Uma grande dúvida que tínhamos", afirma Klein, "era decidir se colocaríamos o jogo junto com o tutorial e como fazer isso." Embora o ideal fosse integrar os dois e fazer um tutorial sob encomenda, decidiram que incorporar o tutorial ao longo do jogo faria que ele ficasse complicado e difícil de ser seguido, além de torná-lo mais lento. Então decidiram separar os dois – tanto o jogo quanto o tutorial só são iniciados se você quiser. "Pusemos todo o nosso sentimento nesse jogo para que ele ficasse divertido de verdade", afirma Klein.

A equipe que fez o *Darwin* era bem grande no total – mais de quarenta pessoas, inclusive toda a equipe de testadores e os grupos focais. O principal grupo era composto de Klein, como produtora, designer chefe do jogo e roteirista chefe, um operador com mais de quinze anos de experiência como o especialista chefe de conteúdo, uma equipe de arte da Mondo Media, dois programadores que se autointitulavam BPC ("Bons Pra Caramba") e que indicaram outros programadores que foram necessários e um roteirista de comédias de Los Angeles. "Quando se entra no jogo, há vários personagens no pregão que o informam sobre os rumores e, às vezes, é necessário negociar com base nesses rumores – os diálogos desses personagens foram desenvolvidos pelo nosso roteirista de comédias." Os personagens trazem realidade e "atitude" ao jogo. Klein também contou com outras pessoas na criação do tutorial e do glossário, além de uma equipe de testadores do grupo focal, vinda de São Francisco. A Name Lab, também de São Francisco, é responsável pelo nome do produto. Foram necessários quinze meses para criar o jogo e, no final, 30 mil CDs foram produzidos.

Se tivesse de fazer tudo de novo, Klein faria que o produto ficasse disponível na internet. Porém, reconhece que teria de desistir de muitos dos recursos opcionais. "A parte que torna o jogo divertido e espirituoso é algo que não é possível simular na internet porque nunca se pode confiar na velocidade da conexão", afirma Klein. Ela também se arrepende de não ter feito o produto compatível com o Windows NT. "Naquela época, 89% da nossa base de usuários tinha Windows 95. Nós não sabíamos que boa parte passaria para o NT e iria querer jogar no escritório."

Klein também teria testado o foco do conceito mais cedo, confiando menos no instinto e mais em informações de mercado sólidas e autênticas. Ela acha que, apesar dos seus instintos estarem "basicamente corretos", não estavam em todas as situações, e se tivessem feito uma pesquisa mais cedo poderiam ter acertado na mosca e teriam um jogo com maior potencial de permanência.

Uma cópia do jogo *Darwin, Survival of the Fittest* pode ser obtida diretamente no site da Ameritrade, em www.ameritrade.com.

5. HEDGEMANAGER E HEDGEFUND. É interessante notar como o conteúdo da área dos derivativos financeiros foi objeto de várias iniciativas da aprendizagem baseada em jogos digitais. Isso resulta, muito provavelmente, da combinação entre a complexidade do tema e a relativa juventude do público-alvo voltado para jogos. Quando os operadores de derivativos no Bankers Trust perceberam que os tesoureiros de grandes corporações tinham dificuldades para entender como os novos produtos do banco baseados em derivativos

poderiam ser usados para eliminar riscos corporativos, os "gênios" dos derivativos no Bankers, liderados por Jerry Del Missier em Londres,[7] criaram dois jogos baseados em planilhas complexas para explicar os novos produtos. As extensas planilhas permitiam que as pessoas administrassem uma empresa com risco potencial grande ou operar um fundo de cobertura. Nos jogos competitivos projetados de forma inteligente, cada jogador ou equipe tentava administrar a empresa ou fundo por meio de uma série de rodadas e notícias de condições econômicas que eram atualizadas constantemente para verificar quem poderia obter o maior retorno com o mínimo de risco.

Havia apenas um problema. As planilhas eram *tão* complexas – formadas por centenas de colunas e centenas de linhas, por vezes com referências a algoritmos de precificação de propriedade exclusiva do banco escritas em outro código – que ninguém, exceto os operadores, conseguia entendê-las. Era praticamente impossível para os usuários-alvo começar a compreender o que estava se passando. Nesse caso, o ponto-chave do jogo estava lá – faltava melhorar a interface.

A minha equipe no Bankers Trust, conhecida como "Corporate Gameware", foi chamada para ajudar. Como nenhum dos três especialistas que criaram o jogo podia deixar as suas mesas de operações, viajamos para Londres. Durante o mês de agosto, em esquema intensivo de trabalho, quase não vimos Londres, com a exceção do quarto do hotel, do pregão do Bankers Trust e a parte de dentro de vários táxis londrinos. Eu e um programador criamos uma interface de fácil uso para os jogos, usando apenas VBX, a linguagem de programação do Excel.

O resultado, que contou com a ajuda de Ruth Gregory, uma designer gráfica inglesa que nós contratamos, foi uma interface aparentemente simples, cujo primeiro protótipo foi feito em Authorware. Os usuários tinham apenas algumas telas para escolher – podia-se ver a sua carteira de ações, balanço, perdas e lucros, fluxos de caixa e negociar. As negociações foram estruturadas na forma simples de entradas e saídas, com todas as informações necessárias para um tipo específico de negociação, sendo introduzidas no

---

[7] DelMissier no momento trabalha no Barkleys Bank.

O QUE AS ORGANIZAÇÕES LÍDERES ESTÃO FAZENDO

lado esquerdo e os preços calculados, no direito, como nos modelos de precificação de propriedade exclusiva do Bankers Trust (BT). A coisa toda era
muito clara e fácil de usar, mas ao mesmo tempo extremamente poderosa.
O único programador, Allen Brian, não mediu esforços para fazer que tudo
ficasse pronto dentro de um mês, principalmente porque muitos dos dados
de entrada dos especialistas do conteúdo só eram recebidos esporadicamen-
te, entre as negociações ou no final de longos dias de trabalho.

Para jogar, os jogadores são distribuídos em muitas equipes, conforme
o número de computadores, geralmente com duas ou três pessoas em cada
equipe. (Para os locais fora das dependências dos clientes, havia normalmente de oito a dez equipes; para os funcionários recém-contratados pelo
BT, de vinte a trinta.) Cada rodada começa com um resumo de notícias, que
dá algumas dicas sobre o ambiente a ser encontrado, e cada equipe avalia os
seus fluxos de caixa e riscos e, ao final, negocia para reduzir os riscos. Normalmente, havia operadores de derivativos circulando pela sala para ajudar.
Quando todas as equipes terminam as suas negociações (em um tempo
específico estipulado), elas recebem uma senha que libera os resultados e
mostra as notícias para a próxima rodada (cada rodada representa um mês).
Os resultados de cada equipe são mostrados em um quadro central e, após
cinco rodadas, a equipe com o maior retorno e o menor risco é anunciada
como a vencedora, em geral, com premiação.

O jogo foi usado com um grande número de pessoas fora das dependências dos clientes do Bankers Trust em todo o mundo e era jogado com
regularidade na Universidade de Harvard e nas mais conceituadas faculdades de administração como uma ferramenta de recrutamento para negócios
de derivativos do Bankers Trust. Também foi usado para o treinamento de
todos os recém-contratados da empresa. Entre as coisas que fizeram do jogo
uma ferramenta de aprendizagem efetiva, estava o fato de ter sido usado
em uma situação semelhante à de sala de aula, em que o mestre de cerimônias, sempre um operador com experiência em derivativos, poderia fazer
questionamentos e interpretar os resultados, além de outros especialistas
(normalmente operadores de verdade) para lidar com problemas que eventualmente surgissem. Uma característica do jogo era a possibilidade de in-

trodução de novos cenários pelo mestre de cerimônias ou pelo seu pessoal antes de cada jogo, tornando o jogo atual e adaptável a cenários históricos reais, como o crash de 1987.

O jogos *HEDGEManager* e *HEDGEFund* tiveram enorme sucesso. Um deles foi mais tarde disponibilizado na internet e a Harvard Business School pediu para comprá-lo. Porém, como em muitos dos esforços da aprendizagem baseada em jogos digitais, mudanças de fortuna e dos executivos do Bankers Trust levaram à perda do foco nos jogos. Esse fato, além da preocupação dos executivos do Bankers Trust em relação aos algoritmos de precificação de sua propriedade exclusiva, incorporados aos jogos, fez com que o jogo nunca fosse vendido e acabasse desaparecendo com a incorporação do Bankers Trust pelo Deutsche Bank.

6. DOBUTREX DOSAGE GAME. Saindo da área financeira, passamos para a área médica com uma grande história sobre o poder da aprendizagem baseada em jogos digitais para criar experiências memoráveis. Quando, por acaso, contei a Mike Júnior, diretor da McGraw-Hill, que estava procurando exemplos de aprendizagem baseada em jogos digitais, ele disse: "Olha, eu conheço um. A minha esposa trabalha na Eli Lilly e eles têm um jogo para médicos".

Fazer que o foco da atenção dos médicos esteja voltado para novos medicamentos é algo em que as companhias farmacêuticas estão constantemente se empenhando. Elas têm exércitos de representantes que ligam para os médicos com regularidade, pedindo um minuto do seu tempo, reduzindo as suas apresentações ao máximo possível e tentando encontrar os brindes que podem chamar-lhes a atenção. Para um medicamento para o coração chamado Dobutrex, a Eli Lilly desenvolveu um jogo digital para os médicos em que eles tinham um paciente que necessitava de atenção e tinham de prescrever Dobutrex na dose correta. De acordo com o resultado da prescrição, o paciente poderia morrer, recuperar-se ou apresentar um quadro entre essas duas situações. "O jogo era ótimo", contou Júnior, "eu jogava bastante, apesar de ele não ter sido criado para mim".

Eu pensei que isso havia acontecido no ano passado. Mas, no final, descobri que foi há quinze anos! O Júnior não só se lembra com detalhes do

O QUE AS ORGANIZAÇÕES LÍDERES ESTÃO FAZENDO

jogo, como também se lembra do nome do medicamento! Por quê? "Eu me recordo do meu comportamento durante o jogo, a minha determinação em salvar a vida daquele paciente", afirmou Júnior.

7. GIRAFFE. Alguns leitores podem se lembrar dos elogios à capacidade do Newton, da Apple, de ler a escrita de qualquer pessoa. Na verdade, ele não conseguia decifrar muito e levava a interpretações tão estranhas que Gary Trudeau fez uma série inteira de tiras cômicas do Doonesberry zombando do *personal digital assistant* (PDA). Embora fosse um equipamento fabuloso e, em muitos aspectos, à frente do seu tempo, o fato de as pessoas não conseguirem usá-lo para escrever levou-o diretamente ao fracasso e pôs fim à carreira de John Scully na Apple. Então, a Palm Pilot, que surgiu em 1996, decidiu adotar uma abordagem mais específica, não com a leitura da própria escrita da pessoa, mas com a de uma escrita manual de estilo mais padronizado, chamada Graffiti. O único problema com a Graffiti é que os usuários tinham de aprendê-la.

"Sem problemas", pensou a Palm, "eles são consumidores. E consumidores adoram jogos". Então, junto com todos os Palm Pilots vem um joguinho chamado *Giraffe*. No *Giraffe*, as letras começam a cair da parte superior da tela e o seu trabalho como jogador é escrevê-las em grafite com a caneta stylus no computador antes que elas cheguem à parte inferior e então desapareçam. Porém, se muitas delas atingirem a parte inferior, o jogador perde e tem de começar aquele nível de novo. Simples, não é mesmo?

Não é bem assim. O jogo começa com as letras mais fáceis e, então, adiciona as mais difíceis. Em seguida, a velocidade aumenta e aí as letras maiúsculas são introduzidas. Depois, são os símbolos. O jogo não é apenas desafiador, mas também muito divertido. E, acima de tudo, cumpre a sua função. Apesar de provavelmente não haver como saber quantas pessoas de fato jogaram *Giraffe*, mesmo que apenas 15% dos mais de 7 milhões[8] de compradores do Pilot o tivessem usado, mais de 1 milhão de pessoas aprenderam Graffiti dessa maneira.

---

[8] De acordo com o porta-voz da Pilot.

O *Giraffe* é um ótimo exemplo de "jogo de reflexo", ou seja, de aprendizagem baseada em jogos digitais projetada para treiná-lo a responder rapidamente. Não conta com características especiais na parte gráfica nem é caro, mas vicia e funciona. Quantas coisas poderiam, e deveriam, ser ensinadas dessa forma?

8. THE MONKEY WRENCH CONSPIRACY (CONTINUAÇÃO). Começamos a nossa análise com *The Monkey Wrench Conspiracy* no capítulo 1. Aqui vão alguns detalhes adicionais.

The Monkey Wrench Conspiracy, programado por John Fabris e Rob Posniak em linguagem C++, é um jogo no estilo *Quake* com três níveis (baseado em um mecanismo em 3D escrito de forma independente, cuja licença é nossa) aliados a trinta "tarefas" que são realizadas diretamente no software thinkdesign. O usuário recebe incentivos do jogo para completar todas as tarefas. Entre alguns exemplos de incentivos estão: Você não pode disparar a arma até ter terminado de projetar o novo gatilho. Você não pode abrir o portão até ter consertado o interruptor. Você não pode atravessar a parede até ter feito um buraco através das suas várias camadas. Você não pode se transportar para o próximo nível até ter consertado o transportador. Cada uma dessas tarefas requer que o software seja usado de formas mais sofisticadas do que na anterior, mas o APPC, o seu "assistente projetado por computador", está sempre presente para fazer que você cumpra as tarefas da forma mais rápida possível. Na tarefa final de cada nível, o assistente meio que quebra e você, sozinho, faz uma autoavaliação para saber quanto aprendeu. (Você também tem a liberdade para fazer as tarefas sem o jogo ou fazê-las fora de ordem, se preferir.)

A parte do jogo é projetada com três níveis de dificuldades, escolhidas pelo jogador, para que sempre haja um desafio, mas não demais para os iniciantes nesse tipo de jogo e ainda pode ser *extremamente* desafiador para jogadores avançados – nossos jogadores de teste, todos eles jogadores experientes, tiveram problemas para avançar no jogo. Há muitos monstros para serem aniquilados (sempre robôs), missões no espaço, labirintos, enigmas. Mesmo sem a parte da aprendizagem, o jogo é realmente bom.

O jogo é construído como *shell* ao qual as tarefas, todas definidas em termos de um conjunto estruturado de arquivos (modelos, formatos ASX e AVI), estão ligadas, mas não presas, via objetos em flash que podem ser "sobrescritos", criando-se uma tarefa no software da think3. Um dos objetivos era fazer que as tarefas fossem intercambiáveis e definir um "módulo" de tarefa-padrão que qualquer um – funcionário da think3 ou usuário do produto – pudesse criar. Esse aspecto funcionou extremamente bem. Para Joe Costello, "o conceito inteiro por trás do *Monkey Wrench* é o de uma abordagem muito modular. E acho que uma das melhores coisas sobre a abordagem da aprendizagem baseada em jogos com que vocês nos ajudaram foi que... está certo, é um jogo, mas ele também deve ter um bom fundamento pedagógico e um processo de pensamento sólido sobre o que e como ensinar as pessoas. O *Monkey Wrench* tinha uma orientação bem modular e em blocos de poucos *bites* com conteúdo significativo. E uma das coisas que temos observado, desde então, é que as pessoas se acostumam com a visualização do conteúdo em *bites* ou do módulo de aprendizagem, de forma que continuamos produzindo módulos que permitam às pessoas trabalhar na internet, ou fazer *downloads*, como preferirem. Assim, estendemos toda a linha original do software educacional de *The Monkey Wrench Conspiracy* para lançamentos futuros do produto após a versão 3.0 original e também apenas para tópicos especiais. Isso é o que pretendíamos originalmente e o que funcionou muito bem; as pessoas realmente gostaram".

Na verdade, a think3 já está trabalhando em seu próximo jogo de aprendizagem baseada em jogos digitais. "Estamos pensando em fazer uma nova geração do *Monkey Wrench*", afirma Costello. "Para nós, isso é exatamente o que se tornou a expressão genérica para 'material educacional legal'. Assim, sempre que falamos em algo educacional e legal, falamos sobre o *Monkey Wrench*. E temos uma ideia nova de abordagem mais divertida para os seminários *on-line* quando de sua gravação. E ficamos realmente inspirados pelo fato de o *Monkey Wrench* tentar fazer algo mais envolvente, mais interessante, mais empolgante. Outra coisa que pensamos em fazer é tentar atrair um grupo possivelmente diferente em termos de envolvimento. O jogo realmente teve uma forte repercussão com determinados grupos de pessoas, de modo que estamos procurando um tema que atraia a atenção de outro segmento. É um tema da área do entretenimento, mas eu diria que está muito mais para a classe de jogos ao estilo do *Riven* ou do *Myst*. A nossa equipe interna está trabalhando bastante nisso."

Clientes, façam seus pedidos agora!

Uso da aprendizagem baseada em jogos digitais para educar fornecedores

Junto com os clientes, a aprendizagem baseada em jogos digitais também deveria ser muito efetiva na educação dos fornecedores. Entretanto, até o presente momento, não encontrei nenhum exemplo disso. Se você souber de um, por favor, me envie informações pelo site www.twitchspeed.com. Melhor ainda, se puder, crie um!

TREINAMENTO INTERNO

Uso da aprendizagem baseada em jogos digitais para criação de estratégias de negócios

Na área de estratégias de negócios, várias formas de jogos têm sido utilizadas há algum tempo. Entretanto, não faz tanto tempo assim (e ainda hoje, em muitos casos), os "jogos" eram bem diferentes dos que a geração dos jogos está acostumada. Os jogos eram apenas grandes simulações numéricas que usavam dados e entradas de decisões, e criavam demonstrações financeiras e resultados comparados. Entretanto, isso está mudando de forma acentuada, conforme os indivíduos e as empresas lutam para tornar os conceitos, por vezes enigmáticos, e a prática da criação estratégica acessíveis para cada vez mais pessoas. A seguir, temos três exemplos:

9. STRATEGY CO-PILOT. A McKinsey and Company, renomada empresa de consultoria, cria estratégias de negócios para clientes há várias gerações. Nos meados da década de 1990, os consultores do escritório de Londres começaram a usar exercícios de *role-play* ao vivo para ajudar os clientes a criarem estratégias para uma empresa imaginária. Eles descobriram, com certa surpresa, que os seus clientes conseguiam desenvolver as mesmas estratégias dos consultores e tinham mais domínio no processo. Mas também desco-

briram que, apesar de o processo ser mais efetivo, era consideravelmente ineficiente porque necessitava de quinze ou vinte pessoas em sala. Um dos consultores da McKinsey, Richard Barkey – que também é engenheiro de hardware e jogador ávido que fala com orgulho da programação do seu PDP11 para jogar xadrez, aos 13 anos, e de ter jogado todos os jogos da Infocomm –, começou a explorar alternativas digitais como uma forma de "se aproximar da" solução. "Eu pensei que 'a coisa mais difícil para se ensinar com um computador fosse algo qualitativo, como a estratégia, então, vamos fazer uma tentativa", disse ele. Antes de começar, procurou verificar o que havia no mercado e ficou "pasmo" ao descobrir como as coisas estavam pavorosas. "Eu pensei, se alguém pegasse a qualidade do *design* e os valores da produção dos jogos de computador e aplicasse ao treinamento, o resultado seria algo totalmente bacana", afirmou Barkey.

O primeiro produto, *Strategy Mentor*, foi criado por Barkey e sua equipe na McKinsey, e foi utilizado em toda a empresa para o treinamento de consultores. Em 1997, com o apoio e a benção da McKinsey, Barkey saiu da empresa de consultoria para abrir uma empresa própria, a Imparta.

O primeiro produto da Imparta, um refinamento do *Strategy Mentor*, chamado *Strategy Co-Pilot*, é atualmente utilizado na Mckinsey, bem como na IBM, Prudential, Nortel Networks, EDS e outras empresas para o treinamento de consultores e funcionários no processo de criação de estratégias de negócios. Assim como o *Darwin*, o produto possui duas partes. A primeira é um tutorial – uma série de animações curtas com o objetivo de comunicar os conceitos teóricos. Esse tutorial conta com narração e a parte visual de desenho animado cujo objetivo, na visão de Barkey, é tornar as mensagens mais memoráveis. Não se trata, definitivamente, de aprendizagem baseada em jogos digitais. Porém, o que é aprendizagem baseada em jogos digitais, e de grande interesse, é a parte que eles denominam "simulação", cujo intuito é permitir a prática da teoria que acabou de se aprender.

A simulação começa, como em muitos dos jogos desse tipo (e ele *é* um jogo), com você à sua mesa, recebendo uma missão. A sua tarefa é ajudar o presidente da empresa a decidir se aceita ou não a oferta de uma das divisões da empresa e, claro, você tem apenas algumas horas para preparar as suas recomendações. Você recebe uma tarefa e um *kit* de ferramentas para análises e dados para pesquisa e deve pensar no problema até resolvê-lo. Você precisa obter informações por meio de ligações para outras pessoas que administram a empresa, ler relatórios, criar um conjunto de *slides* (claro que há *slides* – afinal de contas, você é um consultor!) e apresentar uma argumentação lógica ao presidente. Se ligar para as pessoas erradas na hora errada ou fizer as perguntas erradas, com certeza receberá respostas mordazes e sarcásticas. Divertido? Sim. Mas até agora isso não é diferente de muitos outros exemplos de aprendizagem baseada em jogos digitais.

O que torna o *Strategy Co-Pilot* algo diferenciado e interessante, no entanto, é o seu instrutor integrado, chamado "instrutor inteligente". Ele é um rapaz de desenho animado bem-apessoado e de sotaque britânico. A sua inteligência, é claro, vem da inteligência artificial (IA), mas ele funciona muito bem. Ele pode ser bem ou pouco inteligente – porque você, o jogador, ajusta em um seletor quanto de instrução vai precisar. Ele pode acompanhá-lo durante todo o processo ("Acho que está na hora de você obter o relatório anual"), dar dicas úteis ("Talvez você deva ligar para X") ou, se você não tiver feito nada por algum tempo, perguntar se você empacou ("O que você está tentando fazer aqui?"). A menos que você esteja de fato empacado, a maior parte do treinamento vem sob a forma de perguntas e não de instruções. "É extremamente difícil acertar o treinamento de IA intrínseco ao programa", afirma Barkey, "e é algo que nós gastamos várias horas para refinar e entender o que funcionava e o que não funcionava. Ele é autoadaptável, então, à medida que você melhora, ele se afasta, mas se você estiver enfrentando dificuldades, ele aumenta a intensidade automaticamente para que possamos manter as pessoas no 'ponto agradável da aprendizagem'". Em outras palavras, no estado do "fluxo".

Barkey compara o *Strategy Co-Pilot* a um jogo de aventuras e a um RPG. "Se você pegar o *Monkey Island* e misturá-lo com o *Baldur's Gate*, o resultado será algo que não estaria a quilômetros de distância disso, em termos do objetivo, de qualquer porcentagem. Eu diria que há muita mistura ruim [entre os nossos produtos e os jogos comerciais], inclusive o fato de que as coisas não são sempre óbvias – pistas espalhadas que você tem de reunir para ter um *insight*. O objetivo óbvio da empresa, por exemplo, pode ser a maximização dos lucros, mas há alguns objetivos ocultos que estão dispersos em informações que você tem de reunir. É como se tivesse de achar as chaves para abrir a caverna do *Kingdom of Loath*."

A conexão do programa com os jogos também inclui a maneira como o programa introduz a interface ao jogador. É semelhante ao *Alpha Centauri* e *Battle Zone II* ao conduzi-lo por todo o processo à medida que você usa o programa. Como as pessoas só vão jogar *Strategy Co-Pilot* por um dia e não um ano, precisam de uma curva de aprendizagem rápida; então, tenta-se aperfeiçoar esse aspecto. Há também o problema que os jogos comerciais têm enfrentado: o equilíbrio entre contar uma história e dar liberdade de movimento às pessoas. Há uma história principal do jogo no *Strategy Co-Pilot*. "Se você fizer um jogo sem história alguma, será uma droga de jogo", conta Barkey. "As pessoas procuram uma variedade de ritmo e o que acontece ao longo do jogo."

Do ponto de vista da aprendizagem, Barkey afirma que David Kolb é o teórico acadêmico mais próximo de sua crença, com seu ciclo da aprendizagem experimental. "O que é interessante sobre o material de Kolb é que ele diz que você aprende uma habilidade por meio da prática, o que é evidente, embora desconsidere de forma lamentável a maioria dos treinamentos com computadores. Mas a parte crítica de tudo isso é o processo de reflexão, grande parte do que o instrutor faz no *Strategy Co-Pilot*. Ele fica lá para ajudar as pessoas a refletirem sobre o que aconteceu para que possam generalizar em relação a uma situação nova. É um pouco experimental conceitualizar o que aconteceu e criar um modelo mental do que aconteceu e, então, refletir sobre isso para compreender como seria possível jogar novamente. Uma combinação de bom-senso com material acadêmico juntos."

A McKinsey gastou cerca de 500 mil dólares para desenvolver a versão original do *Strategy Mentor*, e Barkey gastou outro milhão de dólares, desde então. "Tudo começou porque eu queria fazer isso. O gerente do escritório de Londres trouxe o chefe de treinamento e desenvolvimento global, que, por sua vez, se tornou o patrocinador do projeto." O jogo foi criado, em sua totalidade, internamente, com Barkey por si só no desenvolvimento da primeira versão em Visual Basic. "Eu sabia fazer um pouco de programação", conta Barkey, "além de ser um praticante de jogos e ter formação em negócios". Ele também fez o trabalho de arte em 3D na primeira versão, que demorou um ano e meio, mais meio ano para testes e refinamento. Então, ele trouxe mais duas pessoas e a versão seguinte saiu em C++. "A equipe era formada por mim e mais duas pessoas. Era mesmo como uma *skunk works*, mas eu acho que tinha de ser mesmo, pois havia tanta iteração porque estávamos realmente tentando ir um pouco além do limite e, com uma equipe pequena, era muito mais efetivo."

A versão atual do *Strategy Co-Pilot* utiliza muito vídeo interativo. Entretanto, Barkey planeja passar para personagens feitos em tempo real em breve. Conforme discutimos, os motivos são a banda larga e a maior liberdade para fazer as coisas. "Os melhores jogos de computador não usam vídeo", afirma Barkey, "eles usam personagens renderizados, pois você passa a ter muito mais liberdade para ser o diretor dentro do ambiente do jogo. O período do ciclo de fototipia é bem mais curto. Você passa a ter muito mais flexibilidade tanto em termos da rapidez com que pode fazer as coisas quanto em relação ao que pode fazer. Sem meias-palavras, pode conseguir muito mais opções diferentes no CD em uma determinada banda larga. O vídeo é uma medida útil até que a tecnologia de renderização atinja o ponto em que esteja boa o suficiente e já está quase lá".

Além da McKinsey, a Imparta recebeu o apoio de um grupo de várias empresas, entre as quais a Smiths Industries, a Abbey National e a BAE Systems (antiga British Aerospace).

Uso da aprendizagem baseada em jogos digitais para treinamento sobre código de conduta e políticas

É difícil que o treinamento sobre código de condutas e políticas da empresa escape de ser chato. Um livro bem grosso com o material do treinamento e ainda pedem, algumas vezes, para você assinar no final, para provar que você leu tudo. Na realidade, muitas pessoas, para não dizer a maioria, não leem o livro – pelo menos não em detalhes –, como descobriram algumas empresas a duras penas. Os diretores e instrutores que fornecem trei-

O QUE AS ORGANIZAÇÕES LÍDERES ESTÃO FAZENDO

namento sobre o código de conduta e políticas da empresa estão sempre em busca de formas mais envolventes para o treinamento. Aqui está um exemplo de aprendizagem baseada em jogos digitais.

10. STRAIGHT SHOOTER! O *Straight Shooter!*, o primeiro jogo de treinamento (e provavelmente o único) ao estilo *Doom* para treinamento de políticas em todo o mundo, surgiu de uma grande crise no Bankers Trust. Quando os mercados se voltaram contra o banco em meados da década de 1990, vários clientes entraram na justiça, afirmando que o banco adotara práticas de vendas ruins. Como resultado do processo, eles descobriram que, de fato, na minoria dos casos, coisas que se passaram no pregão infelizmente eram resultado do comportamento de alguns operadores. A empresa pagou centenas de milhares de dólares com indenizações por compensação de erros, sofreu censura por parte dos órgãos de regulamentação do Tesouro dos Estados Unidos e assinou um acordo judicial com uma lista de ações que eles concordaram em fazer à luz das dificuldades encontradas.[9]

Uma parte importante dessas ações foi o treinamento dos operadores jovens e muito agressivos com o objetivo de ensiná-los sobre o que necessitavam saber sobre as políticas e as práticas do mercado de derivativos, e a capacidade do banco em demonstrar que não havia simulação, mas tinha agido de boa-fé e feito todos os esforços para garantir que essas pessoas haviam realmente absorvido e entendido tudo.

"Analisando a situação, seria quase impossível encontrar uma situação melhor para se prescrever a aprendizagem baseada em jogos digitais, para que essa população de jovens trabalhadores – sobretudo um grupo de pessoas com treinamento computacional que precisaria de estímulos muito mais constantes para serem aprendizes efetivos e muito mais do que um simples 'favor ler este manual' – sedimentassem esses materiais", conta Mark Bieler, ex-diretor de RH do banco. Esse foi o início do jogo alternativo para ensinar tais conteúdos para essa população em particular.

---

[9]   A descrição da situação foi fornecida por Mark Bieler, ex-vice-presidente executivo e diretor de RH do Bankers Trust.

Alguns anos antes, em circunstâncias mais felizes, fui contratado por Bieler para ajudar a reformar o centro de aprendizagem no Bankers Trust, criando a aprendizagem *on-line* que "os muito jovens, extremamente inteligentes, mas em geral sem interesse em formulários e procedimentos e coisas do gênero" do banco (descrição de Bieler), deviam querer receber na realidade. Bieler recorreu a mim e à minha equipe para ajudá-lo nessa crise.

Começamos pela parte do ensino, não pela do jogo, perguntando a nós mesmos: "O Fed ficaria satisfeito que tivéssemos 'pessoas que efetivamente compreendiam e dominavam todo o conteúdo do material?'". O nosso pensamento foi o seguinte: advogados e o pessoal do âmbito corporativo dariam seminários – o método habitual para ensinar políticas – que tendiam a ficar no nível mais elevado, não chegando a muitos dos detalhes do manual de políticas de 5 centímetros de espessura, como "Quantas vezes preciso ligar para o cliente" ou "Quais aprovações são necessárias para este tipo de transação". Raciocinamos que teríamos de repassar todas a políticas e circular os duzentos ou trezentos pontos que as pessoas tinham de saber e poderíamos fazer uma pergunta sobre cada um. Ao apresentar essas perguntas aos operadores, os forçaríamos a confrontar de forma ativa a pergunta e fazer um conjunto de escolhas (a maioria das perguntas era do tipo "escolha todas que se aplicam"). Se eles acertassem, tínhamos de registrar que eles haviam dito que sabiam disso. Se errassem, mostrávamos a eles a parte da política em questão para verificar o motivo de a resposta estar incorreta. Posteriormente, a pergunta que eles haviam errado voltava a ser feita, com as respostas em uma ordem diferente (recurso este adicionado depois do *feedback* dos usuários), até que todas as perguntas tivessem sido respondidas corretamente. Então, esse não era um "teste" com nota, mas uma certificação de que cada usuário sabia todas as respostas. ("Quem quer que o nosso pessoal seja treinado em 85%? Precisamos de 100%", essa foi a forma como um dos funcionários da área que cuida do código de condulta e políticas da empresa colocou a questão.) Ao terminar os nove tópicos com aproximadamente vinte perguntas cada um, tudo era registrado no servidor. Então, a empresa tinha um registro de que cada uma das pessoas havia recebido todo o treinamento.

Todos nós concordamos que essa seria uma boa forma de estar em conformidade com a exigência de treinamento do Tesouro. Mas trezentas perguntas? Convenhamos, isso é chato *de verdade*. Ficou claro que os operadores nunca responderiam a todas elas. Então, embutimos as perguntas no jogo mais excitante que podíamos imaginar e, de acordo com o grupo focal, o jogo que os operadores mais queriam era o *Doom*! Não usamos o motor real do *Doom* da Id Software, que teria sido caro demais, mas uma versão do concorrente que conseguimos licenciar por apenas 10 mil dólares. (Não recomendo que se faça isso, a menos que você *realmente* saiba o que está fazendo; os nossos programadores tiveram de corrigir diversos erros sem a devida orientação.) Tivemos a sorte de ter um programador de primeira linha, Jon Fabris, que conseguiu integrar sem problemas o motor do jogo com o das perguntas. Decidiu-se que o *design* do jogo seria o da busca de clientes, que, quando encontrados, fariam uma pergunta, e se você acertasse ele se juntaria a sua lista de clientes (se você errasse, eles diriam "Volte para a Escola B" ou algo do gênero). Os jogadores "correriam" por uma série de locais onde os clientes são geralmente encontrados – cidades como Nova York, Londres e Hong Kong, aeroportos, hotéis, um velho castelo em uma nação "emergente" e até no espaço sideral! Nos empolgamos mesmo. Bieler, vice-presidente executivo da empresa, estava por trás de tudo. O orçamento combinado era de 500 mil dólares. Prontos para começar, certo? Errado!

Nos dois meses entre o tempo de finalização do *design* e a aprovação final da proposta de investimento (PI) (ver capítulo 13) – o que significava que nós poderíamos começar a trabalhar de fato e pagar o pessoal –, aprendi algumas lições do mundo corporativo. A mais importante foi a de que, quanto maior e mais visível o seu projeto, há mais instâncias que precisam ter as suas necessidades particulares (e legítimas) satisfeitas para se obter a aprovação. Tecnicamente, por exemplo, o orçamento para o projeto não viria do meu chefe, mas do Comitê Diretivo de Derivativos, um grande grupo que tinha de ser consultado, ver uma versão de demonstração e ficar satisfeito. A PI também exigia aprovações informais de um número variado de pessoas, algumas do RH, algumas do setor de tecnologia, do de finanças e controladoria e algumas do de compras, e todos tinham preocupações específicas. Passei dois meses fazendo o papel de vendedor, apaziguador, além de ajustes, por vezes desesperado, imaginando se conseguiria terminar tudo, mas finalmente a proposta chegou ao Comitê Executivo do banco (topo da empresa) para aprovação. Mark Bieler relata o que aconteceu:

> As reações foram todas positivas com uma exceção – e foi uma decisão difícil. Quando pensamos sobre a reputação das empresas na imprensa e em outros veículos e a possibilidade de eles nos picharem, por falta de uma expressão melhor, como "*cowboys*" irresponsáveis", o lado das Relações Públicas (RP), de ter um jogo com disparo de armas, passou por um exame minucioso por parte dos advogados e do pessoal de RP. Eles estavam preocupados que algum burocrata antiquado do Tesouro pudesse dizer "lá vão eles de novo", em vez de "puxa, que bom que eles tenham passado todo esse tempo e gasto todo esse dinheiro e criatividade para fazer que as pessoas realmente se conscientizassem de todas as políticas e procedimentos na área de derivativos". E isso foi uma decisão difícil. E não pense que as pessoas que levantaram as questões foram irresponsáveis – era um ponto legítimo. Devido ao buraco que cavamos, estava claro que não poderíamos mais dar margens a esse tipo problema.[10]

Então, recomeçamos do zero. Entre a cruz e a espada. Se tivéssemos disparos de armas, ficaríamos marcados como "*cowboys*". Se não tivéssemos disparos, o jogo não seria divertido. O que fazer? A nossa solução, por mais incrível que possa parecer, veio do mesmo advogado que expressou a preocupação – o diretor do Conselho Corporativo do Banco. "E se eles usassem um telefone celular no lugar da arma", sugeriu ele, "que não dispara balas, mas 'ideias' que podem superar problemas? Ninguém poderia nos culpar por isso". "Depressa", disse eu ao artista gráfico. "Faça o desenho de um telefone celular. Estamos de volta na jogada!"

Felizmente, exceto por um pequeno ajuste de reengenharia, a resposta do Comitê de Administração foi "favorável de forma uniforme". "Em um grupo administrativo como aquele, há muitas pessoas da minha idade (53)",

---

[10]   Entrevista por telefone.

afirma Bieler. "Eu diria que metade das pessoas estava desconfiada e não estava entusiasmada, mas ainda achava que seria uma coisa boa, mas a outra metade das pessoas não apenas aprovava, estava *de fato entusiasmada* com o que tínhamos realizado."

Então, o jogo evoluiu da versão alfa para a beta e as pessoas gostaram de como ficou no final, mas ainda não sabíamos como chamá-lo. Mais uma vez a resposta veio de onde menos se esperava. Um executivo sênior da área de RH decidiu que "Straight Shooter" ("pessoa honesta") capturava a essência do jogo e o fato de o BT querer que o seu pessoal fosse constituído de "pessoas honestas e confiáveis". (Como é que alguém poderia discutir com uma autoridade?) Ele ficou tão entusiasmado que ligou para o meu chefe que estava de férias para tentar obter a aprovação do jogo. O meu chefe se rendeu e o nome ficou *Straight Shooter!*

A preparação do "conteúdo" também levantou algumas questões. A criação das perguntas e respostas e os links para as políticas não foi difícil; contratamos um ex-vendedor de derivativos que estava familiarizado com o material e o público, e ele criou as perguntas relativamente rápido. *Vetar* aquelas perguntas, porém, foi outro problema, principalmente por estarmos pisando em ovos na época. Foi formado um comitê de três pessoas – uma da área de derivativos, outra da de políticas e um advogado – para revisar cada pergunta e obter a exatidão total. Estudos de casos sobre "áreas cinzentas", originalmente previstas no *design*, foram abandonados em favor da exatidão da carta de políticas, preto no branco. A parte do veto levou quatro vezes mais tempo do que a criação das perguntas (embora deva-se levar em conta que essas eram circunstâncias especiais.)

A questão final, que não era pequena, foi a da distribuição – o jogo tinha de chegar a 5 mil pessoas em 23 países. Cada usuário recebeu uma pequena bola antiestresse em formato de "cérebro" com o nome *Straight Shooter!* impresso e uma miniatura de controle de plástico. Como tudo isso aconteceu antes da Web, as nossas alternativas de distribuição eram a LAN e o CD-ROM, sendo ambas utilizadas. Felizmente, havíamos construído as pontes para o TI previamente (ver capítulo 11) e o seu pessoal indicou um gerente capacitado, Neil Berkowitz, para supervisionar o lançamento. Mas mesmo assim não foi fácil – novamente, muitas necessidades e instâncias conflitantes. Nós reescrevemos o programa de instalação várias vezes para acomodar as diferentes configurações em diferentes áreas. Felizmente, o jogo contava com autoridade estratégica real e a menção do Tesouro surtia efeito. O lançamento foi finalizado.

O *Straight Shooter!* recebeu ampla cobertura na imprensa financeira com manchetes como "Política de Derivativos: O Jogo", "Treinamento da Geração *Twitch*", "BT Treina a Geração MTV" e "Só Não Atire no Cliente".[11] Um dos operadores do BT disse em uma entrevista: "O *Straight Shooter!* é muito parecido com os jogos em 3D que se encontram no mercado, como o *Doom* e o *Duke Nukem*, mas incorpora perguntas, devendo-se apostar com base no seu perfil de risco. Ele proporciona maior possibilidade de reter informações por mais tempo. É muito mais rápido e muito mais divertido – você tem a chance de disparar ideias e matar os monstros".[12]

Um fator essencial para a aceitação do jogo foi o fato de que ninguém *tinha* de jogá-lo para obter a certificação. Os usuários podiam escolher no início entre o "modo de jogo" ou "modo de apenas perguntas" e podiam trocar de modo quantas vezes quisessem, a qualquer momento, enquanto estivessem usando o aplicativo. Descobrimos que metade das pessoas começava com o modo de jogo e, em algum momento, queria ir mais rápido e trocava para o de perguntas. A outra metade começava com o de apenas perguntas e, em algum momento, ficava frustrada e dizia "vou experimentar este jogo". As pessoas trocavam bastante de modo, o que não era problema para nós; a nossa meta era fazer que elas respondessem às perguntas.

Uma vez finalizado o lançamento do *Straight Shooter!*, o jogo tornou-se o *único* treinamento para políticas – os seminários foram cancelados. Os novos funcionários de derivativos tiveram seis meses para responder a todas as perguntas em todos os tópicos, caso contrário seriam despedidos. O departamento de políticas corporativas monitorou tudo isso por meio de um módulo administrativo e enviou as notificações devidas.

---

[11] *Derivatives Strategy*; *Executive Edge*; *Future Banker*; *Newsweek*.
[12] Gene Kim, ex-operador de derivativos do Bankers Trust.

Claro que, no final da história, o Bankers Trust não sobreviveu e foi adquirido pelo Deutsche Bank, que tem as próprias políticas. E, embora o *Straight Shooter!* tenha sido projetado com um *shell* no qual novas políticas poderiam ser introduzidas com facilidade, isso nunca chegou a acontecer.

Uso da aprendizagem baseada em jogos digitais para certificação e educação continuada

A certificação e educação continuada são o tipo de exigência irritante para a qual as soluções baseadas em jogos seriam perfeitas. Há muito tempo necessária em determinadas áreas, como a contabilidade, a educação continuada agora está avançando para outras, como finanças e TI. Os profissionais dessas áreas são obrigados a obter certo número de certificados, cursos ou "créditos" durante um dado período de tempo, em geral, a cada ano. Para que sejam considerados alguns padrões na área, determinadas exigências têm de ser estabelecidas, por exemplo, uma "listagem dos objetivos do curso", que pode não se adequar de imediato ao "estilo" da aprendizagem baseada em jogos digitais. Contudo, algumas formas de aprendizagem baseada em jogos digitais já têm aprovação e estão atualmente em uso para a educação continuada. Eis um ótimo exemplo.

11. OBJECTION! O *Objection!* se diferencia por ser o primeiro jogo comercial na história a ser certificado por uma entidade de classe para crédito de educação continuada. A Ordem dos Advogados do estado da Califórnia (California Bar Association) concedeu a aprovação do jogo, em 1992, para o seu Programa de Educação Jurídica Continuada (Mandatory Continuing Legal Education Program). O jogo foi autorizado em dezenove estados – quase o número total de estados que permitem o estudo autônomo.

O *Objection!* talvez seja o meu exemplo favorito de aprendizagem baseada em jogos digitais porque ilustra o enorme potencial que um indivíduo com uma boa ideia de jogos pode ter, mesmo em uma área onde menos se espera.

O advogado Ashley Lipson pode ser considerado prolífico na definição de qualquer pessoa. Ele exerce a advocacia, ensina direito nas universidades UCLA, Pepperdine e Laverne, na Califórnia, escreveu quatro livros de destaque e também se formou em matemática e ciência da computação, além de ter pós-doutorado em física. Porém, o que o deixa mais realizado não é nenhum desses feitos, e sim o fato de ter criado uma série de jogos jurídicos para computadores de sucesso que são utilizados por advogados, assistentes de advogado ("*paralegals*"), faculdades de direito, escolas secundárias, o Departamento de Justiça dos Estados Unidos e procuradores-gerais em todo o país.

"Se alguém for projetar um jogo, ele ou ela deverá ser como eu", afirma Lipson, "que sou da geração dos garotos que foram viciados no fliperama. Nós crescemos nos fliperamas, sabemos o que é um jogo e é exatamente daí que o *design* tem de vir – das pessoas que jogam os jogos. Cronologicamente eu tenho 55 anos, mas tenho a idade mental de 12 anos. Você tem de ser um garoto ou então não será capaz de projetar a coisa".

No começo, Lipson fez um jogo "por diversão". Ele não tinha a mínima ideia de que, quando os agentes pusessem as mãos nele, "em trinta minutos começariam a debater sobre objeções complexas de testemunho indireto e saberiam mais do que os meus sócios". Então Lipson pensou: "Por acidente, consegui desenvolver um ótimo instrumento de ensino". E é, de fato, um ótimo instrumento de ensino. Dezenas de milhares de cópias já foram vendidas.

Há, na verdade, quatro jogos na série *Objection!*. Em *Objection!*, o primeiro deles, uma herdeira de Beverly Hills foi assassinada. Como advogado de defesa, o seu trabalho é manter o cliente longe da câmara de gás. No *Civil Objection! AutoNeg*, a sua cliente sofreu um acidente de carro grave. Como advogado dela, você deve usar as suas habilidades na corte para obter o melhor acordo possível. No *Civil Objection! SlipFall*, a sua cliente atrapalhada não consegue sair de casa sem se machucar. A sua resposta rápida e exata é colocada à prova para obter o melhor veredito possível do júri. E, no *Expert Witness!*, o foco está voltado para as questões e os procedimentos relativos à testemunha perita, ponto mais crítico para o interrogatório direto e bem-sucedido no testemunho de peritos.

O jogador sempre assume o papel do advogado que observa atentamente conforme as perguntas são apresentadas às testemunhas. Após cada per-

O QUE AS ORGANIZAÇÕES LÍDERES ESTÃO FAZENDO

gunta, o jogador aperta uma tecla que indica se ela é apropriada ou dá fundamento a uma objeção. Há uma dezena de fundamentos para objeções a serem escolhidas: argumentativas; de melhor prova; conclusivas; de fatos assumidos; de testemunhos indiretos; irrelevantes; indutivas; múltiplas; privilegiadas; repetitivas; especulativas e vagas, de forma que o jogo não é uma moleza. O juiz aceita ou nega as objeções e pontos são atribuídos tanto pela velocidade quanto pela exatidão.

O jogo se aprofunda no âmago da questão. Ele difere na legislação de cada estado, bem como em termos do código federal, de Washington, DC, e do militar. Cada nível de número ímpar implica o exame direto de uma testemunha, ao passo que cada nível de número par requer o interrogatório da mesma testemunha. Diferenças sutis entre o exame direto e o interrogatório são abordadas, assim como as diferenças entre as testemunhas leigas e as peritas. São oferecidos comentários estratégicos específicos para a pergunta em questão. O jogador tem acesso a debates substanciais sobre o motivo de algumas objeções serem melhores que outras. É feito um esboço das regras e citações estaduais e federais. Há 10 mil perguntas integradas ao jogo. E cada jogo tem mais de 32 *trilhões* de formas diferentes de ser jogado.

O conteúdo é ótimo? Pode apostar! Mas, na sua essência, *Objection!* é de verdade um jogo *twitch*. "Em um julgamento, têm-se apenas dois segundos para fazer uma objeção", afirma Lipson. "Você tem de estar preparado."

Os especialistas legais também concordam. O jogo não só é aceito para Crédito de Educação Continuada em dezenove estados como também muitas empresas e grupos de advocacia endossam-no e recomendam-no a seus sócios e membros, e a imprensa especializada em direito o elogia muito. "Desafiador e divertido... ensina o jogador a fazer objeções rapidamente", afirma o *Harvard Law Record*.[13] "É raro conseguir que alguém estude as regras da prova e se divirta ao mesmo tempo", publica a *Washington Lawyer Magazine*.[14] "*Objection!* recebe nota alta nas categorias diversão e aprendizagem", afirma o *Detroit Legal News*.[15] Lipson me passou mais de trinta páginas

---

[13]   Kurt Copenhagen em *Harvard Law Record*.
[14]   Joshua Kaufman em *Washington Lawyer Magazine*.
[15]   Hugh R. Marshall em *Detroit Legal News*, 18-10-1994.

de críticas entusiasmadas. A maior parte delas cita o valor de combinar um jogo e a aprendizagem da maneira como Lipson fez.

O "caminho" de Lipson é muito criativo e envolvente em termos da história do jogo e a forma como ele é jogado, mas não é necessariamente de última geração em termos de gráfico. De fato, comparado aos jogos de hoje, a parte gráfica em *Objection!* é bem simples. Mas o jogo ainda atrai a atenção das pessoas e as mantêm interessadas. "Tenho uma teoria muito específica do que separa o jogo de aprendizagem perfeito de todo o papo furado e tutoriais que são embelezados e disfarçados para parecerem jogos, mas que não enganam ninguém", diz Lipson. "As pessoas não entendem a sutil diferença entre um tutorial que foi embelezado e recebeu algumas campainhas e sinos para ficar parecido com um jogo, diferentemente de um jogo verdadeiro viciante – e é esse o segredo, ele deve ser viciante – é o que leva você a aprender. Com o cenário perfeito você pega um jogo, começa a jogar e nem presta mais atenção ao fato de acabar aprendendo. Você fica viciado no jogo, está se divertindo e, então, quando você sai do jogo – oh! Veja só! Você adquiriu todas essas habilidades que não tinha."[16] "Infelizmente", continua Lipson, "há muito poucos jogos como esse".

Mas *pode* haver mais jogos como esse. A receita de Lipson para um jogo viciante inclui abordar um jogo a partir do lado "divertido", não o "educativo" do espectro, tornando-o "um jogo que fornece uma lição", em vez de "uma lição embelezada como um jogo", e inclui variedade, níveis, aleatoriedade, o equilíbrio perfeito entre frustração e recompensa ("fluxo"), equilíbrio de pontos e conteúdo de diversão *versus* o de tutorial.[17] Ele cita o *Flight Simulator* da Microsoft como um bom exemplo: "À medida que se joga, realmente se desenvolvem habilidades de piloto".

Desnecessário dizer que Lipson já planejou o seu próximo jogo. "Um dos meus motivos de constante reclamação é a qualidade horrenda dos professores de matemática neste país. Eu sento e digo: "Eu gostaria de saber se conseguiria criar um jogo sobre o qual estávamos falando – em oposição

---

[16] Entrevista por telefone.

[17] Ashley S. Lipson, "The Inner Game of Educational Computer Games", cit.

O QUE AS ORGANIZAÇÕES LÍDERES ESTÃO FAZENDO

ao tutorial disfarçado de jogo, que não engana nem a garotada. Será que eu conseguiria criar um jogo que realmente ensinasse álgebra às crianças sem elas se darem conta? Em outras palavras, elas estariam jogando um jogo de fliperama. E aí consegui resolver o *design*. E me arrependo de termos ficado tão paralisados com o sucesso da série de *Objection!* que não tivemos tempo para brincar com o jogo. Porém, já tenho o cenário de um jogo verdadeiro que, acredito, ensinará álgebra". Lipson também planeja introduzir mais aprendizagem baseada em jogos digitais para advogados no conteúdo curricular do Laverne College of Law Institute for Legal Tecnhnology, inclusive planejando simpósios e seminários sobre como criar jogos para advogados.

Nota: O jogo *In$ider*, discutido no capítulo 1, também fornece educação continuada para contadores. Quatro créditos são concedidos ao completar cada um dos seus quatro módulos para um total possível de dezesseis créditos.

Uso da aprendizagem baseada em jogos digitais para treinamento de serviços de atendimento ao consumidor

Os treinamentos de serviços de atendimento ao consumidor, que com frequência envolvem interações cara a cara ou por telefone, é ideal para a aprendizagem baseada em jogos digitais e foi uma das primeiras áreas em que ela foi utilizada com sucesso.

12. WHERE IN THE WORLD IS CARMEN SANDIEGO'S LUGGAGE? No início da década de 1980, Jan Carlson, então diretor da Scandinavian Airlines Systems (SAS), criou o Customer Service Institute com o objetivo de ajudar tanto a sua empresa quanto outras a fornecerem serviços de primeira classe aos seus clientes. Um dos projetos de Carlson foi ajudar agentes do serviço de atendimento ao consumidor a aprenderem como aproveitar todas as parcerias que a SAS tinha estabelecido com outras companhias aéreas. Carlson queria colocar os agentes a par do fato de que pedir a ajuda das empresas parceiras, quando apropriado, lhes possibilitaria fornecer serviços melhores aos clientes da SAS.

Isso aconteceu bem na época em que o Macintosh chegou pela primeira vez ao mercado e havia muita agitação em relação ao computador que podia mostrar figuras e "falar". Um dos softwares mais emocionantes do novo Macintosh era um jogo bem envolvente chamado *Where in the World is Carmen Sandiego?* A empresa de treinamento em que eu trabalhava foi contratada pelo instituto e eu pensei, "Não seria divertido usar *Carmen* para fazer o treinamento?" A ideia de viajar ao redor do mundo de avião tinha obviamente relação com a SAS, mas como poderíamos adotar o jogo para o conceito de serviço ao cliente? Surgiu a ideia de que Carmen tinha perdido a sua carteira em algum lugar durante uma viagem internacional, tinha ligado para o serviço de atendimento ao cliente da SAS e você atendeu a chamada. Você, que é agente do serviço de atendimento ao cliente, precisa ajudá-la a encontrar a carteira. No computador da sua estação de trabalho, você poderia verificar o itinerário dela e fazer ligações para as companhias aéreas parceiras em várias cidades. Ao fazê-lo, são fornecidas pistas durante o processo, como no jogo de verdade ("Ela estava aqui – ela pegou um voo em um avião com uma grande estrela na cauda.") ou algo assim, o que significa que você tinha de identificar a linha aérea e o destino e, então, ligar para lá.

Contatamos Doug Carlson, do Brøderbund, que gentilmente nos deu permissão para usar o seu jogo neste contexto. Contratamos a empresa de programação HyperCard (eles eram muito requisitados naquela época), que fez o serviço, projetando os caminhos de programação do jogo colando *post-its* sobre um enorme papel que cobria uma parede inteira.

O jogo, que no final recebeu o nome de *Where in the World is Carmen Sandiego's Luggage?*, foi entregue como parte de um curso de treinamento de serviço ao cliente para ser dado em salas de aula da SAS. As pessoas ficavam em duplas, em frente ao computador, e jogavam juntas, o que incentiva a interação e aumenta a diversão. Depois que todas as duplas encontrassem a carteira perdida (uma tarefa que levava de quinze a trinta minutos), todos se reuniam para tomar café e conversar sobre como e por que isso aconteceu.

O jogo fez tanto sucesso que a empresa encomendou uma continuação sobre um viajante desamparado em uma viagem ao redor do mundo, que se chamaria *Will Jørge Jørgenson Ever See Sweden Again?* (um tipo de tema no gênero de "Charlie on the MTA"), mas a mudança de pessoal e dificuldades financeiras no Instituto de Atendimento ao Consumidor fez que o segundo jogo nunca fosse terminado.

Uso da aprendizagem baseada em jogos digitais para preparação contra desastres

Uma parte importante da missão do FBI e outras organizações governamentais é proteger os cidadãos de ataques terroristas no nosso país. Isso em geral envolve a coordenação de muitas agências governamentais – FBI, polícia, corpo de bombeiros, guarda nacional e assim por diante – que não estão acostumadas a trabalhar juntas. Como o treinamento nessa área é difícil, essas agências (assim como o Exército) têm utilizado simulações. Com certeza, os tipos variados de cenários de "desastres" chegaram a nós por meio das empresas de jogos. Assim, por que não unir os jogos com a realidade? E o resultado é que foi exatamente isso que aconteceu. Aqui está um exemplo.

13. ANGEL FIVE. A Visual Purple, sob a direção de Ed Heinbockel, é um dos poucos exemplos verdadeiros da aproximação do mundo dos jogos com o do treinamento que se mostra, de muitas maneiras, como um precursor das coisas que virão para ficar. Heinbockel vem da indústria dos jogos *hardcore*, tendo trabalhado quinze anos na Sierra Online. A sua empresa de jogos anterior, a Tsunami Media, criou o jogo de submarino *Silent Steel*, que vendeu 4 milhões de cópias. Na Tsunami, a sua missão era "criar entretenimento interativo que seria apreciado pelas massas – não era necessário ser um 'nerd' para gostar dele – e não teria natureza de jogo *twitch*, afastando o enredo mais clássico de enigma das aventuras animadas, para obter uma abordagem do tipo mais próximo a um filme interativo, mais estratégico e mais cerebral, pioneiro no uso do vídeo em um ambiente interativo".

Então, como Heinbockel foi parar na área do treinamento? Parece que, há alguns anos, um funcionário de alto nível do FBI comprou uma cópia do *Silent Steel*, levou-a para casa e jogou durante o fim de semana. Na segunda-feira de manhã, foi trabalhar e literalmente atirou o jogo na mesa do agente sênior e disse: "Essa é a forma como treinamos os nossos agentes – dê uma olhada".[18] Isso fez que Heinbockel recebesse uma chamada na Tsunami. Um funcionário interceptou a chamada e passou o recado a ele informando que o FBI tinha ligado. Ele pensou que era uma brincadeira e retornou a ligação para verificar se havia realmente um agente especial lá. De fato, havia. O agente especial disse: "Bom, senhor Heinbockel, você consideraria anunciar a sua pretensão para DDA?". "O que é DDA?", perguntou Heinbockel. No final, o FBI estava aceitando inscrições de várias empresas – depois ele descobriu que havia quinze empresas no processo de licitação de um ano de duração – para um contrato no valor de 5,2 milhões de dólares para fazer várias simulações para o FBI.

Após ganhar a licitação, Heinbockel vendeu a Tsunami e, junto com alguns sócios – um roteirista de Hollywood (Chuck Farr: *The Jackel*), um investidor e um "gênio técnico" –, começou a Visual Purple para fazer os projetos. A meta deles era levar o que haviam realizado na Tsunami a um nível superior de sofisticação. O primeiro projeto da empresa para o FBI foi um jogo de treinamento antiterrorismo chamado *Angel Five* (o nome da célula terrorista, tomada do *Livro das revelações*). Apesar de a Visual Purple ter finalizado vários projetos, o *Angel Five* foi o único que Heinbockel pôde me mostrar, sem ter de me matar, pois o seu trabalho se tornou, a partir daí, secreto. ("Você pode me contar algo sobre isso?" "Não." "Você pode me indicar alguém que possa?" "Não.")

Então, com o que se parece o *Angel Five*? Há vários tipos de jogos digitais que rodam em muitas velocidades e em ritmos diferentes. *Myst* e *Riven* são jogos imaginários de *travelogue* com ilustração caprichada no qual os enigmas acontecem em um ritmo bem mais devagar do que nos jogos *twitch*, como o *Doom* e *Quake*. No meio-termo, estão os jogos realistas de "detetives" como o *X-Files*, que combinam busca, conversação e tomada de decisões com consequências de ações. O *Angel Five* faz parte desse último grupo.

No *Angel Five*, você assume o papel de um agente especial do FBI encarregado de lidar com um grupo terrorista. O incidente ocorre em tempo real durante cinco a doze dias, dependendo de como você jogar. A sua meta *não*

---

[18]   Baseado em uma entrevista por telefone com Ed Heinbockel.

O QUE AS ORGANIZAÇÕES LÍDERES ESTÃO FAZENDO

é aprender como fazer o trabalho investigativo (os agentes do FBI são bons nisso), mas aprender a trabalhar e se coordenar de forma efetiva com as outras agências. Se você ligar o programa e não fizer nada a maior parte do tempo, o jogo ficará lá contando os segundos como se nada de interessante estivesse ocorrendo no seu mundo. Entretanto, os "bandidos" estão trabalhando duro continuamente atrás dos bastidores, e com frequência algum incidente ocorre, exibido em vídeo, ao final do qual você deve tomar uma decisão (ou não tomar nenhuma e aprender que não tomar decisões tem consequências também – em geral ruins). Você pode reduzir o tempo ao clicar no botão avance para chegar próximo ao ponto de decisão.

De certa forma, o *Angel Five* é uma simulação clássica "in-box", na qual você recebe as chamadas, os faxes e as outras informações que deve responder. A coisa que o torna diferente é a forma como a tecnologia é usada para estimular os "bandidos". No início da simulação, o computador estabelece centenas de parâmetros de forma aleatória e esses parâmetros são probabilisticamente acionados para doze dias na vida de alguns terroristas. A simulação se desenrola de forma completamente diferente em cada situação, de modo que tudo, inclusive as montagens de vídeo e as mensagens, seja gerado enquanto o programa do computador estiver rodando. (Isso é o que a Visual Purple chama de "*late-binding*".) Você, como jogador, está reagindo a algo que está ocorrendo nos bastidores. À medida que dá seguimento ao caso e conduz o trabalho investigativo, cada vez mais informações são introduzidas e, assim como na vida real, você aprende cada vez mais sobre os bandidos. A meta é ganhar conhecimento em como lidar com equipes de várias agências, que são, em geral, encontradas em incidente de armas de destruição em massa (weapons of mass destruction – WMD) domésticas – quem são todos os jogadores; para quem você deve ligar; o que você deve esperar; o que acontece se você não ligar; o que acontece se você fizer "coisas estúpidas na investigação". Você está jogando contra os bandidos o tempo todo, há janelas de oportunidades para fazer mudanças nas vidas deles e o jogo está observando todos os tipos de coisas que você faz. Por exemplo, há decisões de segurança operacionais (operational security – OPSEC) que você deve tomar as quais podem aumentar o seu perfil e farão que os bandidos saibam que você está de olho neles. Se tomar decisões de OPSEC ruins, em determinado momento, os terroristas vão perceber e mudarão os planos. "É uma simulação muito dinâmica, muito reativa", afirma Hienbockel. "Não há duas simulações que rodem e sejam iguais – a probabilidade disso acontecer é de uma em um milhão."

E tudo acontece em *full-motion video*. O produto é entregue em seis CDs com mais de cinco horas de vídeo, rendendo mais de trinta horas de treinamento, de acordo com Heinbockel. Quando eles são feitos, filma-se um *script* grande, em geral rodando de quinhentas a mil páginas. Então, pega-se o vídeo e juntam-se suas pequenas partes, sendo "assim, um baralho cujas cartas estão sendo continuamente embaralhadas". Isso resultará em várias possibilidades de jogo, pois ao invés de um clipe de 5 ou 10 segundos, acabará havendo cinco ou seis clipes de 1, 2, 3 ou 4 segundos cada, os quais são montados rapidamente pela simulação de forma constante e apresentados ao jogador sem emendas. Isso permite, por exemplo, uma cena central com a "essência de algumas informações" a serem introduzidas e retiradas de várias formas, dependendo de como a situação se desenrola.

Embora todos os produtos da Visual Purple em CD fossem independentes no começo, a empresa atualmente também é um provedor de serviços de aplicativos (application service provider – ASP) e pode transmitir o vídeo ou distribuir o disco com o vídeo. A simulação em si roda no servidor do cliente com Java e envia um miniaplicativo do jogador (145 KB) e transmite o restante. Com o uso de discos e níveis de segurança criptografados, a Visual Purple consegue um "ambiente seguro", que é importante quando o seu trabalho é supersecreto.

Embora a meta seja fazer o jogo mais ao estilo "hollywoodiano" – "por vezes, acaba se parecendo com um filme dos livros de Tom Clancy", afirma Heinbockel –, uma das coisas que ainda não se conseguiu contornar é como contar a história. "Precisamos ser fiéis à doutrina e à política e aos pontos do ensinamento", diz Heinbockel. "Não é incomum termos várias reuniões de *briefs* [palestras lidas]. Você realmente tem de passar por um bocado de doutrina; não há como evitar. Então, você tenta entregar tudo com os melhores atores que puder encontrar e tenta examinar tudo em detalhes para que as pessoas possam se preparar. Mas você tem de ter esses '*kibbles*' (i.e., sequências de ação) para ter compensações durante o percurso, visualmente, como se fosse abater os bandidos. Apenas uma execução da simulação pode durar de oito a dez horas e a sua recompensa por tanto trabalho duro, ficar sentado em reuniões e tomar decisões, é ter a oportunidade de acabar com os bandidos e, esperamos, prendê-los todos sem que nenhum deles fuja. Porque se o fizerem, eles vão detonar a bomba ou um dispositivo menor. E isso faz a simulação se tornar envolvente porque ela faz que você se sinta pressionado de verdade." Infelizmente, acabar com os bandidos é uma das sequências que Heinbockel não podia me mostrar. Por outro lado, eu não dediquei oito horas para fazer a simulação.

Uma das características do trabalho da Visual Purple que achei muito interessante em termos de possibilidades de aprendizagem baseada em jogos digitais é um modo chamado "*i-squared*". Usando esse recurso, pode-se fazer a simulação rodar *contra* as necessidades e o estilo de um jogador. Ao acompanhar as ações do jogador, o jogo – em tempo real – consegue ter uma compreensão "bem consistente" do processo de tomada de decisões do jogador. E isso pode começar com o uso daquela informação contra o jogador para tentar enganá-lo. Por exemplo, se você normalmente precisa de muitas informações antes de tomar uma decisão, pode-se apurar isso nos primeiros cinco a dez minutos (depois de normalizar a velocidade de leitura, etc.) e começar a fornecer *menos* informações – as opções resultantes são truncadas, por exemplo, proporcionando menos opções com menos informações para cada opção e jogando *contra* a sua necessidade de mais informações. Tudo isso para acomodar os "estilos de aprendizagem" das pessoas – vamos fazer todo mundo suar a camisa!

Uso da aprendizagem baseada em jogos digitais para conscientização da diversidade

A conscientização da diversidade é um daqueles assuntos muito delicados e complicados que são difíceis de ensinar. O treinamento implica não só exemplos numerosos, mas também estatísticas entediantes que são difíceis de lembrar. Há vários jogos de tabuleiro na área do treinamento da diversidade, mas pelo menos uma empresa se voltou para a aprendizagem baseada em jogos digitais.

14. THE BATTLE OF THE BRAINS. Uma das coisas mais difíceis de passar de uma forma atraente, em sala de aula, são informações estatísticas e fatos. Quando o Departamento de Recursos Humanos do Bankers Trust quis incluir os dados estatísticos do relatório *Workforce 2000*[19] do Hudson Institute como parte do treinamento de conscientização da diversidade em sala de aula, voltou-se para o *shell* de aprendizagem baseada em jogos digitais *The Battle of the Brains* da Games2train para fazê-lo. O jogo baseado em perguntas, planejado para ser projetado em uma tela na sala de aula, baseia-se no tema dos esportes de competição. Cada rodada pode ter um esporte individual – futebol, tênis, futebol americano, golfe, hóquei ou xadrez – repleto de sons da multidão e dos anunciantes. Cada time tem um mascote que faz uma "dança da vitória" bem animada cada vez que se ganha uma rodada.

A equipe de diversidade do banco criou as próprias perguntas a partir de materiais com muitos dados estatísticos, tais como "Qual é a porcentagem de trabalhadores de origem hispânica no *Workforce 2000*?" (15%) e "Qual é a porcentagem de mulheres na população economicamente ativa?" (85%). O processo de competir por respostas em vez de apenas lê-las em um *slide* ajudou os participantes a fixarem as informações na memória e provocou debates acalorados e interações sobre os fatos nos seminários.

Uso da Aprendizagem baseada em jogos digitais para treinamentos sobre ética

A ética é um assunto sério, certo? Sim, mas Scott Adams, criador da tirinha cômica Dilbert, pode nos fazer rir sobre o assunto. A Lockheed já usou Dilbert e Dogbert em um jogo de tabuleiro para treinamento de ética.[20] Mas a aprendizagem baseada em jogos digitais é utilizada para o treinamento sobre ética? Pode apostar que sim. Eis aqui um exemplo.

---

[19] William Johnston & Arnold Packer, *Workforce 2000* (Washington: Hudson Institute, 1987).

[20] De acordo com o diretor de comunicação e treinamento de ética da Lockheed Martin, Tracy Carter Dougherty, em 1997 e 1998, a Lockheed usou os personagens Dilbert e Dogbert em vídeos e no jogo de tabuleiro *Ethics Challenge*, que faziam parte do treinamento de ética para 175 mil funcionários.

O QUE AS ORGANIZAÇÕES LÍDERES ESTÃO FAZENDO

15. QUANDARIES. Se você acessar o site www.usdoj.gov/jmd/ethics/quandary.htm, encontrará, como eu disse, uma surpresa interessante. Você pode fazer o *download* do que o Departamento de Justiça dos Estados Unidos chama Quandaries Ethics Training Program, uma brincadeira simples, mas informativa, baseada em gráficos para toda a sua carreira no departamento, enfocando questões éticas. O propósito do jogo é "ensinar a conduta-padrão para os funcionários federais", de acordo com o site, mas todos são bem-vindos para experimentar o programa. Há quinze empregos no jogo e as promoções são dadas com base no desempenho para cinco níveis com responsabilidade cada vez maior. Você tem de lidar com questões como quem paga a conta do almoço (você ou o seu chefe), se você pode ou não fazer favores para as pessoas e se você pode ou não fazer tarefas não governamentais que o seu chefe requisita, além do costumeiro suborno e outras tentações. Como o próprio site diz: "Boa sorte!".

O jogo *Quandaries* pode ser baixado do site www.usdoj.gov/jmd/ethics/quandary.htm.

Uso da aprendizagem baseada em jogos digitais para contraespionagem industrial

Quem seria capaz de imaginar? O artigo a seguir apareceu no *Wall Street Journal*.[21] Não tenho certeza se esse é ou não um exemplo de aprendizagem baseada em jogos digitais – que estava em alemão – e veio do departamento de treinamento. Os jogos de "aprendizagem situacional" podem ser criados? A realidade pode informá-lo melhor do que eu.

16. CATCH THE SPY. "Frankfort – Super Mario, este é o Super Lopez. Um jogo chamado *Catch the Spy* no site da General Motors permite que competidores persigam um espião industrial por toda a unidade Adam Opel da GM e tentem capturá-lo antes que ele escape com os segredos da empresa. 'Um espião escapou da fábrica da Opel e está tentando fugir com documentos importantes roubados', conforme as instruções. 'Você pode impedi-lo.'

---

[21] *Wall Street Journal*, 25-5-2000.

Se parece muito com as acusações de espionagem industrial contra o ex-executivo da GM Jose Inacio Lopez de Arriortua. 'Não pude acreditar', suspirou o porta-voz da VW quando soube do jogo.

Em 1996, a GM e a Volkswagen AG chegaram a um acordo sobre a acusação de que o senhor Lopez, que deu nome a 'Super Lopez', levou documentos confidenciais da GM com ele quando a VW o contratou. Exatamente nesta semana, foi declarada a sentença na qual o Departamento de Justiça dos Estados Unidos acolheu tal acusação que os advogados de defesa do senhor Lopez insistiram em negar.

O senhor Lopez, que não trabalha mais para a VW, não é mencionado no jogo em alemão. Um porta-voz da Opel insiste que o jogo não tem nada que ver com o senhor Lopez ou com a VW. 'Isso é uma piada', completa ele."[22]

Uso da aprendizagem baseada em jogos digitais para habilidades no trabalho

Uma das áreas mais férteis para a aprendizagem baseada em jogos digitais é o ensino de habilidades no trabalho. Certamente você pode simular as habilidades, mas isso não é o suficiente para atrair a atenção das pessoas. Um jogo oferece algo excitante, desafios e o incentivo de fazer as coisas corretamente (e com rapidez!), pois você quer ganhar. Aqui vão alguns exemplos.

17. THE WHOPPER CHALLENGE. O Burger King serve mais de 1,4 *bilhão* de sanduíches Whooper por ano nos mais de 11 mil restaurantes em todo o mundo,[23] o que dá mais de 4 milhões por dia. O Whopper é o "sanduíche carro-chefe" da rede, que espera que os funcionários o preparem da forma correta. De fato, há um "padrão-ouro" bem preciso para fazê-lo corretamente, tanto em termos da ordem quanto da quantidade de ingredientes. Fazê-lo da forma correta ficou mais difícil, é claro, porque uma parte importante da mensagem do Burger King é a de que você "recebe do seu jeito".

Então, com que rapidez *você* faria um Whooper "padrão-ouro"? Se você estiver para trabalhar em um dos restaurantes da rede, muito provavelmente descobrirá – em um segundo – e nem vai precisar ficar coberto de ketchup

---

[22] *Ibidem.*
[23] Porta-voz do setor de comunicações corporativas do Burger King.

O QUE AS ORGANIZAÇÕES LÍDERES ESTÃO FAZENDO

ao tentar. Como parte do programa de treinamento por DVD, que o Burger King produziu e distribui para os franqueados em todo o mundo, foi criado o *Whopper Challenge*, um jogo de ação que faz exatamente isso.

Como esses funcionários eram treinados antes? Por meio de prática ao vivo com comida de verdade e um supervisor dando instruções: pronto, em posição, pode fazer. Que droga, esqueci de colocar ketchup! – joga esse aí fora. Mais dinheiro que foi para o lixo! Desperdício de comida e tempo de supervisão custa muito para os restaurantes.

O que poderia ser mais natural para as gerações dos jogos do que montar Whoppers na tela? Um ingrediente adicionado fora da sequência? BZZZZ! Ketchup demais? – fim de jogo! Esqueceu de colocar os picles? Você perdeu! – De volta para a escola do Whopper. Demorou sessenta segundos? Pode esquecer, os campeões fazem em dez segundos. E há até níveis. No primeiro nível, os ingredientes desaparecem conforme são utilizados, mas o nível 2 é mais parecido com a realidade, o ingrediente fica lá parado para ver se você está pensando na vida quando o usou pela primeira vez.

O que levou o Burger King à aprendizagem baseada em jogos digitais, ao menos para esse tipo de treinamento (o restante é mais padronizado)? Annette Wellinghoff, diretora do Worlwide Training do Burger King em Miami, explica: "No Burger King, um dos preceitos da cultura que estamos tentando criar é 'trabalhar é divertido'. Se o *treinamento* não fosse divertido, teríamos muitas dificuldades para construir esse caso. Além disso, os nossos funcionários mais novos são, na sua maioria, jovens".

Outra vantagem do jogo é que ele não tem muitas palavras, o que o torna "de mais fácil internacionalização", como afirma Wellinghoff. O Burger King está fornecendo esse programa de treinamento inicialmente em seis línguas: inglês americano, inglês britânico, espanhol, alemão, francês, turco e coreano. Também é muito fácil alterar o jogo para refletir as diferentes variações geográficas no padrão-ouro (por exemplo, molhos e quantidades diferentes em países diferentes). O jogo se saiu muito bem nos testes com grupos focais nos Estados Unidos e na Alemanha. Não se constataram diferenças em preferência entre os usuários homens e mulheres, apesar de as pessoas que já montavam Whoppers anteriormente terem a tendência de apresentar resultados melhores. Infelizmente, Wellinghoff não divulgou seu melhor tempo.

Para o próximo DVD da sua série de treinamento "Right Track", Wellinghoff está trabalhando, com uma universidade, com simulações de jogos de computador em rede para o treinamento administrativo em vários restaurantes. "Apenas com números?", perguntei eu. "Ah não, terá pessoas!", disse ela. Fique ligado em *The Whoppers*.

18. THE BAGGING GAME. E não é só *fazer* a comida corretamente. Ela tem de ser empacotada corretamente para que não derrame e assim por diante, e os funcionários têm de ser treinados para fazer isso. (Ei, essa garotada é jovem!)

Na rede de *fast food* El Pollo Loco, há uma forma proibida de empacotar os pedidos. Você não pode pôr o refrigerante em cima do hambúrguer, por exemplo, porque o pacote não ficará estável. Os funcionários que desempenham essa tarefa têm em geral "15 e 16 anos, baixo nível de instrução e nem sequer falam inglês", de acordo com a designer interativa Cindy Steinberg. Então, em um dos seus jogos de treinamento digital, eles recebem uma sacola virtual, enquanto alguém fica berrando o pedido e há comidas e bebidas diferentes por toda a tela; eles têm de empacotar tudo da forma correta dentro de determinado período de tempo, clicando e arrastando o *mouse*, para ganhar pontos. Se colocarem as coisas na ordem errada, tudo é derramado ou alguma outra coisa acontece. "É hilariante", diz Steinberg. Pode dar para seus filhos jogarem.

19. VISITING HEIDI'S GRANDMOTHER. Já que estamos falando de comida, vamos visitar o Instituto Nacional de Gestão de Serviços Alimentícios (National Food Service Management Institute), cujo centro fica na Universidade de Mississippi, que treina os funcionários dos restaurantes nos trens. Como parte do programa de treinamento criado para eles pela Allen Interactions – administrada por Michael Allen, o renomado designer de aprendizagem e criador da linguagem para autoria Authorware –, há um jogo para ensinar a esses funcionários, que não são cozinheiros treinados, uma das regras básicas da preparação de alimentos: as receitas são geralmente elaboradas para o nível do mar e devem ser ajustadas se você estiver em altitude mais elevada.

De acordo com Ethan Edwards, sócio de Allen, o jogo funciona da seguinte forma: Você é Heidi e vai visitar a sua avó no topo da montanha. Claro que você quer levar a ela algumas comidinhas gostosas, então, no caminho, você para nas casas de vários vizinhos para ajudá-los a fazer bolos e pães. Convenientemente, um dos seus vizinhos mora a 762 metros acima do nível do mar, outro a 1.524 metros e mais outro a 2.285 metros. Cada vez que usa o forno, você pode acertar na receita e continuar subindo a montanha ou um bode aparece e dá-lhe uma surra, levando-o ao início do jogo. O intuito do jogo, de acordo com Edwards, é dar aos trabalhadores alguma motivação para praticar algo que, do contrário, seriam fatos derivados da mera repetição. Ao mesmo tempo, como muitas pessoas são chutadas para a base da montanha para começar tudo de novo, isso acaba reforçando a parte básica do jogo, que é cozinhar corretamente ao nível do mar.

Além do fato de o jogo estabelecer regras que uma pessoa pode ler e esquecer em um contexto mais motivador, ele permite a prática e há também valor, diz Edwards, em abstrair algo específico que você queira destacar em relação a todo o resto. Em outras palavras, uma simulação de baixa fidelidade. Fica claro que é uma cozinha de mentira, sem ingredientes, sem sujeira e não tem nada que ver com o ato de cozinhar de verdade – tudo que você tem de fazer é ajustar os indicadores de forma correta. Mas a combinação do isolamento da tarefa e o contexto motivacional do jogo permitem que as pessoas mantenham o foco, explica Edwards. "Retirado o contexto, trata-se de uma estratégia instrucional forte para uma meta simples."

20. TRAIN DISPATCHER. Passando da comida em si para como ela é distribuída (assim como outros produtos), chegamos a um jogo de treinamento para os funcionários de ferrovias. Tom Levine criou o jogo *Train Dispatcher* no seu computador Commodore 64 durante o seu tempo livre. Ele estava trabalhando em uma empresa na qual programava os sistemas "de verdade" e foi promovido a gerente. "Uma vez que você passa para a gerência, acaba, de certa forma, perdendo as habilidades técnicas", diz Levine, "então eu fazia isso de noite para tentar me manter atualizado". Posteriormente, ele migrou o jogo comercial de 44,95 dólares para o PC e, depois, para o Windows. Enquanto a primeira versão permitia ao jogador despachar trens em apenas

um território (e havia um mecanismo de pontuação para avisá-lo como ele estava se saindo), Levine depois introduziu o *Train Dispatcher 2*, que permitia qualquer número de territórios.

"O jogo é comprado, na maioria, por aposentados", explica Levine. "As pessoas com as quais conversamos, na maioria, criam os territórios e, em geral, são ex-funcionários de ferrovias ou fãs de incorrigíveis de ferrovias." Um recurso importante do *Train Dispatcher* é um programa que o acompanha, o *Track Builder*, que possibilita às pessoas projetar os próprios territórios. "A maioria dos sistemas comerciais não tem essa capacidade", afirma Levine. "Isso é incomum. O que nos é permitido fazer é usar os nossos clientes para gerar bibliotecas de territórios de trilhos. Vá à nossa página na internet e você encontrará 335 territórios de trilhos em todo o mundo. Então você poderá despachar trens em Sydney ou no Japão, ou ainda por todos os Estados Unidos ou então em trilhos que não existem mais."

Acontece que muitos dos territórios que as pessoas construíram para o jogo são bastante exatos, pois muitas das pessoas que criam territórios particulares são, na realidade, funcionárias aposentadas de ferrovias que trabalharam nesses territórios e têm informações bem detalhadas. Dois desses territórios de maior exatidão foram identificados por um vice-presidente da Northern Burlington, que pensou "Estamos com problema de capacidade aqui. Talvez, se eu rodar esse programa, eu possa aprender algo". Por esse motivo, Levine está convertendo o seu jogo comercial em um produto de treinamento industrial, adicionando alguns recursos como despachar pessoal, melhorar cruzamentos com linhas férreas, aumentar o número de quarteirões, sinais e desvios, além do número de ajudantes.

"Está deixando de ser um jogo para ser uma simulação", afirma Levine. "Está ficando mais exato." Originalmente, Levine colocava mais ênfase na pontuação, o que ficou difícil de fazer nesse contexto. Agora há menos ênfase na pontuação, e o jogo está se tornando uma simulação muito mais precisa – mais parecido com um simulador de voo que você compra para PC. "Ele não somente o ensina sobre as coisas básicas do controle de ferrovias, como também ajuda a aprender sobre os territórios mais rapidamente", afirma Levine.

O QUE AS ORGANIZAÇÕES LÍDERES ESTÃO FAZENDO

O desafio, entretanto, ainda continua como uma boa parte do jogo. No jogo comercial, à medida que você aprende sobre um território e fica cada vez melhor nele, você passa para outro. "Alguns dos territórios que temos na Alemanha podem apresentar grandes desafios", diz Levine. "Não tenho certeza de como se pode controlá-los." Você também tem a opção de ajustar a rapidez *versus* o tempo real que você quer rodar o simulador. Pode rodar na velocidade de um tempo regular – 24 horas levam 24 horas. Mas pode também aumentar para quarenta tempos, em que estará simulando 24 horas em 34 minutos. "Em alguns sistemas é o suficiente", confirma Levine, "porque não há muito tráfego. Mas em áreas onde há muito tráfego talvez fosse melhor rodar na metade da velocidade".

Uma coisa que é atraente para a ferrovia de verdade é que a pessoa pode simular um turno de oito horas em uma hora e rodar oito simulações no mesmo dia. "Toda vez se aprende um pouco mais", diz Levine. "'Eu deveria ter segurado este trem, eu deveria ter deixado este trem partir.' 'Se eu tivesse feito isso duas horas atrás, não estaria nesta confusão agora.' Há muitas questões que você pode aprender com muita rapidez ao simplesmente acelerar.'"

Uma questão que o próprio Levine enfrenta é quantos "elementos atraentes" devem ser colocados no jogo, que não precisam ser gráficos: ele, na maior parte, simula o que um controlador ferroviário veria. "Melhoramos a parte gráfica até certo ponto, embora os fãs extremos e as pessoas de ferrovias de verdade não gostem disso – eles preferem ver linhas mais tradicionais e coisas da natureza", afirma Levine. "O problema com o nosso programa para a maioria das pessoas é que elas esperam muito da parte gráfica. Mas, quando tentamos seguir por esse caminho, as pessoas reclamam porque isso não é verdade."

Uma direção interessante que Levine está tomando com a sua nova versão, *Train Dispatcher 3*, é permitir que o jogo, de fato, assuma o controle das coisas – para fazer disso uma "ferramenta". Será configurado de modo que se possa controlar tanto uma ferrovia de verdade quanto um modelo com ele, então é mais versátil do que um jogo ou uma simulação.

Que excelente modelo de aprendizagem baseada em jogos digitais! Criar um jogo que captura o conhecimento e a habilidade das pessoas de todas as partes do mundo conforme elas vão construindo a base de dados de módulos divertidos e úteis (como WADs do *Doom* e MODs do *Unreal*)[24] para outros jogadores usarem. Depois, utilizar essa habilidade para treinar novos trabalhadores em uma configuração mais robusta e alimentar o jogo com essas melhorias. Finalmente, fazer que o jogo se torne algo funcional para que as pessoas possam de fato usá-lo para fazer o seu trabalho!

Levine é muito modesto sobre os seus feitos. "Não posso jogar os meus próprios jogos. Fico sempre procurando os problemas para tentar aprimorá--los. Não consigo me concentrar em movimentar os trens. As pessoas me perguntam 'Você se deu bem na vida?'. Não me dei, não, de jeito nenhum."

21. THE LOGGERS' GAME: A IMPORTÂNCIA DOS PERIFÉRICOS. Algumas vezes, na aprendizagem baseada em jogos digitais, a chave do sucesso não é o jogo em si, mas as coisas que ajudam a colocá-lo no contexto. Uma grande parte desse contexto é o controlador – a interface física direta entre você e o jogo. Os controladores – o *mouse*, o controle ou a unidade de controle que o jogador usa – fazem parte dos jogos digitais e da mecânica do jogo, mas recebem menos atenção do que merecem no mundo de jogos para PC e dos videogames. Embora estejamos vendo desenvolvimentos interessantes na área da "sensação de força" – você sente ruído no controle –, os controladores tradicionalmente são limitados pelo seu *design*. Como os fabricantes de jogos não querem gastar na criação e no envio de um controlador separado para cada tipo de jogo, eles tentam fazer que todos os jogos usem o mesmo conjunto de controles "multiuso".

Isso funciona para muitos jogos, mas em geral com perda de qualidade – pilotar um avião com um *mouse* é menos realista do que com um controle; dirigir um carro com um *mouse* é menos realista do que com um volante. O lugar onde os controladores são mais desenvolvidos e diferenciados é nos jogos e nos simuladores de casas de jogos eletrônicos – dirigir jogos com volantes, pedais e câmbios como controladores; jogos com disparos têm

---

[24] WADs e MODs são versões de jogos modificadas (podendo ser até consideradas novos jogos. Um exemplo é o MOD do "Half Life", mais conhecido como "Counter Strike") feitos de arquitetura espacial e texturas de paredes, que podem ser criadas pelos usuários com o software editor. Eles permitem que os jogadores avançados criem novos "lugares" ou "níveis" dentro de um jogo.

armas que proporcionam sensações realistas; jogos de esportes têm esquis, pranchas de *snowboard* e de surfe; e alguns jogos permitem que você use remos de caiaque e cavalos para manobrar (no Japão, é claro!).

O treinamento de lenhadores – homens grandes e fortes, do tipo He-Man – por meio de jogos não foi problema, como um designer da Weyerhauser acabou descobrindo – eles são pessoas que adoram muita competição. O problema veio na fase de testes – quando eles não ficaram encantados com o pequeno *mouse*. A solução? Criar um controlador "de peso". Foi criada, então, uma unidade com um piso e um grande pedaço de madeira que precisaria do esforço de um "He-Man". Os lenhadores adoraram.

Achar o controlador "certo" nem sempre tem de ser uma solução cara e adequada ao cliente. Quando introduzimos o *Straight Shooter!* no Bankers Trust, deparei com pequenos controles de plástico que se encaixavam sobre as teclas de setas do teclado-padrão, transformando o conjunto de teclas em um controle.[25] Alguns dólares a mais por peça e eles foram distribuídos com o jogo, ajudando todos a entrarem no clima. Outro exemplo de um controlador especializado é o estetoscópio usado no exemplo médico apresentado mais adiante.

Claro, com o avanço da tecnologia, é muito provável que a voz venha a se tornar um dos mecanismos de controle dos jogos mais importantes também. E os designers de aprendizagem baseada em jogos digitais devem levar em consideração como isso pode funcionar a seu favor.

Uso da aprendizagem baseada em jogos digitais para treinamento de gerentes

O treinamento de gerentes é um excelente assunto para a aprendizagem baseada em jogos digitais, tendo em vista a possibilidade de criar empresas virtuais, funcionais ou disfuncionais, para os aprendizes administrarem. Além dos jogos listados aqui, há várias simulações para administração baseadas em números e gráficos e simuladores de controle de voo. Entretanto, os dois jogos descritos a seguir vão muito mais além, em razão das suas

---

[25] Esses dispositivos com projeto inteligente são fabricados na Alemanha e vendidos nos Estados Unidos por uma pequena distribuidora da Flórida.

interfaces e estruturas parecidas com as dos jogos. A esse respeito, verifique os jogos de administração de Monte Cristo para consumidores.

22. BRANCH MANAGER TRAINING GAME. Quando o Holiday Inn estava procurando uma nova maneira de treinar os seus gerentes de hotéis para tornar as suas unidades mais rentáveis, Cindy Steinberg, designer interativa premiada (ela ganhou vários "Cindys", embora não haja nenhuma relação de parentesco), surgiu com a ideia de fazer do treinamento inteiro um jogo. Ela projetou um ambiente de hotel virtual completo que um gerente pudesse percorrer e procurar por problemas.

Os jogadores "caminham" pelo hotel virtual e procuram coisas que estejam sendo feitas de maneira errada, de acordo com Steinberg. Quando encontram algo, eles vão para uma lista de problemas. Na lista deve haver cinquenta problemas potenciais, mas apenas vinte existem na realidade. O foco dos problemas é como os jogadores administram o negócio, por exemplo, não fazer propaganda da forma adequada, ter um plano de negócios ultrapassado, diárias incorretas e gerenciamento de inventário e questões de serviços ao cliente. Os jogadores têm de achar os itens corretos e marcá-los. Quando eles marcam um problema, recebem cinco soluções diferentes para cada problema, que têm pesos. Os jogadores recebem pontos negativos ao escolherem soluções que fazem as coisas piorarem. O jogo grava o que os jogadores fazem e há um tempo máximo permitido. No final do tempo, o sistema verifica o que você fez, adiciona a sua pontuação e traduz tudo isso para informar o seu desempenho *versus* suas metas (por exemplo, aumento de receita bruta por x por cento ou custos decrescentes). O jogador também recebe uma "prescrição" que ele pode usar no próprio hotel. Para encorajar um novo jogo, a prescrição cobre apenas os problemas que o jogador encontra, então ele pode voltar a jogar para achar os problemas que não encontrou.

Essa mesma abordagem – com um ambiente, problemas e uma lista de soluções – foi transformada pela criadora em um "motor", revendido para vários outros negócios, como a AT&T e a empresa de elevadores Otis, onde o jogador assumia o papel do gerente da filial de um escritório regional.

O QUE AS ORGANIZAÇÕES LÍDERES ESTÃO FAZENDO

"Funciona muito bem desde que você tenha uma empresa com filiais locais para administrar", afirma Steinberg.

23. VIRTUAL U. Falando em administração, você acha que um reitor de faculdade tem um trabalho fácil? Você pode tentar descobrir com o *Virtual U.*

Por mais de trinta anos, William Massey foi professor de administração, vice-pró-reitor de pesquisa e vice-presidente para negócios e finanças de Stanford. Agora ele colocou toda a sua experiência em um produto de aprendizagem baseada em jogos digitais.[26]

Usando uma interface parecida com a do *Sim City*, os jogadores do *Virtual U* assumem o papel de reitor da universidade. Os jogadores devem lidar com professores furiosos, tentar impedir alunos de desistirem da faculdade e lutar contra representantes do governo que controlam o orçamento. Os jogadores do *Virtual U* podem escolher administrar diversos tipos de instituição – públicas ou privadas, grandes ou pequenas, de prestígio ou não. As mensalidades precisam ser estabelecidas, os orçamentos projetados com recursos limitados e investimentos visando ao aumento de doações em um mercado de ações volátil. O jogo inclui questões como equilibrar pesquisa com aulas e decidir o que é prioritário no setor de admissões e de auxílio financeiro. A disposição do corpo docente cai, se as aulas ficam longas demais e se há muitos gastos com o atletismo. A classificação da universidade cai, se os estudantes não puderem ter as aulas que necessitam para se formar. Os presentes dos ex-alunos diminuem, se o time de futebol americano perde. "Se você pressiona de um lado, acaba saindo de outro. Você tem muitas instâncias diferentes para atender", diz Massey. "Todo mundo tem suas prioridades específicas."[27]

O *Virtual U* foi financiado por uma doação de 1 milhão de dólares da Alfred P. Sloan Foundation e foi desenvolvido por Massey e Jesse Ausubel, da fundação, para treinar administradores de universidades e estudantes de pós-graduação. O jogo está disponível comercialmente pela Enlight Software e é vendido por 60 a 130 dólares, dependendo da versão.

---

[26] Essa descrição baseia-se no artigo de Tanya Schevtiz, "Video Game Simulates University Administration", em *SF Gate: San Francisco Chronicle*, 14-1-2000.

[27] *Ibidem.*

Uso da aprendizagem baseada em jogos digitais para orçamento municipal

"Aprendi a fazer orçamentos jogando *Sim City*", conta Cathy Clark, que pertencia à Markle Foundation e agora trabalha com capital de risco com seus sócios na Flatiron. Muitos outros também fizeram assim.

24. SIM CITY. Will Wright concebeu *Sim City* originalmente como um jogo para planejamento de cidades. Quem melhor para planejar cidades do que os prefeitos? Então, em meados da década de 1990, o pessoal do *Sim City* compareceu à Conferência de Prefeitos dos Estados Unidos, em Miami, para promover uma pequena competição amigável. Há uma grande probabilidade de que cada prefeito, nos momentos de frustração com o estado vigente, teve sonhos de acabar com tudo e recomeçar do zero – mas o que eles fariam? Para descobrir, a Maxis fez que eles jogassem individualmente e então tabulou e anunciou os resultados – x por cento de vocês fez isso, y por cento fez aquilo. Aparentemente, todos desfrutaram de um tempo de aprendizagem divertido.[28] Esse é um ótimo exemplo do uso de um jogo comercial pronto para fins de treinamento.

Uso da aprendizagem baseada em jogos digitais para orientação

A orientação é um uso excelente da aprendizagem baseada em jogos digitais – por que não começar a instrução dos trabalhadores com uma experiência divertida? Veja como duas empresas fizeram isso.

25. THE PEPSI CHALLENGE. Eu nunca ouvira o termo "*onboarding*" (processo de contratação) até encontrar Amy George, diretora de capacidade organizacional do escritório central da PepsiCo em Purchase, Nova York. Ela gentilmente me convidou para conhecer o sistema de orientação baseado na internet para todos os recém-contratados da Pepsi Cola North America. O sistema de treinamento *on-line* é complexo e envolve Shockware, Quick Time e um *download* de meia hora dentro da PepsiCo (é fornecido um CD ao pessoal de campo).

Muito da orientação é padrão, e o treinamento é feito com computador multimídia módulo por módulo. Mas George e seu grupo logo perceberam

---

[28] Descrição de um porta-voz do Conselho de Prefeitos dos Estados Unidos (U.S. Council of Mayors).

que isso não seria suficiente para motivar as pessoas a aprenderem coisas como a participação da Frito Lay no mercado de salgadinhos dos Estados Unidos. "Decidimos que colocar um monte de informações no site seria tão chato quanto distribuir uma encadernação – é apenas uma forma diferente de olhar as informações. Então, decidimos incorporar um jogo ao site", afirma George. As palavras-chave que tinham em mente, diz ela, à medida que iam desenvolvendo os jogos, eram "incitante" e "divertido", de forma que as pessoas seriam atraídas ao site, encorajadas a examinar todo o material e passar pelo teste de aprendizagem, tudo enquanto estivessem se divertido.

Em todo o site há itens com "clique aqui para conseguir bônus do Pepsi Challenge", parte de um jogo em andamento que fica embutido na experiência toda. Há jogos adicionais no final de cada módulo – três jogos diferentes, sendo dois deles usados duas vezes: um jogo *Jeopardy!*; um jogo "Soda Jerk", no qual a resposta certa leva o jogador a um copo cheio de Pepsi e um jogo "Shoot the Can" em que você acerta as latas de Pepsi com um estilingue. Todas as questões são de múltipla escolha e "requerem apenas alteração gráfica", afirma George. Xpedior, o site dos desenvolvedores, apresentou à Pepsi diversos conceitos de jogos, mas apenas alguns deles foram aceitos. A Pepsi selecionou os jogos que foram considerados "divertidos e que se encaixavam nos módulos associados". Foram rejeitados conceitos de jogos como um pequeno caminhão que ia até os consumidores e entregava o produto porque "era muito complicado representar todos os tipos diferentes de consumidores, além de que não acrescentaria nada de novo à experiência dos aprendizes".

Para motivar os recém-contratados a completarem a orientação, a Pepsi oferece prêmios como vale-presentes para produtos da Pepsi. Se você conseguir 100% em todas as perguntas internas mais todas as perguntas no final, ganha um certificado de 100 dólares; 95% a 99% dá a você 75 dólares; 85% a 94%, 50 dólares; 60% a 84%, 25 dólares; e 50% a 69%, 10 dólares. Qualquer um pode acessar o site, mas você tem de estar na Pepsi há pelo menos seis meses para se qualificar e conseguir o prêmio. Os vale-presentes podem ser trocados por camisetas, guarda-chuvas e relógios da Pepsi, entre outros. Há também uma lista dos dez jogadores com a melhor pontuação.

Para que a Pepsi possa atualizar e alterar o conteúdo com facilidade por si só, os desenvolvedores criaram um tipo de processador de texto do miniaplicativo editor. Apesar de os jogos terem "duplicado o preço do projeto", George acredita que adicionar os jogos "definitivamente valeu a pena. O site não seria nada sem eles", afirma ela.

George não revela o custo em dólares do site – segredo de estado. E, enquanto insiste que a idade não influenciou na sua decisão para incluir os jogos, ela propõe que "*grosso modo*, os recém-contratados provavelmente seriam jovens, em vez dos mais velhos". Não se pode deixar de imaginar sobre qual grupo ela estaria falando quando explica o *feedback* imediato dos jogos em cada questão quando diz: "Pensamos que era importante para aprendizes adultos terem satisfação imediata".

26. OIL PLATFORM ORIENTATION GAME.
Com certeza há outro tipo de "*onboarding*" bem mais literal – a orientação física que uma pessoa recebe quando chega a bordo de um local complexo e desconhecido, como um navio, fábrica ou plataforma petrolífera. Como se movimentar? Onde é o espaço de trabalho? Onde fica o banheiro, meu Deus? É muito útil ao funcionário saber sobre a plataforma antes de chegar a ela – especialmente do ponto de vista da empresa –, porque as pessoas estão sendo muito bem pagas para esse fim e precisam se tornar totalmente produtivas o mais rápido possível.

Pjotr van Schothorst, desenvolvedor de treinamentos da Royal Dutch Shell, na Holanda, usou um motor de jogo comercial em 3D (ao estilo do *Quake*) de primeira pessoa para criar um módulo especial que imitasse o interior de uma plataforma petrolífera. O jogador se movimenta por ela, usando as teclas de setas ou o *mouse* e procurando as instalações e estações corretas.

Um ponto interessante sobre os jogos "*walk-through*" como esse (em que se exploram os lugares) é que eles podem ser criados com relativamente pouco dinheiro. Na maioria dos casos, não requerem licenciamento do motor do jogo – com frequência uma proposição cara – mas apenas daquilo que é conhecido como módulos. Os módulos, ou "lugares pelos quais passar" nesse tipo de jogo – conhecidos como WADs no *Doom* e MODs em outros softwares –, podem ser criados, em geral, sem nenhum custo para quem

O QUE AS ORGANIZAÇÕES LÍDERES ESTÃO FAZENDO

faz o jogo, usando-se ferramentas fornecidas por aqueles que fazem os jogos por si próprios.[29] Você pode não saber como fazer isso (ou mesmo não ter ideia do que eu estou falando), mas a probabilidade é grande de que seu filho ou um dos seus funcionários de 20 anos saiba e adore a oportunidade de fazê-lo. Você, então, compra e instala o número de cópias necessário do jogo original (a 40 dólares ou mais) e joga o próprio módulo dentro dele.

Como só correr por aí e procurar pelo banheiro fica obsoleto rapidamente – é um dos lugares onde o virtual é definitivamente menos satisfatório do que o real, – para tornar o seu jogo mais interessante, van Schothorst dá aos jogadores um extintor de incêndio como uma "arma" e faz que aprendam a atender a emergência ao mesmo tempo.

Divertido, eficiente e seguro, tudo a um preço razoável – como superar isso para fins de treinamento?

Uso da aprendizagem baseada em jogos digitais para conhecimento do produto

O treinamento para o conhecimento do produto é, em geral, repleto de itens entediantes que precisam ser aprendidos e, ainda, ao mesmo tempo, a aprendizagem sobre os produtos ocorre ao usá-los. Trata-se de uma combinação de soluções da aprendizagem baseada em jogos digitais.

27. THE FARMER GAME. A Hydro Agri, uma divisão da gigante Norsk Hydro, da Noruega, é um *player* mundial no setor da agricultura, com ramificações em toda a cadeia de valor – desde as matérias-primas na produção de fertilizantes até a orientação no suprimento de nutrientes. O trabalho da Hydro Agri Academy é melhorar de forma continuada o conhecimento dos seus produtos e serviços por parte dos empregados, assegurando que eles satisfaçam as necessidades dos clientes. Para ajudar os funcionários a melhorar a sua compreensão sobre os fertilizantes da empresa, a Hydro Agri trabalhou com a fornecedora Powersim para criar *The Farmer Game*. O empregado desempenha o papel do fazendeiro que cuida da safra, desde o plantio até a colheita, com o objetivo de cultivar a safra mais rentável com o mínimo de

---

[29] A Epic, fabricante do jogo *Unreal Tournament*, por exemplo, permite a "exploração comercial gratuita", com MODs originais, mas sem a troca do código do jogo, de acordo com um porta-voz da empresa. O licenciamento de um código de origem do programa pode custar até 500 mil dólares.

impacto ambiental. Alterações no tipo de solo, clima e disponibilidade de água afetam o crescimento da safra. Os empregados influenciam nesse crescimento, ao aplicar fertilizantes várias vezes durante a simulação. No fim do jogo, o programa mostra ao empregado a rentabilidade da fazenda e o impacto que as suas decisões tiveram no meio ambiente. O jogo *The Farmer Game* foi disponibilizado para todos os 6 mil empregados da empresa individualmente ou nas unidades de negócios. Demonstrou ser mais útil para o treinamento de empregados com menor ou nenhum conhecimento dos produtos da empresa.[30]

28. THE GLUE GAME. A 3M fabrica uma variedade de colas, todas com propriedades diferentes. Para ajudar os funcionários a aprenderem sobre elas, a 3M recorreu ao jogo para parte dessa aprendizagem.[31] Em vez de apenas memorizar as propriedades de cada cola, os aprendizes testam virtualmente as diferentes colas e verificam como elas funcionam em materiais diferentes. O jogo, montado pela Iconos Interactive, é uma fantasia divertida que usa agendas de telefone de papel, garrafas plásticas para leite, caixas de correio de alumínio e baús de madeira como materiais de construção. A meta do jogador é colar esses materiais uns nos outros conforme eles aparecem para construir uma ponte – que cruzará um vale – forte o suficiente para suportar um elefante. Se você utilizar as colas corretas para as diferentes combinações de materiais, a ponte se sustentará. Caso contrário, haverá um elefante a menos em St. Paul!

Uso da aprendizagem baseada em jogos digitais para habilidades profissionais

Médicos, advogados, enfermeiros, contadores, nomeie o profissional que quiser – a aprendizagem baseada em jogos digitais tem sido utilizada extensivamente para o treinamento de habilidades profissionais. Isso, de certa forma, não é nenhuma surpresa, afinal muitos de nossos profissionais atualmente são jovens – a média de idade para um auditor, por exemplo, é de 24 anos. À medida que os *baby boomers* se aposentam e a geração dos jo-

---

[30] Disponível em www.powersim.com/sim_resource/case_study/training_agriculture_01.asp. Acesso em 2000.

[31] Sarah Fister, "CBT Fun and Games", cit.

O QUE AS ORGANIZAÇÕES LÍDERES ESTÃO FAZENDO

gos, que é bem maior, cresce, essa tendência vai, no mínimo, aumentar. Já vimos o exemplo do jogo para advogados. Aqui estão exemplos de jogos para médicos, enfermeiros e auditores. Caso conheça qualquer aprendizagem baseada em jogos digitais para chefes de tribos indígenas (ou qualquer outra profissão), envie uma mensagem para mim pelo site www.twitchspeed.com.

29. THE AUSCUTATION CHALLENGE. Os jogos são usados há muito tempo para o treinamento de médicos. Para auxiliar no diagnóstico do sopro cardíaco, a editora da área médica C. V. Mosby criou um jogo de ausculta. Ausculta significa escutar os sons internos dos órgãos do corpo (por exemplo, os pulmões) como uma forma auxiliar para o diagnóstico e o tratamento. Para tornar o jogo realista, é usado um estetoscópio eletrônico como um dos controladores do jogo. A designer Cindy Steinberg recorda a visita ao laboratório do cirurgião cardíaco doutor Denton Cooley no Texas Heart Institute, em Houston, com o seu gravador de fita cassete para literalmente "coletar" milhares de sopros. No jogo, "você tem esses tórax", diz Steinberg, "todos de pacientes homens, e há fones de ouvido do estetoscópio que você conecta para auscultar o sopro. Você tem de colocar o estetoscópio em posições diferentes do tórax e escutar partes diferentes de sopro". Em seguida, deve-se combinar o sopro com o diagnóstico dentro de um período de tempo limitado. Ausculta. Você poderia dizer isso dez vezes?

30. INCREDIBLY EASY! Profissionais como médicos e enfermeiros têm muitos tipos de exames padronizados para os quais precisam se preparar e a maneira clássica de fazê-lo é a revisão de quantas perguntas similares do exame forem possíveis. Para fazer que isso se tornasse um pouco mais agradável para os enfermeiros que se preparavam para exames de certificação, a Springhouse Corporation (atualmente Lippincott-Williams & Wilkins) criou uma série muito popular de livros chamada "Incredibly Easy", com títulos como Neo-natal Care Made Incredibly Easy (vai dizer que ainda não leu?). A série de livros tem como protagonista a enfermeira Joy, que é inteligente, competente e atraente, a enfermeira que todos nós gostaríamos de ter se um dia fôssemos pacientes em uma unidade de tratamento intensivo.

Ao fazer da série de livros "Incredibly Easy" um programa de revisão para computadores, a Springhouse se voltou aos jogos para diminuir o tédio durante o estudo. Projetou, então, três jogos para cada assunto. No primeiro deles, chamado *Endless Lecture*, você precisa responder a certo número perguntas para sair da sala de uma palestra muito ruim. Com as respostas corretas, você recebe elogios, ao passo que, com as erradas, leva insultos e apagadores do professor. No segundo jogo, *Tedious Textbook*, o texto *por si próprio* ("Tessie the Textbook") o maltrata se você não acertar as perguntas. No terceiro jogo, *Problem Patient*, as respostas erradas fazem que o paciente grite com você, ao passo que, com as corretas, você ganha elogios.

Foi com os jogos que essas pessoas aprenderam quando eram crianças e é assim que elas querem aprender como adultos. O edutenimento está crescendo junto com os seus usuários.

31. IN$IDER (CONTINUAÇÃO). Quando apresentei o jogo *In$ider* da PricewaterhouseCoopers para o treinamento de auditores e contadores na área de derivativos no capítulo 1, eu pedi que você ficasse ligado. Agora, dando prosseguimento, peço que recorde o fato de que entender de derivativos é tão difícil que um banco de investimentos pagou 10 mil dólares por dia (e isso não é uma brincadeira!) a um instrutor para ensinar sobre o assunto. A capacidade de ensinar esse assunto enigmático com clareza e sem deixar os seus ouvintes caírem no sono vale muito, e definitivamente não é tarefa para qualquer um. Muitos tentaram e fracassaram.

Foi nesse caldeirão que a corajosa Paula Young acabou entrando. Ela quase não saiu viva. Aqui está o resto da história.

Em 1997, ao perceber a necessidade premente de treinar os auditores em derivativos, Young surgiu com a ideia de que, por ser um assunto complexo e árido, os profissionais em treinamento necessitavam ter a capacidade de saber, por experiência própria, o que são os derivativos e como usá-los. Assim, ela esboçou o plano de um jogo que vinha com uma academia ao vivo e levou tudo isso aos sócios. "Ninguém tinha a mínima ideia do que eu estava falando", conta ela. "Eu estava com essa ideia na cabeça." Mas com a força de seus argumentos e o seu histórico de sucessos, ela conseguiu 30 mil libras – cerca de 50 mil dólares – para fazer um protótipo. Ela terminou o protótipo em um mês. "Assim que eu acabei, a ideia se tornou tangível e empolgante, e a resposta foi 'nós temos de fazer isso'", diz ela.

O próximo passo era a sua proposta de investimento – descrita no capítulo 13 –, que foi aprovada em março do ano seguinte; assim a sua equipe começou a trabalhar no *design*. A parte do envolvimento e a da história veio com relativa facilidade, dado que Young tem conhecimentos na área de cinema e TV – ela se formou em comunicações e depois trabalhou em uma estação de TV e em uma empresa de filmes. "Você foi designado para a equipe de finanças na Gyronortex, uma empresa de mineração intergaláctica na zona central, em aproximadamente 2030. Há uma guerra e o seu trabalho é auxiliar o seu chefe, Jan Goldstein, a lidar com os riscos." O desafio inicial veio da parte do ensino – como apresentar os materiais complexos nos contratos de taxas de futuros (Forward Rate Agreements – FRA), futuros, *swaps* e outras opções dentro da linha de história que ela estabeleceu. A abordagem que "inventaram" é o que eles chamam "descoberta estruturada", na qual as tarefas dos jogadores são claras, mas você pode precisar descobrir (com mais ou menos orientação, dependendo da sua preferência) como realizá-las. Assim como em outros programas, você pode consultar várias pessoas para pedir ajuda. No *In$ider*, atribuem-se personalidades diferentes a todos os personagens – que são personagens de verdade – com o intuito de aumentar a identificação e a diversão. As fortunas dos personagens evoluem e passam por mudanças ao longo dos quatro CDs que compõe o jogo, algo como uma abordagem de novelas. "Nós deixamos um 'gancho' no final de cada disco para fazer que você queira passar para o próximo", conta Young.

Parece empolgante, certo? Mas seis meses antes, em setembro, Young estava pronta para abandonar o projeto inteiro – e ameaçou fazê-lo. "Não conseguimos obter o conhecimento de que necessitávamos sobre o assunto", explica Young. "O que acontecia era que as poucas pessoas na empresa que tinham, de fato, conhecimento profundo sobre os derivativos estavam muito ocupadas com os clientes." A equipe de Young não conseguia obter a atenção delas. "Eu acredito que o valor daquilo que você retira do produto depende do que você agrega a ele", prossegue ela, "então, paramos tudo. Praticamente não fizemos nada. Eu continuava dizendo 'vamos perder dinheiro. Precisamos de experiência e conhecimento. Para tornar algo simples e acessível, você precisa de um especialista no assunto'. Então, finalmente, conseguimos o dinheiro para pagar um especialista. Conseguimos contratar um operador da bolsa do centro financeiro de Londres para nos orientar".

A partir daquele ponto ficou mais fácil prosseguir, mas ainda havia o desafio da diversidade cultural a ser considerado – o programa foi projetado para toda a empresa, o que significava praticamente mais de 150 mil pessoas no mundo inteiro. O produto tinha de funcionar em São Petersburgo, Seul e Manila, bem como em Paris e Madri. (Ele é atualmente usado em mais de cinquenta países.)

Young usou o processo de "desenvolvimento rápido", que ela afirma "ter funcionado de fato". Em maio, o primeiro CD foi finalizado e ficou pronto para os testes com o grupo focal; os demais CDs vieram um mês após o outro. Em outubro, começou o teste com os sistemas, que, dado o tamanho da empresa, "levou uma eternidade", conta Young. Mas, em novembro, já havia começado a fase de implantação. Conforme Young apresenta mais adiante, a implantação é 80% do trabalho. "Você não pode simplesmente lançar os CDs como se fossem *frisbees* ou então apenas colocar o conteúdo na intranet, é preciso ser proativo", diz Young.

O jogo obteve tremendo sucesso. Mais de 10 mil cópias foram distribuídas na empresa. As pessoas, além de usarem o jogo, pediam cópias para os seus clientes.

Young adoraria fazer tudo de novo (ela adora ser produtora!), mas mudaria algumas coisas na próxima vez, principalmente a relação com os especialistas no assunto. Ela também faria uma aliança com o TI e adotaria padrões mais ágeis para o processo de desenvolvimento.

Para os jogadores do *In$ider*, o maior choque veio no disco 1, quando o banco que você recomendou para as aplicações vai à falência e você acaba sendo demitido! (Não importa qual banco você escolha.) Mas o jogadores se vingam no disco 3, quando Bash, um operador convencido, acaba sendo rebaixado para a posição de zelador.

Uso da aprendizagem baseada em jogos digitais para gerenciamento de projetos

O gerenciamento de projetos é com frequência doloroso, mas trata-se de uma dor que mais e mais pessoas têm de enfrentar. A IBM está reformu-

O QUE AS ORGANIZAÇÕES LÍDERES ESTÃO FAZENDO

lando a sua organização inteira em torno do gerenciamento de projetos, assim como as grandes empresas de consultoria. Há boatos de que algumas pessoas acabaram gostando. Mas, para o restante de nós, não seria mais agradável se o gerenciamento de projetos fosse um jogo?

32. PROJECT CHALLENGE. Thinking Tools foi o nome da simulação de negócios que teve origem na Maxis, criadora do *Sim City*. A empresa foi fundada e administrada por John Hiles até 1998, quando ela mudou o foco do negócio. Entre os jogos de simulação que Hiles e a sua equipe criaram, estava o *Project Challenge*, para a empresa de consultoria canadense Systems House. "Na essência", conta Hiles, "é um simulador de voo para um gerente de projetos. Nós o colocamos dentro do escritório do gerente de projetos e você coordena o projeto. Um sistema de *feedback* do escritório lhe dá uma posição parcial do projeto. É possível ainda conhecê-lo melhor por meio de informações tácitas e informais sobre o andamento do projeto no campo". Outras empresas também usaram o gerenciamento de projetos como base para a aprendizagem baseada em jogos digitais.[32]

Uso da aprendizagem baseada em jogos digitais para criação de políticas públicas

Você se lembra quando Bill e Hillary Clinton nos levariam alegremente para a terra prometida do atendimento à saúde mais barato e melhor? Todos nós aprendemos que não se conseguem as coisas por nada, há sempre uma contrapartida. Ajudar as pessoas a entenderem as contrapartidas das decisões de políticas públicas foi o objetivo central da Markle Foundation quando ela injetou 1,2 milhões de dólares na aprendizagem baseada em jogos digitais.

33. SIM HEALTH. A Markle Foundation, uma organização não governamental filantrópica com dotação de mais de 200 milhões de dólares, estava em busca de dois temas principais em determinada época. Um deles era a tentativa de ajudar a desenvolver uma mídia de auxílio a fim de incentivar a participação do público no processo de tomada de decisões, e o outro era o

---

[32] *Zed's Diner*, um jogo para aprender análises de requisitos, é descrito em Robert Schank, *Virtual Learning*, cit., p. 69.

uso da tecnologia interativa para motivar o envolvimento e a aprendizagem das pessoas em relação a assuntos complicados. Sob a liderança de Lloyd Morrisette, Edith Bjornson e do projeto de Cathy Clark, os dois temas foram unidos no projeto *Sim Health*, elaborado e executado pela Think Tools.

No *Sim Health*, você faz o papel de um político recém-eleito que tenta melhorar o sistema de saúde da cidade e tomar decisões políticas. No começo do jogo, você deixa claro o que valoriza, equilibrando vários componentes de "liberdade *versus* igualdade" e "comunidade *versus* eficiência". Por exemplo, a competição deveria ter precedência em detrimento da regulamentação? Conforme se joga, o fracasso em tomar decisões que reflitam os valores selecionados leva à sua expulsão do escritório. A interface do jogo lembra *Sim City*. Destinar dinheiro demais para a saúde à custa da educação faz que o hospital cresça demais e a escola se deteriore na sua frente. Se você levar o governo à falência, a cúpula do Capitólio racha.

"Um jogo ao estilo de *Sim City* foi uma boa escolha para o que estávamos tentando fazer, pois permite que você manipule um sistema complexo, tenha respostas e ajuste os seus pressupostos", diz Clark. No caso do sistema de saúde, os pressupostos fundamentais eram tão importantes que nós criamos uma 'grade de valores' para torná-los explícitos e permitir que fossem ajustados pelo jogador."

O jogo *Sim Health* foi comercializado ao preço subsidiado de 29,95 dólares e foi utilizado na Casa Branca e por políticos, corretores de seguros, professores universitários e consultores, assim como por algumas pessoas do público em geral. No fim, a questão da reforma do sistema de saúde acabou morrendo e o *Sim Health* foi desaparecendo. "Apesar da sua responsabilidade educacional, na realidade, não era um jogo instigante e motivador. Era mais educacional do que realmente um jogo do jeito que conhecemos", afirma Clark. Que isto sirva de lição para a Markle e para vocês.

Uso da aprendizagem baseada em jogos digitais para treinamentos de qualidade

Deming, Juran, Crosby. Esses são os gigantes do Controle da Qualidade Total (Total Quality Management – TQM), uma ferramenta de gerenciamento das décadas de 1980 e 1990 que ainda é utilizada na forma do *Six*

Sigma e outros programas. Muitos quadros e muitas estatísticas, mas nem sempre muita diversão. Aqui está uma maneira de mostrar como ele era.

34. THE TQM CHALLENGE. Como você gostaria de testar o seu conhecimento sobre qualidade contra especialistas? Em *The TQM Challenge*, você pode fazer isso em cinco níveis de dificuldade, e cada nível deixa menos tempo para responder, com o doutor Deming em pessoa como seu oponente mais forte. O programa de TV tem o formato de jogo de perguntas e respostas, com um apresentador, e lhe permite responder primeiro, mas se você errar pode contar com a resposta correta do especialista. Obter uma boa pontuação contra os especialistas não é fácil.

Esse simples *shell* de aprendizagem baseada em jogos digitais, porém efetivo, foi adotado para muitos outros usos também. No Bankers Trust, por exemplo, os especialistas assumiram os altos cargos de gerência e Deming foi substituído por Charles Sanford, o presidente do banco naquela época (A gerência do BT, diferentemente de outros bancos, era aberta a autocaricaturas.) Eu até usei o jogo uma vez como parte do meu CV!

Uso da aprendizagem baseada em jogos digitais para recrutamento

Como o recrutamento em geral visa a pessoas jovens no início da carreira profissional, este é o lugar ideal para a aprendizagem baseada em jogos digitais e tenho certeza de que a veremos cada vez mais no futuro. Muitas empresas estão usando testes de perguntas e respostas criativos como parte do processo de recrutamento, e jogos sem conteúdo são usados como geradores de tráfego para sites. Aos poucos, mas sem dúvida, os dois estão convergindo.

35. LEARNING SOLITAIRE. Até o seu fim, em 1999, o Bankers Trust promovia um esforço combinado para contratar profissionais de alto nível do setor de tecnologia. Sem os nomes de empresas de primeira linha, como Morgan Stanley ou Goldman Sachs, precisava-se fazer algo a mais. Uma parte da sua estratégia era insinuar "nós somos legais" via um site de recrutamento de última geração e de alta tecnologia. Uma atração daquele site seria um jogo chamado *Learning Solitaire*, projetado pela minha equipe.

Tendo observado há muito tempo que executivos e outras pessoas passam o tempo no escritório e em aviões jogando *Paciência (Solitaire)*, pareceu-nos que o jogo popular poderia também ser usado para ensinar. Então, nós projetamos uma versão de *Paciência* com "conteúdo". O conteúdo vinha de duas formas: conjuntos intercambiáveis de "conceitos ou fatos" sobre um tópico que aparece no jogo de cartas e conjuntos intercambiáveis de perguntas sobre o mesmo tópico que aparecem na janela quando se põe uma carta na linha superior. Cada questão e cada fato estão ligados diretamente a qualquer documento de referência em qualquer lugar da internet. O jogo, em Java, é um *shell* simples que pode ser visto em www.games2train.com.

Infelizmente, o Banker Trust foi vendido antes que o site de recrutamento chegasse a ser disponibilizado na internet.

Uso da aprendizagem baseada em jogos digitais para treinamento da força de vendas

Os jogos são uma ótima maneira de motivar a força de vendas que precisa de treinamento ou atualização – haveria um público mais competitivo do que o dos vendedores? A aprendizagem baseada em jogos digitais é um dado natural aqui e tem sido utilizada com grande efetividade por várias empresas.

36. CUMMINS SECRET AGENT. Em determinado ponto, a Cummins, empresa de equipamentos industriais da lista Fortune 500, estava enfrentando dificuldades com a força de vendas da sua rede de revendedoras e com os clientes. A empresa de equipamentos industriais estava preparando o lançamento de um novo produto que era revolucionário para o segmento de manipulação de materiais.

O treinamento para a força de vendas foi fornecido por meio de um jogo interativo de detetives que designou um vendedor para a posição de "investigador especial". O vendedor precisava fazer uma série de entrevistas com os suspeitos com o objetivo de obter respostas para as perguntas de um "comitê". O programa de treinamento de vendas foi entregue em CD-ROM diretamente aos componentes da força de vendas, antes da introdução no novo produto. O vendedor tinha de finalizar o jogo para poder imprimir um certificado de conclusão com o seu nome, que deveria ser apresentado ao gerente de vendas na revendedora. "O veredito?", pergunta o vendedor no seu site. "O lançamento mais efetivo e de maior sucesso de um produto novo em toda a história da empresa."[33]

Uso da aprendizagem baseada em jogos digitais para prevenção do assédio sexual

Quem usaria um jogo para algo tão sério como a prevenção do assédio sexual? Muitas pessoas, pelo que pude descobrir. Exceto algumas empresas com culturas corporativas "brutais" (você sabe quem você é), a maioria das empresas percebeu que a diversão e o humor ajudam a fazer que até mesmo os materiais sérios sejam memorizados. "Alegre-se", diz Nicholas Negroponte do Laboratório de Mídia do MIT. "O seu cliente vai dominar o conhecimento com muito mais rapidez se o jogo estiver na raiz do que você estiver fazendo."[34]

37. THE SEXUAL HARASSMENT PREVENTION CERTIFIER. A Games2train, no Bankers Trust e em várias outras empresas, adota o conceito de aprendizagem por intermédio do jogo ao extremo com o seu *Sexual Harassment Prevention Certifier*, cujo lema é "O assédio sexual não é um jogo, mas aprender sobre o assunto pode ser divertido e excitante". O conteúdo sério é fornecido pela empresa de direito trabalhista de primeira linha Seyfarth, Shaw e Geraldson, que o avalia em relação à completude e à exatidão das informações. O "jogo" ajuda as empresas a criarem uma boa "defesa de prevenção" no caso de processos legais, pois mantém os registros de que os funcionários responderam a todas as perguntas sobre as políticas e procedimentos da empresa corretamente.

O *Sexual Harassment Prevention Certifier* é, na verdade, um pacote de *sete* jogos no estilo do *PacMan, Tetris, Asteroids, Paciência, Monopoly, Jeopardy!* e *Who Wants to Be a Millionaire?* Qualquer um dos jogos pode ser selecionado pelo jogador a qualquer momento conforme ele completa a sua certificação.

---

[33] Site da Asymetrix Interactive Awards de 1998: www.simutech.on.ca/products /awards.htm e site da Telematrix: www.telematrix.com. Acesso em 2000.

[34] Nicholas Negroponte, em *Inside Technology Training*, abril de 2000, p. 14.

Um recurso especial desses jogos baseados na internet é que o mesmo conteúdo, criado e apresentado apenas uma vez, aparece em qualquer jogo que o jogador escolher. O usuário também pode optar por não jogar nenhum jogo. E qualquer assunto pode substituir ou ser acrescentado ao de assédio sexual nos *shells* do jogo. Então, pessoal, venha para o velho fliperama, onde os seus jogos clássicos favoritos estão rodando de uma nova maneira!

Uso da aprendizagem baseada em jogos digitais para habilidades de relacionamento interpessoal e conhecimento técnico

O treinamento gerencial nas chamadas "habilidades de relacionamento interpessoal e conhecimentos técnicos" é em geral feito pessoalmente, porém várias empresas começaram a oferecer este tipo de treinamento *on-line*. À frente dessas empresas, tanto em termos de *design* quanto de pensamento, está a Ninth House Networks. Desde o início, seu objetivo tem sido atrair a atenção dos aprendizes. Mas é isso que a aprendizagem baseada em jogos digitais faz?

38. SITUATIONAL LEADERSHIP. Quando perguntei a Tom Fischmann, um dos fundadores da Ninth House Networks, se ele chama o que eles fazem de "jogos", ele respondeu: "Nós temos a tendência de chamá-los de atividades ou modalidades... Eu acho que poderíamos definitivamente dizer que há princípios de jogos envolvidos, mas não nos referimos a eles como jogos... Consideramos que o verdadeiro gancho não é tanto o elemento do jogo quanto o elemento da história".

Mas isso não é necessariamente a maneira como os clientes dele veem isso. John Parker, reitor do Leadership College do First Union Bank, maior cliente da Ninth House Networks, realmente pensa neles como jogos. "Em termos de cultura e de atitude, a mesma coisa que nos leva a sermos casuais cinco dias por semana também nos permite aprender por meio de um jogo", afirma ele.

Parker descreve como e quando as pessoas da sua empresa viram pela primeira vez a versão *on-line* do *Situational Leadership* da Ninth House, um programa de treinamento originalmente criado pela Ken Blanchard Companies: "Todo mundo na sala ficou de queixo caído. Nós pensamos 'isto é inacreditável". A equipe de Parker, que faz o treinamento de lideranças para todos os níveis do banco – desde a alta cúpula até o empregado da linha de frente – compreendeu rapidamente seu valor. "A metodologia usada estava deixando as pessoas surpresas", diz ele.

Com muito dinheiro do capital de risco – mais de 75 milhões de dólares – e um grande fluxo de talentos de Hollywood, incluindo o diretor assistente de *Seinfeld*, o roteirista chefe de *Home Improvement*, o produtor de *Party of Five* e o produtor executivo da Pixar, de acordo com Jeff Snipes, o outro fundador, a Ninth House criou um produto que fica, de muitas formas, muito além do que qualquer outra coisa encontrada no mercado *on-line*. Eles fizeram isso ao enfocar dois aspectos particulares do fator de envolvimento – história e personalização – bem como o que eles chamam "conteúdo tridimensional" e valores de produção muito elevados. Desde o início, as suas metas têm sido envolver as pessoas. "Se as pessoas estão no trabalho uma boa parte das suas vidas e agora têm uma nova mídia – uma mídia sofisticada – que as acompanha durante o dia todo, como você vai analisar todas aquelas coisas e tudo o mais que está acontecendo no dia delas e fazer que elas prestem atenção?", pergunta Fischmann.

As pessoas *estão* prestando atenção no produto da Ninth House. Parker conta que um dos seus CFO, "tipo um general de exército, com forte orientação financeira, com camisa branca engomada no tradicional estilo de banqueiro", examinou o produto e relatou que não se lembrava de ter ficado tão envolvido em aprender algo havia muito tempo. "Eu aprendi o modelo, me diverti e fiquei exausto", disse ele. O First Union usa o curso *Situational Leadership*, junto com outros produtos da Ninth House, coordenado com a aprendizagem no seu programa Leadership Discovery. São focados três grupos específicos: mercados de capitais, gestão de capital e comércio eletrônico. "Eu suponho que as forças de trabalho deles são compostas mais de pessoas da Geração X", diz Parker. "Mas eu não sei se posso afirmar que as pessoas que estão na transição ou até mesmo na geração do *baby boom* não foram recusadas. O que elas podem ter dito é 'Eu consegui, foi envolvente, e competitivo, mas preciso ter discussões do tipo que se relacionem com o acompanhamento.' Então, nós fazemos outras coisas para apoiar ou complementar isso. Mas, pelo que eu saiba – e tivemos muitas pessoas que passaram pelo curso – não vi avaliações nem ouvi ninguém dizer 'isso não vai funcionar para mim e eu não vou apoiar o seu uso para o meu pessoal'. O que foi bom."

Alguns dos esforços da Ninth House tomaram a direção das *sitcom* – o que não é uma surpresa, considerando a equipe contratada –, em que episódios periódicos com o mesmo elenco possibilitam a identificação, além da aprendizagem e da prática ao mesmo tempo. Eu suspeito que a Ninth House também tomará a direção totalmente parecida com o jogo no final. Embora essas propostas com forte embasamento no cinema e na TV sejam bem-sucedidas em envolver uma grande parte dos aprendizes de hoje, no final, só assistir a filmes em forma de parábola, participar de jogos com testes de verdadeiro-falso – apesar de muitos deles terem "atitude" – e fazer "aventuras interativas", que, devido à natureza do seu custo e planejamento, não podem mudar muito, pode não se adaptar ao estilo de aprendizagem da geração dos jogos. E se um usuário preferisse ter a sua aventura no espaço em vez de no Velho Oeste? Ou na Roma antiga? Ou na França medieval? Esses são os tipos de ajustes que os jogos podem proporcionar com mais facilidade do que um filme. "As histórias têm nos acompanhado desde que existimos como pessoas", diz Fischmann. Isso é verdade, mas as pessoas, hoje, são diferentes. E a história, mesmo a história interativa, é apenas um aspecto dentro de um paradigma de jogo digital mais amplo e mais envolvente.

Esse não é um ponto de vista novo dentro da Ninth House; eles já ouviram isso de outras fontes, como Clark Aldrich do Gartner Group. "Eu continuo dizendo a eles para se tornarem mais parecidos com os jogos", conta Aldrich. E Jeff Snipes expressou interesse em elevar o componente do jogo do produto. Não seria ótimo se a Ninth House pudesse, além de oferecer o seu produto que já é interessante ao incorporar "elementos e princípios de jogos", passar a oferecer a última geração da aprendizagem baseada em jogos digitais desenvolvida, excitante, multidimensional, envolvente e modificadora de comportamento? Nas palavras de Parker, do First Union Bank: "Eu acho que os nossos funcionários encaram isso como um alívio do estresse resultante do ambiente de trabalho louco por onde todos passam com dores no pescoço e berrando um com o outro, além de pequenas pressões e metas e conflitos de agendas e políticas". A versão do alívio de estresse para as gerações dos jogos são, sem dúvida, os jogos! Então, vamos ver o que acontece.

Uso da aprendizagem baseada em jogos digitais para comunicação de estratégias

Comunicar novas estratégias para uma força de trabalho enorme e global nunca é fácil e requer uma variedade de metodologias. Uma empresa, a Nortel Networks, considerou a aprendizagem baseada em jogos digitais como uma parte útil do processo. Porém, a inserção da aprendizagem baseada em jogos digitais em uma cultura corporativa voltada para a velha tradição e que, ao mesmo tempo, contempla a alta tecnologia, não é, de forma alguma, uma tarefa fácil.

39. BUILDING THE BAND. Sylvia Kowal, do departamento de comunicações corporativas da Nortel Networks, envolveu-se pela primeira vez com a aprendizagem baseada em jogos digitais enquanto elaborava um projeto para crianças que fazia parte do portfólio dos projetos de responsabilidade social da empresa. A intenção era ensinar as crianças sobre uma rede – o que ela é e como funciona. "Como sabíamos que as crianças não ficariam sentadinhas e paradas durante uma explicação longa, pensamos que a melhor forma de chegar a elas seria por meio de um jogo. E, ao observar os meus próprios filhos, me ocorreu que essa seria a melhor forma de ensinar – na mídia em que elas se sentem animadas e confortáveis." Apesar de o projeto ter sido, no final das contas, terceirizado, Kowel já havia sido contagiada pelo vírus dos jogos.

Aquele era o "avanço rápido", diz ela, "para uma grande campanha de marketing". A Nortel estava lançando uma nova campanha de marketing para a empresa toda que foi um grande afastamento da sua imagem de empresa antiga e acomodada que vendia para companhias de telefone. Ela estava se tornando uma empresa ponto com, uma empresa nova, energizada e jovem no ciberespaço. Houve uma grande mudança na sua mensagem de marketing e a intenção era juntar todas essas coisas. Foi tanto interna como externa e tinha de ser lançada com muita rapidez. A Nortel tinha um problema de imagem não só externa, mas também interna. Os seus funcionários estavam mudando porque a Nortel estava contratando tipos novos de pessoas – mais empreendedores, definitivamente mais jovens e que tivessem sido influenciados pela internet e pelo mundo digital desde cedo.

A Nortel nomeou um diretor de marketing e ele desafiou o grupo de Kowal a criar uma maneira inovadora de abordar e lançar essa mensagem. Kowal começou a desenvolver um site na internet, pensando "se isto for o que nós vamos ser, vamos falar nessa linguagem". O site dela tinha muito mais atitude do que eles estavam acostumados internamente. "Mas ainda havia algo que não era incitante no site", diz ela. "Foi então que eu tive a ideia: 'por que não jogamos um jogo?'" Baseada na pesquisa feita anteriormente, Kowal percebeu que havia enormes redes de jogos às quais os adultos se uniam de graça e que esses adultos passavam horas e horas *on-line* jogando.

O grupo com o qual Kowal desenvolveu isso era bem pequeno. Eles nem sequer procuraram um grupo grande para conseguir aprovação. Isso foi feito praticamente como *skunk works*. O chefe de Kowal apoiava muito o projeto porque ele conseguia perceber que se tratava de algo novo que realmente precisava atrair o público e provocar agitação. A empresa tinha uma campanha publicitária nova e o diretor de marketing decidiu que deveriam vincular a nova mensagem a todas as mensagens da propaganda e deixar tudo divertido. A propaganda usava a música "Come Together" dos Beatles e a mensagem de marketing era "Redes Unificadas". Então, Kowal criou um jogo, chamado *Build the Band,* que incorporava a mesma música do tema, a mensagem de marketing e "apenas diversão". O jogo tinha dezesseis perguntas, e o desafio era formar a banda ao acertar as respostas. Cada vez que um jogador acertasse a resposta, um membro ou instrumento da banda apareceria na tela junto com uma música. "Era bem básico", conta Kowal. "Nós não tínhamos muito dinheiro para isso." Os jogadores teriam a primeira parte da música se acertassem a primeira resposta e progrediriam em termos de música e imagem. Os músicos da banda – não tinham como

O QUE AS ORGANIZAÇÕES LÍDERES ESTÃO FAZENDO

usar os Beatles de verdade – eram personagens de aparência bem excêntrica que estavam adequados ao que existia na realidade.

Quando o jogo foi finalmente lançado, obteve enorme sucesso, mas chegar nesse ponto não foi nada fácil, de acordo com Kowal. Como a rede da Nortel era extensa, ela tinha de conseguir a cooperação do pessoal do departamento IS (termo da Nortel para TI). "Quando você tem alguma coisa que está na rede e precisa de suporte, é para eles que você liga", conta ela. Então, o primeiro passo foi fazer que o pessoal do suporte entendesse do que se tratava e, se alguém tivesse algum problema, soubesse como resolvê-lo, pois ela não queria receber e responder às chamadas. O suporte de TI é mundial e funciona 24 horas por dia, por isso o trabalho para ensinar todos essas pessoas sobre o jogo foi monumental.

Outra questão em que Kowal insistiu foi o uso do Shockwave, pois ela queria fazer algo que fosse muito atual e que permitisse animações. "Senti que deveríamos ser coerentes com o que falávamos e fazer que todos se esforçassem um pouco além do limite e forçá-los a observar o que poderia ser feito na internet", continua ela. A Nortel não apoiou o Shockwave. Então, Kowal descobriu, com os colaboradores do IS da organização, pessoas que entendiam o conceito e poderiam ajudá-la. "Eu continuava tentando até encontrar alguém que pudesse me ajudar." Ela seguiu a política e estrutura corporativa? Não, e isso é uma lição. Para fazer que a aprendizagem baseada em jogos digitais seja implantada, algumas vezes você tem de assumir riscos. Kowal continuava chamando as pessoas até encontrar alguém que pudesse ajudá-la. Quando ela encontrava resistência do pessoal do IS dizendo "isso não é o padrão. Temos de checar o que o Shockwave fará com a nossa rede", Kowal encontrou pessoas para testar o programa. "Encontrei pessoas no próprio IS que tinham interesse em fazer algo diferente e em tentar ir um pouco além do limite. Elas faziam um teste e depois voltávamos à equipe e dizíamos: 'Testamos o Shockwave e ele não afeta a rede nem há problemas de carregamento'. Eles examinavam todos os tipos de cenários nos quais tinham de decidir se você faria o *download* do programa inteiro ou se ficaria indo e voltando do servidor." "O que eu tinha de fazer", continua Kowal, "era encontrar apoio na organização do IS e, então, usá-la a meu favor. Eu sentia que o meu trabalho era assumir riscos e me esforçar para ir mais além com bom senso".

Um segredo para o sucesso de Kowal foi o apoio do vice-presidente e a atitude de assumir riscos do diretor de marketing, um funcionário da Nortel com vários anos de casa e muito respeitado, que "estava disposto a ir em frente". "O que quer que fosse que as pessoas não entendessem, elas tentavam parar tudo", conta Kowal. "Mas eu tinha um chefe que me dava muito apoio e que me deixava fazer o meu serviço."

Havia outras questões técnicas e Kowal, uma pessoa que não é da parte técnica, teve de descobrir por si própria. Por exemplo, eles tinham de projetar e ter um denominador comum mínimo. Em uma rede com 700 mil usuários espalhados por tudo o globo, alguns usuários teriam *laptops* pequenos e outros não teriam banda larga de alta velocidade. Ela tinha de se certificar de que poderia chegar a todos os usuários. Então, Kowal tinha de decidir quais características do denominador comum ela aceitaria e quais afetariam o projeto de forma negativa. Ela decidiu usar o som após verificar com o pessoal do IS e descobrir que as recomendações desse departamento não incluíam som – que ficava a cargo de cada departamento. Dessa maneira, Kowal identificou nisso uma forma de promover uma nova tecnologia para as pessoas. "Se você quer jogar este jogo, tem de conseguir som. Não é algo complicado; eles apenas tinham de aprender que precisavam conseguir caixas acústicas."

Os membros equipe de Kowal foram muito cuidadosos com relação às questões de gênero e de idioma também. O designer estava, no início, "se divertindo" com a cantora da banda, mas eles "suavizaram as curvas dela". Eles usaram apenas linguagem global. Para aumentar a participação, transformaram o jogo em uma competição. Se você acertasse todas as respostas na primeira tentativa, então o seu nome entraria em um sorteio do CD de *Come Together*. Se você acertasse todas as respostas dos *dois jogos* na primeira vez que os jogasse, então poderia concorrer a um CD player portátil. Os nomes dos vencedores foram postados no site. O orçamento era de 40 mil dólares canadenses (cerca de 30 mil dólares). Kowal conseguiu uma empresa

O QUE AS ORGANIZAÇÕES LÍDERES ESTÃO FAZENDO

externa para construir o jogo e uma equipe interna para desenvolver o programa de suporte ao sistema que rastreava o jogo e fornecia as pontuações.

Kowal passou por "toneladas de teleconferências" tentando explicar o que ela estava fazendo. "E me senti uma verdadeira defensora de ideias. Eu tinha de, toda noite, me certificar de que acreditava no que estava fazendo para continuar com o projeto. Eu realmente tive de ser perseverante, pois havia muitos dias em que ficava claro que essa não era uma atividade convencional para uma empresa como a Nortel. Mas eu sei que faz a diferença para as pessoas."

"Algumas pessoas na minha organização pensam que isso é trivial. Mas, quando eu consegui resultados positivos – atingimos 28 países e em seis meses tivemos 2.618.000 de acessos, dos quais 29.425 eram de visitantes que acessaram o jogo apenas uma vez –, foi formidável! Era realmente bem assustador o fato ter termos chegado a tantas pessoas e que tantas pessoas tenham jogado. E recebemos excelentes comentários, como 'que jeito fácil de aprender e eu não sabia disso'."

Kowal se arrepende de não haver uma aceitação maior na sua empresa de que criar uma aprendizagem baseada em jogos digitais seja um "trabalho de verdade"."É meio *light*", dizem eles. "O que *não* é *light*", diz ela, "é colocar todas as partes do jogo juntas e fazer tudo funcionar. Tínhamos um ambiente em Unix e um ambiente de PC, então eu tinha de me certificar de que tínhamos uma versão em HTML com som e movimento e uma versão em Shockwave. Eu tinha de dar instruções às pessoas sobre como jogar e o que fazer. Havia uma quantidade grande de partes nas quais ninguém nunca pensaria no início do projeto. E havia muitas questões técnicas que eu tinha de resolver."

Kowal sente que o conceito de aprendizagem baseada em jogos digitais está lentamente sendo adotado cada vez mais na Nortel Systems. Ela prossegue com um novo jogo para o seu próximo plano de marketing e as pessoas a tem abordado depois do treinamento. Koval acredita que o projeto se desenvolverá lentamente – "estamos em um negócio muito sério"."Para mim, em termos profissionais, foi um pouco arriscado", conta ela, "mas me diverti tanto fazendo o jogo que eu não quero desistir justamente agora.

Veremos o que acontece depois do próximo jogo. No momento, não estou fazendo propaganda do jogo formalmente, mas ele já faz parte de cada uma das minhas apresentações."

Uso da aprendizagem baseada em jogos digitais para formação de equipes

O que os negócios e o Exército têm em comum? Ambos necessitam de pessoas que trabalhem bem em equipe e em situações de equipe. Pelo menos uma empresa criou uma forma nunca vista de fazer isso utilizando a aprendizagem baseada em jogos digitais.

40. SAVING SERGEANT PABLETTI. Ajustar as pessoas que não têm, por natureza, espírito de equipe em um grupo que funcione bem implica a alteração do seu comportamento. A firma da Will Interactive chegou a patentear a sua abordagem de aprendizagem baseada em jogos digitais para fazer isso. Um jogo que ela vende tanto para as Forças Armadas quanto para a área de negócios é chamado *Saving Sergeant Pabletti*. Trata-se de um jogo baseado em vídeo no qual um incidente muito realista e assustador ocorre já no começo – um pelotão do Exército faz uma patrulha de rotina na selva e o sargento instrutor é baleado acidentalmente por um caçador. É preciso trabalhar em conjunto para montar uma maca e levá-lo para obter ajuda, mas no caminho o trabalho em equipe falha por completo e, no final, o sargento morre.

Mas espere – ele não *tem* de morrer. Você pode voltar no tempo para salvá-lo *se* você aprender os valores corretos, o que leva aos comportamentos corretos. A partir daí, o jogo envolve assumir o papel de cada um dos seis membros da equipe antes do incidente e tomar decisões baseadas em valores das suas vidas que vão ter impacto no seu comportamento em relação ao incidente do disparo. Cada personagem (você ou o grupo joga com todos os personagens) tem de tomar quatro decisões. Baseadas em uma árvore de decisões, as suas decisões terão impacto nos outros vídeos e decisões, e a combinação de todas as decisões alterará o vídeo final. As escolhas são construídas em torno de valores – para um personagem é a integridade, para outro, a coragem e para um terceiro, o assédio sexual. Se o jogador tomar três decisões corretas, então a parte deles na missão para salvar o sargento é bem-sucedida. "É, de fato, um cruzamento entre um filme e um videogame", afirma Sharon Sloane, presidente da Will.

A abordagem da Will vem sendo usada para alterar o comportamento relacionado ao trabalho em equipe e também para alterar o comportamento de indivíduos na área da prevenção do consumo de álcool em excesso, da aids e de doenças sexualmente transmissíveis.

Sloane criou os seus programas ao observar o que atrairia a atenção dos jovens. "Nós decidimos entender especificamente o que envolveria os garotos. E as respostas que começamos a receber eram videogames e filmes. E dizíamos, se conseguíssemos inventar algo que fizesse isso e que alcançasse a geração do videogame-MTV no próprio terreno, então teríamos a oportunidade de fazer a diferença." Ela acredita que seus programas funcionem em grande parte porque a maioria das pessoas não quer fazer parte do grupo dos perdedores. "Isso se aplica, com certeza, aos jovens, mas também aos adultos. Se eles perdem e terminam o jogo com um resultado negativo, invariavelmente eles começam de novo e tentam descobrir onde cometeram erros, assimilam isso e tentam consertar. Muito raramente vemos pessoas deixarem o jogo quando estão perdendo. Além disso, o reforço positivo da finalização com um bom resultado fica retido em um nível emocional."

Há uma versão do *Saving Sergeant Pabletti* que foi ajustada especificamente para empresas. O texto das telas reflete as políticas corporativas, mas as cenas são exatamente as mesmas. O pessoal corporativo gosta disso porque as pessoas se identificam, mas essa identificação não é tão intensa a ponto de se tornar defensiva. Com frequência, em outro treinamento desse tipo, diz Sloane, "pode haver um cenário fictício, mas todo mundo olha para o piloto automático".

Utilização da aprendizagem baseada em jogos digitais para habilidades técnicas

As habilidades técnicas, muitas vezes, servem para soluções técnicas, e a aprendizagem baseada em jogos digitais pode com frequência fornecer a solução necessária. Desde o software para projetos mecânicos até a aprendizagem de comandos do teclado, e eis aqui o nosso último exemplo.

41. MONSTER COMMAND E KEY COMMANDO. As empresas do setor de *design* de jornais que elaboram propagandas precisam produzi-las com muita rapidez para serem rentáveis e permitir o cumprimento dos prazos. Para ajudar, elas utilizam pacotes de software como o QuarkXpress, o Multi-Ad-Creator e o InDesign da Adobe. Entretanto, a velocidade da utilização desses pacotes depende muito da habilidade do usuário e pode ser melhorada de forma considerável com o uso de comandos de atalhos do teclado, em vez do *mouse* para executar muitas funções usadas com frequência.

Para acelerar o treinamento dos funcionários dessa área, que tendem a ser jovens que trabalham meio período, Jeff Turner e Steve Zehngut decidiram construir um jogo. Na realidade, eles construíram dois jogos: *Monster Command* e *Key Commando*. A empresa de Zehngut, a Zeek Interactive (Turner possui a empresa de propaganda), é especializada na criação de jogos para marketing, assim o *design* de jogos não seria problema. Eles fizeram uma base de dados com todos os tipos de atalhos nos três programas. Conforme você joga, várias coisas (monstros em um jogo, soldados no outro) o atacam e o nome de um comando aparece rapidamente na tela. Ao usar a combinação correta de comandos no teclado você "mata" o atacante – caso contrário, você perde uma das suas vidas. A velocidade conta. O jogo tem uma pontuação; no final, os supervisores podem verificar como um jogador se saiu.

Os jogos, projetados no Macromedia Director, são um bom exemplo de jogos "de reflexo", projetados para acelerar a velocidade e a exatidão de reações físicas ou verbais. Também são um tipo de *shell*, cujo conteúdo são os comandos de um programa em particular. O modelo atual da empresa é o de dar os jogos e vender as bases de dados dos atalhos para vários outros programas, como produtos adicionais da Quark e do Adobe Illustrator.

APRENDIZAGEM BASEADA EM JOGOS DIGITAIS: O ESTADO DA ARTE

Sempre me perguntam: qual é o "estado da arte" na aprendizagem baseada em jogos digitais? Embora eles sejam um alvo em movimento – e espe-

O QUE AS ORGANIZAÇÕES LÍDERES ESTÃO FAZENDO

ro que continuem sendo –, eu diria que os jogos a seguir representam o "estado da arte" enquanto este livro é escrito. Selecionei vários porque, até o momento, nenhum programa sozinho conseguiu fazer tudo. Uma coisa que vários desses programas têm em comum é que a parte do "jogo", que é muito boa, está ligada, de certa forma, muito mais à aprendizagem pelo método de exposição e avaliação do que ao tutorial envolvente, no qual são apresentados conceitos, fatos, regras ou doutrinas. Minha expectativa é a de que esse será um ponto que melhorará no futuro, à medida que os designers da aprendizagem baseada em jogos digitais aprenderem com os designers de jogos a integrar esse tipo de informação nos jogos. Porém, por enquanto, estas são as minhas indicações:

- Para estado da arte na mecânica dos jogos: *Objection!*
- Para estado da arte no treinamento e reflexão: *Strategy Co-Pilot*
- Para estado da arte no ensino de assuntos de alta complexidade: *In$ider*
- Para estado da arte na aprendizagem de softwares: *The Monkey Wrench Conspiracy*
- Para estado da arte em cenários de ação: *Full Spectrum Warrior*
- Para estado da arte em vídeos interativos: *Angel Five*
- Para estado da arte em gráficos: *Wall Street Trade*
- Para estado da arte em TV interativa baseada na Web: *I-series* da Ninth House

A maior parte desses jogos pode ser obtida para avaliação, podendo ser comprada em lojas ou adquirida como demo. Verifique o site www.twitchspeed.com para outras informações.

CONCURSO 7

Quais são as suas indicações para um projeto de aprendizagem baseada em jogos digitais de última geração e por quê? Envie seus favoritos com as indicações para contest7@twitchspeed.com.

Conclusão

"Não está nada mal", você pode dizer. "Uma lista que impressiona. Eu não sabia que havia tantos exemplos." E você está certo – impressiona. Ou você poderia dizer "É, mas há poucos jogos que são relativamente bons", e você também estaria certo. Lembre-se de que nós ainda estamos no começo desse fenômeno. Porém, qualquer que seja o seu ponto de vista, como veremos adiante, muito pouco do que foi feito na área de aprendizagem baseada em jogos digitais para negócios chega perto do que tem sido feito e está em constante criação no fórum que realmente precisa treinar bem as pessoas – as Forças Armadas dos Estados Unidos.

10.
VERDADEIROS ADEPTOS
APRENDIZAGEM BASEADA EM JOGOS DIGITAIS
NAS FORÇAS ARMADAS

Sabemos que a tecnologia funciona, cada vez mais isso fica comprovado e apenas queremos progredir com o seu uso.

Don Johnson, do Pentágono

Assuma o papel do comandante da Joint Force e tente resolver dez cenários realistas para refinar o seu conhecimento em doutrina. Ajuste as forças aliadas e inimigas em quatro cenários à sua escolha para testar várias possibilidades militares.

Caixa do jogo de treinamento JFE

Garoto, você não vê que eu estou voando aqui? Vá embora.

Um general da Força Aérea dentro um simulador para um instrutor (citado na revista Training)

As pessoas da área de negócios estão, aos poucos, "começando a entender". As escolas, aqui e ali, "estão entendendo". Mas as Forças Armadas dos Estados Unidos "entendem" em grande escala. Os militares adotaram a aprendizagem baseada em jogos digitais com todo o fervor de verdadeiros adeptos. Por quê? Porque *funciona* para eles. E pode acreditar em mim, os responsáveis pelo treinamento no Pentágono fazem parte de um grupo com inteligência aguçada. Eles já viram e avaliaram de *tudo*.

O QUE AS ORGANIZAÇÕES LÍDERES ESTÃO FAZENDO

"Nós estamos um pouco à frente da maioria, inclusive os da indústria, apesar de a maioria das pessoas não nos conhecer", afirma Michael Parmentier, chefe da Unidade de Prontidão e Treinamento (Readiness and Training) do Departamento de Defesa (Department of Defense – DOD) do Pentágono.[1]

A missão de treinamento das Forças Armadas é intimidadora. Ela tem de treinar 2,4 milhões de homens e mulheres nas suas forças (Exército, Aeronáutica e Marinha, com os fuzileiros navais), além de quase 1 milhão de funcionários civis,[2] para trabalhar como indivíduos, como equipes, como unidades e em combinação para lidar com todos os tipos de objetivos imprevisíveis e difíceis ao redor do mundo sob condições de pressão muito alta. Elas devem treinar os oficiais a liderar, administrar e comandar. Têm de educar os subordinados dos militares. A rotatividade é alta o suficiente para deixar qualquer executivo de grandes corporações de cabelo em pé, e, entre os que ficam, o trabalho muda com rapidez, em especial no nível dos oficiais. Estratégia, táticas e equipamentos estão em constante evolução em ritmo acelerado. A tecnologia de ponta vem assumindo um papel cada vez maior. E o treinamento tem de ser rápido. Não há tempo a perder com falta de objetivo e ociosidade – afinal de contas, este é o Exército! (Ou a Marinha! Ou a Aeronáutica! Ou os fuzileiros navais!) Temos missões a serem realizadas e é melhor que eles as realizem corretamente!

As ramificações das Forças Armadas, além de serem, por si sós, organizações extremamente complexas, necessitam trabalhar conjuntamente de forma coordenada na maioria das situações que envolvem missões. Elas têm uma tropa combinada de um quarto de 1 milhão de alistados[3] e fornecem, todos os anos, treinamento militar básico e, em seguida, em mais de 150 áreas de ocupação militar e em literalmente milhares de especialidades e subespecialidades. Elas necessitam de treinamento para a guerra, apesar

---

[1]   A Unidade de Prontidão e Treinamento está subordinada ao subsecretário de defesa para prontidão, o qual está subordinado ao subsecretário de defesa para pessoal e prontidão.

[2]   A missão de treinamento das Forças Armadas inclui aproximadamente 800 mil funcionários civis e todos os dependentes dos militares.

[3]   Departamento de Defesa, Escritório de Prontidão e Treinamento (Office of Readiness and Training).

de haver cada vez mais a necessidade do treinamento para as missões de manutenção da paz, à medida que o papel dos Estados Unidos no mundo se modifica. Por fim, os recrutas ingressantes não são adultos com experiência profissional em seus currículos. Normalmente, eles acabaram de sair do ensino médio ou nem se formaram, e a maioria deles nunca trabalhou. Moldar essas pessoas em uma força bem treinada é um trabalho tremendo e a abordagem das Forças Armadas inclui o propósito e o orçamento de uma missão de grande porte. O orçamento combinado para treinamento dessas ramificações das Forças Armadas é de aproximadamente 18 bilhões de dólares, não incluindo o salário para os novatos, mas incluindo 6 bilhões de dólares para o treinamento institucional e 12 bilhões de dólares para o treinamento (de unidades) de operações.[4]

É exatamente por causa dessa missão que as Forças Armadas dos Estados Unidos são as maiores consumidoras e usuárias da aprendizagem baseada em jogos digitais do mundo. Os militares usam os jogos para treinar soldados, marinheiros, pilotos e operadores de tanques para dominar os seus equipamentos caros e sensíveis. Eles usam os jogos para treinar equipes de comando a se comunicar de modo efetivo em batalhas. Também os usam para ensinar oficiais de nível intermediário [comandantes-chefes locais e seus grupos de assistentes] a utilizar a doutrina militar de força combinada em batalhas e outras situações, assim como para ensinar a arte da estratégia aos oficiais superiores. São usados jogos para o treinamento do trabalho em equipe e de equipes para pelotões, equipes de combate a incêndio, tripulações e outras unidades; jogos para simulação de respostas para armas de destruição em massa, incidentes e ameaças terroristas; jogos para dominar o processo complexo da logística militar e até mesmo jogos para ensinar como *não* lutar em missões de manutenção da paz. De fato, parece que resta muito pouco para os militares treinarem sem alguma forma de jogo. (Muitos deles estão listados no site www.dodgamecommunity.com.) Vamos começar com um exemplo.

---

4   *Ibidem.*

JOINT FORCE EMPLOYMENT

O dia em que cheguei ao Pentágono para uma reunião com a Unidade de Prontidão e Treinamento do secretário-assistente da Defesa, os caras da loja estavam ansiosos para me mostrar as primeiras cópias de um jogo recém-lançado, preparado por chefes do Estado-Maior para oficiais de nível intermediário – capitães, majores, primeiros-tenentes, e assim em diante –, que tinha sido finalizado havia duas semanas. O jogo tinha um título um tanto prosaico, mas bem descritivo, *Joint Force Employment (JFE)*, que pode ser tudo, menos prosaico. O seu objetivo é assegurar que os oficiais de cada um dos setores militares tenham a oportunidade de se preparar para operações de forças-tarefa conjuntas, que são a integração do pessoal militar das diferentes ramificações – Exército, Aeronáutica e Marinha, inclusive fuzileiros navais – em uma organização militar coesa e interoperável. O *staff* conjunto foi estabelecido pela doutrina conjunta, ("doutrina" é o termo militar para "a maneira pela qual algo deve ser feito") uma reunião de diretrizes-padrão e de regras de participantes de trabalho com tarefas e funções operacionais específicas. O *JFE* é, em essência, um "guia" de como dar conta do exercício de treinamento para esses oficiais. De acordo com a descrição oficial do jogo, este foi projetado exclusivamente para as Forças Armadas de hoje para propagar o conceito de que o combate em conjunto é um combate em equipe e para aprofundar o conhecimento da doutrina conjunta dentro das Forças Armadas dos Estados Unidos.[5]

Quanto do *JFE* é um jogo de verdade? Bem, para começar, o jogo vem em uma caixa embalada em plástico termorretrátil, com fotos impressas das telas e gráficos extravagantes, que deveria ficar na prateleira de uma loja ao lado de jogos como *Quake III*, *Age of Empires II* ou *EverQuest*. Até mesmo o logo oficial (verdadeiro) dos chefes de Estado-Maior na parte frontal da caixa se parece – para aqueles de nós não familiarizados com ele – com uma concepção artística proveniente de um jogo comercial. De fato, a *única* coisa na caixa que revela que não se trata de um jogo comercial são as palavras

---

[5]   Esta frase está impressa na caixa do jogo.

"Este produto é propriedade do governo dos Estados Unidos", no canto inferior direito.

Então, desde o início, em vez de *ocultar* o fato de que se trata de um jogo por trás da terminologia corporativa de "desafio de treinamento" ou "competição", os militares *exibem* a "característica da essência do jogo" do produto. Veja a mensagem da caixa:

- Selecione o modo de acompanhamento por computador ou o modo controlado pelo jogador para criar e controlar várias combinações de forças e lute contra a inteligência artificial (IA) de computadores de última geração.
- Assuma o papel do comandante da *Joint Force* e tente resolver dez cenários realistas para refinar o seu conhecimento sobre a doutrina. Ajuste as forças aliadas e inimigas em quatro cenários a sua escolha para testar várias possibilidades militares.
- Mapas de terreno fotorrealistas espetaculares que vão desde o frio do Ártico até a vastidão do deserto.
- Unidades militares em 3D vindas diretamente do arsenal militar dos Estados Unidos.
- Esplêndidos gráficos detalhados e em alta resolução.
- Efeitos de batalha dinâmicos em 3D que incluem fragmentos em movimento e construções em chamas.

Dessa forma, o *JFE* definitivamente *se parece* com um jogo. Porém, muito mais interessante, o *JFE dá a sensação* de um jogo e *é jogado* como tal. Na verdade, são dois jogos. O primeiro é um jogo de perguntas e respostas tradicional jogado após a introdução à doutrina conjunta com o método de exposição e avaliação para treinamento em computadores, mas as perguntas e respostas são incrementadas com gráficos e sons de alta potência. É o segundo jogo, no entanto, que é o jogo "de verdade", a parte mais interessante do programa. O jogo é uma simulação de guerra de fazer o coração bater acelerado, no qual você configura as forças em movimento e as prepara para o combate, conquista pontes e aviões do inimigo e (se requisitar) tem cobertura aérea, tudo em visão descendente dinâmica 21/1 D, como em jogos atualizados minuto a minuto do tipo *Warcraft II*, *Command*

O QUE AS ORGANIZAÇÕES LÍDERES ESTÃO FAZENDO

and Conquer e *Tiberian Sun*. De fato, o fornecedor do jogo *JFE*, a Semi-Logic Entertainments, fabrica os jogos *Real War*, *Stunt Track Driver* e *Legacy of Kain: Blood Omen*. Estamos falando aqui da última palavra em jogos; as Forças Armadas treinam os seus comandantes-chefes com uma versão de videogame de última geração para a aprendizagem baseada em jogos digitais. Esse tipo de tecnologia de jogos atende um nicho específico – o treinamento do topo da estrutura de comando no combate à guerra. Apesar de o número de participantes de uma Força-Tarefa Conjunta (Joint Task Force – JTF) ser relativamente limitado, a habilidade para integrar os militares com rapidez em uma JTF e preparar missões não antecipadas "instantâneas" justifica o uso de jogos digitais *on-line*.[6]

UM POUCO DE HISTÓRIA MILITAR

A relação entre os jogos de computador e as Forças Armadas dos Estados Unidos é relativamente longa e complexa. O simulador de voo, que alguns pensam ser fruto das Forças Armadas, foi originalmente projetado por Edwin Link, em 1930, como um equipamento para entretenimento. O simulador "Blue Box" foi vendido a parques de diversões até 1934, quando Link, ele próprio um piloto, se encontrou com a Unidade Aérea do Exército para vender o conceito de treinamento de pilotos com esse equipamento.[7] Porém, com o passar do tempo, as Forças Armadas empregavam cada vez mais dinheiro em pesquisa e as coisas acabaram indo para outra direção. Na década de 1980 e no início da de 1990, gastavam bilhões de dólares por ano em pesquisa e treinamento, criando simulações bem complexas e sofisticadas. No início da década de 1990, as Forças Armadas eram os líderes tecnológicos, inventores e financiadores, sendo as empresas de jogos as beneficiadas. A tecnologia atual de jogos comerciais foi inventada e criada nesses projetos patrocinados pelos militares, pagos pela Agência de Projetos de Pesquisa Avançada de Defesa (Defense Advanced Research and Production

---

[6]   Entrevista pessoal com Donald Johnson e colegas.

[7]   Ver capítulo 8, nota 27.

Agency – Darpa), pelo Comando de Simulação, Treinamento e Instrumentação do Exército (Simulation, Training and Instrumentation Commmand – Stricom), entre outros.

Atualmente, a indústria do entretenimento se baseia em uma fundação tecnológica assentada por pesquisa e infraestrutura financiadas por enormes quantias de recurso do governo, inclusive sistemas de computação avançados, gráficos de computador e a internet. Na área de gráficos para computador, por exemplo, o financiamento do Departamento de Defensa (DOD) levou ao desenvolvimento do motor geométrico em 1979. Esta tecnologia foi incorporada em vários equipamentos de jogos, como o console do Nintendo 64. Da mesma forma, os avanços iniciais na interconexão de computadores no final das décadas de 1950 e 1960 forneceram o fundamento para a Arpanet, que deu origem à internet atual e que se tornou a fundação da indústria de jogos em rede em expansão.

Na década de 1970, o DOD desenvolveu simuladores de aeronaves, tanques e submarinos e, na de 1980, simuladores Simnet, simuladores de tanques em rede que treinavam as tropas até e durante a Guerra do Golfo. O DOD investiu mais de 1 bilhão de dólares em simulação conjunta (JSIM), a sua atual tecnologia de simulação de última geração. As tecnologias de visualização, simulação e de conexão em rede financiadas e patrocinadas pelas Forças Armadas nesses projetos acabaram sendo utilizadas na maioria dos computadores e jogos comerciais e, com certeza, nos jogos de simulação militares como *Apache* e *Harpoon*. Na época da Guerra do Golfo, os jogos comerciais para computador eram tão próximos da realidade militar que – como J. C. Herz sarcasticamente aponta no seu livro sobre a história dos jogos de computador, *Joystick Nation* – o General Norman Schwartzkopf sentia a necessidade de afirmar de forma explícita em um informe oficial à imprensa que "isto não é um jogo de computador".[8]

Porém, quase no final da década, enquanto o orçamento para as Forças Armadas era reduzido, a capacidade computacional mais robusta se tornou mais barata, em menores dimensões e disponibilizada comercialmente, de

---

[8] Herz, *Joystick Nation*, cit., p. 197.

O QUE AS ORGANIZAÇÕES LÍDERES ESTÃO FAZENDO

forma que a tendência começou a mudar de novo. Hoje, a indústria dos jogos de computador ofuscou o Departamento de Defesa em termos do que ele pode fazer e com que rapidez pode fazê-lo, e está novamente na liderança da tecnologia. As Forças Armadas de hoje, com frequência, pegam emprestado ou compram a tecnologia dos melhores jogos comerciais. De fato, os jogos militares comerciais de hoje se tornaram tão sofisticados – tendo sido usados por um batalhão de ex-majores, coronéis e generais para criar uma versão super-realista de tudo, desde as simulações com submarinos, passando por tanques, até com aviões de combate e helicópteros de ataque – que agora eles estão acostumados a treinar *dentro* das Forças Armadas. (Isto na verdade começou por volta de 1978, quando a Atari adaptou o seu jogo *Battlezone* para o predecessor da Arpa e da Darpa). Atualmente, a Guarda Nacional Aérea (Air National Guard) está trabalhando com a Spectrum Holobyte Inc. para modificar o jogo com simulador de voo *Falcon 4.0* para o treinamento militar e compensar o tempo reduzido de treinamento de voo.[9] A Marinha e a Aeronáutica estão negociando com os fabricantes de jogos de simulação de voo para consumidores para criar versões militares. O Corpo de Fuzileiros Navais avalia continuamente programas de jogos de guerra para utilização em treinamento, e o comandante do Corpo de Fuzileiros autorizou oficiais a permitirem que determinados jogos – inclusive (em 1996) *Harpoon2*, *Tigers on the Prowl*, *Operation Crusader*, *Patriot* e *Doom* – fossem carregados em computadores do governo para que os fuzileiros pudessem jogar durante o horário de serviço.[10]

E não são só simuladores de *equipamentos*. Outros tipos de jogos comerciais e filmes interativos, produzidos por empresas que criam jogos comerciais, estão sendo adaptados para o treinamento de equipes das Forças Armadas, antiterrorismo e armamento de destruição em massa, bem como outros projetos secretos demais sobre os quais não puderam nem me contar. Hoje, quando os militares têm uma ideia para um jogo de treinamento como o *Joint Force Employment*, eles enviam o trabalho para empresas de

---

[9]   Major Peter Bonanni, em um artigo apresentado na Modeling and Simulation: Linking Entertainment and Defense Conference, 1996.

[10]   *Modeling and Simulation: Linking Entertainment and Defense Report*, 1996.

VERDADEIROS ADEPTOS

jogos comerciais como Semi-logic, Visual Purple e outras, em vez de fazê-lo internamente.

Tudo isso, e, sim, as Forças Armadas usam o *Jeopardy!* para o treinamento também![11]

Por que as Forças Armadas adotaram a aprendizagem baseada em jogos digitais de forma tão completa? A primeira razão, diz Don Johnson,[12] é o custo. "Fizemos isso porque as outras formas de treinamento eram muito caras. Até mesmo uma simulação virtual pode custar milhões para construir e milhões para manter. Isto não custa nada para operar, uma vez que você o tenha construído."

A segunda razão é a motivação. O grupo de Johnson faz parte do escritório do secretário de defesa para pessoal e prontidão, cujo trabalho é preocupar-se com coisas como recrutamento e retenção, qualidade de vida e qualidade da educação e treinamento. Eles estão bastante atentos para o fato de que as pessoas que estão tentando trazer para as Forças Armadas – os jovens de 18 anos – são provavelmente a primeira geração que cresceu com computadores, que "ficam aborrecidos muito facilmente" com a instrução tradicional em sala de aula. Eles pensam nisso quando projetam todas as estratégias de recrutamento e programas de treinamento, bem como os outros serviços militares individualmente, que transformam esses jovens em soldados, marinheiros, pilotos e fuzileiros navais. As Forças Armadas estão usando a internet e desenvolvendo jogos como uma forma de recrutamento e retenção dos jovens. "Eu realmente penso que o ponto sobre ser motivacional é, de fato, um ponto muito, muito importante", afirma Johnson.

Além do custo e da motivação, adicione a relevância. Como o combate moderno cada vez mais acontece nas telas de computadores de aeronaves, tanques ou submarinos sem que o operador jamais veja o inimigo, exceto um símbolo ou avatar, as simulações podem ser surpreendentemente próximas da coisa real. Além do que, como a guerra é uma situação de grande competitividade, com regras (ou pelo menos restrições), metas, vencedores

---

[11] O *Game Show Pro* da Learning Ware é utilizado por vários serviços das Forças Armadas.

[12] Donald Johnson é membro da Unidade de Treinamento e Prontidão e um líder de equipe do projeto Aprendizagem Distribuída Avançada (Advanced Distributed Learning).

O QUE AS ORGANIZAÇÕES LÍDERES ESTÃO FAZENDO

e perdedores, os jogos competitivos são uma ótima forma de treinamento. Nas palavras de um ex-oficial: "Você joga esses jogos na infância, cresce e entende os riscos e recompensas de tomar decisões na vida real."[13] O xadrez atingiu a maturidade. O jogo de guerra se tornou um termo de negócios.

TIPOS DE TREINAMENTO MILITAR

> Tudo, exceto a guerra, é uma simulação.
> *Treinadores militares*

As Forças Armadas dividem o treinamento de simulação de combate (em oposição ao treinamento de habilidades) em três categorias: ao vivo, virtual e construtivo.

O *treinamento ao vivo* é apenas isso, mas se aplica a uma ampla variedade, desde grandes mobilizações com 5 mil a 10 mil pessoas indo para a Coreia ou Havaí, ou outros lugares, para simular desembarques ou batalhas, até uma dúzia de sujeitos em uma sala, recebendo informações externas para testar capacidades de comunicação e de tomada de decisões sob condições de campo.

O *treinamento virtual* inclui os simuladores da Simnet (Simulation Network), além de outros. Desde 1997, todos os equipamentos simuladores têm sido projetados – por decreto – de acordo com a Arquitetura de Alto Nível (High Level Architecture – HLA), que permite que os simuladores se comuniquem entre si e o pessoal em treinamento trabalhe como uma equipe. O treinamento virtual pode ocorrer em nível individual, de unidade, de serviço coletivo, de JTF ou de coalizão. Atualmente, nos níveis inferiores da organização, os pilotos, as tripulações de submarino e os condutores de tanques novatos entram nos simuladores da Simnet para ensinar os participantes a fazer tudo, desde aprender a dirigir o veículo até reencenar batalhas virtuais inteiras, como as da Guerra do Golfo. A versão moderna da Simnet é a JSIMS, que envolve literalmente milhares de pilotos, comandantes de

---

[13] Filipczak, "Training Gets Doomed", cit.

tanques, navios e submarinos e vários níveis de oficiais ligados por linhas T1 e T3, todos acabando de encenar a guerra "com níveis de granularidade de 30,48 cm".[14]

No nível intermediário do treinamento virtual estão os Centros Conjuntos de Combate à Guerra (Joint War Fighting Centers) para os quais vão as unidades de comandantes e subcomandantes e a sua equipe de assistência formada por alistados. Esses centros jogam contra ex-oficiais militares conhecidos como Opfor (Oposing forces – "forças opostas"). As unidades militares são mostradas nas telas dos computadores na mesma linguagem taquigráfica com símbolos usados pelos comandantes em seus mapas de batalha. Os comandantes ficam "cegos", com as comunicações com o campo o mais perto possível da realidade. A ideia novamente é verificar como as comunicações realmente fluem e quais são os problemas.

E no nível mais alto do treinamento virtual (em termos da estrutura de comando, não do número de pessoas) estão as simulações da coalizão conjunta. Por exemplo, como parte das celebrações do quinquagésimo aniversário da Otan, uma simulação virtual conjunta para o treinamento de guerra foi formada, ligando Washington, Holanda, Suécia e Inglaterra com cada um dos "comandantes componentes" – ar, terra e mar –, baseada em um país diferente. Foi preciso confrontar questões de diferenças de fuso horário, línguas e assim por diante. Um cenário de não combate foi usado: dois países estavam em batalha com a ameaça de o conflito chegar a um terceiro país e a missão era evacuar uma cidade neste terceiro país, assim não haveria combate real na simulação. Segundo Johnson, "o motivo para fazer isso é que alguns dos nossos aliados 'Parceiros da Paz' não estão realmente interessados em participar diretamente da batalha na guerra como parte da Otan, mas eles ainda precisam ser capazes de sincronizar as suas operações militares com as de outros países em todo o mundo. Um primeiro passo significativo é o desenvolvimento de simulações interoperáveis e de ambientes de aprendizagem".

---

[14] 1 pé no sistema de medidas norte-americano.

Os jogos *construtivos* são jogos de guerra estratégicos que costumavam ser jogados em caixões de areia para a demonstração de táticas militares. Os jogos de guerra sobre tampos de mesa para oficiais remontam aos romanos e, provavelmente, até tempos mais antigos, com a sua formalização a partir do treinamento do exército prussiano, no século XIX. Atualmente, muito disso foi transferido para o computador.

O *JFE* é um híbrido novo entre o jogo virtual e o construtivo, tendo sido testado pela primeira vez porque os outros métodos eram muito caros. Ele ensina a tomar decisões e a ter pensamento crítico e algum nível de desempenho. "Em termos de motivação, em termos de fazer que eles passem tempo e se tornem mais concentrados na atividade e em termos de competição, é, de fato, surpreendente como ele é eficaz", afirma Johnson.

Vou deixar o *staff* conjunto por um momento (retornarei a esse assunto adiante) e vou examinar alguns casos de aprendizagem baseada em jogos digitais em cada um dos ramos das Forças Armadas.

O Exército

O Exército tem vários projetos de aprendizagem baseada em jogos digitais em uso e sendo construídos.

Uma das maiores necessidades do Exército (e de todas as ramificações das Forças Armadas) é rapidamente pegar os indivíduos e moldá-los em equipes com boa funcionalidade. Como eles podem se certificar de que as pessoas vão trabalhar bem quando a crise ocorrer? O jogo de simulação *Saving Sargeant Pabletti* (descrito no capítulo 9) é usado com mais de 80 mil soldados todos os anos para o treinamento em algumas dessas habilidades de equipe a partir do ponto de vista dos valores. Seguindo o treinamento básico, os sargentos instrutores usam o videogame interativo com grandes grupos de novatos, algumas vezes até trezentos, normalmente com um ou dois soldados designados como "porta-vozes".

O jogo teve início quando o ex-chefe do Estado-Maior do Exército, o general Reimer, viu os produtos que a Will Interactive havia enviado aos seus filhos. De acordo com Sharon Sloane, presidente da Will, "ele nos chamou para irmos ao Pentágono e disse 'Vocês poderiam construir algo que prevenisse o assédio sexual e valorizasse os valores do exército, oportunidade de igualdade e comunicação entre culturas?'". O Exército contratou a Will diretamente para criar um programa customizado, ao custo de 600 mil dólares, para a aplicação e o acompanhamento com um guia instrutor. Sloane conta que o Exército está obtendo "resultados muito melhores" dos estudantes porque eles estão envolvidos e se divertindo. Como um só programa cobria vários tópicos, o Exército conseguiu reduzir quinze horas de treinamento para quatro.[15]

A PEO-STRI, Organização de Estratégia, Treinamento e Instrumentação do Exército, patrocina vários projetos de aprendizagem baseada em jogos digitais, inclusive o *Taskforce 2010*, um jogo de PC para manobras militares com pessoal de brigada e de batalhão na rede; o *Spearhead II*, um jogo com tanques e, para a Marinha e a Aeronáutica, uma modificação do *Flight Simulator* da Microsoft para a aviação do Exército.[16]

No Instituto de Tecnologia Criativa (Institute for Creative Technology – ICT) da Universidade da Carolina do Sul, um projeto patrocinado pela PEO-STRI implica a vinda de artistas criativos dos estúdios de efeitos especiais de Hollywood para trabalhar com pesquisadores do Exército e cientistas para criar grandes ambientes do tipo "Holodeck" para o ensaio de missões. A ideia é dar ao pessoal do Exército de partida para uma nova parte do mundo uma prévia do ambiente que eles podem esperar encontrar, incluindo recursos visuais e sonoros em 360 graus, de linguagem e assim por diante. Para fazer isso (e outros projetos), o instituto receberá o financiamento de 45 milhões de dólares ao longo de cinco anos.[17] O ICT criou os jogos de treinamento de última geração *Full Spectrum Command* (para oficiais dos pelotões), *Full Spectrum Leader* (para líderes de pelotões) e *Full Spectrum Warrior* (para líderes de esquadras).

O recrutamento também é uma necessidade fundamental para o Exército. Em 2001, John P. McLaurin III, o secretário assistente do Exército para

---

[15] Entrevista por telefone.

[16] Disponível em www.stricom.army.mil. Acesso em 2000.

[17] De acordo com Paul Asplund do Instituto de Tecnologia Criativa (Institute for Creative Technology).

assuntos do efetivo e da reserva, patrocinou um projeto proposto pelo coronel Casey Wardynski, da Academia West Point, e Michael Zyda, da Naval Postgraduate School para criar um jogo de computador que pudesse elevar a conscientização dos jovens norte-americanos sobre o Exército e sobre o que significa ser um soldado. "Desde o início, estabelecemos um patamar elevado", escreveu McLauren. "O jogo tinha de fornecer um canal envolvente e de ponta para a comunicação estratégica com os jovens americanos e os que possam influenciá-los sobre o Exército e a tropa."

O resultado do projeto é o *America's Army*, um jogo de ação realista em rede com múltiplos jogadores baseado no "motor" em 3D em primeira pessoa "irreal", usado em muitos jogos comerciais. O *America's Army*, um jogo extremamente rico em detalhes e com exatidão, foi desenvolvido pela equipe do instituto Moves da Naval Postgraduate School liderada por Zyda, usando o pessoal do Exército como especialistas no assunto. Começando por "operações", o jogo adiciona módulos para diversas tarefas das Forças Especiais, para os médicos em combate e outras especialidades. A meta, nas palavras de Zyda, "não era apenas produzir videogames para o Exército, mas conectar o poder novo da internet e dos videogames com a missão do Exército."

O *America's Army* é distribuído gratuitamente em CD e no site patrocinado pelo Exército. Os jogadores devem, em primeiro lugar, completar o "treinamento básico virtual", que inclui os mesmos testes de perícia no tiro ao alvo e os exames físicos como o treinamento básico "real", antes de poderem assumir missões, as quais envolvem fazer parte de uma equipe contra outras. Cada equipe no jogo, entretanto, vê a si própria como o Exército dos Estados Unidos e a outra equipe que está jogando, como "o inimigo".

Um recurso de importância especial para o Exército, de acordo com o coronel Wardynski, é a capacidade de demonstrar a interação entre a tropa e os valores essenciais de dever, integridade, honra, lealdade, serviço abnegado, coragem e respeito aos outros do Exército. O jogo faz isso ao "recompensar o comportamento da tropa e ao penalizar os ovos podres" em uma variedade de situações e maneiras. Os jogadores que violarem de forma consistente as regras acabam na prisão.

O *America's Army* tem obtido tremendo sucesso, com quase 4 milhões de usuários registrados, enquanto este livro está sendo escrito, dos quais mais de 2 milhões completaram o "treinamento básico" e foram jogar em missões. Estima-se que o jogo tenha sido jogado por mais de 50 milhões de horas em todo o mundo e que tenha, de acordo com Wardynski, "engendrado a conscientização positiva da Tropa nos 39% dos norte-americanos entre 16 e 24 anos de idade".

Contudo, todos esses benefícios não foram baratos. O jogo custou cerca de 7 milhões de dólares para ser desenvolvido e quase 3 milhões de dólares por ano para ser mantido, inclusive com *upgrades*, servidores, linhas de alta velocidade, suporte, publicidade, etc. A boa notícia para o Exército, entretanto, é que isso representa apenas um terço de 1% do orçamento total de marketing do Exército.[18]

O que o Exército consegue com esse dinheiro? Ser mais atraente para os recrutas, por um lado, e toneladas de dados potencialmente úteis, por outro.

"Os jogos mantêm o público deles", explica a proposta original do *America's Army*, "porque eles são atraentes pelo lado de fora (o que o jogador vê e escuta enquanto joga) e fascinantes pelo lado de dentro (o que o jogador pensa e sente enquanto joga). O som, a música, a imagem e a animação, tudo desempenha a sua parte para satisfazer os olhos e os ouvidos. Dentro de um jogo de computador, personagens identificáveis em uma história dramática desempenham papéis centrais. Além disso, como uma pessoa JOGA no computador, deve ser apresentada uma sequência (ou *loop*) ininterrupta e regular de ações e decisões. Quando o jogo funciona bem, o jogador pode executar o seu *loop* interno para centenas de ciclos. Se ele for regular o suficiente, o efeito é atraente".[19]

Muitos servidores de jogos capturam cada movimento que jogadores fazem, dados que podem ser posteriormente analisados por padrões de comportamento, potencial de liderança, foco de equipe e outras coisas. Além disso, o jogo pode, mais tarde, ser conectado a instrumentos como

---

[18] Exército dos EUA & Instituto Moves, *America's Army PC Game: Vision and Realization* (São Francisco: U.S. Army/Moves Institute, janeiro de 2004).

[19] Entrevista pessoal com Mike Zyda.

o Teste de Qualificação das Forças Armadas (Armed Forces Qualifying Test – AFQT) e o Teste Vocacional de Aptidão dos Serviços Armados (Armed Services Vocational Aptitude Battery – Avab).

O *America's Army* representa o primeiro exemplo de aprendizagem baseada em jogos que conseguiu alcançar um público grande e popular. De acordo com o coronel Wardynski, ele "excedeu as nossas expectativas e provou o valor dos jogos como um veículo...".

A Marinha

Como todos os ramos das Forças Armadas, a Marinha dos Estados Unidos simula o quanto pode. Há simulações de alta fidelidade de tudo, desde o pouso em um porta-aviões até o apagar um incêndio dentro de um submarino. Um projeto da Marinha, a Submarine Skills-Training Network (SubSkillsNet), coloca simulações em *notebooks* que podem ser usadas a bordo de submarinos. A SubSkillsNet inclui simulações de uma visão da superfície a partir da ponte de comando, telas de radar e sonar, funções de controle do arsenal e um periscópio, tudo interligado em conjunto, de forma que se possam treinar equipes inteiras, assim como indivíduos, e mudar os cenários de treinamento em um instante.

Apesar de esses simuladores terem o grau de fidelidade necessário, uma questão que a Marinha enfrenta é que, com esse tipo de aprendizagem sem a presença de instrutores, os estudantes têm de ter a iniciativa e persistir até obter os níveis de conhecimento e habilidades necessários. Então, a motivação crescente é uma meta fundamental.

"O que você quer fazer é motivar as pessoas a passarem mais tempo no treinamento voluntariamente", diz Rosemary Garris, da Divisão de Sistemas de Treinamento do Centro de Batalhas Aéreas e Marítimas.[20] O uso de qualquer tipo de produto para treinamento a bordo de um submarino baseia-se em grande parte na iniciativa do estudante individualmente, então você tem de instigá-lo. "Você não vai fazer isso ao dizer a ele para ler as publica-

---

[20] Entrevista por telefone.

ções técnicas", diz Garris, "e muito do Treinamento Baseado em Computador (CBT)] é muito, muito árido".

Quanto mais Garris e o grupo de psicólogos, cientistas e engenheiros da computação na Divisão de Ciência e Tecnologia (Science and Technology Division) pensavam quem esses aprendizes de fato eram – garotos de 19 anos, sem muita experiência em termos de tato e de destreza, de acordo com o comandante Adrian McElwee, diretor do Sistema de Treinamento a Bordo de Submarino (Submarine Onboard Training System – SOBT) da Marinha na base naval submarina em New London, Connecticut –, mais eles começaram a pensar com seriedade sobre o uso dos jogos para motivação – como muitos dos seus usuários já haviam sugerido. "Nós queríamos fisgar os tripulantes de submarinos. Eles são todos jovens e estão animados com o *Quake* e uma diversidade de jogos", diz Garris. Sem apressar as coisas, a Equipe do Submarino, liderada pelo psicólogo doutor Robert Ahlers, iniciou um projeto de três anos de duração sobre jogos para treinamento que terminou em 2000.[21] "Nós fizemos uma revisão da literatura educacional e psicológica sobre jogos bem detalhada para descobrir as características definidoras dos jogos e descobrimos o ponto de origem das pesquisas nesse assunto e o rumo que elas estavam tomando", conta Garris (ver capítulo 6).

A equipe decidiu, com base na sua pesquisa, transformar uma das suas simulações em um jogo e avaliar a sua eficácia no treinamento. A tarefa que ela escolheu foi a de observação por periscópio para a administração do contato com a superfície. Espera-se que os tripulantes do submarino, após identificar um contato, gritem o seu ângulo pela proa – que é quanto se está mirando ou quanto está longe da sua embarcação – e também contem divisões, que são as marcas no retículo do periscópio para ajudar a determinar o alcance. Gritar o ângulo é uma das habilidades mais difíceis do periscópio. Na simulação-padrão, os recrutas olhavam, contavam, faziam as estimativas de ângulo e divisões, recebiam o *feedback* com correções e olhavam, contavam e faziam as estimativas de novo – o que não era muito interessante. O que estava faltando em termos de envolvimento que pudesse fazer que tudo

---

[21] Ver capítulo 6, nota 2.

isso fosse aprendido rapidamente? Pergunte a qualquer jogador: *Se o alvo estiver perto demais, você quer explodi-lo!*

E então, usando o que eles haviam aprendido sobre as características dos jogos, o grupo de Garris construiu o jogo chamado *Bottom Gun*. Assim como o treinador convencional, o jogador faz uma estimativa do ângulo e conta as divisões. O que faz o jogo ser diferente e divertido é que qualquer barco determinado a ser uma ameaça para a segurança – definida como qualquer contato que tiver o seu ponto de abordagem mais próximo dentro de 4 mil jardas – pode ser destruído com um disparo de míssil. A solução do disparo de míssil é determinada pelo ângulo e divisão que o recruta fez, de modo que o acerto depende da exatidão do jogador. "É totalmente fora da realidade. Na vida real – ou em uma simulação convencional – você não dispara ameaças de colisão, não faz pontuação nem ganha créditos por manter o armamento no arsenal até o final do jogo. Há muita fantasia e drama no jogo que não existem no treinamento convencional", diz Garris.

Por quê? Anos de videogames, que muito provavelmente incluíam sub-simulações comerciais, treinaram esses jovens de 19 anos a esperar esse tipo de ação em tempo real e *feedback*. Com o jogo há uma *razão* para saber dizer o alcance – se o inimigo chegar perto demais você pode acabar com o trouxa! E não pode cair no sono também. Se deixá-los chegar muito perto, eles vão começar a atirar mísseis em você!

"Ei, eu consigo fazer isso", dizem os recrutas. E as pontuações sobem, e o tempo de treinamento diminui. Ou, pelo menos, é o que a Marinha espera. Ela está coletando dados de pilotos na universidade local onde 120 indivíduos fazem esse tipo de comparação lado a lado. E como eles projetaram e desenvolveram os dois conjuntos de software, trata-se de uma comparação muito clara – os gráficos são exatamente os mesmos, a simulação que roda as aplicações é exatamente a mesma – entre as abordagens de treinamento convencional e a orientada por jogos. Os dados dos primeiros dezesseis indivíduos não chegaram antes da publicação, então fiquem ligados para a segunda impressão. Mas em qual delas você gostaria de apostar?

Quem projeta e constrói esses jogos para a Marinha? Como já era de esperar, a própria garotada das gerações dos jogos – estudantes universitários que são, eles próprios, jogadores e da mesma geração dos recrutas. O grupo de Garris fica perto da Universidade da Flórida Central e emprega a maioria dos programadores da equipe de programadores da universidade, basicamente estudantes universitários que certamente são jogadores. Os desenvolvedores também participam muito do *design*. O *design* inicial do *Bottom Gun* começou com um jogo de radar, que "parecia chato" para Garris. Então, ela foi até os garotos e disse: "O que vocês acham que seria mais divertido?". Juntos, eles fizeram um rascunho de algo que era bem coerente com a orientação fornecida pela literatura acadêmica e que atrairia mais a atenção dos garotos. Garris sente que é muito importante incluir jogadores na equipe de *design* para se certificar que o elemento "diversão" não seja esquecido.

Esse é o futuro do *design* de treinamento – estagiários da idade dos jogadores que reprojetam o treinamento antigo com o seu estilo novo sob a orientação de pessoas experientes. A criação por jogadores é a maneira que sempre funcionou no mundo dos jogos. É a maneira que terá de funcionar no mundo do treinamento para criar a aprendizagem efetiva para as gerações dos jogos.

O estudo sobre jogos de treinamento de três anos, da autoria de Garris e Ahler, inclui uma revisão da literatura e uma exploração da motivação para interagir com os jogos. Eles avaliam o valor da teoria V.I.E. (valência, instrumentalidade, expectativa) de Victor Vroom[22] para ajudar a entender por que esses jogos são tão populares. A teoria da expectativa trata de quanto controle sobre uma atividade ou seu resultado uma pessoa sente ser possível e da eficácia que ela acha que teria nessa atividade, além do nível de atração que teria o resultado da atividade. "Se conseguirmos determinar o que as pessoas acham tão atraente no jogar, esperamos poder criar produtos para treinamento que satisfaçam as metas e, ao mesmo tempo, comuniquem conhecimento e habilidades", afirma Garris.[23]

---

[22] Ver Victor H. Vroom, *Work and Motivation* (Nova Jersey: John Wiley & Sons, 1964). Reimpresso por Jossey Bass em 1994.

[23] Ver capítulo 6.

A equipe do submarino está satisfeita o suficiente com os seus resultados iniciais e já começou a trabalhar em um jogo novo, baseado em uma lista virtual de instruções para um submarino, projetado para acelerar a transição de submarinos da escola de treinamento para funcionar a bordo. "Eu sei que uma lista de instruções não soa como um jogo, mas temos em mente muitas coisas interessantes no estilo de jogos. As pessoas estão passando cada vez mais rápido para os jogos", diz Garris.

Outra iniciativa da aprendizagem baseada em jogos digitais na Marinha é o projeto Micro-Simulator Systems for Immersive Learning Environments, conhecido como MiSSILE.[24] A meta do projeto MiSSILE é identificar os jogos e as tecnologias para PC comerciais que a Marinha pode usar diretamente no seu treinamento a fim de cortar custos. O projeto determinou que, embora os jogos comerciais não possam substituir totalmente os simuladores de alta fidelidade, eles podem servir de apoio à "redução de tarefas" daqueles bens de custo mais elevado, sobretudo nos estágios iniciais da aprendizagem. Uma das observações mais interessantes do projeto é que "os estudantes de aviação naval continuarão a usar os simuladores de voo para PC com ou sem o nosso apoio, uso ou fornecimento desses simuladores como parte do kit de ferramentas de treinamento". Acorde e sinta o cheiro de café, gente!

Um uso mais antigo, porém interessante, da aprendizagem baseada em jogos digitais ocorreu em 1991, quando o chefe do Treinamento Técnico da Marinha pediu ao doutor Henry Halff, psicólogo pesquisador, para que desenvolvesse um jogo de computador para ensinar eletricidade e eletrônica básica para os técnicos de aviônica.[25] "Duas limitações bem conhecidas do treinamento e educação convencional são a falta de oportunidade para praticar as habilidades durante o ensino e a incapacidade de manter a motivação durante longos períodos necessários para alcançar a competência nas habilidades-alvo", afirma o doutor Halff. "O jogo de aventura lida com esses dois problemas."

---

[24] Disponível em www.cnet.navy.mil/microsim. Acesso em 2000.

[25] Henry M. Halff, "Adventure Games for Technical Education", em *Proceedings of the 16th Interservice/Industry Training Systems and Education Conference* (Orlando: I/ITSEC, 1994).

Em razão da combinação da sua natureza desafiadora, conceitos estruturados, necessidade de solução de problemas quantitativos e raciocínio qualitativo, assuntos técnicos e científicos, como eletrônica, se prestam bem à aprendizagem baseada em jogos digitais, de acordo com o doutor Halff. "Os aspectos da fantasia dos jogos de aventura também oferecem oportunidades singulares para o ensino", acrescenta ele.

O jogo criado pela equipe de Halff foi chamado *Electro Adventure*. O cenário é o *Electro*, um navio da Marinha do futuro, que foi transportado aos dias de hoje, por um infortúnio, e deve ser reparado pelo jogador, o qual deve descobrir truques técnicos de segurança, combinar materiais para criar coisas e resolver problemas técnicos em cada um dos compartimentos do navio. O programa combina o formato do jogo de aventura com alguns elementos tradicionais do CBT e usa o que eram, naquela época, gráficos de jogos de última geração. Assim como o *Bottom Gun*, a Marinha testou o *Electro Adventure* contra os seus sistemas de aprendizagem (ver capítulo 14).

A Aeronáutica

De acordo com diversas fontes, as simulações de voo para consumidores têm sido uma parte *de facto* do treinamento de voo da Aeronáutica. "A primeira fase do treinamento é quase desse jeito – você chega aqui totalmente treinado em simuladores de voo e nós o enfiamos dentro de um simulador da Força Aérea para ver como você lida com a situação", diz uma fonte.

A Força Aérea, por questões orçamentárias, tem sido forçada a cortar o número de horas de treinamento ao vivo que os pilotos de voo de reconhecimento podem voar em até 25%.[26] De acordo com o Major Peter Bonanni da Virgina Air National Guard,[27] os pilotos são mais proficientes quando são preparados para o combate pela primeira vez, mas, como a preparação ocorre sem treinamento adicional, a proficiência do piloto passa despercebida. Embora a maioria dos simuladores de alta fidelidade em uso hoje não

---

[26] Relatório *Modeling and Simulation: Linking Entertainment and Defense*, 1996.
[27] Ver capítulo 10, nota 9.

O QUE AS ORGANIZAÇÕES LÍDERES ESTÃO FAZENDO

seja para o campo, as habilidades mais importantes (e perecíveis), pensa Bonanni, podem ser afiadas com simuladores de baixo custo. Ele cita o jogo de computador *Falcon 4.0* como um exemplo de produto comercial que está abalando o limite de fidelidade e fornecendo um modelo para simulação de baixo custo. Os componentes principais do *Falcon 4.0* permitem esse tipo de ruptura das linhas inimigas e incluem protocolos de interconexão "do tipo Simnet" que criam um grande ambiente que inclui o homem no *loop*. Planeja-se elevar essa capacidade com monitores de cabeça e sistemas de reconhecimento de voz.

Em uma área diferente – a de identificação de alvos – o consultor David Twitchell e o professor de *design* instrucional David Merril, da Universidade do Estado de Utah, criaram um jogo de reconhecimento rápido, chamado *JVID and Finflash* (VI é identificação visual em inglês e "finflash" é uma marca na cauda da aeronave), para a Aeronáutica, após alguns pilotos terem atirado acidentalmente em dois helicópteros Army Blackhawk "amigos" no Iraque, em abril de 1994.[28] O jogo, que é um tipo de "jogo de reflexo" (discutido no capítulo 9), tem três níveis. No nível 1, o jogador começa ao ver o avião na pista visto de cima, sem movimento, e faz a identificação básica AMFC (asa do motor, fuselagem, cauda). No nível 2, o jogador vê o avião a 182 metros em vista única. No nível 3, o jogador está na cabine, o avião está chegando perto dele e ele tem três ou quatro segundos para identificá-lo, como na vida real. Os jogadores podem escolher muitos segundos planos, como céu ensolarado, céu nublado, mata ou deserto que podem afetar a identificação. (Antes do advento do jogo, fotos eram usadas e os jogadores, com frequência, lembravam-se das nuvens nas fotos em vez das marcas no avião.) Os nomes e as pontuações são postados, e, como qualquer videogame, os pilotos voltam para melhorar a pontuação. Um dos objetivos de Twitchell e Merrill no jogo é pressionar os pilotos até o ponto que seja *impossível* identificar a aeronave e fazer que eles admitam que, por vezes, isso *não pode* ser feito – uma admissão difícil para os melhores pilotos do programa.

---

[28] Entrevista por telefone com o professor Merrill.

Os fuzileiros navais

Além de permitir que os seus oficiais e homens joguem determinados jogos comerciais relacionados às Forças Armadas nos computadores das bases,[29] os fuzileiros navais têm estado ocupados criando alguns dos seus jogos de treinamento. Com o uso de uma versão comercial do jogo *Doom* adaptada com o auxílio do tenente Scott Barnett, equipes de fuzileiros navais têm treinado em um laboratório de computação na Virgínia, na Geórgia e na Carolina do Norte, aprendendo táticas do campo de batalhas e a tomar decisões. É interessante notar que as habilidades que Barnett estava tentando atingir com esses jogos de ação "de acertar o inimigo" não eram do tipo atire e mate, mas de trabalho em equipe, comunicação e conceitos de comando e de controle. O que certamente levou ao envolvimento. "É engraçado, pois no final do dia eu tinha de tirar os fuzileiros de lá e mandar todos para casa", diz ele. "Os fuzileiros sabem que estão aprendendo, mas também estão se divertindo. Acho que é importante e decisivo para fazer que eles queiram aprender."[30]

O *Marine Doom* foi jogado como um jogo em rede. Times de quatro integrantes receberam quatro computadores separados na mesma sala. O objetivo era coordenar os seus movimentos e eliminar o *bunker* do inimigo. "No laboratório, nós alteramos o som apenas para adicionar confusão e caos. Cada fuzileiro pode gritar para os companheiros; o líder da equipe grita comandos e eles avançam no território inimigo, usando o que sabem sobre estratégia e tática", diz Barnett.

O *Marine Doom* não está mais em uso. Ele foi substituído por jogos customizados e mais sofisticados como *Marine Air-Ground Task Force* (MAGTAF XII), da MÄK, e *Close Combat Marines*, uma "*mod*" (modificação de jogo) criada internamente pela Atomic Games. Além disso, os fuzileiros navais oficialmente sancionaram o uso dos jogos comerciais *Medal of Honor* e *Soldier of Fortune* para vários aspectos de treinamento.

---

[29] Relatório Modeling and Simulation: Linking Entertainment and Defense, 1996.
[30] Filipczak, "Training Gets Doomed", cit.

O QUE AS ORGANIZAÇÕES LÍDERES ESTÃO FAZENDO

A GUARDA NACIONAL E A RESERVA

De acordo com o tenente-general Paul Glazer,[31] a Guarda Nacional usa jogos para fazer treinamento de nível construtivo (jogo de guerra), treinamento de liderança e treinamento de batalha. Há um grande "laboratório de batalha" da Guarda Nacional em Fort Leavenworth, no Kansas, e laboratórios menores em outros locais. Um jogo que o general Glazer descreve tem soldados iniciando o ataque contra os inimigos com M16 a ar e morteiros. Assim como nos jogos nas casas de jogos eletrônicos, os soldados veem os resultados imediatos das suas ações – o inimigo se rende ou não se rende. Entretanto, diferentemente dos jogos comerciais, os militares acompanham com atenção para onde cada bala vai, de modo que podem aprender por meio de *replays* porque erraram; por exemplo, o soldado não estava "alinhado" com o alvo em movimento.

Quando um CD-ROM de treinamento de sobrevivência foi encomendado para a IBM Learning, a Reserva do Exército fez o pedido específico de que a aprendizagem baseada em jogos digitais fosse incluída como parte do *design*. O objetivo era um jogo de aventura que os recrutas pudessem jogar para ilustrar com dramaticidade o valor de trazer consigo todos os objetos para sobrevivência, bem como os problemas que se podem encontrar se algo for esquecido. É interessante notar que o jogo que os desenvolvedores da IBM começaram como o seu "modelo" ou paradigma de como isso deveria ser feito foi a série Freddi Fish de jogos de aventuras para crianças.[32]

Isso significa que as nossas crianças em idade pré-escolar estão aprendendo habilidades militares valiosas enquanto jogam?

A Guarda Nacional também encomendou uma versão especial do *Joint Force Employment*, conhecido como "Guard Force", que enfoca as missões de combate ou não combate da guarda, desde a contrainsurreição até o resgate.

---

[31] Entrevista por telefone.
[32] Comunicação pessoal.

CONCURSO 8

Você sabe de algum projeto militar legal de aprendizagem baseada em jogos digitais? Envie as respostas para contest8@twitchspeed.com.

OUTRAS MISSÕES DO TREINAMENTO MILITAR – ESCOLAS E PADRÕES

Apesar da grandeza da sua missão primária – treinar e preparar as Forças Armadas – o pessoal do escritório de treinamento de *staff* conjunto continua pensando grande. E tem feito isso pelo menos de duas formas, ambas relevantes para a aprendizagem baseada em jogos digitais. A primeira é entender o que eles fazem para outros ambientes que não o militar. Um exemplo disso é o que é chamado de treinamento "entre agências". Em um exemplo de terrorismo doméstico ou de armas de destruição em massa – que no comércio são conhecidas pelo acrônimo WMD –, muitos grupos terão de ser coordenados. "Se você acha que uma coalizão é difícil", diz Mark Oehlert,[33] "tente colocar unidades diferentes dentro deste país. Se algo acontecer em Washington, DC, há doze agências diferentes de cumprimento da lei que têm jurisdição potencial, sem mencionar o DOD. Como podemos treinar o FBI, os departamentos locais de polícia e de bombeiros, o DOD, a Guarda Nacional e a Reserva do Exército para operarem todos juntos da maneira mais efetiva quando estamos enfrentando uma crise?".

Resulta que há uma ausência de doutrina e de procedimentos comuns em relação aos papéis e responsabilidades para organizações locais, estaduais e federais. O grupo de Johnson gostaria de ver essas tarefas mais bem definidas e o treinamento implantado em um jogo entre agências semelhante ao *JFE*, o qual treinaria membros de várias agências para trabalhar com uma equipe. "Nós só estamos começando a entender o poder e a necessidade do treinamento digital de equipes", afirma Johnson.

---

[33] Entrevista por telefone. Mark Oehlert faz parte da equipe do Escritório de Prontidão e Treinamento (Office of Readiness and Training).

O QUE AS ORGANIZAÇÕES LÍDERES ESTÃO FAZENDO

A segunda "outra missão" dos treinadores militares é criar padrões comuns de reutilização e interoperabilidade das tecnologias de treinamento, missão esta que surgiu da necessidade governamental de economizar. No passado, as plataformas de treinamento eram trocadas a cada dois anos; por exemplo, da fita de 1 polegada para a de três quartos de polegada para a fita de meia polegada para o disco de vídeo interativo para o CD-ROM para o DVD, tudo isso com direitos exclusivos. Cada vez que a plataforma era alterada, os instrutores tinham de adaptar o conteúdo do treinamento ao novo formato de mídia. Por esse motivo, eles nunca conseguiram implantar tecnologia de aprendizagem em larga escala como gostariam. No início da década de 1990, ao perceber que não conseguiriam ter um simulador de voo que se comunicasse com outro, decidiram estabelecer padrões. Eles criaram o protocolo de simulação interativa distribuída (Distributed Interactive Simulation Protocol – DIS), que eles desenvolveram como arquitetura de alto nível (High Level Architecture – HLA), padrões comuns que permitiram a interoperabilidade entre simuladores para o treinamento de equipes e reutilização de "objetos" de simulação, como tanques, navios, aviões e projéteis. Fazendo isso, eles economizaram muito dinheiro ao não reconstruir constantemente os mesmos objetos e, praticamente, reinventando a roda.

Resolvido o problema na área de simulação, eles começaram a examinar como tais padrões tecnológicos comuns devem ser usados na educação e no treinamento de áreas mais amplas. O Retrospecto Quadrienal de Defesa (Quadrienial Defense Review – QDR) os levou a concluir que o uso da tecnologia de aprendizagem em larga escala poderia levar a uma economia de 1 bilhão de dólares por ano.[34] Para ser capaz de usar a tecnologia sem ter de reinventar tudo a cada cinco anos, eles perceberam que precisavam de um padrão comum, de modo que o conteúdo poderia ser construído uma vez e reutilizado várias vezes. Se o mesmo padrão servisse para os setores públicos e privados e a academia, isso permitiria desenvolver objetos de aprendizagem compartilhados, os quais reduziriam significativamente os custos com investimento. O resultado foi o desenvolvimento da ADL (aprendizagem

---

[34] A QRD é uma revisão orçamentária que ocorre uma vez a cada quatro anos.

distribuída avançada), que fornece a estrutura para o ambiente de aprendizagem distribuída, permitindo a disseminação de conteúdo de alta qualidade para qualquer dispositivo em qualquer lugar, a qualquer momento.

Uma nova especificação da ADL, o Modelo de Referência para Objetos de Aprendizagem Compartilháveis (Sharable Courseware Object Reference Model – Scorm) estende os padrões comuns para jogos digitais. Desenvolvido em conjunto com a Microsoft, Oracle, IBM, Macromedia e grupos de padrões, ele permite que os jogos sejam jogados em qualquer tipo de plataforma e para compartilhar e reutilizar objetos. Como resultado, o desenvolvimento da aprendizagem baseada em jogos digitais será realizado "em várias ordens de magnitude de modo mais eficiente e efetivo", afirma Johnson, que é um dos líderes da equipe do projeto.[35]

LIGAÇÃO ENTRE ENTRETENIMENTO E DEFESA – A CONFERÊNCIA

O treinamento militar tem uma estrutura organizacional complexa, com responsabilidades divididas entre o Comando Conjunto (Joint Command) e as ramificações das Forças Armadas. Estas parecem se comunicar, compartilhar experiências e criar, razoavelmente bem, abordagens conjuntas entre os seus membros, se comparadas à indústria. Em geral, suas metas e objetivos são basicamente os mesmos, e, à exceção de um pouco de orgulho e propriedade, não há motivos para *não* compartilhar.

Isso não se estende, entretanto, ao compartilhamento com setores *fora* das Forças Armadas. Os militares têm feito as mesmas coisas e tentado revolver os mesmos problemas da mesma forma que muitos instrutores na área dos negócios, mas por várias razões, até recentemente, apenas um punhado de executivos, se muito, sabia disso, apesar do considerável trabalho dos militares e do sucesso que conseguiram.

Uma situação similar foi verificada com as indústrias do entretenimento. Os dois grupos, as Forças Armadas e o entretenimento, estavam trabalhan-

---

[35] Entrevista pessoal.

O QUE AS ORGANIZAÇÕES LÍDERES ESTÃO FAZENDO

do em quase exatamente o mesmo conjunto de problemas difíceis – simulação e modelagem –, mas como os dois grupos diferem muito em relação às suas motivações, objetivos e culturas, eles não estavam conversando um com o outro e, com frequência, não tinham a menor ideia do que o outro estava fazendo.

Em 1996, o Escritório de Modelagem e Simulação da Defesa (Defense Modeling and Simulation Office – DMSO) do Departamento de Defesa pediu que o Conselho Nacional de Pesquisas reunisse um comitê multidisciplinar para "avaliar até que ponto a indústria do entretenimento e o DOD seriam capazes de alavancar os atributos um do outro na modelagem e simulação de tecnologia e identificar áreas potenciais para maior colaboração."[36] Um *workshop* de dois dias, chamado *Modeling and Simulation: Linking Entertainment and Defense*, foi realizado em Irvine, Califórnia, em outubro de 1996, para os membros das indústrias do entretenimento e de defesa para discutir os interesses de pesquisa na modelagem e na simulação. O *workshop* foi excepcional por reunir duas comunidades que, pela tradição, compartilhariam poucas informações e transfeririam pouca tecnologia entre eles.[37]

No *workshop*, mais de cinquenta representantes das comunidades de pesquisa de entretenimento e de defesa discutiram desafios e obstáculos técnicos, compartilhado tecnologia e pesquisas conjuntas, bem como mecanismos para facilitar uma maior colaboração. Os participantes vinham das indústrias do cinema, dos videogames, do entretenimento local e de parques de diversões, DOD, fornecedores de defesa e universidades. Por meio de apresentações sobre tópicos como a narração de histórias eletrônicas, estratégia e jogos de guerra, computação experimental e realidade virtual, simulação em rede e hardware de simulação de baixo custo, o comitê tentou incentivar o diálogo e estimular a discussão de áreas de pesquisa de interesse para as indústrias de entretenimento e de defesa. Como o *workshop* representava uma das primeiras tentativas formais para fazer uma ponte entre

---

[36] *Modeling and Simulation: Linking Entertainment and Defense Report*, cit.
[37] *Ibidem.*

as comunidades do entretenimento e da defesa, o comitê também esperava incentivar contatos pessoais entre os membros das duas comunidades como forma de facilitar uma futura colaboração.

Eric Haseltine, do Imagineering Group da Walt Disney, enfatizou no *workshop* que "a coisa que a indústria do entretenimento pode aproveitar ao máximo do DOD é apenas saber o que está sendo feito e dessa forma não terão de reinventar a roda".[38] Esse tipo de conferência civil-militar é algo realmente útil a ser feito e algo que a comunidade do treinamento deve considerar muito. Dada a experiência e as predileções das Forças Armadas, o compartilhamento de informações entre os treinadores militares e corporativos deverá resultar em muito mais empresas de aprendizagem baseada em jogos digitais!

Conclusão

O problema real das Forças Armadas, como observa Danny Hillis em um *workshop*, não é simular um tanque ou aeronave, mas treinar a mente das pessoas de modo que quando elas entrarem em um tanque ou aeronave de verdade, façam a coisa certa.[39] Esse é o motivo pelo qual o treinamento militar é relevante para todo tipo de treinamento. Porém, a questão é sempre *como faremos isso?* Para Michael Parmentier, fica claro que os recrutas de 18 anos esperam ser conectados eletronicamente com o mundo "porque é assim que eles fazem as coisas. Se não fizermos dessa forma, eles não vão querer ficar no nosso ambiente".[40] Como diz Don Johnson: "Nós *sabemos* que a tecnologia funciona. Apenas queremos progredir com o seu uso".[41]

Na próxima seção, mostrarei a você como fazer isso. Eu mostro como *você* pode introduzir – começando amanhã – a aprendizagem baseada em jogos digitais na *sua* organização, não importando o tamanho, o orçamento ou a persuasão de aprendizagem.

---

[38] *Ibidem.*
[39] *Ibidem.*
[40] Entrevista por telefone.
[41] Entrevista por telefone.

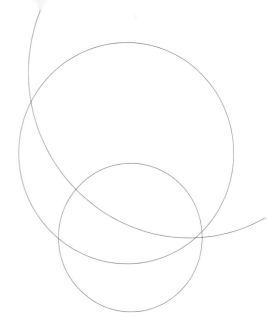

PARTE 4
Implantação

Você precisa de muito empenho.
Sylvia Kowal, da Nortel Networks

11.
COMO LEVAR A APRENDIZAGEM BASEADA EM JOGOS DIGITAIS PARA SUA ORGANIZAÇÃO

> A arte de desenvolver currículos é descobrir que recursos você vai querer usar, em que ponto e onde ele se torna efetivo.
> *Luyen Chou*

> A invenção é a mãe da necessidade.
> *Marshall McLuhan*

> Onde eu começo?
> *Um instrutor*

VAMOS COMEÇAR?

Quando falo sobre aprendizagem baseada em jogos digitais em treinamentos e em conferências de educação, as duas perguntas mais frequentemente feitas são: "Como convencer minha gerência?" e "Como posso começar a introduzir a aprendizagem baseada em jogos digitais em minha empresa?". A questão do convencimento da gerência será tratada no capítulo 13. Quanto a como iniciar, existem no momento inúmeras formas possíveis, sendo muitas delas relativamente simples e baratas. Elas variam de jogos de trivialidades de baixo custo em páginas de internet HTML, que você provavelmente pode criar por conta própria ou gratuitamente com um colega, até algo de porte pequeno, utilizando ferramentas para a aprendizagem baseada em jogos digitais que podem ser compradas por algumas centenas de dólares com pouca ou nenhuma aprovação, ou projetos de significativa importância, alta qualidade e custo para empresas, com orçamentos estimados em milhões – com uma variedade de etapas durante o processo de criação.

Este capítulo descreve cinco categorias da aprendizagem baseada em jogos digitais, que são úteis a qualquer um que esteja considerando essa forma de aprendizagem para treinamento em negócios. Tais categorias são baseadas em considerações práticas, e não tanto nas categorias voltadas para a aprendizagem descritas no capítulo 6. Vou auxiliá-lo então na avaliação do estilo de aprendizagem baseada em jogos digitais de sua própria empresa, a fim de responder a questões como "Que tipos de jogo têm maior chance de funcionar no meu ambiente de trabalho?" e "Existem ambientes em que a aprendizagem baseada em jogos digitais esteja fora de cogitação?". Além disso, abordarei a questão de como a aprendizagem baseada em jogos digitais se relaciona com o sistema de gestão de aprendizagem.

Por fim, para ter consciência do orçamento – e espero com isso incluir todas as pessoas envolvidas no negócio em todos os níveis –, apresentarei uma tabela do que se pode obter e realizar em vários níveis de investimento e que podem estar disponíveis para uma necessidade de aprendizagem específica, mesmo que não haja capital algum!

CATEGORIAS DISPONÍVEIS PARA A APRENDIZAGEM BASEADA EM JOGOS DIGITAIS

Ao avaliar os tipos de jogos disponíveis no que diz respeito à aprendizagem baseada em jogos digitais, geralmente ajuda pensar nas possibilidades em cinco categorias:

- Jogos simples de perguntas e respostas
- Jogos de prateleira
- Jogos de *e-mail*

- Modelos (*templates*) de jogos
- Jogos personalizados

Cada uma dessas categorias pode ser criada e distribuída totalmente dentro da própria empresa, ou em parceria com fornecedores e desenvolvedores, ou pode ainda ser trazida para a empresa e distribuída por consultores externos pronta para uso.

Vejamos cada uma deles, a começar com os jogos simples de perguntas e respostas.

Jogos simples de perguntas e respostas

Às vezes, é necessário ser direto. Embora eu costume descrever os meus jogos de perguntas e respostas superdesenvolvidos para clientes utilizando termos rebuscados, como "aprendizagem por perguntas direcionadas", recentemente escutei um funcionário responder à pergunta de um amigo: "O que sua empresa faz?" com um "Nós fazemos jogos de trivialidades". É claro que fiquei desapontado, mas este é o termo moderno.

Os jogos de computador chamados de jogos de trivialidades, ou de perguntas e respostas, têm uma complexidade e sofisticação variadas. Entre os mais caros, encontram-se o *You Don't Know Jack*, ou os jogos de aventura dirigidos por questões e respostas complexas, como o *Ultima IV*. Existem formatos mais baratos, sendo, nesse caso, o tipo de jogo mais simples e fácil de manusear, ao menos para criar a aprendizagem baseada em jogos digitais com conteúdos *personalizados*.

Lembra-se do *Aspirin® Trivia Game* da Bayer, visto no capítulo 9 (www. bayerus.com/aspirin/game/main.htm)? Tem somente cinco perguntas e foi desenvolvido por inteiro com sistema de texto HTML. Este é um exemplo de como iniciar imediatamente a aprendizagem baseada em jogos digitais. Para criar um jogo similar, faça cinco (ou mais) perguntas e use o código HTML que forneço na página da internet do livro, www.twitchspeed.com. Se não souber *nada* de programação HTML, pergunte a seus funcionários mais jovens, ou vá até o departamento de TI para achar alguém que entenda. Considerando que você ou eles já fizeram algo simples em programação HTML, seu jogo ficará pronto em no máximo uma hora. O programador da empresa pode ajudá-lo a colocar o jogo *on-line* e disponibilizar a informação na intranet ou no site externo.

A ideia principal é que o conteúdo destes jogos de trivialidades não precisa ser trivial. Na verdade, eles são muito mais divertidos quando o conteúdo é *realmente mais desafiador* para o público-alvo. Quando a Ernst & Young criou o jogo de trivialidades sobre a empresa e seus sócios há alguns anos (*The Professional Development Game*, criado por Bob Dean),[1] estes praticamente lutavam entre si para jogar durante os intervalos de suas reuniões e conferências porque *as perguntas lhes eram desafiadoras*.

Há também, como já discutimos, um grande potencial de aprendizagem primária no formato de perguntas e respostas, não só revisão e reforço. Acho que conseguirei me lembrar das cinco questões de *The Aspirin® Trivia Game* para o resto da vida.

Se esses tipos de jogo se tornaram um sucesso em seu ambiente de trabalho, como já aconteceu com vários (ver *Nortel Networks' Create the Band*), e você quiser mudar para novas versões da aprendizagem baseada em jogos digitais um pouco mais complexas e ou mais sofisticadas, com conteúdo personalizado, pode passar para os jogos de *e-mail* ou de modelos mencionados adiante. Mas, antes de chegar lá, vamos dar uma olhada no que está disponível no mercado.

Jogos de prateleira

Outra forma simples de iniciar, porém não necessariamente a mais barata, é com os jogos já comercializados ou "de prateleira". Estas são aprendizagens baseadas em jogos digitais completas, licenciadas ou compradas com todo o conteúdo incluído. Em alguns casos, é literalmente possível apoiar-se no mercado de jogos comerciais de prateleira. Um desses jogos que custe menos de 50 dólares pode muito bem atender a todas as suas necessidades.

O Conselho de Prefeitos usou o jogo *Sim City* para botar a imaginação em prática. Jogos como os de *Start-up* podem ser facilmente usados, sem necessidade de alterações, para ensinar sobre empreendimentos internos. Ou-

---

[1]   Criado em HyperCard no Macintosh.

tros jogos comerciais sobre negócios, como *Wall Street Trader, Airline Tycoon* ou *Pizza Syndicate*, também podem ser úteis. *Sim Health, Roller Coaster Tycoon* ou *Virtual U* podem ser usados para praticar diversos aspectos da formação de regras, assim como o gerenciamento.

Outra possibilidade para os jogos comerciais de prateleira é de adaptá--los para um objetivo específico. Atualmente, muitos jogos comerciais incluem essa possibilidade, oferecendo "editores" ou "construtores de módulo" (*mod builders*) que lhe permitem criar um mundo próprio, bem como seus personagens. Um exemplo é da *Shell*, que criou o módulo *Quake* para representar o interior de plataforma de perfuração em alto mar para fins de orientação. Geralmente, isso não requer um investimento maior que comprar um número necessário de jogos (no varejo ou com descontos negociados pelo volume) e fazer as devidas modificações, que podem ser realizadas internamente ou via consultor (possivelmente qualquer adolescente de 12 anos seria capaz de fazê-lo).[2]

Além dos jogos comerciais, há os jogos de aprendizagem prontos para os negócios *com conteúdo* sobre diferentes tópicos e em diversas faixas de preço. Estes são desenvolvidos principalmente para revisão e reforço, podendo em alguns casos também servir como forma de aprendizagem principal. Uns rodam em CD-ROM, outros na internet e há ainda os híbridos. A LearningWare, por exemplo, criou um jogo sobre segurança no estilo do *Jeopardy!*, que é vendido como parte do pacote de treinamento de segurança de The MAR-COM Group. A LearningWare também oferece jogos básicos sobre finanças. A Games2train tem seu pacote de prateleira para o treinamento sobre prevenção contra o assédio sexual, desenvolvido em conjunto com uma empresa de advocacia que lhe permite desenvolver o conteúdo do jogo para as regras e linguagem da sua empresa. A MBA Games tem jogos de internet com licença nas área de gestão de habilidades e liderança. O SMG, Strategic Management Group, tem simulações já prontas em comércio eletrônico e outras áreas. A PowerSim vai licenciar o *Beer Game*

---

[2] Cada um dos desenvolvedores de jogos, como a Id (*Quake II Engine*) e a Epic (*Unreal Engine*), tem o próprio software de desenvolvimento de versões modificadas ou MODs.

para entendimento das operações, assim como outros jogos de simulação já prontos. Para as habilidades de relacionamento interpessoal, como o treinamento, existem os filmes interativos e jogos de reforço da Ninth House Network.

Também há inúmeros jogos de prateleira que ainda estão em "processo de digitalização". Um jogo de tabuleiro famoso usado para o ensino de administração básica é o *Zodiak* da Paradigm Learning, que, recentemente, anunciou uma versão *on-line* desse jogo, criada em conjunto com o SMG. Não espere gráficos bonitos. Isso é mais uma simulação baseada em números do que em jogos comerciais.

Alguns jogos de prateleira que precisam ser licenciados foram criados por empresas que têm em vista ensinar seus clientes ou transformar as ferramentas criadas internamente em geradores de receita. Cada vez mais, as organizações que têm investido muito dinheiro na criação de jogos personalizados vão vendê-los como um produto de prateleira para auxiliar no retorno do investimento. Entre essas empresas estão grandes firmas de consultoria, como a PricewaterhouseCoopers e a Andersen Consulting, além de empresas específicas de determinado setor como o Bankers Trust e a Ameritrade. Por exemplo, se alguém precisar de jogos de treinamento para assuntos relacionados a derivativos financeiros, poderá recorrer ao *Darwin*, da Ameritrade, programa grátis sobre venda de opções criado para seus clientes; poderá recorrer ainda ao *In\$ider*, da PricewaterhouseCoopers, criado para treinamento interno da empresa (a discussão sobre os dois programas encontra-se no capítulo 9). A aprendizagem baseada em jogos digitais de prateleira costuma estar disponível nos fornecedores tanto no modo individual (ou seja, você o pega e se vira) quanto no modo facilitado.

Jogos de *e-mail*

Ainda que a aprendizagem baseada em jogos digitais venha em diversos níveis de sofisticação técnica, quase sempre existe a necessidade de conhecimento sobre multimídia. No geral, as organizações globais têm vários padrões de hardware e sistemas legados, o que pode levantar questões e problemas que podem levar ao aborto de projetos de aprendizagem baseada em jogos digitais que, de outra forma, seriam interessantes. Em casos assim,

COMO LEVAR A APRENDIZAGEM BASEADA EM JOGOS DIGITAIS PARA SUA ORGANIZAÇÃO

uma interessante alternativa a ser explorada são os jogos de *e-mail*. Provavelmente, a melhor coisa dos jogos de *e-mail* é a não necessidade de tecnologia de ponta; basta uma conta de *e-mail* e nada mais. Além disso, é possível *dar* um endereço de *e-mail* para qualquer funcionário, mesmo que não tenham um PC próprio e tenham de se registrar em uma LAN house para ter acesso às mensagens.

O que é um jogo de *e-mail*? Em poucas palavras, é uma forma de aprendizagem baseada em jogos digitais em que todas as informações recebidas, bem como todas as informações inseridas pelos usuários (como perguntas e respostas, movimentações, entre outras), são comunicadas exclusivamente por mensagens de *e-mail*. Assim como todas as outras categorias de aprendizagem baseada em jogos digitais, os jogos de *e-mail* estão disponíveis em diversos níveis de sofisticação e custos.

Os jogos de *e-mail* mais simples são jogos que qualquer pessoa com *e-mail* pode criar e rodar por conta própria: uma revisão depois do curso, ou um jogo do tipo "interrogue seus colegas" entre grupos pequenos. Conforme o grupo cresce, mais sofisticação se faz necessária. Vejamos como isso funciona e o que você, instrutor, pode fazer.

Os jogos de *e-mail* mais básicos são apenas uma coletânea de dados. Você envia um *e-mail* perguntando algo e de alguma forma avalia as respostas. Você poderia perguntar, por exemplo:

- O que é mais importante saber sobre x (produto, processo, etc.)?
- O que não se costuma saber sobre y?
- Qual o melhor exemplo de z (melhores práticas)?
- Qual a melhor forma para explicar um conceito difícil para o cliente (marketing)?

O que faz disso um jogo é a existência de regras, competição e ganhadores. A página de internet da Thiagi, www.thiagi.com, fornece inúmeros jogos de *e-mail* grátis desse gênero, com descrições e instruções detalhadas. Muitos desses jogos são pedidos de dicas, definições, bons exemplos de uma ideia ou conceito, em que os participantes votam no final para determinar os "ganhadores". Eles são quase sempre jogados em mais de uma rodada de alguns dias ou semanas.

IMPLANTAÇÃO

Um segundo tipo de jogo de *e-mail* é o jogo na forma de *quiz*, com respostas certas e erradas e os jogadores marcam pontos apenas se acertarem (e possivelmente pelo tempo que levam para responder a cada pergunta). Esse tipo de jogo de *e-mail* envolve a criação das perguntas, regras e o sistema de pontuação. Para fazer isso em grande escala, é bom consultar especialistas em fazer perguntas e contar com um software servidor dedicado exclusivamente aos jogos de *e-mail*. Uma empresa chamada *Yoyodine* costumava fornecer esse serviço, mas, quando a Yahoo! a comprou, o produto foi encerrado.[3] Existem outros fornecedores que podem personalizar um jogo, se for necessário.

Modelos de jogos I: modelos de sala de aula

Junto com os jogos de *e-mail*, outra forma fácil de iniciar a aprendizagem baseada em jogos digitais é por meio dos modelos (*templates*) de jogos. Esses modelos são jogos pré-construídos e normalmente usam um formato de jogo reconhecível (como *Jeopardy!* ou jogos de tabuleiro), no qual você, instrutor, coloca seu conteúdo antes de jogar com outros usuários. Existem inúmeros modelos, sejam eles para animar um curso em sala de aula, sejam para distribuição e uso *on-line* via internet.

Exemplos de modelos usados em sala de aula incluem os jogos *Game Show Pro* e *Game Show Pro II* da LearningWare. O primeiro, disponível desde 1994, inclui jogos similares a *Jeopardy!*, *Family Feud* e *Tic-Tac-Toe*. "Nós usamos jogos que todo mundo conhece como diminuir ou eliminar a curva de aprendizagem", diz o gerente geral Victor Kuck.[4] Para usar esses jogos, deve-se inserir o conteúdo no editor deles e projetar o jogo para a classe. O instrutor age como mestre de cerimônias. Podem-se comprar sinos para que o líder de cada equipe toque ao longo do jogo. O *Game Show Pro II* inclui um novo jogo parecido com o jogo da ABC chamado *Who Wants to Be a Millionaire?* Ele usa o mesmo nível de premiação e é chamado *Is That Final*

---

[3]   Conforme porta-voz da empresa Yahoo!
[4]   Entrevista por telefone.

Answer? Se a popularidade do programa de televisão for um indicativo, o jogo será um sucesso.

Uma boa notícia para aqueles que estão começando é o início das vendas de licenças individuais pela LearningWare. Dessa forma, o instrutor pode usar os modelos em várias aulas com diferentes conteúdos por uma taxa de licenciamento de apenas algumas centenas de dólares. Embora a empresa conte com mais de mil empresas de grande porte como usuárias, a maior parte delas tem licença individual ou para pequenos grupos. A empresa pode vender licenças de acesso ilimitado ao site quando solicitada, geralmente por volta dos 15 mil dólares.

Outro fornecedor de modelos de jogos para salas de aula é a Games2train, com seu jogo *Battle of the Brains* (esportes) e o *Conversations*. Esses modelos flexíveis e fáceis de usar são vendidos apenas como licença para o site. Essa abordagem geralmente chama a atenção de centros de treinamento que forneçam serviços de criação de jogos para clientes internos. Os modelos permitem fazer o serviço de forma extremamente rápida. "Um dia, um cliente nos perguntou se poderíamos preparar um jogo para ele em duas semanas", disse o instrutor corporativo da Chase. "Nós ficamos quietos, pois sabíamos que poderíamos montá-lo da noite para o dia".

A força dos modelos para salas de aula vem da facilidade de inserção de conteúdo, de modo que qualquer instrutor pode fazê-lo, sendo, assim, o conteúdo totalmente personalizado para determinado público, tornando o curso muito mais interessante e pertinente. Alguns instrutores pedem para que os participantes de suas aulas criem uma ou duas perguntas para desafiar os colegas. Essas questões são inseridas no sistema pelo instrutor durante o intervalo. Ver as próprias perguntas no telão é algo grande para os participantes.

Os modelos de jogos para sala de aula estão no mercado há algum tempo, e eu cheguei a pensar que a popularidade deles poderia desaparecer. Na verdade, é exatamente o contrário. Muitos instrutores em muitas empresas nunca sequer os viram, mesmo sendo uma das possibilidades de venda mais fáceis que existem. Os preços, diferentemente de outros softwares, se mantiveram ou aumentaram. Uma razão para isso é a mudança da tecnologia. Os

IMPLANTAÇÃO

projetores para uso em sala de aula se tornaram menores, melhores, mais baratos e muito mais instrutores hoje têm acesso a esses equipamentos que facilitam o uso dos modelos de jogos em sala.

Apesar de os modelos de jogos serem o formato mais simples e mais primitivo da aprendizagem baseada em jogos digitais, a força que eles têm de avivar uma sala de aula e de envolver os participantes é verdadeiramente surpreendente. "Quando as perguntas vieram, eu pensei: 'Nossa, eu me lembro disso', e BINGO! E lá estava eu pulando sobre a mesa para ganhar os pontos", diz um comissário de voo em um curso da *Canada Airlines*, conforme a página da internet da LearningWare.[5] Minha experiência é semelhante. É claro que isso é tanto um tributo ao poder dos jogos e da competição quanto um indicativo de como a maioria das aulas é sem graça. O uso básico dos jogos é para manter as pessoas acordadas, revisar e reforçar o material e para mostrar aos instrutores o que foi ou não foi absorvido da aula.

Se existe algum problema em despender algumas centenas de dólares necessários para a licença individual ou milhares de dólares necessários para a licença de uma página de internet (a qual é extremamente econômica para uma empresa de grande porte se amplamente utilizada), então a melhor forma de demonstrar a eficácia e impacto dos jogos é utilizar a versão demo. Quando alguns instrutores da IBM queriam comprar *The Battle of the Brains* para seus treinamentos de sala de aula, eles configuravam o jogo no quiosque em uma de suas conferências. O quiosque atraiu atenção suficiente para que eles prosseguissem com a compra e disponibilizassem o jogo para toda a IBM.

Modelos de jogos II: modelos na internet

Uma segunda categoria de modelos de jogos é aquela que funciona na internet, os quais podem ser usados individualmente ou como parte de outro treinamento pela internet. A Games2train tem uma série de modelos baseados nos jogos clássicos de computador como *Paciência*, *PacMan*, *Monopoly*, *Jeopardy!*, *Millionaire* e *Space Invaders*, nos quais podem ser inseri-

---

[5] Disponível em www.learningware.com. Acesso em 2000.

dos conteúdos de perguntas. Esses modelos podem ser usados com ou sem rastreamento. A Nortel Networks, por exemplo, usou esses modelos para comunicar mundialmente seus empregados sobre a nova estratégia.

Jogos com *design* personalizado – como criá-los

Embora os modelos de jogos e os em HTML, de prateleira e de *e-mail* sejam uma excelente forma de se começar, você e sua empresa podem já estar além deles por inúmeras razões. Pode ser que você queira uma aprendizagem que vá além do que os jogos de *e-mail* e os *shells* de jogos primitivos e extrínsecos podem oferecer. Pode não existir um produto de prateleira que esteja disponível no mercado para atender às suas necessidades. Ou pode ser que você tenha uma visão de um jogo original altamente integrado que realmente faça os aprendizes se envolverem com seu material. Pode ser que você tenha uma ideia de como adaptar um jogo comercial em particular que você tenha visto para um treinamento. Ou talvez você tenha pensado em um jeito inteligente e original para ensinar algo por meio de um jogo. Em todos esses casos, você precisa é de um jogo personalizado.

Existem muitas estratégias para criar jogos personalizados e todas elas envolvem, de certa forma, um gasto razoável de tempo e dinheiro. Contudo, se tudo for feito da maneira certa, os resultados podem ser espetaculares. Antes de seguir por esse caminho, entretanto, devem-se considerar cuidadosamente todos os itens a seguir.

ITENS NECESSÁRIOS ANTES DE CONCLUIR UM PROJETO DE APRENDIZAGEM BASEADA EM JOGOS DIGITAIS PERSONALIZADO DE CUSTO MODERADO A ALTO (25 MIL DÓLARES OU MAIS). Imaginemos que você seja um instrutor que foi convencido pelos capítulos anteriores (ou, melhor ainda, pela própria experiência) de que a aprendizagem baseada em jogos digitais seria uma importante ferramenta adicionada no seu programa de treinamento. As seguintes condições necessárias devem ser atendidas para que a aprendizagem baseada em jogos digitais seja implantada com êxito em sua empresa.

1. *Deve haver um "conteúdo" cuja aprendizagem seja de fundamental importância para a administração.* Em outras palavras, deve haver uma necessidade estratégica de treinamento (ver capítulo 13). Pode ha-

IMPLANTAÇÃO

ver inúmeras razões para essa necessidade. Segundo seu ex-chefe do RH, a administração do Bankers Trust estava "desesperada" para convencer o Tesouro de que estava fazendo algo para treinar os investidores e vendedores sobre os detalhes das políticas que haviam sido supostamente violadas. No caso da PricewaterhouseCoopers, mudanças na lei exigiram que seus auditores aprendessem rapidamente os detalhes dos complicadíssimos derivativos, a fim de manter a competitividade da empresa. Na Nortel Networks, uma mudança na estratégia de direção da organização teve de ser comunicada a todos da empresa como uma prioridade de marketing urgente. No caso da IBM, tornar-se uma empresa direcionada para projetos era uma prioridade estratégica e todos na empresa deveriam entender sua versão da gestão de projetos. Outras empresas foram pegas por ações judiciais devido ao fato de não terem feito o máximo que podiam para treinar seu pessoal em determinadas áreas (como prevenção ao assédio sexual), e a diretoria gostaria de evitar esse passivo no futuro. No caso da think3, a aprendizagem foi uma barreira para a aceitação de seu produto no mercado. Hoje, em várias empresas, ajudar os funcionários a entenderem rapidamente o conceito básico de comércio eletrônico é fundamental.

É importante notar que o ímpeto que leva à solução da aprendizagem baseada em jogos digitais *não* costuma vir do RH ou da equipe de "treinamento", mas das forças de mercado que são importantes para vários segmentos da empresa. Às vezes, a necessidade é de uma linha específica, mas, quase sempre, a necessidade é do marketing interno ou externo. Isso significa que só desenvolver jogos para treinamento em assuntos do catálogo das universidades corporativas ou do RH não é um caminho a se seguir. Deve haver uma necessidade específica e urgente de aprendizagem.

2. O *"conteúdo"* ou *o objeto dessa necessidade urgente de aprender deve ser "chato", "complexo"* ou *"difícil".* Isto é, *não* deve ser algo que normalmente os funcionários motivados fizessem e aprendessem por conta própria para melhorar o trabalho. (Apesar do estímulo do treinamento,

quantos funcionários realmente sempre fazem isso, a não ser alguns "participantes" extremamente motivados?) Um assunto pode ser um candidato à aprendizagem baseada em jogos digitais por ser árido, entediante ou técnico (termos politicamente corretos para chato), por ser extremamente complexo e difícil de aprender (como derivativos financeiros), ou porque precisa ser praticado repetidamente para ser feito corretamente, quase um trabalho de reflexo (como a objeção de um tribunal, linguagem, digitação, ou mesmo o que os gerentes dizem em várias situações). Por exemplo, você provavelmente não precise de um jogo para ensinar as pessoas como usar o sistema de *e-mail* que elas estavam esperando há meses, mas um jogo pode ser muito eficiente para ensinar o sistema enigmático e complexo da escrita grafite que exige certa prática para que seja sedimentado. É por isso que *Giraffe*, um jogo para aprender grafite, vem junto com todo Palm Pilot.

3. *A população a ser treinada deve ser sensível e suscetível à abordagem de jogos, ou, se a população for diversificada, a uma variedade de abordagens de jogos.* A população-alvo para o jogo *The Monkey Wrench Conspirancy* eram engenheiros formados e estudantes de engenharia, entre 20 e 30 anos de idade, 98% dos quais eram do sexo masculino. Esse perfil é conhecido por serem jogadores de videogame fervorosos, então, usar o videogame e ainda um jogo mais voltado para o público masculino no estilo *Quake* era bem apropriado. Se estivéssemos lidando com um público com idade entre 40 e 50 anos, haveria duas opções: utilizar jogos que eles conhecessem, como *Jeopardy!*, golfe, e assim por diante, ou simplesmente não utilizar jogo algum. O público-alvo do treinamento sobre derivativos do Bankers Trust eram investidores e vendedores entre 25 e 35 anos de ambos os sexos, muitos dos quais costumavam sim jogar jogos comerciais de computador nos computadores do trabalho para relaxar depois do fechamento dos mercados.

4. *Deve haver uma pessoa na organização (possivelmente você) que esteja disposta a investir em um projeto de aprendizagem baseada em jogos digitais*

em todas as etapas difíceis envolvidas no processo de realização. Isso inclui conseguir as aprovações em vários níveis, criar e garantir o capital e juntar recursos, tanto humano, como especialistas no conteúdo, quanto físico. Às vezes, conseguir encontrar encontrar um espaço para colocar a equipe já é um grande problema. Outras dificuldades podem incluir o estabelecimento dos grupos focados, trabalhar com TI, trabalhar com um ou mais fornecedores, encontrar voluntários para teste, e assim por diante. Quase todo mundo com quem falei que gerenciou um projeto ou desempenhou o papel de "criador" descreveu-o como "divertido" ou mesmo como "uma das melhores coisas que já fiz no trabalho". E, no entanto, algumas das mesmas pessoas admitiram que pode não ter sido a melhor opção do ponto de vista de crescer de forma "normal" na carreira.

5. *Deve haver pelo menos um executivo de alto escalão responsável pelo projeto.* Esse deve ser um executivo que "entende", isto é, acredita que a aprendizagem baseada em jogos digitais é o melhor caminho para chegar ao público em questão, *e* que tenha poder organizacional para garantir o orçamento, superar objeções de outros executivos e de fazer acontecer. Apesar de talvez ter interesse, geralmente esse executivo patrocinador não tem tempo para acompanhar de perto o projeto; logo, terá de ser alguém que confia em você, gerente do projeto, para fazer o trabalho corretamente. Você vai precisar dele para intervir em seu nome quando determinados recursos – como especialistas no conteúdo valiosos – forem necessários e quando outros executivos ameaçarem acabar com o projeto, ou, ainda pior, transformá-lo em uma forma mais tradicional de aprender que você sabe que não é compatível com a aprendizagem baseada em jogos digitais.

Se todas essas condições estiverem a seu favor, você tem uma chance de lutar e criar algo bom. O que fazer agora? A esta altura, você pode ir diretamente para o capítulo 13 para aprender como convencer a diretoria e conseguir capital.

Jogos fornecidos por consultores

Se estiver interessado em usar ou experimentar a aprendizagem baseada em jogos digitais, mas estiver sem tempo ou equipe para fazer uma pesquisa por conta própria, ou se sentir a necessidade de uma mãozinha extra, então uma boa solução é usar os serviços de um consultor.

Cada vez mais consultores (em oposição aos vendedores de produtos específicos) oferecem soluções "imediatas" para a aprendizagem baseada em jogos digitais como parte de seus serviços. Isso abre toda uma gama de possibilidades. Os consultores podem criar as perguntas e respostas para jogos simples ou preencher os modelos de jogos para os jogos de revisão e reforço. Eles podem incluir esses jogos em treinamentos ao vivo ou colocá-los na sua página da internet. Podem ajudá-lo a encontrar jogos de prateleira e, às vezes, até personalizá-los para a sua organização. Além de tudo isso, eles podem ajudá-lo a encontrar e gerenciar os prestadores de serviço que criem uma aprendizagem baseada em jogos digitais personalizada para você.

Na maioria, se não em todos os casos, os consultores agem como intermediários entre você e os fornecedores, avaliando produtos, tomando conhecimento do que está no mercado e, às vezes, adquirindo a própria licença para os produtos que eles podem reutilizar no seu contexto. Muitos podem começar mostrando uma variedade de tipos de jogos em potencial, apesar de você conseguir fazer grande parte dessa pesquisa sozinho.

AVALIAÇÃO DO ESTILO DE APRENDIZAGEM BASEADA EM JOGOS DIGITAIS DE SUA ORGANIZAÇÃO

É importante determinar que tipo de aprendizagem baseada em jogos digitais é o mais adequado para sua organização. Obviamente, cada organização contará com indivíduos diversos, estilos e opiniões. Apesar de a paixão por jogos ser universal, é quase certeza que os jogos específicos de que *cada pessoa* gosta estejam relacionados à sua cultura, idade e outros fatores como o sexo. Os jogos que atraem cada um de nós dependem muito de nossa educação. Jogar aqueles com que estávamos acostumados enquanto crescíamos é natural, mas ficar bom em jogos novos, como golfe ou *Tetris*, pode demandar muito tempo e energia. Há ainda, como já discutimos, certa variação em relação à tolerância que as pessoas têm para misturar aprendizagem com diversão, brincadeiras e jogos.

Então, será que existe um "estilo" de aprendizagem baseada em jogos para uma organização? Possivelmente, no seguinte sentido: o que vai funcionar na minha organização é uma função sobre o que os usuários vão gostar, o que o gerente vai aceitar e o que todos concordam ser eficaz.

Anteriormente, vimos que uma boa avaliação do público-alvo é a chave para criar qualquer aprendizagem baseada em jogos digitais, e essa avaliação deve considerar fatores como:

- Homogeneidade *versus* heterogeneidade
- Mistura de idade (apesar de isso poder ser ilusório, por exemplo, em termos de "imigração digital")
- Sexo, que também deve ser visto em termos de competitividade

Do ponto de vista da administração, os fatores a serem considerados incluem:

- Idade
- Atitude
- Tolerância às soluções não convencionais
- Necessidade urgente
- Atitude em relação à aprendizagem
- Cultura corporativa

E, do ponto de vista da eficiência, existem inúmeras formas de mensurar, que são consideradas no capítulo 14.

Uma vez que não há uma fórmula pronta, é importante pensar com cuidado sobre os fatores descritos anteriormente no contexto de sua cultura organizacional e escolher algo – mais ou menos agressivo – que tenha mais probabilidade de dar certo. Admitindo que isso não esteja totalmente fora de sincronismo com a cultura, as pessoas tendem a gostar da aprendizagem baseada em jogos digitais quando tentam jogá-los. Quando gostam, acabam pedindo mais. Logo, iniciar com algo pequeno e estratégico costuma ser uma boa ideia.

Também é válido lembrar que o que a diretoria acha que vai atrair seus funcionários pode ser bem diferente do que seus funcionários pensam. Sempre ajuda usar grupos focais ou outros meios a fim de escutar "a voz de seus funcionários".

CONCURSO 9

Como você descreveria o estilo de sua organização com relação à aprendizagem baseada em jogos digitais? Por quê? Envie um *e-mail* com suas respostas para contest9@twitchspeed.com.

COMO ENCAIXAR A APRENDIZAGEM BASEADA EM JOGOS DIGITAIS EM QUALQUER ORÇAMENTO

Se você está pensando em introduzir a aprendizagem baseada em jogos digitais em sua organização, além do tipo e estilo apropriados para sua empresa, é importante levar em consideração um orçamento realista. As empresas são estruturadas de diferentes formas, podendo as organizações de treinamento centralizadas utilizar o orçamento, seja ele grande ou não, da maneira que lhes aprouver. Os orçamentos para cursos individuais ou intervenções variam de literalmente zero (digamos que para determinado curso em que o instrutor quer dar uma animada) até valores quase que ilimitados (digamos que para componente de aprendizagem do projeto altamente estratégico dos CEO ou executivos seniores).

A fim de servir como um guia, a seção a seguir traz uma relação do que está disponível no que se refere ao tema aprendizagem baseada em jogos digitais com preços variados; em outras palavras, quanto vai custar para concluir um projeto específico de aprendizagem baseada em jogos digitais.

Faixa de orçamento: zero dólar

Existem muitos instrutores que adorariam realizar a aprendizagem baseada em jogos digitais, mas que, *literalmente*, não têm um centavo para gastar. Se você for um deles, o que acha que pode fazer? Na verdade, muito. Entre os jogos que estão disponíveis gratuitamente estão:

- Jogos promocionais, como *Darwin*, da Ameritrade
- Jogos baseados em PowerPoint que você cria, como o jogo do tipo *Jeopardy!*
- Jogos demo que podem ser usados uma única vez, ou por um período determinado para uma avaliação[6]

Faixa de orçamento: cem a mil dólares

Se você tem capital, mas um orçamento bem limitado para gastar em projetos específicos de treinamento, não perca a esperança; esse valor o traz para a faixa de alguns modelos ou *shells* de aprendizagem, ainda que para licenças individuais, assim como para simples projetos internos. Será possível:

- Comprar uma licença individual para o jogo *Game Show Pro* da LearningWare
- Criar jogos simples de perguntas e respostas ou de trivialidades para a empresa na internet (ver site www.twitchspeed.com)
- Comprar jogos comerciais de prateleira, todos prontos

Faixa de orçamento: mil a 15 mil dólares

Nessa faixa, as opções começam a aumentar. É possível obter:

- Licenças múltiplas e de site para modelos
- Licenças mundiais para simples modelos de jogo
- Jogos de *e-mail* desenvolvidos internamente na empresa
- Jogos simples incluídos nos aplicativos de aprendizagem baseada na internet
- Jogos comerciais modificados para atender às suas necessidades por meio de módulos de personalização

---

[6] Podem ser usados para "sentir" a aprendizagem baseada em jogos digitais e se ela vai funcionar no seu contexto. Tais demonstrações foram disponibilizadas por várias empresas mencionadas neste livro. Ver www.twitchspeed.com.

Faixa de orçamento: 15 mil a 100 mil dólares

Nessa faixa, as opções se expandem ainda mais. É possível obter:

- Licenças mundiais para modelos de empresas como a Games2train e a LearningWare
- Jogos de *e-mail* personalizados
- Licenças para jogos criados por outras empresas
- Jogos pré-montados incluídos em outros projetos de aprendizagem
- Jogos totalmente personalizados, embora modestos, de pequenas empresas que trabalhem com a personalização

Faixa de orçamento: 100 mil a 5 milhões de dólares

Essa é a faixa de orçamento em que os projetos personalizados da aprendizagem baseada em jogos digitais são criados. É possível:

- Pedir a uma empresa que personalize um jogo já existente de acordo com suas necessidades
- Criar uma aprendizagem baseada em jogos digitais personalizada do zero

Certamente, é possível e desejável que o caminho rumo ao topo seja gradual, criando *feedback* positivo e ganhando experiência enquanto se avança. Se você está pensando em qualquer uma dessas faixas de orçamento, um dos lugares que podem ajudá-lo com apoio, capital ou distribuição é a "universidade corporativa" de sua empresa. Vamos parar aqui por um instante.

COMO ENCAIXAR A APRENDIZAGEM BASEADA EM JOGOS DIGITAIS NO CURRÍCULO E NAS UNIVERSIDADES CORPORATIVAS

> A maioria de nós prefere andar de costas para o futuro, uma postura que pode ser desconfortável, mas a qual ao menos nos permite olhar, ao máximo, o que nos é familiar.
>
> Charles Handy

As universidades corporativas puderam mostrar a que vieram. Hoje, quase todas as grandes organizações têm a própria universidade, desde a

IMPLANTAÇÃO

McDonald's Hamburger University até a Motorola University e a Casket U para coveiros (não estou brincando).[7] É interessante notar que isso está acontecendo em um momento em que, por conta da revolução digital, as universidades tradicionais estão repensando suas missões e mecanismos de como chegar ao público.

A abordagem das universidades corporativas vai desde as lojas de varejo tradicionais como o Centro Executivo Crotonville da GE, o Centro de Aprendizagem Intensiva da IBM e o Centro de Aprendizagem Executivo da Chase Manhattan, até os treinamentos com a presença de instrutores localizados nas salas de aula corporativas, o aprendizado a distância mediado por instrutor e treinamentos totalmente baseados na internet inseridos na intranet e por meio de fornecedores externos, cujos cursos se encontram em servidores próprios. O que está acontecendo cada vez mais atualmente é as universidades corporativas incluírem um aperitivo de cada uma das diversas opções acima.

As universidades corporativas de hoje incluem grandes quantidades da aprendizagem baseada em jogos digitais? Na verdade, não. Elas adentram o futuro com um pé (muitas vezes com os dois pés) firmemente enraizado no passado. Entre o que as universidades corporativas têm em comum, sejam elas *on-line* ou não, encontram-se os cursos, instrutores, catálogo de cursos, aulas (ao vivo ou a distância), tutores (em pessoa ou *on-line*), testes e titulação.

Como é que a aprendizagem baseada em jogos digitais se enquadra nas universidades corporativas? No momento, não muito. É triste o fato de não haver muito da aprendizagem baseada em jogos digitais em uso. Se algum dos leitores estiver a par de projetos, casos, exemplos ou aplicativos de aprendizagem baseada em jogos digitais em universidades corporativas, eu gostaria muito que informasse a mim e aos membros dessa comunidade por meio da página do livro na internet, www.twitchspeed.com.

---

[7]   Casket U seria um projeto da Batesville Casket Company, parte da Hillenbrand Industries. Infelizmente, o projeto foi abortado. Seu "fim" é discutido em Gregory L. Ferris, "Avoiding the Hazards on the Corporate University Road", em *Corporate University News,* novembro de 1995.

Assim, na falta de exemplos para apresentar, o que eu decidi fazer foi conduzir um experimento clássico no estilo einsteiniano. Vou *criar e descrever* como seria a aprendizagem baseada em jogos digitais em uma universidade corporativa. Embora grande parte seja invenção minha, vou tentar encaixar, sempre que possível, cursos reais e métodos já existentes e indicar onde é que eles estão sendo usados.

A princípio, pensei em inventar uma universidade corporativa fictícia, cujo nome seria UniDiversão, a universidade corporativa da Vata S.A., a "Você Adoraria Trabalhar Aqui S.A." (Perceba que meu cérebro ainda estava na direção da criação de jogos – voltarei ao assunto mais tarde.) A Vata deveria ser um conglomerado ao estilo dos anos 1980, com negócios nos setores de manufatura, serviços, serviços financeiros, saúde, tecnologia de ponta e consultoria. Empregaria uma grande variedade de profissionais, mas as posições seriam preenchidas cada vez mais com gerações mais novas e, a cada ano, a idade média de seus funcionários seria mais baixa. E o diretor da universidade corporativa, UniDiversão, teria 20 anos de idade.

Mas, assim como tantas outras coisas hoje, acabou que eu não precisava sequer ter desviado o olhar da tela de meu computador para encontrar um currículo real de uma universidade corporativa. Quando mencionei para Martha Gold, editora do *Corporate University Newsletter*, o que estava procurando, ela disse "engraçado você perguntar", e gentilmente me indicou a ColdwellBankerU, que tinha acabado de colocar todo o currículo na internet! Por isso, vou usar a ColdwellBankerU como exemplo: primeiro, como um agradecimento à Coldwell Banker por disponibilizar o currículo; segundo, porque é real; terceiro, porque está *on-line*; e, quarto, porque, provavelmente, representa uma grande variedade de universidades corporativas, visto que tem cursos sobre habilidades gerais e informações sobre a empresa/setor.

Meu objetivo aqui não é criticar: eu parabenizo a Coldwell Banker por colocar seu catálogo *on-line* e oferecer o ensino a toda a sua rede de corretores remotos. O que quero frisar aqui é que, à medida que o tempo avança, os novos corretores da Coldwell Bankers virão cada vez mais da geração dos jogos. Isso é somente um resultado demográfico e do envelhecimento.

IMPLANTAÇÃO

(Lembre-se da idade mágica de 39 anos em 2000 – a cada ano, fica-se um ano mais velho, de modo que em seis anos, a mulher de 45 anos de idade que retorna ao trabalho como corretora vai ser da geração dos jogos!)

Aqui está o catálogo original da ColdwellBankerU (CBU), que você pode encontrar atualizado em www.cbu.com. Mudei os hyperlinks para o formato de resumo, a fim de facilitar a leitura no formato de livro. Embaixo de cada categoria em negrito, estão os "cursos" em itálico e, embaixo de cada um deles, estão as "aulas" de cada curso. Na CBU, cada aula pode ser comprada individualmente (algumas são gratuitas).

CATÁLOGO DE CURSOS DA COLDWELLBANKERU

Aulas e eventos ao vivo
(Eu pulei esta parte, que consiste basicamente de eventos regionais)
Trilha dos corretores
- *Marketing para compradores*
  - » Seminários de orientação para compradores e vendedores
  - » Anúncio nos classificados
  - » Demonstrações
- *Marketing para vendedores*
  - » Prazos
  - » À venda pelo dono
  - » Telemarketing ativo
- *Promoção pessoal*
  - » Cultivar
  - » Referências
  - » Páginas da internet
- *Marketing estratégico*
  - » Elementos da estratégia de marketing
  - » Fatores competitivos no marketing estratégico
- *Serviço ao consumidor*
  - » Princípios do serviço ao consumidor
  - » Como construir a base do serviço
- *Como traçar um plano de marketing*
  - » Como traçar um plano de marketing: fase I
  - » Como traçar um plano de marketing: estratégia criativa
- *Preparação de marketing*
  - » Análise do mercado
  - » Fatores competitivos no marketing estratégico

(cont.)

- *Gestão de marketing*
  - » Gestão de marketing
  - » Como criar uma campanha de marketing

Experiência de vida

- *Como conseguir um equilíbrio em sua vida*
  - » Descubra o equilíbrio
  - » Mantenha o equilíbrio

Educação continuada

- *Agência* (regras, leis e ética – as regras e leis são diferentes para cada estado)*
- *Fair housing* (as leis são diferentes em cada estado)

Aulas da Coldwell Banker

- *Descubra a diferença*
- *Início rápido* (ferramentas e sistemas da Coldwell Banker)
  - » Módulo 1   » Módulo 4
  - » Módulo 2   » Módulo 5
  - » Módulo 3   » Módulo 6

Tecnologia

- *Top Producer 1* (software)
  - » Introdução ao produtor
  - » Estabelecimento do produtor
- *Top Producer 2*
  - » Inserção básica de informações no Top Producer
  - » Inserção avançada de informações no Top Producer
- *Lightning CMA Plus* (software)
  - » Introdução ao Lightning CMA Plus
- *Lightning CMA Plus 2*
  - » Como criar o CMA do zero
  - » Como modificar um CMA existente
- *Microsoft Office*
  - » Microsoft Office Basics
  - » Microsoft Word
  - » Microsoft PowerPoint
  - » Microsoft Outlook
  - » Microsoft Excel

Corretor/gerente

- *Princípios da administração*
  - » Competências para os gerentes de amanhã
  - » Ferramentas de desenvolvimento para os gerentes de amanhã

---

* Diferentemente dos estados brasileiros, os estados norte-americanos gozam de ampla autonomia. (N. T.)

- *Gestão de diversidades*
  - » Cultura corporativa e diversidade
  - » Habilidades de gestão para quadro diverso de funcionários
  - » Criar o CMA por discagem
- *Técnicas de instrução*
  - » Dicas para instrução eficaz
  - » Implantação do modelo de instrução
- *Princípios da liderança*
  - » A marca de um líder
  - » Comunicação de uma visão compartilhada

Comunicação

- *Habilidades de comunicação nos negócios*
  - » Comunique-se para aumentar o entendimento
  - » Escutar, influenciar e lidar com situações complicadas

Aulas livres (combinação dos cursos listados anteriormente)

Deixe-me apontar cada uma dessas categorias e tentar ver como a aprendizagem baseada em jogos digitais poderia ter sido utilizada.

A primeira, *Trilha dos corretores*, é bem fácil. Se é que ainda não foi feito (e uma verificação rápida na internet sugere que não), é certamente possível criar um jogo de simulação empolgante para mais de um jogador, com forte componente *on-line* sobre a venda de imóveis residenciais. Já existem jogos para imóveis comerciais – *Sim Tower* é um jogo com esse objetivo, havendo outros ainda. Existem diversos modelos de jogo para iniciar um negócio em setores específicos: *Airport Tycoon* e *Start-up* da Monte Cristo me vêm imediatamente à mente, assim como *Angel Five*, mas este, de uma forma diferente. *Airport Tycoon* e *Start-up* são simulações de empresas da área de economia com interface de jogo, nas quais você, o jogador, dará início e gerirá um negócio.

Um jogo imobiliário como este poderia certamente cobrir todos os cursos de marketing do catálogo: como criar uma estratégia de marketing, traçar um plano de marketing e gestão do processo. (Além disso, pode-se contar também com o *Strategy Co-Pilot* da Imparta, caso surjam dúvidas com os aspectos estratégicos.) Você aprenderia na prática, com muitas referências e guias para ajudar em sua jornada. Você usaria ferramentas que existem de verdade, de modo que os outros cursos também seriam abrangidos. É claro que você estaria competindo com outros corretores que estivessem jogando *on-line*. Esse poderia facilmente ser um mundo persistente, como o verdadeiro. Assim, caso não consiga aquele registro ou não venda aquela casa, alguém vai fazê-lo. Os predadores, os mentores e as parcerias podem fazer parte do cenário.

Na parte do jogo que se parece com *Angel Five,* você poderia chegar ao básico de sair e vender a si mesmo, visitar casas e realizar visitações. Aqui, é possível conhecer ou mesmo criar pessoas de verdade, e ver como elas respondem aos seus esforços. Não é apenas uma série de cenários interligados; técnicas de jogo modernas permitem milhares de clientes diferentes e conversas que podem ser repetidas infinitamente. Além disso, haveria pessoas de verdade *on-line*. À medida que você expande a carteira de clientes, também será necessário aprender a melhorar e manter o seu serviço de atendimento ao cliente.

Duas questões que poderiam muito bem surgir a esta altura: por que alguém se daria o trabalho de assumir um problema desse, bem como seus custos? E alguém jogaria? A terceira pergunta é: alguém aprenderia alguma coisa? Uma excelente razão para criar tal jogo é a estratégia. Empresas estão sempre competindo por pessoas; o setor imobiliário não é diferente. Pessoas, especialmente os jovens de hoje, vão para onde acham que podem conseguir dinheiro e para onde se divertirão. Em nosso mercado de trabalho tão competitivo, as empresas estão cada vez mais acreditando na utilidade dos jogos como ferramenta de contratação. Dizer a um funcionário em potencial com seus 20 anos de idade que ele "aprenderá sobre o trabalho por meio de um jogo de simulação *on-line*" talvez seja muito mais eficaz do que lhe dizer que ele "terá de se fazer nove ou dez cursos *on-line*". Uma segunda razão estratégica é o marketing. O jogo poderia ser construído de tal forma que, ao jogá-lo, os clientes em potencial aprenderiam bastante sobre a compra e a venda de imóveis – o que fazer, o que não fazer, como um bom corretor trabalha com eles e assim por diante. A simulação poderia ser, então, uma forma de aprender e praticar para os compradores e vendedores, isto é, *clientes*, também. "Ah, você está procurando sua primeira casa? Você deveria jogar *SimFirstHouse* da Coldwell Banker" ou algo parecido. Os CDs podem ser enviados por correio em uma campanha de mala direta. (A Ameritrade enviou mais de 300 mil discos para seus clientes; a think3, uma empresa pequena, enviou aproximadamente 1 milhão de discos.)

As pessoas jogariam? Sim, se o jogo for bom e tiver boa "reputação". A propaganda boca a boca é fundamental. Seguindo a estratégia da think3, o jogo poderia ser dado gratuitamente para todos os professores de assuntos relacionados a imóveis, que, por sua vez, poderiam incluí-lo nos seus cursos. Podem existir recompensas intrínsecas (ver seus bens aumentarem, como no *Sim City*) ou extrínsecas, como prêmios.

Uma questão que pode ser encarada como problemática, nesse caso, é o gênero – uma grande porcentagem dos corretores imobiliários são mulheres. Será que elas jogariam esse tipo de jogo? Bem, esse não é aquele tipo de jogo de homem em que se atira em todo mundo dos quais as mulheres reclamam tanto. Nos cursos de administração, em que as mulheres correspondem a 50% do corpo discente, elas fazem simulações iguais às dos homens. Logo, é bem provável que esse tipo de jogo, se benfeito, chame a atenção de ambos os sexos.

Experiência de vida

Os cursos sobre experiência de vida oferecidos aqui, *Como descobrir e manter o equilíbrio em sua vida*, tratam exatamente do mesmo assunto que *The Sims* (de prateleira!). De fato, cada personagem de *The Sims* tem um pequeno medidor que mostra o equilíbrio de sua vida em várias áreas. Esse jogo pode ser usado como parte do curso, sem nenhuma alteração, ou com algumas modificações para se adequar à real rotina de um corretor. Instrutores *on-line* ou bate-papo entre jogadores podem ajudar na consolidação do que foi aprendido e esclarecer situações do jogo.

Educação continuada

A educação continuada no mercado imobiliário significa aprender as regras e leis das imobiliárias, assim como as regras e leis específicas do estado em que você vai atuar. Mais uma vez, a solução da aprendizagem baseada em jogos digitais já existe – nada novo precisa ser criado: é só adicionar o conteúdo certo. Os jogos de certificação em CD ou *on-line* foram desenvolvidos exatamente para esse tipo de aprendizagem. Um exemplo é a clássica série *Classic Game Certifier* da Games2train. O jogador pode escolher entre diversos jogos, incluindo os no estilo *Paciência, Jeopardy!, Pac-Man, Millionaire,* tabuleiro e *Tetris,* como um método para conquistar a certificação, respondendo corretamente às perguntas sobre as regras.

Aulas da Coldwell Banker

As aulas da Coldwell Banker são sobre o uso de sistemas de propriedade dessa empresa e abordagens para a venda de imóveis residenciais. As aulas consistem em diversos módulos, cada um deles com inúmeros cenários. Não seria difícil colocar esses cenários em um jogo que permitiria a um corretor enfrentar situações reais. Uma das possibilidades é usar um jogo como *Saving Sergeant Pobletti,* no qual o jogador começa em uma situação terrível, tendo de voltar e tomar uma série de decisões para que o problema seja resolvido.

Tecnologia

A seção de tecnologia da Coldwell Banker consiste em duas partes – aprender dois sistemas imobiliários e os programas do pacote Office da Microsoft, possivelmente personalizados de acordo com o setor imobiliário. A aprendizagem de programas de computador por meio dos jogos já foi demonstrada: *The Monkey Wrench Conspiracy* faz os engenheiros aprenderem um software bem complexo por meio de tarefas no próprio software, necessárias para vencer o jogo. Criar um jogo para o software imobiliário e para os da Microsoft seria certamente possível. Um jogo como esse seria muito útil no sentido de que as atividades envolvidas poderiam ser altamente personalizadas às necessidades dos corretores, podendo variar de acordo com a competência e experiência do corretor.

Corretor/gerente

Esta seção consiste nas habilidades em gestão: princípios da administração, gestão da diversidade, técnicas de treinamento e princípios de liderança. Em todas essas áreas, as soluções de aprendizagem baseada em jogos digitais já existem de uma forma ou de outra. O treinamento, por exemplo, é passado com muitos detalhes e com a estrutura de filme interativo no formato de um jogo envolvente da Ninth House Networks, o curso *Situational Leadership* (Liderança situacional).

Comunicação

O último curso, *Habilidades de comunicação nos negócios*, envolve aulas de como escutar o cliente e como ouvir, influenciar e lidar com situações difíceis. Isso é feito sob medida para o jogo. Quem é que não preferiria receber uma situação difícil após a outra em um ambiente seguro para ver como lida com ela? Existem inúmeros jogos e tipos de jogo que fazem isso. Um é o modelo de jogo da Games2train chamado *Conversations*, que permite a criação de modelos simples de conversas eficazes e não eficazes na internet. Muitos jogos personalizados incluem episódios de RPG nos quais se escolhem as respostas em uma estrutura em forma de árvore, a fim de atingir determinada meta (fechar uma venda, por exemplo), ou chegar a uma solução bem-sucedida com clientes difíceis. Uma parte desse processo que é incorporada com menos frequência, mas com grande potencial para diversão, é a possibilidade de jogar do lado oposto – o do cliente irado ou difícil, uma pessoa que não escuta ninguém ou é inquieta – e ver o que é preciso para lhe convencer. A última oportunidade aqui é o jogo com vários jogadores, no qual todos têm diferentes papéis e a comunicação é ao vivo, com *feedback* e treinamento por meio de IA ou treinamento ao vivo.

Sistemas de Gestão de Aprendizagem e aprendizagem baseada em jogos digitais

Chegamos agora a um estágio em que devemos organizar os pedaços da infraestrutura da aprendizagem corporativa *on-line*. Peças importantes dessa infraestrutura são os Sistemas de Gestão de Aprendizagem (Learning Management Systems – LMS) e os Sistemas de Gestão de Conteúdo (Content Management Systems – CMS).

É importante observar que, mesmo que algumas adaptações possam se fazer necessárias, não há conflito algum entre esses sistemas e a aprendizagem baseada em jogos digitais. Os jogos de aprendizagem podem produzir dados assim como qualquer outro aplicativo de aprendizagem digital e, com a devida atenção, podem se enquadrar em qualquer sistema. Entretanto, os requisitos de tais sistemas deveriam ser entendidos quando se entra em um projeto de aprendizagem baseada em jogos digitais personalizado. À medida que começarem a surgir normas para esses sistemas, os fornecedores de aprendizagem baseada em jogos digitais certamente as adotarão.

Conclusão

Qualquer instrutor, em qualquer organização, pode usar a aprendizagem baseada em jogos digitais. A rapidez com que se começa esse tipo de aprendizagem depende principalmente de suas aspirações. Se estas forem modestas, é possível começar quase que imediatamente. Se suas aspirações envolvem o "estado da arte", ou ainda algo além disso, como uma universidade corporativa de aprendizagem baseada em jogos digitais, pode ser que o início exija – sejamos sinceros – muito esforço e, quem sabe, um ano ou mais de seu tempo. Mas, praticamente, quase todos que seguiram por esse caminho – criadores, organizações e patrocinadores – sentiram que valeu muito a pena e adorariam poder fazer mais. Em quase todos, se não em todos os casos, recompensas internas e externas foram percebidas. Tanto os aprendizes quanto a diretoria ficaram satisfeitos. Ganharam-se prêmios. Outras empresas gostaram dos resultados finais, chegando a adquirir os serviços.

No capítulo 13, vou mostrar como convencer a diretoria e obter o capital para a realização de um projeto de aprendizagem baseada em jogos digitais. Mas, antes de fazê-lo, deixe-me tratar de outro elemento-chave do processo: o papel dos professores e instrutores.

12.
O PAPEL DOS PROFESSORES E INSTRUTORES NA APRENDIZAGEM BASEADA EM JOGOS DIGITAIS
INSTRUÇÃO BASEADA EM JOGOS DIGITAIS

O ensino, da forma que o conhecemos, não cabe mais no mundo em que vivemos.

Edward L. Davis III, da Designs for Learning

Qualquer professor que possa ser substituído por um computador deverá sê-lo.

The Aging Sage

Eu não sou um professor, sou um despertador.

Robert Frost

De muitas maneiras, este é o capítulo mais importante do livro. Se o sucesso da aprendizagem baseada em jogos digitais realmente existir, os instrutores e professores *devem* estar por trás dele. Certamente, não há como escapar das forças demográficas. "As pessoas morrem", é o que me lembro de Bill Gates respondendo em seus dias de maior arrogância quando questionado sobre como a Microsoft lidaria com as pessoas de mais idade com fobia de computador. A mudança *virá*, com o passar do tempo, conforme as gerações dos jogos assumirem a sua vez de comandar o mundo. Porém, as estratégias de bloqueio temporário são, com certeza, possíveis por um lado e, por outro, há muito a ser feito para acelerar a chegada da aprendizagem baseada em jogos digitais. Uma boa parte disso depende da atitude dos professores e dos instrutores.

IMPLANTAÇÃO

O trabalho dos professores e instrutores não é nada fácil. Sei disso, pois já desempenhei ambos os papéis. Lecionei matemática no ensino médio por quatro anos na cidade de Nova York.[1] No final da década de 1980 e no início da de 1990, trabalhei em uma pequena empresa de treinamentos em Boston.[2] Em ambos os casos, a parte mais difícil nunca foi *o que* ensinar. A luta real era sempre *como fazer para ensinar* – como *manter a atenção* das pessoas, que, em geral, estavam convencidas de que tinham coisas melhores a fazer do que estar em uma sala de aula.

Fazer que garotos de cidades do interior se concentrassem em problemas de matemática era duro. Nós tentávamos tornar os problemas relevantes, mas isso não ajudava muito. O que de fato ajudava era a diversão. Usávamos o máximo de brinquedos e jogos que pudéssemos (barras coloridas de madeira do material Cuisenaire, competições, etc.) para motivar os alunos. Usávamos todos os jogos em que pudéssemos pensar, mas eles tinham de ser inventados todas as vezes. Certamente, não havia um local para o qual pudéssemos enviar as crianças para praticar matemática sozinhos de uma forma divertida.

Naquela época (1968), os computadores pessoais ainda não tinham sido criados e não havia computador de tipo algum nas escolas. Havia, contudo, computadores nas universidades. Eu trabalhei em um projeto na Universidade de Dartmouth que tentava ensinar às crianças os rudimentos da programação em Basic – numeração linear, os comandos Run, Goto, Stop e assim por diante. Apesar de ser interessante para mim, isso tudo era abstrato demais para os meus alunos, sobretudo porque eles não conseguiam ver os resultados dos seus programas. O projeto não teve sucesso. Nós estávamos muito à frente do nosso tempo. Hoje, com certeza, eu conseguiria despertar o interesse em programação naquelas crianças utilizando programas como o *Lego Mindstroms* ou o *Robot Club* da LTI.

Minha experiência como instrutor começou na época em que os microcomputadores (principalmente o PC da IBM) estavam entrando no merca-

---

[1] Benjamin Franklin High School no East Harlem, atualmente Manhattan Center for Science and Mathematics.

[2] MicroMentor, empresa que não está mais no mercado.

do e a maioria dos executivos seniores precisava aprender a usar planilhas. Encontrar a relevância, nesse caso, era mais fácil – a nossa abordagem era a criação de modelos de planilhas de negócios reais dos executivos para que eles pudessem, então, modificá-los. Mas, mesmo assim, manter a atenção dos participantes ainda era um problema crucial, e os jogos, como *Spreadsheet BINGO*, *Find the Microprocessor* e outros, eram uma grande parte do processo. Posteriormente, como boa parte do treinamento passou para as redes e, então, para a Web, o problema ainda continuava o mesmo: como manter a atenção das pessoas direcionada para a tela?

Mais uma vez, estávamos à frente do nosso tempo. Hoje, eu organizaria competições, jogos ou "duelos da morte", em rede, em torno de qualquer assunto que eu quisesse que eles aprendessem.

LEAVING PLEASANTVILLE

Mas, se eu e mais algumas pessoas estávamos à frente da nossa época, muitíssimas outras estavam e ainda estão bem atrasadas. Recentemente, fiz discursos em algumas conferências de treinamento com o título "Leaving Pleasantville – Getting Beyond Tell-Test" ("Saindo de Pleasantville – muito além do método de exposição e avaliação"). O filme *Pleasantville*,[3] de 1998, tornou-se uma ótima maneira de destacar alguns comportamentos que impediam os instrutores de entrar no mundo dos seus aprendizes. O filme é sobre uma comédia de 1958 na qual tudo está sempre da mesma forma e, bem, *agradável*. Bud e a sua irmã Jen, adolescentes que vivem em 1998, são sugados para dentro da TV e, inexplicavelmente, encontram-se *dentro* da comédia de 1958. Como isso foi antes do advento da TV em cores, então tudo e todos em Pleasantville estão em preto e branco, o que, claro, parece perfeitamente normal para eles. E não é só isso: as pessoas de Pleasantville

---

[3] *Pleasantville*, filme da New Line Cinema Production, escrito, produzido e dirigido por Gary Ross e estrelado por Tobey McGuire, Jeff Daniels, Joan Allen, William H. Macey, J. T. Walsh, Don Knotts e Reese Witherspoon.

adoram fazer tudo em suas vidas, repetidas vezes, exatamente da maneira que sempre fizeram.

Jen acha tudo horrível e diz: "Estamos presos na cidade dos *nerds* – deveríamos estar em cores". Os dois, então, começam a quebrar as regras, incentivando as pessoas a se encontrarem para fazerem tudo de um jeito novo – do seu jeito. Jen dá algumas aulas à mãe reprimida sobre gratificação do ego e mostra ao capitão do time de basquete para que a pracinha dos namorados *realmente* serve. David incentiva o cara da loja de refrigerantes a fazer as coisas em uma ordem diferente. À medida que os moradores de Pleasantville começam a fazer tudo novo, as cores misteriosamente começam a aparecer em suas vidas.

As pessoas que gostam de Pleasantville como ela sempre foi odeiam a novidade e temem o aparecimento das cores na comunidade e as mudanças que elas representam. As mudanças ameaçam a forma de viver dessa população e rompem com tudo que ela vinha fazendo todos os dias durante toda a sua vida. Porém, as pessoas que passaram pelas mudanças *gostaram* delas e não querem voltar atrás. Quando começam a fazer coisas novas e a fazer perguntas perigosas, como "O que há fora de Pleasantville?", as pessoas da cidade se rebelam e tentam conter a invasão. "Trata-se de uma questão de valores", afirma o prefeito. "Trata-se da questão de nós querermos ou não manter esses valores que fizeram desta cidade um ótimo local." Eles tentaram estabelecer um código de conduta ("As únicas cores permitidas serão preto, branco e cinza..."), porém tudo foi em vão – o futuro já havia chegado. No fim do filme, o cinema Technicolor chegou à Pleasantville e as pessoas estão aprendendo a viver com a incerteza. George: "Você sabe o que vai acontecer agora?" Betty: "Não, não sei. E você?" George: "Eu também não..."

Apesar das nossas melhores intenções, é fato que uma boa porcentagem do nosso sistema de aprendizagem e treinamento ainda está acontecendo "em Pleasantville", e muitos dos nossos professores e instrutores são muito parecidos com as pessoas desse local fictício antes da chegada de David e Jen. Trata-se de uma comparação fácil e bem-humorada:

- ■ Em geral, você pode identificar um instrutor de Pleasantville pela maneira como ele fala. Se você encontrar um, ao se apresentar, provavelmente usará frases do tipo "Nesta conversa, você aprenderá três coisas sobre mim". E, ao se despedir, vai lhe contar de novo exatamente o que você soube dele.

- Os instrutores de Pleasantville são bem lentos – você nunca os verá se moverem à velocidade *twitch*, por exemplo, a de um videogame ou da MTV. Eles tendem a ir passo após passo, e fazer as coisas em uma ordem lógica é muito importante para eles. E, claro, eles *nunca* deixam nada faltando, pois não querem ser acusados de não ter coberto todo o material.

- Os instrutores de Pleasantville se orientam muito em textos. Uma das suas paixões são os *slides* do PowerPoint com muitas palavras, principalmente se elas estiverem dispostas em pontos de forma lógica. De fato, dada a possibilidade de 50%, um instrutor de Pleasantville insistirá em ler para você *todas* as palavras e *todos* os *slides*.

- Os instrutores de Pleasantville gostam de ver tudo arrumado: nos cursos, nas lições e nos módulos. *Adoram* esquemas. Eles já ouviram falar de acesso aleatório, mas pensam que significa ir a algum lugar com um desenho de esquema.

- A maior paixão dos instrutores de Pleasantville é o vídeo e não é de surpreender que muitos deles sejam da década de 1950. Eles usarão o vídeo onde quer que seja possível. Como eles são de Pleasantville, não têm muita experiência com a MTV, então a maioria dos seus vídeos tem locutores de televisão.

- Os instrutores de Pleasantville geralmente classificam as pessoas em um treinamento de acordo com um antigo sistema criado por dois cidadãos de Pleasantville: o senhor Meyers e o senhor Briggs.[4] Muitos deles pensam que essa é a *única* maneira de classificar as pessoas e que *todas* as pessoas se encaixam nessas classificações. Com certeza, eles não pensam que as pessoas podem mudar radicalmente de uma geração para outra, pois, no mundo deles, as pessoas nunca mudam.

---

[4]   Meyers e Briggs criaram um teste de personalidade amplamente utilizado, relacionado à teoria de Jung sobre estilos de personalidade, que divide as pessoas em dezesseis "tipos".

IMPLANTAÇÃO

- Acima de tudo, os instrutores de Pleasantville adoram contar o que aprenderam. Eles adoram "mostrar o material" e, então, lê-lo para você. "Se há algo que eu aprendi, deixe-me contar a você" é lema deles. Claro, para verificar se você está escutando ou não, os instrutores de Pleasantville depois aplicam um teste. E, curiosamente, eles acham que você pode sempre equacionar uma nota nesse teste com a aprendizagem e o desempenho do trabalho. Pleasantville é o verdadeiro lar da aprendizagem com base no método de exposição e avaliação.

- Os instrutores de Pleasantville não estão *totalmente* desconectados do mundo externo; nos últimos dois anos, a World Wide Web até chegou ao mundo dos treinamentos em Pleasantville. E seus instrutores colocaram a sua aprendizagem no método de exposição e avaliação ao estilo dos anos 1950 na Web o mais rápido que puderam. O fato de textos, gráficos e vídeo poderem sair de cabos telefônicos apenas dá a eles outra forma de fazer a mesma velha coisa de Pleasantville.

- A aprendizagem totalmente aleatória é vista com reprovação – foi até mesmo banida – de Pleasantville, sem nenhuma lógica. Os instrutores de Pleasantville não têm a mínima ideia de como as crianças aprenderam tanto sobre computadores sem nunca terem passado em um curso de lógica!

- Também não são bem-vistos a fantasia e o ato de jogar. Se você for um instrutor em Pleasantville, não importa quantas horas você possa ter gasto na frente de videogames, você se verá constantemente acusado de ter "a capacidade de atenção de uma galinha". Os instrutores de Pleasantville usam muito, no seu treinamento, as habilidades que você batalhou tanto para adquirir. Assim, eles não deveriam esperar ter muita diversão no treinamento em Pleasantville. O sarcasmo e a atitude que os instrutores compartilham com os seus amigos têm melhor serventia ao serem deixados intactos em casa.

- Os instrutores devem receber, de vez em quando, um toque de diversão no treinamento de Pleasantville – possivelmente um jogo ao estilo de *Jeopardy!* – em sessões com o nome de "revisão e reforço". Em geral, contudo, o processo de aprendizagem em Pleasantville é bem monótono e sério.

O meu ponto aqui não é apenas zombar desse tipo de professor ou instrutor. Apesar de a comparação ser verdadeira para muitos instrutores e uma inverdade para outros, *esse tipo de treinamento já funcionou – quando os instrutores de Pleasantville eram as pessoas que estavam aprendendo*. Porém, assim como no filme, a mudança chegou para os instrutores sob forma de pessoas novas a serem treinadas. David e Jen, sugados do futuro em Technicolor, viam Pleasantville como "nerdsville" e eles quebram as regras, inserem novos elementos da própria existência do "mundo real" na vida de Pleasantville: acesso aleatório, desejo, sexualidade, perigo, arte moderna e novas formas de diversão.

Lembre-se de que, conforme as pessoas de Pleasantville aceitam essas coisas novas nas suas vidas, elas começam a adquirir cores. No fim, o mundo inteiro se movimenta em Technicolor, apesar de toda a novidade e incerteza, em parte porque é melhor, mas principalmente *porque é a realidade*.

Novos papéis para instrutores e professores

> No começo, eu estava cética [sobre a aprendizagem baseada em jogos digitais]. Mas a minha opinião teve uma mudança de 180 graus.
> *Katheryn Komsa, gerente de treinamento corporativo*

Qualquer instrutor ou professor que tenha os olhos abertos sabe que o seu mundo está mudando rapidamente, e poucos sabem o que vai acontecer em seguida. Enquanto muitos instrutores e professores adotam com entusiasmo, e até procuram novas abordagens como a aprendizagem baseada em jogos digitais como algo de que seus alunos precisam, muitos outros mostram-se céticos. Isso se reflete nas perguntas que costumam ser feitas, por exemplo: "Como vou saber se isso funciona?" e "Não é preciso ter tempo de treinamento cara a cara?" Por trás de muitas dessas perguntas encontram-se preocupação e medo mais profundos, que são bem menos vocalizados:

IMPLANTAÇÃO

"Se a aprendizagem baseada em jogos digitais realmente acontecer, saberemos utilizá-la?".

Os instrutores, na sua maioria, não são "jogadores", embora isso esteja mudando aos poucos. Lembre-se de que o papel principal de muitos (ainda que não todos) instrutores, até o momento, tem sido encher pastas com *slides* de PowerPoint e serem "sábios no palco do professor". Com a aprendizagem baseada em jogos digitais (e provavelmente até mesmo sem ela), esses papéis específicos vão, um dia, desaparecer – *é* um novo mundo e há funções diferentes que os instrutores e os professores terão de desempenhar. Mas a *notícia boa* de verdade para os instrutores e os professores é que o papel exigido dos instrutores e dos professores que utilizam a aprendizagem baseada em jogos digitais não é, na verdade, novo para eles, de forma alguma – a maioria já o vem desempenhando, de uma maneira ou de outra, há algum tempo. Vejamos esses novos papéis, um a um.

"Novo" papel nº 1: motivador

Falamos anteriormente sobre a motivação em termos de jogos – não das pessoas. Porém, a habilidade para fazer que os estudantes se envolvam no processo de aprendizagem, em oposição a apenas jogar o conteúdo neles, sempre foi uma grande parcela – se não a única – do que faz um professor ou um instrutor ser ótimo, em vez de apenas comum.

Parte disso é o *estilo*. Um ótimo professor fará praticamente qualquer coisa para motivar seus alunos. Elliot Massie descreve o seu professor de Shakespeare sobre a mesa (ver adiante). Arthur Miller, o ilustre professor da Faculdade de Direito de Harvard, é conhecido por dar aulas fantasiado. A minha professora favorita de história na faculdade contava piadas que eram, em geral, um pouco inapropriadas. O ótimo professor mantém os alunos na ponta dos seus assentos, quase caindo, esperando a próxima coisa acontecer.

Outra parte é a *paixão*. Ótimos professores comunicam a sua paixão ao pintar quadros vívidos de panoramas e possibilidades novas. Eles não lhe ensinam, eles *desejam que você aprenda*. Os filmes são ricos em histórias de ótimos professores movidos pela paixão, com papéis empolgantes encenados por atores como Anne Bancroft, Sidney Poitier, Robin Williams e Richard Dreyfuss. A origem dessa paixão é, com frequência, o conteúdo em si; ver o que já está lá através dos olhos do professor motiva os alunos. Os professores que nos mostram isso são muitas vezes, como Robert Frost se autodescreve, "pessoas que provocam o despertar".

O treinamento poderia, certamente, lançar mão de mais recursos, além do café, para manter as pessoas acordadas. Porém, infelizmente, a política da empresa não vai mudar tão facilmente assim. Michael Alen diz "não existe isso de conteúdo chato, apenas apresentadores chatos" e que os designers instrucionais "têm de ver o elemento de fascínio".[5] Ele está certo em nos lembrar de que grande parte da motivação vem da *apresentação*. E muito do conteúdo do treinamento corporativo, vamos encarar, é difícil de apresentar. Também, não importa *qual* seja o conteúdo, um método de apresentação tem sido particularmente efetivo e útil para professores e instrutores – as pessoas naturalmente gravitam em direção à diversão e aos jogos. No mundo da pré-aprendizagem baseada em jogos digitais, os instrutores, em geral, se voltavam ao humor dos filmes de treinamento de John Cleese como motivadores.[6] Se você já viu um, compare o poder de motivação dele com um vídeo corporativo padrão com um locutor. A Lockheed colocou o Dilbert e o Dogbert nos seus vídeos de treinamento de ética exatamente por essa razão.[7] Isso funciona muito bem com a geração da televisão.

Mas agora enfrentamos a necessidade de treinar as gerações de aprendizes *interativos* – as gerações dos jogos. Quais tipos de apresentação as motivam? Nós já vimos como e por que os jogos motivam. Pelo menos uma forma de apresentação motivacional que atrai diretamente a atenção das gerações dos jogos está disponível para instrutores e professores – a aprendizagem baseada em jogos digitais.

Porém, uma coisa é dizer isso e outra é descobrir exatamente *quais* jogos úteis estão por aí e *como* usá-los de verdade para ensinar o conteúdo e o

---

[5]   Sarah Fister, "CBT Fun and Games", cit.

[6]   Da Video Arts, que criou vários filmes de treinamento estrelados por Cleese, inclusive "Meetings, Bloody Meetings", e deu novo propósito a muitos dos seus filmes, transformando-os em apresentações mais "interativas" em CD-ROM e na internet.

[7]   Ver capítulo 9, nota 20.

currículo necessários. Então, apesar do grande papel do futuro instrutor ou professor ser ainda o de *motivador*, o que isso significa em um mundo que será alterado, de certa forma, pela aprendizagem baseada em jogos digitais? A parte que envolve compreender os estudantes e direcioná-los para o caminho mais envolvente ainda estará lá. Entretanto, *o que eles receberão nessa direção* será diferente. Será a aprendizagem cada vez maior de jogos e a escolha dos jogos corretos para a mistura de conteúdo com o nível, idade, sexo e personalidade dos alunos, o que sempre será um desafio, mesmo se mais escolhas e ferramentas baseadas em computador surgirem para tornar isso mais fácil.

"Novo" papel nº 2: estruturador de conteúdo (integrador/reformulador)

Uma das coisas que muitos criadores da aprendizagem baseada em jogos digitais têm, muitas vezes, observado é que a forma pela qual o conteúdo deve ser apresentado para ser mais efetivo na aprendizagem baseada em jogos digitais difere, em muito, da forma pela qual tem sido apresentado tradicionalmente. Não estou me referindo apenas ao conteúdo de "fragmentação" ou à transformação do conteúdo em "objetos de aprendizagem". Em muitos casos, formas de organização e de direção completamente novas, em geral, necessitam ser criadas. Fazer isso é um trabalho excitante, para o qual os instrutores são geralmente bem apropriados, desde que dominem o assunto. Na minha experiência e na de outros, conseguir que fornecedores e designers de conteúdo dominem essas novas estruturas de aprendizagem é, com frequência, uma das tarefas mais difíceis na aprendizagem baseada em jogos digitais – e a que toma mais tempo. Mas, uma vez que eles conseguem, são muito bem-sucedidos e aproveitam o processo, que é um desafio intelectual.

Abaixo alguns exemplos do que estou falando:

- No *In$ider*, tiveram de inventar um processo de aprendizagem novo, posteriormente denominado "descoberta estruturada".
- No *Darwin*, tiveram de inventar um sistema de mercados de simulação, um processo para o qual, posteriormente, entrou-se com um pedido de patente.

- Em *The Monkey Wrench Conspiracy*, o processo de aprendizagem tradicional para programa baseado em características necessitava de reestruturação em termos de tarefas. As explicações conceituais tinham de ser reduzidas de vários minutos para menos de trinta segundos.
- No *Angel Five*, os caminhos potenciais tinham de ser analisados para que cenários plausíveis pudessem ser criados em um instante.
- No *Straight Shooter!*, o conteúdo tradicionalmente apresentado como "política" tinha de ser reformulado em termos de questões e cenários.

Mais uma vez, um pouco disso já é o que os instrutores fazem quando criam conteúdo para vários tipos de treinamento *on-line*. Entretanto, no caso da aprendizagem baseada em jogos digitais, isso em geral vai muito mais além, normalmente indo contra métodos tradicionais e mudando conceitos tradicionais de *design* instrucional dentro de sua cabeça. Os instrutores que estão abertos a reconsiderar as melhores formas de apresentar conteúdo têm um papel enorme a desempenhar na aprendizagem baseada em jogos digitais.

"Novo" papel nº 3: facilitador do processo de consolidação

Elliott Masie conta uma história maravilhosa, de sua primeira aula sobre Shakespeare na Stuyvesant High School, na cidade de Nova York.[8] Essa é uma das várias escolas (públicas) de ensino médio especializadas em superdotados e atrai os melhores estudantes de todas as partes da cidade de Nova York, que têm de passar por um exame de seleção rigoroso e seletivo. A Stuyvesant se especializou em ciências e matemática, e muitos dos seus alunos poderiam, provavelmente, sem muita objeção, ser classificados como "nerds". Elliott, pelo menos, admite de bom grado que foi um, mas sem inclinações específicas para as artes ou a literatura.

Quando Elliot pôs os pés pela primeira vez na sala de aula em que se estava falando sobre Shakespeare, o professor estava de pé, em cima da mesa, enrolado em uma longa capa negra. Assim que o sinal tocou, o professor atirou algumas bombinhas no chão, fazendo um ruído alto e começou a

---

[8] Entrevista por telefone.

IMPLANTAÇÃO

recitar a cena do fantasma de *Hamlet*. Dramático? Totalmente. Ele tinha a atenção dos alunos. Em seguida, conforme a aula continuava, ele começou a explicar *o porquê* do que estava fazendo. Nas palavras de Masie, ele "consolidou as informações" obtidas pela sua representação teatral. E isso, afirma Masie, tornou tudo mais forte do ponto de vista da aprendizagem.

Este é o terceiro "novo" papel dos professores com a aprendizagem baseada em jogos digitais: facilitador do processo de consolidação – *ajudar os alunos a refletirem sobre o que está sendo aprendido*. Mesmo se formos capazes de usar a aprendizagem baseada em jogos digitais para motivar os alunos a estudar o material, nem sempre fica claro que eles chegarão exatamente às mesmas conclusões, modelos mentais e ideias que queremos que eles tenham, nem que serão capazes de aplicar tudo o que aprenderam em situações futuras. Para isso, eles precisam refletir, e a parte da reflexão do "*loop* de aprendizagem" de Kolb[9] é, e continuará sendo, um papel importante para os professores e instrutores na aprendizagem baseada em jogos digitais. Muitos já estão combinando a aprendizagem baseada em jogos digitais com sessões de consolidação ao vivo lideradas por instrutores. Os militares fazem reuniões de consolidação após cada uma das "missões" simuladas, sejam para grupos de 8 ou 80 mil pessoas. Na PricewaterhouseCoopers, depois de as pessoas em treinamento terminarem o jogo *In$ider*, elas vão para a "academia", que é uma discussão ao vivo e sessão de consolidação.

Imagine que cada aluno que apareça para o treinamento de iniciativa empreendedora já tenha terminado o jogo *Start-up*. Ou que cada estudante de medicina que começa uma cirurgia já tenha terminado o jogo da neurocirurgia *Life & Death*. Isso já é perfeitamente possível, pois esses são jogos comerciais. Imagine, como, sem sombra de dúvida, será o caso no futuro, em que cada estudante virá para a sessão de consolidação – não *há* mais sessões de "exposição" – tendo terminado os jogos de aprendizagem baseada

---

9   O "*loop* de aprendizagem", que foi conceituado em diferentes línguas por David Kolb, Kurt Lewin, John Dewey, W. E. Deming e outros, consiste em uma variação do *fazer, observar, refletir, abstrair conceitos, testar e planejar*, antes de começar novamente o "fazer" e repetir o *loop*. Em qualquer que seja a língua que uma pessoa utiliza, o *loop* enfatiza a necessidade de refletir sobre o que ela faz e observa.

em jogos digitais sobre qualquer assunto por vontade própria, *porque foi divertido*.

Por que, pode-se perguntar, isso difere dos estudantes fazendo *algum tipo de* pré-trabalho – leitura, multimídia ou simulação? A resposta é porque eles realmente farão esse pré-trabalho. Eu fiz a leitura exigida antes do meu primeiro ano na Harvard Business School? É claro que não! Eu li algumas páginas do livro *My Years at General Motors*, de Alfred P. Soane, e desisti; eu tinha coisas melhores para fazer nas férias de verão. Idem para o texto de contabilidade programada que nos deram. Mas imagine que o pré-trabalho tivesse sido jogar o *Roller Coaster Tycoon* e a tarefa, zerar o jogo? Ou, melhor ainda, um jogo tão divertido quanto o *Roller Coaster Tycoon*, mas ajustado aos princípios particulares que eles queriam nos ensinar?

O papel do instrutor ou do professor é fazer os seguintes tipos de perguntas, que todo facilitador conhece:

- O que você aprendeu? Quais fatores foram importantes para ganhar?
- Quais pressupostos foram integrados no jogo?
- O que foi realista? O que não foi?

Mesmo que mais e mais oportunidades de "reflexão" sejam integradas à aprendizagem baseada em jogos digitais – como elas sem dúvida o serão –, a sessão de consolidação ao vivo permanecerá como parte integrante do processo de aprendizagem. Isso só pode melhorar o trabalho do instrutor –, e é certamente muito mais interessante do que "ficar contando histórias".

"Novo" papel nº 4: tutor (individualizador, direcionador, seletor, ajustador, guia e facilitador)

Uma das grandes oportunidades que tanto a aprendizagem baseada na tecnologia em geral como a aprendizagem baseada em jogos digitais, com a criação da "diversão" nos fornecem, é a oportunidade de customização e individualização da aprendizagem para cada aprendiz. Conforme progredimos, mais esse controle será incorporado aos jogos para ser ajustado pelo jogador. Assim como os jogos de hoje têm níveis de dificuldades que os jogadores podem ajustar, haverá controles ajustáveis pelos usuários para uma variedade de coisas, para mesclar *edu* com *tenimento*. Entretanto, isso não exclui o fato de que sempre há coisas que um observador externo, e não um aprendiz, pode personalizar melhor. Na sua descrição da Apple Classroom of the Future, James Lengel escreveu que, apesar de a tecnologia ser onipresente, "os professores guiam e facilitam a aprendizagem. Eles organizam e direcionam a totalidade da experiência de aprendizagem dos seus alunos. Treina-os de forma ativa durante todo o seu trabalho. Estabelecem objetivos e aceitam responsabilidades pelos progressos dos seus alunos. Os professores são o centro do processo de aprendizagem e a vida da escola".[10]

O modelo mais eficiente para a aprendizagem é o tutor. Pesquisadores descobriram que até mesmo tutores comuns poderiam aumentar a velocidade da aprendizagem e a retenção dos alunos por dois desvios-padrão e que eles aprenderiam melhor do que 98% dos estudantes em ambiente de sala de aula.[11] Apesar de os jogos de aprendizagem "adaptáveis" tenderem mais para "o estilo do tutor" no futuro, percebendo cada vez mais a situação do jogador a partir das suas respostas e fazendo ajustes correspondentes, um ser humano é ainda o melhor para verificar exatamente por que um aprendiz pode estar com dificuldades.

"Novo" papel nº 5: produtor/designer

O que nos traz ao papel final, e talvez o mais crucial, do instrutor na aprendizagem baseada em jogos digitais – o papel do produtor/designer. Quase todos os instrutores e professores, creio eu, têm uma forte percepção do que os seus alunos gostam e do que eles gostariam se conseguissem alcançar o que quisessem, apesar de a possibilidade de realização de seus ideais ser muito baixa. Eu sei, pela conversa e trabalho com muitos instrutores e professores, que, entre as ideias para envolver os alunos, estão vários tipos de jogos – algumas vezes baseados em videogames que eles veem os próprios filhos jogando e outras em jogos que eles mesmos jogam. "Se ao menos eu conseguisse que eles fizessem isso" é um pensamento que muitos instrutores e professores, tenho certeza, têm com frequência. Bom, hoje, em

---

[10]   James G. Lengel, *Building the Future* (Apple Computer, Inc., sem data).
[11]   B. S. Bloom, "The Two Sigma Problem: the Search for Methods of Group Instruction as Effective as One-to-One Tutoring", em *Educational Researcher*, vol. 13, nos 4, 5 e 6, Washington, 1984.

cada vez mais casos, eles conseguem. Como em vários exemplos deste livro, os instrutores em todos os setores e tipos de empresa têm criado – sozinhos ou em equipes – a aprendizagem baseada em jogos digitais dos dias atuais. Essa é uma tendência que apenas aumentará no futuro.

POR QUE PROFESSORES E INSTRUTORES CRIARÃO JOGOS DE APRENDIZAGEM

Ok, você diz, isso é ótimo. Estou vendo como alguns pensadores realmente criativos e excelentes poderiam fazer isso. Mas eu não sou um deles. Sou um instrutor ou professor que só quer fazer o melhor trabalho possível – com o que eu posso contribuir para fazer jogos para aprendizagem? A resposta é *tudo o que você sabe*. O que você tem para contribuir é *tudo o que você aprendeu, não importa por quanto tempo você tenha trabalhado*.

Estou convencido de que nós teremos um treinamento centrado no aprendiz e no mundo da instrução e que muitos, muitos instrutores e professores criarão jogos. Por quê? Porque o conhecimento já existe e, cada vez mais, *ferramentas* para fazer jogos também existirão. Dadas tais ferramentas, os instrutores e professores aprenderão a fazer jogos? Afinal de contas, os sistemas de autoria estão aí para fazer módulos de treinamento, embora muitos instrutores não os usem.

Acredito que muitos farão e pela seguinte razão. Imagine que você seja um bom (ou mesmo um ótimo) instrutor ou professor, muito empenhado. Você não é apenas um escritor de *slides* com marcadores ou de planos de aulas repetitivos; você tem algo a dizer e um jeito especial para transmitir e compartilhar o seu conhecimento e a sua paixão. Se você ensinar, você consegue se comunicar com trinta garotos em um ano. Se você ministrar treinamentos, talvez possa comunicar para 2 mil pessoas, no máximo.

Se você fizer um jogo, entretanto – e esse jogo for *realmente* envolvente –, você poderá compartilhá-lo com cada garoto, ou cada pessoa em treinamento no seu campo, nos Estados Unidos e possivelmente no mundo inteiro! "Por que isso é diferente de fazer uma fita de vídeo ou criar um curso *on-line*?" é uma pergunta que poderia surgir. A resposta está no fator

IMPLANTAÇÃO

envolvimento. As fitas de vídeo e cursos *on-line* são, na maioria, apenas o método de exposição e avaliação mais chatos, não gerando ampla demanda, se é que haverá alguma, fora do seu público inicial. Isso ocorre porque não é só o conteúdo que motiva as pessoas – na realidade, na maioria dos casos, dificilmente é o conteúdo. É a apresentação. Se você for um grande ator comediante, como John Cleese, poderá fazer filmes de treinamento hilariantes. Se for um grande orador motivacional como Zig Ziglar, ou um palestrante inspirador como John Kenneth Galbraith, você poderá fazer fitas de áudio e de vídeo. Se você tiver um nome de peso, como Peter Drucker, poderá criar praticamente qualquer coisa e as pessoas o escutarão. E, se for um ótimo escritor, como Gore Vidal, contará histórias que atrairão um grande número de pessoas. Porém, a maioria de nós não consegue fazer nada do que foi mencionado.

Entretanto, se você for um ótimo – ou mesmo um bom – instrutor ou professor, não está totalmente fora de questão o fato de que você pode pensar no *jogo* como uma maneira de compartilhar o seu pensamento e a sua abordagem de uma forma divertida e envolvente. De fato, você pode já ter feito isso! A maioria dos instrutores e professores pode dar um pulo quando vir seu material em jogos com o formato de *Jeopardy!*, *Family Feud* ou *You Don't Know Jack*. O salto de jogos do tipo simulação voltados para a aprendizagem, como o *JFE* (*Joint Force Employment*), ou RPG, como o *In$ider*, em geral, não é um salto tão grande. Ou para um jogo de "reflexo" de velocidade/prática, como o *Objection!* Ou então para jogos do tipo "aprenda estes 10 itens" ou "aprenda este acrônimo" como o *Scout Law*.[12] Você provavelmente já viu um jogo comercial e disse a si mesmo: "Isso seria ótimo para o meu treinamento."

A maioria dos professores ou treinadores poderia fazer um jogo sobre a sua forma particular de apresentar a coisas? Se dermos as ferramentas a eles, pode apostar! Muitos já o fizeram (ver capítulo 15). De qualquer forma, a maior parte do trabalho – Paula Young diria 80% – é o *design*, não a execu-

---

[12]   O jogo *Scout Law (SLAW)*, escrito por Pete e Hank Hufnagel utilizando o programa de criação de jogos Klik-n-Play, foi projetado para ajudar escoteiros a memorizar as leis do escotismo ("Um escoteiro é digno de confiança, leal..."). Disponível em http://users.penn.com/~bsa51/scoutlaw.html. Acesso em 2000.

ção. Crie um ótimo *design* para um jogo de aprendizagem e é quase certo que você certamente consiga que ele seja construído. Então, comece a pensar em um!

O mais interessante para mim sobre os cinco "novos" papéis do instrutor de uma aprendizagem baseada em jogos digitais é que os papéis *não são muito diferentes do que os instrutores fazem hoje*. A diferença reside, principalmente, nos meios e nas prioridades.

No mundo do treinamento de hoje, os instrutores que recebem uma lacuna de treinamento específico para preencher vão, normalmente, primeiro verificar na organização, explorar a Web e falar com as empresas para verificar se o *conteúdo* de que eles precisam existe ou não e avaliar quaisquer ofertas da concorrência com critérios múltiplos de utilidade, custo e assim por diante. Se não houver nada, eles vão passar para a criação do treinamento de que precisam, usando quaisquer meios à sua disposição – desde *slides* até cursos customizados para o desenvolvimento de software educacional *on-line* – que se encaixem no orçamento e no cronograma. No passo seguinte, farão planos para a entrega do curso ou do software educacional e para acompanhar quem o faz. Se o curso incluir uma simulação ou uma situação ao vivo, muito provavelmente haverá o processo de consolidação, ou fase de reflexão, como parte do processo.

No mundo que estou descrevendo – o mundo da aprendizagem baseada em jogos digitais – a *motivação* vem em primeiro lugar. Qualquer que seja o tópico, as primeiras perguntas são: como farei que o meu público enfoque isso? Qual motivação eu posso usar? Há jogos nessa área? Eles são adequados ao meu público? Esse tópico é importante o suficiente para criar um jogo? Posso colocar o conteúdo em um modelo de jogo? Algo já criado pode ser modificado? Há alternativas e outras formas de não jogo para motivar as pessoas que escolhem não jogar?

A segunda prioridade é a *reflexão*. Há alguma forma, junto com o envolvimento, para o aprendiz de *pensar criticamente* sobre o que quer que seja no processo de aprendizagem. Em alguns jogos, isso será incorporado. Em outros, sessões ao vivo, discussões encadeadas, conversações com um instrutor por *e-mail* e por voz de forma individual ou até tarefas escritas devem ser tratadas no processo.

A terceira prioridade é a *individualização*. Como posso ajudar a dirigir este treinamento da melhor forma possível para cada participante? Há escolha de jogos para estilos diferentes? Há alternativas para os que escolhem não jogar? Há formas para fazer que as pessoas passem de maneira mais rápida ou devagar e se possa adaptar o treinamento ao seu nível de habilidade? Esses tipos de parâmetros serão logo incorporados em várias alternativas de jogos que estão disponíveis.

A quarta prioridade, uma vez que não há forma alguma de fazer o que acabou de ser mencionado e satisfazer as necessidades do tópico em questão – é a *criação*. Aqui, o modelo do capítulo 15 pode ser usado para criar uma solução de aprendizagem baseada em jogos digitais que servirá tanto à necessidade imediata como às prováveis necessidades futuras.

A prioridade *final*, depois de todas as outras terem sido consideradas, é o conteúdo (que não perdeu, aliás, a sua importância, apenas o seu lugar no processo). Como posso obter o que necessito e estruturá-lo da forma que a motivação, a reflexão e a individualização exigem?

Adquirindo prática

"Claro, todas as coisas formidáveis que você descreveu podem acontecer no futuro", você retruca, "e eu, de fato, apoio muitas delas. Mas sou um instrutor *neste momento*. O meu departamento foi reduzido e estou me sentindo muito pressionado a fazer mais em menos tempo. Sim, eu gostaria de fazer um pouco da aprendizagem baseada em jogos digitais, mas, ei, sou apenas uma pessoa sob uma montanha de trabalho, e o meu trabalho, sejamos francos, é produzir com rapidez. O que você está me oferecendo fará a minha vida mais *fácil* – não me fará trabalhar mais?"

Isso é o que *eu* perguntaria também. E aqui está a resposta. Comece gradualmente. Retorne ao capítulo 11. Descubra uma *forma realmente simples* para começar e que faça sentido na sua organização. Dê um passo – tente em uma coisa que você esteja ensinando. Observe a reação entre os seus alunos, que muito provavelmente será bem positiva, tornando o seu trabalho, de fato, mais fácil. Faça ajustes com base no *feedback* deles e tente outras coisas. Compartilhe os resultados com os seus colegas e aliados (pode haver outras pessoas que já estejam fazendo isso). Também vá até o site que acompanha este livro (www.twitchspeed.com) e consiga cópias de exemplos sofisticados que estão disponíveis. Estude-os, assim como os exemplos fornecidos aqui, para ter ideias. Compre e experimente alguns jogos comerciais de prateleira. Então, quando você estiver pronto, encontre um projeto que queira fazer: (1) você realmente esteja entusiasmado para fazer; (2) seja importante para o negócio em que você está e (3) você pense que vai funcionar e fazer a diferença na sua organização. Então, leia (e releia) o próximo capítulo sobre como conseguir a grana para fazer isso!

13.
CONVENCER A DIRETORIA
E CONSEGUIR O DINHEIRO
MONTAGEM DO PLANO DE NEGÓCIOS PARA A
APRENDIZAGEM BASEADA EM JOGOS DIGITAIS

Se as empresas fossem inteligentes o suficiente para entender que o treinamento lhes traria questões de vida e morte, talvez elas pensassem mais sobre direções mais criativas.

Mark Bieler, ex-diretor de RH do Bankers Trust

Nem tudo o que conta pode ser contado, e nem tudo o que pode ser contado conta.

Aviso pendurado no escritório de Albert Einstein em Princeton

A dificuldade não está nas ideias novas, mas em escapar das velhas.

John Maynard Keynes

QUAL É O PREÇO NA ETIQUETA?

Antes de começarmos a montar o plano de negócios, precisamos saber o valor monetário do que estamos falando. Qual é o custo da aprendizagem baseada em jogos digitais? A resposta é fácil – entre 300 e 3 milhões de dólares. O menor valor é o custo de uma licença individual do *Game Show Pro*. O maior é o custo para desenvolver um projeto em escala militar como o *Joint Force Employment* ou o *Fifth Angel*. Em outras palavras, o que não é de surpreender, corresponde ao custo para desenvolver um jogo comercial comum.

Sejamos mais específicos:

- *Shells* de jogos para sala de aula custam centenas de dólares para licenças individuais e de 10 dólares a 20 mil dólares para licenças corporativas.

- *Shells* baseados na Web em geral custam mais, geralmente até 100 mil dólares, dependendo da sofisticação, acompanhamento, jogos escolhidos e assim por diante.

- Jogos de *e-mail* de empresas sofisticados podem custar 75 mil dólares ou mais.

- Jogos personalizados e relativamente simples da Web em geral custam entre 50 mil e 100 mil dólares.

- Jogos personalizados ao estilo do consumidor em CD-ROM, na Web e/ou jogos com grande quantidade de jogadores custam de 1 milhão a 3 milhões de dólares (ou até mais), embora normalmente até metade disso possa ser feito com recursos internos em vez de dinheiro de verdade.

COMO CONSEGUIR O DINHEIRO

Não vou alegar que conseguir o orçamento para fazer a aprendizagem baseada em jogos digitais seja fácil; estamos falando de uma abordagem que ainda está lutando para ser considerada com seriedade tanto como uma proposta de aprendizagem quanto de negócios. Mas *é* possível, conforme um grande número de exemplos neste livro e outros têm demonstrado. Na realidade, a aprendizagem baseada em jogos digitais está provavelmente sendo aprovada, em algum lugar do mundo, em média, quase todos os dias úteis. (Digo isso porque há cerca de 250 dias úteis no ano, mas, suponho, se os projetos de aprendizagem baseada em jogos digitais de todos os tamanhos e formatos fossem levados em consideração, seriam bem mais de 250 dias por ano.)

Digamos que você seja convencido de que a aprendizagem baseada em jogos digitais tem sua importância no treinamento da sua organização; agora, como você consegue o orçamento para dar início ao projeto? O que é preciso para convencer a diretoria, os céticos (e muitos são céticos ao extremo), para que invistam *dinheiro de verdade* em uma maneira nova de fazer as coisas? É um plano de negócios, claro. Então, vamos conversar sobre como fazer um.

Um plano de negócios, em geral, contém números e não é – como a maioria pensa – um documento ou uma discussão quantitativa. A maioria das decisões de negócios é tomada com base em decisões *qualitativas* tais como "dados os nossos objetivos, este é o melhor curso de ação". A análise financeira é apenas uma parte da resposta e, em geral, não a maior.

Como sugestão, apresento oito passos para a construção de um plano de negócios para a aprendizagem baseada em jogos digitais:

1. Encontre um uso estratégico
2. Considere o seu público
3. Encontre um defensor
4. Escolha uma faixa
5. Faça um *design* preliminar e construa um protótipo
6. Envolva o TI
7. Elabore uma proposta de investimento
8. Supere objeções

Vamos ver cada um desses itens.

1. Pense estrategicamente!

No final, há apenas um argumento *estratégico* para fazer *qualquer* treinamento que é: ao fazê-lo ele melhorará o *valor de mercado da sua empresa*. Isso pode acontecer ao permitir que a empresa faça algo que, no momento, ela não pode fazer, é importante para a existência, lucratividade ou posição competitiva da empresa. Ou, de maneira inversa, *não* fazer isso implica corroer a empresa e levar à queda do seu valor de mercado. Se não puder fazer o plano de que o treinamento afetará o valor de mercado da empresa, por que fazer isso?

IMPLANTAÇÃO

Quando fica claro que esse é o caso – que o treinamento específico afetará o valor de mercado da empresa –, de repente achar o dinheiro nunca é problema. "Quanto vai custar?" e "quando podemos conseguir isso?" são as únicas perguntas da gerência. Eis alguns exemplos.

Quando o Bankers Trust enfrentou problemas com os reguladores sobre o suposto comportamento de alguns dos seus funcionários em relação às políticas de derivativos, "nós [isto é, o comitê de administração da corporação] quase ficamos *desesperados* para encontrar uma solução que mostrasse ao Tesouro que estávamos fazendo um bom trabalho de treinamento com o nosso pessoal em relação às políticas", de acordo com Mark Bieler, ex-vice-presidente executivo e diretor de RH do banco.[1] "Teríamos feito praticamente qualquer coisa para nos certificar de que esses operadores muito inteligentes e com atenção de curto alcance sabiam e entendiam as políticas." O que o Bankers Trust fez foi criar o *Straight Shooter!*, um jogo para certificação de políticas de derivativos. O custo – que acabou sendo aproximadamente 500 mil dólares em dinheiro e 1 milhão de dólares no total – nunca foi um problema.

Quando a PricewaterhouseCoopers soube que os seus auditores teriam de ser capazes de lidar com derivativos melhor do que os concorrentes ou a empresa perderia negócios, foi disponibilizado dinheiro para o *In$ider*.[2] Quando a Polaroid Corporation pensou em fazer que o seu pessoal seguisse os princípios do controle da qualidade total e melhorasse a posição estratégica da empresa, de repente havia vários milhões de dólares disponíveis para usar no treinamento.[3] O mesmo ocorreu quando a Lexus decidiu que funcionários de concessionárias bem treinados produziriam mais vendas (ou perderiam menos para a concorrência);[4] quando a FedEx percebeu que o seu serviço teria de ser praticamente perfeito;[5] quando a Ford perdeu um caso de assédio sexual e precisou treinar todos os seus funcionários de

---

[1] Entrevista por telefone.

[2] Paula Young, entrevista pessoal.

[3] A Polaroid criou um programa (de 3 milhões de dólares) de treinamento em CD-ROM para o Controle da Qualidade Total.

[4] A Lexus criou o *Lexus Labs*, um projeto multimilionário em CD-ROM.

[5] A FedEx gastou milhões com vários fornecedores.

CONVENCER A DIRETORIA E CONSEGUIR O DINHEIRO

fábrica;[6] quando Lou Gerstner decidiu que a IBM precisava se tornar uma organização de gerenciamento de projetos;[7] e quando os chefes do Estado-Maior decidiram que os comandantes das Forças Armadas tinham de seguir a doutrina da força conjunta com precisão para vencer batalhas.[8] De repente, havia milhões, ou até dezenas de milhões de dólares, para serem gastos com treinamento.

Então, a primeira lição para "conseguir a grana" é esta: esqueça o retorno sobre o investimento (ROI). Esqueça os quatro níveis da avaliação de treinamentos. Comece a partir da perspectiva estratégica da diretoria. Encontre uma necessidade de treinamento que seja estratégica e faça do seu plano de negócios um plano estratégico.

Acredite ou não, economizar dinheiro não é necessariamente um motivo estratégico. A maioria dos instrutores e de fornecedores de treinamento fez, em determinado momento, os cálculos que mostram que bastante dinheiro pode ser economizado ao não enviar as pessoas para sessões de treinamento em outros países (elas comem muito também, principalmente em bons restaurantes). A economia, normalmente, é grande e fácil de ser coberta pelo custo de desenvolvimento ou compra de treinamento baseado em tecnologia, com dinheiro de sobra. Mas, se a diretoria conclui que *estrategicamente* o valor de reunir as pessoas e comunicar em pessoa vale mais do que essa economia, *isso perde importância*.

O motivo que faz que – como os instrutores lamentam com frequência – o treinamento seja uma das primeiras coisas a serem cortadas nos tempos difíceis da empresa ou da economia é precisamente este: a maior parte dele não é estratégica. É agradável fazer da mesma maneira que é agradável dar bônus, quando se tem dinheiro.

É por isso que o ROI, apesar de *não* ser inútil, não é o melhor plano de negócios a ser feito quando se procura por dinheiro. O ROI é uma ferramenta útil para ajudar a diretoria a *escolher entre* alternativas, mas não tem relação de forma alguma com a necessidade estratégica das alternativas.

---

[6] A Ford gastou aproximadamente 10 milhões de dólares para treinar os funcionários de fábricas.
[7] A IBM gastou milhões para fazer isso acontecer.
[8] O Joint Command gastou mais de 3 milhões de dólares.

Na maioria, os argumentos tradicionais usados para o treinamento – o nosso pessoal gostará disso (nível 1), se sairá melhor nos testes (Nível 2), se comportará de forma diferente (nível 3) ou então vai melhorar o resultado líquido (nível 4) – junto com o ROI, o defensor do momento, não são argumentos estratégicos; em vez disso, são argumentos da *gerência de segundo escalão*. Com certeza, qualquer diretor de treinamento, diretor de uma universidade corporativa ou outro gerente de segundo escalão com um orçamento fixo gostaria de ver aquele orçamento aumentar um pouco e fazer mais. Porém, o que todo fornecedor de treinamento sabe é que *a gerência de segundo escalão não gasta rios de dinheiro!* Talvez 5 mil, 10 mil, 50 mil ou até 100 mil dólares, mas não números em milhões. Não sem a aprovação do andar de cima.

Então, estamos à procura de motivos estratégicos. Um motivo estratégico quase certamente não virá dos instrutores ou do pessoal dos recursos humanos, a menos que eles sejam observadores atentos dos negócios (como a previsão de Paula Young sobre as mudanças nas regras de contabilidade que levaram à necessidade do *In$ider*). Os motivos estratégicos para o treinamento apenas virão das circunstâncias em que a empresa se encontrar e de os instrutores precisarem estar preparados para aproveitá-las. Os motivos estratégicos para o treinamento incluem:

- Ameaças externas (o governo está gastando, no momento, rios de dinheiro em treinamento para lidar com ataques terroristas em potencial)
- Novas tecnologias (o setor de negócios está gastando muito no treinamento para o comércio eletrônico)
- Movimentos da concorrência
- Novo foco em novos negócios ou novas maneiras de fazer negócios.

2. Considere o público

Então, na sua busca para introduzir a aprendizagem baseada em jogos digitais, você tem procurado por uma iniciativa de treinamento altamente estratégica. E talvez você tenha conseguido identificar uma. O seu truque será convencer a diretoria de que a solução da aprendizagem baseada em jogos digitais é o caminho correto para gastar esses milhões.

CONVENCER A DIRETORIA E CONSEGUIR O DINHEIRO

Eis agora como tudo o que discutimos nos capítulos anteriores entra em ação. Se você propuser uma solução de aprendizagem baseada em jogos digitais para uma necessidade de treinamento estratégico, terá de lidar repetida, clara e sucintamente com diversas questões essenciais e a gerência vai, com todo o direito, lhe perguntar, entre outras coisas:

- Por que um jogo?
- Ele funcionará?
- Ele não tornará o material ou o processo trivial?

Você precisa mostrar que os públicos-alvo mudaram e por que o jogo é a melhor forma de alcançá-los. Precisará explicar a estrutura do jogo, compará-lo com outros e com alternativas que não são jogos e explicar por que ele funcionará. Precisará mostrar como o conteúdo será apresentado de uma maneira que não seja trivial.

É útil ter usuários em potencial envolvidos nesse estágio, possivelmente por meio de grupos focais. Eles com frequência podem fornecer dados valiosos para a proposta de investimento. Também se certifique de que ao menos uma pessoa do público-alvo participe do comitê de *design*. (Você tem um comitê de *design*, não é mesmo?) Mostrar exemplos de aprendizagem baseada em jogos digitais para os grupos focais e comitês é uma boa maneira de conseguir que eles se interessem.

Claro, mesmo que o público esteja por trás de você, você ainda deve ter consciência de que se a sua corporação é típica, levará *meses* para redigir e revisar propostas de investimento, convencer grupos maiores de pessoas, obter aprovações cada vez maiores e navegar pela política corporativa antes de você parar de roer as unhas e colocar as mãos na massa.

Nos capítulos 9 e 11 e neste capítulo, até o momento, eu tenho descrito com detalhes as coisas que eu e outras pessoas passamos para conseguir fundos para projetos de aprendizagem baseada em jogos digitais e fazê-los decolar. Agora, vamos considerar os outros seis passos do processo.

3. Encontre um defensor

Exceto pela compra de licenças individuais para *shells* de jogos pequenos ou outros projetos com orçamentos de pequeno porte, não há por que pensar com seriedade sobre uma solução de aprendizagem baseada em jogos digitais de qualquer magnitude até que você tenha encontrado um defensor. (Se você for um executivo, esta é a sua deixa para dar um passo à frente!) Normalmente, há tantas pessoas que não acreditam nesse tipo de aprendizagem a serem convencidas e tantas barreiras corporativas a serem superadas que você precisa de alguém ao seu lado com grande influência na organização. Na Ameritrade, o defensor era o CEO. No Bankers Trust, o defensor era o diretor do RH, um vice-presidente executivo da corporação. Nas empresas de consultoria, é no mínimo um dos sócios ou, ainda melhor, um sócio principal. Em bancos de investimento, é normalmente um diretor gerente. Só o fato de ter o seu chefe ao seu lado (a menos que ele seja um dos citados anteriormente) isso não o elimina. Lembre-se de que estamos falando de rios de dinheiro aqui. O papel do defensor é convencer os céticos no seu nível dentro da organização. Não tente convencê-los por conta própria; deixe o defensor fazer o trabalho por você. Contudo, você deve convencer o defensor, deve muni-lo com o melhor arsenal que puder conseguir – normalmente um ótimo protótipo, informações e, se possível, algumas histórias que mostrem onde ele funcionou.

4. Escolha uma faixa

É muito útil "arredondar" a quantia de dinheiro da qual você necessita. Você precisará incluir essa informação na sua proposta de investimento. O desdobramento dos valores não tem de ser muito detalhado no estágio inicial. Entretanto, uma coisa é *muito* importante. *Nunca* peça menos do que você pensa que vai precisar; na verdade, peça o *dobro* de qualquer que seja o valor que for necessário. *Sempre* acaba custando mais do que você pensa e é muito difícil voltar para a fonte uma segunda vez. Se você escolheu o seu tópico de forma estratégica, a quantia será menos importante para os financiadores do que a sua habilidade de entregar o que promete dentro do prazo. Ter orçamento suficiente é crucial para fazer isso.

Alguns defendem a escolha de um tópico em grande evidência (isto é, estratégico), mas começando pequeno, talvez com um jogo que seja apenas parte do que você esteja fazendo. Recomendo tentar concretizar a sua visão

– qualquer que seja ela – em vez de fazer concessões, mas não dar passos maiores que as pernas. Produza pequeno e conseguirá fazer mais. Fracasse grande...

5. Crie um protótipo

Como grande parte das pessoas não vai "entender" de imediato com base nas suas descrições – isto é, elas não vão chegar à conclusão rapidamente de que colocar o treinamento e videogames juntos é a maior descoberta de todos os tempos –, mostrar a elas como isso pode ser feito realmente ajudará. (Você pode dar-lhes este livro, mas elas têm pouco tempo para leitura, e ainda assim elas não entenderiam a ideia.) É muito importante criar algum tipo de demonstração ou protótipo que vai fazê-las dizer: "Ah, agora entendi o que você quer dizer!". Há várias formas de fazer isso. Algumas pessoas, que dominam ferramentas de autoria o suficiente, podem construir um protótipo sozinhas. Outras têm funcionários que podem fazer isso. Outras usam *storyboards*. Outras conseguem o tempo de uma equipe que esteja fazendo outras coisas (como um treinamento *on-line*) e que adoraria dar uma chance a um jogo. Outra forma ainda seria colocar um pouco do seu conteúdo em um *shell* ou em um modelo (*template*) existente que você pode licenciar. E, se não houver nenhuma das possibilidades mencionadas, você pode simplesmente *achar* outro jogo – seja uma aplicação de aprendizagem baseada em jogos digitais ou um jogo comercial que esteja muito próximo da ideia que você tem em mente – e contar uma história convincente sobre como ele funcionaria no seu caso.

6. Conecte-se com o TI

Escute com atenção. Como a aprendizagem baseada em jogos digitais é, por definição, digital, em algum ponto você usará as redes que são de responsabilidade do departamento de Tecnologia da Informação (TI) da sua empresa. Um dos maiores erros na implantação da aprendizagem baseada em jogos digitais – que eu escuto repetidas vezes – é o não envolvimento do TI ainda nos estágios iniciais. Se você fizer parte do TI, será muito melhor. Mas as iniciativas da aprendizagem baseada em jogos digitais em geral vêm de outros departamentos dentro da organização, como treinamento, recur-

IMPLANTAÇÃO

sos humanos, comunicações corporativas ou até mesmo um departamento de operações. Nesses casos, *é crucial trabalhar para conseguir que o TI fique do seu lado quanto mais cedo melhor*. Uma boa maneira para começar é conseguir que o seu defensor converse com o diretor do TI ou alguém próximo a esse nível para explicar o que vocês estão fazendo.

O motivo para que seja tão crucial envolver o TI é que ele quer e precisa manter controle rígido sobre o que passa pela rede. Coloque-se no lugar dele. Se a rede ficar lenta, ele levará a culpa. Se um vírus entrar na rede da empresa, será culpa desse departamento. Se o sistema sair do ar, ele será responsabilizado. Por isso, qualquer pessoa prudente do TI fica atenta em relação ao que entra na rede. Depois de vivenciar a perda de controle com o avanço dos computadores pessoais, o TI está recobrando essa perda com a vingança da internet e da intranet. A maioria dos departamentos de TI tem regras rigorosas sobre o que pode entrar nos computadores e nas redes e o que pode passar pelo firewall da empresa. Outros não permitem *plug-ins*. Outros não permitem Java. Outros ainda não permitem novas DLL (*dynamic link libraries* – bibliotecas de conexão eletrônicas, que são pacotes de códigos usados pelos programas, mas que frequentemente interferem uns nos outros).

Além do temor natural que o TI tem de *todos* os programas desconhecidos, o que você está propondo são jogos. Os jogos – como os jogos para consumidores comerciais – gozam da terrível reputação de bagunçar os computadores. Isso ocorre, muitas vezes, porque, no esforço de querer os melhores recursos e os mais recentes, eles usam as abordagens e os códigos mais recentes, DLL, ficando perigosamente perto da categoria "*bleeding edge*".

Para piorar as coisas, os jogos são conhecidos como programas de grande consumo – um jogo comercial pode ocupar centenas de megabytes para uma instalação mínima. Os jogos baseados na Web podem, com frequência, enviar arquivos gráficos pesados pela rede.

Tenho visto muitos designers de jogos não corporativos e fornecedores de primeira viagem abordarem os jogos corporativos com alegria. Ao contrário do mercado para os jogos domésticos, os computadores nas corporações tendem a estar conectados por redes relativamente rápidas, linhas T1 e T3 de saída, e ethernet de pelo menos 10 megabytes para o desktop.

No jargão, as empresas têm "grandes tubos". "A banda larga está lá! Os jogos não deveriam ter problemas nesse tipo de ambiente!" – Errado! Os tubos podem ser grandes, mas são grandes por um motivo. Em geral, estão cheios de dados corporativos importantes, com frequência de sistemas críticos de missões que não podem ficar lentos ou ser deslocados.

Tudo isso para dizer que, quando você for até o TI para falar sobre jogos, mesmo que muitos de seus funcionários sejam jogadores, eles terão um medo instintivo e preconceito contra você. É o seu trabalho superar esse preconceito e conquistá-los.

Uma excelente maneira de fazer isso – quanto mais cedo no processo melhor – é ter o pessoal técnico na sua equipe para encontrar o grupo que o TI escolher (o representante do TI para o seu departamento ou o *webmaster* da empresa são boas escolhas para começar a organizar isso). Explique o que você está tentando fazer e tente perceber quais preocupações e restrições ocorrerão. Por exemplo, você planeja usar um servidor que poderia fazer falta para o servidor global da empresa em, digamos, Nova York? O TI pode não querer que o seu tráfego cruze oceanos e pode preferir três servidores espalhados pelo mundo. Você planeja uma implementação em Java? O TI pode ter restrições. Você planeja rodar por meio de um navegador? Ele pode ter um plano de *upgrade*, ou não, ou ter vários navegadores diferentes em plataformas diferentes (você se lembra do Unix?). Você planeja um jogo em CD-ROM? Como vai distribuir os discos? Haverá espaço suficiente nos discos para a instalação? E se ele ou alguns dos seus escritórios preferirem uma implementação em rede? E se estiver eliminando os CD-ROM em favor das soluções apenas na Web?

Lembre-se de que, apesar de o TI poder parecer, por vezes, um "brigão" (nas palavras de outros implementadores de jogos, não minhas), ele está no negócio para servir necessidades corporativas legítimas. Se você (ou possivelmente o seu defensor) conseguir levar o plano a esferas suficientemente altas da organização do TI e transmitir a ideia de que o que você está fazendo será importante para os negócios, você conseguirá cooperação. Isso, em geral, ocorrerá na forma de uma ou mais pessoas do TI designadas para a sua equipe. Isso é uma grande ajuda, pois elas falam a linguagem que você pode não falar e elas podem conseguir muito para você. "Eu vi que o meu trabalho era facilitar e assegurar que o projeto funcionava", conta Neil Berkowitz, o executivo do TI que gerenciou o lançamento do *Straight Shooter!* no Bankers Trust. "Tinha de lutar constantemente contra questões como 'Qual é a melhor maneira de transferir isso do desktop? Como você gerencia versões diferentes do mesmo jogo? Como colocar um jogo em uma rede da empresa?' Como gerente de computadores, eu sabia as respostas pela minha experiência, e os outros confiavam em mim o suficiente para me seguirem." Porém, mesmo assim, foi uma batalha, algumas vezes. Durante a fase de implementação, Berkowitz dizia frequentemente para os seus colegas do TI, com frustração: "Essa é a aplicação mais interessante e divertida *na empresa inteira* e vocês não estão prestando atenção".

Não se esqueça disto: desde o modelo mais simples até o maior jogo corporativo, você *sempre* vai querer o TI do seu lado.

7. Elabore a proposta

As empresas normalmente têm critérios e até formulários específicos e formais para as propostas de investimento e você deveria começar a procurar os seus o mais rápido possível. Eles o ajudarão a entender o que é necessário – quais patrocinadores, quais aprovações e assim por diante. São necessários muitos níveis de justificativas. Aqui estão dois exemplos para orientação geral. Porém, tenha em mente que cada empresa é diferente nessa área.

Propostas de investimento: dois exemplos

EXEMPLO 1: *Straight Shooter!* O processo da proposta de investimento (PI) no Bankers Trust era muito claro: preencha os formulários no Lotus Notes e envie para aprovações, as quais os executivos poderiam fornecer com um clique. O formulário a seguir é o formulário verdadeiro que foi submetido e aprovado. (Observe que o Bankers Trust não existe mais como uma empresa, pois foi comprado pelo Deutsche Bank em 1999.)

PROPOSTA DE INVESTIMENTO DO *STRAIGHT SHOOTER!*

Resumo

Projeto número: XXXXX
Data do início do projeto: 12/96
Duração do projeto: 0,9 (anos)
Título: Sistema de treinamento para políticas
Tipo de Projeto: Pesquisa e desenvolvimento
Localização do Projeto: América do Norte e do Sul
Descrição: Criação de um *shell* para sistema de treinamento baseado em rede avançada para treinamento genérico de políticas que esteja disponível para todos os funcionários do BT, reutilizável para diferentes tipos de treinamento de políticas no BT, motivando os usuários e comercializável fora do banco por meio de jogo educativo corporativo.

Quantia de capital: zero dólar
Quantia da despesa: 500 mil dólares

Código de despesa:	Divisão:	Linha de negócio:
XXXXXXX	XXXXXXXX	XXXXXXXX
DESENV APLICAT	RECURSOS HUMANOS	*STAFF* CORPORATIVO

A porção das despesas de capital desse projeto está incluída no seu plano de capital? (S/N) N

Se Sim, informe o número do plano de capital:

A porção da despesa deste projeto incluiu o seu orçamento de despesas?
(S/N) S

Preparador:	Marc Prensky	Patrocinador:	Mark Bieler
Cargo:	VP	Cargo:	DM
Localização:	BTP 12	Localização:	BTP 12
Telefone:	XXX-XXXX	Telefone:	XXX-XXXX

Gerente da Divisão de Aprovação: Mark Bieler
Aprovação adicional: XXXXXXXXXXX
Outros contatos: _____

Impacto nas outras áreas de negócios: o sistema pode ser usado por qualquer área de negócios do BT com necessidades de políticas de treinamento que esteja disposta a investir no desenvolvimento de conteúdo.

Justificativa

Justificativa de negócios:
O BT necessita mostrar aos reguladores que estamos fazendo algo claro e consistente para o treinamento de políticas e está claro que necessitamos fornecer melhor treinamento para os nossos funcionários sobre as nossas políticas, como as políticas de foco para derivativos, políticas de tecnologia e outras políticas de controle. Essas políticas são em geral extensas, densas e difíceis de ler, mas têm de ser compreendidas em detalhes. O presente método, sessões em sala de aula com especialistas, pode apenas enfocar no resumo de pontos essenciais e não cobrir todo o material, e taxa o tempo dos especialistas no assunto. Esse investimento nos possibilitará criar a arquitetura de um sistema de Treinamento Baseado em Computador que possa (1) fornecer treinamento em qualquer tipo de política em níveis variados de detalhes, (2) verificar o treinamento e acompanhar a finalização de vários segmentos, incluindo *updates*, (3) motivar a população a aprender o material e (4) reaver nosso investimento e gerar renda com a venda do sistema (exceto conteúdo proprietário) para outras instituições.

IMPLANTAÇÃO

Nenhum ROI. O único formulário extra exigido foi uma justificativa de uma página dos fornecedores selecionados e uma planilha mostrando como chegar ao valor de 500 mil dólares. Os patrocinadores acreditaram e precisavam do projeto.

EXEMPLO 2: *In$ider*. O plano de negócios para o *In$ider* foi apresentado por Paula Young por meio de uma animação preparada no *Director* da Macromedia. (A mesma coisa poderia provavelmente ter sido obtida com as versões atuais do PowerPoint, com animações usadas o máximo possível.)

A proposta consiste de oito seções:

- *Drivers*
- O *gap*
- Soluções potenciais
- Intervenções de treinamento
- A solução integrada
- Questões de implementação
- Benefícios para os negócios
- Decisão de investimento necessária

O clique em uma seção leva a três ou quatro marcadores, cada um com uma ilustração, quadro ou texto adicional. Em *drivers*, por exemplo, estão ambiente de negócios em mudança, risco de auditoria crescente e reação aos padrões de contabilidade. O *gap* discute a pesquisa que o time dela realizou e "enquadra" o problema (sim, em uma moldura dourada). A seção soluções potenciais discute as mudanças nas práticas de trabalho, intervenções no treinamento e compromisso de liderança, concluindo que todas as três são necessárias. A seção das intervenções de treinamento discute alternativas, desde não fazer nada até a expansão de ofertas atuais, a terceirização, a compra de soluções de prateleira e a criação de soluções internamente, que ela recomenda tanto para a vantagem competitiva como para o melhor uso de conjuntos de habilidades externas na empresa. Young apresenta, então, a sua "solução integrada", a qual consiste do jogo, do acompanhamento do "live Academy" e de vários elementos de suporte. As suas "questões de implementação" estão divididas em questões estratégicas, questões operacionais e valores e atitudes.

Depois de discutir cada um desses marcadores em detalhes, Young passa para os "benefícios dos negócios", que incluem dinheiro, tempo e redução de custos, mas de uma maneira muito *qualitativa*: "reduzir o tempo do aprendiz, uso mais efetivo dos instrutores e preço mais baixo no longo prazo" é o que ela escreve. Os únicos números são 2,5 dias *versus* 5 dias. Os outros benefícios para os negócios incluem a solução de alta qualidade e o fortalecimento da marca PricewaterhouseCoopers.

ESTE É O FORMULÁRIO DE ANÁLISE DE CUSTOS UTILIZADO POR PAULA YOUNG

PricewaterhouseCoopers
Learning Technologies
Análise custo/benefício

Projeto:

Custo direto do programa de *e-learning*
Investimento inicial — Quantia bruta para assegurar antes do início

Desenvolvimento/aquisição de prog.		a	Autoconstruído, contratado ou comprado em loja
Aquisição/upgrade de hardware		b	Não se esqueça das melhoras na rede
Estabelecimento de infraestrutura		c	Treinamento de *staff*, espaço, reforma, armazenagem, cabos, etc.
		$d = a + b + c$	

Custos recorrentes — Custos anuais para entregar o treinamento

Suporte ao aprendiz		e	Pessoas para iniciar aprendizes e ajudar quando parados
Suporte tecnológico		f	Pessoas e sistemas para manter a tecnologia funcionando
Consumíveis		g	Materiais de ensino, aquecimento, luz, energia
Receita bruta [valores negativos]		h	Vendas, aluguel, royalties, reservas de centros de aprendizagem
		$i = e + f + g - h$	

Prazo de validade		j	Anos em que o treinamento continuará atual
Custos recorrentes totais		$k = i \times j$	
Custos totais		$l = d + k$	
Público (existência do programa)		m	Aprendizes durante prazo de validade
Custo por aprendiz		$n = l + m$	

Economia em relação a qualquer alternativa de ensino existente*

Custos do aprendiz — Custos diferenciais por aprendiz*

Tempo de aprendizagem		o	Valor do tempo economizado [negativo se MM for devagar]
Viagem e acomodação		p	Custos que podem ser evitados ao usar multimídia
		$q = o + p$	

Custos do evento — Custos diferenciais por evento*

Tempo do instrutor		r	Valor do tempo economizado do instrutor
Custos com o local		s	Custos que podem ser evitados ao usar multimídia
		$t = r + s$	
Aprendizes por evento		u	Média do número de aprendizes por evento existente

Economia por aprendiz		$v = q + (t + u)$	

Custo/economia líquida

Por aprendiz		$w = n - v$	
Total		$x = m \times w$	

A seção final da proposta, a decisão de investimento, mostra as três fases do projeto (inclusive a implementação como fase 3) e os seus requisitos de tempo e custo. Ela compara os seus custos com as alternativas discutidas anteriormente e inclui um gráfico que mostra que a sua solução tem custo fixo, ao passo que todas as outras soluções têm custos variáveis, que aumentam perpetuamente com mais aprendizes.

Na conclusão da proposta, há três opções: financiar a coisa toda, financiar o *design* e, por fim, buscar a aprovação para a próxima fase ou não fazer nada.

Não há nenhum ROI nessa proposta projetada para os financiadores, embora Young tenha realizado a análise de custo, no formulário mostrado anteriormente, para o principal patrocinador e para o parceiro de treinamento.

A equipe de Young recebeu mais de 1 milhão de dólares. *Pense estrategicamente!*

8. Supere objeções

Sempre haverá objeções. No seu *Thiagi Game Letter*, Thiagi publicou dois artigos para reduzir a resistência ao uso de jogos, primeiro entre os executivos e depois entre os usuários.[9] No primeiro artigo, ele recomenda montar um Case para os jogos, sendo Case o acrônimo para Compatibilidade, Adaptabilidade, Simplicidade e Efetividade. O seu projeto deveria ser compatível, diz ele, com os valores organizacionais e culturais da sua empresa. Você deveria se assegurar de que a sua abordagem se presta a mudar o conteúdo e o tamanho dos grupos. Você deveria tornar o seu conceito fácil de comunicar, entender e usar. E você deveria tentar resolver metas relevantes e produzir resultados efetivos. De todos esses, eu destacaria particularmente a comunicação. Ao mostrar o seu protótipo (e, ainda melhor, ter o seu defensor para mostrá-lo) para o maior número possível de pessoas na organização, você começa não só a formar a sua lista de apoiadores, mas também a eliminar as objeções que terá de superar.

---

9   *Thiagi Game Letter*, vol. 2, nᵒˢ 7 e 8, outubro e novembro/dezembro de 1999.

CONVENCER A DIRETORIA E CONSEGUIR O DINHEIRO

O segundo ponto de Thiagi é também muito importante: os usuários também podem ter preocupações. Já conversamos sobre a criação de grupos focais de usuários e de ter usuários na equipe. Porém, Thiagi nos lembra que qualquer coisa nova e que envolva mudança, como a aprendizagem baseada em jogos digitais, pode tanto ser aceita como encontrar resistência. A boa comunicação, bem como a atenção ao que Thiagi denomina os "seis estágios da mudança" – a ignorância, a ansiedade, a curiosidade, a prontidão, a aceitação e a desilusão –, é importante para reduzir qualquer resistência e aumentar as chances de ser aceito pelo grupo mais amplo possível.

Quando li o artigo pela primeira vez, fiquei curioso sobre esse último ponto. Por que a desilusão? O que ele quer dizer é que, quando os usuários finalmente experimentam a aprendizagem baseada em jogos digitais (ou qualquer outra coisa que funcione), eles geralmente querem mais – e depressa. Compreender que você pode estar desencadeando uma avalanche de demandas é muito importante. (Isso em geral recebe a referência de "bom" problema.)

Para os executivos que fazem objeções e não são a favor dos jogos, você poderá citar estes comentários de Mark Bieler, ex-vice-presidente executivo e diretor de longa data do RH do Bankers Trust:

> Eu não tenho um longo histórico de ser, necessariamente, uma pessoa que adota precocemente [novas tecnologias] e não penso que esteja necessariamente na minha natureza como um homem de negócios esforçar-me para obter o brinquedo mais recente porque é um brinquedo. Porém, a minha carreira começou no treinamento e desenvolvimento de coisas, então o meu conhecimento de campo não é teórico, mas real e prático. E também gostaria de passar muito tempo conhecendo a população singular de pessoas jovens e senti que tinha um sentimento razoável sobre como eram motivadas e quais tipos de pessoas elas eram e como eram psicologicamente. Como diretor de RH, tive a posição claramente singular sobre o poder e a efetividade de tudo isso. Tanto do ponto de vista pedagógico como do ponto de vista clínico em termos da

compreensão desse tipo de população, honestamente, isso apenas parecia uma maneira em particular poderosa de proceder.[10]

Eu gostaria que todos tivessem chefes e patrocinadores como Mark Bieler. Mas, mesmo com executivos predispostos a serem favoráveis, você ainda terá de responder à pergunta sobre a aprendizagem baseada em jogos digitais que é provavelmente a maior objeção de todas – "Isso funciona?". Passarei para esse assunto no próximo capítulo.

---

[10] Entrevista por telefone.

14.
Avaliação da eficácia
funciona?

> Muita eficácia e muita diversão.
> *Society for Technical Communications*

> Em termos de motivação, em termos de conseguir tempo para passar o tempo e esquecer, não olhar no relógio, mas suspender a sua percepção de tempo e ficar profundamente absorvido nele, e em termos de competição, é realmente surpreendente como isso é efetivo.
> *Don Johnson, Pentágono*

> Está por aí e em funcionamento.
> *Joe Costello, CEO, think3*

Os que dizem não

> Ok, nós sabemos. Aprendizagem em primeiro lugar, diversão, em segundo.
> *Bob Filipczak, revista Training*

É justo dizer que a aprendizagem baseada em jogos digitais – mesmo quando apresentada como a *única maneira* de aprender – tem a sua parce-

IMPLANTAÇÃO

la de ceticismo. Os céticos incluem heréticos autodefinidos como Clifford Stoll,[1] psicopedagogos como Jane Healy,[2] tecnólogos instrucionais como David Merrill[3] e vários outros professores universitários.

Os argumentos dos negadores se encaixam em três categorias. De um lado, estão os *supertradicionalistas*. São pessoas que têm um modelo internalizado forte de o que a aprendizagem e a educação deveriam parecer: o professor como o especialista e os alunos como recebedores; exposição lógica; uma coisa por vez; trabalho duro. Para esse grupo, os jogos, em quase todas as formas, não têm lugar na aprendizagem formal, na instrução e no processo de treinamento. Considere Clifford Stoll nesse grupo.

A seguir, há os *revisores e reforçadores*. Esse grupo pensa que o mais importante é injetar alguma diversão no processo de aprendizagem e que os jogos são uma boa maneira de fazer isso – mas não de ensinar. Os jogos não podem ensinar – apenas a aula pode. Mas, no final de uma sessão de aprendizagem tradicional (em sala de aula ou *on-line*), os jogos são uma boa maneira de fazer que os aprendizes revisem o que aprenderam. Os jogos *não* são o exame, note bem; o exame é formal, particular e, com certeza, não é divertido. Porém, eles são bons para revisão e reforço. Considere o pessoal do *Jeopardy!* entre essas pessoas. Até Lightspan está nesse campo.

O terceiro grupo de negadores é o grupo do *não vale a pena*. Esse grupo argumenta que o conteúdo educacional em relação à quantidade no de entretenimento na aprendizagem baseada em jogos digitais é tão pequeno que não vale o esforço e o tempo para criá-lo ou usá-lo. Este é o argumento do professor David Merrill: "há muita cobertura para pouco bolo".

O quarto grupo é o do *eu receio*. Eles veem algumas coisas positivas, mas muito mais negativas e, com frequência, citam a falta de pesquisa sobre os efeitos de longo prazo da tecnologia e da aprendizagem. A doutora Jane Healy representa esse grupo.

---

[1] Clifford Stoll, *High Tech Heretic*, cit. Stoll é astrônomo e professor da Universidade da Califórnia, em Berkeley.

[2] Jane Healy, *Failure to Connect*, cit. Healy é psicopedagoga e ex-diretora de escola do ensino fundamental.

[3] David Merrill é professor de *design* instrucional na Universidade do Estado de Utah.

AVALIAÇÃO DA EFICÁCIA

O quinto argumento que eu, algumas vezes, escuto contra a aprendizagem baseada em jogos digitais vem de outra direção completamente oposta: dos *idealistas*. O argumento deles é de que apenas a integração verdadeiramente completa do conteúdo com o jogo em uma simulação intrínseca extraordinária vai funcionar, e que, a menos que, ou até que, possamos fazer isso, estamos perdendo tempo. Considero Michael Allen[4] nesse grupo.

Por fim, há os *passivistas*. São os que, incluindo muitos na própria indústria dos jogos, veem as pessoas geralmente como mais passivas do que ativas e que, portanto, *qualquer* metodologia de aprendizagem ativa, da qual a aprendizagem baseada em jogos digitais faz parte, está condenada se não ao fracasso, ao menos a uma posição de nicho. Scott Miller[5] representa a posição deles.

Agora vamos discutir os seus pontos de vista. Sempre que possível, tentarei apresentar exemplos da aprendizagem baseada em jogos digitais que refutam as perspectivas deles.

O livro de Clifford Stoll, um tradicionalista confirmado, *High Tech Heretic: Why Computers Don't Belong in the Classroom*[6] está repleto de comentários incisivos com o objetivo de incitar. Por exemplo:

- "Um computador não pode substituir um bom professor."
- "E sobre os computadores substituírem os maus professores? De novo, não: os maus professores devem ser substituídos pelos bons professores."
- "O prazer de adquirir conhecimento não tem nada que ver com fazer do processo de ensino e aprendizagem uma atividade divertida."
- "A maior parte do processo de ensino e aprendizagem não é divertida. Aprender dá trabalho."
- "Máquinas de ensino substituem reflexão e pensamento crítico por respostas e ações rápidas."

---

[4] Michael Allen é o CEO da Allen Interactions e o criador da ferramenta de autoria Authorware.

[5] Scott Miller é um dos fundadores da Apogee/3D Realms, empresa criadora do jogo de computador *Duke Nukem*.

[6] Stoll, *High Tech Heretic*, cit.

IMPLANTAÇÃO

- ■ "Transformar o processo de ensino e aprendizagem em diversão denigre as coisas mais importantes que podemos fazer na vida: aprender e ensinar." (Adivinhem qual é a profissão de Stoll?)
- ■ "Muitos assuntos não são divertidos. Muitos trabalhos também não são divertidos."
- ■ "Um professor inspirado não precisa de computadores; um professor medíocre não vai melhorar com um."

Deixando de lado o fato de que não há muitos professores bons no sentido de bom usado por Stoll e, certamente, não o suficiente, Stoll, como a maioria dos tradicionalistas, erra ao ignorar o fato de que os aprendizes de hoje mudaram. Se ao menos, argumentam os tradicionalistas, pudéssemos nos livrar de toda essa tecnologia moderna e inútil, parar de tentar entreter e voltar a fazer o que sempre fizemos, as coisas seriam ótimas. Tentei mostrar neste livro que a diversão *ajuda* o processo de ensino e aprendizagem em vez de prejudicá-lo e que "a maneira como as coisas são sempre feitas" não é apenas relativamente recente, mas está relacionada a estruturas sociais específicas e de comunicação que agora estão passando por um processo de mudança. É dessas mudanças nas estruturas que Stoll e os seus aliados estão *realmente* reclamando e isso é algo, suspeito eu, sobre o que não se pode fazer nada a respeito.

Mas, para mim, a verdadeira lástima na posição de Stoll (eu suspeito ele se posiciona dessa maneira principalmente para causar impacto e possivelmente lucrar) é que ele está em uma excelente posição para melhorar as coisas ao criar a aprendizagem baseada em jogos digitais que funcione de todas as maneiras que ele sugere. Stoll é astrônomo, programador e – se acreditarmos na sua autoavaliação – um excelente professor. Como eu sou um garoto da cidade que vê o céu limpo, sem lua e cheio de estrelas talvez apenas uma noite por ano, eu *adoraria* um jogo que me ensinasse a identificar e memorizar as constelações e outras coisas que eu não sei sobre astronomia. Já usei várias técnicas "tradicionais" (inclusive ter alguém para me apontar as constelações ao vivo), tudo em vão. Stoll escreve que "nenhum computador multimídia ajudará um estudante a desenvolver habilidades analíticas" e que "nenhum programa de astronomia pode engendrar a mesma sensação de surpresa ao ver pela primeira vez os anéis de Saturno pelo telescópio". Além disso, escreve ele, "mostre-me o programa de computador que encoraje a reflexão silenciosa". Eu humildemente sugeriria que Stoll é extremamente capaz de programar um jogo para a aprendizagem da astronomia e que faria tudo isso; e mais, se ele escolhesse fazer isso, eu ficaria feliz em ajudá-lo. Para os modelos, dou a sugestão do *Strategy Co-Pilot* para análise, *Riven* para a surpresa e os jogos de computador *Chess* e *Go* para a análise silenciosa.

O segundo grupo, o dos negadores da "revisão e reforço", normalmente pensa que para "ensinar" uma matéria basta *apenas* uma explicação lógica, dada pelo professor ou pelo livro (ou possivelmente pela leitura da tela), portanto, o melhor que um jogo pode fazer é a revisão. Fica claro que *como* ensinar por meio de jogos (em especial os jogos digitais) não é algo intuitivamente óbvio para a maioria dos instrutores, professores e educadores de hoje. Porém, a perspectiva de que os jogos *não podem* ensinar além de ser incorreta é principalmente inadequada ao desencorajar a experimentação de como melhor fazê-lo. Como bons exemplos de como as pessoas podem aprender pela primeira e única vez ao usar um jogo, eu indicaria o *Objection!*, *In$ider*, *The Monkey Wrench Conspiracy* e vários outros exemplos neste livro.

Já em relação ao grupo "sem edu o suficiente", a sua reclamação não se refere tanto ao processo, mas à execução. "Não sou categoricamente contra os jogos", escreve o professor M. David Merrill,[7] "mas a maioria dos jogos educacionais que eu vejo usa princípios inadequados do jogo e perde o seu valor educacional". "O problema com o edutenimento", continua ele, "é que, com frequência, há *-tenimento* demais e não há *edu-* o suficiente". É como um argumento nutricional – alguns alimentos claramente têm alto valor nutricional ("edu"), e a maioria dos "especialistas" nos aconselham a comê-los. Contudo, a maioria de nós prefere comer aquilo que nos atrai. E as consequências dessa preferência podem ser piores do que as consideradas

---

[7] M. David Merrill, "What Motivates the MTV Generation?: Some Comments on Motivation", artigo não publicado.

ideais, mas em geral nos mantêm vivos e bem. Quando Merrill fala sobre a "quantidade de aprendizagem por hora de jogo", ele com certeza está fazendo esse tipo de argumento, muito embora tenha ajudado a projetar jogos com proporção nutricional além do seu gosto. O pressuposto subjacente por trás do argumento "nutricional" é que a *aprendizagem por si própria* motiva as pessoas. "Aprender algo novo é o motivador mais poderoso que temos", escreve Merrill. Portanto, o "tenimento", como "jogos, temas e cenários que são irrelevantes para o conhecimento e a habilidade que estão sendo ensinados", é irrelevante e até contraproducente, por vezes. Esse é o argumento amplamente escutado dos professores da academia para os quais o prazer na aprendizagem é, sem dúvida, verdadeiro. Mas o restante de nós, desconfio, prefere o máximo de *tenimento* que podemos conseguir com o nosso *edu*, principalmente para as coisas que preferíamos não aprender. Esse é o motivo pelo qual argumentei, no capítulo 6, que, na criação da aprendizagem baseada em jogos digitais, devemos trabalhar para aperfeiçoar tanto a motivação como os aspectos da aprendizagem ao mesmo tempo. Quantos de nós podem ficar firmes em uma dieta 100% saudável?

O quarto grupo de negadores – o grupo do "eu receio" – é, para mim, o mais traiçoeiro, pois acho que ele tira as conclusões erradas dos fatos que cita. A doutora Healy, psicopedagoga, ex-diretora de escola do ensino fundamental e autora do livro *Failure to Connect*,[8] apresenta a tese de que os computadores não estão ajudando as crianças, principalmente as mais novas, a aprender e estão até prejudicando o processo. Ela cita muitos exemplos de computadores usados de maneira improducente. Esses exemplos contam a favor dela e são contrabalançados com vários exemplos positivos de computadores, e até mesmo jogos, que aumentam a aprendizagem. Mas Healy dá os exemplos que "funcionam" (os quais, alega ela, foram "difíceis de encontrar") quase sem crédito algum em todos os seus argumentos, o que quase sempre, em resumo, leva a perigos potenciais que nos são desconhecidos devido à falta de pesquisa. "Ninguém sabe se jogos de computadores demais tornarão as crianças mais sujeitas à depressão ou vão afetar o seu sistema

---

[8] Jane Healy, *Failure to Connect*, cit.

imunológico", escreve ela em itálico, "porque nenhuma pesquisa considerou tais questões. Ainda é uma das muitas abordagens que deveríamos adotar em relação a qualquer mídia nova de maneira imparcial". Se Merrill utiliza o argumento nutricional, o argumento de Healy é o do "alimento geneticamente modificado".

A doutora Healy e outros que compartilham da sua visão poderiam ser realmente úteis para a evolução bem-sucedida da aprendizagem baseada em jogos digitais ao dizer "Aqui está o que funciona e aqui está o que não funciona, vamos fazer mais do primeiro". Em vez disso, Healy propõe o banimento dos computadores das salas de aula até a idade de 8 anos, com base na sua percepção de que as crianças necessitam de outras coisas além do que os computadores estão fornecendo em muitas salas de aula na época em que estava escrevendo o seu livro. Com certeza, elas necessitam. Apesar da grande preocupação de Healy sobre o que os computadores farão às crianças jovens, os seus argumentos reais se resumem ao fato de que muitos dos programas disponíveis não estão fazendo o que ela pensa que precisam fazer, e a maioria dos professores não têm sequer ideia de como ensinar usando programas. Ela afirma que leva de "cinco a seis anos" para os professores mudarem os seus hábitos de ensino,[9] mas prefere não resolver a situação e tenta evitar o pior, em vez de dizer "então vamos começar". Ela até se coloca na posição de mártir, ao perguntar, em resposta ao argumento de que a familiaridade com os computadores ajudará os garotos a arrumarem emprego: "Eu me arrisco a ser apedrejada em praça pública se sugerir que o objetivo da educação não é tornar as crianças economicamente valiosas, e sim permitir que elas desenvolvam valor intelectual e pessoal, assim como habilidades práticas?". Se Healy e aqueles que a apoiam deveriam ser apedrejados intelectualmente não seria por esse motivo, mas por serem alarmistas e não trabalharem para tornar a vida das crianças mais fácil ou melhor na linguagem da época deles.

O quinto grupo dos que dizem não a grande parte da aprendizagem baseada em jogos digitais vem da direção completamente oposta – da visão da

---

[9]   *Ibid.*, p. 87.

IMPLANTAÇÃO

perfeição que não está sendo alcançada. "É uma pena que o edutenimento tenha viajado todo este caminho", escreve Michael Allen, criador renomado da linguagem de autoria multimídia *Authorware* e perfeccionista assumido.[10] "Os jogos intrínsecos – aqueles nos quais a aprendizagem é um componente de sucesso e o sucesso não é apenas uma pontuação de jogo, mas crescimento pessoal transferível para a vida real... são talvez as aplicações de tecnologia mais nobres e que valem a pena no campo da aprendizagem..." O problema, com certeza – Allen é o primeiro a admitir –, é que não existem muitos deles ainda; nós acabamos de começar. Além disso, como indiquei no capítulo 6, há muitas abordagens diferentes – algumas intrínsecas e outras não – que são adequadas para situações de aprendizagem diferentes. Por mais que eu admire os idealistas, penso que descartar abordagens e esforços alternativos que estão nos levando a tornar a aprendizagem mais divertida é contraproducente. Embora talvez imperfeitos, alguns bons exemplos de jogos de aprendizagem intrínseca podem ser vistos no *Joint Force Employment*, *In$ider* e *Strategy Co-Pilot*.

Por fim, chegamos aos "passivistas", que dizem não ao fato de o jogo se tornar realmente importante. Muitos desses negadores, curiosamente, são eles próprios ávidos jogadores e criadores de jogos. Porém, assim como Scott Miller da Apogee Entertainment, eles "não acreditam que o entretenimento interativo dominará outras formas de entretenimento neste século que se inicia". "Eu acho", diz Miller, "que, geralmente, as pessoas preferem a aprendizagem passiva, como assistir à TV, ver esportes e ir ao cinema, onde você pode ficar como um vegetal e apenas desfrutar do que está na sua frente. Mas resta pouca dúvida de que o ato de jogar jogos digitais continuará crescendo".[11] Isso poderá ser válido para a aprendizagem baseada em jogos digitais? É o que veremos em breve.

---

[10] Entrevista por telefone.
[11] *Apud* Geoff Keighley, *Millenium Gaming*, cit.

AVALIAÇÃO DA EFICÁCIA

A PROVA: DO QUE ESTAMOS FALANDO?

> Um indicador não é muito bom se até uma
> pessoa morta participa.
> *Clark Aldrich, Gartner Group*

Conforme examinamos e avaliamos as provas para responder à pergunta "Funciona?", precisamos decidir do que se trata. Essa pergunta se refere a *toda* a aprendizagem baseada em jogos digitais? Há milhares de exemplos, cada qual um pouco diferente. A pergunta está dirigida a *exemplos individuais*? Se for assim, então, para responder à pergunta com precisão, teríamos de avaliar cada exemplo. Apenas alguns foram avaliados e apresentarei os resultados em um minuto. Mas todos esses resultados são transferíveis?

Acho que podemos lidar melhor com a pergunta "Funciona?" ao adotarmos uma variedade de abordagens:

1. Podemos perguntar se a diversão, o ato de jogar e os jogos, *em geral*, ajudam a ensinar. Isso nós já fizemos e a resposta é: completamente.
2. Podemos pegar dados de uma área (aprendizagem de crianças) e extrapolá-los para outra (aprendizagem de adultos). Faremos isso com os jogos da Lightspan, da Click Health e da Scientific Learning. Faremos isso para os adultos jovens com os jogos da Will Interactive.
3. Podemos definir a aprendizagem baseada em jogos digitais "ideal" como as melhores abordagens da aprendizagem baseada em tecnologia colocadas em um pacote mais envolvente. Isso nos permite usar a eficácia do treinamento baseado em tecnologia como o nosso critério, assumindo que o envolvimento crescente vai apenas melhorar os resultados.
4. Podemos ouvir os que fizeram a maior parte da aprendizagem baseada em jogos digitais, principalmente as Forças Armadas, bem como outros que a usaram ou avaliaram, e ouvir o que eles têm a dizer.
5. Podemos examinar algumas avaliações de exemplos específicos da aprendizagem baseada em jogos digitais para adultos que estão disponíveis: *Darwin*, *Electro Adventure* e *HIV Interactive Nights Out*.

6. Podemos perguntar às pessoas que pagaram por ela se elas consideram ou não que o dinheiro foi bem gasto.

Todas as abordagens anteriores apontarão na direção de que a aprendizagem baseada em jogos digitais realmente funciona, embora alguns professores da academia ainda afirmem que isso "não foi provado". Deveríamos nos lembrar, contudo, de que há muitos níveis de prova, alguns dos quais, apesar de não serem perfeitos (por exemplo, análise estatística), são em geral bons o suficiente para que possamos continuar. Como Einstein lia todos os dias na parede do seu escritório: "nem tudo que conta pode ser contado".

1. Avaliação do valor da diversão, do jogar e dos jogos na aprendizagem

Se você, até agora, não estiver convencido, por favor, volte e leia o capítulo 5.

2. Avaliação da aprendizagem na aprendizagem baseada em jogos digitais para crianças

Há muitos que criticam os jogos de aprendizagem para crianças, e há muito a ser criticado. O "edutenimento" parece ter desinteressado muitos educadores da mesma maneira que o antigo Treinamento Baseado em Computador desinteressou os estudantes. Mas, se alguns jogos *não* produzem aprendizagem, isso não ocorre porque eles são jogos, ou porque o conceito de edutenimento é falho. Isso ocorre porque *aqueles jogos em particular são mal projetados*. Há muitas provas de que os jogos de aprendizagem para crianças *bem* projetados *de fato* produzem aprendizagem, e muita, por meio do envolvimento das crianças.

Algumas pessoas se referem à parte de "jogo" da aprendizagem baseada em jogos digitais como uma "cobertura açucarada", dando a ele uma forte conotação negativa. Discordo de que esse fator seja negativo e, na realidade, acredito que seja exatamente o oposto – isso é, frequentemente, de grande ajuda. Nas escolas, como no treinamento, estamos muitas vezes falando de coisas que as pessoas não querem aprender. Não vejo razão por que um pouco de "açúcar" não seria bom se ele ajuda a digerir outras coisas e se a combinação não prejudicar você. Afinal de contas, isso é exatamente como

AVALIAÇÃO DA EFICÁCIA

fazemos para tomar um remédio de gosto ruim. Por algum motivo essa ideia, entretanto, faz que muitos educadores "sérios" fiquem incomodados. E não são apenas os educadores. O *Wall Street Journal* noticiou que Richard Fischer, representante comercial adjunto dos Estados Unidos, zombou dos celulares japoneses *i-mode* com internet como "açúcar, sem substância", muito embora, entre os serviços fornecidos, além do acesso à Web, estivessem disponíveis aulas diárias de inglês. David Wessel, o jornalista do *Journal*, faz a pergunta retórica: "Quem disse que os celulares não deveriam entreter e também informar?".[12] Quem disse que a aprendizagem também não deveria?

Eu diria, na verdade, que toda a educação boa é, e sempre foi, edutenimento. *Uma ótima educação é o edutenimento que resultou da mistura correta.* Condenar o edutenimento por não ser efetivo é condenar os livros, as peças e os filmes baseados em fatos reais, alegando que a maioria deles é ruim. Nenhuma pessoa racional condena o gênero; falamos de livros bons, peças boas e filmes bons, como os que resistem ao teste do tempo.

Um pouco disso, certamente, é apenas discussão de pormenores. Uma observação que John Kernan da Lightspan Partnership fez quando me encontrei com ele pela primeira vez me marcou de verdade. Quando você elimina os recessos, almoço e os intervalos entre atividades, as crianças do ensino fundamental de fato acabam com quase 3 horas de tempo de instrução no seu dia típico,[13] das nove da manhã até as três da tarde.[14] Agora suponha que os jogos de reforço da Lightman sejam apenas 50% do "bolo" (para utilizar um termo do professor Merrill). Se você puder fazer que as crianças usem os jogos da Lightman por seis horas no final de semana, você adicionou de forma efetiva um dia por semana à escola! Seis horas são realmente bem menos do que o tempo que aquele estudante normalmente gastaria no final de semana assistindo à TV ou jogando. O truque, contudo, é fazer que os jogos de aprendizagem sejam atraentes o suficiente para substituir essas atividades. Daí a necessidade da "cobertura".

---

[12]   *Wall Street Journal*, 3-8-2000.
[13]   Nos Estados Unidos, essa é a carga horária escolar típica.
[14]   Entrevista por telefone.

IMPLANTAÇÃO

Os números da Lightspan corroboram isso. Essa empresa me enviou um CD cheio de estudos que, quando impressos, formam o que ela chama "lista telefônica".[15] Os estudos foram realizados em mais de quatrocentos distritos escolares e a metanálise foi feita pelo doutor William Stock, professor aposentado da Universidade Estadual do Arizona. Estudo após estudo, distrito após distrito, os números mostram pontuações em testes-padrão com a Lightspan obtendo maiores pontuações do que as do grupo controle. O resultado global é que para cada 100 estudantes no ambiente do grupo controle com pontuação acima do quinto percentil, havia 128 estudantes da Lightspan bem-sucedidos, um aumento de quase 30% no número de estudantes bem-sucedidos em relação ao grupo controle. No desdobramento posterior, os aumentos da arte vocabular e de linguagem em relação aos grupos controle foram 24% a 25%, respectivamente, ao passo que as pontuações para solução de problemas matemáticos e para procedimentos matemáticos e algoritmos foram 51% e 39% maiores. Quem disse que jogos de prática não ajudam? Certamente, a Lightspan fornece muito desenvolvimento profissional para os professores sobre como integrar os programas com o currículo, mas o motivo primário para o aumento do desempenho é o uso em casa para o tempo de aprendizagem ampliado, que é exatamente o motivo pelo qual o -tenimento funciona.

Mas de volta à parte sobre a mistura. *Existe* uma mistura ideal para fazer a aprendizagem baseada em jogos digitais funcionar? Não encontrei nenhum dado sobre esse tema, mas a minha percepção é que não; a mistura correta depende muito do contexto. A Lightspan, que está basicamente "fazendo o currículo", tenta fazer a sua mistura de "edu" com "tenimento" mais elevada do que, digamos, a Disney, que faz os seus produtos e edutenimento, de acordo com Winnie Wechsler, que passou da Disney Interactive para a Lightspan em 1999 para comandar os seus negócios na internet.[16] Mas isso não significa necessariamente que as crianças não aprendam com a mistura da Disney; a aprendizagem é apenas fornecida em *dosagens diferentes*. Na

---

[15] *Avaliação da Lightspan. Resultados da pesquisa de 403 escolas e mais de 14.580 estudantes*, fevereiro de 2000, CD-ROM.

[16] Entrevista por telefone.

minha percepção, os designers de edutenimento estão ficando cada vez melhores em misturar a aprendizagem interessante com entretenimento, e as abordagens mais inovadoras, como na aprendizagem baseada em jogos digitais, não estão vindo do *edu* tradicional ou do lado do *design* instrucional.

Pessoalmente, acho que seria ótimo se *todos* os programas de aprendizagem no mundo tivessem um pequeno controle deslizante, que ficasse no mesmo lugar, como os controles de temperatura de um carro, e permitissem a cada usuário (ou instrutor, ou professor ou pais) ajustar a mistura de *edu* com *tenimento* por si próprios. A minha suposição é que com o tempo isso acontecerá e será prontamente aceito, da mesma forma que todos os jogos de hoje têm controles para ajustar o nível de dificuldade. Talvez controles separados para a dificuldade do jogo e a dificuldade de aprendizagem (como som grave e som agudo) possam funcionar até melhor.

Os números da Lightspan não são apenas os únicos que mostram que a aprendizagem baseada em jogos digitais funciona com as crianças. Click Health, a empresa que faz jogos para ajudar as crianças a autoadministrarem o diabetes e a asma, realizou estudos clínicos com fundos do National Institutes of Health e descobriu que, no caso do diabetes, as crianças que usavam os seus jogos (em comparação com as do grupo controle que jogavam fliperama) ganhavam em autoeficácia, comunicação com os pais e autocuidado com o diabetes. Mais importante, consultas ao médico de urgência para problemas relacionados ao diabetes caíram 77% no grupo de tratamento.[17] Novamente, isso pode ser atribuído ao uso repetido do jogo pelas crianças. Os sujeitos jogaram-no 34 horas durante os seis meses do estudo. Essa foi a mesma quantidade que o grupo controle jogou fliperama; apenas o grupo Click Health aprendeu alguma coisa!

E ainda não acabamos. A Scientific Learning conduziu estudos de campo nacionais do seu programa baseado em jogos *Fast ForWord* para retreinar as crianças com problemas de leitura, usando sessenta profissionais independentes em 35 locais nos Estados Unidos e Canadá. Com o uso de testes padronizados, cada um dos 35 locais relatou a validação conclusiva da

---

[17]   Lieberman, "Health Education Video Games for Children and Adolescents", cit.

efetividade do *Fast ForWord*, e 90% das crianças obtiveram ganhos em uma ou mais áreas testadas, incluindo discriminação auditiva de palavras; a habilidade de seguir orientações faladas; fundamentos da escuta e da fala; velocidade de processamento auditivo; discriminação da fala; processamento da linguagem; compreensão gramatical e compreensão global da linguagem.[18] No *Fast ForWord*, as crianças jogam *muito* – aproximadamente cem minutos por dia de cinco a dez semanas.

Repetidamente, é a mesma história simples. A prática e o tempo gastos na aprendizagem *funcionam*. As crianças não gostam de praticar. Os jogos capturam a atenção delas e fazem acontecer. E, com certeza, elas devem praticar as coisas certas, então o *design* é importante.

3. Avaliação do treinamento baseado na tecnologia em geral

Como tantas coisas foram escritas sobre a avaliação da aprendizagem baseada na tecnologia, não vou me estender sobre o assunto aqui. Quase todos os estudos – e há centenas, se não milhares, até agora – demonstrando que as pontuações de testes de consistência melhoram e o tempo para fornecer o mesmo material é reduzido de 30% a 50% quando comparado com a instrução no método de exposição e avaliação em sala de aula comparável.[19] Muitos outros estudos vêm das Forças Armadas.[20] Dexter Fletcher, Ph.D. que tem feito pesquisa militar, estabeleceu uma "regra dos terços". A regra estabelece que o uso da instrução baseada em tecnologia reduz custos sobre um terço *ou* reduz o tempo de instrução em cerca de um terço *ou* aumenta a efetividade da instrução em cerca de um terço,[21] diz Don Johnson do Pentágono, que vem de uma comunidade de especialistas em educação que é muito interessada na abordagem científica e sistemática para fazer as

---

[18] Scientific Learning Corporation, *National Field Trial Results* (panfleto). Ver também Merzenich *et al.*, "Temporal Processing Deficits of Language-Learning Impaired Children Ameliorated by Training", em *Science*, vol. 271, 5-01-1996, pp. 27-28; Talal *et al.*, "Language Comprehension in Language Learning Impaired Children Improved with Acoustically Modified Speech", em *Science*, cit., pp. 77-84.

[19] IDC, *Internet Futures Spending Model 1997-2002: Business Gears Up for E-Commerce*, relatório, fevereiro de 1999.

[20] Pesquisa conduzida e patrocinada pelo Departamento de Defesa.

[21] Dexter Fletcher, Ph.D., é cientista de pesquisa sênior no Institute for Defense Analyses em Alexandria, no estado de Virgínia.

AVALIAÇÃO DA EFICÁCIA

coisas. No Pentágono, eles têm um campo inteiro de investigação chamado avaliação da eficácia de treinamento. Eles documentam os requisitos, constroem uma coisa e, então, testam-na e veem se funciona bem. "No DOD, nós provavelmente fazemos mais estudos de tecnologia de aprendizagem do que você encontrará por aí", diz Johnson. "Nós provamos que a tecnologia funciona. Comprovamos isso em termos acadêmicos, mas de maior relevância, comprovamos isso operacionalmente."

4. Avaliação da aprendizagem baseada em jogos digitais "operacionalmente"

O que Johnson que dizer com "operacionalmente"? A Guerra do Golfo deu às Forças Armadas a oportunidade para avaliar a efetividade *em ação* do treinamento das suas tripulações de tanques nos simuladores de tanques em rede da Simnet. Durante uma batalha em particular conhecida como 73 Easting – a manobra de flanco na qual os nossos tanques aceleravam em torno das forças iraquianas que não tinham visão pelo oeste – um pelotão de tanques liderados por um oficial chamado McMaster encontrou os tanques iraquianos que se entrincheiraram. De acordo com a doutrina militar, quando encontrar forças que estão entrincheiradas, você precisará de uma vantagem de 3 para 1 para ser bem-sucedido e predominar. Porém, os três ou quatro tanques de McMaster pegaram os iraquianos de surpresa, indo para cima deles e eliminando todos os vinte ou trinta tanques que foram entrincheirados. Quando eles foram entrevistados, posteriormente, foi feita a pergunta: "Como vocês fizeram isso? Isso foi contra a doutrina". McMaster disse: "Nós fizemos isso antes – fizemos em uma simulação".[22] "Isso fez que todos ficássemos de cabelos em pé, porque era uma prova de que a tecnologia realmente funciona. Temos visto isso repetidas vezes no voo de aeronaves e nos nossos simuladores de missões", disse Johnson.[23]

O que é realmente importante para a liderança militar não é o que os estudiosos da academia pensam, mas o que os combatentes de guerra pensam. Se eles experimentassem a tecnologia e vissem que funciona operacio-

---

[22] Entrevista por telefone.

[23] *Ibidem.*

IMPLANTAÇÃO

nalmente no campo, então, normalmente não necessitariam de um estudo acadêmico para provar que funciona.

Essa perspectiva prática do Departamento de Defesa contrasta nitidamente com a dos educadores que dizem "Nós não *conhecemos* a tecnologia educacional funcional, precisamos fazer mais estudos."[24] Temos uma perspectiva totalmente diferente no DOD, diz Johnson. "*Sabemos* que a tecnologia funciona, provamos isso repetidas vezes e estamos fazendo tudo que podemos para expandir e acelerar o seu uso. Ela economiza tempo, ela economiza dinheiro e ela salva vidas. Ela permite que o pessoal militar faça o treinamento que é perigoso demais ou não seja possível em qualquer outro ambiente. Não há dúvidas em nossas mentes de que ela funciona e que é custo-efetiva."[25]

As áreas em que as perguntas permanecem são primariamente, por um lado – a aprendizagem baseada em jogos digitais pode substituir as simulações atuais e muito caras em larga escala que envolvem dezenas até centenas de participantes? Johnson sente que ferramentas da aprendizagem baseada em jogos digitais, como o *Joint Force Employment,* serão muito mais custo-efetivas do que muitas das abordagens mutimilionárias e do que as simulações ao vivo que há no momento. A sua esperança é testar isso em comparações regra por regra.

Michael Parmentier, o chefe de Johnson, aponta que os estudantes normalmente fazem uma pergunta em sala de aula apenas uma vez a cada dez horas,[26] mas se eles estiverem interagindo com um jogo de computador "é um diálogo socrático constante de perguntas e respostas". Ele cita estudos mostrando que os tutores – tutores medianos – podem aumentar a velocidade da aprendizagem e a retenção dos estudantes em um ambiente de sala de aula.[27] A meta do grupo de Parmentier tem sido verificar se eles podem usar a tecnologia para direcionar as pessoas para o tipo de desempenho

---

[24]   Ver, por exemplo, Jane M. Healy, *Failure to Connect*, cit.
[25]   Entrevista por telefone.
[26]   Pesquisa conduzida pelo Escritório da Secretaria de Defesa (Office of the Secretary of Defense).
[27]   B. S. Bloom, "The Two Sigma Problem: the Search for Methods of Group Instructions as Effective as One-to-One Tutoring", em *Educational Researcher*, vol. 13, n°s 4, 5 e 6, 1984.

que conseguem de um tutor. "A resposta que tivemos é de que, em alguns casos, podemos", diz Parmentier. "Em muitos casos, nós já estamos tendo um desvio-padrão – tecnologia baseada em tecnologia confiável de modo cognitivo."

5. Avaliação de exemplos específicos da aprendizagem baseada em jogos digitais

Apesar de não haver muitos estudos sobre exemplos específicos da aprendizagem baseada em jogos digitais, exceto os "testes dos sorrisos", existem alguns. Vamos vê-los.

Quando a Ameritrade criou o programa de aprendizagem baseada em jogos digitais *Darwin, Survival of the Fittest* para a negociação de opções, a sua intenção desde o início era avaliar a sua efetividade. Em 1998, a empresa encomendou um estudo de Wiese Research Associates que considerou um questionário aplicado por telefone de 141 pessoas (129 homens e 12 mulheres) que tinham usado o programa.[28] Descobriu-se que mais da metade das pessoas (51%) relatou que o seu conhecimento de opções era maior do que antes e o programa recebeu pontuação média de 3,86 do total de 5 para o seu "valor" (30% atribuíram a ele 5 e 38%, 4.) Quando os respondedores eram perguntados se tinham "pouca ou nenhuma compreensão" das dezessete habilidades específicas (por exemplo, como comprar uma opção; como comprar ou vender uma opção de venda ou compra, etc.), com nove habilidades "básicas" e quatro habilidades avançadas em uma escala de cinco pontos foram todos em torno de 5 – um pouco acima da habilidade básica e da intermediária. Os desvios-padrão foram relativamente estreitos (aproximadamente 1,4), indicando que a maioria sentiu que a sua compreensão de todas as habilidades na negociação de opções tinha aumentado significativamente como resultado do jogo, quase metade do nível de "muito mais". E lembre-se – isso foi algo que os clientes escolheram *por conta própria*.

O jogo da Marinha *Electro Adventure* também foi avaliado, via pontuações de teste, em comparação com a instrução em sala de aula e o Treinamento Baseado em Computador (CBT) do mesmo material. Em um teste

---

[28] Weise Research Associates, St. Louis, MO. Estudo particular para a Ameritrade.

IMPLANTAÇÃO

desenvolvido pelo Centro de Desenvolvimento e Pesquisa dos Profissionais da Marinha (Naval Personnel Research and Development Center), as pontuações médias para a sala de aula e o jogo foram um pouco menores do que as duas alternativas de CBT (68, 67, 75, 74), mas foram maiores em outro teste (89, 86, 84, 81).[29] O doutor Henry Halff, o designer do jogo, compara o seu produto de 1991 com o avião Kitty Hawk, dos Irmãos Wright – eles não sabiam se ele de fato voaria. "Ele não apenas voou, mas carregou uma carga, o que foi tanto gratificante como inesperado", diz Halff. Para mim, é interessante saber que a primeira geração do produto da aprendizagem baseada em jogos digitais tenha se dado tão bem em comparação com as outras gerações que o CBT teve e as várias gerações de instrução em sala de aula tiveram para desenvolver suas abordagens. Pense no que acontecerá quando nós *realmente* começarmos!

O *HIV Interactive Nights Out*, um produto de aprendizagem baseada em jogos digitais da Will Interactive, foi avaliado durante um estudo piloto do Exército, com seu uso em quiosques por 231 soldados com idade entre 19 e 29 anos, dos quais mais da metade o jogou voluntariamente mais de uma vez.[30] Nas entrevistas com mais de 29 soldados (todos que eles puderam conseguir) os pesquisadores descobriram que o programa reforçou as intenções já existentes para se protegerem da infecção do HIV; colocou em questão comportamentos de risco do passado que os soldados não tinham discutido, mas estavam, no momento, pensando sobre o assunto como resultado de ter jogado o jogo; fez com que os participantes se conscientizassem do risco presente do HIV e os comportamentos ligados a tal risco que eles precisavam resolver agora e no futuro, e mudou as intenções comporta-

---

[29] Halff, "Adventure Games for Technical Education", cit. O primeiro teste foi um experimento único em uma escola "A" de AV (aviônica), que contrapôs o jogo a um sistema de instrução independente e outro baseado em computador. Os desenvolvedores do jogo tinham acesso ao instrumento de treinamento durante o desenvolvimento do jogo. O segundo teste foi realizado pela mesma equipe que desenvolveu as lições de instrução baseada em computador da competição.

[30] Dooley Worth, *A Pilot Study of a Brief, Interactive HIV Prevention Intervention in the United States Army: Final Report*, dezembro de 1999. Preparado para o U.S. Military HIV Research Program, Walter Reed Army Institute of Research e Henry M. Jackson Foundation for the Advancement of Medicine.

mentais (de uma maneira positiva) para protegerem a si e as suas parceiras sexuais da exposição ao HIV.

CONCURSO 10

Você conhece outros dados que avaliam projetos de aprendizagem baseada em jogos digitais? Envie as respostas para o *e-mail* contest10@twitchspeed. com.

6. Foi feita uma boa compra?

Por fim, as empresas gastaram quantias consideráveis de dinheiro na aprendizagem baseada em jogos digitais. Elas acham que fizeram uma boa compra?

A Ameritrade gastou mais de 1 milhão de dólares no *Darwin*. Ficou satisfeita com os resultados apresentados anteriormente.

Joe Costello, da think3, também gastou perto de 1 milhão de dólares em *The Monkey Wrench Conspiracy*. Ele sente que foi "*extremamente* bem-sucedido" em tornar a aprendizagem em 3D mais fácil para as pessoas. "Ele está lá e está funcionando", diz ele.

A PricewaterhouseCoopers gastou aproximadamente 3 milhões de dólares, incluindo salários e custos de implementação, com o *In$ider*. Ela também está satisfeita.

Um dos melhores indicadores de sucesso é a disposição de muitas das empresas citadas, inclusive a PricewaterhouseCoopers, a think3, a Nortel e outras, em compartilhar os seus produtos com os seus clientes e em custear novos projetos de aprendizagem baseada em jogos digitais.

IMPLANTAÇÃO

E AS GERAÇÕES MAIS VELHAS?

> Para nossa surpresa, descobrimos que pessoas
> com 70 e poucos anos compraram o jogo e
> jogavam.
> *Marc Robert, da Monte Cristo*

As pessoas *com mais* de 39 – que não fazem parte das gerações dos jogos
– também aprendem por meio de jogos de computador? Elas querem? A
aprendizagem baseada em jogos digitais funcionará para elas?

Há vários indicadores de que sim, mas não necessariamente com os *mesmos jogos* que funcionam com o pessoal mais jovem. Sylvia Kowal, da Nortel
Networks,[31] me deu um "puxão e orelha" em relação à minha fala inicial
sobre a aprendizagem baseada em jogos digitais, pois só mencionei as pessoas mais novas como parte das gerações dos jogos. "Muitos de nós podem
não ser cronologicamente dessa geração, mas nos sentimos conectados a
ela emocionalmente e usamos toda a tecnologia", disse ela. Bem, talvez *nem*
toda a tecnologia – Sylvia não joga videogames *twitch*, ou usa mensagens
instantâneas, ou gosta do entrelaçamento nas suas respostas de *e-mail*, mas
ela tem razão. Tanto eu como ela somos o que eu chamei anteriormente
"imigrantes digitais". Viemos para a tecnologia (ou melhor, ela veio até nós)
quando já éramos adultos. E, apesar de gostarmos e usufruirmos da tecnologia e sermos hábeis no seu uso (ganhamos a vida com dela), a maioria de
nós não a usou no início o suficiente ou por um longo período o suficiente
para que o nosso cérebro ficasse totalmente *"Wired"* da mesma maneira que
o cérebro do pessoal das gerações dos jogos. Para nós, trata-se de uma "maneira melhor" de fazer as coisas, mas não "a maneira" (isto é, a maneira com
a qual nós crescemos, a maneira que conhecemos melhor.)

Isso posto, como vimos no capítulo 8, os adultos cada vez mais *estão* se
tornando grandes jogadores. Isso inclui *Bingo*, jogos de cartas, *Chess*, *Checkers*,
jogos de trívia e jogos clássicos de *arcade*, entre outros. Esses jogos podem ser
encontrados às dúzias nos sites da Web, inclusive AOL, thestation.sony.com

---

[31]   Entrevista por telefone.

AVALIAÇÃO DA EFICÁCIA

e muitos outros. Um motivo para a popularidade desses jogos na internet é que eles geralmente necessitam de parceiros, o que a Web pode fornecer prontamente. As pessoas estão jogando *on-line* 24 horas por dia, sete vezes por semana. A mensagem de fundamental importância é que as pessoas mais velhas querem jogar os jogos *on-line* – elas os acham envolventes.

Esses jogos *on-line* "tradicionais" podem ser transformados em ferramentas de aprendizagem que vão envolver as pessoas que os jogam? Ou os novos jogos de aprendizagem baseada em jogos digitais podem ser projetados especificamente para o estilo e as preferências dessas gerações? Sabemos que o *Jeopardy!* funciona. Mas podemos ir além do *Jeopardy!*? Nós podemos e nós vamos. A Nortel Networks obteve uma resposta tão forte ao seu primeiro jogo de aprendizagem baseada em jogos digitais *on-line* com os funcionários de todas as idades que está empreendendo outro projeto de aprendizagem baseada em jogos digitais para toda a empresa junto com o seu próximo movimento estratégico.[32]

A aprendizagem baseada em jogos digitais está sendo, no momento, projetada para públicos de todas as idades. Dos jogos de *e-mail* e de trívia até os jogos para médicos e advogados, passando pelos jogos para educação continuada, jogos de simulação de processos e jogos de detetives, a maior parte das pessoas pode jogá-los e realmente os joga. "Eu sei o que você está pensando", escreveu um revisor do jogo para advogados *Objection!*, que "sou velho demais para os jogos de computador. Você está errado!"[33]

---

[32] A Nortel Networks usou o *shell* "Pick-it" de internet/intranet da Games2train para criar um jogo de intranet cujo objetivo era apoiar sua nova iniciativa de estratégia.

[33] Paul S. Gillies, em *Vermont Bar Journal & Law Digest*, Vermont, fevereiro de 1996.

IMPLANTAÇÃO

E os não jogadores?

> Não estamos aqui pela diversão. Não há
> referência alguma à diversão em qualquer lei do
> Parlamento.
>
> A. P. Herbert

E as pessoas que não gostam, não jogam, não se importam e não querem se envolver com jogos de qualquer forma, formato ou modo de aprendizagem ou qualquer outra coisa? *Sem problemas*. Não importa o que você faça, no processo de ensino e aprendizagem ou em qualquer outra área, sempre haverá quem não goste disso. No meu ponto de vista, é importante fazer uma das duas coisas para essas pessoas. Em primeiro lugar, fornecer a elas uma alternativa em que não se sintam *obrigadas* a jogar – elas podem aprender de outra maneira, mais tradicional, como o método de exposição e avaliação. Isso é relativamente fácil de ser incorporado a qualquer programa de aprendizagem baseada em jogos digitais.

Em segundo lugar, uma abordagem um pouco mais complicada em termos de programação, porém de bom retorno em longo prazo, é permitir que elas possam ficar indo e voltando. Muitas pessoas que dizem não gostar de jogar podem mudar de ideia quando não há ninguém por perto olhando, que possa lhes deixar envergonhadas. Então, dê a elas alternativas, deixe que elas deem uma olhadinha e sintam-se atraídas, mas, basicamente, "não faça perguntas, não diga nada".

Superando algumas barreiras

Certamente, você deve estar perguntando: "Se funciona tão bem, então por que a aprendizagem baseada em jogos digitais não tem maior presença no mundo dos treinamentos?". Há diversas barreiras que surgem repetidamente e vale a pena discuti-las.

A primeira – e já ouvimos sobre isso o bastante – é a lacuna entre a geração do comprador *versus* as pessoas em treinamento/estudante. Mui-

AVALIAÇÃO DA EFICÁCIA

tas pessoas que compram treinamento hoje não acreditam que os jogos sejam bons para a aprendizagem, até mesmo quando seus alunos realmente aprendem. Essa barreira desparecerá com o tempo.

Mas, de longe, essa não é a única barreira. Até mesmo nos lugares em que a aprendizagem baseada em jogos digitais *foi* aceita, onde experimentos nobres e projetos extremamente bem-recebidos foram realizados, ela com frequência não "decola"; volte dois anos e ela já se foi, e as coisas voltam ao modo que eram. O que aconteceu?

Eu já ouvi e vi algumas palavras de considerável consistência.

1. AS PESSOAS MUDAM. Estamos em um mundo de negócios muito inconstante. O executivo que patrocinou o projeto de aprendizagem baseada em jogos digitais hoje poderá estar em outra empresa amanhã. Ou ser um consultor, como o meu ex-chefe no Bankers Trust. Ou se aposentar, como o meu ex-chefe na Boston Consulting Group (os consultores se aposentam cedo). As pessoas que fizeram o projeto deixaram a empresa, assim como eu fiz e muitos outros que saíram para começar a própria empresa, não deixando ninguém para levar o projeto adiante e fazer o apoio do dia a dia à aprendizagem baseada em jogos digitais. O pessoal do TI de apoio à aplicação com certeza já mudou e, a menos que haja uma forte demanda de pessoas importantes, o TI provavelmente deixou que outras prioridades técnicas acabassem passando na frente da manutenção dos jogos de aprendizagem. Mesmo se um fornecedor externo fornecer a aprendizagem baseada em jogos digitais, as pessoas que a compraram daquele vendedor provavelmente já saíram da empresa. Além disso, como as pessoas usam o treinamento apenas uma vez, não há uma grande quantidade de usuários clamando pelo seu uso novamente. Por isso, *criar a continuidade* é um desafio real.

Como você supera isso? *Por meio da criação de infraestrutura*. Certifique-se de que, quando um projeto é realizado, como parte do processo de implementação ele tenha uma base permanente e pessoas que vão mantê-lo, *especialmente no TI*. Você precisa, na verdade, monitorar isso pelas mudanças de pessoal e, se *você* sair, certificar-se de que o trabalho vá para outra pessoa.

Se você permanecer, mas chefes novos chegarem, você pode ter de fazer um processo interno de venda do projeto de novo. Porém, uma vez que algo se torna parte essencial do lugar, ele tende a permanecer e a responsabilidade por ele vai sendo passada como uma coisa regular.

2. AS PESSOAS COM CONHECIMENTO EM APRENDIZAGEM BASEADA EM JOGOS DIGITAIS ESTÃO PERDENDO O INTERESSE PELO TRABALHO NO AMBIENTE CORPORATIVO. Eu estive nos dois lados dessa questão, tanto como "fornecedor" quanto como comprador corporativo. Havia questões válidas em ambos os lados.

As reclamações dos fornecedores e contratantes sobre o trabalho com grandes corporações incluem:

- Tomar decisões leva uma eternidade
- Conseguir aprovações em tempo hábil é quase impossível
- Os recursos expandem enquanto orçamentos permanecem fixos
- O pessoal muda com frequência
- A independência acaba
- As ideias criativas são geralmente rejeitadas porque o cliente já tem uma ideia ou a ideia não é "PC" o bastante
- Os contratos levam uma eternidade, e os advogados da empresa querem tempo demais
- Receber o pagamento demora *mais* que a eternidade

Ao passo que as reclamações do lado corporativo em relação ao trabalho com os fornecedores incluem:

- Eles não são flexíveis o suficiente para se adaptarem às nossas necessidades (ou conforme aprendemos mais sobre as nossas necessidades com as pessoas do nosso próprio ramo)
- Eles querem tudo por escrito
- Eles nos cobram por pequenas mudanças
- Eles querem ter a propriedade e reutilizar as coisas (código, gráficos), ao passo que nós queremos trabalho por contrato
- Nós precisamos de suporte 24 horas por dia, sete dias por semana, 365 dias por ano no mundo inteiro, de preferência disponível em menos de cinco minutos

AVALIAÇÃO DA EFICÁCIA

■ A empresa vai pagá-los, no final das contas; então do que eles estão reclamando?

Algumas dessas reclamações são apenas relações que existem há muito tempo entre as empresas tradicionais de treinamento e seus clientes, nas quais ambos os lados aprenderam a conviver. Elas são ou empresas acostumadas com o mundo das editoras ou indivíduos acostumados a uma estrutura muito mais livre e improvisada.

Marc Robert, da Monte Cristo, conta a história de ter sido chamado pela L'Oreal, uma empresa muito importante na França, para fazer uma versão customizada dos seus produtos.[34] "Eles disseram 'você poderia fazer algo assim para nós?' E nós dissemos 'não, nós não customizamos isso'. Eles disseram 'O quê? Nós somos a L'Oreal, nós o chamamos e você não vai fazer um jogo para nós? O que é isso?' Eles não entenderam nada, ligaram para todos do mercado, inclusive para a Electronic Arts, e todos disseram não. Eles sofreram muito para entender."

Para fazer a aprendizagem baseada em jogos digitais, empresas grandes e pequenas terão de trabalhar juntas como uma equipe. Porém, muito do que tem de ser dado, talvez mais de 50%, precisa vir, eu acho, do lado corporativo. É bem mais fácil para os tipos corporativos, que estão pagando as contas e acostumados a fazer as coisas do seu jeito, bater o pé com empresas pequenas, em geral sem ter a intenção, cortando, no processo, a criatividade que eles tanto querem. As pessoas que sabem fazer jogos bons têm cada vez mais opções. Se você quer que elas trabalhem com você, é melhor ser acessível para trabalhar com elas. Como diz John Cleese: "Se você quer trabalhadores criativos, dê-lhes tempo suficiente para jogarem".[35] Isso se aplica em grande extensão aos contratantes e fornecedores de aprendizagem baseada em jogos digitais.

---

[34] Entrevista por telefone.
[35] Citado em diversos sites.

IMPLANTAÇÃO

CROSSING THE CHASM

Nos seu livro *Crossing the Chasm*,[36] Geoffrey Moore fala daqueles que adotam comportamentos ou produtos antes dos outros (*early adopters*) e dos que são mais cautelosos, e do abismo que há entre eles. Apesar de tudo o que eu disse até agora, a verdade é que a aprendizagem baseada em jogos digitais ainda está na fase dos *early adopters*. As pessoas estão dispostas a construí-la ou usá-la gradativamente, conforme o necessário, para lidar com problemas ou populações específicas. Porém, isso não faz parte da infraestrutura principal nem da abordagem corporativa da aprendizagem.

Como podemos fazer isso acontecer? Nas palavras de Moore, como podemos cruzar o precipício?

Eu não tenho respostas firmes aqui, apenas uma sugestão. Aqueles que criam aprendizagem baseada em jogos digitais terão de ser melhores e maiores no que fazem. Moore diz que a chave para cruzar o precipício é ter um "produto completo", não apenas uma parte do que funciona só para algumas coisas.

Quase ninguém tem isso na aprendizagem, e a infraestrutura não está totalmente pronta. Mas ficará em breve. E temos de começar a pensar, como as pessoas nas Forças Armadas, em projetos em larga escala que envolvem muito dinheiro e esforço criativo. Convencer alguns dos grandes jogadores ajudará também – assim que a Sony ou uma grande fornecedora de treinamento embarcar na aprendizagem baseada em jogos digitais, ela vai se mover com muito mais rapidez. Nesse meio-tempo, todos nós que acreditamos ser este o caminho do futuro vigoroso já deveríamos estar nos mexendo.

Qual é a melhor maneira de fazer isso? Invente um ótimo jogo de aprendizagem! O que nos leva ao próximo capítulo...

---

[36] Geoffrey M. Moore, *Crossing the Chasm: Marketing and Selling Technology Products to Mainstream Customers* (Nova York: Harperbusiness, 1995).

15.
Então, você tem uma ideia...

Eu tinha uma ideia na minha cabeça.

Paula Young, da PricewaterhouseCoopers

Tinha o cenário de um jogo que eu achava que ensinaria álgebra.

Ashley Lipson, criador de Objection!

Eu costumava contar às pessoas que faria um jogo sobre planejamento urbano. Elas simplesmente olhavam para mim, reviravam os olhos e diziam: "Ah, bom, Will, faça isso".

Will Wright, criador de Sim City

O modelo

Quando se consideram todos os projetos de aprendizagem baseada em jogos digitais descritos neste livro, um modelo surpreendente e consistente surge de como ele é feito. Esse modelo tem muito em comum com a forma criativa como os projetos acontecem, mas também tem elementos específicos para treinamento e educação. Agora, vou tentar descrever esse modelo e dar inúmeros exemplos para que você se mobilize e possa seguir os passos

IMPLANTAÇÃO

daqueles que já chegaram ao sucesso. Também há um segundo modelo, usado com menos frequência, que vou mencionar.

O modelo principal funciona conforme estruturado no quadro a seguir.

MODELO PARA CRIAR A APRENDIZAGEM BASEADA EM JOGOS DIGITAIS

Uma pessoa (o "professor"), com um *profundo conhecimento* sobre o assunto, pensa: "Sabe, eu poderia fazer disso um jogo?" Isso acontece por si só ou porque alguém ("o produtor") lhe apresentou essa oportunidade.

O professor *reflete sobre o assunto e pensa sobre o jogo por um tempo*, buscando elementos que podem ou não funcionar. Cada vez mais, eles se voltam aos jogos comerciais - desenvolvidos para adultos ou crianças - para modelo, ideias e inspiração.

O professor *faz o protótipo*, por conta própria, ou solicita ajuda de outros para fazê-lo. O protótipo passa por inúmeras interações, fortalecimento e melhoramento da ideia.

O professor, quase sempre trabalhando com o produtor, *arrecada fundos* e cria o jogo.

Se o jogo funcionar, ele *é vendido* para outros clientes fora da organização de criação, podendo ser eventualmente vendido a um distribuidor. Normalmente, surgem diversas extensões da ideia original em outras áreas, com novos conteúdos. Surgem também os imitadores, alguns que simplesmente copiam e alguns que melhoram a concepção.

O jogo é *continuamente atualizado* sempre que cada onda de tecnologia de um novo jogo e hardware leva a uma atualização na "aparência e sensação" do produto. Dadas essas atualizações, um excelente conceito inicial pode durar por um bom tempo.

Aqui estão alguns exemplos do modelo em ação:

- Will Wright, desenvolvedor de software, queria fazer um jogo sobre planejamento urbano. Resultado: *Sim City*.[1]
- Ann McCormick, professora, queria fazer um jogo para ensinar técnicas de leitura. Resultado: *Reader Rabbit*.[2]

---

[1] Geoff Keighley, "SIMply Divine, the Story of Maxis Software", disponível em www.gamespot.com/features/maxis. Acesso em 2000.

[2] Ver capítulo 7, nota 9.

ENTÃO, VOCÊ TEM UMA IDEIA...

- Jan Davidson, professor, queria criar um jogo para incentivar a prática de matemática. Resultado: *Math Blaster*.[3]
- Greg Carlston, desenvolvedor de software, queria fazer um jogo sobre geografia. Resultado: *Where in the World Is Carmen Sandiego?*[4]
- Myo Thant, *MD*, queria fazer um jogo sobre como cirurgias são realizadas e levou suas ideias iniciais à Software Toolworks. Resultado: *Life & Death*.[5]
- Ashley Lipson, professora de direito, pensou em algo como um jogo para ensinar técnicas de julgamento para advogados. Resultado: *Objection!*[6]
- Tom Levine, engenheiro, teve uma ideia para um jogo sobre ferrovias. Resultado: *Train Dispatcher*.[7]
- Dan Rawistch, professor e estudante, queria fazer um jogo para mostrar a seus alunos como era difícil cruzar o território dos Estados Unidos na década de 1840. Resultado: *The Oregon Trail*.[8]
- Mark Bieler, vice-presidente executivo de recursos humanos, pensou que um jogo poderia ser utilizado para ensinar as diretrizes da empresa. Resultado: *Straight Shooter!*[9]
- Joe Costello, CEO, queria um jogo sobre aprendizagem de *design* assistido por computador (CAD). Resultado: *The Monkey Wrench Conspiracy*.[10]
- Jerry Del Missier, vendedor de derivativos, queria um jogo para ensinar seus clientes sobre a gestão de riscos. Resultado: *HEDGEManager*.[11]
- Paula Young, diretora de treinamento, queria fazer um jogo sobre gerenciamento de riscos com derivativos. Resultado: *In$ider*.[12]

---

[3] Ver capítulo 7, nota 8.
[4] Entrevista por telefone com Will Wright.
[5] Comunicação pessoal de Walt Bilofsky, fundador da Software Toolworks.
[6] Entrevista por telefone.
[7] Entrevista por telefone.
[8] The Learning Company.
[9] Entrevista por telefone.
[10] Entrevista por telefone.
[11] Eu estive à frente da equipe de criação.
[12] Entrevista por telefone.

IMPLANTAÇÃO

- Tom Hount, George Stalk e Bob Wolf, consultores, pensaram que poderiam fazer um jogo que ilustrasse competição baseada em tempo. Resultado: *Time Out!*[13]
- Roger Bohn, professor de faculdade, queria fazer um jogo para ensinar controle de processos. Resultado: *Kristen's Cookies.*[14]
- Richard Barkey, consultor de estratégias, queria capturar o processo de estratégia em um jogo. Resultado: *Strategy Co-Pilot.*[15]
- William Massey, professor e administrador aposentado da Universidade de Stanford, queria fazer um jogo sobre a gestão de uma universidade. Resultado: *Virtual U.*[16]

A boa notícia sobre esses modelos é a seguinte: se você sabe algo muito bem (ou alguém que saiba muito bem), então você pode ser um criador de aprendizagem baseada em jogos digitais. Oportunidade é o que não falta, especialmente porque o setor está apenas começando. Muitos, se não todos os assuntos, não têm jogos digitais de aprendizagem, mas caso tenham, provavelmente há espaço para algo diferente ou melhor. Lembre-se de que a aprendizagem baseada em jogos digitais tem na verdade somente vinte anos. Se olharmos para o cinema vinte anos após sua invenção, os filmes sonoros ainda não haviam aparecido e todas as boas histórias estavam ainda por ser feitas.

À medida que o mundo dos treinamentos com *slides*, com aqueles diversos marcadores, se transforma e chega ao fim, o que vai substituí-lo? (Lembre-se de que as pessoas já estão deixando de ir a treinamentos e crianças estão cabulando aula só para poder jogar, em vez de ler os materiais didáticos). De maneira ampla, a aprendizagem baseada em jogos digitais pode fazer isso, *se formos inteligentes o suficiente para inventá-los!*

Compare a história da indústria de filmes. Os filmes estão com um pouco mais de cem anos (Edison inventou a câmara cinematográfica em 1889,

---

[13] Entrevista por telefone.
[14] Fui o gerente desse projeto.
[15] Entrevista por telefone.
[16] Tanya Schevitz, "Videogame Simulates University Administration", cit.

e o primeiro filme foi mostrado publicamente – em Paris – em 1895).[17] Os primeiros filmes foram em preto e branco, silenciosos, e duravam dez minutos. Ninguém pensou que poderia contar uma história. O *Great Train Robbery*, em 1903, foi o primeiro filme a fazê-lo. O primeiro filme que todo mundo considera "arte", *Birth of a Nation*, foi aparecer somente em 1915. A música e o diálogo não surgiram até o fim da década de 1920; a cor chegou na década de 1930; e os bons contadores de histórias desse meio apareceram a partir da década de 1940. Mas, mesmo depois de os filmes estarem mais de cem anos conosco, Lucas, Spielberg e Cameron, que cresceram no cinema, ainda vieram com formas novas e mais emocionantes de usar esse meio de comunicação, atingindo literalmente centenas de milhares de pessoas.

Os livros comerciais têm de 400 a 500 anos de idade.[18] Mas, J. K. Rowling criou um método nos livros *Harry Potter* de refazer os livros infantis em uma nova versão que alcançaria um maior número de pessoas, jovens e idosos. Claro que os filmes e videogames do *Harry Potter* já estão a caminho!

Como registrar o que você pensa

Um dos melhores comentários sobre Bach de que me lembro foi de um amigo meu, o musicista Laurie Spiegel: "ele nos deixou seu pensamento".[19] Além de juntar não só seus grandes trabalhos de vários tipos, ele também criou sua forma própria de "jogos de aprendizagem" em *The Well Tempered Clavier* e *The Art of the Fugue*, nos quais mostrou, desde o mais simples até o mais complexo, exatamente o que foi solicitado.[20] Estudantes e professores têm jogado o "como ele fez isso?" em aulas de música por centenas de anos.

---

[17] *The History of the Movies*, disponível em www.aetsa.net/milaja/History.html. Acesso em 2000.

[18] Em 1500, aproximadamente 35 mil livros haviam sido impressos, com aproximadamente 10 milhões de cópias. (*The Media History Project Timeline*, disponível em www.mediahistory.com/time/1400s.html. Acesso em 2000.)

[19] Comunicação pessoal.

[20] The *Well-Tempered Clavier* demonstra como todas as armaduras de chave cromática podem ser usadas, e o *Art of the Fugue* (infelizmente nunca terminado) demonstra todas as nuanças de como as fugas são escritas, da forma mais simples até a mais complexa.

IMPLANTAÇÃO

Uma das grandes promessas feitas sobre aprendizagem eletrônica, sem importar como será realizada, é que os estudantes seriam ensinados pelos "melhores instrutores do mundo". Mas como fazê-lo melhor? Fazer fitas de vídeo? Chato. Ter uma seção *on-line* ou bate-papo com milhões de pessoas? Improvável. Fazer uma ferramenta multimídia, na qual o "melhor instrutor do mundo" deixa sua mensagem com pequenas dicas? Fala sério!

Como um grande praticante, pensador ou agente melhor disponibilizaria seu pensamento?

Claro que uma forma é por meio de seus livros, mas no caso de, vejamos, *Peter Drucker*, isso deve ser umas boas 10 mil páginas para ler.

Disponibilize tudo *on-line*, dizem alguns. Nós teremos pesquisas! E bate--papo! E muitos clipes de vídeo do grande homem per si! Útil para pesquisa, talvez, mas não muito útil para aprender.

"Mina de conhecimento", dizem outros. Descubra a quais questões o grande homem tentou responder. Pergunte a ele sobre a heurística, ou métodos que ele emprega no trabalho. Veja vários casos e capture em fitas de vídeo vários desenhos pequenos sobre o que eles fizeram e por quê. Agora, conecte-os em algum tipo de sistema inteligente/raciocínio baseado em casos/aprendizagem por meio de erro/banco de dados pesquisável. Melhor, mas não necessariamente atrativo.

Aqui está minha abordagem. Encarregue o especialista com o seguinte diálogo criativo: "Pense no que você faz – administração, cirurgia, direito – como se fosse um jogo no qual você é o melhor. Em seguida, imagine que, como jogo de computador, outras pessoas poderiam jogar e se tornar especialistas. Que jogo – incluindo quaisquer projetos, situações, desafios, pessoas, e assim por diante – você poderia criar para ter a certeza de que quem o jogasse saberia atuar bem no seu mundo assim como você?". Ofereça a essas pessoas muitos exemplos de jogos excelentes para que elas vejam e, quem sabe, tirem ideias e inspirações. Diga a elas que o objetivo com o jogo é segurar e capturar a atenção das pessoas a ponto de ser um vício.

Fantasia? Não, já está acontecendo. Como vimos nos capítulos 9 e 10, os melhores investidores de derivativos, os melhores professores de direito, os melhores escritores, os melhores educadores, os melhores administradores

ENTÃO, VOCÊ TEM UMA IDEIA...

e os melhores oficiais militares (entre outros) desenvolveram os próprios jogos de aprendizagem em computador para ensinar sua área de atuação às pessoas. E muitos deles são excelentes!

Lembra-se da citação de Robert Frost, "eu não sou professor, sou um despertador"? Que maravilhoso conceito para despertar o poeta dentro de todos nós. Como ele fez isso? Por um lado, eu chutaria que ele leu a própria poesia e de outros, por outro, que, então, ele fez que os estudantes tentassem criar as próprias poesias. Ele ainda os fez dividir suas criações entre eles.

E o jogo? Será que Frost poderia ter criado um jogo para nos ajudar a "deixar o próprio pensamento" e nos despertar para a poesia? Será que isso é possível?

Não só é possível, como já existe no mercado pelo menos um jogo de criação de poesia. E ainda por cima existe em versão para computador. É chamado de *Magnetic Poetry Kit*.[21] Vem com muitas palavras interessantes, figurativas, evocativas, "poéticas", que se colocam em um quadro magnético (ou num armário de arquivos) para se fazer poesia. Isso significa que qualquer jogador de poesia será igual a Robert Frost? Claro que não. Mas Frost não desenvolveu o jogo, e este ainda está somente na fase inicial de seu projeto. Pode, no entanto, inspirar algumas pessoas a criarem alguns versos interessantes.

Mas existe um próximo passo para fazer que a abordagem de ensino de Robert Frost se torne uma aprendizagem baseada em jogos digitais. Eu pergunto a Frost: "Como você faz seus poemas?" (Estou imaginando isso, é claro.) Ele diz (ainda é invenção minha): "Eu observo as coisas. Eu penso sobre elas. Imagens e sons vêm a minha mente e trabalho com eles".

Criamos, então, um protótipo do jogo que gera imagens e sons, possivelmente em resposta às ondas que vêm do cérebro (essa parte não é inventada; as ondas do cérebro – alfa, beta e theta – já são usadas hoje para controlar

---

[21] O original *Magnetic Poetry Kit* (©1993, Dave Kapell) é uma seleção de mais de quatrocentas palavras e fragmentos de palavras impressos à mão em pequenos ímãs. A Fridgedoor.com oferece mais de sessenta *kits* diferentes de *Magnetic Poetry*, com mais de quatrocentas palavras de cada uma das diferentes línguas. Também existe o *Virtual Magnetic Poetry Kit*, que funciona na tela de seu computador. Disponível em http://prominence.com/java/poetry. Acesso em 2000.

IMPLANTAÇÃO

todos os tipos de coisas em computadores) que lhe permitem "trabalhar com eles". Frost trabalha conosco para melhorar cada vez mais o protótipo, ajudando o programa a se encaixar em diferentes tipos de estrutura de palavras ao redor dessas imagens, até que produzam alguma coisa com a qual ele se sinta confortável ao se aproximar do próprio processo mental.

Entendeu a ideia? É claro que não estou sugerindo que escrevamos poesia no computador, mas que possamos encontrar uma forma de capturar o processo mental de um especialista (artista, cientista, médico), não somente por meio de um "sistema especial" de heurística, planos e regras, *mas por meio de um jogo que passe a sensação do que esses especialistas fazem*. Um jogo que eles, com suas habilidades, possam dominar facilmente, mas que outros tenham de jogar por um tempo maior e com mais dificuldade para ficarem bons. E um jogo que também seja divertido. Será que dá para fazer isso? Veja o jogo *Objection!*

CONCURSO 11

Qual a sua grande ideia para um projeto de aprendizagem baseada em jogos digitais e por quê? Envie um *e-mail* para contest11@twitchspeed.com.

UM SEGUNDO MODELO – COMO CRIAR FERRAMENTAS E MECANISMOS

Nesse modelo menos frequente, mas também poderoso, o "produtor" vê uma forma de criar "mecanismos", "*shells*" e "modelos" (*templates*) de aprendizagem baseada em jogos digitais em que um grande número de "professores" pode inserir seus conteúdos.

Como exemplos há as séries *Living Books, Reader Rabbit* e *Blaster*, assim como os modelos da LearningWare e da Games2train. Quase todas as empresas de edutenimento e de jogos são criadas a fim de, internamente, redirecionarem o "mecanismo" com o conteúdo diferente. (Isso não é muito diferente do tipo de livro *"for Dummies"* – em que todos os livros tem a mesma estrutura, mas com conteúdo e autor diferentes.)

A longo prazo, criar um "mecanismo" é a melhor opção para qualquer produto de aprendizagem baseada em jogos digitais que funcione bem em uma área e tem aplicabilidade em outras, como em um setor diferente. Eu realmente recomendo que os desenvolvedores de jogos de aprendizagem digital levem em consideração ao desenvolver o primeiro jogo que este possa ter inúmeras utilidades. Separando os "recursos de conteúdo" do "mecanismo", o máximo que puderem desde o início, eles podem reutilizar esses mecanismos em outros contextos bem mais facilmente.

Então, agora você já fez sua obra de arte em aprendizagem baseada em jogos digitais. Como distribuí-la?

Não conte com as empresas de treinamento

E todas essas empresas de treinamento que cresceram muito rápido e entraram para a internet? O que elas pensam sobre a aprendizagem baseada em jogos digitais? Eu falei com dois CEOs para saber o ponto de vista deles. Ambos mostraram-se a favor da aprendizagem por meio de jogos. Mas nenhum deles viu esses jogos como um meio de enriquecer suas organizações. Como líderes práticos da empresa, eles viam seus negócios não como algo inovador, mas como um provedor de qualquer coisa que o mercado quisesse. E, pelo menos até aquele momento, ambos pensavam que acrescentar "elementos de jogos" a seus produtos – como simulações e pontuações – tinha que ver com a demanda do mercado por jogos.

Pete Goettner, CEO da Digital Think, descreve-se como um "grande fã ávido" por videogames em geral e todas as formas de simulação.[22] Ele sente que é perfeitamente possível aprender por meio de jogos. "Mas devemos nos lembrar", diz ele, "de que a Digital Think é uma empresa de aprendizagem corporativa eletrônica e estamos ensinando a profissionais. Uma linha fina nos separa de ofender as pessoas por fazer um jogo divertido demais, ou por fazê-lo muito excêntrico". Goettner pensa que, ao treinar um engenheiro

---

[22]   Entrevista por telefone.

IMPLANTAÇÃO

a programar o Java, tem um limite quanto ao número de jogos que se pode realmente colocar em seu curso. Eu, claro, penso que o oposto é verdadeiro.

Goettner acha que o mundo corporativo não terá muitos jogos por duas razões. A primeira é econômica. Como o custo dos jogos pode ser mais alto, ele não está muito seguro de que haverá recompensa econômica com a aprendizagem baseada em jogos digitais. A segunda razão é o fato de as pessoas não estarem acostumadas a ver jogos em cursos de treinamento: "Elas podem não acreditar muito. Se eu fosse até o escritório de um CEO e dissesse 'nossa filosofia em torno do desenvolvimento instrucional e de conteúdo é produzir jogos'. Eu não acredito que venderia".

O CEO da Click2learn, Kevin Oakes, despendeu tempo com empresas de jogos, como a Hyperbole, criadora do jogo *X-files*.[23] Ele acha que as empresas que promovem treinamentos têm muito a aprender com eles. Oakes conta sobre um *e-mail* que recebeu de um de seus engenheiros depois de este ter assistido à sua mãe jogar *on-line* simultaneamente com mais de 3 mil pessoas. O engenheiro escreveu que muito do conteúdo que a Click2learn está agregando e fornecendo é chato, com páginas de texto a serem viradas, sem vídeo nem áudio, e perguntou se não seria interessante se eles usassem atividades mais parecidas com jogos. A resposta de Oakes voltou-se para a preocupação com executivos seniores, "que já têm uma percepção preconcebida sobre treinamentos", podendo ver a aprendizagem baseada em jogos digitais como "um pouco cabeludo em vez de algo em que eles deveriam investir dinheiro". Mas Oakes acha que isso vai mudar, à medida que as empresas começarem a ver os jogos de maneira um pouco mais profissional, e não somente como "só diversão". "Conforme a tecnologia, as ferramentas, e os processos forem ficando cada vez mais baratos, creio que começaremos a ver mais ênfase em melhores experiências de aprendizagem", disse *Oakes*.

Assim, talvez vejamos a aprendizagem baseada em jogos digitais no futuro das empresas; por outro lado, se você acreditar no que eles dizem, nunca poderemos chegar a vê-lo. Quando a aprendizagem baseada em jogos digitais decolar, será pouco provável que seja por causa do incentivo das

---

[23] Entrevista por telefone.

empresas de treinamento. Seu aparecimento deverá vir dos esforços criativos das pessoas, como as citadas anteriormente (você também, espero), que criam a aprendizagem baseada em jogos digitais de forma realmente atraente, o que gera uma demanda sem precedentes.

MAS E AS EMPRESAS DE JOGOS?

Mas pode-se perguntar por que as empresas de jogos não entram na jogada. Elas têm o conhecimento e a tecnologia. Eis um mercado enorme e novo para elas – aprendizagem corporativa. Parece natural. Elas deveriam estar se matando para criar uma aprendizagem baseada em jogos digitais, certo? Assim que comecei nessa área, eu pensei que minhas tarefas seriam simples assim. Eu iria atrás das empresas de jogos, descreveria como elas poderiam usar os seus mecanismos de jogos para a aprendizagem corporativa, e elas se apressariam para ser minhas parceiras. Doce engano.

As empresas de jogos têm o próprio modelo de negócio e os próprios problemas de vendas. O seu enfoque está sempre voltado para o consumidor – o consumidor de entretenimento. O negócio em que atuam é bem competitivo e elas não querem distrações. O objetivo é manterem-se à frente da tecnologia e produzir megassucessos – elas vivem desses sucessos, assim como os filmes. Essa reação de Trip Hawkins, CEO da empresa de jogos 3DO, fundador original da Eletronic Arts e um dos pioneiros que mais pensam sobre o futuro na área de jogos para negócios, é típica: "Nós estamos em mercados totalmente diferentes, tanto em termos de cliente como de marketing e distribuição."[24]

Pelo menos uma empresa de jogos que tentou se inserir no mundo corporativo acabou se arrependendo. A Maxis relutou por um longo tempo antes de finalmente assumir alguns projetos corporativos. De acordo com Will Wright, seria muito difícil para uma empresa pequena como a Maxis

---

[24]   Comunicação pessoal.

(naquele tempo) lidar com grandes organizações. A Maxis promoveu a cisão corporativa.[25]

A demanda, por outro lado, está novamente chamando os produtores de jogos. Harry Gottlieb, presidente da Jellyvision, empresa criadora dos jogos de sucesso *You Don't Know Jack* e *Who Wants To Be a Millionaire?*, diz que diversas empresas já o procuraram para que ele criasse uma versão de seus jogos voltada ao treinamento corporativo. "No passado", diz ele, "nós sempre recusamos". No entanto, eles tiveram tantos pedidos que agora estão pensando seriamente sobre as propostas.[26]

E AS EMPRESAS DE EDUTENIMENTO?

Elas têm os próprios problemas. A empresa de aprendizagem não fez que a Mattel ficasse mais rica, muito pelo contrário. "O problema com o software educacional", diz Paul Saffo, do Institute for the Future em Palo Alto, Califórnia, que geralmente acerta seus prognósticos sobre o que está por vir, "é que ninguém descobriu como fazer dinheiro com esses jogos de aprendizagem".[27]

Quando a Lucas Interactive realizou a cisão da Lucas Learning para fazer jogos de aprendizagem, ela passou por maus bocados tentando acertar seu primeiro jogo, *DroidWorks*. Deveria ele ir para as prateleiras? Na prateleira da educação? Essa dificuldade em posicioná-lo foi, na verdade, muito prejudicial para as vendas, de acordo com Collette Michaud, o líder do projeto.[28] Imagine se fosse um jogo de aprendizagem para adultos... Onde ele seria colocado?

---

[25] Comunicação pessoal.

[26] Entrevista por telefone.

[27] Jon Blossom e Collette Michaud, "Lucas Learning's Star Wars DroidWorks", em *Game Developer*, Postmortem, agosto de 1999.

[28] Comunicação pessoal de Ashley Lipson.

Então, qual é a resposta?

Existem diversas soluções possíveis. Poucas empresas parecem estar em posição privilegiada para entrar nessa área. A Sony é uma delas. Ela tem todos os ingredientes: computadores, jogos de console com links para a internet, PDA, experiência com educação via Lightspan, e mesmo uma controlada de treinamento, a Career Development International. Todos com quem entrei em contato na Sony, de todos os níveis hierárquicos, inclusive o presidente Hideki Idei, não abrem a boca em relação ao assunto e, apesar do fato de eles terem falado aos desenvolvedores do PlayStation, na conferência de desenvolvedores de jogos, que eles "não queriam nada educacional"[29] colocaram seu mais novo jogo de console como um portal para a internet. A Sony é uma empresa que eu gostaria de ver entrar nessa área.

Dois esforços interessantes iniciados em 2004 são as Iniciativas de Jogos Sérios do Woodrow Wilson Center em Washington, D.C., e a Iniciativa de Educação Arcade do MIT. Espero que dê tudo certo para eles. Vejamos até onde conseguem chegar.

Além disso, há inúmeros portais e páginas de internet que incentivam a aprendizagem baseada em jogos digitais; por exemplo, as páginas de internet deste livro, www.socialimpactgames.com e www.twitchspeed.com, e outras como www.watercoolergames.org e www.seriousgames.org. Espero que possamos ver cada vez mais incentivos assim.

Por fim, há os usuários. Quando Elliot Masie sugeriu pela primeira vez a troca ponto a ponto (*peer-to-peer*) ao estilo Napster para os programas de treinamento,[30] eu tive de rir. A Napster é tão bem-sucedida, obviamente, porque as pessoas *querem* a música. Talvez os instrutores queiram trocar muitos cursos do tipo de exposição e avaliação, mas é difícil imaginar que aprendizes o queiram. No entanto, pensei mais tarde, mas e se a aprendizagem fosse a aprendizagem baseada em jogos digitais e realmente envolvesse e divertisse os participantes? O sistema *peer-to-peer* poderia funcionar, então, se os aspectos financeiros pudessem ser ajustados. Talvez, no modelo *Key*

---

[29] Comunicação pessoal de Jeff Snipes.

[30] Masie Center, *Elliott Masie's TechLearn Trends*, nº 178, 4-8-2000.

IMPLANTAÇÃO

Commando (ver capítulo 9), novos jogos de aprendizagem poderiam até ser dados, sendo o custo direcionado aos diversos conjuntos de conteúdo.[31]

Nós encontraremos um jeito.

---

[31] Ver capítulo 9.

16.
O FUTURO
E AGORA, PARA ONDE SEGUIR?

Os oponentes estão em todos os lugares.

Placa na entrada do estande da Sega no E3

Receio que ele esteja no Holodeck novamente, senhor.

Star Trek, a Próxima Geração

Em 25 anos, o seu "jogador típico" será todo mundo.

Gabe Newel, da Valve Entertainment

Em que ponto estão os Estados Unidos, em termos tecnológicos, no início do terceiro milênio? A maioria dos trabalhadores de empresas e uma grande porcentagem dos nossos estudantes e escolas têm computadores multimídia em rede ou têm fácil acesso a eles. Esses computadores estão, a cada dia, ficando mais inteligentes, rápidos e mais multiuso. Os dispositivos que você pode colocar na palma da sua mão reproduzem vídeos, fazem chamadas, conectam com a internet, determinam a sua posição exata no planeta e rodam uma variedade de jogos, que você pode jogar sozinho ou com outras pessoas. Você também pode usá-los para fazer compras, resolver coisas do banco, votar e até para arranjar encontros.[1]

---

[1] Almar Latour, "Cell Phones Play Games and Find Dates Overseas", em *Wall Street Journal*, 30-5-2000.

IMPLANTAÇÃO

Então, o que tudo isso significa? Nas palavras do designer de jogos Justin Chin, "isto significa que todos nós devemos começar a pensar um pouquinho diferente, e que há coisas que demandam a nossa atenção criativa".[2] Eu acredito que a aprendizagem baseada em jogos digitais, no nosso papel como pessoas de negócios, professores, educadores, pais e, *especialmente*, instrutores, é uma daquelas coisas que *realmente demandam* a nossa atenção criativa. Temos novas gerações – as gerações dos jogos – para educar e treinar e não vamos conseguir isso da maneira antiga. Estamos claramente bem no início do fenômeno da aprendizagem baseada em jogos digitais – levemente depois dos irmãos Wright, talvez, mas nem tanto assim. Nós somos a indústria da linha aérea de 1910. Porém, com a nossa atenção criativa e a tecnologia que está se tornando disponível neste momento, nós podemos, *em um espaço de tempo muito curto*, decolar do avião com duas asas para o bombardeiro *stealth* e irmos muito mais além.

A aprendizagem baseada em jogos digitais é uma GRANDE IDEIA. Ela funciona. Ela foi aonde nenhuma aprendizagem chegou. Nós deveríamos trabalhar todos juntos para criar o seu futuro.

Para pensar sobre esse futuro, é útil considerar quatro dos seus elementos:

- O futuro da aprendizagem digital
- O futuro dos jogos digitais
- A visão para combinação deles
- Os desafios criativos que isso gera

Um dos nossos maiores desafios é claramente "cruzar o precipício" do treinamento e da educação formal para a aprendizagem baseada em jogos digitais. Não importa quanto a aprendizagem baseada em jogos digitais seja boa ou acabe se tornando casos e projetos isolados, o seu futuro não está assegurado até que isso aconteça. Depois que isso acontecer, nós poderemos começar a voar *de verdade*!

Então, vamos examinar cada um desses futuros sucessivamente.

---

[2] Citado em Geoff Keighley, "SIMply Divine, the Story of Maxis Software", cit.

O futuro da aprendizagem digital

Julgar a aprendizagem digital pelo que existe hoje é, provavelmente, injusto, visto que nós estamos passando por uma grande fase de "edificação e construção" em termos tecnológicos e o que existe é consideravelmente menos do que as visões de muitos educadores. O que é essa visão? Parte dela, conforme sabemos agora, é apenas mais um método *on-line* de exposição e avaliação entediante, com algumas modificações novas. Porém, partes da visão são empolgantes.

Vivenciamos a construção de infraestrutura, a integração de componentes, a formação e consolidação de empresas e a formação de comunidades. Estamos vendo a disposição por parte de muitas empresas e escolas de explorar e adotar alternativas ou coisas novas na aprendizagem em sala de aula. Cada vez mais vemos conteúdos nos cursos e centenas, até mesmo milhares, de cursos *on-line*. Vemos simulações que começam a assumir um papel cada vez maior no processo de treinamento *on-line*. Vemos faculdades e universidades se apressando na direção dos cursos *on-line*.

O que nós ainda não vemos, no sentido percentual, é muita diversão e alegria no processo de aprendizagem *on-line*. Mas isso virá. É tão inevitável quanto o fato de que as gerações dos jogos estarão um dia no controle. O treinamento e a educação formal se tornarão mais voltados para os aprendizes na medida em que estes exigirem isso. Assim como a rede levou ao "marketing de permissão", no qual as pessoas só querem receber as mensagens que elas permitirem,[3] de forma que a aprendizagem baseada em jogos digitais vindoura levará ao "treinamento de permissão", no qual, se o treinamento não for fornecido de uma forma que não seja prazerosa e divertida, ele será rejeitado.

---

[3] Godin, *Permission Marketing*, cit.

IMPLANTAÇÃO

O FUTURO DOS JOGOS DIGITAIS

Enquanto isso, para onde a indústria dos jogos está indo? Por se tratar de uma linha de negócios tão jovem, em um ambiente criativo e de mudanças rápidas, fica impossível dizer com certeza. Mas, com base no atual estado de pesquisa e desenvolvimento, a aceleração inevitável do hardware e o pensamento dos designers de jogos top,[4] aqui estão algumas coisas que os jogos do futuro tenderão a ser.

1. OS JOGOS SERÃO MUITO MAIS REALISTAS, EXPERIMENTAIS E DE IMERSÃO. Estamos muito perto de ser capazes criar fotorrealidade em 3D à vontade. Os jogos de amanhã terão os mesmos e até melhores efeitos especiais dos filmes de hoje, mas serão gerados em um instante, a partir de qualquer perspectiva que se desejar. Novos monitores, grandes ou em miniatura, permitirão aos jogadores a visão em 360 graus, assim os jogadores estarão totalmente imersos em seu mundo do jogo virtual em 3D. Sentidos adicionais, como o olfato e o tato, também serão estimulados. A "física" da maneira pela qual coisas aparentam, se movem e reagem vai se tornar mais próxima da realidade. Os jogadores ficarão de verdade dentro do mundo do jogo.

2. OS JOGOS SERÃO TOTALMENTE *ON-LINE*, SEM FIOS E COM GRANDE QUANTIDADE DE JOGADORES. Os jogos serão, na maioria, *on-line*, com capacidade de banda larga cada vez mais rápida, usando dispositivos portáteis e de mão com acesso sem fio. O mundo dos jogos permitirá que milhares e, com o tempo, milhões de jogadores escolham jogar no modo individual, um contra um ou contra vários jogadores. Haverá jogos mundiais de todos os tamanhos e formatos funcionando 24 horas por dia, sete dias por semana, 365 dias por ano.

3. OS JOGOS INCLUIRÃO MAIS QUANTIDADE DE NARRAÇÃO E PERSONAGENS COM MELHOR QUALIDADE. Ferramentas novas e mais fáceis de serem utilizadas permitirão que os autores e escritores das gerações dos jogos comecem a projetar e criar jogos. Os sujeitos do jogo serão expandidos.

---

[4] Entrevistado por Geoff Keighley, "SIMply Divine, the Story of Maxis Software", cit.

O FUTURO

Melhores métodos de combinar histórias e interação serão inventados. Uma maior variedade de emoções será envolvida. A inteligência artificial melhorada possibilitará a criação de mais personagens e interações próximos da realidade. Os jogos começarão a produzir clássicos com o poder duradouro dos filmes e romances famosos.

4. OS JOGOS SERÃO MAIS SOBRE AS PESSOAS E AS INTERAÇÕES HUMANAS. A maioria dos jogos implicará a representação de um papel no qual você fica envolvido com outras pessoas emocionalmente, o que pode se prolongar durante muitas experiências (imagine-se em uma novela ou em uma guerra). Veremos os nossos amigos e a nós mesmos nos jogos da forma que quisermos observar. Os jogos vão se adaptar facilmente às nossas preferências, habilidades e necessidades, de forma que fiquemos sempre no "estado de fluxo" representamos os papéis. Apesar de ser mais difícil simular pessoas do que objetos, haverá personagens em nossos jogos que expressam emoções, reagem de forma convincente ao que fazemos, falam de modo realista e aprendem sobre nós, sendo, em geral, divertido jogar com eles. Ficará cada vez mais difícil, em muitas situações, diferenciar um personagem de inteligência artificial (IA) de um personagem vivo.

5. A COMUNICAÇÃO E A COOPERAÇÃO SE TORNARÃO ELEMENTOS MAIS IMPORTANTES. Vamos nos comunicar com outros jogadores via voz, de forma privada ou com todos simultaneamente. Os jogos serão jogados *on-line* em todas as partes do mundo e por equipes na mesma sala ou no *arcade*. Os esportes e outras competições *on-line* serão lugar-comum. Os relacionamentos de jogo serão estabelecidos ou desfeitos. A cooperação se tornará tão importante quanto a cooperação.

6. CRIAREMOS OS JOGOS QUE QUISERMOS. Teremos a habilidade de estabelecer enormes números de parâmetros, desde quem somos, onde o jogo acontece, quem são os jogadores e oponentes, até a intensidade do desafio que queremos naquele dia. Além disso, os jogos aprenderão sobre nós conforme jogarmos. Seremos capazes de compartilhar elementos do jogo que criarmos e de obtê-los de outros jogadores. Conseguiremos integrar a nossa individualidade e criatividade nos

nossos jogos, como fazemos com as nossas casas e roupas. Nesse sentido, todos nós vamos projetar os próprios jogos.

7. **TEREMOS NOVAS FORMAS DE JOGOS E ASSUNTOS.** Como a beleza atraente é maximizada e as pessoas focam mais na mecânica do jogo e na experiência do entretenimento interativo, formas novas de interação e interatividade surgirão. Conforme as gerações dos jogos amadurecem, veremos cada vez mais temas universais expressos na mídia do jogo. Novos gêneros vão aparecer. Os assuntos assumirão uma variedade de livros e filmes. Os jogos que atraem a atenção de grupos demográficos serão lugar-comum. Os jogos vão cada vez mais nos fornecer novos tipos de experiências que não poderemos ter em outros lugares.

8. **OS TIPOS DE JOGOS DE ENTRETENIMENTO EM MASSA SE TORNARÃO COMUNS.** Os atos de jogar e de participar, dos quais você, e não outra pessoa, é o protagonista, vão se tornar uma parte nova da experiência do entretenimento doméstico e da TV. Os limites entre os programas de TV e os jogos com vários jogadores não serão mais nítidos, na medida em que a participação se tornar a norma. Os orçamentos aumentarão de maneira acentuada.

9. **OS JOGOS TERÃO MAIOR QUALIDADE.** Conforme mais e mais pessoas aprenderem como o entretenimento interativo satisfaz, o nível de qualidade exigido aumentará. Os jogos terão as mesmas exigências de qualidade que fazemos em relação aos filmes e outros produtos de consumo.

10. **OS JOGOS SE TORNARÃO AINDA MAIS ENVOLVENTES.** Se você acha que as pessoas estão viciadas em jogos hoje, imagine no futuro. Todas as técnicas descritas anteriormente foram projetadas para atrair o jogador para essa experiência. O "EverCrack" se tornará cada vez mais real, o que é um motivo importante para tornar essas experiências *úteis* e instigantes. Com certeza, o que quer que seja criado será muito melhor e fará que os melhores jogos de hoje pareçam filmes primitivos.

O FUTURO

AS VISÕES PARA A APRENDIZAGEM BASEADA EM JOGOS DIGITAIS

Todos esses avanços nos jogos se tornarão parte da aprendizagem baseada em jogos digitais conforme esta também for se tornando cada vez melhor.

Há vários "cálices sagrados" para a aprendizagem baseada em jogos digitais. Talvez o mais sagrado de todos seja criar o equivalente ao *holodeck* da série de televisão *Star Trek*. Trata-se de um lugar onde a simulação se torna tão real que os personagens parecem adquirir vida e interagir com você, e você mesmo experimenta de verdade como é viver em outro mundo. Como bem observou Chris Crawford no seu ensaio "Thoughts on the Holodeck"[5], é interessante ver a visão sobre a vida da série *Star Trek: a próxima geração* evoluiu do jogo baseado no *objeto* para o jogo baseado no *personagem*.

Um projeto para criar um *holodeck* já está em andamento – cortesia das Forças Armadas dos Estados Unidos. Conforme vimos, o Exército deu 45 milhões de dólares à Universidade da Carolina do Sul exatamente para esta missão – *criar o holodeck*. Os diretores e os criadores de Hollywood estão trabalhando com uma brilhante equipe de cientistas dessa universidade para combinar as últimas tecnologias de ponta com histórias fascinantes com o intuito de fornecer ambientes com a possibilidade de imersão.[6] Esse tipo de ambiente totalmente imersivo, em grandes armazéns, ou por meio de dispositivos montados na cabeça, como óculos, terá também impacto não militar na aprendizagem baseada em jogos digitais. Os colegas virtuais virão mais lentamente, mas eles virão.

Outra visão empolgante da aprendizagem baseada em jogos digitais é ter jogos e aprendizagem tão integrados que o jogo mais novo e mais quente do mercado imediatamente se torne uma ferramenta de aprendizagem. Como a distinção entre o mercado de consumidores e o mercado da educação é ainda forte, esta visão está muito longe. Porém, os sinais de mudança

---

[5] Chris Crawford, "Thoughts in the Holodeck", em *Journal of Computer Game Design*, vol. 1, 1988. Também disponível em www.erasmatazz.com. Acesso em 2000.

[6] Gerados pelo Institute for Creative Technology.

existem. Algumas empresas estão criando *shells* para jogos de aprendizagem e motores de venda.[7] Outras comercializam os seus jogos de aprendizagem, do *SimCity* até o *Start-up*, como produtos para o mercado consumidor, em vez de produtos educacionais.[8] Outras empresas ainda têm divisões tanto de jogos como de aprendizagem.[9]

A terceira visão da aprendizagem baseada em jogos digitais é ter todos os professores e aprendizes viciados em jogos persistentes com grande número de jogadores, nos quais a aprendizagem pode acontecer de modo constante, introdução de revisões, estudantes avaliados e pontuações comparadas e tabuladas. Isso está acontecendo também.[10] Jogos persistentes com grande número de jogadores que lembram o *EverQuest*, *Asheron's Call*, *Ultima On-line* e *Star Peace* emergirão com sistemas de gerenciamento de aprendizagem novos para criar somente esses tipos de ambientes de aprendizagem baseada em jogos digitais.

Quando chegaremos lá? Vai demorar? Em que a aprendizagem *on-line* vai evoluir? Quais mudanças a banda larga universal vai trazer? Com o que se parecerá a aprendizagem na metade do século XXI? E depois disso?

OS DESAFIOS

Os jogos de computador ainda estão na sua infância – a indústria inteira tem menos de trinta anos, comparada a outras com mais de cem anos, como o cinema, e centena de anos, no caso dos romances. Nas palavras de Warren Spector, da Ion Storm, "todos nós aqui, hoje, estamos testemunhando o nascimento de uma mídia nova. Há cem anos, eram os filmes, depois o rádio, então a televisão e agora somos nós".[11]

---

[7] Os motores da aprendizagem baseada em jogos digitais podem ser licenciados pela LearningWare e pela Games2train. Os motores de jogos em 3D em primeira pessoa podem ser licenciados pela Epic (*Unreal Engine*) e pela Id (*Quake II Engine*).

[8] Maxis, Monte Cristo e outros.

[9] Por exemplo, Havas e Sony.

[10] As Forças Armadas, por exemplo, estão começando a conduzir alguns dos seus treinamentos dessa maneira.

[11] Keighley, *Millenium Gaming*, cit.

Certamente podemos esperar que os jogos evoluam e amadureçam assim como aconteceu com a mídia criativa. A diferença fundamental, contudo, é a velocidade. Do lado tecnológico, os jogos estão evoluindo à velocidade *twitch* e à velocidade exponencial da lei de Moore.[12] Em apenas alguns anos, nós saímos do *Pong* para o *Quake II*, *Golden Eye*, *The Sims* e jogos de esportes que estão apenas a alguns pixels do realismo absoluto. Os jogos de console estão de fato entrando na sua sexta geração.[13]

A educação e o treinamento em massa – com cerca de cem anos e de-senvolvedores muito vagarosos – estão começando a sua adolescência com espinhas e estão realmente ficando desconfortáveis. Estão desenvolvendo bigodes, mas ainda não decidiram o que fazer com eles.

Se os dois realmente vierem a se combinar, não é a tecnologia, e sim as *pessoas, que são capazes de aproveitar e usar a tecnologia para intervenções novas da sua imaginação,* que vão levar o processo adiante de verdade. Nos filmes, nós podemos listar todas as tecnologias dos filmes mudos até os falados, até os coloridos e até os efeitos especiais, mas o que nos importa e o que nos leva ao cinema são os filmes de Eisenstein, Capra, Truffaut, Kurosawa, Lucas, Spielberg e Cameron. Embora as pessoas ainda sejam atraídas por avanços tecnológicos, os filmes evoluíram a ponto de a tecnologia sozinha não poder tornar um filme bem-sucedido. Nas cerimônias do Oscar, o prê-mio de melhor diretor é entregue antes do de melhor filme, ao passo que os prêmios de realização técnica são entregues em uma cerimônia não tele-visionada no dia anterior. Os jogos atualmente precisam de grandes artistas mais do que de grandes tecnólogos. Ainda hoje, mesmo entre os jogadores, muitos poucos artistas do jogo, como temos visto, são conhecidos de nome.

O mesmo acontece com a aprendizagem baseada em jogos digitais – nós precisamos de artistas que por acaso sejam professores. A tecnologia da indústria dos jogos pode nos possibilitar fazer coisas maravilhosas e inacre-

---

[12] A lei de Moore, primeiramente proposta por Gordon Moore da Intel, afirma que o número de transisto-res em um *chip* duplica aproximadamente a cada dezoito meses. Ela tem sido usada como uma metáfora para a velocidade exponencial.

[13] Embora haja formas distintas de contagem, as gerações dos consoles de jogos são geralmente contadas pelo número de *bytes* que os seus microprocessadores podem suportar de uma vez. Nós já vimos as gerações de 4, 8, 16, 32, 64 e 128 *bytes* até o momento [2000].

IMPLANTAÇÃO

ditáveis. Porém, se os jogos de aprendizagem continuarem a ser projetados por pessoas com somente uma perspectiva de "ensinamento", no lugar de artistas criativos que cresceram com os jogos e realmente sabem como usar a mídia dos jogos e da diversão, e daqueles que também são, por acaso, professores, como Ashley Lipson, isso não acontecerá. Estamos esperando que grandes designers-professores – pessoas com a visão para aproveitar essa tecnologia em nome da aprendizagem da diversão – se apresentem. Eles certamente virão.

Nesse meio-tempo, a aprendizagem baseada em jogos digitais está claramente aquecendo os motores. Para nos movimentarmos mais rapidamente precisamos de vários fatores e resolver vários desafios:

- *Dos negócios* nós precisamos dos campeões, que podem fornecer tanto dólares de investimento como oportunidades para ajudar a aprendizagem baseada em jogos digitais a "cruzar o precipício". *O desafio para os negócios é entender a sua mão de obra em mudança e continuar financiando iniciativas cada vez maiores e afinadas com a população aprendiz em mudança.*

- *Dos professores e dos instrutores* nós precisamos da disposição para tentar um estilo que talvez não seja o seu por nascimento, mas que funcione para os seus aprendizes. *O desafio para os professores e instrutores é combinar o conteúdo antigo com as abordagens novas.*

- *Das escolas* precisamos dos pedidos de mais jogos de aprendizagem que falem com a linha inteira e a profundidade das coisas que nós queremos que os nossos filhos saibam; assim as escolas e os distritos escolares os comprarão e os usarão. *O desafio para as escolas não é correr para o passado, mas abraçar o futuro e aprender a moldá-lo e a controlá-lo.*

- *Dos pais* nós precisamos do máximo de interação possível com os filhos em relação à aprendizagem baseada em jogos digitais, pois eles podem descobrir o que funciona para os seus filhos e conseguir para eles mais experiências como essas. *O desafio para os pais é conseguir tempo para trabalhar com os seus filhos e não apenas dar a eles a caixa mais cara da prateleira da loja.*

O FUTURO

- *Das empresas de treinamento* precisamos da disposição para assumir riscos a fim de criar os tipos de aprendizagem que elas *sabem* que funcionam melhor para os aprendizes. *O desafio para as empresas de treinamento é convencer os compradores e vender aprendizagem baseada em jogos digitais.*

- *Dos fornecedores* precisamos de ferramentas de criação mais fáceis de serem usadas para que os instrutores e os professores possam criar os jogos que eles sabem que vão funcionar sem ter de ser programadores. *O desafio para os fornecedores é ir além da geração atual de "sistemas de autoria" para algo muito mais poderoso.*

- *Das empresas de jogos* nós precisamos que as suas gerências reconheçam que o proceso de ensino e aprendizagem é importante, sejam a educação e o treinamento mercados potencialmente lucrativos e grandes ou não inicialmente, pois eles serão mercados lucrativos no longo prazo. *O desafio para as empresas de jogos é entender que as suas habilidades e conhecimento são valiosos para o proceso de ensino e aprendizagem, e que elas têm a habilidade para melhor educar os próprios filhos e gerações futuras de crianças e adultos.* É realmente triste que a Nintendo use um jogo de tabuleiro, no lugar da sua tecnologia, para ensinar os próprios funcionários sobre o negócio.[14]

- *Do campo acadêmico* precisamos de novos experimentos e avaliações das ferramentas de hoje, em vez das teorias do passado. *O desafio para os acadêmicos é trabalhar com aqueles que produzem as novas ferramentas para validá-las e tornar a sua efetividade conhecida.*

- *Dos aprendizes*, em todos os níveis, nós precisamos da confirmação, por meio do tempo e do nível de sucesso, de que isso é o que eles querem e o que funciona para eles. *O desafio para os aprendizes é conseguir a aprendizagem baseada em jogos digitais que está no mercado e usá-la.*

Se pudermos resolver muitos ou a maioria dos desafios, a aprendizagem baseada em jogos digitais terá assegurado sua oportunidade de fazer uma

---

[14] O jogo de tabuleiro *Zodiak*, da Paradigm Learning, foi utilizado pela Nintendo.

IMPLANTAÇÃO

enorme diferença nas nossas empresas, na nossa nação e até mesmo no futuro do mundo.

Então, vá em frente – aqueça o velho console ou PC e insira o seu jogo favorito. E, à medida que você enfrenta aqueles caminhos familiares e desafiadores, pare por um instante e faça a seguinte reflexão: "Sabe de uma coisa, eu poderia estar aprendendo algo *útil*!".

▶Bibliografia

A seguir, sugiro livros e artigos aos que gostariam de ler mais sobre os temas tratados neste livro; logo depois, sugiro uma *newsletter*, bem como alguns sites e jogos.

Livros

ACKERMAN, Diane. *Deep Play.* Nova York: Random House, 1999.

BENNEHUM, David S. *Extra Life, Coming of Age in Cyberspace.* Nova York: Basic, 1998.

BRUER, John T. *The Myth of the First Three Years.* Nova York: The Free Press, 1999.

CAINE, Rennate Numela & CAINE, Geoffrey. *Making Connections: Teaching and the Human Brain.* Boston: Addison Wesley, 1991.

CANNEL, Ward & MARX, Fred. *How to Play the Piano Despite Years of Lessons: What Music Is and How to Make it at Home.* Nova York: Crown & Bridge, 1976.

CASSEL, Justine & JENKINS, Henry (orgs.). *From Barbie to Mortal Kombat: Gender and Computer Games.* Cambridge: MIT Press, 1998.

CRAWFORD, Chris. *The Art of Computer Game Design.* Berkeley: McGraw-Hill, 1982.

CSIKSZENTMIHALYI, Mihaly. *Flow: the Psychology of Optimal Experience.* Nova York: Harper & Row, 1990.

DAVIS, Stan & BOTKIN, Jim. *The Monster Under the Bed.* Nova York: Simon & Schuster, 1994.

DIAMOND, Marian. *Enriching Heredity: the Impact of the Environment on the Anatomy of the Brain.* Nova York: The Free Press, 1998.

GLADWELL, Malcolm. *The Tipping Point: How Little Things Can Make a Big Difference*. Nova York: Little, Brown , 2000.

GODIN, Seth. *Permission Marketing: Turning Strangers into Friends and Friends into Customers*. Nova York: Simon & Schuster, 1999.

GOPNICK, Alison *et al*. *The Scientist in the Crib: Minds, Brains, and How Children Learn*. Nova York: William Morrow, 1999.

GREENFIELD. Patricia M. *Mind and Media: the Effects of Television, Video Games and Computers*. Cambridge: Harvard University Press, 1984.

_____ & COCKING, Rodney R. (orgs.). *Interacting with Video*. Nova York: Ablex, 1996.

HEALY, Jane M. *Endangered Minds: Why Children Don't Think and What We Can Do About It*. Nova York: Simon & Schuster, 1990.

_____. *Failure to Connect: How Computers Affect Our Children's Minds and What We Can Do About It*. Nova Jersey: Simon & Schuster, 1998.

HERZ, J. C. *Joystick Nation: How Videogames Ate Our Quarters, Won Our Hearts and Rewired Our Minds*. Nova York: Little, Brown , 1997.

HUIZINGA, Johan. *Homo Ludens*. Boston: Beacon, 1955.

JESEN, Eric. *Brain-Based Learning*. Thousand Oaks: The Brain Store, 2000.

McCLOUD, Scott. *Understanding Comics: the Invisible Art*. Northampton: Kitchen Sink, 1993.

McLUHAN, Marshall & FIORE, Quentin. *War and Peace in the Global Village*. São Francisco: Hardwired, 1997 [1968].

_____. *The Median Is the Message: an Inventory of Effects*. Nova York: Bantam, 1967.

MURRAY, Janet H. *Hamlet on the Holodeck: the Future of Narrative in Cyberspace*. Cambridge: MIT Press, 1997.

NATIONAL RESEARCH COUNCIL. *Modeling and Simulation: Linking Entertainment and Defense*. Washington: National Academy Press, 1997.

NEGROPONTE, Nicholas. *Being Digital*. Nova York: Vintage, 1996.

PAPERT, Seymour. *The Children's Machine Rethinking School in the Age of the Computer*. Nova York: Basic, 1994.

POSTMAN, Neil. *Amusing Ourselves to Death: Public Discourse in the Age of Show Business*. Nova York: Penguin, 1985.

SCHANK, Roger. *Virtual Learning*. Nova York: McGraw-Hill, 1997.

SMITH, Frank. *The Book of Learning and Forgetting*. Nova York: Teacher's College Press – Columbia University, 1998.

STOLL, Clifford. *High Tech Heretic: Why Computers Don't Belong in the Classroom and Other Reflections by a Computer Contrarian*. Nova York: Doubleday, 1999.

TAPSCOTT, Don. *Growing up Digital: the Rise of the Net Generation*. Nova York: McGraw-Hill, 1998.

Artigos, relatórios e estudos

ANNENBURG PUBLIC POLICY CENTER. *Television in the Home, 1998: Third Annual Survey of Parent and Children*, 22-6-1998.

BISSON, C. & LUCKER, J. "Fun in Learning: the Pedagogical Role of Fun in Adventure Education". Em *Journal of Experimental Education*, vol. 9, nº 2, 1996.

BLOOM, B. S. "The Two Sigma Problem: the Search for Methods of Group Instruction as Effective as One-to-One Tutoring". Em *Education Researcher*, vol. 13, nºs 4-6, 1984.

FILIPCZAK, B. "Training Gets Doomed". Em *Training*, agosto de 1997.

FISTER, S. "CBT Fun and Games". Em *Training*, maio de 1999.

KEIGHLEY, G. "Millenium Gaming". Disponível em: www.gamespot.com/features/btg_y2k. Acesso em 2000.

LIEBERMAN, D. A. "Health Education Video Games for Children and Adolescents: Theory, Design and Research Findings", apresentado no Encontro Anual da Associação Internacional de Comunicações, Jerusalém, 1998.

LIPSON, A. S. *The Inner Game of Educational Computer Games*. Publicação própria, sem data.

MALONE, T. W. "Towards a Theory of Intrinsic Motivation". Em *Cognitive Science* 4, 1981.

_____. "What Makes Computer Games Fun?". Em *Byte*, dezembro de 1981.

MASIE, E. "The 'E' in E-Learning Stands for 'E'xperience". Em *TechLearn Trends*, Relatório Especial, 20-10-1999.

PAPERT, S. "Does Easy Do It? Children Games and Learning". Em *Game Developer*, junho de 1998.

SCHANK, R. C. "What We Learn When We Learn by Doing". Em The Institute for the Learning Sciences, *Relatório técnico nº 60*, outubro de 1994.

STARBUCK, W. H. & WEBSTER, J. "When Is Play Productive?". Em *Accounting, Management and Information Technology*, vol.1, nº 1, 1991.

Newsletter

Thiagi Game Letter

Sites

www.twitchspeed.com
www.games2train.com

www.mbagames.com

www.objection.com

www.erazmatazz.com

www.learningware.com

www.imparta.com

www.montecristo.com

www.nunthhousenetwork.com

www.visualpurple.com

www.thiagi.com

www.think3.com

www.monkeywrench.think3.com

www.shrike.depaul.edu

Jogos

Estas são algumas sugestões de jogos comerciais para PC. Lembre-se de que os jogos em estado de arte não param; por isso, sempre procure as últimas versões.

Age of Empires

Alpha Centuri

Asheron's Call

Baldur's Gate

Black and White

Command and Conquer

Deus Ex

EverQuest

Riven

Roller Coaster Tycoom

Sim City 3000

The Sims

StarPeace

Start-Up

Ultima Online

Unreal Tournament

Wall Street 2000

Warcraft

▶Sobre o autor

Marc Prensky é fundador, CEO e diretor de criação da Games2train e da Corporate Gameware LLC. Fundou também a Digital Multiplier, organização cujo objetivo é auxiliar na eliminação das barreiras digitais em âmbito mundial, e criou os sites www.socialimpactgames.com, www.dodgamecommunity.com e www.gamesparentsteachers.com.

Marc é graduado pela Oberlin College, tem MBA pela Harvard Business School (com distinção) e mestrado em Middlebury e Yale. Antes de entrar para o curso de administração, ensinava matemática e leitura no bairro de East Harlem, na cidade de Nova York, além de trabalhar anos como ator e musicista, quando teve a oportunidade de atuar na Broadway e no Lincoln Center.

Depois de receber o título de MBA, Marc passou seis meses no Boston Consulting Group, onde trabalhou como consultor e, mais tarde, como o primeiro diretor de desenvolvimento de produtos da firma. Posteriormente, começou a trabalhar em uma empresa de softwares localizada em Boston, onde desenvolveu os primeiros aplicativos de aprendizagem multimídia para a Harvard Business School, JP Morgan, The Boston Consulting Group e muitos outros clientes. Antes do início da Games2train como empresa independente, Marc era vice-presidente da financeira global Bankers Trust, quando fundou a Corporate Gameware, antecessora da Games2train.

Além disso, tem contribuído com artigos para o *New York Times* e o *Wall Street Journal*, além de desenvolver uma série de publicações empresariais. O artigo "Twitch Speed" foi matéria de capa da revista da Conference Board, *Across the Board*. Seu trabalho tem chamado bastante a atenção, o que inclui a matéria de capa na revista *Training* e inúmeros artigos na *Fast Company*, *Time Digital* e *Newsweek*. Marc já apareceu na televisão na CNBC, CNN/*fn* e no programa da PBS, *Computer Currents*. Para obter mais informações, incluindo matérias adicionais, palestras e disponibilidade para participação de eventos, acesse www.marcprensky.com.

▶ÍNDICE REMISSIVO

Abordagem centrada no conteúdo (na educação), 104-107
Abordagem, 105
Achieve Now, 263
Ackerman, Diane, 162, 163
Adaptabilidade, 176, 193
Adultos, aprendizagem
    baseada em dispositivos portáteis, 309-310
    baseada em jogos digitais para, 277-310
    e a internet, 305-308
    e *Jeopardy!* como ferramenta de treinamento, 285-290
    no trabalho, 280-284
    simulações, 290-305
Age of Empires, 178-179, 209, 291
Age of Empires II, 138
Ahlers, Robert, 210, 215, 411-413
Aeronáutica, aprendizagem baseada em jogos digitais na, 415-416
Aldrich, Clark, 89, 130, 142, 232, 306, 503
Allen, Michael, 230, 232, 359-360, 465
Alpha Centauri, 241, 336
Ambição (como fator motivacional), 149
Ameritrade, 323-326
Amor (como fator motivacional), 149
Angel Five, 238, 299, 350-354, 467
AOL (AmericaOnline), 259
Apple, 255-256, 330
Aprendizagem baseada em jogos digitais, 207-205
    aprendizagem acelerada, 228-229
        contexto político e de negócios de, 243-244

APRENDIZAGEM BASEADA EM JOGOS DIGITAIS

orçamento para, 443-445
público para, 216-219
aprendizagem construtivista, 228
definição de, 207-208
dimensões da, 212-214
aprendizagem pela descoberta, 225
avaliação da eficácia da, 495-520
efetividade da, 209-212
futuro da, 535-546
prática, aprendizagem na, 223-224
satisfação da, 214
"sensação" da, 208
aprendizagem baseada em jogos, 225
aprendizagem interativa, tipos de, 219-230
erros, aprender com, 224-225
premissa por trás do, 207-208
princípios do, 249-250
aprendizagem guiada por perguntas,227
recursos para criação, 245-246
aprendizagem contextualizada, 227
estado da arte no, 391-392
aprendizagem baseada em tarefas, 226-227
e escolha do usuário, 219
e tipos de jogos de aprendizagem digitais, 231-240
por meio de objetos de aprendizagem, 229
por meio de prática e *feedback*, 222-223
por meio de *role playing*, 227 (*ver também* os tópicos específicos)
por meio de treinamento, 228
por meio de tutores inteligentes, 229-230
tecnologias disponíveis para, 245-246
Aprendizagem
acelerada, 228-229
aprendizagem na prática, 223-224
baseada em perguntas, 227
baseada em tarefas, 226-227
como aprendiz, 110
contextualizada, 227
descoberta, 225-226
erros, aprender com, 224-225
guiada por metas, 225
interativa, 219-230
pela descoberta, 225-226

ÍNDICE REMISSIVO

por meio de prática *feedback*, 222-223
por meio de treinamento, 228
Archaeotype, 264-266
The Art of Computer Game Design (Chris Crawford), 186
Aspirin® Trivia Game, 317-318, 429
Associação Americana de Instrutores e Desenvolvedores, 33
ASTD (ver Associação Americana de Instrutores e Desenvolvedores)
"Atitude", 98-100
Atração visual, 196-196
Auscultation Challenge, 372
AutoCAD, 45-46
Automotivação, 147
Autorrealização (como fator motivacional), 150
Avaliação da eficácia da aprendizagem baseada em jogos digitais, 495-520
Aviation Tycoon, 209

Bankers Trust, 34, 52
Barkey, Richard, 247, 334-337, 524
Barnet, Scott, 417
Battle of the Brains, The, 244, 355
Battle Zone II, 241, 336
Battlezone, 402
Bayer, 317, 429
Baynes, Kathleen, 71
BCG (ver *Boston Consulting Group*)
Beer Game, 431
Bennhum, David, 60
Berkey, Richard, 238
Berkowitz, Neil, 488
Berry, Bruce D., 66
Bieler, Mark, 161, 338, 341-342, 477, 494, 523
Bjornson, Edith, 377
Black and White, 141
Bloomberg, Michael, 85
Bloomberg TV News, 85
Blues Clues, 138, 164
Bobowood, 182
Bohn, Roger, 241, 524
Bonanni, Peter, 415
Boston Consulting Group (BGC), 319-323
Botkin, Jim, 102, 116-118
Bottom Gun, 412, 415

Breakout, 255
Brincadeira organizada, 173
Brincar/brincadeira, 162-170
    e aprender, 163-164
    e jogos, 172
    e trabalhar, 165-170
Brinquedos, 180-181
Broussard, George, 144, 190
Bruer, John, 70
Build the Band, 244
Burger King, 279, 357-359
Business Strategy, 304
Bushnell, Nolan, 275

Cadence Design Systems, 45-46
Caillois, Roger, 162-163, 186
Caledonia, Baila, 289
Campo minado, 281
Carleston, Gary, 256
Carlson, Jan, 348-349
Carlson, Doug, 349
Carlston, Greg, 523
Carnegie, Dale, 156
Carter, Bryan, 249
Castellanos, F. Xavier, 79
Castle, Lou, 190
Catch the Spy, 356-357
Cavett, Dick, 198
CBT (*ver* Treinamento Baseado em Computador)
Cérebro, 66-67
CGDC (*ver* Computer Game Developers Conference)
Chambers, John, 40, 284
Chipman, Susan, 85, 270
Chin, Justin, 190
Chou, Luyen, 107, 110-113, 130, 219, 263-267, 427
Civil Objection!, 345
Civilization, 187, 193
Clark, Cathy, 367, 376-377
Cleese, John, 519
Click Health, 309, 507
Coldwell Banker, 447-453
Command and Conquer, 185, 291

ÍNDICE REMISSIVO

Competing Against Time (George Stalk e Tom Hout), 319
Competição, 177-178
Computação multimídia, 114-115
Comunicação de estratégias, aprendizagem baseada em jogos digitais
    para, 348-389
Computer Game Developers Conference, 188-191
Conflito, 177-178
Conhecimento do produto, aprendizagem baseada em jogos digitais
    para, 370-371
Conscientização da diversidade, aprendizagem baseada em jogos digitais
    para, 354-355
Consolidação, 467-469
Contadores, 52
Contraespionagem industrial, aprendizagem baseada em jogos digitais
    para, 356
Copas, 281
Costello, Joe, 45-51, 332, 495, 513, 523
Crawford, Chris, 179, 186
Criação de políticas públicas, aprendizagem baseada em jogos digitais
    para, 376-377
Crianças e estudantes, aprendizagem baseada em jogos digitais para, 251-275
    educação básica, crianças na, 260-271
    em faculdades e universidades, 271-274
    tendências recentes e potenciais para, 251-258
Crianças em séries escolares, aprendizagem baseada em jogos digitais
    para, 260-271
Crook, Kate, 201
Csikszentmihalyi, Mihaly, 179
Cummins Secret Agent, 379-380
Curiosidade, 215
Custo dos jogos digitais, 477-478, 484

Darpa, 400-401
Darwin, Survival of the Fittest, 323-326, 466, 511
Davidson, Jan, 256, 523
Davis, Edward L., 457
Davis, Stan, 102, 116-118
Dean, Bob, 430
Dobutrex, 329-330
Deep Play (Diane Ackerman), 164
Defensor, encontre um, 483
Del Missier, Jerry, 241, 327, 523

Democracy and Education (John Dewey), 109
Desafio, 177-178, 214
Descoberta guiada, 225-226
Desenvolvimento de habilidades técnicas, aprendizagem baseada em
    jogos digitais para, 390
Desenvolvimento de Sistemas Instrucionais, 122-123
Design
    de aprendizagem baseada em jogos digitais, 247-248
    de jogos de computador, 188-196
    instrucional, 122-123
Desejo (como fator motivacional), 150
Desenvolvimento de jogos digitais, 521-534
    e registro de processos mentais, 525-528
    modelo inicial, 521-522
    por empresas de edutenimento, 532
    por empresas de jogos, 531-532
    por empresas de treinamento, 529-531
    segundo modelo, 528-529
Devil Dice, 188, 202
Dewey, John, 109, 134
Dexter, 274
Diálogos (de Platão), 111
Diamond, Marion, 67
Dicas, 194
Dierdorf, Dan, 155
Descoberta, 194
Descontinuidade geracional, 37-38
Desenvolvimento de habilidades profissionais, aprendizagem baseada em
    jogos digitais para, 371-375
Diretoria, convencimento, 477-494
    e a elaboração de propostas, 488-492
    e argumentos/estratégias para a aprendizagem baseada em
        jogos digitais, 479-482
    e criação de um protótipo, 485
    e custos dos jogos digitais, 477-478, 484
    e público para a aprendizagem baseada em jogos digitais, 482-483
    e relacionar com o TI, 485-488
    encontrar um defensor, 483
    objeções, superação, 492-494
Dispositivos portáteis, aprendizagem baseada em jogos digitais em, 308-310
Diversão, 156-162
Diversão pesada, 167

ÍNDICE REMISSIVO

Donatello, Nicholas, 200
Doom, 187, 218, 234, 281, 340, 417
DREADling, 282
DroidWorks, 532
Duke Nukem, 187
Dungeons and Dragons, 188

Edutenimento, 42, 504-505, 532
Edwards, Ethan, 360
Eficácia da aprendizagem baseada em jogos digitais, 209-212, 495-520
Einstein, Albert, 107, 166
El Pollo Loco, 359
Electro Adventure, 415, 511-512
Electronic Entertainment Expo, 29-30
Eniac, 21-22
Enredo/história, 181-183
Ensino formal e treinamento (*ver* Ensino formal/treinamento centrado
    no aprendiz)
Ensino formal/treinamento centrado no aprendiz, 133-151
    e a motivação, 146-151
    e o mundo dos jogos, 142-146
    potencial para, 137-142
    tecnologias para, 135-137
Entretenimento, 37
Epistemologia, 116
Erros, aprender com, 224-225
Escolas (*ver* Sistema educacional; Crianças e estudantes, aprendizagem
    baseada em jogos digitais para)
Escolha do usuário, 218
Essa é a sua resposta final?, 290
Estilo de aprendizagem, baseada em jogos, 441-443
Estratégia de negócios, 333-337
EverQuest, 183, 188, 278
Exatidão política, 243-244
Exército, aprendizagem baseada em jogos digitais no, 406-410
Exploração, 194
Extra Life (David Bennehum), 60

Faculdades e universidades, 271-273 (*ver também* Universidades corporativas
    e currículo, aprendizagem baseada em jogos digitais para)
Fagan, Robert, 164
Falcon 4.0, 416

Falstein, Noah, 174
Fantasia, 96-97, 214
The Farmer Game, 370-371
Fast ForWard, 507-508
Feedback, 175-177, 222-223
Ferramentas, 183
Ferren, Bran, 114, 181, 240
Fidelidade (de simulações), 296-297
Filipczak, Bob, 137, 191, 207, 495
Firmas de consultoria, 23
Fisher, Richard, 505
Fischmann, Tom, 381, 383
Fister, Sarah, 44
Fletcher, Dexter, 508
"Fluxo", 179-180, 193
Forças Armadas, aprendizagem baseada em jogos digitais nas, 395-423, 508-511
    e *Joint Force Employment*, 398-400
    e tipos de treinamento militar, 404-406
    histórico, 400-404
    ligação entre entretenimento e defesa, 421-423
    na aeronáutica, 415-416
    na guarda nacional e reservas, 418
    na marinha, 410-415
    no exército, 406-410
    nos fuzileiros navais, 417
    para treinamento entre agências, 419
    reuso e interoperabilidade das tecnologias de treinamento, 419-421
Ford, Henry, 22
Formação de equipes, aprendizagem baseada em jogos digitais para, 389-390
Freddi Fish 4, 138
Freund, Jim, 125, 280
Frogger, 197
Frost, Robert, 457, 465
Futuro da aprendizagem baseada em jogos digitais, 535-546
Fuzileiros navais, aprendizagem baseada em jogos digitais nos, 417

GameBoy, 246, 308
Geração dos Jogos, 74-100
    "atitude da", 98-100
    Abordagem ativa da, 91
    como participantes ativos, 76-77
    e a comunicação assíncrona, 89-91

ÍNDICE REMISSIVO

e brincadeiras, 93-94
e decisões do tipo recompensa *versus* paciência, 94
e fantasia, 95-97
e gráficos, 87-89
e hipertexto, 86
e reflexão, 81-82
e tecnologia, 97-98
períodos de atenção da, 77-80
processamento de informações pela, 83-84
processamento paralelo, 84-86
Games2train, 45
Garfield, Richard, 174
Garriott, Richard, 189
Garris, Rosemary, 210, 215, 410-414
Gates, Bill, 94
Gazzaniga, Michael S., 71
Gekko, 186
George, Amy, 313, 367-369
Gestão de projetos, aprendizagem baseada em jogos digitais para, 375-376
Gibson, William, 133
Gilad Atlas, 48
Gopnick, Alison, 164
Giraffe, 330-331
Gladwell, Malcolm, 24, 60, 79
Glazer, Paul, 418
The Glue Game, 371
Go, 193
Godin, Seth, 113, 318-319
Goettner, Pete, 62, 529-531
Gold, Martha, 447
Goldberg, Eric, 177, 184, 297
Golden Eye, 202
Gottlieb, Harry, 195, 532
Gráficos, 87-89
Green Globs and Graphing Equations, 270
Greenfield, Patricia Marks, 72-75, 84, 85, 88, 202-203
Gregory Ruth, 327
Guarda Nacional, aprendizagem baseada em jogos de computador na, 418
Guerra do Golfo, 401

Halff, Henry, 414-415, 512
Half-Life, 187

Handy, Charles, 445
Harel, Edit, 78, 200
Haseltine, Eric, 423
Havas, 401
Hawkins, Trip, 531
Healy, Jane M., 82, 259, 496-497
HedgeFund, 240, 326-329
HedgeManager, 240, 326-329
Heinbockel, Ed, 239, 299, 350-354
Herbert, A. P., 516
Herz, J. C., 61, 64, 81, 96, 160, 177, 179, 184, 196, 201, 292, 401
Hierarquia das necessidades, 146
Hillis, Danny, 163-166, 189-190, 251
Hirsch, Jay, 68, 74
Hitchcock, Alfred, 293
HIV Interactive Nights Out, 512
Holiday Inn, 365-366
Holmes, Oliver Wendell, 277
Holt, John, 107
Homo Ludens (Johan Huizinga), 160-163
Horseman, Christopher, 228
Hout, Tom, 319, 524
How to Play the Piano Despite Years of Lessons, 104
H&R Block, 318-319
Huizinga, Johan, 161-163
HyperCard, 256
Hipertexto, 86-87

IBM, 244, 256, 279, 438
IBM PC, 62
Idade, preferências por, 197-198 (*ver também* Adultos, aprendizagem
   baseada em jogos digitais para; Crianças e estudantes, aprendizagem
   baseada em jogos digitais para)
Ignacio, Art, 51
Incredibly Easy, 372-373
Individualização, 474
Infância extensa, 170
In$ider, 55, 92, 141, 244, 348, 373-375, 466, 468, 490-492, 513
Instituto Nacional de Gestão de Serviços Alimentícios, 359- 360
Instrutores (*ver* Professores/instrutores)
Inteligência visual, 88
Interação, 178

ÍNDICE REMISSIVO

Interação social, 178
Interfaces, 194, 239-242
Internet, 63, 305-308
ISD (*ver* Desenvolvimento de Sistemas Instrucionais)

Jellyvision, 98, 195
Jeopardy!, 186, 284-290
Johnson, Don, 258, 395, 403, 495, 508, 509
Joint Force Employment, 398-400
Jogos, 171-180
 assíncronos, 235-236
 baseados em animações, 237-239
 baseados em narrativa, 239-240
 baseados em reflexão, 239-240
 baseados em sessões, 237
 baseados em turnos, 235-236
 baseados em vídeos, 237-239
  construtivos, 405-406
  da *Barbie*, 201
  de ação, 186, 235
  de aventura, 187
  de computador (*ver* Jogos digitais)
  de *e-mail*, 432-433
  de esportes, 187
  de estado persistente, 237
  de estratégia, 187
  de luta, 187
  de perguntas e respostas, 429-430
  de prateleira, 430-432
  de quebra-cabeça, 188
  de simulação, 188
  digitais fornecidos por consultores, 441
  digitais personalizados para o consumidor, 434-436
  em tempo real, 235-236
  extrínsecos, 231-232
  fortemente ligados, 232-233
  impressos no circuito, 233-234
  intrínsecos, 231-232
  para dois jogadores, 236-237
  para mais de um jogador, 236-237
 categorias de, 186
 conflito/competição/desafio nos, 177-178

APRENDIZAGEM BASEADA EM JOGOS DIGITAIS

construtivos, 406
e "fluxo", 179-180
e brincadeiras, 171
interação com, 178
metas/objetivos dos, 174 -175
para inúmeros jogadores, 236-237
para um jogador, 236-237
por turnos, 235-236
     Jardim da infância para a vida toda, 167
     reflexivos, 235
     sincrônicos, 235-236
     twitch, 235
     vagamente ligados, 232-233
     We'll Pay Your Taxes, 318-319
regras dos, 173-174
representação nos, 178-174
resultados/*feedback* nos, 175-177
simulações *versus*, 292, 297-301 (*ver também* Jogos digitais)
Jogos digitais, 184-205, 428-440
    "linguagem" dos, 202-204
    categorias de, 185-186
    de prateleira, 430- 432
    design dos, 188-205
    e violência, 189-199
    fornecidos por consultor, 441
    idade, preferências por, 197-198
    jogos de *e-mail*, 432-434
    jogos de perguntas e respostas, 429-430
    modelos de sala de aula, 434-436
    modelos na internet, 436-437 (*ver também* Jogos de aprendizagem
        digitais)
    personalizados, 437-440
    sexo, preferências por, 199-202
Jogos de aprendizagem digitais, 230-240
    baseados em sessão *versus* estado persistente, 237
    baseados em vídeo *versus* baseados em animações, 237-239
    contexto político e de negócios de, 243-244
    desenvolvimento, 247-248
    e interface de jogos, 240-242
    fortemente ligados *versus* vagamente ligados, 232-233
    impressos no circuito *versus* mecanismos e modelos (*templates*)
        ou *shells*, 233-234

interfaces para, 240-242
intrínsecos *versus* extrínsecos, 231-232
jogos baseados em narrativas *versus* jogos baseados em reflexos, 239-240
questões tecnológicas em andamento, 245-246
reflexo *versus* ação, 235
sincrônicos *versus* assíncronos, 235-236
um jogador *versus* mais de um jogador, 236-237
Joystick Nation (J. C. Herz), 61, 64, 160, 177, 401
Jumpstart Baby, 259
Jung, Carl, 171

Katz, Jon, 103
Kawasaki, Guy, 35
Kay, Alan, 63, 165, 254
Keighley, Geoff, 190
Kernan, John, 260-262, 267, 280, 505
Kessler, Todd, 78
Key Commando, 391
Kim, Karl, 68, 75
Klein, Cindy, 323-326
Kolb, David, 336-337
Komsa, Katheryn, 463
Koop, C. Everett, 155
Kowal, Sylvia, 384-389, 514
Kristen's Cookies, 241, 272

"Linguagem" dos jogos digitais, 202-204
Learning Solitaire, 378-379
Leitura, 71
Lemmings, 141
Lengel, James, 470
Levine, Tom, 360-363, 523
Levitt, Arthur, 323
Lieberman, Debra A., 269
Life & Death, 298-299
Life or Death, 468
Lightspan Partnership, 260-263, 505, 506
Link, Edwin, 400
Lipson, Ashley, 141, 196, 239, 274, 344-348, 521, 523
Livros, 111-112
LMS (ver Sistemas de Gestão de Aprendizagem)
Logical Journal of the Zoombinis, The, 138

Logers' Game, 363-364
Lopez de Arriortua, Jose Ignacio, 357
Lorch, Elizabeth, 79-80
Lucas, George, 61
LucasArts, 61
Luria, Alexandr, 69
Lutero, Martinho, 112
Lyon, G. Reid, 67, 70

Magic: The Gathering, 96, 174
Malone, Tom, 231
Man, Play and Games (Roger Caillois), 162, 163, 186
Marine Doom, 417
Marinha, aprendizagem baseada em jogos digitais na, 410-415
Markle Foundation, 376
Masie, Elliott, 133, 134, 290, 293, 464, 467
Mascaramento, 88
Maslow, Abraham, 146
Massey, William, 365, 524
Math Blaster, 256
McClintock, Robert, 110, 264
McCloud, Scott, 139, 239
McCormick, Ann, 256, 522
McKinsey and Company, 333-337
McLuhan, Marshall, 65, 66, 75, 87, 133, 427
Mecanismos, 233-234, 528-529
Meier, Sid, 140, 189, 193
Meltzoff, Andrew, 259
Mencken, H. L., 34
Mensagens instantâneas, 63
Mercado livre, 56
Merril, M. David, 274, 416, 499, 505
Merzenich, Michael, 66, 69
Metas, jogos, 171-172
Método da exposição e avaliação (no ensino formal/treinamento), 109-115, 126
Método dialético, 111
Método socrático, 111
Milken, Michael, 45
Miller, Alan, 269
Miller, Arthur, 464
Miller, Joe, 229
Miller, Robyn e Rand, 189

ÍNDICE REMISSIVO

Miller Scott, 76, 145, 502
Mind and Media (Patricia Marks Greenfield), 72-74
Mindstorms, 141, 270
Missile Command, 186
Miyamoto Shigeru, 189
Modelos (ou *templates*), 233-234, 528-529
    de sala de aula, 434-436
    na internet, 436-437
Molyneux, Peter, 141, 189
Monkey Wrench Conspiracy, The, 50-52, 216, 227, 233, 331-333, 467, 513
Monopoly, 173
Monster Command, 391
Monster Under the Bed, The (Stan Davis e Jim Botkin), 102, 116-118
Monte Cristo, 302-305, 307
Montessori, Maria, 134
Moore, Geoffrey, 520
Moore, Peter, 72, 74
Moretti, Frank, 110, 264
Morrisette, Lloyd, 377
Mortal Kombat, 188
Motivação, 38, 44, 55, 147-151, 464-466, 473
Moves, 408
Ms. PacMan, 197
MTV, 61
Mudança tecnológica, 39-40, 110, 138
Murphy, John, 122-123
Music Mouse, 181
My Years at General Motors (Alfred P. Sloane), 129, 469
Myamoto, Shigero, 140
Myst, 187, 195, 281

Napster, 533
Narrativa, 181-183
Negócios, aprendizagem baseada em jogos digitais nos, 208-209, 313-393
    para certificação e educação continuada, 344-348
    para comunicação de estratégias, 384-389
    para conhecimento do produto, 370-371
    para conscientização sobre a diversidade, 354-355
    para criação de equipes, 389-390
    para criação de estratégias, 333-337
    para criação de políticas públicas, 376-377
    para desenvolvimento de habilidades de trabalho, 357-364

APRENDIZAGEM BASEADA EM JOGOS DIGITAIS

para desenvolvimento de habilidades profissionais, 371-375
para desenvolvimento de habilidades técnicas, 390-391
para educar clientes, 315-333
para gestão de projetos, 375-376
para orçamento municipal, 367
para orientação, 367-370
para os, 384
para preparação contra desastres, 350-354
para prevenção contra assédio sexual, 380-381
para recrutamento, 378-379
para treinamento de "habilidades de relacionamento
    interpessoal", 381-384
para treinamento de atendimento ao consumidor, 348-350
para treinamento de ética, 355-356
para treinamento de gerentes, 364-366
para treinamento de qualidade, 377-378
para treinamento externo, 315-333
para treinamento sobre código de conduta e políticas da
    empresa, 337-344
Negroponte, Nicholas, 167, 207, 251
Neo-natal Care Made Incredibly Easy, 372-373
Neuroplasticidade, 67-72
Newell, Gabe, 198, 535
Nintendo, 30
Nintendo GameBoy, 278
Ninth House, 381-383, 401
Nisbett, Richard, 70-71
Norman, Donald, 155
Nortel Networks, 384-389, 438, 514

Oakes, Kevin, 126, 135-137, 530
Objection!, 141, 196, 239, 274, 344-348
Objetivos dos jogos, 174-175
Ocarina of Time, 187
Oehlert, Mark, 419
Oettinger, Anthony, 254
Ogilvy, David, 37
Ogilvy, Jay, 23
Oil Platform Orientation Game, 369-370
Olds, Ransom, 22
OPCM, 105-107
Orçamento municipal, aprendizagem baseada em jogos digitais para, 367

ÍNDICE REMISSIVO

Orçamento para a aprendizagem baseada em jogos digitais, 437-439
Oregon Trail, 267
Orientação a funcionários, aprendizagem baseada em jogos digitais
para, 367-370

Paciência, 281
PacMan, 186
Papert, Seymour, 40, 134, 141, 142, 146, 167, 188, 228, 251, 260
Processamento paralelo, 81-82
Parker, John, 131, 313, 381-382
Parmentier, Michael, 510-511
Pepsi Challenge, 367-369
Perez, Ray, 59, 220, 230
Períodos de atenção, 76-78
Permission Marketing (Seth Godin), 113, 318-319
Pesquisa Nacional de Letramento Adulto, 102
Pestalozzi, Johan Heinrich, 134
Piaget, Jean, 168, 228
Pizza Tycoon, 209
Platão, 111, 252
PlayStation da Sony, 262
Pleasantville (filme), 459-460,
Pong, 60
Postman, Neil, 112
Powell, Colin, 40
Poder (como fator motivacional), 150
Prática, 123-125, 223-224
    aprender na, 224
Pré-escola, aprendizagem baseada em jogos digitais para, 258-259
Preparação contra desastres, aprendizagem baseada em jogos digitais
    para, 350-354
PricewaterhouseCoopers, 54-55
Processamento da informação, 83-84
Processos mentais, registro de, 525-528
Professores/instrutores, 457-475
    "Pleasantville", 454-463
    como criadores dos jogos de aprendizagem, 471-474
    como estruturadores do conteúdo, 466-467
    como facilitadores da consolidação, 467-469
    como motivadores, 464-466
    como produtores/designers, 470-471
    como tutores, 469-470

profissionais em treinamento *versus*, 34
Project Challenge, 376
Projeto MiSSILE, 414
Propostas, elaboração de, 488-492
Protótipos, jogos, 485
Público, 216-219, 482-483
Purple Moon, 202

Qin, 266-267
Quake, 183, 187, 218, 234, 282, 431
Quandaries, 356

Rauch, Scott, 88
Rawitsch, Dan, 523
Reader Rabbit, 256
Reading Blaster, 256
Realidade virtual, 292
Recrutamento, aprendizagem baseada em jogos digitais para, 378-379
Recompensas, fornecimento de, 194
Reflexão, 81-82
Representação, 178-179
Resnick, Mitchel, 167
Resultados dos jogos, 172-173
Revista *Next Generation*, 191-192
Revolução industrial, 113
Ricketts, J. Joe, 324
Ritalina, 79
Riven, 140, 187, 195
Robert, Marc, 303-304, 514, 519
Roberts, Chris, 144
Rocky's Boots, 256
Role Playing, 227
Role Playing Games, 188, 235
Roller Coaster Tycoon, 168, 183, 187, 298, 469
RPG (*ver Role Playing Games*)
Regras dos jogos, 173-174
Run, Computer, Run (Anthony Oettinger), 254

Safire, William, 89
Shows de sabedoria, 107
Sanford, Charles, 378
Saving Sergeant Pabletti, 389-390, 406

ÍNDICE REMISSIVO

Schank, Roger, 34, 102, 109, 225
Schick, Lawrence, 277, 305
Schotohorst, Pjotr van, 247, 369
Schou Corey, 181
Schrage, Michael, 166
Schwartzkopf, General Norman, 401
Scientific Learning, 70, 71, 268
Scully, John, 330
Sega, 28
Seiden, Alex, 182
Série *Ultima*, 188
Serious Play (Michael Schrage), 166
Sexo, preferência por, 199-202
Sexual Harassment Prevention Certifier, 380-381
Shanker, Albert, 39
Shaw, George Bernard, 34
Shelfware, 105
Shelley, Bruce, 190
Shells, 233-234, 528-529
Sim City, 174, 188, 209, 231-232, 291, 304, 367, 430
Sim Health, 376-377
Sims, The, 188, 291
Simulações, 183-184, 290-305
    como ferramentas de aprendizagem, 295
    de gestão, 302-304
    fidelidade das, 296-297
    função do processamento nas, 301-303
    gestão de, 302-305
    jogos *versus*, 292, 297-302
    simulador de voo, 293-295
Sistema educacional, 101-132
    abordagem centrada no, 104-107
    dificuldade de mudança no, 125-132
    e *Design* Instrucional, 122-123
    e natureza da aprendizagem, 116-122
    e prática, 123-125
    falha do, 101-102
    método da exposição e avaliação no, 107-115
    personagem chato do, 102-103
    tentativas de envolver os aprendizes no, 107-109
Sistemas de Gestão de Aprendizagem, 454
Sites integrantes, 25

Situational Leadership, 381-384
Sloane, Alfred P., 129, 469
Sloane, Sharon, 389-390, 406
Smedley, John, 278
Snipes, Jeff, 182
Sócrates, 111
Sonic the Hedgehog, 186
Sony, 30, 37, 61
Space Invaders, 61
Sperry, Brett, 77, 190
Spiegel, Laurie, 180-181
Springsteen, Bruce, 101
Stalk, George, 319
Stansfield, Sharon, 176
Star Peace, 303
Star Wars, 61, 140
Starbuck, William H., 166, 169-170
Starfleet Command, 90
Starship Command, 138
Start-Up, 188, 209, 304, 430, 468
Steinberg, Cindy, 359, 365, 372
Stella, 291
Stoll, Clifford, 81-259
Straight Shooter!, 47, 197, 218, 244, 338-344, 467, 480, 488-490
Strategy Co-Pilots, 141, 228, 238, 333-337
Strategy Mentor, 334
Stricom, 401, 407
Super Mario, 186

Tallal, Paula, 67
Tapscott, Don, 64, 65, 98, 107, 128
Tecnologia da Informação (TI), 105, 245-246, 485-486
TeleSim, 242
Televisão, 71, 76
Telefones celulares, aprendizagem baseada em jogos digitais em, 308-309
Terc, 270
Tetris, 187, 201, 202, 281
Texto, gráfico *versus*, 82-83
Thant, Myo, 523
Thiagi, 153, 168, 211, 492
Think3, 45
Thinkdesign, 45-46, 227

ÍNDICE REMISSIVO

Time Out!, 234, 319-323
The Tipping Point (Malcolm Gladwell), 23, 79
Tomb Raider, 239
The TQM Challenge, 378
TI (*ver* Tecnologia da Informação)
Trader 97, 303
Trabalho
    e brincadeira, 165-171
    jogos de computador no, 280-284
Train Dispatcher, 360-363
Transtorno de Déficit de Atenção (TDA), 78
Transtorno de Déficit de Atenção com Hiperatividade (TDAH), 78
Treinamento, 228
Treinamento
    (*ver* Sistema educacional; Ensino formal/treinamento centrado
        no aprendiz)
    "entre agências", 419
    "sério", 37
    altos custos de, 125-126
    ao vivo, 404
    baseado em computador (CBT), 213-214, 221
    da força de vendas, aprendizagem baseada em jogos digitais para, 379-380
    das habilidades de relacionamento interpessoal, aprendizagem
        baseada em jogos digitais para, 381-384
    de ética, aprendizagem baseada em jogos digitais para, 355-356
    de gerentes, aprendizagem baseada em jogos digitais para, 364-366
    de qualidade, aprendizagem baseada em jogos digitais para, 377
    externo, aprendizagem baseada em jogos digitais para, 313-333
    militar, 404-403
    on-line, 35-36
    virtual, 404-405
Tramano, Mark Jude, 69
Trebek, Alex, 285
Trivial Pursuit, 173
Tsunami Media, 350-354
Turner, Jeff, 391
Tutor, 469-470
Twitchell, David, 416

Understanding Comics (Scott McCloud), 139, 239
Universidades corporativas e currículo, aprendizagem baseada em
    jogos digitais para, 445-454

Knowledge Universe, 45
Unreal, 234, 282
Unreal Tournament, 187, 202
UVID and Finlash, 416

Vantagem geracional, 98
Veech, Joanne, 91
Velocidade *twitch*, 25
Vídeos musicais, 61
Videogames, 69-72, 237-239
Vila Sésamo, 60, 138, 164, 256
Violência, 197-198, 244
Virtua Fighter MMMCIII, 188
Virtual U, 366
Visiting Heid's Grandmother, 359-360
Visual Purple, 350-354

Walkman, 61
Wall Street Trader 2000, 209
Wellinghoff, Annette, 279
War and Peace in the Global Village (Marshal McLuhan), 65, 66
Watson, Thomas, 22
Modelos na internet, 436-437
Webster, Jane, 166, 169-170
Wessel, David, 505
Wheel of Fortune, 186
Whelan, Paul, 88
Where in the World Is Carmen Sandiego?, 257
Where in the World is Carmen Sandiego's Luggage?, 301, 348-350
Who Wants To Be a Millionaire?, 289
Whoola!, 270
Whooper Challenge, 357-359
Will Interactive, 406
Wing Commander, 198
Winn, William D. 72, 86
Wired Magazine, 87-89
Wolf, Bob, 320-323
Wozniak, Steve, 255
Wright, Orville, 22
Wright, Will, 140, 174 -177, 181, 189, 193, 297, 521, 522
Wyndhaven, 270

You Don't Know Jack, 98, 176, 244
Young, Paula, 54-55, 99, 244, 247, 249, 373-375, 521, 523

Zehngut, Steve, 391
Zelda, 187
Zemke, Ron, 281
Zodiak, 433
Zork, 187
Zyda, Michael, 408-410